U0021426

暗星薩伐旅

從開羅到開普敦，非洲大陸的晃遊報告

Dark Star Safari

Overland from Cairo to Cape Town

保羅・索魯
Paul Theroux

麥慧芬 譯

謹獻給我的母親
安・狄塔米・索魯（Anne Dittami Theroux）
作為她九十一歲的壽禮

巨葉與多足的影兒搖曳，
什麼樣的神祇在統管著非洲，什麼樣的形體
什麼樣如叔伯般的仙人要比長矛更耀眼？

——華勒斯．史蒂芬斯[1]，〈最綠大陸〉

1 華勒斯．史蒂芬斯（Wallace Stevens）：一八七九—一九五五，美國詩人；一九五〇與一九五四年兩屆美國國家書卷獎、一九五一年美國詩會（Poetry Society of America）金牌及一九五五年普立茲詩作獎得主。

目次

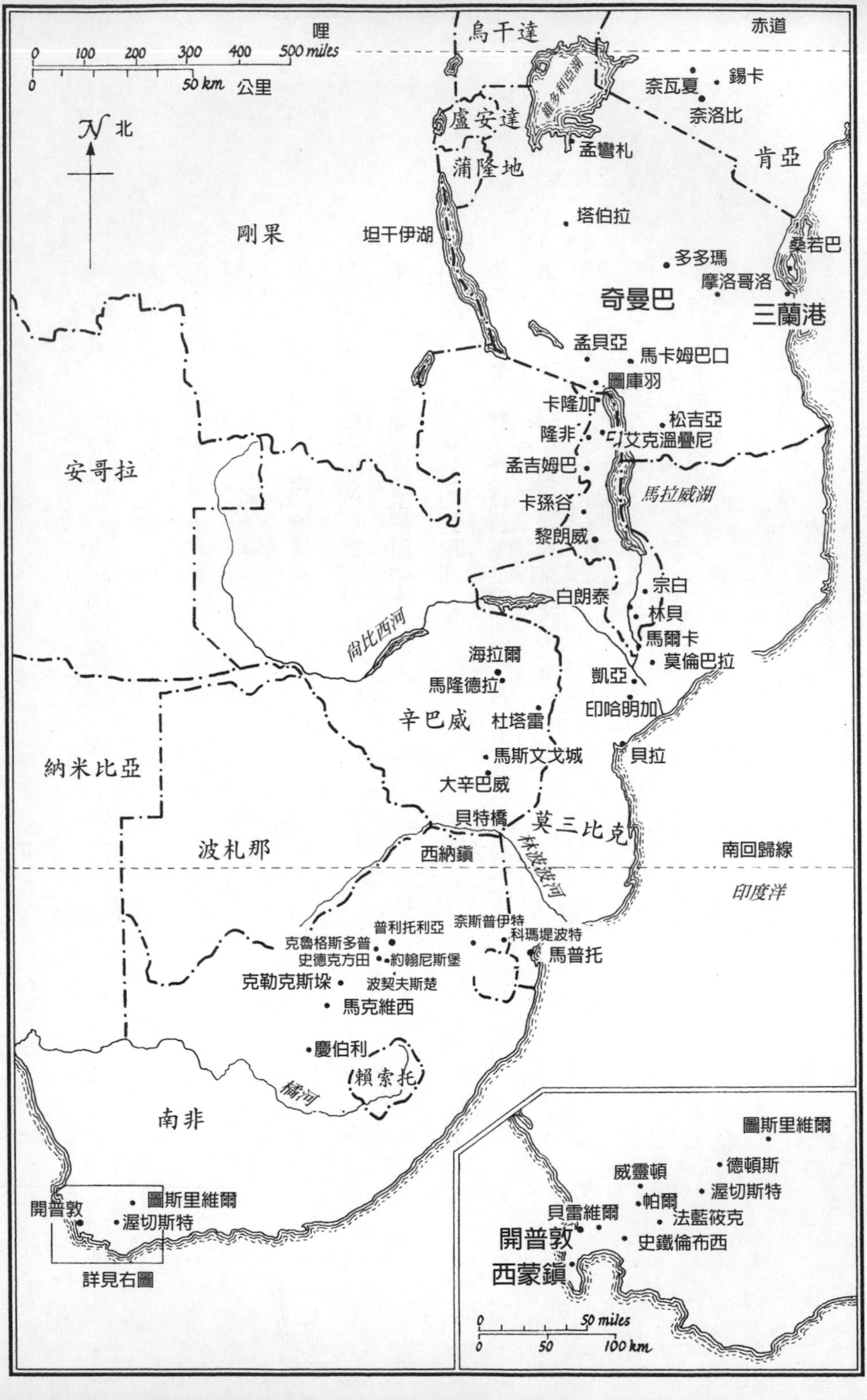
哩
0 100 200 300 400 500 miles
0 50 km
公里
北
烏干達
赤道
維多利亞湖
奈瓦夏
錫卡
奈洛比
盧安達
蒲隆地
孟彎札
肯亞
剛果
坦干伊湖
塔伯拉
多多瑪
桑若巴
摩洛哥洛
奇曼巴
三蘭港
孟貝亞
馬卡姆巴口
圖庫羽
卡隆加
松吉亞
隆非
艾克溫疊尼
孟吉姆巴
馬拉威湖
卡孫谷
黎朗威
安哥拉
宗白
白朗泰
林貝
尚比西河
馬爾卡
海拉爾
莫倫巴拉
凱亞
馬隆德拉
印哈明加
辛巴威
杜塔雷
貝拉
納米比亞
馬斯文戈城
大辛巴威
貝特橋
莫三比克
波札那
西納鎮
林波波河
南回歸線
印度洋
普利托利亞
奈斯普伊特
克魯格斯多普
科瑪堤波特
史德克方田
約翰尼斯堡
馬普托
克勒克斯垛
波契夫斯楚
馬克維西
慶伯利
賴索托
橘河
南非
開普敦
圖斯里維爾
渥切斯特
詳見右圖
圖斯里維爾
德頓斯
威靈頓
渥切斯特
帕爾
貝雷維爾
法藍筱克
開普敦
史鐵倫布西
西蒙鎮
0 50 miles
0 50 100 km

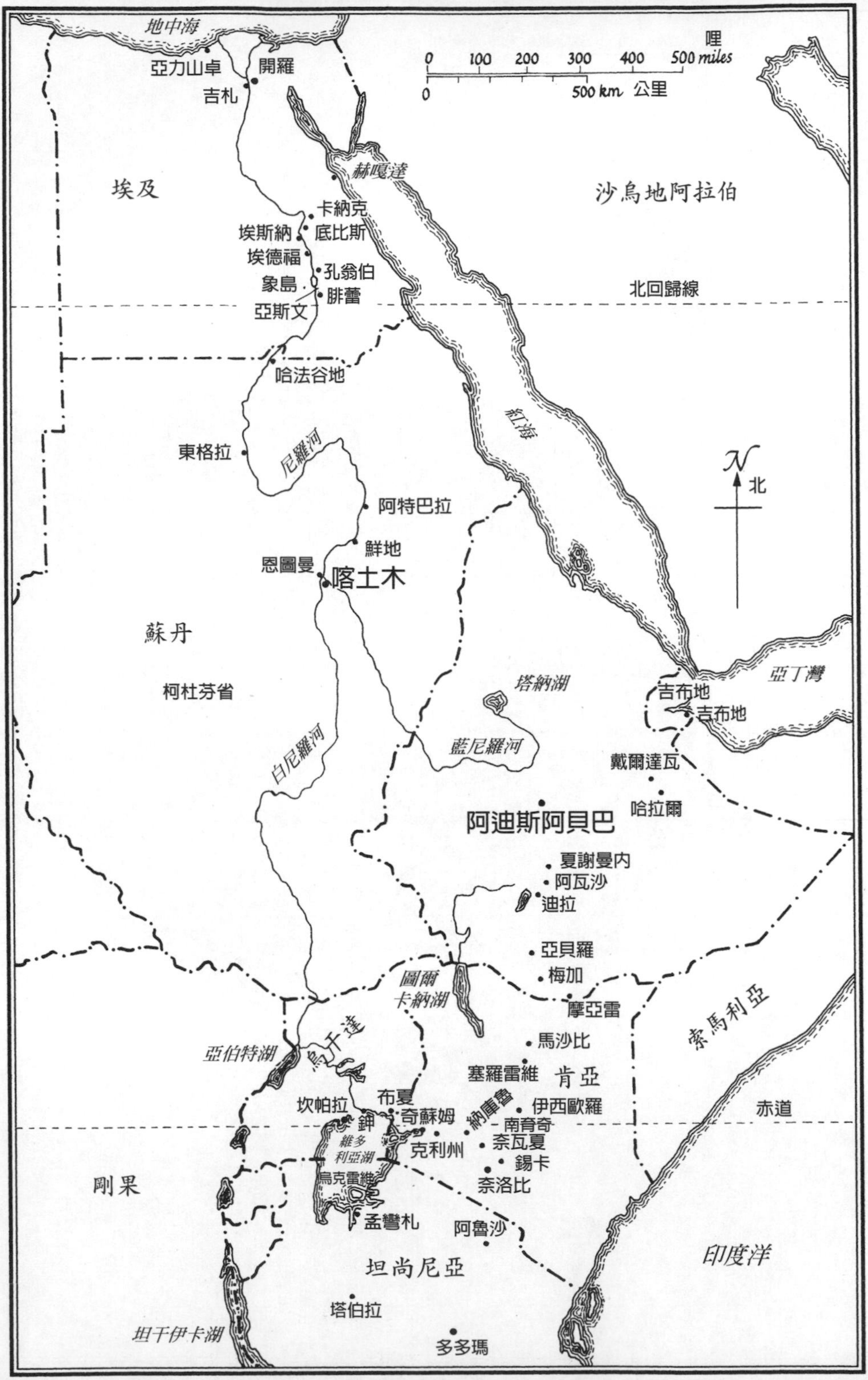

地中海
亞力山卓
開羅
吉札
哩
0 100 200 300 400 500 miles
0 500 km 公里
赫嘎達
埃及
沙烏地阿拉伯
卡納克
埃斯納
底比斯
埃德福
孔翁伯
象島
腓蕾
亞斯文
北回歸線
哈法谷地
東格拉
尼羅河
紅海
北
阿特巴拉
鮮地
恩圖曼
喀土木
蘇丹
柯杜芬省
塔納湖
亞丁灣
吉布地
吉布地
藍尼羅河
白尼羅河
戴爾達瓦
哈拉爾
阿迪斯阿貝巴
夏謝曼內
阿瓦沙
迪拉
亞貝羅
梅加
圖爾卡納湖
摩亞雷
索馬利亞
烏干達
亞伯特湖
馬沙比
塞羅雷維
肯亞
坎帕拉
布夏
奇蘇姆
納庫魯
伊西歐羅
赤道
鉀
南育奇
維多利亞湖
克利州
奈瓦夏
錫卡
烏克雷維
奈洛比
剛果
孟彎札
阿魯沙
印度洋
坦尚尼亞
塔伯拉
坦干伊卡湖
多多瑪

第一章　逃

從非洲傳出來的全都是壞消息。正因如此，我才想去那兒，只不過我不是為了那兒的慘狀、紛爭，更不是因為屠殺與地震的報導，單純只想重溫身在非洲的愉悅。我想感受那個地方的廣大，大到足以裝下許多尚未訴說的故事，大到足以容納一些希望、一些喜感，以及一些甜蜜——除了悲慘與恐怖之外，我還想感覺非洲依然存在的其他東西——我打算重新置身於我們以前稱為布恩度（bundu）的樹叢間，並在那片古老的非洲內地遊蕩。差不多是四十年前的事了，我曾在那兒開開心心地生活、工作，就在那片最綠大陸的核心地帶。

要先向大家交代的是，這些都是我從非洲回來、也就是走完了那趟長長薩伐旅的一年後才寫下的。我那離譜的遭遇不幸得讓人難以置信——行程耽誤、槍擊、別人對我大吼大叫，還碰上了搶劫。旅途中雖然沒有屠殺或地震，但天氣卻酷熱磨人，道路狀況也慘不忍睹，火車有如棄嬰，更遑論電話了。憤怒的白人農民說：「瘋了，全都瘋了！」物質層面上，現在的非洲比起初識時更加衰朽——更飢餓、更貧窮、教育程度更低落、更悲觀，也更腐敗，政客與巫醫之間找不出差別。在我眼裡，比以往更不受人尊重的非洲人，似乎是世界上最容易受騙的一群人——他們受到政府的操弄、燃燒自己照亮外國專家，還要遭受慈善團體的愚弄，而且每個回合都上當。做個非洲領袖就是當個賊，但是傳福音之人竊取的卻是人民的純真，自私自利的救援團體給了非洲人錯誤的希望，這似乎比擔任非洲領袖更可惡。非洲人的回應方式要不是拖著沉重的步子往前走，就是嘗試移居他地，他們用一種對權利既粗糙又怪誕的認知，乞討、懇求、向人伸手要錢。然而，這並不表示非洲全是這個樣子。非洲其實是一個由繁雜的共和國與寒酸的首領所組成的大雜燴。旅途中，我曾覺得想吐、無力，但從未感到厭煩：事實上，這是趟開心之旅，也是趟啟發之旅。這段文字需要一些說明——至少得用一本書來說明；或許就是這本書。

正如我之前所說，以前我在**布恩度**樹叢間度過的那些教書的日子，沒有任何戲劇性，那時紅土道還未鋪設成公路，而非洲人就在紅土道盡頭的樹叢小徑上討生活、在草頂茅屋的村子裡過日子。那時，非洲人的新國旗取代了大英國旗、剛取得投票權，有些人買了腳踏車，更多談論著要買生平的第一雙鞋。那時的他們充滿了希望，而還是一介教書匠的我，當時住在灰塵滿布的樹林與被烤乾了的田野間泥屋村附近，一樣充滿了希望：玩耍的孩子尖聲叫笑、彎腰幅度遠超過常人的婦女——大多數背上都背著嬰兒——正種著玉米和豆子，男人則坐在樹蔭下用當地的啤酒**奇布庫**（Chibuku）或當地的琴酒**卡恰醋**（kachasu）痲痺自己。這就是非洲自然法則的寫照：嬉戲的孩童、辛勞的女人及無所事事的男人。

麻煩不時出現，有人遭長矛刺穿，有人喝酒鬧事，不然就是政治暴力事件——打手部隊穿著執政黨的T恤胡鬧一番。不過總體而言，我那時所認識的非洲，陽光普照而可愛，是溫柔、綠色的一片空白，其中裝了低矮的平頂樹木和濃密的樹叢、嘎嘎抱怨的鳥兒、吃吃傻笑的孩子、紅色小徑、猶如剛出爐的棕色絕壁、龜裂卻堅硬且讓人永誌不忘的藍色山丘、身上綴著條紋或斑點的動物、長著黃毛與尖牙的野獸，以及各色人種：從面色紅豔、穿著及膝長襪與短褲的農民、紅棕膚色的印度人，到一張張臉龐黝黑發亮的非洲人，而色譜的最遠端，是膚色黑得發紫的人。支配非洲樹叢的聲音，不是象鳴，也不是獅吼，是斑鳩的咕咕纏綿。

離開非洲後，事情不斷出錯的消息爆發開來：上帝旨意的貫徹、暴君法令的行使、部落戰事與傳染病、洪水和饑饉、難以取悅的政治委員，還有十幾歲就拿著斧頭亂砍的小軍人——「長袖？」這些孩子一面譏笑、一面砍下對方手掌；「短袖」表示砍下整條手臂。那兒死了一百萬人，多數都是一九九四年盧安達大屠殺中喪生的圖西人[1]。紅色的非洲路依舊，但摩肩接踵擠在路上的人，卻成了衣衫襤褸、背著包袱的逃亡難民。

新聞工作者對這些非洲人一直糾纏不休。在編輯的刺激下，新聞從業人員餵給大眾他們渴望看到的景象：地球上野蠻行為的證據；記者站在因飢餓而渾身顫抖、神智不清、只剩最後一口氣的非洲人身邊，透過電視新聞，向那些深陷在沙發中一面大口猛嚥垃圾食物、一面睜眼盯著這幅可怕畫面的人群，吟誦著這樣的內容：「這些人」——導播指示攝影機對著這死前的喘嗚做出特寫鏡頭——「這些是**幸運**的一群。」

我總在想，說這些話的是**誰**？不過，或許在我離開非洲後，那兒就起了一些變化？我想找出答案。我計畫從開羅到開普敦，從頭走到尾，看看頭尾之間的一切事物。

現在，非洲的消息就和謠言一樣嚇人：有人說那兒是絕望之地——糟透了、殘暴、飽受傳染病折磨、饑荒、無藥可救、在劫難逃。**而這些人竟然還是幸運的一群！**然而我想——既然我有大把的時間，而且沒有壓力——或許可以把點和點之間連起來，橫越邊境，去看看非洲內陸，而不是在首都之間蜻蜓點水，只接觸到猛獻殷勤的導遊。現在的我，沒有任何參觀野生動物公園的欲望，儘管旅程中還是會看

---

1 圖西人（Tutsi）：圖西族是中非盧安達與蒲隆地（Burundi）兩國的三大種族之一。另外兩大族分別為屬於矮黑人的土娃族（Twa）與源自於班圖族（Bantu）的胡圖族。一九九四年的盧安達大屠殺，是盧安達主要人種胡圖族所掌控的政府意欲完全滅絕人口占該國少數的圖西族而發生的慘案，反對這項種族滅絕行動的胡圖人也成為政府屠殺的對象。

到。薩伐旅（safari）這個史瓦希利字，其意是旅行，與動物毫無關係，某人「正在薩伐旅」的意思，只是指離開了，而且聯絡不到。

暫時失聯的完美長途旅行之地

身在非洲且讓人聯絡不到，正是我想要做的事。想要消失的冀望驅使許多旅者出走。如果對在家或工作時的等待已厭倦至極，那麼旅行是最完美的解決方式：改變一下，讓別人等你吧。旅行是一種報復，報復你必須等其他人轉接電話、必須在語音信箱中留言，報復不知道對方的分機號碼，報復所有的工作時間你都在等待中度過——這種報復是歸巢作家的刺激品。只不過，一直等待也是種人類狀態。

我想：讓其他人去解釋我在哪兒吧，因此腦中勾勒出了下列這段對話。

「保羅什麼時候回來？」

「我們不知道。」

「他在哪兒？」

「我們不太清楚。」

「可以聯絡得到他嗎？」

「不行。」

在非洲樹叢間旅行，也是對行動電話、傳真機、電話和報紙的報復，以及對現在所有想把諂媚之手伸向你的人因全球化而如願以償的這種愈來愈讓人毛骨悚然之局面的報復。我渴望變得讓人無法唾手可得。庫爾茲先生儘管病入膏肓，卻依然像動物般試著爬離馬婁的河船，逃回叢林[2]。我懂那種感覺。

去非洲，有最崇高的動機——發揮探索之心，卻也存在著最不體面的理由——僅僅只是想消失、想逃，但其中夾雜了一點**有膽你就來找我**的暗示。

家已成為一種常規，而常規總是讓時間飛逝。我成為困坐在這種庸庸碌碌常規中的一個標靶：大家知道何時打電話給我、知道我何時會坐在書桌前。我的作息規律得有如朝九晚五的上班族，但這正是我所痛恨的生活形態。我厭倦了大家打電話來糾纏不休、央求人情、開口借錢。如果在一個地方待太久，他們就會開始在我身上訂下他們的最後期限。「二十五號以前我要這個……」或「請在週五前看完這個……」或「試著在週末做完這個……」，再不然就是「我們星期三通個電話討論……」，**打電話給我……發傳真給我……寄電子郵件給我……隨時都可以打我的手機找到我，這是我的手機號碼**。

在傳達毫無障礙的世界中，每個人似乎都隨侍在側，在我眼裡，這簡直是全然的恐怖。我想找個沒有人聯絡得到我的地方……沒有電話、沒有傳真機，甚至沒有信件的遞送，完全失聯的美好舊世界；簡言之，一個可以遠遠離開的世界。

我只需要走開。我喜歡不需要徵得他人同意的事情，事實上，我的家居生活瑣事也已變得平庸無奇——每天晚上保羅太太下班回家時，保羅先生都會在家。「我做了義大利肉醬……我把鮪魚燒焦了……我正在洗馬鈴薯……」穿著圍裙的作家，正汗流浹背地準備著他的貝夏梅白醬汁[3]，而且總是與電話距離咫尺。我責無旁貸地接聽電話，因為電話鈴就在耳邊作響。

---

2 生於波蘭、後入籍英國的小說家約瑟夫・康拉德（Joseph Conrad，一八五七—一九二四）的中篇小說《黑暗之心》（*Heart of the Darkness*）中的人物。

3 貝夏梅白醬汁（Bechamel Sauce）：據傳是法王路易十四的御廚所創，現為法國基本醬汁之一。主要原料為牛油、麵粉、牛奶和乳酪。

我想退出。大家總是說，「弄支手機……用聯邦快遞……申請一個免費電子帳號……到網咖去坐坐……來看看我的網頁……」

我一律回覆多謝費心。我要出走的重點全在於逃離這些東西——完全失聯。旅行最正當的理由不是進修，而是演出消失的戲碼，失蹤得完全不露痕跡。就像哈克[4]說的，溜到印地安區[5]去。

非洲是讓人可以在地球上消失的最後聖地之一。我要的就是這個。讓其他人等吧。我等太多次了，也等太久了。

我要走了，我這麼想。我瀏覽的下一個網站將是中非以鳥為食的有毒蜘蛛網站。

然而動身前往非洲這件事，卻引發了一種病態的現象，那就是大家開始對此表示哀悼之意。他們說你要去危險的地方，然後朋友的關切電話接踵而至，活像我罹患了什麼可能致命的嚴重疾病。只不過，這些話對我卻有莫名的鼓舞作用，簡直就像預先演練了我的死亡般振奮人心。大量的眼淚！大量的追悼者！同時，無庸置疑地，還有大量的人嚴肅地吹著牛，「我早就叫他不要去。我是最後一批跟他說過話的人。」

我已抵達下埃及[6]，準備朝南前進，心中懷著一貫的旅行情緒——冀望著如畫的美景、預期著苦難的發生，並準備迎接糟糕的過程。快樂是可遇而不可求的，因為儘管希望能開開心心，但那畢竟也只是旅行中的瑣事。非洲似乎是最適合長途旅行的完美之地。

4　哈克（Huck）：是美國作家馬克吐溫筆下的人物，有屬於他自己的歷險記（Adventures of Huckleberry Finn），但大多數台灣讀者都是透過他的好朋友湯姆（Tom Sawyer，《湯姆歷險記》〔*The Adventures of Tom Sawyer*〕的主角）才認識他，但兩本書之間，並無一定的關連。哈克是個懶散但心地善良的傢伙，過著簡單的生活，常常睡在大桶裡。

5　印地安地區（Indian Territory）：即今天的奧克拉荷馬州。

6　埃及北區，包括尼羅河三角洲。

第二章　世界之母

開羅報上的氣象預測小框框裡寫著**沙塵**。我在二月的料峭寒天抵達開羅，一個颳著多沙的風、天色棕灰的日子。第二天的氣象預報依舊不變——沒有氣溫的預測，也沒有晴時多雲偶陣雨的描述，只有兩個字，**沙塵**。這是人類在火星上所期待的氣象預報。話又說回來，開羅（人口一千六百萬）：一個空氣混濁、交通狀況恐怖的城市，不但注定成為一個適合居住的城市，這兒親切的人民及躺在黃棕色穹蒼下的黃棕色平靜大河，還讓這兒成為一個相當令人愉悅的城市。

觀光客參訪埃及已有兩千五百年的歷史——希羅多德（生卒年約西元前四八〇—四二〇年）是第一位有系統的觀光客。他深受埃及地理與遺跡吸引——同時也為他的《歷史》（*History*）蒐集資料，這部巨著的第二卷，全都是有關埃及的叢談。希羅多德的足跡遠至第一瀑布（the First Cataract），也就是今天的亞斯文。後來埃及的觀光客變成了希臘人與羅馬人，他們盜墓奪穴，偷了所有可帶走的東西，僅留下今天仍然可見的塗鴉。較大的建築物一樣無法倖免，兩千年來，這類的物件——主要是方尖石碑——被拖至別處重新豎立，供人瞪眼猛瞧。方尖石碑是奉獻給太陽神的貢品，但沒有人弄得清楚這些石碑的意義。埃及人稱之為帖克黑努（tekhenu）；希臘人則因其看起來像串烤羊肉的小鐵叉，而重新命名為烤羊肉叉（obeliskos）。

第一塊被盜取的方尖石碑，在西元前十年重新挺立於羅馬，羅馬接著又豎了十二塊。一八四〇年，德國烏爾姆的一名修道士菲利克斯．法布里[1]行至埃及，沿路記筆記。他在亞歷山卓所素描的一塊方尖石碑，如今站在紐約中央公園裡。秉持著同樣的掠奪精神與搜尋戰利品心態的墨索里尼，也從衣索匹亞劫取了一塊西元前四世紀的方尖石碑——亞克夙姆方尖石碑[2]。這塊寶物現在昂首於羅馬聯合國食物與農業組織之前，靠近喀拉凱拉。十七、八世紀歐洲戰事四起，旅行變得困難重重，埃及因此被視為安全且饒富異國色彩的旅行標的。埃及代表東方、代表異國風情，也代表了感官享受與異教信仰。十九世紀初，有人解開了羅塞達石碑[3]上的密碼，該遺跡讓埃及文字的祕密昭然於天下，此後，大家開始對埃及古物學嚴謹以待，而這項發現同時也點燃了埃及熱，旅者、寫作者與畫者蜂擁進入尼羅河河谷，追尋這份異國情調。

即使在那個時代，埃及遺跡就已經好幾千歲了。埃及人從未離開過埃及，雖然曾接受阿拉伯人統治、受到回教影響，名義上也被法國人、英國人及土耳其人征服過，而且家鄉也曾是歐洲戰事的戰場，但埃及人始終種他們的田、捕他們的魚，繼續住在他們殘破的神廟和陵墓邊圍。尼羅河是上天賜予他們的恩寵。他們將遺跡視為某種採石場，某種可以拆解來建蓋新房、新牆的建築材料儲備堆。外國士兵也如法炮製，他們入境隨俗地駐紮在古代聖殿之上——所有不適合法國或英國騎兵戍衛的神廟，都強徵來當作軍隊牲畜的棲身之所。

自始至終，當外人掠奪、踐踏、撕裂埃及時，埃及人繼續當他們的埃及人。法老王時代，埃及人養成了擊退敵人、推翻入侵之徒或甚至將任何膽敢闖進他們王國者當成奴隸的習慣，然而自從希羅多德後，埃及人開始歡迎外國人，這種歡迎態度雜揉著揶揄、發自內心的威嚇、挖苦的幽默、洋溢的熱情，以及讓我聯想到那些試著與我發展親密關係到足以掏空我口袋者的一種不誠懇之親近感。

「先生、先生！我的甭友，你是從哪個國家來的？美國第一！我的甭友，你跟我來……我的房子。你來。先生！」

在開羅，纏人與殷勤間的差距僅一條細線——事實也的確如此，兩者常常都等於同一件事，而且埃及雖乞丐眾多，卻鮮見竊賊。埃及人似乎和藹可親得令人驚訝。你或許以為某個政府部門曾向他們簡報過開玩笑的要領，其實不然，他們只是餓了，拚了老命地讓自己看起來親切、清新。他們想要賺幾塊錢的意圖明顯，不過他們至少還擁有帶著微笑來賺你錢的優雅。

「你今天還不會說阿拉伯話，」計程車司機阿米爾這麼說，「可是明天你的阿拉伯話就棒的不得了了。」

---

1 菲利克斯．法布里（Felix Fabri）：十五世紀自德國出發到西奈山朝聖的道明會（Dominican Order）教士。法布里教士的這趟旅程時間，約在一四八〇至一四八三年間。他在一四八四年把途中所記彙集成書，稱為「奉獻使徒書」（*Epistle Dedicatory*），書中除了描述旅途中所見所聞，還提到他如何履行自己對烏爾姆道明會修道院（Dominican Convent of Ulm）其他教士兄弟的承諾，忠實而精確地記下親眼所見和親身經歷的事物。

2 亞克夙姆方尖石碑（the Obelisk of Axum）：具兩千五百年歷史的花崗岩方尖石碑，高二十四公尺、重一百多噸，是古衣索匹亞文化時期的亞克夙姆王國（Axumite Kingdom）於西元前四世紀左右刻造完成的方尖石碑。石碑底部為長方形，其中一面還刻有一扇假門。碑身刻著一扇扇小窗，而小圓盤的圖案則遍布各處，直到碑頂。碑頂呈半圓形，以前人們都以金屬框架圈圍。這個石碑的造型象徵著引向天堂的高塔。

3 羅塞達石碑（Rosetta Stone）：一七九九年一位法國軍官在尼羅河口羅塞達城附近發現的一塊黑色玄武岩斷碑石板。碑石上刻有一段托勒密五世時的碑文，珍貴的是這段碑文同時用象形文字、民用文字（Demotic Script）及希臘文三種文字銘刻，從此開啟了解讀古埃及文的熱潮。一八二二年，法國專門研究埃及風俗與制度的考古學家商博良（Jean Francois Champollion，一七九—一八三二）宣布解讀成功。

在觀光客數不勝數的偌大城市裡，每個人都喋喋不休。阿米爾後來教我說阿拉伯語的請、謝謝和對不起。我已經知道**因夏拉**（Inshallah）這個字了，意思是「如蒙真主庇祐」。

「現在，教我怎麼說『不，謝謝你——我不需要。』」

阿米爾照做了。下車前，他堅持我第二天再僱用他。

「不，謝謝你——我不需要。」我用阿拉伯語對他說。

他大笑，不過想當然耳，他依舊纏著我。

「我的名字古達（Guda）。跟荷蘭乳酪[4]一樣。」另一位計程車司機這麼說，「這不是豪華轎車——不用一百鎊[5]。這只是車子，只是黑白的計程車。可是乾淨。很快。漂亮的司機。」

整趟車程中，他叨叨不停地要我僱用他整天。這就是開羅的主旋律。你一旦被人盯上，對方就絕不放手，因為一放手，你就會溜掉，而他們這天就得被迫四處閒蕩再去找乘客。生意非常差。不過我把這種纏人的功夫看成另一種久遠的文化遺物，就像埃及人賣給觀光客的人面獅身石膏像、西洋棋及駱駝鞍一樣，纏人的功夫是另一種家鄉古董，在數百年的歲月中洗鍊出光澤。

每當遊客更接近埃及人嘴裡念叨不止的遺跡、金字塔與景觀地點時，他們就打算請君入甕，而且這些人全是專家，就像胖嘟嘟、臉油油、穿著中國製尼龍夾克的穆罕默德．卡布里亞（Mohammed Kaburia）一樣。當時正是吉札的日落時分。我想在這樣怪誕的塵光中，去看看金字塔和人面獅身。

「馬只要二十塊——你來，我的甭友。你看沙芬奇斯！我帶你進去金字塔，你看房間，摸木乃伊。」

我掏出了二十塊埃及鎊。我們上了馬，然後出發，漫步穿過古牆邊的垃圾。

「你等一下付錢。嘿，你有幾個老婆？我有四個——兩個埃及人，兩個英國人。我讓她們忙得不得了！」

「不在話下。」

「你是個君子。從你的臉上就看得出來。」

「二十埃及鎊，沒錯吧？」

「不對，不對——二十塊美國錢。看沙芬奇斯。摸木乃伊！我的甭友，他讓我這樣做。他認識我。也許你要買照片。紙草紙。珍珠母盒子。」

「你剛說二十塊埃及鎊。」

「我說『二十塊』。你聽我說『二十塊』？用信用卡！」他的身子朝我傾過來鞭打我騎的小馬。「讓馬跑步。下禮拜見。赫！」

他拿出一支手機，用粗短的手指戳著按鍵，然後對著手機吼，接著又對我說，「這是我的電話。『哈囉、哈囉！』就要兩千塊。馬五千塊。阿拉伯馬要兩萬塊——也許三萬塊。錢！你給我小費。」

「錢、錢、錢！」

「美國——最棒的國家！美國錢——最棒的錢！」

我們兩人的馬踩著慢跑的步子往前行，先是走上一條滿布垃圾的泥巷，接著在薄暮籠罩大地時往下走，儘管路上有水坑，穿著長服的男人與長袍的婦女走路時仍威嚴尊貴，小孩則朝著坐在馬上的我尖聲大叫。

---

4 其實是高達（Gouda），而不是古達。高達是荷蘭的一個省分，生產全國百分之六十的乳酪。高達的乳酪屬全脂乳酪，圓餅型的外形，車輪大小，從半公斤到三十六公斤都有。

5 這章的「鎊」，除非註明，否則全都是指埃及的幣值「埃及鎊」。一埃及鎊約是一．八五台幣。

「你給我美國錢。我帶你進去金字塔。」

「錢、錢、錢、錢。請不要再說錢了。」

穆罕默德一面對著他的手機咆哮、一面用腳跟朝他胯下坐騎的肚子戳，同時還用韁繩鞭打馬兒的側腹。他引導我穿過吉札金字塔圈地的周邊圍牆，緊連在圍牆邊的，是一個由占地自用的居民與貧民窟住戶所組成的破落區。在埃及，每面牆都會引來垃圾車、丟棄的瓶瓶罐罐、撒尿的人、貓貓狗狗及一等一吵鬧的孩子。

穆罕默德簡直陷入了自己的挖苦狂熱之中，「美國——強大的國家。第一名的國家。我的甭友，小費！你買紙草紙……你在金字塔裡照相……看沙芬奇斯像。」

唉呀呀，全都是為了錢。

然而，儘管他挖苦、纏人、欺騙，但這趟發生於吉札正午過後沒多久的馬背之旅卻美極了。我們快步穿過臭氣熏天的後巷，泥巴中有垃圾、瓶罐與不斷從樓上陽台丟下的尿壺，外加意思很可能是「小心！水來了——」[6]的大聲吼叫。炭盆裡的火所冒出的煙、眾人溺尿的牆所泛出的臭味、塗鴉、塵堆、破磚塊、烤過的泥，讓這個破落區老朽、衰敗、破碎得有如五千年前烘焙出來的全麥麵包，正要被打回原形，還原成麵粉碎屑。然而，我愛騎著馬穿越這片昏黃的薄暮中；我愛就這麼扯開滲著食物味、煙霧味和垃圾味的空氣；我愛在坑洞中磨蹭前行，聽著喚拜者的呼喊、狗兒的吠叫，也愛看孩子追逐著我胯下這匹悲慘小馬——美麗的夜空穿透塵茫茫的雲及被扯成條狀的亮黃與深藍而出。比我想像中小的金字塔，其褐色之深、波紋之多、圖案之幾何，讓整個建築看起來猶如厚紙板堆疊出的巨大摺紙藝術品。

「沙芬奇斯。」他邊說邊搖動著手臂。

埃及人發不出希臘語「人面獅身」（sphinx）的音，但是希臘人用的這個字也不正確——異想天開的希臘人把這個雕像和他們自己的神話生物聯想在一起，然後竊為己用，與阿拉伯人的作法無異。

「你怎麼稱呼這尊雕像？」

「他的名字叫做阿布—艾爾—霍爾（Abu-el-Houl）。」穆罕默德說。

然而這個名字也只是阿拉伯人對恐怖之父（Father of Terror）的暱稱。其實這個謎樣的生物名為拉—赫拉克提（Ra-Herakhti），意思是太陽神的現形，圖像取自獅身與四千五百年前埃及締建時期的國王卡佛雷（Khafre）之貌。**色樹伯．安克**（Sesheb ankh）或「生存之像」（living image）才是古埃及對這類雕像的稱謂。

我貼著馬鞍，抬眼望過薄暮，目光定在那張歇息於易碎前爪上、磨損不堪又沒有鼻子的臉孔上，這尊巨像有如一尊經過雨水沖刷的沙雕。

人面獅身像由於是黎明的化身，所以面朝東，也正因如此，安身在塵雲中的太陽，是落在這尊雕像的正後方。你無法從某些刻畫人面獅身像的畫作中得知這點。然而，埃及遺跡實在太有氣氛了，以致觀者很容易受到影響，進入混沌不清的真實當中，過度興奮的旅人也是因為相同原因而看到了比實體更多的東西。幾乎沒有任何一張描繪人面獅身像的畫作是真實的呈現，即使是大衛．羅伯茲[7]這位對中東細節一絲不苟的先生，對人面獅身像也做出了渴切的表達，而且為了效果，還讓這尊像面對錯誤的方向。

6 Gardlyloo.（gär'dè lòo）：蘇格蘭人從樓上窗子向下倒水時，用來警告路人的呼喊聲。

7 大衛．羅伯茲（David Roberts）：一七九六—一八六四，蘇格蘭藝術家。是第一位用素描描繪古埃及紀念碑的英國藝術家。他在埃及與近東地區所完成的作品，不僅有素描、水彩等不同形態，產量也多，其中許多作品後來由版畫家路易斯．海格（Louis Haghe）製作成版畫作品流傳。

早期的畫家賦予人面獅身一張厚唇與一對凝視的大眼，而畫家旅者維凡德・戴農[8]則描繪出一個長了黑人臉與投射出一種詫異注視的人面獅身。

「我看過的畫作中，沒有一幅傳達出正確的認識。」福樓拜這麼寫，他說的很可能是事實。然而當他一八四九年終於安全抵達埃及時，不僅複述了阿拉伯人告訴他的那個名字，阿布・艾爾—霍爾，恐怖之父，還在日記中這麼記載，「我們在人面獅身像前駐足；他用駭人的凝視盯著我們瞧。」只不過他也提到，在他眼中，這尊像看起來像隻狗，「哈巴狗的鼻子，破爛不堪，」福樓拜的朋友麥克沁・杜・坎普[9]宣稱，人面獅身像「如果從後面看，有如一株巨菇」。在馬克吐溫的巡迴旅行中，人面獅身是他唯一未加嘲弄的景象。輕鬆的《老傻瓜海外遊記》（*The Innocents Abroad*）對人面獅身有相當獨特的描寫，在馬克吐溫這部敘事形式奔放的作品中，是相當罕見的現象。他在書裡熱情地談論，甚至言無不盡地吐露自己對這個東西的研究。「如此悲傷、如此嚴肅、如此渴望、如此堅忍……這是將追憶揉進了可見的實質形體之內……（而且）……向人展露某種當他決定站在神明面前時，所可能產生的感覺。」

這就是旅人的杜撰能力——我看到了，你卻沒見到，因此我有誇大的特權。馬克吐溫告訴我們，他是如何渴望見到人面獅身像，不過至少之前他還看過照片。福樓拜曾看過人面獅身的畫作，但從未看過照片——當時也沒有照片給他看。事實上，麥克沁・杜・坎普宣稱自己是第一個替人面獅身拍照的人。一輩子沉浸在福樓拜作品中的傑佛瑞・瓦爾[10]注意到這些人不但可能是最後、而且也可能是重新以這種方式看人面獅身像的歐洲人。然而，與網路和現在資訊時代所能摧毀旅行當中發現之樂的規模相比，照片對一個地方所產生的視覺享受破壞，簡直就是芝麻綠豆。

旅行中的杜撰與喬治・路易斯・波赫士的觀點異曲同工，其詩作〈快樂〉（La Dicha），完美遊蕩著這樣的概念，我們與這個世界相遇時，「一切都是第一次。」正如「每個擁抱女人的男人都是亞當」或「每個在黑暗中擦亮火柴的人都是火的發明者」，每個人第一眼看到的人面獅身，都是一尊簇新的雕像：「在沙漠裡，我看到年輕的人面獅身，剛剛才雕塑完成……所有的事情都是第一次，卻是那種永恆的第一次。」

遺跡特別會引人杜撰；因為遺跡都不完整，所以我們在自己的想像中填滿殘缺、成就完整。那天下午稍晚，我遇到一個長了張鳥嘴臉的男人，他衣著襤褸，看起來愛喝酒又落伍頑固、邋里邋遢，是那種會讓人誤認為高齡老太太的學究。他向我晃著他的藝術史證書，用無聊、傷感、賣弄學問的語氣說：「大家都太過高估人面獅身了。」人面獅身可以是個被人轉化成屬於自己的一部分或某種更偉大事物的完美物體，然而在這個埃及人眼裡，人面獅身也可以是個無關痛癢的東西。

穆罕默德說：「你給我錢。我給你看木乃伊。你可以摸！」

「拜託不要再說錢了！」

他笑了，但接著又喋喋不停地繼續說，我左耳進右耳出，並不太在乎他說了些什麼，我自己也在笑。我感到莫大的快樂——馬兒、光線、頹敗、遠古的形態，還有孩童的笑聲——這成為我旅行生活的

8　維凡德．戴農（Vivant Denon）：全名Dominique-Vivant Denon，一七四七—一八二五。這位素描家、雕刻家、作家、旅者，同時也是外交使節、收藏家及博物館館長的奇人，是拿破崙時代最重要的藝術界泰斗之一。他管理過的博物館，包括當初名為拿破崙博物館的羅浮宮博物館。

9　麥克沁．杜．坎普（Maxime Du Camp）：一八二二—一八八一，法國作家、攝影師與記者。其足跡曾遍及埃及、巴勒斯坦與敘利亞，很可能是最早的旅行攝影家。他曾簡單地提到自己選擇攝影的原因，「我發現自己以前的旅行，浪費了太多寶貴的時間在畫下日後忘了也無所謂的建築物與景致……我覺得我需要一個精確的器具來記錄我的印象……」

10　傑佛瑞．瓦爾（Geoffrey Wall）：英國約克大學英國與相關文學系教授，一九九二年翻譯福樓拜的《包法利夫人》（*Madame Bo*）、二〇〇一年出版《福樓拜的一生》（*Flaubert: A Life*）。主要研究範疇為莎士比亞、傳記與書寫生平文學、福樓拜、佛洛伊德與精神分析。

一個頓悟。

我下了馬，牽著牠朝人面獅身更走近一些，這時有位婦人走過來，比著手勢問我是否願意幫她提起一個沉重的塑膠籃。我舉起籃子——真的很重，大概有四十磅——騎在馬上的穆罕默德待在原地嘲笑我——我把大籃子放到這位婦人頭上時，她曲身以就。這名婦人無法獨力舉起籃子，卻可輕易頂在頭上行動。

騎回馬廄的路上，穆罕默德開始在我前面大吼小叫，音量比之前更高。

「看！看！看那個男人！」

有個穿著白袍的年輕男人站在牆邊，頭上頂著纏成一團的頭巾。

「他不是埃及人！他是蘇丹來的！我知道，我知道——因為他的臉！他從那兒來的。」

穆罕默德揮著他的臂膀，指著遠處——南邊，蘇丹的方向。

「黑人！」他咆哮著，在下埃及，黑是非常新鮮的經驗；他策馬向前。「黑人！」

無止境的等待

遊至埃及南部時，我想進蘇丹看看。我並沒有蘇丹簽證，而且對美國人而言，要取得簽證，困難重重。這不難理解。美國以蘇丹製造反美核武為藉口，讓柯林頓總統下令空襲（有些人認為這是美國總統為了扭正蒙妮卡．魯文斯基緋聞案所造成的負面形象，以及讓自己看起來既果斷又有總統樣，儘管此舉代表可能有犧牲人命、海外房產被夷為平地的風險）。他成功地在一九九八年八月摧毀了喀土木外緣的製藥廠。那次攻擊的彈坑將排進我的行程中。自從投下那一堆炸彈後，美國就再也沒人有興趣過問。我們可能受到炸彈攻擊的想法讓大家變得歇斯底里，但我們在其他遙遠小國投下的炸彈，卻是幾乎不需要擔負後果的小品，因為那只是我們的事件製造工廠——白宮——的另一齣公關戲碼。

「我想要看看彈坑，」我在蘇丹大使薩里．瑪夏蒙（Salih Mashamoun）位於開羅的辦公室內這麼告訴他。瑪夏蒙大使是位開朗、有教養的人，曾擔任過蘇丹駐越南大使。他說他是努比亞人，家鄉在北蘇丹，從小到大說的都是努比亞語。

「努比亞語和阿拉伯語相似嗎？」

「兩者毫無關連。那是真正的法老語言。」

他認為努比亞人才是真正的埃及人，當初殖民者為了隔開埃及與蘇丹而劃定邊境時，把這件事弄錯了。與他的一席談話，勾起了我想去努比亞的念頭。

「在那兒，如蒙真主庇祐，你會找到比埃及境內更雄偉的金字塔與遺跡。努比亞是埃及文化的源頭。你一定要去看東格拉與梅羅伊。還有上尼羅河區、努比亞墓。」

可是我得先取得簽證。多次造訪蘇丹大使館，連門房都認得我了，三次登門後，他只揮了揮手就讓我進去，無需任何人陪同。我直接上樓進入大使辦公室，當我朝門內探頭時，大使招手讓我進去，並力邀我坐下來聊聊。他請我喝茶，對我說喀土木尚未回覆我的簽證申請。

「然而，或許，如蒙真主庇祐，簽證會發下來。」

「我該怎麼做？」

「你可以重新申請。不然去見庫拉席先生。他是領事。」

庫拉席．沙磊．阿莫德先生（Mr. Qurashi Saleh Ahmed）瘦瘦的，傻笑不斷，完全沒有官架子的他，手上老是搖著一根雪茄，身邊則總有一位男秘書不斷向他吼叫。庫拉席先生對著祕書吐了口煙，沒有任何回應。

「沒有收到喀土木的傳真。」

「也許明天就收到了。」

「**如蒙真主庇祐**。」

有人在我的旅程之初就曾提醒過我，「如蒙真主庇祐」這句話蘊含著兩個彼此牴觸的意義，實在對我幫助很大。那兩個互相牴觸的意思為：「我們希望」及「別指望」。

庫拉席先生說：「你可以重新申請。」

官方人員在這種狀況下的懶散態度總是引我思考：他是不是要小費？我無所事事地等著，不曉得該怎麼開口行賄，也不知道該如何行賄。

我把庫拉席先生拉到旁邊，對他說：「這件事情上有沒有我可以使得上力的地方？」

他沒說話，當時他正好在看一封打字打得密密麻麻的信。

「也許我可以先付錢？」

他並沒有受到引誘，不過卻接下了我的申請書，並敦促我再來一趟，因為電話靠不住。「不過電話總是會修好。**如蒙真主庇祐**。」

第二天我去了，第三天也去了。同樣的計程車司機，古達（「跟荷蘭乳酪一樣」，我每天都聽到一樣的笑話）說：「我這輩子，從來沒有載過任何一個美國人進這家大使館。你幹嘛要去蘇丹？」

「去看金字塔。去跟人說話。」

「『揮』常小的金字塔！『揮』常窮的窮光蛋！」

阿拉伯語中沒有「p」的音，也沒有「v」的音。

後來我又多次造訪大使館，對於簽證一事，打算善盡人事；但在描述時，如此延宕的故事卻無趣得很。等簽證的旅人坐在大使館走廊發臭的扶椅上，大家看著蘇丹地圖、蘇丹國內景點的彩色照片、滿布灰塵的蘇丹月曆、框在相框中笑容虛偽的國家元首及不太熟悉的蘇丹國旗。古怪的官員、講電話與竊竊私語聲、來來回回的不安祕書。在這樣的環境中，一個人很容易就說服自己放棄蘇丹之行，因為這棟可怕的建築及陰沉的房間，已開始變成蘇丹這個國家的化身。

在這個禮拜的等待中，我為了打發時間，去參觀了開羅博物館，也走訪了諾貝爾獎得主納吉布・馬哈福茲[11]。上次見到馬哈福茲時，他遭到一名回教狂熱分子刺殺（行凶者最近被絞刑處死），躺在軍事醫院的加護病房中。另外我還參加了一個聚會，以及取得其他比較容易申請到的簽證。

開羅博物館內滿塞著我所要前往的非洲內陸景象，在偌大的空間與華麗的展示間裡上上下下地尋求慰藉。我注視著野生動物和巨碩棕櫚的非洲，迎望著頭戴重飾的努比亞人臉部雕像的凝望，這些全都生動呈現在博物館中的古老雕刻品、畫作、淺浮雕與雕像上。到處都是用黃金、象牙、寶石所呈現的獅子、獵豹、眼鏡蛇、飛鷹、河馬，這些不是附屬的裝飾品，全是聖像，眼鏡蛇神奈德安可[12]、木乃伊之神蝙蝠耳胡狼安紐碧斯[13]、陰險而性感的獅頭女神塞赫邁特[14]、獅身男子、白潤光滑的貓、巨大的黃金

---

11 納吉布・馬哈福茲（Naguib Mahfouz）：埃及小說家與短篇故事作家，一九八八年成為首位以阿拉伯文寫作而獲得諾貝爾文學獎的人。

12 奈德安可（Nether-Ankh）：又做 netjer-ankh。考古學家在埃及圖坦卡門國王的陵墓中挖出了一個鍍金的木刻眼鏡蛇，被稱為 netjer-ankh，意思是生存之神（living god），不是眼鏡蛇之神。

13 安紐碧斯（Anubis）：掌管護送死者進入來世的木乃伊。

14 塞赫邁特（Sekhmet）：守護統治者皇權的女神，不過相較於其他與皇權相關的女神，塞赫邁特所暗示的邪惡聯想較多。

鷹，甚至戰車與黃金打造的床，都在雕刻了鮮活河馬圖像的柱子與做成花豹形狀的扶欄間，表現出非洲主題。

漆上了藍色釉彩的小河馬、圖坦卡門國王的豹皮盾牌及全是貓科神祇的大批直立石刻貓像，對我來說，這裡就是非洲的寶庫。裡面有古怪的木乃伊，木乃伊獵鷹、何露斯[15]、神聖的朱鷺木乃伊；裹成了木乃伊的魚，還有包在布裡的鱷魚，那是因為在尼羅河孔翁伯區內，大家全都禮拜鱷魚。我想去孔翁伯看看。快樂女神、貓兒巴斯帖特[16]，全都木乃伊化，成了瘦長的紗布聖像。埃及式的感性加上對於保存的痴醉，埃及人將寵物、獎盃、捕捉到最大的魚，全都變成木乃伊，心境與膚淺程度和麋鹿獵人找標本剝製師製作標本相似——長達五尺的尼羅河鱸魚木乃伊、直直舉著尾巴的狗木乃伊，還有馬的骨架。

有人提醒我，木乃伊如何從中古世紀就被運至歐洲做為醫學之用（蒙田在他的《論食人族》〔*On the Connibals*〕中曾提到），除此之外，奧塞羅那條由一個埃及人織成的手帕，也具有魔力，因為這條手帕是「在木乃伊中染的色」。

最讓我覺得怪誕的，莫過於那隻穩穩坐著的狒狒，那是索特[17]的化身（同時也是「圖書館之神、鳥神、月環罩頂」）[18]，這隻狒狒雖然變成了木乃伊，但纏布後來卻散了開來，包住頭的布鬆了，尚未纏上布的爪子伸了出來，依舊毛茸茸的，而且還有些塵土，活像一隻在鬼屋裡走動的狒狒，脫下纏布，從蒙眼布中向外窺視，看起來既恐怖又不懷好意。

如果你打算膜拜任何東西，那麼不妨膜拜高聳在我之上的三千歲石刻塔維瑞特女神[19]，也就是「偉者」——這是一隻直挺挺地站著的妊娠河馬，大肚子圓鼓鼓地凸著，再加上人的手臂與獅子的後腿，全與豐饒和生產有關。

這些令人稱奇的東西都在蘇丹大使館附近步行可至的距離內。我想親眼看看尼羅河和努比亞這兩個地區其他類似古物的冀望，讓我繼續糾纏瑪夏蒙大使，請他發給我簽證。

「還沒有，不過或許很快就有消息了，**如蒙真主庇祐**。」大使大人如是說，「要來杯茶嗎？」

瑪夏蒙大使比其他許多人都爽朗。我參加過一家好客家庭舉辦的宴會，地點在馬迪近郊，那兒的環境相當有益健康。晚宴席上，坐在我左邊的美國女人聽到我所計畫的旅行後說：「我從來沒去過非洲。」

「我也從來沒去過非洲。」對面的美國男人也這麼說。

「可是這裡就是非洲啊。」我說。

「不對，不對。非洲是……」這個女人擺了個手勢，就像穆罕默德對努比亞男孩所擺出的手勢，意思是只緣身在此山中。這些經常參加宴會的傢伙或許沒有惡意，不過他們卻只讓我覺得喪氣。

「我去過蘇丹，」一個男人這麼說，「可愛的人民。可是路況遭透了。我懷疑你是否能應付得了？」

「你什麼時候到蘇丹去的？」

「噢，那是……」——他搖搖頭——「那是好多年前。」

15 何露斯（*Horus*）：埃及的主要天神，保護統治者，鷹頭的神祇。

16 貓兒巴斯帖特（*Baskel the cat*）：又做Bastet，貓形女神，大多為貓頭，但也有罕見的母獅頭。掌音樂與歡樂。

17 索特（Thoth）：是「比最偉大還要偉大三倍」（Thrice Greatest）的神，是智慧、音樂、魔法、醫藥、天文學、幾何學、勘查、藝術和寫作之神，負責保護法律與科學，也是書本與學習之神及眾神的審判者。

18 括號中的這句話，是作者從詹姆斯．喬伊斯（James Joyce）《尤里西斯》（*Ulysses*）第九章中借用的句子，「……索特，圖書館之神、鳥神、月環罩頂。而我聽到了埃及大祭司的聲音……」

19 塔維瑞特女神（*Tawerel*）：又做Taweret。塔維瑞特神又稱為「唯一女神」（The Goddess），是埃及最受歡迎的母性女神，因為她掌管母愛與生育，所以又是母親和孩子的保護神。

有位愛爾蘭外交官說：「你們在肯亞的人上個禮拜到喀土木與六名反對黨碰面，結果他甫離開，那六個人一個都不漏地全遭逮捕。」

聲稱埃及不是非洲的美國男人說：「尚比亞是你應該躲開的地方。尚比亞簡直就是一團亂。大家都在房子周圍築起高牆。街上也不能走。」

「衣索匹亞——告訴你，這是你應該離得遠遠的地方。那兒和埃里特里亞仍在交戰。」

一個烏干達男人說：「三月八日前別去任何靠近烏干達的地方。烏干達三月八日選舉，會發生暴亂。」

「你聽說了肯亞的愛滋病統計數字了嗎？愛滋掃光了整個社會。」

「肯亞有點滑稽。他們僱了一個傢伙調查貪污——里查．李奇[20]。他發現了一大堆貪污，結果交報告時被拉下台。」

「坦尚尼亞路況的最大問題，就是那兒根本沒有路。」

「剛果也沒有路。這就是剛果無法受到控制的原因。反正，那兒實際上等於六個國家。」

「蘇丹是兩個國家：北方回教和南邊基督教。」

「辛巴威那些強奪土地的事情好恐怖。白人農夫早上一覺醒來，發現好幾百個非洲人在他們的土地上露營，然後對他們說：『現在這兒是我們的了。』」

「有沒有人看過那本關於盧安達大屠殺的書？我告訴你，我難過得看不下去。」

「索馬利亞根本不是個國家。那裡沒有政府，只有所謂的軍閥，大概有五十個軍閥吧，全都要戰個你死我活，像黑幫一樣。」

「你知道奧加登的旱災嗎？三年沒下雨了。」

上點心了，這類的話更多，而且全朝南指向非洲大陸那顆大而無救的心臟。

一個帶有斯拉夫腔調的男人聲稱在多年前和我見過面。他變得非常友善，可惜他想不起來我們當初在何時、何地見過面——也許是烏干達，他說，在一九六〇年代。他用最親密的態度向我透露，「殖民主義只不過是減緩了必然結果的速度。這些國家和一百年前的非洲完全一樣。」

這是指非洲又回復到野蠻狀態的一種加密的殘酷說法。但話說回來，他說的也都是真的。經過了一段時間的熟悉與承諾後，非洲又落入了自己的窠臼：飢餓的人們聚在一塊由暴君統治的荒廢土地上，以及無法言語的暴虐殘暴、絕望與黑暗的謠言。

事實上，那並不是黑暗，而是全然的空白，而這片空白的空洞與遙遠，都足以讓大家幾乎把所有東西都放進去——竊盜、無政府、同類相殘、叛變、屠殺、饑荒、殘暴、疾病、決裂。沒有人能反駁你的說法；事實上，存於世的文獻、新聞、文件似乎全都支持非洲其實就只是一個蠻荒森林的說法。在這些宴會賓客的眼中，非洲這塊空白從十九世紀即是如此，是地圖上的一種白色區域，如同馬婁在《黑暗之心》中開宗明義所提。對馬婁而言，只有地圖上的空白地區才具有吸引力，而那就是非洲，「這樣說

---

20 里查．李奇（Richard Leaky）：英國古生物學家，一九四四年生。其最大的考古成就，是在肯亞北部的特康納湖（Lake Turkana）附近挖出了一副幾乎完整的九歲大男孩的原始人化石，該男孩於一百五十萬年前死亡。一九八九年肯亞總統莫伊（President Daniel Arap Moi）為了回應國際大聲撻伐肯亞盜獵象群對當地野生動物所造成的莫大影響，任命李奇領導肯亞野生服務署（Kenya Wildlife Service，簡稱ＫＷＳ）。一九九五年，李奇與一群知識分子共組沙菲納黨（Safina Party）。李奇的沙菲納黨一直受到騷擾，而且其政黨申請直到一九九七年才正式通過。國際捐助機構後來一直堅持恢復捐助肯亞的先決條件為任命李奇為內閣大臣，一九九九年，莫伊總統終於在不斷的壓力下屈服，任命李奇為內閣大臣。不過二〇〇一年，李奇又被迫辭職。

吧，最大、最空白——是我所熱切追求的。」年輕的馬婁在熱愛「白紙上令人興奮的地區」這點特質上，和年輕的康納德（小約瑟夫・柯贊尼歐斯基[21]）完全一樣。

我並未因這些人言語中顯見的無知而驚愕。他們的悲觀似乎讓非洲充滿了矛盾與未知，但也因此更值得一去。這些人的話，是大家不斷提及的事情：非洲真是恐怖！然而這個情況，事實上也證明了非洲地圖上的特點已完全模糊、褪色到一種全部又成為空白的境界。馬婁繼續說著該是他出發到剛果的時候了，因為非洲「早已不再是一塊快樂神祕的空白之地——不再是男孩子開心夢到的一塊空白之地。那兒早已成為一座黑暗的宮殿」。

令人眼盲的空白與模糊的黑暗，指的其實是同一件事情：**未知的領域**。這其中還蘊含著某種詩樣的邏輯。《白鯨記》裡，白色代表邪惡。因此，這趟旅程中，我腦海中的圖像，會是一塊燒得什麼都不剩的蠻荒，沒有深遠意義的生命，也沒有承諾；是一塊讓我顛躓在某顆暗星之側的絕望大地，而大地上滿是掠食者。

我並不惶恐。旅者的自負就是他將埋頭走進未知。最好的旅行是黑暗中的一躍。如果是個熟悉又友善的目的地，有什麼好去的？

烏干達故往

依然在下埃及，在非洲大陸上與開普敦相反的阿拉伯角落中，我有各式各樣的機會和黑色的非洲相遇，那是一個更大的大陸魅力所散發出來令人難以按捺的聯想，非洲人的臉龐有時與非洲面具雷同得令人無法分辨差異。

下榻旅館位於獅身人面的影子下，我就在旅館與開羅市中心的蘇丹大使館間閒蕩；博物館、咖啡店、買書與查證事實的大學，還有馬迪的宴席與文學性的聚會——我遇到高瘦的蘇丹人、見識到努比亞人無聲的警戒，也看到了美麗的大型動物——獅子、大象、獵豹——全雕在棺材和床架的粗體浮雕之上。有時聽得到鼓聲，那是夜空中的一種切分音；有時聞得到桑吉巴尼丁香（Zanzibari cloves）的芬芳、肯亞咖啡的香氣，又或者只是廢物堆上裂開的茶箱氣味，箱子上印著**茶—烏干達**的字樣。衣索匹亞人與西非人在開羅市場上向觀光客兜售雕刻品，除此之外，因為麥加朝聖即將展開，而開羅又因位居通往沙烏地阿拉伯的吉達及聖地途中，所以我已習慣看到那些帶著冷笑、骨架嬌小的吉布地和索馬利亞人，以及穿著長袍從馬利、查德、尼日等地來的回教徒，還有全身覆在白袍之下、來自於廷巴克圖的芳族[22]、朵崗族[23]和馬利的上師，他們都在準備踏上朝聖之旅。整個非洲的代表都聚集在此，就像這兒是個廣大的黑色帝國之都，而各式語言在這兒都講得通。至於我，則可以看盡各種動物、各種食物及各個人種的面容。

受困埃及，也就是在等待蘇丹簽證的這段時間，令我安心的是腦海中這個非洲影像的適切性，因為這種自覺性的心靈描述，對記者而言，就像某種勾起回憶的祕密機關，作者眼見的特色與面容恰如其分地猶如一種介紹、一種優雅的註解及不斷重複主題的小片段，而這些介紹、註解與片段，將隨著我的旅

---

21 約瑟夫．柯贊尼歐斯基（Jozef Korzeniowski）：康拉德原名，全名為Jozef Teodor Konrad Korzeniowski，請參見第一章註釋。

22 芳族（Fang）：分布於非洲幾內亞灣東部海岸的種族。

23 朵崗族（Dogon）：主要分布於馬利共和國班迪亞加拉（Bandiagara）與多溫札（Douentza）兩個行政區的種族，其中又以班迪亞加拉絕壁附近聚集的朵崗族部落最稠密。這裡的朵崗族約三十萬人左右，區內以平原、絕壁和高原三大地形為主。

程而愈敲愈大聲、愈走愈深入、愈行愈濃密，也愈來愈黑。

我需要用成就感來提升士氣，也需要善用在開羅——這個又稱為世界之母[24]的地方——的時間，於是決定申請其他簽證。我到烏干達大使館，依然請古達開車，結果完全迷失在多奇（Dokki）區內。「我從來沒有載過任何美國人到這個大使館！」

幸好那個年紀稍輕、有張圓臉的烏干達人很友善，他叫史蒂芬．穆夏納，在米登．艾爾梅沙夏街灰撲撲的二等祕書室裡工作。在開羅五年，讓他說得一口流利的阿拉伯語。穆夏納的家鄉在烏干達陡峭的西南部深谷中，是個穆奇加人，屬於巴奇加族[25]。這個部族的習俗一直讓我著迷，狂亂的舞蹈、天才獨具的梯田農業，還有他們的尿典（Urine Ceremony）——新郎所做的重婚承諾：他的兄弟將保證新郎的寡婦會有個丈夫，而且是新郎存活兄弟的其中一人。

「我哥哥死了，」這位烏干達領事說，「可是我不必娶他的妻子。」他停了一會兒，就像是在猶豫該讓我知道多少。「反正，沒多久，她也死了。」

「真遺憾。」

「我們國家的愛滋病情況很嚴重。」

「我住在那裡時，根本沒有愛滋病這種東西。」

「也許已經有了，只是大家不知道。」

「我在三十六年前離開那兒。」

「我才兩歲大！」

總是碰到這樣的反應。非洲人的平均壽命非常短，所以許多外交官都只有三十多歲，有些甚至年僅二十幾歲，在他們的記憶裡，自己的國家從來不曾是個平靜的大共和國，他們只記得自己的國家是個麻煩大本營。我從未看過這些地方在戰爭中的樣子；這些外交官中，有些自小就在戰爭中長大——烏干達從一九七〇年開始，就戰亂不斷。

「那時的日子一定很不錯。」

「非常不錯。非常平靜。」回想起來，那段期間對我而言有如黃金時代，還記得當時的朋友與同事。

「你知道阿貴．阿沃里[26]嗎？」

穆夏納說：「他是位老先生。」

阿沃里與我同年，然而在一個愛滋病嚴重肆虐的國家，他被視為長壽的奇蹟。一九六三年自哈佛畢業的他，是田徑場上的一顆明星。三十年前，阿沃里是個正在上竄的官僚，也是好勇鬥狠的首相米爾頓．歐寶特[27]的知己密友。歐寶特是個自大的北方人，掉落的牙讓他齒縫通風，他寵信一個名叫伊迪．阿敏[28]的蠢將軍。當時很有權勢的阿沃里，曾經是條打人的鞭子，也曾經是個民族主義者，家鄉在介於

24 世界之母（Umm al Dunya）：數百年前，埃及人將「世界之母」這個名字贈與開羅。今天仍有許多人沿用此名來稱呼開羅這個阿拉伯世界中人口最稠密、同時也是該區域文化中心的城市。
25 穆奇加（Mukiga）與巴奇加（Bakiga）：穆奇加是巴奇加的單數。巴奇加族為西烏干達最主要的部落。
26 阿貴．阿沃里（Aggrey Awori）：烏干達的政治人物，一九六六年起即擔任下院議員，曾是烏干達憲法制定會的成員，並參與過一九九五年的憲法制定。現任的烏干達副總統穆迪．阿沃里（Moody Awori）是其兄弟。一如書中這位烏干達外交官所言，二〇〇一年的總統大選，阿貴．阿沃里敗給了現任總統尤威里．穆瑟維尼。
27 米爾頓．歐寶特（Milton Obote）：一九二四—二〇〇五，一九六六至一九七一年間的烏干達總統。
28 伊迪．阿敏（Idi Amin）：全名Idi Amin Dada Oumee，一九二八？—二〇〇三，一九七一至一九七九年間烏干達的軍事獨裁者。阿敏掌權時，烏干達的部落衝突達到最高點，有報導指出，他執政期間所謀殺的人數高達十萬至三十萬人之間。

烏干達與肯亞邊境的一個部落，那是個連政治都重疊的地區：阿沃里有位兄弟曾是肯亞政府裡的部長。

「阿沃里要選總統。」

「有機會當選嗎？」

穆夏納聳聳肩。「穆瑟維尼[29]會連任。」

「我以前有些好朋友——非常有趣的朋友。我最好的朋友是位名叫阿波羅・西傍比[30]的傢伙。我們在馬可雷雷（Makerere）的校外部（Extra Mural Department）共用一間辦公室，然後我升了官——變成代理主任——就成了他的老闆！我以前常常戲稱他『博士』——他是政治學博士。我嘲笑他打領帶、拿公事包、愛擺架子的德行。我去參加了他的婚禮，他也來參加我的婚禮。然後就完全失去了聯絡。不曉得他現在怎樣了。」

「西傍比博士現在是烏干達首相。」

再訪馬哈福茲

在高人口密度的開羅城中，最古老的居民區或許是兩大皇殿（Two Palaces）之間的巴亞納・艾爾—夸斯拉因（Bayna al-Qasrayn），千年的驢糞、小販的貨車、沿街叫賣的少年、蒙紗的婦女、推擠的駱駝、手牽手的男人、吸著水菸槍的癮君子，全夾雜在清真寺、王子們的皇殿及滿是店家的廣場之間。店家販售的貨品，盡是不值錢的東西、銅罐鐵壺與一袋袋的豆子。

穿過清真寺美麗的門，我看到正在祈禱的虔誠信徒，他們擺出臣服的姿勢，低彎著腰跪在地上，前額猛撞地毯，就像擁抱足球的小狗。

再次為我擔任嚮導的人，是替納吉布．馬哈福茲作傳的雷蒙．史塔克（Raymond Stock）。他曾說過「所有的美好與榮耀，都是這座偉大的城市艾爾—夸西拉（al-Qahirah）的原動力」——艾爾—夸西拉就是開羅，意思是「勝者」。

有天下午我在瑟米拉米斯飯店巧遇雷蒙。他當時正和一位面色紅潤的大個子男人坐在一起，那是個穿著細直紋西裝、打著絲質領帶、胸袋裡插著同色手帕的男人。

「他是埃及總督的公子！」雷蒙這麼說，還告訴我那個人的名字。「他是位王侯！」

一提到他的血統，這位面色紅潤的大個子臉變得更紅，樣子也更像王侯。埃及總督是土耳其人而非阿拉伯人，帶著些許的勢利眼，是個十足的崇英派。

「他的家族以前曾統治過埃及！」

紅臉大個子撥弄了下他的絲質手帕，然後發了一聲噴。一九一四年，埃及總督——奧圖曼帝國的遺物——最後一次在開羅露臉，埃及成了英國保護國的那一刻，這個官銜就成了垃圾。

「保羅是位作家。」雷蒙說。

紅臉、細條紋的大個子王侯盯著我的狩獵外套、多袋長褲和拖鞋微笑。

「我剛從蘇丹大使館來，」我解釋著自己這一身灰，「他們正在改建。」

29 穆瑟維尼（Yoweri Museveni）：一九八六年上任至今的烏干達總統，一九四四年生。穆瑟維尼治理烏干達，至今將近二十年，因國產私有化、刪減政府支出與提倡非洲人自立更生而廣受西方國家稱讚，然而烏干達南部不斷的叛亂，以及介入剛果、蘇丹、盧安達、蒲隆地等鄰國內戰也讓他飽受攻擊。

30 阿波羅．西傍比（Apolo Nsibambi）：一九三八—二〇一九，從一九九九年四月擔任烏干達首相至今。之前曾任烏干達公共服務部及教育部部長。任公職前，是馬可雷雷大學社會研究機構的主任。

「保羅要去非洲。」雷蒙這麼說。

「大家都這麼說，可是這兒難道不是非洲嗎？」

王侯胖嘟嘟的面頰因開心而變得更紅潤。他話不多，可是某種閃耀的特質取代了交談。他吃完了飯，輕輕拍了拍嘴唇後起身離開，嘴裡用法語嘟囔著再見。

「埃及總督的公子！」雷蒙說。

上次看到雷蒙是六年前，那時我正進行著我的《赫丘力士之柱》之行，從伊斯坦堡搭乘一艘土耳其遊輪在亞歷山卓靠岸，船上有四百五十名土耳其人，其中包括我那幾位同桌用餐的親切飯友、費克拉特、沙利將軍及歐南。

一九九四年五月，納吉布·馬哈福茲在遭到一名回教狂熱分子刺中頸部後，送進了加護病房。沒有人對馬哈福茲的復原抱持希望，但是他卻康復了。他的刺傷癒合了，而且克服了神經傷害，從鬼門關口回來了——甚至重新開始寫作。

「馬哈福茲老爺有幾個晚上會在開羅出現。他有個類似定期聚會的場所，」雷蒙說，「我可以帶你去看他出生和長大的地方。」

這就是事情的經過。我們沿著位於迦瑪利亞（Gamaliyeh）區的皇宮步道往下慢慢走。迦瑪利亞的意思是「美麗之地」，但這兒是個嘈雜、混亂又擁擠的市郊，一個與事實反差極大的名字，卻也正是此地的魅力之一，就像稱呼一塊冰凍的荒原為綠地（Greenland）[31]，或對著一輛垃圾車猛叫蜜糖貨車[32]一樣。只不過我現在感到有趣的是人，不是垃圾滿地的街道巷弄。

我們到米登·拜特·艾爾—夸第（Midan Bayt al-Qadi）的法院廣場去看飽經風霜折磨而塵土滿面的樹，這些樹又稱為帕夏[33]鬍樹——源由於樹上所開出的毛茸茸花朵。一絲不苟的雷蒙告訴我，這些印度胡桃樹的名字是**阿比茲亞・雷貝克**（Albizia lebbek）。帕夏鬍樹是「這個複雜、擁擠又幾乎自閉世界」最引人注意的東西。

廣場上，我們經過艾爾—米斯夸（Al-Mithqal）清真寺學校（艾爾—米斯夸的意思是「鑲了亮片的東西」——一種鄂圖曼式的亮晶晶東西）、哈拉特・奎爾米茲（Harat Qirmiz，又稱為紅巷），一直走到地址是八號的屋子，那是馬哈福茲幼時的家。一九一一年十二月十日，馬哈福茲在這棟高聳但已龜裂的老舊貧民公寓建築物中出生、成長（「他以前總是從那扇窗子向外望」），為了紀念幫他接生的大夫，取了與大夫相同的名字。馬哈福茲年輕時寫下了當時的熱情——寫作的原因，包括某位特定的革命家、查理・卓別林及一名令他心儀的鄰家女孩。

「**哈拉特・奎爾米茲有一面高高的石牆，**」馬哈福茲這麼寫，經過雷蒙的翻譯，內容是這樣：

> 這兒的門鎖住了其中的祕密；如果不是從裡面看，祕密根本無從洩漏。在這兒，可以看到一個窮人的住處，乞丐在此聚集處理家務，並照顧自己的日常所需；在這兒，可以看到一個與花園共同歌唱的天堂，裡面有個接待訪客的大廳，以及款待仕女的閨房。《澳洲昆士蘭商業週刊》前的高高小窗中，有時會出現一張皎亮如月的臉；我從自己小屋的窗子看出去，眼光穿過沙丘，儘管當時年幼，卻仍不禁迷失在那美麗的魔力之中。當她經過巷口外，與我母親開著玩笑寒暄時，我聽到了優

---

31 格陵蘭（Greenland）：世界第一大島，在北美洲北部，近北極圈，屬丹麥。格陵蘭是中文的音譯，該字直譯即為綠地。

32 這是美國陸軍用的俚語，指的就是糞車、垃圾車或營房裡的活動廁所。

33 帕夏（Pasha）：埃及與土耳其對於省長或軍司令的稱呼。

美的聲音，或許這就是烙印在我靈魂上的歌之愛。法蒂瑪，艾爾—烏姆麗，童年未知的夢。

馬哈福茲還寫了關於**阿非哀特**（Afreets），也就是魔鬼，藏身於連接法院廣場和皇宮步道之間隧道中的事情，所以我們一面拍手驅走惡魔、一面慢慢走過隧道與巷弄。這些地方垃圾為患，住家的破爛、廢物與垃圾高堆及膝。對我來說，這些垃圾要比惡魔凶狠多了。

「我想再去看看馬哈福茲。」

「他今天晚上可能會在某個地方。」

開羅有一種非常老式的文藝文化，是那種還存在著派系與聚會的文化。這個城裡最可愛的特色就是所有的這種社交活動，全都是透過口耳相傳的方式完成。雷蒙打了通電話，弄清楚了在某個特定時間及尼羅河附近的某個區域，馬哈福茲會出現在某家旅館中。

我們與讓人攙扶的馬哈福茲同時間抵達，一邊一個魁梧壯漢攙著他走到樓上的休憩室，他有些衰弱，而且幾乎完全看不見、聽不見；他臉色發黃，是個糖尿病患者，不過看起來要比上次見面時健康多了，那次他在軍醫院的加護病房中，一副無精打采的樣子，這次他看起來像位國家元首。開羅的二月夜間寒涼，馬哈福茲穿著厚重的外套。

「我現在覺得好多了。」在我恭喜他刺傷復原之後，他這麼說。

他以埃及方式親吻了雷蒙，然後摸索到我的手，和我握了握手，接著坐到一個紅絲絨沙發中間開庭——他是位安靜的法官，幾乎未發一語。每個人輪流坐到他身邊，對著他那隻還有點聽力的左耳大吼，不過因為他的嚴重耳聾，所以大家似乎全在咆哮。他們或者是在對著馬哈福茲——以及整間屋子的人——自說自話，或者忙著爭論，或者念著最近才發表的文章。馬哈福茲只是聆聽、抽菸，看起來就像尊人面獅身像。

馬哈福茲藉著有如議會的儀式，來聚集這些支持者並振奮自己的精神，像個躺在長沙發上的帕夏，雷蒙這麼說。自從刺殺事件後，馬哈福茲一直非常低調，不過也刻意出門，他用這種方式向狂熱分子傳遞一個訊息，他們還沒有打倒他。

有個人坐到馬哈福茲旁邊，對他吼著一整篇他所寫的文章內容，並快速翻動早報，這時的馬哈福茲只是坐著噴他的菸，堅決而專注的眼光穿過厚重的鏡片。他傾聽時，表情幾乎完全不變，但是當他有所回應時，滿口歪七扭八的牙齒，卻帶著一抹揶揄的勝利笑容。

美國和英國才剛剛轟炸過伊拉克，聲稱伊拉克飛機在「禁航區」對著英美飛機開火。馬哈福茲群眾的看法是，雖然伊拉克是個不友善的國家，但這似乎仍像是盎格魯—美國的挑釁行為，英美擅自宣告部分伊拉克為禁區，然後蠻橫地以機槍掃射伊拉克，引發類似的攻擊當作猛烈轟炸的正當託辭。換言之，伊拉克之所以遭到轟炸，是因為自衛反擊敵方戰鬥機在自己領空的羞辱。我想回應他們，卻克制住了自己的衝動，其實伊拉克為了要美國亮出底牌，之前的確曾同意簽署禁航區的協定。

馬哈福茲對轟炸事件思索一番後，用阿拉伯語低聲說了一句，然後大笑了起來，隨即點上另一根菸。

「他說『對伊拉克發動的攻擊就像卡謬《異鄉人》裡的隨性攻擊』。」

在那本小說裡，被陽光曬到目眩的莫魯索（Meursault）射殺了在海灘陰暗處的阿拉伯人，但卻沒有任何合乎邏輯的理由。

「一如往常，美國只是單純想討好以色列。」有個男人這麼說。

「以色列是美國的一部分。」另一個男人說。

「沒錯。我們說以色列是美國的第五十一州，」有個女人說，「你的看法怎麼樣，索魯先生？」

我回答，雷蒙幫我翻譯，「我認為美國是透過以色列這扇窗去看中東。」

「對！對！」坐在馬哈福茲身旁的那個男人這麼說。

「而這是一扇相當小的窗子。」我接著說。

「多說一點。」

「這扇窗子太小了，所以無法看清每個國家——譬如，真正的埃及要比它看起來大得多、窮得多，也無辜得多了。但是以色列堅持我們透過它這面窗子看每個國家。哦，順便提一下，這並不是美國的窗子。」

當雷蒙把這些話翻譯給馬哈福茲與其他人聽時，我覺得自己被扯進了一場沒有結果的政治辯論當中。大家鼓勵我繼續說下去，但有什麼意義呢？

「這是場部落戰爭，」我說，「我不想被牽扯進去。不管怎麼樣，馬哈福茲的看法是什麼？」

「沒有人在乎我的看法。」馬哈福茲這麼說，所有人都笑了，包括他自己。

又來了更多人，一些來自亞歷山卓的作家、一位法國記者、一個德國女人，還有大塊頭的作家阿里·沙棱[34]，他有個西瓜肚，光禿的頭看起來像是拉長了的身體，還長了一張諷刺的臉。

有個男人靠過來對我說：「以色列是美國的寶寶。」

我回答，「很多國家都是美國的寶寶。有些是乖寶寶，有些是壞寶寶。」

「我們不喜歡打仗，」他說，「埃及人要和平。」

「各位先生、女士，」阿里·沙棱一面說，一面打開一大張報紙。他用手掌啪地一聲打在報上，然後一屁股坐在馬哈福茲身邊。「你們一定要聽聽這些瑰寶言論。」

沙稜不像在讀報上的文章，倒像是在誇張地朗誦，他轉動著眼睛，繼續拍打那張報紙。這是一篇他之前寫的文章，關於某些回教基本教義派分子的審判，這些人曾經攻擊馬哈福茲的小說過於世俗化。以挖苦、嘲諷回教徒闖出自己名號的馬哈福茲只是聆聽，眼睛凝視著空白的一片，手斜斜抓著正在燃著的菸，就像抓著一塊點心。

阿里・沙稜念完報後，另一個人取而代之，占據了馬哈福茲那隻好的耳朵，開始非常大聲地對著這隻耳朵狂吼。對這個男人的嘶吼完全無動於衷的馬哈福茲，繼續噗嗤噗嗤地抽著菸。

這個傢伙咆哮著阿拉伯世界的寫作狀況，他的那種高音量像是自嘲的詩文，不過也可能，甚至多半，他並沒有任何譏諷之意。

「當諾貝爾文學獎頒給了納吉布・馬哈福茲的同時，也就等於認同了傳統寫作。當文學獎頒給了賈西亞・馬奎斯時，許多的拉丁美洲作家也受到了鼓舞，開始寫書、出書。但是阿拉伯世界又是什麼景況呢？阿拉伯的文學在哪兒？什麼都沒有！」

一再聽到他人吼叫自己名字的馬哈福茲依然無動於衷。他繼續保持鎮靜。

「納吉布・馬哈福茲得到了阿拉伯文學界的第一座、也是最後一座的諾貝爾文學獎。他為所有的阿拉伯人贏得了這座獎。但是其他的阿拉伯人都得不到這座獎。」

34 阿里・沙稜（Ali Salem）：一九三六—二〇一五，曾是埃及最卓越的劇作家之一，但一九九四年訪問以色列後，就沒有任何製作人願意將其作品搬上舞台。沙稜以其高度諷刺性的機智著稱，曾任埃及文化部官職，最知名的著作為一九七一年出版的喜劇《麻煩製造者的學校》（*School of the Troublemakers*）。他發表了許多篇有關這趟旅程的短篇故事，後來集結成冊，以《以色列之旅》（*Journey to Israel*）之名出書。他的同儕作家雖然指控他是個「叛賊」，但《以色列之旅》卻在埃及狂賣了六萬多本，成為埃及最暢銷的書之一。

這個男人的尖聲不但強調了這個說法是種評論，同時也讓這場演說變得像一個粗俗的笑話。「為什麼阿拉伯文學界的其他人無法得到任何認同？」這時，這個男人的眼睛緊緊盯著我，「這是西方世界的陰謀！」

這時我又化身成了西方世界的表徵。沒關係。只要這個話題能讓這些人繼續高談闊論，我不介意，因為沒有什麼東西要比一個人的憤怒更能彰顯內心的狀態了。馬哈福茲只是聳聳肩。他似乎是個值得尊敬的諾貝爾文學獎得主——有尊嚴、多產而又想法叛逆，在這個回教國度中，他徹底拒絕故作神聖或虔誠，然而他溫和，用優雅與幽默反抗政治與宗教本質。

接著出現了更多對西方世界的攻擊——換言之，都是衝著我來——但是當他們要我回應時，我把話題轉到了努比亞。馬哈福茲許多故事的場景都設在法老王時代，所以我問他——他是否像某些歷史學家般，覺得一個在尼羅河興起的複雜文化，其實是從東非及中非開始，然後經過努比亞和庫施[35]，最後提升了整個埃及。

馬哈福茲回答，「埃及人征服了努比亞，而努比亞人回頭又征服了埃及人。」

「但努比亞人是否真如人們有時所宣稱的，是純正的法老後裔？」

「每個人都問這個問題，尤其是努比亞人。」

更多的高談闊論，更多的嘶吼，每個人都邊抽菸邊大放厥辭。

「下一場阿拉伯與以色列的戰爭一定會不同！」有個男人這樣大叫。我悄悄走下樓到酒吧去喝瓶啤酒，等我再回到樓上，他們依然在繼續咆哮，而圍在馬哈福茲身邊的人已經擴展成了一小群；我的位子也被別人占了。這樣過了三個小時，大家仍在繼續吼叫。一個星期裡，馬哈福茲有五天晚上都這麼過，他簡直把這種生活當成補藥。

「他想知道你要去哪兒？」當我告辭準備離開時，雷蒙這麼問我。

「去努比亞。」我回答。

馬哈福茲用阿拉伯語說了些什麼，翻出來的話是這樣的。

「努比亞是『黃金之地』（The Gold Place）。」努的意思是「黃金」。

與衣索比亞總領事的對話

搭火車去亞斯文之前，我依然在等蘇丹簽證，所以決定去拿張衣索匹亞簽證振奮精神。聽說取得衣索匹亞簽證很簡單，因為衣索匹亞還在跟它那個獨立出去的省分，現在已是自治國的埃里特里亞打仗——這個戰痕累累的自治國滿是戰爭留下的屍體與傷殘。沒有人要去衣索匹亞。

有些領事館很有情調——某種灰塵、舊家具和那個國家特有的菜餚所留下的繞梁餘味所形成的特色。開羅的衣索匹亞領事館就給我這種印象：褪色的榮耀、高遠的屋頂、破舊的沙發、無人打掃的地板、齋戒食物的香味、印結拉麵包[36]和辣豆發酵的氣味、阿比西尼亞咖啡濃郁又饒富的堅果芬芳，還有些老式男西裝與髒領帶的惡臭。

我受到一位禿頭正在成形的三十四歲總領事艾許特．提羅胡恩先生熱情的招待。他個子很小，頭卻大得令人難忘，前凸的寬額很適合當個外星人或數學天才，他還有雙深陷的眼睛。他告訴我七十塊美金

---

35 庫施（Kush）：埃及人對努比亞王國的稱呼，約在現今北蘇丹的北邊。

36 印結拉麵包（injera）：衣索匹亞與埃里特里亞常見的麵包。鬆軟、帶有酸味的扁麵包，常與肉和燉青菜一起食用。

可以取得一張兩年的有效簽證。

「你看！」他一面用某種苦悶的叫聲說，一面把眼睛從我的護照上抬起來。

一張衣索匹亞及周遭位於非洲東部凸角內國家的彩色大地圖，蓋住了他部分辦公室的另一面牆。

「沒有臨海的出口！」他用一種抱憾的聲音這麼說，「埃里特里亞！吉布地！索馬利亞！我們周圍全是陸地。這就是我們窮困的原因。」

「與埃里特里亞的戰爭又怎麼說呢？」

「不是我們的錯，」他說，「都是那些人。找個埃里特里亞人到這兒來，你就會知道我們在修養上的差異了。哈！」

他用橡皮章在我的護照上蓋了個戳記，卻沒在空格裡填上任何字。他的筆懸在空中，嘴裡依然對著地圖咯咯說著。

「吉布地——多小啊！德格[37]的軍人把那個國家整個搞垮了。曼吉斯圖[38]把吉布地拱手送人。埃里特里亞人只會找麻煩。索馬利亞人都是強盜。」

「現在情況穩定了嗎？」

「非常穩定！」當他強調重點時，眼睛會凸脹出來。我喜歡他的熱情。他似乎很關心我想要去衣索匹亞這件事。他反省，「當然，國王也犯了他的錯。這個國家開了倒車。」

「怎麼說？」

「封建，」他邊說邊聳聳肩，然後繼續發揮，「去塔納走走！去看看教堂！到岡達和提格雷去。那裡的女人臉上有刺青。他們都是善良的基督教徒——從西元三十四年開始，就已經是基督教徒了。他們當猶太人的歷史要比猶太人還久。到西南部去。看看莫西族[39]。赤裸的莫西人。你的名字是？」

「保羅。」

「保羅，莫西人是世界上最後一支赤裸的部族。」

我反駁這個說法，並鉅細靡遺地告訴他關於美國與歐洲這類地方天體營的事情，以及這些天體營裡的人如何能光著屁股進行乒乓球賽、飲食、聊天、游泳等活動，完全一絲不掛。

「不可能！他們就這樣上街？」提羅胡恩先生問。

「只在天體營附近活動。」我說。

「跟莫西人一樣。」

「對這些人來說，裸體和性沒有關係。那是一種健康的狀態。」

「跟莫西人一模一樣！他們問：『你們為什麼要穿衣服？』」

提羅胡恩先生試著表現出驚訝和憤慨，不過你可以看得出來，在他心裡，公開裸體的觀念實在太可笑了。「我有個朋友和一個莫西族女人照了一張相。她真的什麼衣服都沒穿！」

當提羅胡恩先生想到那位衣冠楚楚的朋友站在一個赤裸裸的女人旁邊時，他的眼睛發亮——順便提，那位赤裸的莫西族女子，雖然不太可能穿著洋裝，卻很可能在下唇戴著一個小碟子大小的唇環。

37 德格（Derg）：一九七四至一九八七年間以殘暴軍事手法統治衣索匹亞的委員會。德格這個字是阿姆哈拉語（Amharic），意思是委員會或議會。

38 曼吉斯圖（Mengistu）：德格的最高領導人。一九七七年成為國家領導人，一九八七年頒行新憲法，成為衣索匹亞第一位總統。一九九一年，德格政府被推翻，曼吉斯圖與大約三千名德格官員逃亡海外，最後辛巴威提供他們政治庇護。

39 莫西族（Mursi）：總人數約四萬六千至四萬七千人，居住在衣索匹亞的南歐摩區（South Omo Region），遊牧民族，主要牲口為牛群，在遊牧的同時，也種植高粱與玉蜀黍。

「莫西人是真正的非洲人，」提羅胡恩先生如是說，「還有其他真正的非洲人。歐羅摩人（the Oromo）、加拉人（the Galla）、沃雷塔人[40]。」

「我迫不及待地想要去看看了。」我真心誠意地這麼說。

當我們談及我的旅行和南下的路程時，提羅胡恩先生提到，「衣索匹亞只有一條南下的路，通往約翰尼斯堡的路，也是非洲最長的一條路。你只要一直走就可以了。」

天氣沒變，氣象報告也依舊。「明天——沙塵」是氣象預報的內容，實際的天氣也一如預報，只不過這次要比之前更富戲劇性，有團又高又深又長的塵雲自西朝這兒接近，活像個移動的山脈，陰沉而濃密，籠罩住整座城市，最後太陽端坐到雲層的正中央，變成一塊隱晦不明的圓盤。這團雲層其實是場以雲霧形態出現的沙塵暴，實質的成分是砂礫，沙塵掩蓋了所有東西，遮住了我正在看的書籍頁扉、模糊了開羅的窗子、闖進了我的齒縫之間。

最後一次造訪蘇丹人。庫拉席先生說：「下個禮拜，如蒙真主庇祐。」

十天前初抵開羅，如蒙真主庇祐的意思是「真主同意」、「很快」，稍後變成了「總有一天」與「時機成熟時」。後來這句話又代表「希望如此」及「別指望過高」。現在這句話成了「你想得美！」、「不可能！」及「門兒都沒有！」

40 沃雷塔人（Wolayta people）：住在阿迪斯．阿貝巴南部約三百哩處。他們居住地延展至海平面以上六千呎的高原，土地肥沃。沃雷塔人很早以前即為自主與獨立的民族。

第三章　上下尼羅河

一條名為**腓蕾**（the Philae）的河船斜躺在岸邊，冬陽中，亞斯文的尼羅河上，這條船圈禁在自己的錨繩之中——沒錯，《黑暗之心》的開場就像這個樣子。我懷疑自己真的會朝一個黑暗之地走去，而且就像所有曾經幻想過的長途旅行般，可能會死在那兒。昨夜的雨讓空氣變得清爽，卻也把河岸變成了發亮的泥糊。拿著釣竿的埃及土著農民站在及膝的泥巴裡，其他渾身泥的人則大叫著「來搭小帆船呦！來搭小帆船呦！」。

一個穿著髒兮兮白袍的年輕人對我說：「我們走。很好的小帆船。我們找得到努比亞香蕉。」

「努比亞香蕉？」

「大香蕉，」他一面說、一面在他白袍的某處附近做出了一個再明白不過的手勢。「你跟我來。大香蕉。」

他繼續自吹自擂，直到我說：「噢，走開！」

他這種糾纏的方式，是埃及觀光客常出沒區屢見不鮮的把戲，我定期會看到他們在黃昏時分，把來埃及觀光的男男女女，湊和到一條古怪但有趣的小帆船上，然後駛向尼羅河堤岸較少人造訪的地方，這些地點因為有垂懸蕨類的遮蔽，不受人注意，他們會在這些地方找到努比亞香蕉樹。

有人要我在中午搭乘**腓蕾**沿河而下至勒克索（Luxor），享受一趟美景之旅，等船在勒克索靠岸後，再持續旅程。我打算走陸路在非洲進行此生最長的一趟旅行：穿過邊境到哈法谷地與上努比亞，然後再到東格拉與喀土木、衣索匹亞、肯亞、烏干達，接著深入南部，進馬拉威，越過久遠前我曾住過的宗巴與林貝，看看我身在他處的這段時間，非洲究竟發生了什麼事。

往亞斯文的火車之旅

我從開羅搭夜間的臥鋪火車來此。計程車司機開口要五十塊埃及鎊（相當於十二塊美金）。我還價三十埃及鎊，心中盤算著他必會像其他人一樣跟我討價還價，但是這個人只是變得焦躁而憤怒，然後陷入一陣高傲的沉默之中，完全沒有再討價。接著在通勤者與車輛擁擠的火車站，司機先生的態度隨後轉變成殷勤，而且殷勤得有些荒謬：他向我鞠躬、堅持幫我提袋子、替我撥開人群，而且不僅找到了亞斯文火車站內正確的月台，還找到了臥鋪車廂停靠的位置。因此我遞給他五十塊埃及鎊，感謝他對我的額外照顧。他小心翼翼地從皮包中掏出二十鎊找給我，並用一種譏諷的態度謝謝我。我試著把錢塞回給他。但他只摸了摸自己心臟的位置，就揮開了我的小費。受了傷的感情，讓他化身成一種美德。

然而他為我費心做的那些事及周延的禮貌，都讓我深受感動，因此我堅持要他收下這些錢，彼此的堅持演變成一場推托的手勢遊戲、一場兩造之間的面子之爭，這麼說吧，我用最好的態度堅持他收下小費。最後我終於使用了正確的說法，**阿夏尼—阿納**（Ashani ana，意思是「為了我」），哀求他收下小費，他終於收下了，卻把錢當成毫無價值的東西一樣拿在手中，就像在幫我的忙：這是個非常聰明的人，而我，則上了一堂有關埃及人自尊心的課。

拉美西斯一世車站（Rameses I Station），通常又稱開羅火車站，已經一百歲了，這個火車站本身就像個鐵路系統，起於亞歷山卓，沿著地中海岸延伸至上埃及的亞斯文。亞斯文在納瑟湖北角——蘇丹的邊境在湖的南緣。車站的設計很有趣，而且依據流傳已久的說法，當初是為了響應什葉派埃及總督的呼籲——創造一個「歐洲開羅」的計畫而建。這座車站是十九世紀埃及建築師冀望結合古典與回教建築風格的縮影——摩爾風與現代派的邂逅。

帝王、后妃、皇子、國家元首、軍事將領在這兒來來去去。馬哈福茲心中最早的英雄人物之一，是超級民族主義者與反英的煽動群眾人物——沙德·札魯爾[1]——多次遭到放逐的他，一九二四年結束某次放逐回到埃及時，就是在開羅火車站逃過了暗殺。綜攬埃及歷史上戲劇性的來來去去，這個火車站是事件的焦點，也是許多騷亂的送往迎來之處。

我聽過與開羅火車站有關的故事中，最棒的一則是由現場目擊者所描述的事件，故事裡沒有名人，只有一個在三等艙票口買票卻被耽誤了時間的傢伙。當這個焦躁又滿腹怒火的傢伙最後終於排到票口時，他對售票員表達了自己的憤怒，他說：「你知道我是誰嗎？」

售票員抬眼對他上下打量了一圈，然後低下頭不疾不徐地說：「一身寒酸的西裝、胳膊下夾顆西瓜，買一張去埃爾·明亞的三等艙車票，你怎麼可能會是誰？」

搭乘臥舖火車離開這個城內密密麻麻滿是砂礫的建築物，而城外則凌亂向周邊擴張的塵埃巨都，朝著亞斯文前進，實在是種幸福。這是個寒涼的夜晚，七點四十五分。我坐在索費不高的頭等艙車廂內，聽著火車開動的笛聲，不久，我們已在開羅城內滾動。數分鐘後，我們到了吉札——這是個淹沒在交

1 沙德·札魯爾（Saad Zaghlul）：一八五九—一九二七，埃及律師與政治家，一九二四年任埃及首相。

通、耀眼光線、廉價公寓及市集之中的廢墟群；不到半個小時，我們又進入了開闊的地區，方正的泥磚屋所組成的小村落、反射在鐵道邊溝渠裡的螢光，還有夜晚鄉間的黑暗、頂尖明亮的清真寺，以及不時經過的孤獨轎車或卡車，在遠方的路上，有二十多名身著白袍的男人祈禱完正準備回家。在開羅城裡，這二十多個人只是群眾的一部分，絕對不會有人注意；但現在，他們看起來卻那麼神奇，他們的袍子看起來比夜晚的道路更白，他們的隊伍因井然有序而更顯陰森，猶如一列巫師。

我走到火車的通道上，打開窗子，想把那些白袍男子看得更清楚，這時來自聖路易市的華特・佛雷克斯靠過來與我作伴，他是個體型碩大、有張溫和的長臉、但平滑的下巴像個吊袋的傢伙。他覺得自己的車廂太小了，「但光是煩有什麼用？」他是和妻子瑪麗露及另外一對也是從聖路易市來的諾里斯夫婦一道旅行，那對夫婦的名字是藍尼和瑪姬。他們也是要去亞斯文與船會合，然後進行一趟河上之旅。

「如果那條船上沒有一張好床讓我睡覺，我可要發瘋了，」華特・佛雷克斯這麼說。他雖然身材魁梧，而且據我看，可能接近三百磅，不過人很溫和；他爽朗而寬容地不去抱怨。第二天早上他只說：「沒闔過眼。試著去睡，但每次火車停下就會醒。一定停了上百次吧。可惡！」

每當火車因到了路口或大站就放慢速度時，我也會不時地醒過來。有時眼前出現耀眼的光線、吠叫的狗，不然就是尼羅河谷的靜默與漆黑，以及一片深遠的空洞：這片空洞是埃及廣袤而星星滿布的沙漠夜空，而那條沿著鐵路南下的路，如提羅胡恩先生所說，是唯一往南的路，**是通往約翰尼斯堡的路**。

明亮的清晨，我看到一個牌子上寫著，**孔翁伯——八哩**，牌子標示著去孔翁伯美麗神殿的方向，神殿供奉鷹頭何露斯與鱷魚頭索貝克（Sobek）雙神。另一個牌子寫著**阿布・辛貝通心麵**，還畫了一個紅碗，碗內是店裡黏糊糊的產品。

一叢叢的棗椰樹、低矮而方正的房子、高堆著番茄的驢車、偶爾出現的駱駝、身穿白袍頭罩白色無簷便帽的男人、拿著農具走在田裡的男孩、寬廣而緩慢的河水，以及在湛藍天空下閃閃發光的亮眼平坦大地。這兒是新埃及，也是舊埃及。我在開羅博物館中見過許多相同的景象——我曾看到與男孩手上的扁斧和鶴嘴鋤幾乎完全一樣的工具、用黃金鎚出或以石頭刻出表情凝重的小公牛，正在我眼前的河邊吃草、同樣翹著尾巴又有雙招風大耳的狗、同樣心胸狹窄的貓。如果我曾見過任何一條蛇或鱷魚，那麼以黃金打造出來的副本，也一定會出現在戰車上，或變成木乃伊在博物館的箱子中朽壞。

有些戴著小帽、穿著長袍的男子正小群圍坐，吃著切片的長條麵包，而我也曾在博物館中，看到從古代墓塚裡所移出的同樣形體男子，完整、堅實、陳腐；從地下墓窖裡挖出的蠶豆，與現在人們在一車車販賣佛爾（foul）的手推餐車老闆那兒買來狼吞虎嚥的蠶豆一模一樣。直至現在，佛爾這種燉豆子依然是埃及人的主食。除此之外，和古老工藝品完全相同的廣口盛水罐、水瓶和飯碗，也仍可在小屋廚房門邊忙進忙出的婦女手上看到。

尼羅河近了，此岸到彼岸的距離約三百碼，緩緩流動的淡棕色河面上，現出了天上的雲。河兩旁是綠田，有些是經過規畫的小區塊，其他則分割成棗椰樹的種植地。老鷹隨著氣流在樹頂盤旋，河裡艘艘小船都張著帆——看到這些帆，實在無法不讓人聯想到海鷗的翅膀。之後，就像是指示著我們正接近一個人口稠密的地方般，眼前出現了一連串墓園，被太陽烤乾了的斜坡式墓穴又大又長，還有墓碑，小小的長方形置入多石的土地中，高起的邊，讓整座山坡看似排滿了躺著死者的矮床。

尼羅河之旅

這趟輕鬆從開羅南行至亞斯文的火車之旅，讓我又朝非洲內陸推進了五百哩，幾乎到了埃及的盡頭。我來到湖岸——納瑟湖——這是埃及與蘇丹之間的國界。若有簽證在手，我就可搭船順湖而下，倏忽穿過邊境：每星期都有船自高壩出發，載著工人到努比亞的哈法谷地。可是我還沒拿到簽證。

亞斯文主要是個市集，也是參觀廢墟觀光客的目的地。不過，亞斯文是個溫厚的市集，涇渭分明——當地居民買的是甜瓜、葡萄、蠶豆、咖啡和香料，而觀光客則努力殺價採購金字塔、人面獅身、娜芙蒂蒂[2]像和刻畫著圖唐卡門王油亮臉龐的黃銅製品、彩色地毯、手杖，以及T恤。討好埃及觀光客的拙劣紀念品，在我心裡，是世界上最醜惡的東西，其中還不乏野心勃勃之作：昂貴的孔雀石骨灰罈、裝有完整迷你木乃伊的迷你石棺、石刻貓與石刻河馬。

到處都是重裝警察。這種情況絕非沒事找事，尤其是在這裡。神廟、廢墟與觀光客的目的地，通常也是回教激進分子的攻擊目標。火車內就曾受到過攻擊，當亞斯文的火車南行時，鐵道旁有人向頭等艙開了好幾槍——朝頭等艙開槍是擊中觀光客最好的方式。除此之外，綁架也不時發生，贖金都遵照指示支付。埃及，特別是尼羅河流域，是出了名的危險地帶。

大多數的建築物門口都裝設了金屬探測器，只不過這些設備鮮少用到，探測器的象徵意義要比實質作用大得多。又或許這些機器根本就不管用？當然，這兒的電力並不可靠，另外，似乎還有勞工短缺的問題。身上配備武器的人，本意原是要讓觀光客安心，但將攻擊用的來福槍掛在身側的他們，看起來更顯邪惡，而周遭的氣氛也因他們而更添威脅。黑市黃牛與古董販子打死不退、騷擾不斷、跟隨不休，還拚命扯著客人袖子，地上則滿是驢糞。汽車的喇叭聲和販售錄音帶與雷射唱片的攤子、纏人的乞丐、痲瘋病患，以及經常見到的那些來自餐廳和咖啡館的嘮叨傢伙，緊抓著路人不放。市集與其中高稠密度的嘍囉、小販都與美國大型百貨商場非常相似——一樣令人眼花撩亂、一樣是殺時間與娛樂兼具的地方。美國商場裡的行人徒步區、美食街，還有擠在一起的店面，在埃及的市集中全能找到翻版，只不過埃及的這些地方要髒些、臭些、吵些，相對的，東西便宜些，人也幽默些。

我住的飯店位於河邊，走路就可以到火車站。尼羅河上張著鷗翅的小帆船閃閃發亮，在頭頂盤旋的老鷹、烏鴉、適合呼吸的空氣、晴朗的天空，以及數量多達三百艘的河船泊在岸邊，等著搭載乘客一路飽覽尼羅河風光，直至勒克索。不過生意很差——船要比可供停泊的地方或碼頭多得多，所以總是並排或三排停靠。這時是二月初的淡季，再加上觀光客錯把以巴的暴力衝突，牽扯到狀況其實相當平靜的埃及，因而刻意避開搭船遊覽尼羅河的行程。

早餐後，我在市集買了些琥珀珠，還坐在沙灘上，就著陽光玩了一下縱橫字謎的英文版遊戲（Al-Ahram）。

就在我寫下縱橫字謎遊戲的某個答案時（答案是aa，這個字是夏威夷字，是一種像灰燼的特定火山石），有個穿著髒兮兮白袍的年輕人走向我，他對我說：「我們走。很好的帆船。我們去找努比亞香蕉。」

這兒有許多拉客的船。單身或兩人成行的年輕女人，如果在日落時分搭乘由獨自或兩個埃及人所掌舵的船，必須要知道，她們等於是把自己完全交付在年輕掌舵男人手中，這是埃及女人絕對不會做的事情——那些陽具崇拜的年輕男人。

就在我看著小帆船搶風航入黑暗及曖昧不清的性行為之中時，一個皮膚黝黑的壯漢走過來。

「我是努比亞人，」他說，「穆罕默德。」

我相信，這又是一個再也明白不過的搭訕行為。

「去過日本嗎？」

---

2 娜芙蒂蒂（Nefertiti）：阿孟霍特普四世的皇后。

「去過——好幾次。」我心裡想著：接下來一定就是再也明白不過的搭訕行為了。

「你喜歡嗎？」

「日本嗎？很多人，很貴。不像亞斯文——人不太多，非常便宜。」

「我幫日本人當導遊已經十年了，」他說，「我恨死日本人了。他們腦子裡裝了什麼？肚子裡裝了什麼？他們……」但是他並沒有把話說完，而是把話吞回肚子，然後思考著該用什麼字眼。「我恨死了當他們的導遊。日本人就是有什麼不對勁。」

「也許他們只是跟你不同。」我這麼說，試著讓他平靜下來。

「他們跟我不同，跟你也不同，他們跟誰都不同。」

「你以為是這樣。」

「我知道就是這樣。」

對穆罕默德這樣的努比亞人來說，日本人的確很奇怪：面無表情、看起來遲鈍、衣著怪異、味道詭誕，讓人摸不清又弄不透；然而在日本人的眼裡，努比亞人可能也一樣奇怪吧。這兩種人在亞斯文的相遇與我無關，不過事實上，這兒的確有相當多的努比亞人，全是在以前建高壩造成的混亂及納瑟湖形成時被迫遷離與移居的人。

蘇丹就在湖的另一邊，不論在文化或種族層面，蘇丹與大努比亞區都有明顯的關連，雙方你來我往，語言關係尤為深厚。我在開羅時，大家總是說「這裡不是非洲」，但在這兒，沒有人這麼說。這裡就是非洲，亞斯文到處都是遷居的努比亞人，他們的村子全淹沒在納瑟湖底。

那天中午我搭上了**腓蕾號**。這是一艘可愛的遊河船，可乘載約一百名遊客，而這趟順河而下的旅程遊客數目，也差不多正好如此。其中有許多德國人，再加上一些英國人、美國人、埃及人、荷蘭人，以及一個由兩位大人和一個全無規矩的小男孩組成的印度家庭，那孩子是船上唯一的小孩，整趟旅程都因無聊而吵鬧不休。

僅供消遣的歷史是大多數遊覽的意義，這是立體的歷史頻道，這一層的意義讓船上豐盛的美食自助餐及甲板上極美味的晚宴與酒品享用起來更加天經地義：只不過這些美食、美酒其實才是**腓蕾**代表團的真正使命。在此之前，這輩子我只經歷過兩次遊船旅行——一次是豪華的**世朋郵輪精神號**（「您的魚子醬會立刻為您送到房內，先生。」），另外一次則是土耳其招待的公費旅遊，由**阿卡丹尼茲號**送我到埃及海岸，一起搭乘的還有其他四百五十位土耳其人，他們一面追憶著鄂圖曼帝國，一面希冀著埃及總督仍掌控大勢。

懶得讀書的有錢人，都非常喜歡聽愛之船上的軼事歷史或考古八卦，回家後，這些軼聞將全成為他們在吹牛競賽中略勝其他聽眾一籌的本錢。尼羅河遊船上的乘客，在遊河過程中全變成專業的鑽研問題者。整個學徒的學習過程中，充斥著屬於古埃及學範疇的問題探討，而且內容絕對不只糾正卜塔[3]與哈特謝普蘇特女王[4]的正確發音而已。

「所以，普通人不准進入神殿嘍？」、「哪個是何露斯？」，還有尼羅河上的觀光客一再詢問的那個問題：「他們到底是用什麼方法拉起那麼重的東西？」

偶爾也會出現有關枝微末節的問題，「你是說世界上不只一個托勒密[5]？」針對這個問題，答案是

3 卜塔（Ptah）：埃及孟斐斯城（Memphis）主神，被視為萬物之主。
4 哈特謝普蘇特女王（Hatshepsut）：約西元前一五〇八—一四五八，埃及第十八王朝的女王。
5 除了眾所皆知，西元二世紀左右活躍於亞歷山卓港的那位希臘天文、地理與數學家托勒密（Claudius Ptolemy）外，亞歷山大

「一共有十五個——那個數學天才托勒密不算哦。」

不然就是這樣的問題，「你說多少個世紀？」答案是「三十」[6]。問題愈沒意義，詢問過程就愈瑣碎，等到答案終於出現時，遊船上的乘客也只有點頭的份。

腓蕾號上有位女士，出於不為人知的原因，總是拚命問船上的古埃及學家，「那是法老的（fronic，pharaonic）嗎？」

答案有時是肯定的、有時則需要把談論的東西清楚解釋一番，譬如橢圓圖形中的兩個象形文字Per與Oni，意思是大房子、大建築或國王、法老。

有天晚上，我在亞斯文搭了艘小帆船到象島（Elephantine island），結果航行了很久之後，在半途上看到更多由埃及人掌舵、載著外國婦女的小帆船朝黑暗駛去，當時的光線特質賦予了「被拐走」一詞明確的意義。象島是獻給何瑞修・基欽納伯爵[7]的禮物，感謝他毫不留情地鎮壓了發生在蘇丹的叛亂，那次的屠殺又稱為恩圖曼戰役[8]，是一場回教救世主軍隊（Mahdi／Mahdist troops）在砍下了戈登將軍頭顱之後，遲來的報復行動[9]。基欽納伯爵把象島變成了一座植物園，他可以從植物園裡看到自己的莊園。當時的棕櫚樹、雞蛋花及自國外移進的灌木，時至今日依舊花木扶疏，然而這座島最不可思議之處，是從東岸看，會看到一個位於懸崖邊的城鎮和市集，而從島的西岸看，橫過寬廣的河面，卻只見沙丘和又長又大的平坦沙道，暗示著在這個群風包裹之處，躺在路上受盡挖舀、雕切的沙子那不可測的深度，一如不留鴻印的雪地，在黃昏中染上了粉紅與金黃雙色，等著滑雪者的光臨。

載我航行的帆船水手把我留滯在東岸的黑暗之中，也就在城鎮的下方，市集的盡頭所在。我瞥見一位穿著白色斜紋袍的回教教長站在清真寺入口處。不過天色太暗，看不清這個祈禱之地的外觀究竟如何。走近後，才看清這個人並非教長，而是位穿著白色教士袍的教士——不過差別在哪兒呢？這位教士站在教堂入口，呼吸著夜晚的空氣。他一看到我，就親切地揮手示意。

這位教士名叫班尼托．庫奇阿尼（Benito Curciani），家鄉在義大利馬切拉塔，他取道蘇丹來亞斯文，曾在蘇丹住了九年，直到病重才離開。

「我住在達爾佛。」他說，那是蘇丹西部的一個偏遠地區。

「非洲人以前都朝我丟石頭。不過當我對他們說『我不是美國人，我是義大利人』後，他們就不再丟了。」

他是位金邦尼修會的神父，那是以丹尼爾．金邦尼[10]為名的修會，金邦尼神父的座右銘「非洲或死亡」（Africa or Death）是句具先見之明的話，因為他一八八一年在蘇丹去世時，同時滿足了這兩個要

大帝手下還有位著名的偉大將領也姓托勒密（後稱「拯救者」〔Soter〕）。後者建立了埃及的托勒密王朝，以亞歷山卓為都，為埃及史上著名的「希臘化時代」。

6 埃及的托勒密王朝，起於西元前三三二年，終於西元前三十二年，所以一共是三百年，僅三個世紀。

7 何瑞修．基欽納伯爵（Lord Haratio Herbert Kitchener）：一八五〇—一九一六，英國著名將領，一次大戰曾任英國開戰時期國務大臣，最著名的戰役除了恩圖曼戰役外，還有一八九九年開打，為期三年的波爾戰役。

8 恩圖曼（Omdurman）為蘇丹中部的一個城市，瀕白尼羅河，屬喀土木市郊。恩圖曼戰役發生於一八九八年九月二日，為期三日，是非洲史上最慘烈的戰役之一。

9 一八八一年至一八八五年間，回教救世主軍擊敗四支英國軍隊，接收了為數超過兩萬的現代武器，其中包括馬克沁重機槍、大砲及數百萬發的彈藥。英軍因此決定自蘇丹撤軍，指派受人歡迎的「中國」將軍戈登（General "Chinese" Gordon）負責撤軍任務。戈登違令，選擇留在喀土木，繼續與回教救世主軍周旋。蘇丹軍隊從一八八四年十月二十一日開始圍攻七千英軍戍守的喀土木與恩圖曼，一八八五年一月二十一日終於攻陷雙城。戈登遭蘇丹軍隊斬首。

10 義大利籍的丹尼爾．金邦尼神父（Daniel Comboni），一八三一—一八八一，創立了專門在非洲地區傳教的金邦尼修會。

素。金邦尼神父計畫「以非救非」（Save Africa through Africa），這似乎是種以格言方式來表達傳教意圖的作法。事實上，這類教士改變人民宗教信仰的成功例子少之又少，因為他們只能以實例傳教，而回教團體又監視嚴密。或許這兒的傳教工作不如在開羅的辛苦，但還是很辛苦。也就是說，不信阿拉的人不時會被謀殺，成為殺雞儆猴的例子。

「你的名字庫奇阿尼聽起來和義大利文的『十字架』很相似。」我說。

沒錯，他說，那是刻意運用，庫奇阿尼是個支持十字軍的佛羅倫斯家族，六百年後，他依然是個十字軍（crociato），在褊狹的回教城堡中促銷基督。

「我想去蘇丹。還在等簽證。可以提供高見嗎？」

「你一個人？」

「是。」

「我們有句話，『山與海——絕不獨行。』」

「諺語嗎？」

「與其說是諺語，還不如說是你應該遵循的規定。」

「我沒有太多選擇。」

「那麼，我給你的建議是——禱告。」庫奇阿尼神父這麼說。然後舉起一隻手，以義大利式的比手畫腳，做出狗爬式的滑水狀，「跟我來。」

他走進教堂，我後腳剛跟進，就聽到喚拜者洪亮的聲音召喚著虔誠信徒禱告，「阿拉至大」（Allahu Akhbar）伴著這個在地下室中回響聲，庫奇阿尼神父帶我去看神壇下的聖泰瑞莎[11]雕像，有如真人大小的聖人雕像，封裝在一副玻璃棺材中。正當我們看著這尊雕像時，四名穿著藍、白制服的少年人悄悄走近雕像，把小紙條從狹縫中塞進棺材裡。

「這樣子，他們的考試就會及格了。」庫奇阿尼神父臉上寫滿諷刺地說。

出了教堂，我說：「沒有人看好蘇丹。」

神父說：「可愛的人民，恐怖的政府。典型的非洲故事。」

埃德福神廟

亞斯文南方的河道上，有座經過搶救與復建的伊西斯（Isis）神廟矗立在菲雷島上。神廟的某個小角落，豎立著一尊石雕公牛像，那是神祇哈皮（Hapi）——或稱阿皮斯（Apis）——雕像周圍全是保護神祇的蛇。阿皮斯是孟斐斯的聖牛，與河水和多產有關，大家視其為尼羅河之神而加以膜拜。聖牛附近還有尊奧西利斯[12]雕像，他是土之神，頭上的獨角頭飾代表尼羅河，河水的流動則象徵他的重生；奧西利斯的五官已碎，何露斯像也一樣，鷹臉遭早期的激進基督教徒毀損。神廟牆上留著許多拿破崙時代的塗鴉。尼羅河遊船航過埃及廢墟的經歷，是一次塗銷與塗鴉的體驗。一百五十多年前，年輕的福樓拜在一封寫給母親的信中，感嘆的正是這些東西。「在神廟中，我們讀著旅者的名字；這些名字震撼著我們，因為它們是如此的微不足道與徒勞無用。我們始終沒有留下自己的名字；有些名字深深嵌進石頭之中，那些一定是花了三天才刻上去的。有些名字哪裡都看得到——執拗至極的愚蠢。」

11　聖泰瑞莎（St. Teresa）：十六世紀的一位西班牙修女，據稱天使曾在她睡眠時造訪，並展現過許多奇蹟。

12　奧西利斯（Osiris）：伊西斯的兄長與丈夫，掌冥府，為其兄弟賽特（Seth）所弒，死後生出何露斯。

人像被刮損得面目全非，神祇的面容被削除得蕩然無存，連牆面也被剝得乾乾淨淨，鑿斧恣意砍斫。然而就算這次行經廢墟的經驗，是一趟對文物千年破壞的體驗，廢墟的力量與光輝仍禁得起考驗，因為這些廢墟，儘管破裂、磨損又處處塗鴉，卻美麗依然。

在倫敦、巴黎、紐約中央公園所看到的粉紅色高大花崗岩方尖石碑，全來自於亞斯文城外的古老採石場，在這座已經停工的採石場中，擺著那根著名的方尖石碑未完成品。躺在地上的石柱長八十呎，部分已經碎裂，幾何與對稱設計鮮明，困惑的愛慕者一面瞠目結舌瞪著石柱，一面重重踩過。

「這全是手工做出來的！」

「也許他們做膩了。」

「他們到底是怎麼把這些傢伙豎起來的？」

一位古埃及學家說：「於是奧西利斯被他那邪惡的兄弟塞特殺害，並切成十四塊。其中一塊被吃下魚肚，伊西斯就用這塊殘骸讓奧西利斯復活，生下了何露斯。你們猜，是哪一塊？」

他不懷好意地睨視，暗示了明顯的答案，不過有位遊客替全船的人問了另一個問題，「這河裡有鱷魚嗎？」

答案是沒有，一條都沒有，連下游的鱷魚城（Crocodilopolis）都沒有鱷魚——不過鱷魚城的神廟中倒是有條由人奉養與膜拜的鱷魚，就像貓——喜樂與愛情女神形象——在巴斯特[13]的神廟中供人膜拜一樣。大鱷魚在這個年頭只會懶洋洋地躺在蘇丹南部蘇德（Sudd）沼澤區的白尼羅河河岸上，甚至還可以溯源至更上游的尼羅河源頭，也就是亞伯特湖與維多利亞湖。這個地區的大鱷魚，早已變成皮包和皮帶。

參觀過高壩與納瑟湖後，我們就一直等，等到飛往阿布·辛貝的班次全被取消為止。阿布·辛貝位於蘇丹邊境，在亞斯文南邊兩百哩處，占據著納瑟湖的另一角。

搭遊船遊河的愉悅之處，在於美食與美景的結合。船隨著河流滑行，並不時停靠正在進行修復的廢墟區。我最喜歡廢墟之處，在於群生廢墟之上的喧鬧市集。市集裡有出售古董珍玩的販子，也有在石柱間低頭吃草的驢子及馬路上的山羊群；叫賣的攤販在市集的最顯眼處，而托勒密時代的色彩則出現在神廟中受到保護的最上緣，這些色彩在數千年後的今日，依然光亮鮮麗。孔翁伯是**腓蕾號**第一天停靠的地方，也是所有特色的標範——市集、廢墟、嚼草動物、震耳音樂，還有神廟中的何露斯與以鱷魚木乃伊代表鱷魚神的雙神龕。孔翁伯不僅是座神廟，也是座小鎮。孔翁伯三個字的意思是「成堆的金子」，不過這個名字實際上卻兼具拍馬屁與挖苦的雙重意義。與其說孔翁伯的神廟看起來像是被隔開的博物館文物，還不如說是鎮民生活的一部分。這兒的神廟並沒有因正在進行的重建工程而獲得尊嚴；它們看起來虛偽而馬虎。

這座小鎮本身及其努比亞名字都很古老。

「很久以前，是誰住在這兒？」

「很多酒鬼。」

孔翁伯的神廟牆上，全是以圖畫呈現的古埃及學、歷史與文化。就像在提醒著大家，埃及人的智慧與技藝，有面牆刻畫著醫學器具：剪鉗、鑷子、小刀、鉤子、吸管裝置，還有進行大手術所需設備。說不定當時進行手術的數量，要比現今孔翁伯綜合醫院全部加起來還要多。分娩是一個象形文字就可闡明的事情。我素描了一張何露斯的眼睛，簡化了的造型結果，變成了處方箋的代表符號（Rx）。神廟其他的牆面上描繪了自然世界、禿鷹、鴨子、公牛、老鷹，更往前些，還有戰士及一整殿的埃及敵人，其中

13 巴斯特（Bast）：又作巴斯帖特（Bastet），埃及的貓形女神，貓頭，也有母獅頭，不過較為罕見。掌管音樂與歡樂。

包括一個絕不可能弄錯的黑人頭顱與身軀，那是名凶猛的戰士，重重的眼皮下，是努比亞人的凝視。看到這樣肯定無誤的黑人臉孔，從這些古老神廟的牆上怒目而視，實在是件很不可思議的事，這就像刻在淺浮雕上的DNA，是非洲力量與反抗的證據。

我們坐著**腓蕾號**隨河水往前漂，嘴裡嚼著佳餚、啜著美酒，一面斜眼看著甲板上雙雙對對的蜜月愛侶，一面閃避吵鬧的印度小男孩。遊船到了埃德福（Edfu）。「埃德福神廟現在是全村村民的廁所。」這是一八五〇年福樓拜在日記裡記下的內容。不過這個內容曝光後，情況已經有所改善，現在大家說這是全埃及保存最好的一座神廟。

埃及的這些神廟直到十九世紀末都還殘缺不全，破落又頹倒，剛砸碎的雕刻品和又粗又鈍的石柱，全散落在上尼羅河流域。「總是有些神廟的絕大部分都埋在沙中，只看得到部分建築，活像被挖出來的古老骷髏頭。」福樓拜這麼寫。描畫埃及頹壞遺跡的偉大好手大衛・羅伯茲[14]，熱愛這種毀損的狀態，他在一八四〇年曾說這些遺跡殘骸對他而言，遠比半掩或輕微受損的遺跡還要美麗。這些毀壞的遺跡讓他想起皮蘭內齊[15]在羅馬廣場上的銅版畫。

當我在鳥不生蛋的地方見到廢墟時，我終於領略到羅伯茲的意思——那是一個燦爛奪目的影像，美麗的雕刻頹倒於地，並在沙漠中遭人遺忘，比起經過重建的神廟，擠滿了面孔發熱、抱怨不斷的觀光客，前者的景象要戲劇化得多。福樓拜欣悅地報導這些神廟荒圮的情況，可惜因他志不在尋訪遺跡，所以相較之下，他更喜歡尼羅河旅程上的奇事異景，以及和舞女、妓女間的打情罵俏。福樓拜造訪此地的二十七年後，另一位旅者報導說，當大家正歡慶埃德福的偉大節慶，並讚頌戲臺上演出的何露斯終於刺死了河馬身的塞特，替父親奧西利斯報仇時，這座擁有兩千年歷史的神廟再度出土、重見光明，而且看起來又開始有了自己古時候的樣子。

在眾多對神祇形象的新詮釋中，有些天文學家把何露斯看成是太陽系裡一顆衰變的星星代表。埃及人曾看過天空中這顆所謂的棕矮星位於自己的近日點上，也有人看到這顆星星搖擺於它的軌道上，在大家所知的行星之外，繞著我們的太陽急轉。這顆巨大的鬼魅之星，在太空荒野中雖不為人所見，但對我們身處的這顆行星，卻有絕對關鍵的影響。當然，這種說法只是眾多黑暗星理論[16]的其中一個觀點。

希臘人藉著研究如埃德福這些神廟中埃及式石柱的對稱性，而學會了如何製作圓柱。如果一座神廟被沙埋得夠深，而沙土又夠乾燥，再加上沒有考古學家或尋寶者的騷擾，而這種輕忽的態度，實際上卻成就了一種保存方式。何露斯神廟看來完整，高聳入天的石柱，讓神廟帶有些許大教堂的味道，某些中楣仍保有人形與藍鶇鳥的赤肉色調，綠蛇也依然蜷曲在牆的高處。神廟的主入口有座直立的鷹頭何露斯雕像，以日月為眼的何露斯，機警地站著，頭後的光環是太陽神的圓盤。

有些雕像面目已非。在過去，觀光客會砸下埃及雕像的一部分帶回家當紀念品——馬克吐溫曾描述過有個美國人削下了一大塊人面獅身像。在埃德福，面目全非絕對是個精準的用詞：這個詞彙完美地詳述了刻畫在牆上的那些士兵、工人與大步行走的婦女遭遇。這種面目全非的一致性極高，而且在風格上也非常相似，因此看起來就像是一種否定的雕刻術、一種塗銷的藝術。一如神廟中的神祇、人類與動物形體同樣令人印象深刻的——而且是一種揮之不去的主題——是文物所遭受的野蠻行徑：五官全毀的人

14 大衛・羅伯茲（David Roberts）：一七九六—一八六四，蘇格蘭畫家，一八三八年抵達埃及，希望能畫出一些日後可當作其他畫作或石版畫基礎的作品。

15 皮蘭內齊（Piranesi）：一七二〇—一七七八，義大利的建築師與裝飾藝術家。

16 黑暗星理論（Dark Star Theory）：英國人Andy Lloyd所提出的理論，是有關X行星雖然看不見但確實存在的革命性假設。X行星是天文學家根據收集到的資料所假設應該存在的一顆行星，但始終沒人真正發現這顆行星存在的直接證據。

頭、斷手與斷足、砍下的腿、劈斷的身軀，所有代表血肉的部分全被削去，即使是動物的頭顱與蹄子也無一倖免。然而頭飾、帽子、斗篷、裝束卻都被留了下來，因此一個衣著精巧的美麗王子雕像上，一切的華麗服飾都維持完整，唯獨臉孔被挖空、手臂遭截肢。

「都是早期基督徒的傑作。」是一般的標準答案。不過回教徒也不喜歡人像，所以這也有可能是激進回教徒所為。只不過信奉回教的埃及古物學家一概否認這樣的說法，他們堅持基督徒——尤其是從衣索匹亞來的基督徒——應該為這些極有系統的損毀負責。

「他們也許不是出於氣憤，」一位埃及古物學家法齊（Fawzi）這麼說，「或許是因為基督徒以前遭到迫害；也許是要塗毀基督教之前的歷史。」

不過他也承認沒有人知道事實的真相。讓我覺得迷惑不解的是，這些破壞者在破壞時所表現的謹慎。他們並沒有毀損神廟或用大槌打倒整面牆。他們戳損這些雕像時的謹慎，幾乎與敬重無異，因此不得不讓人斷言，如果不是感到某種恐怖，這些人絕對不會採用除掉一小部分、留下絕大部分的作法。

可惜現在沒有人知道事實的真相了，就像拿破崙時代的塗鴉，在如此長久的歲月裡，已經取得了自己的重要性，面目全非的雕像也和雕像成品一樣迷人，這種破壞賦予了雕像某種有如遭到殘害的屍體在犯罪現場所呈現出來的怪異與神祕特質。

神廟牆上的敘利亞人、亞洲人和努比亞人都被一一指了出來，正當一位埃及古物學家在解釋這些不同人種的特徵及服飾特色時，船上有些遊客開始顯得不耐煩，他們在一小撮擠成一堆又愛發牢騷的觀光客中推蹭，然後補問了一個問題，「那是哪個托勒密？」

最後當法齊講說完畢時，問題又來了，「那麼猶太人呢？」

巧的是，法齊說，就尼羅河流域的長度與寬度而言，尼羅河三角洲以南至上埃及，再到陰鬱的金字塔與努比亞神廟，沒有任何文獻曾提到過猶太人，也沒有提過以色列人，即使提到俘虜，猶太人的宗教也完全未被提及；他們只是一大群毫無特徵的異教囚犯。這塊地區中有大肚皮的河馬、蝙蝠耳的胡狼、嘴唇豐厚的努比亞人，也有瞇著眼睛跨過數千年歲月的亞洲人，但是沒有猶太人。這兒刻畫著所有王朝的法老，但在埃及的牆上卻找不到一絲絲摩西的痕跡。

這是法齊的說法。然而這兒卻有一群通稱為「他方之人」或「渡人」的人，不時出現在埃及人的墳墓、神廟及紙草文卷之上。用以稱呼這些人的法老字**阿皮魯**（Apiru）或**哈畢魯**（Habiru），源於阿拉姆語[17]的**伊比里**（Ibri），意思為「來自彼方之人」。從**哈畢魯**或**伊比里**變成希伯來文，並不是語音學上的大躍進，而是一種未經修飾的描述性稱呼（就像「溼背」[18]是指墨西哥人般），因為這些人之前的確跨水而來，只不過在這裡，水指的是紅海。在希伯來文中，猶太人是**埃弗里**（Ivri）。

有些移民找到了工作，在三角洲東部的建築工地搬運重物。埃及古物學家凱群（K. A. Kitcher）在鑽研拉美西斯二世的生活時，曾描述這群人是「離開家鄉、沒有根的人，他們自行或被迫遊蕩於各種不同的工作中……與阿皮魯混在一起的人，通常毫無疑問地全是那些在聖經中以猶太人身分出現的人，特別是來自以色列的族群」。那些人的祖先因饑饉而逃至埃及，他們在雅各與約瑟夫[19]的時代，就已經居住在尼羅河三角洲了。

17 阿拉姆語（Aramaic）：約於西元前三世紀的語言，後演變成敘利亞語、美索不達米亞語及巴勒斯坦語。

18 溼背：這是個近代才出現但具侮辱意涵的詞彙，意指「非法墨西哥移民，或橫越美墨邊境的里約格蘭德河（Rio Grande）的非法工人。後者大多都以游泳入境。」最早使用這個詞彙的時間頗具爭議，但這個詞彙開始廣泛使用，則是因美國一九五四年嚴格執行邊境非法移民入境的「溼背行動」（Operation Wetback）。

19 均為聖經中的人物，雅各為亞伯拉罕之子，約瑟夫則是雅各之子。

這是我後來才知道的。那次當我聽著法齊的解釋時，有個人說：「我猜這全是謎。」接著有個女人走過來，撞了撞我的手臂。

「嘿，這個主意真棒！」這名女子來自德州。我曾在船上見過她，看起來品行有些欠缺端莊。她剛裝了一副新的臀部。在遊船上，墊臀是個相當普遍的話題，乘客間閒聊臀部手術的內容，也常鑽進耳裡。

「你說什麼？」我問。

「用來寫東西的小小舊本子。」

我闔上了我的簿子，然後像拿三明治般把簿子握在手中。

「小小的舊筆。」

稍早，我才在本子上胡寫亂畫了個象形文字。那是一個蹲踞的男人，頭上戴了頂像凳子的帽子，他抬起一個膝蓋，彎著兩隻手臂舉過頭，一副吃驚狀，好似在說「簡直不可思議！」。這個簡潔又滑稽得可愛的圖像，是「一百萬」的象形文字。

那個女子又朝我的手臂打了一拳，好像是某種讚美，當她終於走開，卻又表現出挑逗之意時，我在簿上寫下：**哇，那個主意才棒透了……**

觀光客喜愛的某些尼羅河景觀，在一百年內都不可能改變。埃德福沒有計程車，只有彼此擦撞與爭奪顧客的馬車，馬夫一面吼叫、一面揮舞馬鞭移動馬車，重重磨著車輪，然而馬夫——就說我的馬夫吧——轉彎的方式，卻帶著某種古老、甚至永恆的氣味，除此之外，當馬兒朝著神廟疾奔時，馬夫會索取更高的費用，其實那是雙倍的費用，他們低聲哀求著，「買東西給我的寶寶吃！買東西給我的馬吃！給我，求求你！」

學習色彩之地

在我的經歷中，尼羅河最美的一塊地方，像首祥和有如水彩的埃及牧歌，那是位在埃德福與埃斯納（Esna）之間的某地。日後，每每想到埃及，出現眼前的，總是那個炎熱午後從**腓蕾號**甲板上所看到的景色。綿延五十哩的農莊與犁過的田、山坡上的泥屋與宏偉的圓頂墳墓、船上的漁郎航行在大河的小支流上，以及岸邊的驢子和駱駝踩著大步穿梭在棕櫚樹間。傳進耳裡的唯一聲響，是船首切河的水浪潺潺、飛過的蝗蟲呼呼及漁郎船槳划動時的啪啪噠噠。湛藍的天空萬里無雲，大地烘出如餅乾般的色彩及粗雜、乾裂的紋路，低丘與河岸都像新鮮出爐的成品。

這片青綠又深又潤，河面是所有景象的明鏡——天空、河岸、船隻、動物——一片倒影，滿滿盛進了所有的事物，不論遠近；這真是片野心勃勃的水，納收了所有眼界可及的沉靜景色。

埃斯納神廟雖然頹倒，而且還如某位維多利亞時期的旅人所寫的「深陷沙中」，然而自以前開始，這兒就一直是個中途休息站，毀頹並未減損此地受歡迎的程度。大多數像此地這樣埋在沙中的神廟都有個好處，那就是觀光客可以近距離看到巨碩柱子的頂部：經過雕刻的宏偉柱頭、陳列著紙草葉與蕨類、蚱蜢的屋頂內裝，連飾有黃道十二宮的符號花園也清楚易見，另外還有巨大的蠍子和羊頭神祇卡努姆[20]。這座神廟尊奉的就是卡努姆。

當年只有二十七歲的年輕官能主義者福樓拜，為了尋找一位人稱「小公主」的知名高級青樓女子卡

20　卡努姆（Khnum）：塑造出所有的動物，並用自己的陶土轉盤耕地的神祇。

奴丘可．哈內姆（Kuchuk Hanem）及她出名的舞蹈「蜂舞」（Dance of the Bee）來到了埃斯納。那時，埃斯納是埃及最危險的城鎮，充斥著從開羅依法被驅趕下鄉的妓女。福樓拜找到了卡奴丘可．哈內姆，而她也在蒙眼的樂師間，赤身裸體地為他而舞。

大家對蜂舞的描述是「基本上為一種狂亂的滑稽儀式，在儀式中，舞者因受到蜜蜂的攻擊而必須脫光身上所有的衣服」，不過「蜂」這個字另有鮮明的暗喻，因為這是阿拉伯語對陰蒂的委婉說詞。福樓拜與這位舞者同枕共衾，並在旅遊筆記中鉅細靡遺地記下每次交歡的獨特之處，她軀體某些部分的溫度、他自己的表現（「我覺得自己像隻猛虎」），甚至連她床幃間的臭蟲都未有遺漏，那是他深愛的東西（「所有的一切，我都想要帶絲苦楚」）。福樓拜每個字、每句話所透露的每個感覺，都在解剖自己的埃及經驗，也因此成為我一個非正式的導遊和仿效對象。

停留埃斯納時，福樓拜在日記裡寫下兩件值得紀念的事情。訪神廟時，有個阿拉伯人為他測量其中一根露在沙外的柱子長度，這段時間他記下「一頭黃色的母牛，在左邊，把頭伸向裡面……」如果沒有那頭黃色的母年，我們什麼也看不到；有了那頭母牛，場景鮮活而完整。另外一次，他在魚水之歡後離開了卡奴丘可．哈內姆的房間，他寫下「如果離開的那刻，你確信自己在身後留下了一個回憶，而且她思念你的程度，將遠遠超過任何一個曾在那兒出現的人，也確信自己將在她的心上停留，那對自尊會是多大的一種恭維啊！」。

只不過，這是一種抱憾，其實他早就清楚知道自己很快就會成為卡奴丘可．哈內姆的過眼雲煙，因為後來他承認，即使自己正「繞著她編織一段美麗」，但這位青樓名花——說穿了，就是妓女——根本不可能思念他。福樓拜最後總結，「旅行讓人謙卑——你看到了自己在世界上所占據的地方，原來是多麼微小。」

腓蕾號靠港後，我上岸走過小鎮，來到一個現在已完全出土的龐大神廟，這座神廟立身於一方很大的坑內，簡直就像是從地裡採鑿出來的建築。上了色的黃道十二宮符號非常美麗，圓柱也大而完整。這是羅馬時代後期的神廟，不過風格上依然屬於千年前的埃及。最嚴重的損傷是建築物的外觀，那全都是一八四〇年代法國軍人對著神廟正面所任意射擊後留下的密密麻麻彈孔，這些軍人當初射穿了這座堂堂建築物的動機，純粹只是好玩。

神廟邊聚集了一個市集，窄窄的巷子、聲聲尖叫的販子，我的身邊圍著滿滿的孩子和動物。我回到**腓蕾號**上。看完了福樓拜，我開始看《黑暗之心》，抵達開普敦前，這本書大概還會再看十二遍。我懶洋洋地靠在上甲板，領悟到**腓蕾號**並不是**比利時國王號**，而是那些——鮮少出現在我經驗中——我希望能繼續載著我航行的其中一條船，把我一路送到喀土木，南行過蘇德區，再進入烏干達和廣大的湖，然後走一趟先鋒的水路之行到尚比西河。

「今天晚上只有您嗎，先生？」侍者伊伯拉欣每天晚上都會在晚餐時這麼問我。

我笑著回答：是，只有我和約瑟夫．康拉德。

「之後要去開羅嗎，先生？」

「對，去拿簽證。然後我要南下，去努比亞、蘇丹、衣索匹亞，希望能到更遠的地方。」

「一個人去嗎，先生？」

「**如蒙真主庇祐**。」

「洽公，還是旅遊，先生？」

「都是。也都不是。」

「好極了，先生。祝您有趟探險之旅，先生。」

伊伯拉欣是謙恭有禮的化身。他們全都，真正地，熱中於讚美。眾所皆知，遊船上的員工既能幹又友善，因為他們全都對小費很積極。他們微笑、開玩笑，所以你獎賞他們。我笑了；你給我錢。

給小費這件事一直讓我很頭痛，因為這並不是獎賞，而是旅遊稅，是許多種旅遊稅的其中一種，而且是那種更污辱人的稅捐之一。沒有人能倖免。你是不是付大把銀子住在最高級飯店裡的總統套房一點都不重要：穿著制服的人看到你走進電梯，他會詢問你的旅遊狀況、向你提供氣象報告、把你的行李提到套房內，然後期待你打賞他們這種你未開口要求的關注。大門口，梳著滿頭金澄澄辮子正在吹牛的門房，因為突然趕來幫你打開計程車門而索取小費、酒保要在你的帳單裡分一瓢羹，侍者也一樣，打掃房間的女服務生有時會留下再也清楚不過的字條，並隨條附贈一個信封，強索現金。只因為做好自己份內的工作，就期待他人支付額外費用，已經夠讓人感覺糟糕的了；想到每個微笑背後都有個價碼，就更讓人覺得淒涼。

只不過，在**腓蕾號**上，侍者都有一種歡愉，甚至是一種慶祝節慶的工作態度，就好像他們正在參與一齣埃及喜劇的演出；在這個老師一個月賺五十塊美金的國家，他們之所以需要小費，或許只是為了要過日子。

雖然我這桌只有我一個人，但我卻是百位乘客之一——大多數的客人都是那種身材富泰、看起來有雙重性格的有錢人，對他們而言，旅遊是一種昂貴的懶散方式，他們的時間都用來與其他無所事事的人混在一起，敘述以前的旅遊細節。「這讓我想起巴西的某些地區」及「你看那邊，簡直就和馬爾他島一模一樣」，乘客有美國人、英國人、德國人，中間夾雜著些南美人，當然還有陰沉的印度人和他們那個沒家教的孩子。船上的美國人可以分成幾大類，開開心心一起旅遊的年輕人、上了年紀並愛好爭辯的獨行俠，以及度蜜月的新婚夫妻；最後一種共有三對，大家都喜歡他們。

我忍著不要嘲笑他們，因為大體而言，他們都沒有惡意，而且大多盡可能地表現溫柔可親，不過除了一對很親切的新婚夫妻，不時堅持請我和他們同桌吃飯外，我多半獨自進餐。至於其他乘客，我努力地回想，只能記起他們進餐時的樣子——在船上，放飯時間一向是讓人近距離觀察的時機，也是大家最生氣勃勃的時候。較年長的德國金髮女性那桌，穿著優雅；另外一桌的四位德國男士，總是冷淡地對待侍者——巧的是，其中一位竟然叫做「摳的」（Kurt）；年輕的美國夫妻，因為股市跌跌不休的新聞而沮喪；還有一桌是位長相令人不敢恭維的太太和她那位大胸脯的先生，兩個人都好像正在進行變性手術；剩下的就是那桌印度夫婦與他們因無聊而惹人厭的孩子。

德國旅客當中，我最有興趣的，是六位較年長的金髮女性，她們偶爾會精神奕奕，活像一排合唱團團員，我之所以對她們有興趣，是因為有位來自地中海東部的醫生與她們同遊。有天我們在上甲板區小酌，這位醫師對我說：「我的專長是重建整型手術。」於是我轉頭去看那幾位一面說話、一面做日光浴的女士們，她們全都以做日光浴那種古怪的向陽姿態，眉頭深鎖斜斜地面對太陽，很明顯地，她們剛剛才換了一個方向。

她們六個人相似的地方令我震驚——尖尖的鼻子、平滑的面頰、緊實的眼睛，還有缺乏彈性的淡色硬質頭髮——我突然領悟到這位醫生其實正在和他的病人同遊，而她們都是如此美麗，以至於他，不是她們，真的值得稱許。我覺得這個特別的發現，似乎是個故事的上好題材：譬如一名年輕男子和一名比他年長許多但看起來卻只有三十歲、而且還帶著自己的整型醫師同行的女子，發生糾纏不清的感情。為了平復自己腦子裡正在成形的幻象，我開始寫下這則故事。**這是我唯一的故事。年過六旬的我，可以講述這個故事了……**隨著每一天、每一週的流逝，故事也開始演變得憂鬱、滑稽、充滿回憶，以及令人慰藉的情色。

無法避免地，在**腓蕾號**上，那幾對喜歡幫大家問東問西的夫妻中，有一對問出了我們其他人因怕顯露自己無知而不敢問的所有問題。「他們究竟是用什麼辦法移動那些東西的啊？」及「那是法老的嗎？」，是他們提出的其中兩個問題。那位太太質問女性，她的先生則一直吵著男性提供資訊。

「你有工作嗎？」霸道的妻子問那位看起來最害羞的女性，她是數對來度蜜月的其中一位漂亮新娘，身材嬌小。

「我是監獄警察。」新娘這麼說。

「工作一定相當辛苦！」是可預期的回覆。

當這位度蜜月的新娘說「噢，一點都不辛苦。我們有些非常好的獄友」時，一切對談戛然而止。好管閒事太太的先生是個令人煩躁的老市儈，他看起來就像戴頂高爾夫球帽的冒牌皮爾當史前人類[21]，他一直對我說：「我想現在我得拜讀你的某本大作了。」

我用一種友善的方式，哀求他千萬別去看我的書。之前和許多人共同旅遊所得到的一個教訓，就是閉嘴總是上策。說話的人都是自我推銷者，他們和新聞記者、推銷員、傳福音者一樣，是大家避之惟恐不及的人；反之，安靜的人通常都是值得認識的人，不過不管怎樣，我把整船乘客看成了埃及的其中一景，就像那隻胖胖的石刻河馬、木乃伊貓及令人傷透腦筋的古董販子一樣。我想，過了埃及，應該看不到太多觀光客了。

我們這船遊客對埃及古物學一無所知，也弄不清楚歷史事件的年代。「我的歷史真的很爛。」是經常聽到的話，出現頻率與哈特謝普蘇特女王一樣高。

對我來說，這是一趟野餐，我猜這可能也是更深入非洲前的最後一次野餐。這是趟舒適又毫不費力的旅程，身邊也大多是平易友善的人，如果我們並不是那麼了解埃及歷史，那麼埃及人想必也所知不多。再說船上若真有位賣弄學問的歷史學家來糾正我們的印象，硬要把我們導向正途，那麼這趟行程必定單調沉悶。所以相較之下，我還是比較喜歡聽這類的即興創作：

「他們一定是利用那些爬上牆的。」

「我認為他們一定是用那個東西洗澡。」

「那些轍跡可能是四輪馬車留下來的，不然就是某種運貨馬車留下來的。」

「看起來像是一種鴨子。」

「那一定是法老的東西。」

有些國家極適合觀光客來訪。義大利就是這樣的國家，墨西哥與西班牙也是，還有土耳其。埃及，當然也是這樣的地方。相當大的地方、不太髒、食物美味、人民殷切、陽光、不勝枚舉的傑作、廢墟處處、總是讓人想起什麼的名字及悠久而模糊的歷史。當導遊說「紙草」、「象形文字」、「圖坦卡門」或「托勒密王之二」時，你只能以「哦」答腔。

然而，對埃及大部分的記憶卻是友善的侍者、拿著手機坐在駱駝上的怪胎、對著古牆撒尿的老人、市場上一盤如玻璃的石榴子、一袋袋的香料、在神廟裡反芻的黃色母牛，或者僅僅只有色彩。埃及的色彩美麗極了。愛德華．李爾[22]在尼羅河上寫下的日記這麼說：「最起碼，埃及是塊學習色彩之地。」

我在幹嘛？邁步前進吧，我想。從地中海岸開始，經過赫丘力士之柱，慢慢地，深入非洲。旅行是

21 皮爾當史前人類（Piltdown man）：一九〇九至一九一五年間在英國皮爾當發現的史前人類頭蓋骨，但於一九五三年證實為偽物。

22 愛德華．李爾（Edward Lear）：一八一二—一八八八，以荒謬詩作與五言打油詩出名的英國藝術家、插畫家與作家。

種轉變，最好的旅行是從家開始的旅行，是一種啟程。我痛恨以降落的方式進入一個地方。我必須要能夠把此處與彼處連接在一起。普通旅遊所帶來的困擾之一是太過舒適：一個人可以用這種安逸的態度，從熟悉之處快速被送到陌生之地，譬如說在紐約辦公室工作的人，以月球火箭發射的速度，一個晚上就被偷偷送到非洲之中，去對著猩猩張口呆望。幸好這只是感受外國的一種方式。另一種方式是慢慢走，跨過國界，帶著袋子和護照倉皇跑過利如剃刀的鐵絲，但這才是提醒你這裡和那裡有所關連的最好方法。再說，一篇旅行的故事本來就是關於彼方與歸處的故事。

特寫：我努力地划，汗流浹背地像個船艦上的奴隸。鏡頭拉遠些，透露了真相，原來我是坐在一個划船機上。再遠一點的鏡頭：我在健身房中；更遠的鏡頭：我在一條船上，**腓蕾號**，身邊有扇窗。鏡頭從正在機器上努力划動的我往上拉，然後對準窗子，鏡頭裡發現了另一個人，用著和我一樣的節奏，在尼羅河上划著船。

古物出土地與紅海邊的遊樂區

我們來到了勒克索、底比斯、國王谷這幾個埃及古物學家及焦躁不安的遊客朝思暮想的地方，即使什麼都不知道，大家仍會瞠目結舌地緊盯著這些地方的美麗、傾聽正在吟頌的事實，我們會知道太陽在早上出生時還是隻小甲蟲——也就是聖金龜子（scarab），正午就會變成神祇拉[23]，掌控一切，直到夜幕垂落，再變成神祇阿圖姆[24]。你還會知道如何判讀無罪宣言——〈否認的自白〉[25]，因為法老在墓碑牆上列出了自己的所有善行。太陽的意象藉著太陽船、複合式神祇頭上的太陽圓盤及門口懸掛的圓球型態照亮各處。埃及人因為看到了太陽內蘊的如斯力量，所以自稱為「拉之牛」（cattle of Re）。

但我記憶最深刻的卻是塗鴉、對文物的破壞，以及鑿入墓碑牆上的名字，這些名字屬於古人、法國軍隊、英國十九世紀的旅者及瘋狂的科普特人，就連那位主張破除偶像崇拜、並決定要當個一神論者、但雕像卻受到毀損的阿肯納頓王[26]也在其中。

德國老教授腳上那雙可以踩石成砂的涼鞋，踏在阿孟柯普雪夫（Amenkopshef）的墓穴上，他在接近玻璃框時彎身前俯說：「瞧這害羞的古人。」

一團小小的骨頭和一副被壓碎的頭骨。

「是副木乃伊。」

這的確是個胎兒的木乃伊。

我記得奈費爾塔利（Nefertary）的墓穴，她是拉美西斯三世的努比亞妻子，但我記得的並不是修復墓穴所花費的多年時光或數百萬巨款，也不是穿著透明長袍與手臂上有刺青（每隻手臂上都有隻圓睜的大眼）的修長奈費爾塔利正在下棋的模樣，更不是發亮的漆黑色、鮮豔的色彩、鸛鳥、甲蟲、眼鏡蛇、綠色、紅色或黃色。

---

23 拉（Ra）是赫利城（Heliopolis，位於尼羅河三角洲的古聖城）極為古老的太陽神。白晝，拉的頭是鷹頭，從太陽圓盤俯瞰一切，到了晚上（下註「阿圖姆」），他的頭就變成了羊頭。

24 阿圖姆（Atun）：薄暮時分代表太陽的神祇，被大家視為拉阿圖姆（Ra-Atum），是赫利城（Heliopolis）的創造者。

25 出自埃及《死亡之書》（*Book of Death*）的第一百二十五章，是死者在進入真實女神（goddesses of truth）大殿時的白白內容，死者必須依照制式內容，說出自己未曾犯下的罪孽，如「我未曾對人犯罪、我未曾虐待牛隻……」共三十八條。《死亡之書》是本一百九十章、附插畫的全集，傳說書中內容是可確保死者在冥界存活的配方。

26 即阿孟霍特普四世（Amenhotep IV），埃及第十八王朝的法老，在位期間是西元前一三七五—一三五八。

我記得的是門票數量不足、參觀時間限制十分鐘，以及在印象中，墓穴深處的景象，只有服務人員走近我，在我耳邊低語，「你必須現在離開！不行。好吧，再待三分鐘。」然後伸手要小費。

在卡納克這個舉世無雙的偉大城市與複合式神廟內，眾圓柱林立，我主要記得的就是蜜蜂的形象——**國王蜂**（Nesrut Bity）——那是上、下埃及的國王象徵——高高畫在屋頂懸梁之上，我還記得蜜蜂的胸腔與腿部如何遭到破壞。福樓拜說卡納克看起來像「一棟巨人們住的房子，一個巨人們拿著**烤肉叉**和金盤子享用烤全人大餐——有如我們烤雲雀——的地方」。

邁迪奈—哈布（Medinet Habu）這座擁有三千年悠久歷史的葬廟，紀念的是拉美西斯三世的功績，我看到一團西班牙觀光客在經過一面牆時，先是一愣，隨即恍然大悟的表情變化，原來他們看出牆上刻畫的是一堆從俘虜身上割下的手和男性生殖器——然後這群觀光客就這麼盯著一大堆雕刻在神廟牆上的生殖器猛瞧。

「男性生殖器，」有個男人一面輕聲地喃語、一面併攏他的雙膝。

我當然記得拉美西斯神廟及在曠野中令希臘人擔驚受怕的那些孤寂雕像，我也記得拉美西斯巨像那對少了身子的憂鬱雙腿，帶給雪萊寫下〈奧吉曼迪亞斯〉[27]詩作的靈感，那是我在詩作中心（Poetry Center）最喜歡的一首詩。除此之外，福樓拜也曾在勒克索露過營。

然而像埃及其他令人印象深刻的事物一樣，數百年從未間斷的執拗所表現出來的景象，是虔誠的回教男子前額上暗沉的腫塊與瘀傷，他們用頭擊碰清真寺的地板——稱為**阿拉馬特・艾爾—薩拉**（the alamat el-salah），即「祈禱者的印記」，用埃及文的口語來說，就叫做葡萄乾（札比巴／zabibah）。一九九七年，就是在勒克索的這個地方，回教激進分子突然出現在一座神廟中，朝著觀光客的巴士掃射。那次的暴行造成五十七位觀光客死亡。我離開尼羅河一個月後，六名德國觀光客也在勒克索遭到綁架。據稱綁架者是個瘋子，人質在一個星期後獲釋，但相信更多的類似事件仍會繼續發生。

有天，在哈特謝普蘇特女王神廟中——哈特謝普蘇特這幾個字，我只能慢慢一個音節一個音節地發出音來——我發現自己自言自語地說：「他們到底是用什麼方法拉起那麼重的東西？」在我眼裡，這個徵兆表示我應該繼續往前走了。

由於恐怖分子的威脅，每天早上都有團護衛隊從勒克索出發至海岸。三十部車子與巴士，由超速的警車領軍，穿過東部沙漠，行駛約一百哩到沙法嘎港（Port Safaga），再走三十里抵達紅海邊的赫嘎達（Hurghada）。大約兩個小時的車程內，沙漠平坦而一成不變，接著出現像碎礫堆與石堆般的矮丘，最後是坍倒的棕色大石山，夾雜其間的，是穿著暗色長袍跳來跳去的貝都孩子，他們在放牧山羊。

深邃的藍色紅海邊，赫嘎達鎮在貧瘠的海岸上伸展，那兒有個一應俱全的俄國遊樂區——這表示廉價的旅館、身著運動服的遊客、嚇死人的食物、無趣的賭廳及長相難看的流鶯。在這兒，處處都是耽於享受的羅馬尼亞人和總是感受到預算壓力的波蘭人，外加背著背包的迷途者。該處除了陽光，什麼都沒有，然而，不知道為什麼，耀眼的光線卻讓寒酸的旅館更顯醜惡。

「十九世紀時，這裡是貝都人的村落。」有個當地人這麼告訴我。

我在該區域最南邊的沙丘上，找到一家不錯的旅館。這個區域有個迷人的名字，叫做沙爾．哈許許（Sahl Hasheesh），意思是偉大孤寂的縮影。此地雖然不毛，但哈許許這個詞事實上卻是綠葉的意思，而

27　根據西元前一世紀希臘歷史學家西庫勒斯（Diodorus Siculus）的說法，奧吉曼迪亞斯（Ozymandias）雕像被喻為埃及最大的雕像，而且雕像上刻著：「我是奧吉曼迪亞斯，王中之王；如果任何人想知道我是誰，以及我葬在何處，那麼就讓他超越我的成就。」

沙爾則是海岸（因此史瓦希利人〔Swahili〕其實是沿海人的意思）。

「在這裡，你可以放鬆。」經理說。

心想：我才不想放鬆。如果要放鬆，就不會來非洲了。

「你可以休息。」

對我而言，旅行不是休息，也不是放鬆。是行為、是努力、是移動，但其內建的延滯這種冗長而乏味的部分也是必要，因為那是為了向前行動、解決問題所不能避免的代價；等待巴士與火車、忍受拋錨的時間，你都會想拿來做最好的利用。

「你可以坐在沙灘上；你也可以去游泳。」

對一個在夏威夷住了半年的人而言，到這裡來做這些事似乎不太正常。二月的紅海很冷，「沙」是砂礫與尖石的婉轉說法，而風，則強到足以剝走我身上的衣服。

搭船怎麼樣？我這麼想。於是我打了通電話給開羅的旅行社。旅行社職員是個迷迷糊糊的英國女孩，弄不清楚我要什麼，她說她對船的事情一無所知。

「這樣吧，來趟尼羅河遊船之旅，如何？」她詢問。

「搭過了。」

「不然，你可以去參觀開羅，去看真正的托缽僧。」

「赫嘎達這裡也有托缽僧啊。」

她幫不上忙：雖然紅海上一定船帆處處，卻沒有關於船的簡介。於是我又去了沙法達港（Port Safada）。也沒有船去吉布地，那兒只有一條船，上面全是要去吉達朝聖的狂熱阿拉伯回教徒。

回到沙爾．哈許許後，好心的經理看得出我的焦慮。

「就好好放鬆吧。祝您愉快。」

「我想啟程了。」

「去哪兒？」他笑著問。

「嗯，最後要到開普敦。」

我的答案讓他有些摸不著頭腦。試著向他人解釋自己接下來的行程，絕對是個錯誤。這樣的計畫聽起來毫無意義，因為實在太冒昧了。最好的旅行其實就是偶然，然而即興之行無法解釋。某天，我厭倦了赫嘎達的平靜，不過更令人擔心的是，有人告訴我回教節日忠孝節（Eid al-Adha）就要開始了。這個為期六天奉獻祭品的節慶，是為了紀念上帝給亞伯拉罕一隻公羊代替以撒當成聖壇上的祭品（請參見《聖經・創世記》第二十二章第六至十四節）。這六天內，一切停擺。我心血來潮，再次打了電話給蘇丹大使館。

「你的簽證批准了。」一個名叫阿迪爾的男人這麼告訴我。

可是邊境卻關閉了。我必須搭機飛到喀土木。我進城去買機票。有位親切健談的男子和我一起排隊，他也是要買埃及航空公司的機票。他的頭有點方，像埃及城裡的人，肥嘟嘟的面頰，灰色的眼睛，還有一副會讓人誤會他擺出了不雅姿勢的矮壯身軀。他的名字是伊哈伯。

「像小說裡的船長。」

「什麼小說？是像可蘭經裡的伊哈伯。」他出汗的手在襯衫上抹了抹，讓原有污漬的地方更黑。「我的名字是『禮物』的意思。」

「你從赫嘎達來？」

「沒有人來自赫嘎達。」他說。真的，二十年前，這個遊樂鎮一直是貝都人的村子，不過貝都人始終過著遷移的生活。

「那麼，埃及嘍？」

「我恨死埃及了。」

「為什麼？」

「明天再告訴你。」

明天？

動身前往喀土木前，我打了通電話給美國的總領事，稍早有人給了我這位總領事的名字。在蘇丹的生活是什麼樣子？

「他們不允許我住在那兒，」他說，「我住在開羅。在喀土木之間來來回回。今天晚上要回到開羅。」

「不曉得到喀土木以外之處旅行的可能性如何？」

「我未獲准去喀土木以外的地方，基於安全理由。」

「美國公民在蘇丹會受到騷擾嗎？」

「騷擾？這麼說吧，幾個月前，安全警察逮捕了一個人去問話，搞不好還受到刑求，整整三天。」

「聽起來很嚇人。」

「這是我們唯一收到的控訴，不過你可以了解，這是相當嚴重的一樁控訴。我有義務把這件事情告訴你。」

「他們放他走了嗎？」

「一開始不肯，後來他們讓他接受模擬死刑後才同意放人。」

「這可是我應該避開的事情。」我說。

第四章　恩圖曼的托缽僧

雖然已經進入了蘇丹的領空，坐在旁邊的伊哈伯仍在叨叨說著，他實在痛恨這個國家，而且態度一點都不避諱。我正在看美國國務院對蘇丹所做的非機密性旅遊狀況報告，這是一份很有趣的文件：

在蘇丹的任何一個地方旅遊，都可能是非常危險的事情，尤其是喀土木以外，……在蘇丹的（美國）旅客因受制於蘇丹安全部隊，會出現旅程延滯或遭到扣留的事情，尤其是在喀土木以外的地方……當地的開車習慣無法預測……路障……除了持續不斷的內戰外，傾盆大雨及超過尼羅河正常高度的水位，在全蘇丹引發大規模的洪水氾濫。尼羅河的氾濫肆虐喀土木……水患帶來的疾病，如瘧疾、傷寒和腸胃炎等，威脅許多人的性命……蘇丹政府對其警方與軍方的控制或許有限……

我最喜歡的句子是**除了持續不斷的內亂外**。我轉頭看看旁邊，「你剛說什麼？」

身為埃及人的伊哈伯，帶著親切的喜悅嘲笑蘇丹，一如他瞧不起埃及的心態，但其實反對的主要原因簡單，「因為人民不自由！」

「在美國，大家可以在街上親吻女孩——沒問題。可是在埃及、在蘇丹，我親女孩，警察就來了！

他們抓我！」一想到這個，他就相當不爽。「他們讓我很丟臉！」

「因為親女孩？」

「那是犯法的。可是在美國就不犯法。」

「不過，不可以親陌生人。」我說。

他根本沒有聽我說話。「我要去紐澤西！我要當紐澤西男人！」

有個漂亮的埃及女子坐在隔我們一個走道的位子上，和一位可能是她母親的老婦人一起搭機。

「埃及女人非常性感，」伊哈伯用一種透露祕密的態度對我低語，還積了滿口唾沫。他換了個姿勢，身子朝我靠過來，不讓隔座的女子聽到，他說：「她割掉了。」

我大概曉得他在說什麼，不過假裝聽不懂，這樣他就必須再做解釋。他向我解釋了，一開始，他做了個明確的手勢，將代表陰蒂的拇指插進兩根圈成脣形的手指中。

「她割了這裡。」他一面說、一面用空著的那隻手切在拇指上。

「很痛。」我說。不過重點在哪兒？

「不痛！她小——很小就割掉了。一個禮拜大，最多一個月大，她割掉了。」

兒童割禮對我來說是件新鮮事，然而，對西方的女權主義者和埃及的女性運動就更新鮮了。我於是問了個很明顯的問題：重點是什麼？

「對她比較好——讓她更性感，」伊哈伯說，「如果她割掉了，整天都想要性。」

我在路上也碰過其他附和這種想法的人，不過這種奇想與所有醫學證據相悖，感覺像是在說，如果一個男人割掉了睪丸，性行為會變得更有趣似的。我聽過另外一種完全相反卻更令人置信的說法：那會減少女人性行為的歡愉，因而讓她更忠實。伊哈伯對此議題的狂熱度，讓他提高了音量，我真怕那個女子會因為聽到他的話而被觸怒。

「像這個割掉的女人——你摸她，」——他用指節輕掠過我的腿——「她就會興奮起來。」

「真想不到。」

「美國女人，不會。可是在埃及、敘利亞、約旦、沙烏地——割掉的女人，只要你隨便碰一下，她們就會興奮。」他對著我笑。「碰碰手指。碰碰皮膚。」

他把手伸給我看，然後再次用手指做了個手勢。

「當你在這些地方玩一玩，」他一面說、一面強調他的手指，「她就瘋了。」

伊哈伯用阿拉伯話低語著過程，他壓低了聲音，氣吹在我的耳上，不讓任何人聽到這個禁忌字眼，**奇坦**（khitan）。

離開機艙時，我們跟在這位迷人的女子與她的母親身後，伊哈伯的眼珠子都快跳出來了，他談著這名女子的祕密，興奮而手舞足蹈，發熱的腦子裡勾畫著看不見的畫面。嘴裡說著「**奇坦**的女人，她更性感」。

來自於赫嘎達的伊哈伯對女人有些了解，尤其是外國女人。在他銷售與交易的事業中，曾經歷過多次由來訪女子提出的性愛提案——所有的埃及人都碰過這種事。外來訪客覺得埃及人非常誘人。關於這點，我可以作證：尼羅河的防波堤上就迴盪著歐洲女人在小帆船上歡愉的尖叫聲，而且不只如此，就連小帆船（felucca）這個詞都具有性愛的語調。

還有人向伊哈伯求過婚，那是來自俄國的女人。

「舉個例子給我聽。」

「一個女人，她要跟我結婚，可是我已經結婚了。我喜歡我的太太，我喜歡我的兩個孩子。所以，幹嘛要結婚呢？」

「同意。」

「可是我的太太很愛吃醋。」

「我太太也一樣，有時候啦。」

「是嗎？」他似乎有些震驚，「你的？我的？原來女人都一樣？」

「我想應該不一樣。」

阿可波飯店

我在喀土木遇見的第一個男人幾乎就駁斥了伊哈伯的所有說法。那是我在阿可波飯店（Acropole Hotel）遇到名叫哈朗的瘦小男人。從外觀看，阿可波飯店只不過是另一棟寒酸建築物，杵在一條塵土瀰漫的後街上，而這條後街又位於滿是破舊街道與凹陷深洞的酷熱城市中。然而這家飯店卻是眾人推薦之處。阿可波飯店的內裝清潔又討喜，大理石的地板與整潔的房間，由一位彬彬有禮的希臘人喬治·帕哥拉托斯管理。帕哥拉托斯在本質上，雖然屬於他祖先的來處塞法羅尼亞[1]，但他卻生於喀土木。他說，**告訴我你想在蘇丹做什麼，或許我可以安排**。他信守了承諾。因為喬治的關係，所有的記者和救援人員全住在阿可波飯店。他是經典電影中異國情調飯店裡那種熱心助人的飯店經理，我停留在阿可波飯店的絕大多數時間裡，生活就像沒有酒的《**北非諜影**》。那不是喬治的錯：因為回教律法[2]即代表蘇丹禁酒。喀土木沒有任何值得一提的餐廳，因此我所有的餐飲都在阿可波的餐廳裡解決，餐廳的負責人是喬治開朗的敘利亞妻子。

「相信我的話，」哈朗在提到女性割禮時說，「我以過來人的經驗告訴你，那樣的女人什麼都感覺不到。」

「可是她們依然順從？」

「她們就躺在那兒。根本不知道怎麼回事。如果你是個男人，你會覺得有點可笑。如果你是個女人……我不曉得。」

「對她們來說，在她們身體裡面的是什麼呢？」

「什麼都沒有，」他說，「嗯，孩子吧。」

「不過，埃及人相當快樂。」

「他們會笑，沒錯。納瑟[3]曾說過『我們的生活很糟糕，不過至少我們知道怎麼笑』。」

「他們似乎很友善。」

「你認為埃及人友善？」他看我的樣子，就像我是個頭殼壞掉的人。「他們的友善是裝出來的。」

哈朗不相信巴勒斯坦人，也不相信以色列人。他不喜歡伊拉克人，也不喜歡伊朗人。「沙烏地只是一個龐大卻腐敗的家庭。」

「阿拉伯人，」他說，露出了黃板牙，展現一個嘲諷的微笑，同時聳聳他那副皮包骨的肩膀。

1　塞法羅尼亞（Cephalonia）：位於希臘西部的一座海島，面積兩百八十七平方哩，是愛奧尼亞（Ionia）群島中最大的島嶼。

2　回教律法（Sharia）：即傳統的回教律法。一如其他的宗教，一開始，回教在宗教與世俗生活中的界限不明，因此回教律法不僅規範了回教儀式，也規範了許多日常生活中的行為。

3　納瑟（Gamal Abdel Nasser）：一九一八—一九七〇，埃及軍事將領。

「你怎麼稱呼自己？」

「我是個天主教徒。」他回答。

他是個約旦人，在安曼有生意，沒有太多時間與約旦的皇室打交道。得到他完全贊同的只有一群人——蘇丹人。

「你看他們彼此打招呼的樣子，」他說，「他們擁抱、他們重捶對方的背、他們緊緊抱著親吻。沒有其他阿拉伯人會這樣做。他們喜歡彼此，他們是好人。」

「你在這裡碰到過任何麻煩嗎？」

「完全沒有。」

南北戰爭

喀土木，是座滿是頭纏厚厚阿拉丁式頭巾、身穿白袍的高個子男人與手戴黑色手套、頭蒙面紗、身穿鮮豔長袍的高個子女人的城市，是座沒有雨水的城市，寬廣而棕褐得有如在此交會的兩條河。喀土木的最高建築，是許多長得像鉛筆的清真寺尖塔。裹得緊緊的瘦長居民，看起來如鬼似魅，猶如身處在刺眼眩目陽光下的人，常給大家的感覺一樣。除了蘇丹人歪斜的影子外，這兒沒有其他的遮蔭之處。蘇丹人的鬼魅之像，因為從頭遮掩到腳的裝束和長袍，更顯陰森，他們連頭都為了要抵擋烈日與酷熱而鬆鬆地包裹著布巾，除了像鳥嘴的棕褐色臉龐外，什麼都看不到。

喀土木城坐落在藍、白尼羅兩條大河的交會點，兩條黃泥豐厚的河水，載著泥從南邊直接切穿各個土岸奔流而過，河水流經的土岸因為急流啃蝕土地而顯得凹凸不平。兩條尼羅河旁的樹叢上都掛著破布和塑膠袋，全是樹枝自洪水裡撈到的成果。往西看，跨過英國的老鐵橋就是恩圖曼了，那是一百多年前馬迪[4]砍下戈登將軍首級的地方，馬迪的曾孫沙迪格．艾爾．馬迪（Sadig el Mahdi）仍住在河邊的家族宅邸中。這裡的河是指兩條尼羅河匯聚而成的一條潺潺作響的寬廣泥流，從北流至開羅後，繼續往東北竄奔，進入北喀土木的工業區。一九九八年，柯林頓的飛彈就是落在此處。

「五顆飛彈——非常突然，」有群學生中的一個人這麼告訴我，同時將手指向對岸。

經過這三名蹲踞的年輕人身邊時，我注意到兩件事情。他們彼此說著英文，而且其中一人還抱著一本《少奶奶的扇子》[5]。我說了聲哈囉，大家很快就談到了飛彈攻擊。

「那家工廠生產藥品，不是武器。可是工廠是空的。星期四晚上沒有夜班。我們認為美國人知道這個情況。」

他們是二十出頭的大學生。我拐彎抹角地詢問轟炸事件後，又問他們覺得美國人怎麼樣。

「我們喜歡美國人。做這件事的是你們的政府，不是你們。」

一路上我遇到的人，常常都把政治與人民分得很開。普遍而言，非洲人極其厭惡他們的政府，認為政府完全不具代表性，而他們也很高興把這種質疑政府的好處與我們分享。

「我們想當朋友。」另一名學生說。

---

4 馬迪（Mahdi）：是個阿拉伯辭彙，意思是「神聖的領導者」。在這裡指的是一八八五年領導回教救世主軍的蘇丹教士穆哈馬德．阿馬德（Muhammad Ahmad）。

5《少奶奶的扇子》（*Lady Windermere's Fan*）：奧斯卡．王爾德（Oscar Wilde，一八五四—一九〇〇）的四幕劇，講述溫德密爾夫人懷疑丈夫與爾琳夫人有染，因而決定與愛慕她的達林頓公爵私奔，得知此事的爾琳夫人出面勸阻。最後大家才知道爾琳夫人原是生下溫德密爾夫人沒多久即拋棄她的生母。

說話的是哈山。其他兩個人是阿布德—阿拉與沙伊夫—丁。「**沙伊夫**的意思是劍，而**丁**的意思是信仰。」

我做了一個砍的手勢。「『回教之劍』——意思是聖戰？」

「沒錯，沒錯。完全正確！」

「這本書裡沒有太多這類的東西，」我一面說，一面輕輕敲著《少奶奶的扇子》的封皮。

「我是為了學英文才讀這本書。想學得更好。非常重要。」

哈山說：「非常、非常重要。」

「極為重要。」我說。

他們並不認識「極為重要」這個形容詞。我們坐在尼羅河畔，面對著突提島。我教他們「極為重要的」與「必要的」這兩個詞彙。學英文很重要。了解正在發生的事件是必要的。迅速應變極為重要。

「不過，讓我們打岔一下，先生。」阿布德—阿拉說，「你覺得阿富汗人怎麼樣？」

「了解正在發生的事件是必要的，」我說，「那是部落戰爭。」

「美國人怎麼看以色列和巴勒斯坦？」

「那也是部落戰事。」

哈山說：「你看，先生，如果你殺了阿富汗人與巴勒斯坦人，他們有家人、有孩子，他們會一直恨美國人，而且會試著殺美國人。」

這件事完全沒有爭辯的餘地，但是我說：「蘇丹軍方對南部的丁卡族[6]和蘇丹人民解放軍（SPLA, Sudan People's Liberation Army）投彈。他們不會一直恨你們嗎？」

在蘇丹這個非洲最大的國家裡，回教徒在北，基督徒在南。南部區域戰事不斷的狀況已持續了四十載。蘇丹人對任何人訓誡有關恐怖主義的議題，都等於是在把自己變成一個很大的眾矢之的。我想這三個年輕人懂得這個道理。他們改變了話題。

沙伊夫—丁說：「我們要怎樣才能去美國？」

「我可以半工半讀嗎？」阿布德—阿拉問，「如果上大學時找到一個工作，可以負擔我自己的費用嗎？」

我問他們在工作方面有什麼專長。他們說，幾乎沒有。他們去過哪兒？只有待在這裡，他們回答。他們在喀土木長大。從未離開過喀土木——從未看過自己的國家，他們沒看過藏油量豐富與沼澤處處的南部、沒看過沙漠和滿是庫施神廟與金字塔的北部，也沒有看過西部柯杜芬省（Kordofan）的山脈和努比亞人。不過這些學生想要旅行、甚或移民的想法都非異數。美國的城市充斥著來自非洲城市卻從未見過自己國家內陸景色的非洲人。

人在喀土木，並不會知道南部正發生戰爭，雖然這兒出現了許多南方人——席路可人、丁卡人、努爾人[7]，還有高個子的基督徒，他們全是為了逃避戰爭才來到北方。有些人住在難民營，靠各個在喀土木運作的國外機構所分發的食物維生。六〇年代中期，我曾受蘇丹游擊隊之邀撰寫有關「解放區」的文章。那時我住在境內全是蘇丹難民的烏干達，難民們會提到被焚燒的村莊與荒廢的鄉間。四十年了，情

6　丁卡族（Dinka）：蘇丹南部尼羅河流域的黑人種族。

7　赤道族（Equatorians）、丁卡族、努爾人（Nuers）、阿努卡族（Anuaks）、席路可族（Shilluks）、拉土卡族（Latukas）、塔波沙族（Taposas）、圖坎族（Turkans）、摩魯族（Moru）、馬迪族（Madi）及阿贊德族（Azande），泛稱為「南蘇丹人」。這些部族大都是靈魂論者與基督教徒，曾多次抵抗喀土木當局試圖將南部阿拉伯化或回教化的努力。

況顯然依舊如昔。

「南邊所有的地區都因為地雷而無法住人，」在喀土木的一位地雷專家這麼對我說，「到那兒去，根本看不到任何人。」

待在英國軍隊裡的十八年，讓雷．麥可加斯對拆除地雷的知識更加精深。雷告訴我，這裡多數的退休軍人，退休後都搬到英國村，在當地經營酒館。不過那也代表他們全變成了酒鬼，積欠融資貸給他們釀酒廠一大堆債務。四十五歲的雷，有副結實的體格，他把在軍隊中所學到的技術用在地雷行動（Landmine Action）上，這是個致力於拆除那些邪惡裝置的組織，非洲許多地方都有大量的地雷。地雷很簡單，卻很致命，也很長壽；一顆地雷的危險性可持續約五十年。

「地雷主要分布在鄉間，因為非洲軍隊總是在農業區交戰。」雷告訴我。

雷曾寫過一本以拆除地雷為題的書，他反應很快，有時候還會口出雋語（「尋雷有點像具有禪意的園藝」）。以地雷和其簡單卻又致命的技術為主題的書並不多。地雷通常是塑膠製成，所以幾乎無法探測得到。狗嗅得到火藥的味道——所以狗兒幫得上忙；但是雷的方法是針探地表，把金屬桿以大約三十度的斜度一吋一吋地探測。他說這是相當安全的方式。你必須直接站在地雷上，才能引爆。

南部區域滿是地雷，捐助單位一直催促他找到這些地雷並加以移除，這樣相關單位才能重新安置人民。但移除地雷是件緩慢的事情，而且當地居民有時並不合作。

「這個在馬拉卡爾（Malakal）的女人對我說：『這裡沒有，地雷沒炸過任何人。』但之後，有個鄰居說那個女人的牛因為踩到地雷被炸死了。結果那女人說：『噢，沒錯。我的牛。』戰時，一條被殺的牛沒什麼大不了。」

雷會在蘇丹待一、兩年處理地雷的事。現在，他住在阿可波一間頂樓的房間裡，身邊環繞著家人的相片。他並不是唯一一個進行援助工作的人。拯救兒童協會（Save the Children）的鄧肯也在飯店裡，還有聯合國兒童基金會的愛莎、瑞克（小型融資，小型企業貸款）、來自於聯合國教科文組織的烏干達人、一群大家經常見到就著地圖進行討論的荷蘭小組，以及正在「監督某些聯合國計畫」的孟加拉人（「可是我現在是美國人」）。

他們是各式各樣的援助專家，從無私的理想主義者到最懶惰、只等著在關鍵時刻大撈一筆的無聊傢伙，什麼樣的人都有。早期，這些人可能是生意人、軍人、參訪的政客或學者。但現今的非洲處於救援時代，在這裡，善心事業不僅擁有無上權威，而且還像咖啡收成和水力發電計畫一樣受到大家仔細研究。現在，非洲出現了一套複雜的基礎建設，全奉獻給一切好像已變成牢不可破的悲慘狀態：飢荒、移置、貧窮、文盲、愛滋、戰禍的蹂躪。隨便說一個非洲的問題，這兒就有相對應的機構和慈善團體，然而那並不代表拿得出解決的辦法。慈善團體與救援計畫似乎只是把非洲問題變成更嚴重、更糟糕的永久狀態。

喀土木市場

喀土木的炎熱，加上天空始終點綴著老鷹盤旋的黑點，讓我喘不過氣來；太陽在萬里無雲的一片湛藍中燃燒，並延燒到刷了石灰的建築物上，街道亮得讓我睜不開眼，因為街道全是粉筆灰般的塵屑——塵粒像粉筆灰一樣細微、如陽光般亮眼。我拖著厚重的鞋子，緩慢地邁步向前。如果能像這兒所有穿長衣的族群一樣，頭纏布巾、身著白袍的話，不知會有多開心。我決定買雙涼鞋，於是去市場採購，嘴裡念念有詞地想要記下買鞋子要用的阿拉伯語，阿那—阿維茲—夏帕斯—阿雷拉（Ana awiz shapath aleila），意思是我現在需要某種涼鞋。

一路上，我瀏覽著大家腳上的涼鞋，想看看有哪些可供選擇的樣式，結果看到一男一女走向清真寺——那是個星期五——男人手裡抓著一本可蘭經，兩個人都穿著適合該場合的正式服裝。他們是夫妻這點毋庸置疑，因為女人身上有指甲花染料繪成的圖案——這是種襯托腳部和足踝的藍黑色蕾絲圖案——也是已婚女人的特權。

不管怎麼說，這個女人非常迷人，黝黑的身軀又高又瘦，蒙著一條甩頭就會分開的金色薄紗，所以我瞄到了她的臉。隨著凹凸有致的長袍擺動，裹在長袍中的身材明白顯現，腳下踩的是雙黑色高跟鞋。這時，女人的部分長袍開始纏住一隻細鞋跟，當她彎下身用一隻戴著手套的手把絲質衣服從鞋跟上解開時，我看到暗色指甲花染料所精心繪製的精緻鏤空花紋，爬滿了她的腳、足踝，一直上達到她的腿部，就像穿著最性感的法國褲襪般。除了美麗的鞋子與赤裸的腳外，這條繪塗美麗的雙腿最主要的魅力，來自於腿的主人是個蒙著面紗的女人。她的雙腿是全身上下唯一裸露的肉體，但這雙腿所明白展現的物戀，卻將其所隱藏的魅力帶到想像的世界中。對我來說，沒有什麼會比這個更煽情了。

這幅畫面似乎讓天氣變得更熱。我買了涼鞋——**梭里**（souri），店家說，這是敘利亞的鞋子——接下來的一整天時間，我全用來馴服這雙鞋。

旅行的神奇之處，在於提供了通往過去之途：非洲的市場向我們展現了曾經經歷過的生活與交易方式。喀土木的市場仍活在中古世紀，那是叫賣者、遊客、街頭藝人、騙子、衣冠楚楚的都市人、身著長袍的信仰更虔誠之士，以及來自南部區域各色人等的鄉巴佬聚集所在——如果你再多知道一點他們的習俗，還可以叫出他們的稱謂、看得出某個部落人民臉上的斜線記號、不同部落人民身上的刺青與鬼畫符，以及其他部落人民被打落的下排牙齒和唇環。許多頑童會突然搶奪路人，不然就是向路人兜售肥皂和香菸。喀土木市場是這座城市的心臟與靈魂，一如歷史上市場的地位一樣。公車站就在附近，出售黃金銀飾的商人街、涼鞋街（這兒還販售非法的花豹皮、蛇皮皮包與拖鞋），販賣蔬菜的單輪推車、肉攤也在附近，此外，市場中心還有座蘇丹最大的清真寺。由於這座清真寺及可蘭經上明確的訓示，「不要拒絕乞丐」（第九十五章第十節），因此城裡的每個乞兒與殘障者也正大步前往祈禱的途中，照樣推擠其他虔誠的信徒，不遑多讓。

一群群穿著長袍、蒙著面紗的女人坐在金匠的店裡選購垂晃的耳環、像袖釦一樣寬的手鐲、網狀的項鍊及蛇樣的手環腳環。黃金是唯一的奢侈品。這兒的某些店大概僅電話亭大，不過憑著耀眼的黃金、鏡子和冷氣，你會知道那是金飾店。

馬哈默德．阿爾曼索爾（Mahmoud Almansour）正在賣黃金，說得一口相當不錯的英文。

「是因為我住在紐約。」馬哈默德說。

「那你在這兒幹嘛？」

「只是探望家人，還有這個，」——他用一種鄙視的態度指了指黃金物品。

「你不喜歡蘇丹？」

「蘇丹還不錯。人很好，」——他抓了抓已剃過的頭，又拉了拉他的鬍子——「可是……」

他的移民故事很有趣，或許還頗具代表性。一九八五年，二十五歲的馬哈默德飛到墨西哥城，用觀光簽證入境後消失不見。他重新出現在提瓦納，支付給一名男子五百塊美金穿越墨美邊境。他被藏封在一輛滿載魚貨的冷藏卡車裡——馬哈默德和其他三名墨西哥人站在魚箱後。準備穿越邊境時，卡車司機給了他們手套與帽子，然後把自動調溫器設定到非常低的溫度，這樣當美國海關打開門時，極冷的空氣才會排山倒海地像雲般翻滾而出。

馬哈默德被丟在聖地牙哥城外，但是他並未在那兒久待。那時買機票還不需要證件。他從聖地牙哥飛到亞特蘭大，後來在那兒——花光了所有的錢——採收桃子直到水果季結束。接著他搭上巴士前往維吉尼亞州。

「更多的採收工作。採呀採呀採。我什麼都採。」

他住在移民工人住宿區，省吃儉用，存下了足夠的錢轉往紐約，認識了一些蘇丹人。他繼續從事卑微的工作。後來申請綠卡獲得核准，但是仍繼續存錢，直到獲得了一個人的信任，且花了一些代價後，那個人幫他弄了一個開計程車的工作，從此開計程車就成為他的生計來源。

「我娶了一個美國人——美國黑人，」他具體說明，「可是她認為，非洲——危險！蘇丹——不安全！我才不在乎。我愛死了紐約。美國是**天堂**。」

再過幾個月，他就要離開蘇丹，回到紐約布魯克林區了。他說在蘇丹，律法令他窒息——這麼說吧，他是個勤奮的工作者，然而在本質上，他就像許多前往美國的移民般，並不尊重美國的法律，所以他會那麼說並不難理解。但令人訝異的是，即使在這個喀土木的傳統市場裡，竟然也存在著男男女女在樓上房間聚會的景況。多數較大規模的咖啡廳都有階梯通往一個隱密的房間，房裡拉上了厚重的窗簾，風扇嗡嗡地轉動，有些通風不良與昏暗，年輕男女就是在這兒，坐在一張張的桌子後面，低語。雖然沒有親吻，也沒有牽手，但任何人都看得出來這些低語傳達著愛戀。一切都神祕得讓人覺得似乎很愉快。

同時，一群群的男人也在這種地方碰面。在這些特別室的其中一間，我遇到了兩個男人，一位醫師、一位律師，而——在蘇丹境內——他們邀請我共進咖啡。謝凱．阿德．丁是醫師，他的朋友法茲．艾沙博士是律師。

「這裡不像其他國家那麼嚴苛，」法茲博士說，「這裡只有五大回教戒律。禁止通姦、禁酒、禁止偷竊、禁止傷害他人名譽，還有叛國——也就是向自己的國家宣戰，這是禁止的。」

「不過大家都很守本分，」謝凱醫師說，「正如你所見。」

「我們不會砍下其他人的手，」法茲博士說，「也不會投擲石塊砸死他人。」

「哇，這可真是開化。」我說。

酋長號過往事蹟

第二天，我走到藍尼羅河航海俱樂部（Blue Nile Sailing Club），這是個在二〇年代初就設立的組織。位於河邊的這個英國俱樂部是為了河上的相關活動而設——航行、划船、短槳輕舟——這兒還展示著匾額及銘刻在各個獎盃上獲勝者的名字與競賽。「一九二七年藍尼羅河獎盃——米利甘」、「一九四三—四四女子競賽——馬潔利班克斯太太」等不勝枚舉。

俱樂部會所是個老舊的鋼砲艇**酋長號**（Malik），穩穩坐在高於河岸的溝渠之內。當初三艘參與恩圖曼戰役的鋼砲艇，**酋長號**是碩果僅存的一艘。一八九八年這艘砲艇被分裝在好幾個箱子中，順著尼羅河運送來此後，在喀土木就地組裝，成為攻擊蘇丹的基欽納伯爵的利器（「我們這裡的人都很恨他，」有個蘇丹人這麼告訴我）。**酋長號**由戈登將軍的侄子統率，大家只知道這位少校的外號是「猴子」，為了替遭到謀殺的叔叔報仇而來到蘇丹，也因這個原因，他還褻瀆了馬哈迪的墳墓。英國士兵看到這些緩慢又難以操縱的鋼砲艇時，都譏笑這個艦隊為「戈登猴子的灰狗」。然而這些船艦卻火力強大——**酋長號**上有一座榴彈砲、兩架馬克沁重機槍、兩架諾頓斐德特機槍，還有一座大砲。這些槍砲在恩圖曼造成了慘烈的結果，而這場戰事不僅奪下了蘇丹的控制權，也兼具懲罰蘇丹人的特別任務：英國人要為十三年前喪生的戈登將軍與遭到驅逐的英軍報仇。

在朝著上游艱辛行進的**酋長號**舵手室裡，戈登猴子看到了馬哈迪的墳墓，這也是士兵見到恩圖曼的第一眼。後來，戰爭如火如荼地進行，是**酋長號**決定性地切斷了那些順利快馬加鞭趕來的回教駱駝軍團。最後，死亡的蘇丹人數超過八千，中槍的傷者躺在地上血流不止。英軍的這種鐵石心腸令年輕的邱吉爾震驚不已，當時他是派駐在蘇丹的一名新聞記者。

戰役尾聲，**酋長號**被遴選出發射勝利的二十一禮砲（用真的火藥，當時還沒有空包彈）。之後，戈登猴子在基欽納的命令下，負責破壞馬哈迪的墳墓，他挖出了屍體，並投入河中以示褻瀆，馬哈迪屍身入河前，頭顱還先被切了下來。有位戰爭歷史學家寫下了基欽納伯爵如何「有如兒戲般思忖著把銀鑲在頭顱上當作墨瓶和飲杯」。某些人相信他真的那麼做了，不過我聽到的卻是那顆頭顱被埋在哈法谷地的一座墓園裡。

酋長號的船身是由鉚釘釘成的鋼板製成，因此幾乎可謂堅不可摧。然而這艘鋼砲艇卻傷勢嚴重，破碎的舷艙、扭曲的圍杆、凌亂而垃圾處處的甲板，還有滿是碎板的艙房。有些正在執業的遊艇和汽艇泊在附近的碼頭邊。即使如此，這座俱樂部會所——也就是這艘破艇——仍有過風光的日子。馬哈迪的泥造碉堡始終挺立在恩圖曼的尼羅河岸，雖然大部分的建築都已因漲潮而蝕腐、推平，但雉堞上毛瑟槍的槍口依然可見。

蘇丹人對他們軍隊的勇氣極為自豪，甚至還因此去引用吉卜林[8]為了讚美蘇丹勇士而寫的詩作〈蓬毛戰士〉[9]——「蓬毛戰士是聯軍菁英」及「我們用馬丁尼乾杯，這場戰役並不公平」。提到所謂模稜兩可的稱讚，吉卜林可是個天生的左撇子[10]。但無論如何，蘇丹人都非常驕傲：

敬你，蓬毛戰士，以及你那頭稻草堆般的髮——
你這跳來跳去的碩大黑乞丐——敬你打垮英國的方陣之法。

在恩圖曼馬哈迪後裔的房子裡，有間屋子是奧斯門・阿布・巴克・尼格納將軍（General Osman Abu Baker Nigna）的靈堂。這位頭纏布巾、看起來像位聖人的老人，就是那位令吉卜林動容的軍人，他與英軍纏鬥過十九場戰役，因帶領旗下發動攻擊，並成功攻破人稱「方陣法」（square）的英軍隊形而著名。沒有人，就連印度人、祖魯族、拿破崙的軍隊也不例外，沒有人曾如此巧妙地運用過這樣的軍事絕技。

當天稍晚，我和一位名叫卡里發的歷史狂一起來到喀土木博物館，裡面擺滿了法老的雕像——顯然，埃及的邊境相當隨性，因為我們所認定的埃及神祇和埃及均深入了非洲，比努比亞更內陸，比東格拉更南，幾乎到了喀土木。

卡里發說：「亞述人的入侵，迫使庫施國王離開埃及，從此亞述人就統治了梅羅伊及東格拉區的許多城鎮。」

「梅羅伊有多遠？」

「一天就可以到。」

---

8 吉卜林（Rudyard Kipling）：一八六五—一九三六，英國詩人、作家。

9〈蓬毛戰士〉（Fuzzy Wuzzy）：指的是非洲哈德諾朵阿（Hadenodoa）部落的戰士。當初與英國人交戰的非洲軍團主要是成員為祖魯、哈德諾朵阿及其他不同部落。

10 在英文中，形容詞「左撇子的」（left-handed）有笨拙與曖昧之意，因此，「模稜兩可的稱讚」英文直譯即為「左撇子的稱讚」。索魯在這裡玩了下文字遊戲。

他繼續說，到了西元六世紀，伊西斯的雕像順著尼羅河，一路從菲雷島被送到此處，庇祐農作收成。

根據卡里發的說法，當時尼羅河流域附近還住有老愛探頭探腦的基督徒，他們從東羅馬帝國到此，希望能讓依然（令基督徒備感恐怖）膜拜伊西斯和奧西利斯的努比亞人改信基督教。因此，大家也可說基督教傳教士周遊非洲各地，試圖改變非洲人宗教信仰的情況，已歷時一千四百多年了——他們一直在諸如蘇丹這類西元六世紀就受到回教影響的國家，與捍衛舊勢力的力量抗戰。

「回教在蘇丹傳布的媒介是蘇非教徒。」卡里發這麼說。

我有位點頭之交是蘇非教派，這是回教中的神祕主義派。卡里發說蘇丹有許多蘇非教徒。蘇丹蘇非教派的權威人士尤瑟夫．法達爾．哈山（Yusef Fadal Hasan）住在喀土木。哈山告訴我，依據清真寺的不同，蘇非教派的狂熱信徒也各有千秋——有的跳舞擊鼓、有的完全不用鼓，有些清真寺中的蘇非教徒則會表演一種獨特的音樂組曲。

「還有回教托缽僧。」卡里發說。

托缽僧祭典

在某個非常炎熱的下午即將接近尾聲時，太陽沉入了白晝揚起的塵雲之中，圓圓的大球愈沉愈大、愈陷愈紅，我們急著穿越位於恩圖曼的哈瑪達．艾爾．尼爾清真寺（Hamad el Nil Mosque）廣大墳場中的低矮砂石堆，因為要趕著去看回教的托缽僧。

隨著距離的接近，我聽到了吟誦聲，而當一切都進入視線時，我知道這是自己從未見過的畫面。在一座位於墓園邊的清真寺中庭裡，好幾千人站成了一個緊密的巨圈——不曉得什麼原因，隔壁這塊屍體安息的沉默之地所展現的冷漠姿態，竟然加深了我所親眼目睹的狂熱。圈子正中央是一群正在跺腳的男人，有些穿綠袍，有些穿白袍，有些身披綠色肩帶、頭戴綠色小帽；其中約有六、七人穿著雜色服裝——那是很多顏色拼製而成的長袍，他們還披著紅披肩、握著棍子，有些人僅用一隻腳急旋，其他人則不是在跳舞就是以緩慢的速度轉圈。

大約二十名樂師在更靠近清真寺的地方站成一小群，以一種切分節的方式大聲敲著鼓與鈸，同時所有人——托缽僧、綠袍與白袍教士，還有群眾——全一起吟誦。

「阿拉是唯一真神！阿拉是唯一真神！」

位於中央的長袍男子開始繞著大圈子展開一場刻意優閒的踱步，領頭的是一位體型碩大、身穿綠袍的黑人男子——綠頭巾、綠袍子——他的身邊圍著正在急旋、單足蹦跳或跳舞的托缽僧。每個人手上幾乎都握著某種棍子，其中一些人的姿態似乎在模仿舞劍。

穿著長袍的婦女被推擠到某個角落吟唱，表現方式要比男人收斂多了。數千名旁觀的群眾就地起舞，他們口中吟唱，手卻做出連續拉扯一條隱形繩索的動作。這種緩慢的拔河動作既優雅又怪異，而拔河者因模仿這種拉扯動作所流的汗水，讓每張臉孔都閃閃發亮。

正是這種咿哦聲與呼喊，讓我聯想到復古主義者[11]的祈禱聚會：同樣的傻笑、同樣的歇斯底里。這場活動不論怎麼看都像是一場祈禱的聚會。他們那時正吟唱著「阿拉至大」，速度則是愈來愈快，隨著

11 此處指的是流行在北美洲的基督教新教徒現象，屬於一種復興運動，主要是希望能讓教徒重新燃起對宗教的熱忱、發展新信徒的運動，為基督教注入新的活力，並重新賦予教義新的生命。

加速的吟唱，在大圈子正中央走動的男子也愈行愈快速，掀起了地上的灰塵。

這時我注意到那些殘疾的蘇非教徒，各種扭曲和纏了棉帶的腿、彎曲的脊椎、各式的手杖與枴棍，還有兩名在地上爬行的男子。他們幾乎也能隨著鼓聲咚咚及聽起來像鍋蓋的錫鈸鏘鏘邁開舞步，在神聖的圈子中摸索、踉蹌。

接著立刻有陣較緩慢的節奏，我以為舞蹈接近尾聲了，但仍然有近三十名的教士和托缽僧繼續著他們怪異的動作，同時開始吟唱一種新的曲調。

「**阿拉阿嗨呦！阿拉阿嗨呦！**」——阿拉活在世上！

托缽僧頭上糾結成塊的頭髮、尖頭的布製小帽及拼布任意縫製而成的衣服，讓他們看起來有如宮廷裡的弄臣或傻子——甚至連他們的動作也帶著那種自嘲的自負。有名男子拎著提爐，沿著群眾的圈子散送香氣，並將薄煙引至正在吟唱群眾發亮的臉上。群眾依然繼續轉圈、旋轉。

後來，火紅的太陽沉得更低，塵土與香料的味道、一陣陣讓我憶起某些鄉村頓足驅邪的重重跺腳之聲、急旋的殘疾之人、行進的教士、捶鼓的不斷咚咚，還有轉成了尖銳約德爾調[12]的哀鳴之音——速度又增加了——一切都加速成了一種狂亂。

我看得出來，這是一種歌唱，但是當其中一名托缽僧，隨著群眾的鼓掌與吟唱，用力拉出一條皮馬鞭，並開始一面揮動馬鞭、一面快速旋轉時——已經沉到了清真寺上的落日，又在墓園裡畫出了一條長長的影子——鼓聲大到極致，連鈸響都不再明顯。我心中憂急卻精力充沛，因為群眾已在狂喜的吟唱中變得狂亂，「阿拉活在世上。」一度，歇斯底里與信仰之間，沒有任何隔閡。

身為無信仰宗教者的我，只是這萬千眾生的其中一人。我有理由感到不安。

「但他們一點都不具政治性，」卡里發如是說，「他們是蘇非教徒。他們不會騷擾任何人。他們跳舞。他們是神祕主義者；他們是好人。」

或許如此。不論如何，這是我在旅行中所要尋找的本質，怪異得有些可愛的本質——既令人驚惶失措，又讓人感到熟悉。在落日中，踏在地上的腳把揚起的塵土全打進空氣中，沒有人分得清那是托缽僧的腳，還是旁觀者的腳。每個人都參與其中。然而，這並不是為了攝影師或觀光客所上演的景象，這是每週一次的祭典，單純只為了歡樂而舉行的祭典。

襯著沙漠之陽的金黃與血紅，整場活動在筋疲力竭中結束，男人互相擁抱，女人透過面紗偷瞄，然後大家在這個古怪的地點、在這個河流與沙漠之界、在彼此聚集的黑暗裡，跪下祈禱。

12 約德爾調（yodel）：流行於瑞士與奧地利提洛爾（Tyrol）山間的民歌，以真、假音互換，重複詠唱無意義歌詞的曲調。

第五章　通往努比亞的奧薩瑪路

身處古老大地的旅人，睡在沙漠裡的第一個夜，躺在帳篷裡呼吸困難。因為炎熱，我赤裸地躺著，透過裝了蚊帳的帳頂，看到蒼蠅聚集在縫隙之上，月亮與星光碎屑照亮了這些蒼蠅邊嗡嗡作響邊扭動不止的身子。我很開心，儘管看到了令人覺得驚恐的警告：**在蘇丹的任何一個地方旅遊，都可能是非常危險的事情，尤其是喀土木以外。**

「在蠻荒又無人探索之地旅行，有很高的純動物性快樂。」大衛・李文史東[1]曾在類似的環境中寫下這樣的話。稍後，蒼蠅飛走了，月亮不見了，同時，天空被一整片愈來愈模糊、愈來愈暗的散雲遮蔽，直到整個夜晚黑黝黝、暗無星光，因酷熱與停滯的空氣而變得沉重。我艱困地呼吸。炎熱的夏夜，赤身平躺的身子感覺到那種輕輕浮在空中的奇怪意識。然而在一片黑暗沙漠的無垠中，我只不過是條白色的蟲。

傳來了一陣疾馳的聲音，不是單一一隻動物的聲音，而是許多小蹄子的聲音，像是一大批小瞪羚，他們如此輕巧地接近，不像蹄聲，倒像是呼出的氣，啪——啪——啪。這些聲音朝我推進，然後踩上了我的帳篷，輕叩鬆垮的帳篷布。

1 大衛・李文史東（David livingstone）：一八一三—一八七三，蘇格蘭籍的非洲探險家。

是雨。雨？我汗流浹背地坐起身。沒錯，現在大雨正傾盆而下，雨水狂擲進網篷裡，直接砸在我身上。數秒之內，大雨的沖洗把我淋得溼透。之前，為了避免吸引此處為數不少的蛇，我把袋子拖進帳篷內。袋子溼了，所以疊好的衣服也全溼了。大雨依然下不停。

拉開帳篷拉鍊，我把自己拖出帳篷，看到雙手遮頭的拉瑪丹蹲踞在那兒，一見到我就鬼吼鬼叫。他只是個模糊的影子。天上沒有星星，也沒有月亮，只有垂直落地的大雨，在黑暗中噼哩啪啦。

我像隻猴子般站在傾盆大雨中，舐去唇上的雨水，心裡想著不知是否應該搭乘卡車旅行。正考慮著這件事時，雨停了。月亮探出頭，像塊被咬了一口的派。

「怎麼了？」

「這裡從來不下雨。」拉瑪丹說。

「剛才就在下雨。」

「有時候而已。」拉瑪丹說。

晚上好熱，連這場大雨都毫無助益。雨後，我擦了擦帳篷，把袋子卡進沙中，沒幾分鐘，渾身就乾透了，帳篷也乾透了。已是半夜。我繼續睡覺。數小時後，我又聽到了接近的腳步聲，啪噠啪噠，接著轉成含含混混的模糊聲音，最後帳棚遭到砸擊，又是場傾盆大雨，和第一場一樣猛暴。我平躺著，讓雨打在身上，等雨停了，我疲憊至極地轉了個身，繼續在帳棚裡進行蒸發作用的水坑中睡覺。

破曉時分很涼。我打著噴嚏醒過來，慢吞吞地套上衣服，不過太陽再度提升了溫度。我們煮了咖啡，吃了些前天在市場上買的葡萄柚，繼續南下。

「你知道這條路是誰建的嗎？」

「說吧。」

「奧薩瑪。」

「他以前住在這裡，對不對？」

「蘇丹政府要他離開。」

儘管奧薩瑪倉促地離開蘇丹，但他在蘇丹並未遭到辱罵。「他是個好人、是個聖人，我們覺得他沒有錯。」在喀土木時，有群蘇丹人這麼告訴我，他們希望我提出異議。我的確提出了異議，我說：「奧薩瑪判定所有的美國人都是合法的攻擊目標，都是聖戰戰士可以殺害的對象。因此——身為一個攻擊目標——我不同意你的看法。」

就像現在已是眾所皆知的事情，奧薩瑪在八〇年代初到阿富汗，當時他還只是個二十二歲的千萬富翁，他用自己的財富購買武器抵抗蘇聯入侵阿富汗。一九九二年，沙烏地阿拉伯取消他的護照與公民身分後，奧薩瑪來到了蘇丹。他和多位妻子兒女在喀土木近郊一個高級住宅區利雅德落腳，他們住在一棟三層樓的建築中，這棟樓位於高牆後的一個圍場內，在這兒，他開始自己的建築事業，鋪設了去鮮地及紅海邊蘇丹港機場的公路。大家說，他還做了許多好事——發送錢、做善事、提供意見——以及繼續為他在八〇年代設立的組織蓋達（Al Quaeda）招募回教狂熱分子。

在蘇丹時，奧薩瑪資助索馬利亞在摩加迪修反抗美國，結果就像他之前在阿富汗一樣，既成功又具破壞性。蘇丹政府覺得奧薩瑪令人頭痛，於是在一九九六年五月將他驅逐出境，就這樣，奧薩瑪和他的隨行人員又回到阿富汗，並在那兒籌謀畫策，計畫成果包括了奈洛比和三蘭港的美國大使館爆炸案[2]，以及在世界各地的刻意破壞。

---

2 兩起爆炸案均發生在一九九八年八月七日，肯亞與坦尚尼亞的大使館遭到自殺炸彈客攻擊。坦尚尼亞三蘭港的那起爆炸，共

表面上，奧薩瑪雖遭到蘇丹驅逐，但依然存在於蘇丹人的心中。他是個又瘦又長的人——即使在一個人民非常高的國家，他依然高得令人側目——虔誠而嚴峻、總是引用格言、慷慨解囊，而且捍衛信仰，一百九十五公分的削瘦骨架因信仰而顫抖，他是回教之劍活生生的化身。儘管回教兄弟會（the Muslim Brotherhood）在聖戰這個議題上表現得很被動，但在蘇丹卻很有勢力，武裝超強的阿爾—加馬許·艾爾—伊斯拉米亞組織[3]的勢力也很龐大，他們在埃及執行了多起謀殺事件，包括殺害觀光客。

喀土木的眾家報紙刊登追憶奧薩瑪的文章，連當初在他家的那位名叫穆罕默德·艾爾—法其的埃及老廚師，都在一份喀土木的報紙上，誇張地回憶老東家如何愛喝果汁、如何喜歡把煮過的黑色小茴香加在茶裡，以及如何在一大盤米飯上擺上卡布沙[4]和羊肉。奧薩瑪飲食簡樸、對人謙恭有禮，而且總是右手一條宗教用的念珠、左手一根枴杖，有時會用這根枴杖教訓兒女。

「這條路很好。」

「奧薩瑪路，」拉瑪丹這麼說，笑了。他說很想去阿富汗，殺了奧薩瑪，賺幾百萬美金的賞錢。「不過那樣我就不能再回到蘇丹了。蘇丹人民會很生氣我殺了這個人。哈！」

我們繼續開車前行，拉瑪丹不時地會在完全不減速的情形下，讓輪子急速打滑，駛離奧薩瑪路，蹣跚於馬路邊的狹道上，或沿著溝壑爬上爬下，然後脫離道路，朝沙漠挺進五十哩，尋找某座神殿或某尊少了鼻子又缺了手臂的雕像，這些都是另外一群狂妄自大的奧吉曼迪亞斯的遺跡。

我是大地的遊子

我喜歡蘇丹沙漠的樣子——廣袤、亮棕的顏色、人煙絕跡，還有許多偏離了道路的車印——據說到處都是美麗的遺跡、滿是蒼鷺的岩壁與寬闊的旱谷，以及藏著深井的綠洲。「不像喀土木那麼熱。」阿可波飯店有人這麼說。飯店老闆喬治替我張羅了一輛卡車和一位司機。司機幫我準備了一個帳篷。他自己的帳篷呢？「這是我的國家！這些是我的沙丘！這是我的沙子！我睡在沙丘上。」他真的那麼做了，和衣睡在沙子上，像隻蜷伏在墊子上的貓。這位司機以意為齋戒期的拉瑪丹一詞為名，家鄉在西部，努山山脈（Nud Mountains）裡的柯杜芬省。

初見拉瑪丹和他的卡車是在喀土木的後街，他用繩子綁在卡車上的塑膠椅讓我覺得安心。其實那只是灌模的廉價椅，不過很方便。在沙漠進行野營之旅的男人，如果具有帶椅子的遠見，那麼就應該會備齊其他的必要品——事後證實我這個判斷完全正確，因為雖然我沒有嘗到，不過拉瑪丹另外還帶了一瓶果醬、一些鮪魚罐頭及一塊羊臀。

出發後，穿過喀土木，過了橋，到北喀土木，拉瑪丹帶我去看位於工業區內，在一九九八年遭到飛彈轟炸的那座藥廠：依舊荒蕪，因為藥廠老闆的官司仍在審理中。我們轉回主道，沿著奧薩瑪路北行，很快就進入了沙漠，不過這裡是特殊的蘇丹沙漠——全是砂礫與平坦的地形，其中散落著有如巨大石堆的小丘。北走約三十哩後，到了一個前不著村、後不巴店的公共開拓區——人們在寒酸的小屋與耳屋裡

有十二人死亡（其中包括一人失蹤）、八十五人受傷；肯亞奈洛比的爆炸案則造成了兩百一十三人死亡，約四千人受傷。傷亡者幾乎全是非洲人。這兩起爆炸讓賓拉登從此成為國際知名恐怖分子。作者書中所提到的美國飛彈攻擊蘇丹（及阿富汗）一事，即是美國總統柯林頓因為這兩起爆炸案後所採取的報復行為。

3 阿爾—加馬許・艾爾—伊斯拉米亞組織（Al-Gama'ah el-Islamiya）：七〇年代在埃及崛起的武裝團體，意思是「回教團體」（Islamic Group），目前這是埃及最大的武裝恐怖團體，志在推翻埃及政府。

4 卡布沙（kabsa）：傳統阿拉伯餐點，由米、肉、藥草、香料和番茄製成。

落腳——沒有樹林，也沒有矮叢，只有幾隻瘦巴巴的山羊。拉瑪丹稱這裡的人為賈里亞（Jaaliyeh），他們是一大家子擅自來此落腳的人，期待著有人覺得他們礙眼或礙事，趕他們離開。

「因為如果政府要他們離開，他們就可以開口要錢。」

處於擴張情緒的蘇丹政府與被強迫的遷居者妥協，已經很出名了。

沿著馬路再往北走，巨石堆的高度更高，有些還可能高過某些山脈或山脈的石架，其他地方則呈現完美的金字塔狀。西部的低處，不時會出現一條海市蜃樓般的綠帶子，標示出北流的尼羅河。我以為所有的村落都會在尼羅河附近，不過我錯了。有些村莊位於離尼羅河一天驢程的地方，因此來回就需要兩天；有些村子離最近的城鎮也是這個距離——走路要比騎驢子耗時更久。的確，有些蘇丹人喜歡住在大城有如棋盤的街道上，城裡還有個臨河市場，他們喜歡這種適意性，但依我看，有更多的蘇丹人選擇住在鳥不生蛋的地方，他們擠在傍著幾塊巨石的小屋裡，離水源有段稍嫌長的路程。

稍微偏離馬路後，我們停在內納格旱谷（Wadi ben Naggar），這兒只有一個小小的村子，裡面住著山羊牧人與農民，然而這兒也是現任蘇丹總統歐瑪·阿爾·巴希爾的出生地，他在一場政變中取得政權。有個頭纏破爛頭巾、牙齒掉光了的男人對我咆哮，為了沖淡他的敵意，我向他致上了傳統的問候，「**沙朗·阿雷伊昆姆**」（Salaam aleikum）——意思是祝你平安。

「你是美國人？」

雖然拉瑪丹替我翻譯，而且代我回答，不過我聽懂了其中一個字，**美國**（Ameriki）。這個男人穿著一件骯髒的長袍，頭巾散亂，臉上的鬍子少說有五天沒刮了。

我甚至連這個男人的下一個咆哮都聽得懂。

「布希**瑪·夸伊斯！**（ma kwais）」布希不是個好東西。

「我該怎麼說『我不清楚?』。」

「**阿納・瑪阿利夫**(Ana ma'arif)。」

我笑著對著那個男人說:「**阿納・瑪阿利夫**。」

那個人大笑,然後緊抓自己的頭巾,把頭巾弄得更鬆亂。

「柯林頓**夏伊坦**(shaytaan)。」

這句話相當明確:柯林頓是撒旦。

「很多美國人會同意你的說法。」我回答。

他搖搖頭,傻氣地笑著,然後嘴裡稍稍嘰咕了一下:我在說什麼?接著對我說,「布希**布拉—迪—布拉**(blah-di-blah)。」

「他說你長得像布希。」

「我可不這麼認為,」我對拉瑪丹和那個男人這麼說,然後繼續練習我的新句子,「**阿納・瑪阿利夫**。」

「不是老布希,而是小布希。」拉瑪丹翻譯。

「問他要不要喝史汀(Stim)。」史汀相當於蘇丹的七喜汽水。

那人說要,而且真的要了一瓶。

我把史汀給他,然後說:「請不要再提布希了。」

他衝著我笑——仍然不知所云——我們兩人乾杯,互碰了一下史汀的瓶子,「柯林頓是撒旦。」

離開了那人粗暴的謾罵及不友善的微笑後,拉瑪丹與我在村子四處張望了片刻,繼續開車沿著公路北上,接著又駛離公路,直接穿越軟沙與深溝,走了大概四十哩。這裡根本無路可言,只有壓硬了的沙漠石礫及不時出現有如粉末般軟的沙丘。位在高處,我看到了綠色的葉子,以為那兒有一片林中空地,不過那卻是個荒謬的誤會，因為滿心以為的林中空地，原來只是片熱騰騰的沙漠，裡面有幾株荊棘和數條彎彎曲曲的蛇行痕跡。

「這裡曾經有所學校。」拉瑪丹說。

「我想去看看。」

這所學校現在荒廢頹倒，只是沙漠裡一堆空的建築物——或許一開始是某位好心捐款人士的主意，那種想用西方做法提升非洲的做法——善心卻錯誤的一種努力。

「發生了什麼事？」

「沒有水、沒有食物、沒有老師——什麼都沒有。」

沙吹過沒有屋頂的教室，這個地方看起來像庫施的廢墟般無用而殘破，卻沒有任何庫施廢墟的藝術性與優雅。有幾頭行動不便的駱駝在學校附近蹣跚而行，駱駝的前腳全被綁在一起以防走失。

接著我看到了被遺忘的學生和將來可能上學的小孩：他們在井邊，協助家裡的大人餵他們的山羊喝水，最小的小孩——最多八、九歲——跑在一頭綁了繩索的驢子旁，他一面用尖銳的棍子打著驢子的臀部，一面跟著驢子跑。驢子正拉扯著那條繩索，我看著這匹驢子，驚訝地發現這頭畜生竟然已經拉了好遠的路，驢子踩在一條使用頻繁的小徑上，走了比半座足球場還遠的距離，拉著從井裡伸出來的繩子，磨損嚴重的繩子長得不得了。

水井非常古老，這個地方也非常古老：這是一座現在依然在附近屹立的複合式梅洛伊[5]神廟，時間可上溯至西元一世紀，距離尼羅河如此遙遠的這類神廟，之所以可以維持，完全是仰賴可靠的深井。這座井深一百七十五呎，井口直徑約四呎。想到井的深度，我有些發毛。人們把山羊皮桶丟進深深的井裡，用繩子上下迅速移動，將水裝滿皮桶，然後再把繩子綁在驢身上，讓一個小男孩用棍子抽打，把驢子趕到沙漠中。這裡的任何一塊布或用具，都不如沙丘對面那座西元一世紀建造的阿爾・納格（意思為「木匠」）神廟（temple of Al Naggar）現代。當時，大家一定認為在此設立學校是很棒的想法，然而在這兒，沒有東西要比那些教室看起來更多餘了。

「你是美國人？」其中一名男子用阿拉伯語對我這麼說，拉瑪丹之前已經向他透露了這個訊息。

「祝你平安。」

「也祝你平安。」他回答。

「布希不是好東西。」另一個男人說：阿拉伯語真是夠簡單的了。

「我不清楚。」

「他為什麼說他不清楚？」站在井邊的一個人問。

拉瑪丹說：「每個蘇丹人都喜愛歐摩總統嗎？」

懂了，懂了，他們懂得這個道理，而且一面生氣地笑、一面在他們那小小的土堆上跺腳以示強調。

我想起了喬伊斯可愛的句子，**在世界上，革命的行動之所以能夠產生，全源於山腰上農民的夢想與遠見。對他們而言，地球不是可供剝削之地，地球是活生生的母親**。這些蘇丹人熱愛他們的水井。他們向我介紹這座井有多深。這座井是許多年前開挖的。有時他們必須用繩索把自己綁住，進入漆黑的井內拿回掉落的皮桶，這可不是件愉快的工作。

「井裡有蛇，」有個人對我解釋。針對我下一個明白的問題，他們如此回答，「對，井裡的蛇長一公尺，而且有毒。」

5 蘇丹庫施王國（Kingdom of Kush）的梅洛伊文化（Meroitic Culture），為西元前二七〇—三五〇年間的文化。

我四處走走，看看山羊、駱駝、辛勤工作的男男女女，還有站在太陽底下正做著必要卻又無止無盡的汲水工作的孩子們。之後，我道了告辭。

「告訴布希我們需要一個幫浦！」有個男人用阿拉伯語喊叫，拉瑪丹主動幫忙翻成英文。

不，我可不這麼認為：幫浦需要石油、零件及例行的維修。最後，這項裝置一定會讓他們大失所望。還是古老的拉水方式對他們比較好，用驢子、山羊皮桶及山羊皮水囊。裝滿水的皮囊，看起來像隻肥胖的山羊屍體。

但我說：「下次見到布希總統時，我會向他提這件事。」這句話翻譯出來後，引起了眾人一陣大聲訕笑。

兩千年前，阿爾·納格這座在沙漠中飽受沙丘所苦的廢墟還是一座城市，有蓄水池和水槽、道路與屋舍、先進的農業及高水準的繁華，當時阿爾·納格處處都是工匠、神職人員與狂熱的宗教信徒。這裡是梅洛伊文化的主神獅神阿帕帖瑪克[6]的祭祀中心，而且可能理由充分。那時應該有許多獅子在蘇丹中部閒晃——即使是現在，蘇丹南部仍有許多獅子——而禮拜我們所懼怕的東西本來就是人性。

就形式與裝飾來說，阿爾·納格的神廟區屬埃及風，像許多尼羅河更下游地區的神廟。這座位於蘇丹正中央的神廟，坐落在比努比亞更南的地方，而且就像是埃德福神廟的翻版。牆面上甚至有國王與皇后抓著戰俘的頭髮，以及獅子準備吃掉這些俘虜的相同象徵符號。在一座塔門的側邊，有條蜷曲的獅頭蟒蛇——又是阿帕帖瑪克——正從一朵蓮花中升起，這是永恆生命的象徵。另一座塔門上雕畫著納塔卡曼尼國王（King Nakatamani）禮拜獅神的圖案。

神廟的每一個面都有淺浮雕，淺浮雕圖像包括羊頭阿蒙、卡努姆，以及許多雕工精美，技藝更上一層樓的獅頭，伸出了獅爪抓住俘虜大口狂啖。北牆刻畫著和平與繁榮的象徵，南牆則是混亂與戰爭的景象。一隻爪子被緊緊綁了起來的鱷魚象徵和平；身披甲冑的戰象拖著戰俘則訴說著戰爭。神廟的涼亭裡有老舊的塗鴉（「賀洛伊德一八三七」），也有屬於法老的場景，這些圖案都細膩刻畫在砂岩中。這些砂岩，全是圍繞這座古老村落周圍的石丘所鑿出的石塊。大家只知道該地的阿拉伯名字，穆沙拉瓦特．阿爾．索佛拉（Musarrawat al Sofra），意思是「黃色的圖畫」。

「但是這些人為什麼會在這兒？」拉瑪丹不以為然地說，他指的是井邊的蘇丹農民。「幾棟小屋，幾頭山羊。如果要買東西，得騎著驢子走兩天到鮮地去。」

有一小群人和驢子一起辛勤地工作，他們從足足半哩外的另一口井，把水拖回來——那口井約可追溯回與這座庫施遺跡同樣的年代。然而這個看起來鳥不拉屎的地方，卻曾經是商隊的必經路線。一定是這樣，因為這裡有條路南下深入旱谷，而那座旱谷招徠了來自於非洲內陸更深處的珍品：木材、蜂蜜、黃金及奴隸，還有象牙：據說在這個地區，從古代商店的房間所在，曾挖出了許多象牙。

我們在靠近神廟的沙丘紮營，只有拉瑪丹和我，我們像兩個十九世紀的旅者，恰巧發現了沙漠中的一個古代廢墟。沒有圍牆、沒有標示、沒有商業行為、沒有黃牛，也沒有明信片。德國考古學家在這個區域所登錄與圈鎖起來的地方，在下一個小丘之外。

開始烹煮食物時，有些當地人晃過來，跟我們一起蹲著，分享我們的食物。實在不能怪他們——在這個無嗅無味的沙漠裡，烤羊肉串的香味必定會勾起遠處小屋裡居民的胃口。大家聊了一會兒，然後在黑暗中，我坐在一張塑膠椅上，在這個平靜的地方，聆聽著更寬廣的世界透過我的短波收音機所傳送來的壞消息。

6 阿帕帖瑪克（Apademak）：蘇丹的獅頭太陽神。據傳，禮拜阿帕帖瑪克可以戰勝敵人。

就是這天晚上，拉瑪丹說：「這是我的國家！這是我的沙漠！我就睡在沙丘上！」就是這天晚上，雲遮月；就是這天晚上，在炎熱的黑暗中，我聽到了原來是雨滴的細小腳步劈啪聲，為一場猛烈的豪雨，以及稍後的另一場傾盆大雨揭開序幕。早上我打著噴嚏醒過來，周圍都是這些壯麗的神廟，在陽光中閃著赤金色光芒。

那個晚上的隔日，我在附近山丘上的另一座神廟裡待了一陣子，那是座有條斜坡的阿蒙神廟，斜坡是條通道，兩側裝飾著橫臥的羊（一共有十二隻，羊臉全已毀損）。卡努姆是羊神，是「王之神、神之王」。建造這座神廟的國王與皇后，都頂著羊頭出現在淺浮雕上。但是古埃及學似乎是一種大半奠基於臆測的學科，每張屬於王族、神祇和動物的受損面容，都被分配了一個名字。這全是推測，因為庫施王國的納帕坦[7]與梅洛伊文化長達一千年，直到西元四世紀。比起無所知的部分，已知的事實只能算瑣碎。將近四百五十碼外是個美麗卻神祕的大圍場（the Great Enclousre）：經過雕刻的圓柱、獅子、大象雕像、腳、腿、軀體，外加一句含蓄而嘲諷的命令，「看看我的傑作，尊貴的閣下，然後絕望吧！」

這是雕繪在阿爾·納格神廟之上的那些戰象的訓練中心嗎？有些考古學家認為如此，有些則認為這兒或許是個宗教中心，可能也曾用來當作舉行加冕儀式之處，不然就是某種皇家的競技場，「君王女皇可能必須重新公開展示自己的權勢以保住王位。」

專家都不知道是怎麼一回事，我憑什麼應該清楚？我只是個遊蕩的人，正朝著開普敦前進，穿著一件褪色的襯衫和一條寬垂的褲子，十根曬傷的腳趾頭，包在敘利亞涼鞋裡，還有一顆因為淋雨而清醒的頭：我只是古老大地上的遊子。

我最大的滿足是動物性的喜悅：遺跡的偏僻、附近方山似的大山及岩壁的壯麗，陽光與灌木林、遠處虛弱的駱駝、廣大的穹蒼、全然的空無與沉靜，而圍繞在這些巨像殘骸衰敗之外的，只有孤寂而平坦的沙，綿延萬里。

一個美國人在蘇丹

在蘇丹偏遠的省分，外國人有必要在抵達的二十四小時內，向當地的治安警察報備。這些警察與之前審問一個美國人多天的警察是同一批人，他們替那個美國人執行了一次模擬死刑後才放人。這些警察也是美國國務院忠告文稿裡所警告的那批人：**蘇丹政府對其警方與軍方的控制或許有限**。沒錯，我的出現可能要接受偵訊；不過若我不現身，結果可能更恐怖。有許多事情要比模擬死刑更嚴重：譬如真正的死刑。

鮮地是最近的城。我們開車朝著鮮地前進，穿越沙漠後進入城裡。這個地方呈現灰棕的餅乾色，位於低處的村子由簡陋的木屋與小店舖組成，街上山羊與駱駝張狂。鎮上最大的屋子是棟顯眼的莊園，屬於總統的兄弟所有。街上有幾輛破舊的小貨車、老卡車及一隊爛兮兮的藍色計程車。拉瑪丹說這些計程車都是俄國製，很久以前就已是破舊的老爺車了，車名是沃加（Volga）。這是蘇丹國內唯一可以看到這種交通工具的城市，不過這些車子的引擎全已由竊取自其他車輛較新的日本引擎所取代。此處見不到樹，也沒有太多遮蔭之處。

治安單位的辦公室位於鎮緣的一條巷道內，官員是位戴著無邊便帽的嚴峻男士，額頭上有明顯的祈禱腫塊。這種臉上的特徵，我一向視為警告標示。他和另外三名蘇丹作風的男子在一起，以金剛坐的方

---

7 蘇丹庫施王國的納帕坦文化（Napatan Culture），西元前九〇〇—西元前二七〇年。

式坐在椅子上。四個人全盯著一台小電視看——這更讓我擔心，因為黑白電視裡正播映著一群拿著海報的暴民，有些海報上寫著可以看得懂的英文標語。暴民全是憤怒的巴勒斯坦人。電視音量調到極大，因此在這間治安辦公室裡，唯一聽到的就只有憤怒的非利士人[8]的聲音。

時機對我並不是太有利，因為我的護照上有兩個以色列戳記，一個是在我過艾倫比橋（Allenby Bridge）哨站進入約旦時蓋的，另一個是搭渡輪離開以色列時在海法（Haifa）蓋的。根據蘇丹大使館的說明，任何「蓋有以色列戳記」的護照都拒發簽證。不過我之前申請簽證時，曾交出護照，後來蘇丹當局也發了簽證給我。就算當時真的有蘇丹人看到了那些「以色列戳記」，也沒人提出異議。

然而在鮮地這個沙漠城裡，額頭上有祈禱腫塊的蹙眉男子，卻很可能會發現這些戳記，也很可能會提出異議。他收下我的護照，先攤平，接著用手掌的後部把護照壓平，然後開始仔細端詳。或許吉里巴提、厄瓜多、阿爾巴尼亞、馬來西亞、印度、香港、直布羅陀及巴西這些簽證讓他眼花撩亂。有些簽證戳記的確色彩繽紛。他不時把眼光調回電視機。他擦了擦嘴。我僵直地坐著，期待出現最糟糕的情況。不過他未發一語，就把護照還給了我，還打發我離開，然後逕自回去看他的中東暴民畫面。

我們走過市場，為中餐選了些番茄與九層塔。

「**阿瓦鴨**（Awaya）」，孩子常常這樣大聲叫我，不時他們也會叫我**阿法潤雞**（Aferingi）。意思是白人。他們覺得我很新鮮。之前，他們唯一看過的外國人，是偶爾出現在路那頭煉油廠的派駐中國人。市場滿是蔬菜、水果、香料與藥草，有好多飽滿的葡萄柚與好多香蕉。攤子間並沒有太多客人繞晃，因此大家都對著我吼，有人硬要把西瓜塞到我的臉上，有人試著賣給我整籃的萊姆，**阿瓦鴨**要比**馬西泥**（Masihi）——也就是基督徒，相信彌賽亞的人——更好，因為我很可能有很多蘇丹第納[9]。

拉瑪丹和我最後停留在鮮地的一處渡口斜坡上，喝著味道獨特的咖啡。

這並不是真的咖啡，而是一種稱為**傑巴納**（jebana）的稀有咖啡飲料，把咖啡莢浸在水裡，加上糖，以及根據拉瑪丹的說法，再加入一種特殊的**達瓦**（dawa）——我知道在史瓦希利語中，這是藥的意思——**晉加比爾**（jinjabil），薑粉。這是蘇丹與非洲之角[10]的一種文化聯繫，蘇丹與非洲之角間存在著許多聯繫。在葉門與阿拉伯聯合大公國，同樣的飲料稱為**夸沙**（qashar）。

沿著河岸上行幾哩就是皇宮了，炎熱、泥濘、陳舊、飽受蚊子騷擾，但至少還有一、兩棵樹。我分不出皇宮的前與後。中楣上有動物、神祇及包裹著象形文字的螺旋圖案，不過這個地基崩毀的複合區什麼也沒透露，除了這兒曾是個有著許多建築物與巷道的擁擠城市外——或許還有個羅馬公共浴池。羅馬人來過此地嗎？

住宅警衛兼導遊的穆罕默德作用不太大。

「美國人？」他用阿拉伯語問，那是個不會弄錯的字眼，他用一根曬黑了的扭曲食指譴責著我。

「美國人。」我回答。

「布希是撒旦。」

「**阿納・瑪阿利夫**。」我回答。

「柯林頓是撒旦。」穆罕默德說。

8　非利士人（Philisines）：古代居住在巴勒斯坦西南部的民族。

9　第納（dinar）：伊朗、伊拉克、蘇丹、突尼西亞等國的貨幣名稱。

10　非洲之角（the Horn of Africa）是指東非伸入阿拉伯海的一個半島，位於亞丁灣（Gulf of Aden）南部。這個名詞同時也泛指索馬利亞、吉布地、衣索匹亞與埃里特里亞四國，有時也囊括蘇丹與肯亞，不過作者在此所提到的非洲之角，顯然不包括後面兩個國家。

「**阿納・瑪阿利夫**。」

「你為什麼說你不清楚？」

我只對著他微笑。

「美國士兵不是好東西。**殺人！**」

我們從一段破損的階梯走向一面破損的牆，然後沿著牆繼續走，腳下踩著庫施風格的磚塊。穆罕默德看起來疲倦而惱怒。他說他有三個女兒，沒有兒子。他沒有錢。祖父是這裡的管理人與導遊，父親也一樣。如果穆罕默德真的具備了任何有關此處的學術或歷史方面的知識，他完全沒有向我透露。

突然間，他用很破的英文說：「我想去美國。」

「美國**瑪・夸伊斯！**」我模仿他之前的話。

「對，可是這裡沒有工作。」

「你想在美國工作？」

「對。工作。賺美金。」

「布希**是撒旦**。」我又取笑他。

「我怎麼去美國？」穆罕默德一面踢著古老的磚塊，一面這麼說。

「**阿納・瑪阿利夫**。」我莫宰羊。

沙漠中的帳篷生活

在十九世紀異國情調最濃厚的氣氛中，也就是東方主義的本質最盛行之時，探險家在充滿戲劇性的廢墟腳下紮營——帳篷立在人面獅身像的爪邊，帆布遮篷搭在金字塔的底部，而營火則在伊西斯神廟附近熊熊燃燒。理想的情況是，月光照亮一切，然後附近有幾頭前腳綁在一起的駱駝，在月光照耀下，似乎閃著亮澤。周圍沒有別人，只有這片圖畫般的景致：能吃苦耐勞的露營者、美麗的廢墟、大眼的駱駝、炊火。

這完全是我那天晚上所經歷的境況。我們在金字塔邊紮營，感受到以前那些古代旅人的感覺——幸運、謙卑、因為單獨在這神聖之地而感到昇華，還有種在驚奇中的孤寂冥思。這些屬於庫施王國舉行下葬儀式所在地遺跡的蘇丹金字塔為數龐大——一個砂石山脊上，約有三十五座。與吉札的金字塔相比，這裡的金字塔較小也較陡，像一大群近在咫尺的裝飾用巨大鹽罐，從遠一點的距離看，則像排鈣化稜線的顎骨獠牙。稜線上金棕色的積沙緊靠著金字塔與蘇丹人的教堂堆積。沙在夕陽下閃爍，壯偉的沙丘高堆，但沙丘邊角的沙子卻被挖空，一如颳來的雪，以雕刻品或懸垂這種無法令人置信的姿態形式定格。

我們沒有時間四處閒看；太陽正在下山。兩人煮了些之前在鮮地買的馬鈴薯，也做了些番茄與黃瓜沙拉吃後，我架起自己的帳篷，而拉瑪丹這個浪漫的傢伙（「沙是我的枕頭！」），在某個沙丘選擇了一處黃沙摺線過夜。那晚晴朗無雲，但不久起了風，沙打在我的帳篷上，也蓋住了拉瑪丹。月亮在越過我們頭上沉入西方的一片漆黑時，繁星照耀的光芒熾烈，星光穿透了我的尼龍帳篷，而整片夜空在沒有月亮光害的情況下，顯得更加暗鬱。

風在黎明時分平息，天氣變得寒涼，冷得我必須穿上夾克。沐浴在如此純粹的光線與晴朗天空下的金字塔，挺立在石礫與破碎的磚塊間，整齊有序，邊緣光滑平順。幾乎所有的金字塔頂端都已毀損，而且全開了天窗，遭到掠劫。其中有好幾座只剩下破碎頹倒的殘骸，那些是之前遭到炸藥爆破的金字塔。

大家可以看到爆炸的威力，因為金字塔在斬首的過程中，磚塊全被震成碎片。

執行那次大破壞的盜墓者是一位並不出名的義大利探險家與尋寶者，名叫吉烏瑟沛．費爾里尼[11]，大家對此人所知有限，只曉得他在一八三四年蓄意破壞金字塔與墓穴。他在努比亞沙漠聲名狼藉。費爾里尼一八〇〇年出生於波隆那，具有醫師資格，在阿爾巴尼亞與埃及當了一段時間的好命士兵後，沿著尼羅河航行而上，抵達喀土木。途中他造訪了更顯眼的古蹟，這讓他思索著古蹟中應該富藏黃金。根據紀錄，他得到了蘇丹統治者阿里．庫爾席德帕夏（Ali Kurshid Pasha）的許可，挖掘梅洛伊（Merowe）遺跡。阿里．庫爾席德本身就是個奴隸販子，販賣人口的他（從南部把丁卡人和阿贊德人拉到海岸去販售），當然不可能會考慮去保存一堆古老的石頭和受損的銅器。

費爾里尼帶著一大群蘇丹工人開始挖掘，結果很快就發現了一尊黃金塑像。這個戰利品刺激他繼續挖。費爾里尼也使用炸藥。不過他遺漏了一些寶藏——這點我們很肯定，因為當德國人在一九六〇年開始仔細重建這些遺跡時，發現到一尊哈托爾[12]的鍍金塑像、一尊美麗的酒神戴奧尼西斯（Dionysius）銅雕及許多的銅器。然而，費爾里尼必定找到了不少類似的物品。根據一位歷史學家的說法，費爾里尼後來變賣了這些東西，而且毀損遺跡。他就這樣帶著一箱箱的寶物順著尼羅河消失，沒有寫下隻字片語。靠著盜墓的收益，他在義大利生活得像個王儲。「他對寶藏的下落，未曾留下任何有條理的交代。」

他拿走了哪些東西？罐子、椅子、雕刻品、小黑石聖像、木乃伊貓、獵鷹的雪花石膏像、葬室內的物品、銅器、黃金塑像，以及鍍金的男神與女神人頭像。因為無法移動而沒有帶走的東西，包括有雕刻的壁畫、一整列獅頭國王的隊伍、戴著角頭裝飾的女王、睡蓮、眼鏡蛇、大象及聖牛。在擁有千年歷史淺浮雕上所出現的牛，頭上長著彎曲的角，今日蘇丹南部的丁卡族家畜頭上，長著同樣的角。

當我從一座被炸毀又經過重建的金字塔遊到另一座時，有些來自鄰近村子的孩子帶來了些不值錢的小玩意兒——護身符與雕刻品——他們宣稱這些都是從瓦礫中挖出來的，這些孩子身上另外還帶了金字塔的泥塑模型。我給他們一人一根香蕉後，就全跑光了。

另外一群金字塔矗立在更南邊的山脊上，那兒還有一座受盡風霜、略帶紅色的碉堡，建立年代約在西元前二九五至二五〇年間。放眼望去，不是風化的石頭，就是平坦的沙子，部分沙子看起來像紅糖，有些則是既平又黃。這兒沒有樹、沒有綠葉，寸草不生。我徒步走到其他的金字塔去仔細檢視，並在記事簿上畫了幾張獅子與牛的素描。

在端詳金字塔與畫素描時，三名穿著白袍的高個子蘇丹人走過來——深受感動，並且非常高興我竟然費神畫下這些圖案。他們是某類的朝聖者，為首的名叫卡瑪爾·穆罕默德·奇爾。

他用一種介紹的方式說：「我不是阿拉伯人。」他說話的樣子，既像挑釁又像吹噓。

「不過你說的是阿拉伯語。」

「沒錯，不過這不是我的語言。」他這樣的說法，聽起來像我在開羅遇到的蘇丹外交官薩里·瑪夏蒙。「我是努比亞人，我說努比亞話，我家人都是努比亞人，我來自努比亞的東格拉。我們以前是這個國家的國王，統治過埃及，建立了這些金字塔。」

這實在是場了不起的演說，而且適時適所，這是這片大地一個驕傲子嗣的巡查。他向我介紹了其他

---

11 吉烏瑟沛·費爾里尼（Giuseppe Ferlini）：一八〇〇—一八七〇，他在一八三四年的那次尋寶過程中，損毀了四十座金字塔，但只找到一個隱藏黃金之處。費爾里尼後來變賣的寶物，目前有些在慕尼黑與柏林的博物館中。費爾里尼從未有過研究金字塔的意圖。

12 哈托爾（Hathor）：保護婦女、音樂與死者的女神，常被描畫成牛頭。

的人，他的兒子哈山與另外一個人哈米德。

「這個人，哈米德，也是個真正的努比亞人，」卡瑪爾說，「不是阿拉伯人。」

卡瑪爾對著金字塔皺眉頭。他正注視著費爾里尼所造成的毀損。他說：「你看這些金字塔的狀況，政府根本沒有好好照顧，這些都是偉大的作品！」

蘇丹政府幾乎毫無作為來保存這些古蹟的確是事實，然而國外大學幾乎認養了所有的古蹟點——德國大學、英國大學、美國大學——而且都已經在進行修復。就在這片金字塔西邊的一座複合神廟區，有位善心的英國婦女獨立對抗著有關單位怠忽的態度與神廟腐蝕的狀況；另外一位名叫辛凱（Hinkel）的德國老先生，顯然也是位自掏腰包的熱心人士，每年都會為了他那修補太陽神廟的長期計畫來此一次。

我陪著卡瑪爾和其他人環繞其他金字塔。他們問我為何在此。我指了指站在沙丘中的藍色小帳篷。

「沒錯，你在這裡很安全，」卡瑪爾說，「在埃及，不安全。在其他國家，人們會打擾你——這個那個的，」——一面說、一面同時用手砍自己的頭。「不過在這兒，沒有人會打擾你。你在蘇丹很安全，我們都是你的朋友。」

拉瑪丹和我拔營，繼續開車穿越沙丘與碎石般的沙子，往太陽神廟前進。有位老人跑過來，要我在一本日誌上簽名。他向我行禮，並指點我神廟的位置。沙幾乎掩蓋了地基，不過這卻幫了大忙，因為堆積的沙子保存了中楣上的雕刻。

老人坐在一顆石頭上，他說那是祭司的寶位。老人雙手合十，模仿著祭司向太陽神說「阿拉！」。拉瑪丹取笑老人，說他不知道自己在說些什麼。

老人大笑。「對，可是辛凱知道！」

「您貴庚？」

「五十六或五十七吧。」老人有點不太確定地說。

「不——更老！六十好幾了吧！」

「我怎麼會知道？我又不識字。」老人這麼說。

他在大笑，因為拉瑪丹的嘲弄帶著親密之情。

拉瑪丹這時正跟著他一起笑。「你那不錯的手表是哪兒來的？」同時還做了想搶的動作。

「辛凱。」老人回答。

「這個地方簡直就是一團糟。」拉瑪丹說。

「對！」老人附和。

「你應該修一修。」

「這不是我的地方。這裡屬於政府，讓政府去修。」

之後，我們繼續開車北上到阿特巴拉（Atbara），那裡是鋪設完成的馬路盡頭。阿特巴拉沒有神廟，不過有座水泥廠、一艘航行尼羅河的渡輪和最後的一座橋——從這兒到埃及邊境只剩下渡輪可行。我們在這努比亞沙漠的邊緣又要紮營。下一個城是東格拉，再下一個是哈法旱谷，也就是邊界。就這樣，我度過了另一個夜晚，這次是在尼羅河畔，我在這裡只看到寥寥數名漁夫。我問拉瑪丹原因何在。他說北部的蘇丹人並不是很愛吃魚；魚在炎熱的天氣中無法保存，這裡的魚沒有經過燻製，所以大家都只把魚當成點心，僅此而已。小羊肉、駱駝肉與山羊肉比較可口。

第二天，我們看到路上全是扯破的橡膠，拉瑪丹突然急轉方向盤，朝著沙漠前進，他看到了一輛車因為爆胎而滑進了沙漠。在這樣炎熱的地方，破洞爆胎絕對不是簡單的事件：輪胎會完全爆炸，變成一大團扯碎的塑膠。

又熱又刺眼的沙漠裡，有三個人站在一輛老爺車旁，這是整片景色中唯一的變化。拉瑪丹和他們商量處理方式，這三個人表達了他們的困境——不言而明：爆胎、沒有備胎、沒有交通工具上路；他們需要一個新的輪胎。三人鑽進了我們的卡車裡，我們送他們到距離大約五十哩外一座偏離了馬路的小鎮修車廠。這趟多繞了一個半小時的冗長路程，被視為標準禮節，就如同海上的規矩，一艘船必須協助另一艘有了麻煩的船，不論多麼費時費事。這裡的大漠與浩瀚的大海很相似。

那三個人很感激但並沒有表現得很熱情。他們向我們敬了個禮後就離開了。

「他們碰到了麻煩，這是我們該做的事。我們幫忙。」拉瑪丹這麼說。

我們採購了更多的新鮮食物——番茄、洋蔥、萊姆、藥草、水果及麵包——繼續西行，直到一群由岩壁與碎石所組成的棕色乾燥高山。拉瑪丹在群山間，發現了一座山谷，山谷中有個村子，周圍全是用尼羅河水灌溉的肥沃綠田。村民種植麥子、玉米、高粱和豆類。我們行駛在一條不配稱為路的路上，這是一條山羊走的小徑，在觀念裡應該稱為狹路，典型的山徑。我們循著這條小徑前行，經過了尖聲喊叫的孩子（「**阿瓦鴨！白人！**」），直奔第六瀑布（the Sixth Cataract）而去。

第六瀑布的樹木較濃密，綠草也較高，然而，瀑布二字卻是個謬稱。眼裡所見，是一群湍急的泥流，用小船很容易就可以航行而過。我們在一片樹叢中紮營，樹蔭處有套吊床。我們吃沙拉與麵包時，燕子、麻雀和黃胸雀在樹幹間飛進飛出。拉瑪丹在河裡洗了個澡。我本來也打算如法炮製，不過實在太疲憊，所以就在河岸邊的吊床上睡著了，耳裡聽得是湍流猛烈拍擊的聲音。

隔天早上，我在這個有如田園詩般的地點接聽收音機——**日本陷入空前的蕭條，失業率狂飆。世界經濟預計將呈現二次大戰後最嚴重的衰退**——心裡想著：這些東西一點都影響不到這類的村子，因為這樣的地方不僅極為邊緣化，也極為自給自足，沒有東西能改變它們。

就像是在強調我的想法一樣，有位老人走過來，開始對著我言無不盡。

拉瑪丹說：「他告訴你他有三個老婆、十五個孩子。」

這位老人只是個閒晃的白髮之人。他之前發覺這樣的聲明或許可以激怒陌生人，尤其當對象是馬西泥時。他解釋著自己婚姻生活的安排，每個老婆都有自己的房間，男主人輪流臨幸。他對著我微笑。

「告訴他，我為他感到高興。」

另一個顯然是七、八歲的瘦小孩走過來。

拉瑪丹說：「他幾歲？」

我更仔細地打量，看到一張皺縮的小臉——沒有下顎，但是與其說年輕，還不如說侏儒比較貼切。

「他二十七歲，」拉瑪丹說，「他的名字是阿布德—阿拉．馬吉德。」

他長得好小，小小的頭、瘦巴巴的手臂，還有一個小男孩的軀體，穿著一件只有半個麵粉袋大小的小長袍。幾乎不滿一百二十公分的身高，體重也不可能超過二十三公斤。拉瑪丹問他問題，阿布德—阿拉．馬吉德用一種有如鴨叫的奇怪聲音回答。他搖著我的手，然後像個士兵一樣上下拖拉，就像有人曾經教他這麼做，要他裝可愛來賺取小費。拉瑪丹很好心，給了他半個葡萄柚。當他停止表演時，似乎是個親切卻憂鬱的小傢伙。在這樣殘苛的氣候下，他可能活不長。他是我這輩子看過長得最小的人。

「他住在這兒。出生那天媽媽就死了。我問他為什麼沒結婚？」

阿布德—阿拉．馬吉德用阿拉伯語回答：「沒有女孩子喜歡我。我不能結婚。我能給她們什麼呢？」

拉瑪丹說：「他什麼都沒有。」

由祖父母照顧長大的侏儒阿布德—阿拉．馬吉德，友善而親切。他坐在一張吊床邊踢著腳。他長得太小，所以無法工作；他太瘦弱，所以能做的事情也不多。然而，他並沒有因為孱弱的身體狀況而遭人恥笑或欺負，非洲有些地方會出現這樣的情況。顯然，在村民慈愛的態度下，他被當成了一個特別、獨一無二甚或是受到上天特別眷顧的人。

拜訪前首相

「標準是你如何對待弱者，」在喀土木，有一個人曾這麼對我說過。「文明行為的標準在於慈悲心。」說這些話的人是沙迪格．艾爾．馬哈迪[13]，他是砍下戈登頭顱的艾爾．馬哈迪（「理所當然的領袖」）的曾孫。我之前並未想過要重回城裡去，我可以開心地在這兒露營度過另一個禮拜——風、沙塵暴、夜晚的傾盆大雨只會讓這次的經驗更加鮮活與難忘。但是我已經答應了沙迪格．艾爾．馬哈迪，要在他的宅邸中進行一次訪談。

之所以會有這個機會，是因為一個在蘇丹的聯合國和平事務局（Secretariat of Peace）的人，他是阿可波飯店的另一名房客，他向這位前首相提到我的名字。沙迪格堅持地說自己好像聽過我的名字——我想那一定是個相當不確定的好像，非常不確定。然而在好客的蘇丹，這已經構成了足夠的動機，讓某人泡壺傑巴納咖啡，把坐墊散在地上，再擺出歡迎的蓆子。

「他是個好人，一個非常聰明的人，」喀土木的一個人這樣告訴我，「他是烏瑪黨[14]的領袖。」那位商人的朋友說：「他父親是席迪格（Siddig）。他祖父是阿巴德拉曼（Abdelrahman）。他的曾祖父——嗯，你知道。」

會面的時間訂在晚上九點半，奇怪的時間，至少對我而言如此。通常九點或十點，我已經睡在床上了：在非洲，白天用來閒蕩，夜晚用來蟄伏——因為獵食動物都是晚上出動。但是有個蘇丹人向我解釋，約在這麼晚的時間是一種尊重的表示，因為那是當天最後的一場約會，是一場不受打擾的談話。我尚未從露營旅行的疲憊中休息過來，但是很開心能夠見到這位著名的男士。一輛破舊的計程車八點半來接我，司機阿巴德—阿拉（Abd-allah）一開始發不動車，嘴巴不停詛咒，車子發動後，他詛咒得更厲害，因為我們卡在塞車嚴重到完全動彈不得的尼羅河橋上。「這車子老了，是英國造的。英國人！在這裡什麼東西都沒人修。」

車燈飄著夾帶刺眼光線的灰塵、毫無耐心的喇叭聲震耳欲聾、夜晚的炎熱，外加柴油廢氣的味道。阿巴德—阿拉整天抱怨著沒有效率和怠惰。

阿巴德—阿拉說他知道那棟房子的位置。他走偏道去河岸，幾個轉彎後，我們看到幾個穿著破衣服的人蹲在路中間——他們是保安特遣隊；更遠一點有個粗製濫造的路障。阿巴德—阿拉對著他們大吼。接著有人向我們招手，很快就來到一面高牆邊，牆中有個燈光照射的拱門。阿巴德—阿拉停好了車後，就爬到後座睡覺，我則由人陪同穿過窄門。

門後的花園有濃密的棕櫚樹及夜晚開花的茉莉。我跟著引導者穿過燈火通明的莊園，走下一條碎石路，來到一間像避暑屋之類的房子裡，整間屋子都由柳條編成，但面積卻大得像間小別墅，牆壁全可敞開迎接夜晚的空氣。屋裡有幾名男士與女士站起來歡迎我——他們是沙迪格的女兒拉芭（Rabah）及另外一名女士哈米妲（Hamida），兩個人都是非常美麗的已婚女子。可惜此地文化讚許謙遜，緊盯著對方

13　沙迪格・艾爾・馬哈迪（Sadig el Mahdi）：一九八六年經過民選成為蘇丹首相。當選後，他所領導的烏瑪黨、國家回教前線（National Islamic Front）、民主統一黨（Democratic Unionist Party）及其他四個南部小黨，成立聯合政府。

14　烏瑪黨（Umma Party）：一九四五年成立於蘇丹的政黨。

看被視為無禮，所以我只好猛搓著自己的手，告訴他們能到這兒來，感到如何的榮幸。

我咳著嗽向他們解釋，自己在沙漠裡得了傷風。

「**卡法拉**（kafara），」在場的小說家愛莎這麼說，這是蘇丹人表達同情之意的辭彙，相當於我們說的「小心身體」。

「消除你的罪，與阿拉建立更好的關係。」愛莎說。

之後，沙迪格．艾爾．馬哈迪揮動著他那件寬鬆的淡黃色長袍，像場摩登服裝宴會中的魔術師般出現了——高高的個子、黝黑的皮膚、鷹勾鼻、一嘴范戴克[15]的招牌鬍子、頭上纏著淺色的頭巾。沙迪格舞動著他的寬袖子，殷勤招呼我們再次坐下。他不僅相貌堂堂，而且很有領袖魅力，另外由於他反應很快，是個專注的傾聽者，更是個了不起的健談者。他接見賓客的習慣是先要求大家發表意見，他洗耳恭聽，最後他再說出自己的部分。他給人一種很有能力的感覺，那是一種幽默與凶猛並俱的力量，我想那應該是熱情。

「你到蘇丹已經有一小段時間了，」他對我說，「不過有些事情你必須知道。我只想提出幾點。」身為非洲最大國的蘇丹，其實就是個非洲的縮影，他說。蘇丹囊括了所有的非洲種族及所有的宗教；四種非洲主要的語言中，蘇丹境內涵蓋了三種。蘇丹是所有位於尼羅河盆地的國家開會地點，鄰國有八個。

「蘇丹文明遠在埃及文明**之前**，」沙迪格說，「我們的歷史並不是古埃及學的一個支派，我們的歷史是另一種完全不一樣的東西——也可以稱為蘇丹學（Sudanology）。」

他問我在北部看到了什麼。我向他說明了我的露營之旅，特別是我的司機拉瑪丹在路上協助進退不得的人，不顧自己的不便而解救那些人的行為，如何令我深受感動。

「在這裡，陌生人並不是陌生人。陌生人是你認識的人。而這一點，當協助的對象是個弱勢之人時，就成了騎士精神。」他說。

「我想，這就是支撐社會的力量。」

「是的，蘇丹的社會要比國家強大，」他說，「蘇丹人曾經藉著大眾的反抗，兩次推翻政權。即使是現在的政權也正在逐漸瓦解。」

「怎麼會這樣？」我問。

「透過強大的社會關係。社會關係要比政治關係深厚多了，」他說，「這可能成為包袱，但現在這種關係卻幫助了我們。如果不是因為這種社會關係，我們早就崩解了。」

用暴力手段推翻政府，並不是蘇丹人的行為模式，他說。「這個國家以前從未有過政治暗殺。我們有高度的寬容、高度的理想——比其他非洲地區都高。在蘇丹，敵人也社會化！」

咖啡一直倒，果汁一杯杯地遞送，蛋糕與餅乾也分給了大家。屋角有台呼呼作響的電扇，然而熱氣依然令人發昏，河水的氣味壓過了花園中的茉莉芬芳。

「我們曾與外國人有過極為血腥的會戰，」沙迪格說，「但是，身為一個外國人，你會得到幫助。我們沒有仇外情結。」

的確，他說，蘇丹當前的政府曾試著培養仇外情緒——「一個極端回教化的世界觀」——但是他們失敗了。

「這種意識形態的議題已經不流行了，」沙迪格說，「口號在這裡有過風光的日子。我們試過了所有

15 范戴克（Van Dyke）：Sir Anthony Van Dyke，一五九九—一六四七，荷蘭肖像畫家。

書本上的制度——共產主義、民主主義、回教法令、軍事管理。」

我問：「你覺得當前的政府怎麼樣？」

「目前的政權一直非常褊狹，而且採取鎮壓手段。他們這種不具代表性的本質，現在非常明顯。不過自從我們獨立存在後，百分之八十的時間，政府中都有惡棍。」沙迪格一面笑、一面說，「一九九六年以前，本人就遭到逮捕過！」接著他又變得嚴肅，他補充，「這個政府宣布進行一場聖戰，侵害南部的人權。」

「南方的戰爭會變成什麼樣子？」

「我們有極大的潛力可以透過和平方式進行改變，」他說，「我們蘇丹人已經厭倦了戰爭，也厭倦了獨裁者。南邊的人不想打仗。他們逃離戰亂。連金邦尼教會的神父都公然譴責戰爭，」他指的是把教會設在蘇丹南部和西部的義大利神父。「蘇丹人已經受夠了戰亂。」

我向他提起曾看到因美國飛彈攻擊而造成的廢墟。我把自己的疑惑大聲說出，問他覺得與美國的關係如何。雖然我們在這兒有大使官舍與一棟很大的使館建築，但沒有派駐的大使，也沒有美國官員，兩國間最微弱的外交關係，只能憑藉著當天從開羅或奈洛比來此官員的口傳私語維繫。

「柯林頓帶著有如意識形態的警示燈對付蘇丹，」沙迪格說，「他覺得蘇丹是非洲之角的一部分，因此美國必須把蘇丹收於掌中，把非洲之角當成跳板。」

「索馬利亞不太像個跳板。」我說。

索馬利亞這個國家的黨派分歧傾軋遠近馳名，我們曾試著安撫與控制，但只經過一次的嘗試就落荒而逃。我們第一次的傷亡來自於一群狂嘯的老百姓，他們痛恨外國人的程度，遠遠超過對彼此的忿恨。那是個沒有政府的國家，沒有元首、沒有任何社會機制、沒有法院、沒有警察，也沒有學校；那是個屬於隨時準備作戰的軍閥與派系首領的國家，而較內陸的部分，則幾乎等於機會主義的盜匪行為區。

「比起柯林頓錯誤的想法及自以為什麼都知道的態度，我們覺得布希的無知還好一點。」沙迪格這麼說。

這場對談一直持續到半夜——作家談論他們喜歡的蘇丹小說——其中一本是伊迪斯．阿里（Idris Ali）所著的《東格拉》，已由我弟弟彼得譯成英文。大家告訴我他們在蘇丹的難忘旅程——到南部、到西部，搭火車到北邊去看哈法旱谷與埃及。他們告訴我大家如何的親切、如何的同情他們，以及鄉村的婦女如何在保護他們的同時，又維持了自己的莊重。

就在這個時候，沙迪格說：「標準是你如何對待弱者。文明行為的標準在於慈悲心。」我獲贈了一籃蘇丹水果與一只咖啡陶壺。

「喝咖啡時，你會記得我們。」沙迪格說。

計程車司機阿巴德—阿拉在穿過恩圖曼及過橋的回程途中，大多在抱怨；我卻一直帶著微笑。這場會談讓我充滿活力，從非洲心臟開始奔流的尼羅河也讓我痴迷。映在河水上的月亮，在耀眼的攪拌過程中，將河面填滿了橢圓形的碎亂光片。

第六章　去哈拉爾的吉布地線

每週只有兩班火車走衣索匹亞線到吉布地，火車穿越阿迪斯．阿貝巴東部的低矮山丘及碎石平原，抵達戴爾．達瓦（Dire Dawa），這座衣索匹亞城市。到了戴爾．達瓦，我就可以走公路進入山區，直達哈拉爾那座圍著城牆的古城。哈拉爾是我一直想看看的地方，因為哈拉爾與第一位到訪的歐洲人理查．柏頓爵士[1]淵源匪淺。還有天才兒童亞瑟．蘭波[2]：他放棄了詩作與文明的生活之後，以商賈的身分斷斷續續在哈拉爾待了十年。儘管他在家書中抱怨連篇，卻一直很喜歡哈拉爾的偏遠與荒涼。在非洲的紛沓及與他契合的滿天飛塵這種意外令人滿意的事物中，享受到了一種安靜的樂趣。他要從大都會的虛假、文學的趨勢觀察家、食客、浪費時間的人及野心勃勃的執拗嘲諷之間尋求解脫。「我像那些鳥一樣解脫了，」他在非洲這麼說。他的心情，我也有；而他的追尋，我讚頌。

---

1 理查．柏頓（Richard Burton）：一八二一—一八九〇，英國探險家、語言學家、學者、擊劍家、惡棍，也是個天才。他常獨自旅行，足跡遍布美、非大陸，而且曾改裝進入麥加。他後來以英國領事身分派駐義大利的港、敘利亞的大馬士革與非洲西部的非南多波（Fernando Po）。一八八六年受封為爵士。

2 亞瑟．蘭波（Jean Nicolas Arthur Rimbaud）：一八五四—一八九一，法國象徵派詩人。

海利・塞拉西[3]也和哈拉爾有很深的淵源，他在那兒出生，還擔任過哈拉爾省的省長，後來才變成拉斯・特法里・馬可能[4]、猶太族之獅[5]、上帝的選擇（Elect of God）、三位一體之權（Power of the Trinity）、王中之王（Negusa Negast）——換言之，也就是國王。他的皇途走得相當不順遂。身為衣索匹亞國王的海利・塞拉西是示巴女王（Queen of Sheba）的後裔，伊夫林・沃[6]戲稱他「極為好色」，他對拉斯特法里教派來說是很神聖的人物。在義大利占據衣索匹亞期間，他被放逐到英國，返國後以絕對的獨裁手段治理國家，他的子民在其面前臣服了三十年。最後德格推翻了他的政權。我在哈拉爾的時候，衣索匹亞政府透露八十三歲的老國王在一九七五年去世，而且是由德格首領曼吉斯圖・海利・馬揚（Mengistu Haile Maryam）親手掐死。馬揚行刑後，還把國王的戒指套在自己掐死國王的某隻手指上炫耀。

以下顎突出的凶殘土狼和英俊自大的人民出名的哈拉爾，我覺得是非洲最棒的參訪目的地之一。這兒的異國情調、特種的狂熱，還有地區的偏遠，柏頓隊長把哈拉爾與廷巴克圖兩相比較，說此地「信仰偏頗而野蠻」——但是哈拉爾的語言與習俗相當獨特——是東非「惡名昭彰的廷巴克圖（Timbuctoo）翻版」。終於，我已經近到可以搭火車前往了。

「也許我該到火車站買張車票。」我這麼問。這時我已經從蘇丹抵達阿迪斯・阿貝巴了——因為兩國的邊境已經關閉，所以坐的是飛機。

衣索匹亞的飯店經理是位身材瘦削卻五官堂堂的人，突出的眼珠、破舊的西裝，還有一副和他同胞一樣幾乎可稱得上謙恭有禮的歡迎態度。後來證實，衣索匹亞人雖然有些憂鬱，但非常有禮，不過，也就是這個原因，臉上沒有微笑的衣索匹亞人，看起來都很傷心，儘管事實並非如此。

幸好飯店經理的笑口常開讓我感到安心。「別擔心，火車並不受歡迎。」

身無分文的貴族民族

阿迪斯．阿貝巴給我的第一個印象是：穿著破爛但長相俊美的人民，既高傲又貧乏，是一個當掉了所有家族珠寶的貴族民族。衣索匹亞在黑人非洲中相當獨特，他們有自己的文字，因此有屬於自己的書寫歷史及對過去的強烈認知。衣索匹亞詳知自己的古代文化與印度、埃及和中東的宗教源頭頗有淵源，他們常自稱是最早期的基督徒之一。當你們的野蠻祖先還光著屁股把藍色菘藍汁塗滿肚子，在歐洲大陸跑來跑去時，衣著精緻的衣索匹亞人已經在飼養牲畜，而且還知道利用輪子，以及一面為了捍衛自己的文化，抵抗回教的猛烈攻擊，一面虔誠地講述十誡。

3　海利．塞拉西（Haile Selassie）：一八九二—一九七五，衣索匹亞最後一任國王（一九三〇—一九三六；一九四一—一九七四），是拉斯特法里教的宗教象徵，神的化身。他是門奈里克二世的表親。

4　拉斯．特法里．馬可能（Ras Tafari Makonnen）：即海利．塞拉西。出生時的名字是Lij Tafari Makonnen（Lij的意思是皇家血統）。拉斯特法里教的名字即來自於這個名字。

5　猶大族之獅（Lion of Judah）：即海利．塞拉西，這是拉斯特法里教自聖經啟示錄中轉借來的重要象徵，代表神，也就是海利．塞拉西。聖經啟示錄第五章第五節中寫到「……看吧，那從猶大支族出來的獅子——大衛的後代已經得勝了……」。在基督教的傳統中，獅子通常都用來代表耶穌。

6　伊夫林．沃（Evelyn Waugh）：一九〇三—一九六六，英國作家，被稱為三〇年代英國的主要諷刺小說家。有人說他的小說是一種在無關道德而純真處處的世界中，持續不斷卻又審判完美的喜劇，偶爾呈現鬧劇形式。

相對而言，還是個新城的阿迪斯．阿貝巴，是創造出屬於自己首都的國王門奈里克[7]某次腦力激盪的結果。這個伸展在高海拔的新闢地，看起來像座屋頂生了鏽的大村子，散落在許多山丘之上。阿迪斯．阿貝巴才一百歲，卻已經有了永恆的老朽之貌。這座城遠看討人厭，近看骯髒崩壞，不洗澡的人和生病的動物散發出令人覺得恐怖的臭味；每面牆都透著刺鼻的尿臊，每條巷弄都有垃圾擋路。震耳欲聾的音樂、汽車喇叭聲、柴油臭氣，還有令人發瘋的尿液，外加引起他人同情的悲慘故事、含沙射影的手指及類似「這裡有壞人」的可怕警告。

然而，即使是非洲最好的城市，在我看來似乎也只是悲慘的即興蟻丘，吸引著來自灌木叢裡的窮人和最絕望的人，然後再把他們變成盜賊與最冷血的詐欺案主謀。在一個部落的優雅特點無從發揮，而警察這種一般說來頂多只能算是合法盜賊，但卻又是非洲唯一握有制裁權者的城市裡，詐欺成了一種生存的模式。

衣索匹亞才剛結束與埃里特里亞的邊境戰爭。戰爭的謠言及衣索匹亞兩個風評不佳的鄰居——索馬利亞與蘇丹——再加上遊客的妄想症，阿迪斯．阿貝巴裡見不到外國遊客。旅館全空空如也——在我看來簡直棒呆了，因為從來不事先計畫的我，就這樣突然出現，然後指望有空房間可以落腳。

搭火車到戴爾．達瓦的衣索匹亞人並不多，繼續前進到吉布地的人當然也不多。在當地聲名狼藉的吉布地是非洲海岸的凹口之一，位於非洲之角的上緣，是個古老的入口，也是個出口——數百年來，此地一直是個奴隸港，後來成為法屬索馬利蘭的港口，演變至今，成了已是獨立共和國的衣索匹亞的肉中刺。從亞丁灣吹來的熱風，一點都沒有減輕吉布地令人發昏的炎熱，這兒除了看起來像垃圾處理場的再生沼澤地外，沒有其他地形，久經烘烤的建築物，不是法式（灰棕色、隨性、公寓），就是阿拉伯式（圓柱、扇形邊、令人蹙眉）。法國士兵仍然戍守在此，他們對雛妓的熱中，讓吉布地更加惡名昭彰。

「十二、三歲的女孩！」有位救援人員告訴我，「多麼可悲！這些士兵到那些可怕的夜店裡，喝得爛醉。你可以看到他們在街上搖搖晃晃。酗酒、嫖妓——還有嗑藥。」

親自走這樣一趟的旅程中，目睹如此多采多姿的墮落與放蕩的想法，始終深深誘惑著我。不過我還是決定繼續前往哈拉爾，因為我想在幾個星期內南遊，到肯亞或更遠的地方。

戴爾．達瓦的火車第二天很早就會離開。如果沒趕上那班火車，我得再等三天。到火車站買了車票後，我看了看火車的內裝——還不錯，雖然也不是很好——第二天再回到車站搭車。車站裡除了火車的離站時間，沒有其他時刻表。沒有人知道我們幾點可以抵達戴爾．達瓦。「明天」這個最接近答案的猜測，對我已然足夠。

開始時只有寥寥幾名乘客，後來即使稍晚，也經過了好幾個阿迪斯．阿貝巴東部的峽谷與山丘上的車站，我們的火車仍然只接到了數量極少的幾個人。在某些車站，我們鬧停了一個小時之久。黑暗來臨後，在前不著村、後不巴店的地方，火車停留的時間多了一倍（不過我可以聽到風在枯枝上揚升的聲音），火車緩緩行駛，然後停了下來，連著好幾個鐘頭，動都不動。白天我坐著閱讀柏頓隊長寫的《初履東非》（*First Footsteps in East Africa: An Exploration of Harar*）。夜幕很快就垂下。我伸直了身子，躺在一張木椅上睡覺，以行李為枕，咬著牙，痛恨著這趟旅行，希望一切都已結束，但同時又很慶幸自己沒有繼續前往吉布地。黎明之後的某個時間，當一天的熱氣開始支配一切時，太陽斜斜照入車內，火車

7 門奈里克一世是衣索匹亞首位國王，據說是古以色列所羅門王（King Solomon）與喜巴女王瑪克妲（Makeda）的兒子，而且是把法櫃從耶路撒冷帶回衣索匹亞的人。門奈里克是繼任母親王位，成為衣索匹亞的王中之王，其所建立的所羅門王朝，除了幾次短暫的間斷外，陸續治理了衣索匹亞近三千年，直到一九七四年海利．塞拉西下台、死亡。

已滑進戴爾．達瓦車站。

「似乎有點空。」

戴爾．達瓦看來像座廢城：沉默的房子、空無一人的街道。

「今天是假日。」

阿達瓦戰役憶往

戴爾．達瓦通常都很安靜，但我抵達的那天更安靜，因為那是衣索匹亞的假日，阿達瓦戰役一〇五年週年慶。

「那是我們擊敗墨索里尼的時候。」一個名叫泰斯法亞的人這麼告訴我。

後來我從書上得知事實並非如此。阿達瓦戰役這場衣索匹亞人的甜蜜勝利，其實是一八九六年結束的一場早期反殖民戰爭，當年兩萬名義大利士兵從埃里特里亞趕到北衣索匹亞，遭遇到九萬名「非常狂熱、非常渴望戰爭的衣索匹亞人」。這九萬衣索匹亞大軍由國王門奈里克二世（Menelik II）和他的副指揮官拉斯．馬可能[8]領軍，副指揮官在這場打敗外國入侵者的勝利中，與國王建立了父子般的關係。他們其實是遠親，但不管怎麼說，這樣的關係確保了拉斯．馬可能的長子拉斯．特法里——也就是海利．塞拉西一世——繼任王位。

阿達瓦戰役在其他方面也舉足輕重。首先，這是場殲滅戰。義大利人試著在阿達瓦附近的多岩地區集結人員進行攻擊，但後來迷了路，連方向都分不清。在人數上勝過義大利近四倍的衣索匹亞人，將義大利人團團包圍後，以長矛與弓箭刺死了一萬五千多人，剩下的義大利士兵不是受傷就是遭到活逮。衣索匹亞也有來福槍——其中兩千枝雷明頓槍是一八八七年蘭波在恩托托（Entotto）賣給門奈里克的。詩人亞瑟．蘭波雖然沒能活著看到這場勝仗，但他卻在這場歷史性的非洲勝利中盡了一份力。阿達瓦戰役是場在地人抵禦入侵者的戰爭，相當於蘇丹托缽僧消滅英國的方陣之役。如此有名的阿達瓦戰役，後來激發了馬可仕．加維[9]又稱為「衣索匹亞主義」（Ethiopianism）的回歸非洲運動（Back to Africa Movement），及促使英國、法國和葡萄牙殖民地轉成獨立共和國的泛非洲自覺運動（Pan-African consciousness）。阿達瓦戰役的前一場非洲抵禦歐洲國家入侵的決定性成功戰役，發生在漢尼拔[10]時代。

義大利遭受的失敗與恥辱特別刻骨，因為自此後，由墨索里尼這個妄想當英雄的懦夫之流所統治的法西斯黨，就自詡為重新締造偉大帝國的新羅馬軍團。受傷的自尊讓義大利人滿溢著對衣索匹亞人復仇的期望。一九三五年，義大利入侵衣索匹亞，義大利人終於在這次征服中如願以償，而且儘管他們的武器配備遠遠超過對手，仍使用非法手段（毒氣），數以萬計使用與四十年前相同武器的衣索匹亞戰士遭到殺害。

全球同聲譴責義大利的投機行為。一九三五年九月底，溫斯頓．邱吉爾在倫敦的一次演講中，總結了這次眾國對義大利的鄙視，一如邱吉爾後來在他的著作《集結風暴》（*The Gathering Storm*）中所提，

8 拉斯．馬可能（Ras Makonnen）：一八五二—一九〇六，衣索匹亞的將軍、哈拉爾的省長。海利．塞拉西的父親，門奈里克二世的表兄。

9 馬可仕．加維（Marcus Garvey）：一八八七—一九四〇，牙買加出生的出版商、記者、企業家，也是黑人民族主義運動的改革者、拉斯特拉法教最重要的先知。他所發起的回歸非洲運動，是鼓勵各國的非裔人民回到自己的祖國，呼籲各國的非裔人民拯救非洲，並把歐洲的殖民勢力趕出非洲。

10 漢尼拔（Hannibal）：西元前二四七—一八三，非洲北岸的古國迦太基（Carthage）的大將，曾抵抗羅馬進犯與入侵義大利。

他「試著對墨索里尼傳達警告，而且相信墨索里尼也確實接到了這個警告」。邱吉爾的警告是一段浮誇的句子，用激烈而響亮的子句不斷轟隆作響：

在離家兩千哩遠的貧瘠海岸上，投入將近二十五萬人的軍隊，匯聚義大利男子漢的精髓，違背整個世界的善意，而且在沒有海上控制權的狀態下，對一個民族及四千年來沒有任何征服者認為值得征服的區域，進行可能連續不斷的戰役，其實等於是雙手將人質交付給歷史從未遭遇過的命運。

然而這個致命的荒謬行徑，卻正是義大利人的所作所為。邱吉爾不知道——幾乎沒有人知道——義大利人計畫使用氯化碳醯氣（光氣）[11]加速並簡化他們的戰爭。義大利早在一九二八年就簽署了日內瓦公約，反對在戰爭中使用毒氣，然而一九三五年，墨索里尼卻驅策他的將軍們在衣索匹亞投擲氯化碳醯彈，達成為獲得勝利而「**不擇手段**」（qualsiasi mezzo）的目標。

義大利人的攻擊以轟炸阿達瓦為濫觴——阿達瓦是他們之前受辱之處——然後一路南攻。二十四架飛機中，有五架載負有毒的氯化碳醯氣彈，朝著奧加登沙漠的衣索匹亞軍隊投擲。當正確性遭到質疑的殘暴故事從戰場上傳了出來——義大利戰俘如何遭到非洲人折磨而死、斬首及去勢——義大利人投下了更多的毒氣彈。即使達姆彈不斷射出，那樣的消息仍讓義大利人憤怒難當，衣索匹亞人一點機會也沒有。海利．塞拉西從王位上被拉了下來，放逐海外。阿迪斯．阿貝巴有了一位新扶植的法西斯總督。義大利國王維克多．艾曼紐（Victor Emanuel）那時自稱「皇帝」，皇冠上有兩顆準寶石，一顆是衣索匹亞，一顆是阿爾巴尼亞。

戴爾．達瓦也慶祝阿達瓦戰役這場引起義大利二次入侵的勝仗——換言之，小鎮上的人也放一天假。不過就算是最景氣的時候，這兒的工作也不多，大家只採咖啡與嚼**夸特**。這裡沒有天堂。小鎮已經荒廢。戴爾．達瓦這個詞在阿姆哈拉語裡的意思是「空曠的平原」——這個名字要比舊名新哈拉爾（New Harar）適切多了——小鎮面積不大，但橫躺在棕色巨丘下那又熱、顏色又淡的灌木叢地上。建築在灰沙之上的戴爾．達瓦只有一百歲，和鐵路一樣年輕，是哈拉爾的中途分道站——更重要的是——是位於前往哈拉爾陡峭道路上、大約二十哩以外的阿維德（Aweyde）的**夸特**作物轉運站。

衣索匹亞這個地區的非正式經濟體系，奠基於種植此種具有輕微麻醉作用的**夸特**（Catha edulis）。在衣索匹亞，**夸特**被讀成「**查特**」或「**亞特**」，是一種矮樹叢，樹葉的形狀顏色與大小都與月桂樹籬相似。另外一種衣索匹亞的經濟作物，也是生長在這些哈拉爾附近山丘上的高級咖啡，雖然市場需求很高，但比起**夸特**，高級咖啡的收益簡直微不足道。這些長得令人眼花撩亂的**夸特**樹叢，在不喝酒的阿拉伯聯合大公國及波斯灣其他國家是相當珍貴的東西，因此戴爾．達瓦的機場整天忙著對小型的運輸飛機送往迎來。要想收到最好的效果，放進口中嚼食的**夸特**必須新鮮。

戴爾．達瓦低窪的地勢、方正的地形、灰泥的外觀及處處的灰塵，看起來就像是我在越南見到的法國殖民鐵路城，是那種一百年前歐洲人隨便建造的一個鐵路中繼鎮。不過，這座城也的確是歐洲血統：瑞士工程師，同時也是門奈里克國王的顧問艾佛瑞德．伊爾格（Alfred Ilg）規畫吉布地線時所順便規畫的城鎮。和蘭波也有生意往來的伊爾格，私下曾說祕密的放逐「有種讓人愉快的感覺」。

---

11 光氣是具高毒性及腐蝕性之氣體。典型的中毒可分三個階段，最初可能感到喉嚨刺激、咳嗽、胸痛、噁心，甚至呼吸困難。通常暴露終止的話，情況會緩解，但若暴露濃度過高，則未必會出現上述的刺激階段。最後一個階段包括呼吸極度困難並咳嗽，此乃因肺積水所致。肺積水可造成缺氧而損害腦部，甚至死亡。

為了這條以吉布地為起點的鐵路，一九〇二年，艾佛瑞德．伊爾格規畫並監督戴爾．達瓦城的建立。十五年後，這條鐵路延伸到阿迪斯．阿貝巴。在一個法裔瑞士人的想法中，戴爾．達瓦的樣子正是一個值得受人敬重的非洲城：要有鋪了磚瓦的黃色灰泥平房，可惜房子大多都已龜裂，還要有精確的幾何形街道及不時出現的小廣場——某甲廣場是為了尊崇一尊有水肥條紋的雕像，某乙廣場是為了紀念一塊表揚愛國心的匾額與一尊滿布灰塵的大砲。戴爾．達瓦的樹在上次旱災中全死光了，不過光禿禿的粗枝與彎曲的樹幹仍屹立原地。

戴爾．達瓦的心臟地帶是個市場，那是重要的商業中心，連放假的日子都還有少數人在販售水果與蔬菜——香蕉、檸檬、馬鈴薯、紅蘿蔔、成堆的綠葉蔬菜等，所有的農作物都來自哈拉爾附近更高的地方。戴爾．達瓦這塊酷熱又多灰的土地，什麼都長不出來。

走過市場，正想著該怎樣弄輛車去哈拉爾時，我遇到了一名身材魁梧的黑人女子，她身著紅色洋裝，叫賣著一把把的藥草。為了打開話匣子，我問她那是什麼藥草，她笑了笑說：「英語不通！蓋拉話！」

「蓋拉話不通。」我說。

不過當我轉身要離開時，她卻用西班牙語對我說：「你說西班牙語嗎？」

雖然不時會碰到年紀大一點而說得一口流利義大利語的衣索匹亞人、索馬利人或蘇丹人，——這是傳教學校教育或亞斯文的庫奇阿尼神父那類具有種族優越感的牧師進行領受聖體儀式的結果，但在衣索匹亞東北部的市場上，我絕對想不到蓋拉族女子脫口而出的會是西班牙語。

「你會說西班牙語？」我問。

「當然，」她用西班牙語回答，「我從古巴人那兒學來的。德格期間，這裡有很多古巴軍人。我喜歡他們，他們也喜歡我。我們相處得很愉快。不過那時我們是另外一個政府在管理。古巴人都離開了。」

「我猜他們也留下了些孩子吧？」

「大概吧！他們跟我們很像。」

古巴插曲發生在曼吉斯圖．海利．馬揚一九七四年接管、並宣布衣索匹亞成為一個馬克斯主義國家時，他不僅將街道與廣場重新命名、殺了海利．塞拉西及他的全家，還在各地矗立可笑的方尖石碑，展現代表社會主義的紅星。數以萬計的衣索匹亞人未經審判就鋃鐺入獄。那段時期也是衣索匹亞因嚴重饑荒而躍上報紙版面的時代。衣索匹亞四個字成為暴政和飢餓的同義詞。西方慈善機構雖曾空投食物，可是衣索匹亞的正式官方友人只有古巴與蘇聯。古巴的援助包括軍人、醫師和護士。大家看到的，全是傴僂的孩子、虛弱的大人，還有正在走動的受傷者的影片——**而他們還是幸運的一群**。

一九八四至八五年的另一場饑荒，加上反對黨的壓力，德格政權終於在一九九一年被推翻，曼吉斯圖跳上了一架飛機逃往辛巴威，辛巴威當局同意讓他定居，但條件是他必須閉上嘴巴。衣索匹亞不再是新聞焦點，但日子還是得繼續過下去，雨水帶來了新鮮的農獲、分離主義者在埃里特里亞省宣布開戰。我在二月一個非常炎熱的早晨抵達戴爾．達瓦車站，那之前的幾個禮拜，衣索匹亞與埃里特里亞的某場戰爭，才剛以雙方簽訂停火協定的形式結束（埃里特里亞勝利）。

除了令人誤入歧途的道路在一張非常簡陋的地圖上彎曲蜿蜒外，哈拉爾究竟在哪兒，我完全沒有概念，也不知道怎麼去；我對阿姆哈拉語一無所知，在哈拉爾省也無親無故——事實上，我在整個衣索匹亞都無親無故。我只知道哈拉爾位於比切爾切爾高地（Chercher Highlands）高很多之處。我是個古典的遊人，試著心存希望，維持思緒清明。但是下一步呢？

遇上熱血修女

我攔住幾名衣索匹亞人問：「有沒有到哈拉爾的巴士？」

他們笑著告訴我壞消息，「今天沒有巴士。」

我走進遮蔭處，天氣實在太熱了，從平原吹來的風烤焦了我的臉。我看到一位看起來像義大利人的女子穿著修女的服裝（棕色頭罩、棕色衣服及長相嚴肅的鞋子）。她提著一只袋子，用種冷靜而嚴謹的決心準時趕赴會議那種心無雜念的直率態度走著。

不過當我說哈囉的時候，她露出了微笑，並停下腳步。

「對不起，修女，妳會說英語嗎？」

「會。」

「妳可以告訴我去哈拉爾的路嗎？」

她抓住我說：「你一個人？」

「是。」我回答。

「那麼你很幸運。跟我來——我要去哈拉爾，」她說，「啊，這是我的司機。」

得救了，我這麼想，或許好運當頭是因為當天是我母親九十的大壽。幾分鐘內——保祐我那愚蠢的運氣，也保祐這位路見不平拔刀相助的好心人[12]——我已坐在一輛路華越野車的後座，司機戴著我穿越戴爾．達瓦後方的車道，轉入一條上往山丘裡的崎嶇彎路。這條路布滿灰塵，風又強，所以連空氣與天空都呈現黃褐色。

「我是亞麗山卓修女，」這位修女說，「來自馬爾他。」

結果她是個很健談的人，橫斜著坐在前座上，偶爾和司機用阿姆哈拉語交談。並未與我目光交會，卻不時促使我注意衣索匹亞生活不尋常的特點，譬如牧羊人和他們的山羊群，或者孩子們極為滿足地玩要：他們在路中間扭打、翻滾，而車子——譬如我們的車子——繞過他們繼續前行。

「你看，他們不怕。他們在這裡相當自由。」亞麗山卓修女一面說，一面向嬉鬧的小朋友招手。

她似乎一點都不驚訝我想去看看哈拉爾的舉動，她只想知道我是否去過馬爾他（我去過，是上次那趟《赫丘力士之柱——環地中海大壯遊》之旅的事了）。一開始我們只聊些無關緊要的事情，談她的家庭、少女時期、修習法律的過程、當修女的抉擇，以及傳教的本能；然後我發現她一直都繞著某個主題談話，一個她經常把話題繞回去的主題，那就是「我曾經被愛」。

她比我年輕多了，大概四十歲，強烈的生命力與無法抑制的馬爾他人活潑個性，有點類似歇斯底里——我之前在戴爾．達瓦，就從她走路的方式上窺探出一二，那是一種熱情洋溢的果斷。她不是個枯燥無聊的修女，她是個有故事可說的熱血修女。

「我以前有個未婚夫，並學習將來如何當個律師，」她說，「我一直都非常自由——我父親鼓勵我相信自由。我很快樂，打算和哥哥一起進入一家合夥律師事務所。我有枚婚戒，連結婚的日子都決定了。」

在這條山路的一個U形彎道上，孩子們平躺在路中間，彼此搔著癢大笑，完全無視車子高速經過他們身邊的事實。

12 作者在原著中用的是撒馬利亞人（Samaritan），這是《聖經》路加福音第十章第二十五至三十七節，耶穌與一位法學士談論如何得到永生時，提到照料途中遇襲者的好心撒馬利亞人（the good Samaritan）的故事。

「不，這是他們的遊樂場！」亞麗山卓修女說。我什麼都沒說，但是她預先回答了這個必定會冒出來的問題。接著她說，「我開始思考當修女。我祈禱尋求指引，然後二十歲時，我做了決定。」

「你的家人怎麼看這件事？」

「他們很震驚。震驚！」在她嚴肅卻又戲劇化的態度中，她似乎很享受這段回憶。

「你的未婚夫呢？」

「我未婚夫要把我送去義大利給醫生檢查，看我是不是瘋了。」這時她微笑了，「不然就是心理有問題。」

「我想他很擔心。」

「他擔心得生了病，而且非常沮喪。婚禮取消了，所有的事情都取消了！我的家人——嗯，你可以想像。他們不了解。只有我父親看到了我心裡的東西。我的未婚夫非常絕望。我愛他，可是我有我的使命。我在阿迪斯．阿貝巴做最後宣誓之前，他曾飛到衣索匹亞來求我。」

「他沒有讓你改變心意？」

「他沒有讓我改變心意，沒有，」亞麗山卓修女說，「但他給了我一枚戒指。」

我看了看她的手指：沒有戒指。這可以理解，因為修女必須揚棄紅塵俗世，成為基督的新娘。

「我的未婚夫走了。他難過了九年。」亞麗山卓修女說。

這時我們已經進入高地的中心——非常乾燥、碎石、寒意、強風，像石塊一樣的棕色房舍、穿著長袍的人用兩條細腿行走，不然就是蹲踞在草蓆前，販售萎縮的青菜。我打開窗子，呼吸著清寒的空氣。

「他後來找了一個女人結婚，有兩個孩子。我甚至沒有和他保持連絡。我會想到他——當然，我常常想到他。但是我知道他有他的生活、我有我的日子。」她仔細思索著這段話。「我不時會聽到他的消息。嗯，馬爾他這個地方——你去過……」

「只是一個小島，我對小島略有所知。」

「馬爾他是個小地方。沒有祕密，閒話很多。」她說。

我們已經在高地上夠高的地方了，所以可以感受到寒意。這裡的人包得像胖粽子，圍巾、斗篷，還有頭上戴的東西，全身裹得嚴密，然後衝進風中。

「去年五月，我接到一通電話——一個女人的聲音，」亞麗山卓修女繼續說，她模仿著一個遙遠的聲音，聲音帶著誇張的表情，「『我知道妳是誰。我想妳應該知道他死了。謝謝妳尊重我們。』就這樣。」

強風吹起的灰塵在我們身邊盤旋，不斷砍打著我們的路華越野車。除了想知道他是不是久病在臥外，對於死者，我不知道該說些什麼。

「他死於肺癌——他不抽菸，也滴酒不沾。他只有四十七歲。」亞麗山卓修女說。

我沒有任何哀悼的話可說。或許我可以說，我也曾經歷過心愛之人去世的事情，但對正在忍受這種失去的錐心痛楚的人來說，那樣的話又能帶來什麼安慰呢？我只出了些聲音，不過出聲的當兒，我發現她開始抗議。

「不，不——他沒有死，」她說，「對我來說，他依然活著。我的日子裡有他的記憶為伴。我甚至可以和他說話，他引導我。你可以想像曾經被愛是多麼重要的事情嗎？」

「嗯，是的，」我說。「有位英國詩人曾經就這個議題寫了一首很好的詩。」我半背誦半譯述拉金[13]

13 拉金（Larkin）：一九二二—一九八五，英國詩人，牛津畢業生。他的詩作沉靜地暴露出英國生活的薄弱與矯飾。有人認為拉金是那個時期最細膩、最具原創性的詩人。

的〈信仰治癒〉（Faith Healing）：

> 每個人心中都睡著
> 某種靠愛而活的生命。
> 對某些人來說，這是他們所能造成的影響
> 因為愛著他人，然而這種感覺掠過的最深刻處
> 卻如所有被愛者所可能的作為，
> 就是什麼都治療不了。

「最近，我聽說那個女人再婚了，」她說，「沒有人像我這樣了解或愛他。這也是為什麼對我而言他依然活著的原因。」

「是真的，往生的人似乎並沒有死，我們愛著的人似乎繼續活在我們心中，」我說，「或許那只是我們應付悲傷的方式。」

「你是個作家？」她問，「也許你可以寫下這個故事。」

可是我對她的回答，與平常回覆那些要我把他們的故事當作我磨坊中必用穀物者一樣：你必須寫下自己的故事，因為故事裡還有比你告訴我更多的東西，既然你知道所有的事情，這就是你的故事，不是我的故事。

她並未拒絕，她說也許會寫下這個故事，而且補充說道：「我頗有詩人天分。我寫過幾首詩。」**他沒死**的這個想法，讓她露出了一個謎樣笑容，「只不過我是個修女。如果發表自己寫的東西，似乎有點

奇怪，修女寫的東西。」

「我會非常期待看到妳的詩作。」我說，想像著某些帶著情色與令人恍惚的作品，相較於湯瑪斯．莫爾頓[14]，我想像的作品更接近約翰．但恩[15]，我向亞麗山卓修女提到這兩個人（兩人都兼具詩人與神職人員的身分）。

如果傳教士的雛形是堅強、無聊、帶著微笑、有著無盡的耐心、沒有性衝動、完全受控於一種皈依宗教的狂熱，那麼亞麗山卓修女絕對是相反的類型：她頑強、自信，同時卻也情緒多變、武斷、心胸開闊而熱情。更了解她之後，發現她還是個烹煮好手。她在修道院與學校非常受到喜愛，但讓我感到訝異的是，她也可以成為一個好妻子和好母親。她從不用罪孽二字。或許這就是她在哈拉爾成功的原因，她是這個省絕無僅有的法蘭雞[16]女人。

「這些人都有錢得要命，」她在我們經過阿維德時如是說，「別注意他們的房子。他們的錢都存起來了，所以不會把錢花在衣服或房子上。」

這座位於路兩邊的污穢**夸特**製造城裡，有一個擁擠的市場，市場裡只賣一種農產品，那就是整把整把的**夸特**綠葉。山丘上滿滿都是**夸特**葉，籬笆、樹叢都是這種植物；每個人都種**夸特**、賣**夸特**、嚼**夸特**葉。

14 湯瑪斯．莫爾頓（Thomas Merton）：一九一五—一九六八，美國的修士作家與詩人，生於法國。一九四一年成為天主教特拉普教會的修道士，後在泰國參加世界性天主教與佛教會議時，意外身亡。

15 約翰．但恩（John Donne）：一五七二—一六三一，英國詩人與神職人員。他善用矛盾之論述、誇張的語句和想像力，其作品初始並未獲得注意，直到二十世紀才被文學評論家視為瑰寶，葉慈（W. B. Yeats）、艾略特（T. S. Eliot）和奧登（W. H. Auden）都受到他的影響。

16 法蘭雞（faranji）：即外國人。

特。阿維德的特殊環境是生長**夸特**的完美環境。當地的**夸特**綠葉是每把美金一塊兩毛。到了阿迪斯・阿貝巴，價格翻升三倍；等**夸特**葉由小飛機從戴爾・達瓦送到葉門、阿曼與阿拉伯大公國時，價格攀升得更高。運送夸特的飛機要比搭載客人的飛機更可靠，因為這些植物很快就失去了效力，因此必須加速送到嚼食者手中。

「一天之內品質就會下降。」有位商人這麼告訴我。

柏頓筆下的哈拉爾

哈拉爾並不遠。小小的房子數量更多，路更寬，城裡有一個運動場、一座教堂、一座清真寺，然後是更多的清真寺。再往前走，有座圍了城牆的城，城門張口大敞。

柏頓筆下的哈拉爾是座禁城，許多旅者都不得其門而入。「心胸狹窄的統治者和野蠻的人民用死亡威脅冒險進入城裡的異教徒；據說有些黑人魔術預言師（Merlin）在法蘭克族的步履初抵此處時，曾讀過《羅馬帝國衰亡史》。」柏頓還繼續說英國人受到最多的辱罵，因為「在哈拉爾，奴隸制度依然擁有穩固的大本營，老龍非常清楚聖喬治手上的招數」[17]。

哈拉爾人民之間還有個迷信，他們相信「自己城市的繁榮端賴排除所有的遊人，而不是回教信仰」。

柏頓在一八五四年出發，經歷多災多難的旅程後，從扎伊拉（Zayla）（即現在索馬利亞海岸的澤伊拉〔Zeila〕，近吉布地邊境）看到了山丘上這座一點都不漂亮的城市，這兒不過是座圍了城牆的山城，一個「石頭堆」。就這樣他從東城門進入哈拉爾，一路對各官員逢迎拍馬，最後終於獲准晉見大王（Emir，他自稱蘇丹），大王伸出他那「又瘦又黃、有如鳶爪」的手，要求柏頓親吻。柏頓拒絕了，因為

「除了女子的手外，我出於自然的反感不去對任何其他人的手做這個動作」。

柏頓在哈拉爾待了十天（不過既不情也不願——六天的時間裡，他都在想辦法離開此地）。我待在哈拉爾的時間比柏頓稍微短了一點，不過那純粹是因為我還得坐汽車、火車、渡輪或其他任何可行的交通工具去開普敦，估計這趟旅行還要持續好幾個月。所有的衣索匹亞人都認為哈拉爾依然是盲目而狂熱的信仰堡壘與貧困的鄉間，驕傲的好戰回教徒及連做夢都不會想去和非哈拉爾人通婚的俊秀哈拉爾人，不自在地與科普特人共處於此地。除此之外，哈拉爾還有好幾群飢餓的索馬利人緊抓著這座城不放，再加上駱駝牧人、從山丘下來的乞丐及城後另有面積相當大的痲瘋病人區，遑論讓哈拉爾出名的那些狂野又貪婪的土狼了。而這些特質都驅使我更注意這個地方，阿迪斯・阿貝巴人印象中的哈拉爾人很野蠻，所以為我操心，卻也勾起了我的好奇心。如果能在哈拉爾待久一點，我會很開心。

由於回教徒到麥加朝聖期即將結束，所以這兒的乞丐數量龐大，回教信仰囑咐教徒在此特殊期間，要慷慨施捨窮人。清真寺是乞丐的吸鐵，像這樣的節慶時期，匯集成群的人乞討救濟金。我從未見過這麼多的窮人伸出骨瘦如柴的手，要求大眾施捨善心。

柏頓描述的外國人厭惡症，在哈拉爾的生活中，仍是一大特色。哈拉爾人結婚的對象只能是哈拉爾人，社交層面上也不與其他人交流。他們討厭外國人出現在眼前、依舊維持著舊有的信念，認為外國人會讓哈拉爾變得既不安全又不幸。有人——通常是掉光了牙齒但眼神凌厲的老人——從門口衝出來對我咆哮，早已司空見慣。當我和哈拉爾人眼神交會時，也常常看到懷疑與威脅，且對方嘴裡還念念有詞地說些對我不友善的話。

---

17 聖喬治（St. George）：英國的守護聖人。

「噢，他們對**法蘭雞**說的那些話，」有個衣索匹亞女人一面轉動著眼珠回想著那些話、一面對我說，「特別是**法蘭雞**女人。」

「譬如？」

「我不可以重複這樣的話。」

有位比利時援救工作人員告訴過我，「有些人在市場上對我吐口水，沒有任何其他原因，只因為我是個**法蘭雞**。」

這實在是個很有趣的詞。柏頓說：「我經常聽到紅髮的長矛戰士喃喃低語這個不祥的詞彙『**法蘭雞**』」，柏頓繼續提及貝都人「把這個詞用在所有非我族類的身上」。在柏頓那個時代，如果一個人剛好穿著長褲（shalwar），那麼連印度商人都會被稱為**法蘭雞**。

法蘭雞一詞源於法蘭克族——一支在西元三、四世紀周遊西歐的日耳曼部落。不過與法國人同源的法蘭克族名氣，卻可能是在十二世紀歐洲人掠奪回教聖地，以及藉上帝之名屠殺回教徒的十字軍時代，才變得家喻戶曉。在地中海東岸及最遠到東南亞地區，一個法蘭克人就代表了所有西方人。「大批的群眾聚集，目睹這個奇怪的法蘭克人與他的行徑。」愛德華・李爾[18]一八四八年在阿爾巴尼亞的日記中這麼描述自己。**阿佛蘭雞**（afrangi）是**法蘭雞**的一個語態，雖然偶爾還是有人使用，尤其是和其他詞合用，但該詞在埃及已被視為廢語（**卡賓奈特・阿佛蘭雞**〔kabinet afrangi〕的意思是西式廁所）。我在蘇丹不時會聽到這個詞，**阿佛蘭雞**也旅行到了東方——印度，最遠達東南亞。皮膚蒼白的外國人在泰國又被稱為**法蘭哥**（farangs），在馬來西亞則是**費林雞**（feringhi）。

我在哈拉爾的所有時間，幾乎都有孩子跟在後面高唱「**法蘭雞！法蘭雞！法蘭雞！**」有時老人家會對著我大聲咆哮，而車子在路上緩慢行駛時，不時也會有個看似瘋狂的哈拉爾人從他家門口跑到車窗口，站著對我的臉吐口水、吼著那個詞。

在亞麗山卓修女的指引下，我在哈拉爾下榻之處是拉斯飯店（Ras Hotel）的房客。一個晚上十五塊美金，含早餐，而且飯店的菜單上總是供應衣索匹亞菜餚（「全國性食物」）。當時科普特人正熱鬧歡度受難節。科普特人在慶祝他們的基督教節慶時，挑剔程度不亞於回教徒對齋月與忠孝節的苛求——事實上，科普特人彼此似乎一直競爭著誰的虔誠度更絕對，「我比你更虔誠」是他們無意義的禁慾及嚴苛的齋戒儀式之附屬意義。

「舊式基督教或猶太教教士更荒謬的想法，以一種無聊、科普特風格的方式呈現，外加當地人所有厭惡的事，」這是佛拉迪米爾．納布可夫[19]在他翻譯的四大冊巨著《尤金．奧尼根》內容廣泛的其中一篇附錄中，對阿比西尼亞教會虛張聲勢特質的描寫。普希金的外曾祖母出生於阿比西尼亞，確切地點或許是阿比西尼亞的提格雷（Tigre）。納波可夫雲淡風輕地略述了這個地區的基督教發展之後，繼續寫道：

福音書約在西元三二七年由腓尼基人福曼提亞斯[20]（生卒年代約為西元二九〇—三五〇）引

---

18 愛德華．李爾（Edward Lear）：一八一二—一八八八，英國幽默作家與畫家。

19 佛拉迪米爾．納布可夫（Vladimir Nabokov）：一八九九—一九七七，出生於前蘇聯的美國小說家與詩人。最著名的作品為《羅麗塔》（*Lolita*），描述一名中年教授迷戀上一名為羅麗塔的十二歲小女孩的故事，此書於五〇年代出版時曾一度被禁，但現已成文學中的經典名著，並被藍燈書屋選為二十世紀英文小說第四名，而「羅麗塔」一詞也已成為全世界形容具挑逗性少女的代名詞。

20 福曼提亞斯（Frumentius）是出生於古腓尼基南部泰爾（位於今黎巴嫩）的希臘人，他把基督教引進衣索匹亞（古稱阿比西尼亞）。他後來受封為聖人，是提格雷省首府阿克遜姆（Aksum，又作 Axum）的第一任主教。

進，亞歷山卓的主教聖阿瑟納修斯（Athanasius）尊奉他為阿克蘇姆（Aksum）的主教……耶穌會傳教士為了廣布他們美麗的聖像及在醫療照顧的虔誠偽裝下，祕密替當地孩童受洗的神聖喜悅，毅然面對來自於一個傳說之地難以形容的危險。在現代，俄國人曾驚喜地發現，古代修士習慣使用某種取於自然的希臘東正教刀子或起子的柄腳，衣索匹亞至今仍有人使用；另外，新教傳教士因對女性聖人和長了翅膀的男孩圖像無動於衷，而引起了當地異教徒對他們的猜忌。

在受難節的這個月，科普特人不喝牛奶、不碰魚肉，只吃「齋戒食」——搗碎的蔬菜，放在一層發酵穀類製成的灰色海綿麵包**印結拉**上，然後滿滿平鋪在一個大盤上。大家都說「就像一種薄煎餅或普通煎餅」。不過事實並非如此，齋戒食又冷又溼，而且根本咬不動，比起薄煎餅，或許老舊的溼腳墊是比較適切的形容詞。一種稱為**渥特**（wot）的辛辣醬料鋪在一層層的**印結拉**之間，再加上搗碎的豆子、小扁豆、高麗菜、馬鈴薯、紅蘿蔔、番茄，在非齋戒月的時候，還會加上魚或肉。在哈拉爾，**印結拉**是甜的稷類製品，不發酵，不過外形與口感依然像過熟的腳墊。

蘭波在哈拉爾的日子

我在哈拉爾感到非常滿足——便宜的旅館、晴朗的天氣、怪異的景致、不能用的電話——我概略寫下了尼羅河上所構思的情色故事大綱：年輕男人、歲數稍長的女人，還有她那位神祕的醫師。之後開始寫作，在自我的孤獨中安慰自己，減緩時間的流速。

有天早上，我在主城門門口遇到尼阿里．塔發拉先生。「我生在哈拉爾、長在哈拉爾。」他是個無業遊民。哈拉爾大多數人都是無業遊民，他這麼告訴我。他去過阿迪斯．阿貝巴多次，但從沒去過吉布地，其實到吉布地的旅程還比較輕鬆，只需要搭火車北上，六個小時的車程。塔拉發是個基督教徒，齋戒得非常徹底。他說當地歷史是他最喜愛的科目。

哈拉爾是一個怪誕小故事的發生地，有如出自波赫士的作品《小說》（*Fictions*）中的故事，或許可以稱為「流亡記」。

孤單是種人類狀態，而當個全然陌生人的鮮明例子，莫過於身處黑人非洲，孤獨固守崗位的孤立白人。其中最白的那個人，是個住在圍著城牆的城裡，過著沒沒無聞生活的著名詩人，在文盲與完全不懂文學藝術的黑人間，他必須像個男人般贏得尊敬。在一個有組織的奴隸販子社會中，他是個孤獨的企業家。儘管除了小聲低語外，他鮮少使用自己的語言，但腦子裡卻充斥著超現實的形象與憤世嫉俗的報復。

在非洲人眼裡，這怪傢伙只不過是另一個穿著寒酸西裝的病態**法蘭雞**，他在臭氣沖天的市場裡閒晃，看著痲瘋病人蹲在清真寺旁乞討救濟金，望著巷子裡堆著山羊屎，也瞧著長了蛆的駱駝屁股吊在屠宰場裡。

即使村裡那位戴著紗質頭飾、被他納為情婦的狐狸臉女子，也不知道他的過去，他也不知道她的歷史：一個黑人、一個白人，這兩個完全相反的人相處和睦。他旅行時或許帶她同行（偶爾去亞丁灣），這可能是愛她的證據。有位義大利探險家曾替她拍過照，她也描述過和這隻**法蘭雞**一起生活的情況：他的沉默、他的問題、他的地圖、他收藏的硬幣、他寫的信、他對攝影的熱情、他的書、他如何痛恨自己的談話被打斷，還有他所提及的過去。然而她完全不知道他來自何處。他說他愛這片沙漠。但是她一點都不曉得數年之前，他曾在狂野、帶有預警性又恍如夢境般的詩作中，預言過自己這段全然陌生的生活。

當時寫下「完全的現代化有其必要」這句話的十九歲詩人，此時已年近三十，頭髮提早灰白，在公司帳簿上一筆一畫地記下由駱駝火車送到海岸邊的象牙重量，和一大袋一大袋的咖啡數量。他那意料之外的狂熱，和膚色一樣讓他與眾不同——他使用阿拉伯語的能力、對可蘭經的知識、做為攝影師的技巧等等；他越過危險的達納奇爾區，在空曠的奧加登沙漠探險，對沙漠中細長的路線和寥寥可數的綠洲提出調查報告。有次完成了可怕的行程後，他寫道，「我已經習慣了一切。我無所懼。」

來福槍的價格是他研究的另一個主題。哈拉爾的阿拉伯人從未如此好奇過。眾**法蘭雞**來來去去，但這隻**法蘭雞**卻住在現代化的房子裡，斷斷續續待了十年。他恨透了這兒的食物。沒有人知道他心裡在想什麼，沒有人聽到他喃喃自語的諷刺，也沒有人了解他隱匿的天賦。他否認自己的財富，宣稱受騙上當，然而屬於他的瑪麗亞．泰瑞莎頭像銀幣堆卻鏗鏘作響，從國王那兒拿到的紙鈔也沙沙有聲。

後來，門奈里克的密使找到了他，這位密使希望購買他的商隊從海岸邊帶進來的槍砲彈藥。他認識海利．塞拉西的父親馬可能。國王親自與他交涉，協助他致富。

他最淒慘的日子是這樣的：在某次的亞丁灣之行，他必須面對他看不起的法國老闆。那時法國老闆因一個令人吃驚的消息竊喜不已。之前，有位旅遊的法國記者對老闆說，認出了他手下某位員工的大名。這名員工曾是法國的天才兒童，而且是個很著名的頹廢派詩人。

被揭露的祕密像個爛透了的笑話，這名勤快、遲鈍又相當陰鬱的商人，竟然是巴黎文壇的當紅炸子雞。苦艾酒、爛醉、男同性戀的行徑、自由詩體！法國老闆把整件事當成笑話來刺激他。這個在非洲前哨買賣酸咖啡的商人，竟然是個詩人！最後，老闆的行徑終於影響了他。

放逐否定一切。**我是另外一個人**，他曾這麼寫，熱愛句子裡不可解的謎。然而放逐是一種讓文字遊戲變得膚淺的狀態。他終於承認自己以前曾一度擁有的身分，他說整件事情「荒謬」，還說「我已經和那些事情毫無關係了」。

一個人到世界的另一端去重新開始新的生活，當他自以為已經成功時，過去的歷史卻闖了進來，像老敵人發現了偽裝逃犯一樣採取行動。無名的生活讓他很快樂，那時的他，僅僅只是樹叢間的白人。現在的他卻一絲不掛。

這就是蘭波在哈拉爾的日子。

我對尼阿里．塔發拉先生說：「我想去看看蘭波的房子。」

「真正的房子，還是另外一棟？」

「都去。」

事實上，當初蘭波住的房子，一間都沒有留下。廣告宣傳上的蘭波故居，其實是他死後才建造的一棟印度商人的三層樓莊園，建材大多是木頭，華麗卻毫無價值裝飾的回教式樣、彩色窗玻璃，外加百葉窗和寬陽台。根據撰寫蘭波傳記者當中最優秀的傳記作家葛拉漢．羅柏（Graham Robb）所出版的最新版蘭波傳記證明，蘭波透過諷刺、自嘲與刻意欺瞞所創造出來的蘭波神話，其實是一片廢墟、一種崩潰、一個絕望的失敗及一次不滿的放逐。

說得更清楚一點，蘭波是個才智雙全的旅者，也是具有想像力的商人與勇敢的探險家——他在奧加登沙漠的發現報告，是由巴黎的地理協會（Societe de Geographie）出版——除此之外，他還是位成就非凡的語言學家（他會說阿拉伯語和阿姆哈拉語），以及小有名氣的植物學家兼人種誌學家。他很享受哈拉爾的生活。他是個聰明的生意人，雖然放棄了寫詩，但卻計畫寫一本關於阿比西尼亞的書。後代之人以一如舊往的嚴肅態度，憑著表象看待他那蘊含諷刺的智慧、憤世嫉俗與自我嘲諷。羅柏對他的描述恰如其分，「一個心滿意足的厭人者。」

在我最喜歡的某篇自畫像中，殘酷嘲弄自己生活的蘭波曾寫下這樣的家書：

我依然覺得很無聊。事實上，我從來不認識比我更容易覺得無聊的人。反正，這是個悲慘的人生，你不覺得嗎——沒有家人、沒有知性的活動、迷失在一堆只想剝削你或讓那些可能快速拍板定案的生意機會降為零的黑人之間？被迫說他們的蠻夷鴃舌、被迫吃他們的污穢食物，還必須忍受千百種因他們的懶散、背叛與愚蠢，而令人惱怒的事情！

比這個更令人悲哀的是——身處在這樣進退兩難的環境中，遠離知性的夥伴，害怕自己也慢慢變成一個白癡。

儘管他否認，但他其實是這艘醉之船的開心船長。就像我們許多人一樣，他誇張了自己的折磨——即使相當享受時也依然牢騷不斷，他在逆境中茁壯，還虛偽地抱怨著奴隸制度、難吃的食物、不自在、貧窮。當時的紀錄證明蘭波在哈拉爾其實過得很好，賺很多錢，根本是如魚得水。

雖然不同的法國文化機構，曾募款來美化這座大家都以為是蘭波住處的宅邸，但我完全無法想像蘭波住在這座莊園內的情況。十九、二十世紀交替之際，這棟建築物曾提供給一所法國學校使用，當時年輕的海利・塞拉西就是在這兒的教室裡列出不規則動詞的變化形態。

這棟建築物現在只有一個目的：紀念亞瑟・蘭波。他是我們所有遊子的守護神，我們重複著他那首次在哈拉爾提出但卻始終未曾獲得回答的問題，**我在這兒幹嘛？**

房子裡有許多照片都是一八八〇年代蘭波親自拍攝的作品，這些照片本身，就像個流浪者在警局留下的檔案照片一樣，要比內容呈現出生硬而模糊的瞬間景象更具召喚力——蘭波蹲在陽光下、蘭波穿著他的白西裝、蘭波病懨懨的樣子，還有與今天早晨窗外景象一模一樣的一八八〇年代的木屋及社會低層的人民。蘭波曾把這些照片寄回家給他的姊姊和母親。在這些照片中，他不再是那個刻意「放縱」自己的無政府主義年輕人（套用他自己的話），而是個三十多歲自嘲的法國人，一再提及「我用來清洗自己的髒水」和「這只是要讓你們記得我的臉」。

裝飾牆面的布條上，印著從他十六歲的作品《醉之船》（*Le Bateau ivre*）及十七歲的作品《一季地獄的日子》（*Une Saison en enfer*）中摘出來的句子。雖然這兩首詩作都在他封筆不再寫詩的十九歲前完成，卻非常適切地反映出後來他在亞丁灣與哈拉爾生活的起起伏伏。「我漂流在一條自己無法控制的河上，」十六歲時，他在《醉之船》中這麼寫，之後有一節他又寫道，「我看到了人們只有在夢境中才見得到的景象。」《一季地獄的日子》中的第二部分〈壞血〉（Bad Blood）裡，他寫下「最好的事就是離開這片瘋狂始終徘徊不去的大陸……我將進入哈姆[21]之子的真實國度。」

這些早熟的洞察力也都是先見之明，因為許多衣索匹亞人又被稱為哈姆人，蘭波在非洲的生活，其實就是在仿效自己的創作。蘭波偉大詩作裡的幻象，成了他在葉門與阿比西尼亞生活中令人驚訝的景況特徵。當他還是個沙勒維爾的少年時，他創作出了天才之詩，搜尋著自己想像中的異國情趣；在非洲，希冀著異國情趣的他，接納了一名阿比西尼亞女子，領著駱駝商隊，用好幾個禮拜的時間，穿越達納奇爾沙漠，與大屠殺的國王交易。而他最具英雄氣概的探險中，包括去奧加登區域那個未知世界探險，並

21 哈姆（Ham）：聖經中諾亞之子。

成為提交探險報告的歐洲第一人。

尼阿里說，另外一棟比這棟商人之屋更平庸的房子，才是蘭波真正的故居。他告訴我，他的父親和祖父都稱這兒為蘭波之屋。天上有老鷹飛旋，整個哈拉爾上空都有老鷹飛旋；這座城的天空中滿是猛禽，一如夜晚，哈拉爾的街道上全是掠食的土狼一樣。或許飛在天上的並不是老鷹，而是黑鳶，因為真正的老鷹與掠食猛禽其實是在樹叢中活動。

「真正」的故居位於西城門附近的其中一座廣場上，那是一棟兩層樓的灰泥石屋，屋子有個陽台、兩扇刷了藍漆的窗子，以及一個寫著阿姆字的招牌，古阿姆字寫的是「**沃森・薩給特酒吧**」（Wossen Saget Bar）。我走進酒吧，喝醉了的哈拉爾人直瞪著我瞧——也許他們並不是哈拉爾人，因為這些回教徒絕不只是喝酒——而是酗酒終日。酒吧的天花板很低，是個又黑又溼的厚牆店屋。

走進酒店時，乞丐對我騷擾不斷；離開酒店時，廣場上咧嘴大笑的男孩子對我叫囂不止。匆匆逃離開這些孩子後，我又受到一隻黑鳶攻擊——沒錯，一隻鳶俯衝而下抓住我的小帽，鳶爪輕掠過我的頭皮。咧嘴大笑的男孩子又開始對我叫囂，要我小心，因為老鷹剛剛還在我的頭上，這下我更成了他們的笑柄。「法蘭雞！」男孩子用阿姆語喊。（尼阿里說，歐羅摩〔Oromo〕的人說「**法蘭蕉**」〔Faranjo〕。）除了十多歲的男孩子嘲笑我外，成年男子也不時對我咆哮，但聚在門口的女子，只朝著我投遞許多搜尋的目光。

「有天我在學校吃一塊肉，」尼阿里說，「有隻老鷹飛下來搶走了我的肉，還留下這個。」——老鷹奪走了他的部分拇指，傷口留下的深深痕印，在二十五年後依然明顯。

從城裡位於高處的一條圓石巷上，尼阿里指向東方，他說：「那邊是索馬利亞——那些山全是」——地平線上的棕色山丘——「那是通往哈給薩的路。索馬利亞人把鹽帶到這兒來。」

柏頓提及的運鹽商隊，來往於海岸與此地已歷時千年，和這座城一樣古老。「他們用鹽換取**夸特**，然後再把**夸特**帶回索馬利亞。」

除了**夸特**，還有其他交換的物品——印度人來此販售布疋，槍枝也一直有固定的市場，現在還加上毒品與象牙。時至今日，哈拉爾仍是衣索匹亞非法的象牙市場之一。

這些市場依然保有中古世紀的外貌，市場內充斥著來自鄉下——歐羅摩——的部落人民。哈拉爾有時又被稱為阿德雷（Adere）或加拉（Galla），大家可從各個部落的長袍顏色、髮型或佩戴的珠寶形式，分辨出每個人的來歷。大多數的女人都很美麗——柏頓曾特別留意過她們的美麗；蘭波的合法妻子來自附近的阿戈巴（Argoba）部落——阿戈巴族人帶著驢子、山羊與孩子蜂擁聚集於市場廣場上。上有帳篷與遮雨棚的露天攤子滿堆著香料、豆子及我在蘇丹品嘗過的那種浸在水中就能泡出非常濃郁咖啡的咖啡莢，另外還有成堆的鹽、番茄、青椒、南瓜、甜瓜，與哈拉爾的特產：外層包了皮的美麗籃子，以及一桌桌的什錦珠子。這裡最普遍的香料是葫蘆巴（阿姆語稱為**阿比西**〔abish〕，哈拉爾語則叫做**胡布特**〔hulbut〕），這是一種哈拉爾菜餚的必要成分。市場上另有成把的夸特及裝菸捲的大琺瑯罐。

「我們稱為**屯巴可**（tumbaco），」尼阿里說，「不然就叫作**廷波**（timbo）。」

一捆捆柴火的衣索匹亞售價，換算成美金大約是一塊錢，看似很貴，因為一捆的分量並不算太多，而且只夠維持幾天。駱駝肉的價格也很高，一塊多美金一磅，不過為了讓生意好做，屠夫會從駝峰剁下一點點拳頭大的肉，丟到捆好的肉上。駝峰全是肥肉，像乳酪一樣順口白皙。

「回教徒吃駱駝，我們吃山羊。」尼阿里說。

在接近一座名為阿巴斯長老（Sheik Abbas）的清真寺時，尼阿里帶我來到一條窄到只有兩人互擠才能通過的走廊。這就是眾所皆知的**妥協巷**（Magera Wageri）。

「神把吵架的人送來這裡——他們相遇後，若要通過窄巷，就必須妥協。」

這則故事很棒，但是位於古老灰泥石屋旁的窄巷與狹道卻流著廢水，這是哈拉爾城另外一個中古世紀的風貌——開敞的排水道，垃圾、汙泥與糞便混雜其中，每個人的每一步都必須小心翼翼。柏頓也提過這點，「街道是狹窄的巷弄……地上散著巨大的垃圾推，垃圾堆上躺著成群的癩皮狗或獨眼狗。」歐洲人對此景大感驚嚇，然而歐洲也曾出現過一模一樣的德行。

尼阿里說：「下雨時，這些東西就會被沖走了。」

「這裡什麼時候下雨？」

「也許五月。」

這天是三月四號。

開齋戒之日

第二天早上六點，涼鞋拍打與摩擦地面的聲音將我吵醒，這是多人沉重的腳步聲，我往窗外看，看到好幾千人正匆匆順著路往下走。他們都是從運動場那兒來的虔誠信徒，稍早聚集在運動場上祈禱，表示哈吉期即將結束。這項慶典或許解釋了為什麼哈拉爾人一直都如此暴躁。我從經驗得知，節慶期間需奉行大規模的齋戒，而祈禱儀式似乎讓信徒更加焦躁。

「今天我們開戒！」在哈拉爾，這是歡宴日的問候語。城裡，大家心情都很好，男人穿著乾淨長袍，女人則精心打扮，換上美麗長服和圍巾，搭配手鐲與耳環。有些人來自遙遠的鄉下，坐了兩、三個小時的車子到哈拉爾來，夾在慶祝者之間，他們優閒地一面散步、一面張口呆望。害羞的女孩成群結隊，男孩大聲吹牛。每個人都在吃東西，不然就是隨身帶著食物——匆忙的男孩手裡不是捧著上面擺了黏呼呼麵包、葡萄或甜瓜的錫盤，就是端著裡面盛著燉肉的蒸鍋。

到處都是食物。我想起自己在尼羅河上讀過的福樓拜小說《薩朗波》[22]中的齋戒情景，「長著角的羚羊、張著羽毛的孔雀、用紅酒烹煮的全羊、母駱駝與水牛臀、淋上魚露的豪豬、煎蚱蜢與醃漬的睡鼠……還有浮在番紅花中的大塊油脂。」

由於清楚知道可蘭經對自己的祖護，再加上掌握了歡宴日每個人都心情大好的有利時機，乞兒們在原來的活動範圍內如魚得水地哀求、央取、索討。乞兒有老有少、有瞎有瘸，也有缺了手腳的女子和小孩、戰傷者與沒有手指的痲瘋病人，他們乞求救濟金的樣子，就像一列穿越城裡狹道的稅收員，一絲不苟地向每個遇到的人執行勤務。我開始計算乞兒的人數，不過數到一百時，決定放棄。

這座圍了城牆的東城門外聚集了許多痲瘋病人。那是艾拉之門（the Erar Gate）——柏頓嚴謹記下的五大城門名字，至今依然沿用。剛過了城門就有個名為費隆村（Gende Feron／Feron Village）的痲瘋病人區。費隆二字是為了紀念一九四〇年代創立這個區域、並照顧病人的法國醫師費隆——不過這個區域顯然在很久以前就已被規畫成被驅逐者的落腳處，或許自古以來即是如此，因為這裡位於城牆外。

痲瘋村裡住了約一千人，大多非老即弱。在非洲，迷信發揮在痲瘋病人身上的效用——痲瘋又稱海珊病（Hasen's disease）——就是讓他們成為社會主流外的一群人。痲瘋病的感染力其實並不太強，且容

22《薩朗波》（*Salammbo*）：是福樓拜一八六二年出版的幻想小說，以西元前三世紀迦太基傭兵造反為故事背景，敘述傭兵領袖馬索因看上了一位迦太基將軍的女兒，同時也是塔妮特女神（Goddess Tanit）神廟的女祭司薩朗波，於是偷取聖紗（the Zaimph），迫使薩朗波進入傭兵軍營把聖紗偷回來，中間所經過的故事。

易治療，治癒率相當高，但在衣索匹亞，舉例來說，大家談論痲瘋病的頻率要比愛滋高——而衣索匹亞愛滋病人數在非洲可能排名第二或第三。二〇〇〇年與愛滋相關的死亡人數占衣索匹亞總人口的百分之八（南非是百分之十），約二十五萬人。然而哈拉爾的城牆之內，仍有許多妓女痲瘋村裡一群群的泥屋或陋居，全由碎木片蓋成，山羊就拴在房舍附近，婦女在煙霧瀰漫的火上煮飯，但該地有一個部分是新的——雖然看起來像是荒廢之處——但至少是最近才剛完工。一個德國援助機構建造了一連串有陽台與樓梯的兩層樓公寓複合式建築——這是我在整個哈拉爾唯一看到的樓梯。這些屋舍大多無人居住，有些看起來還遭到濫用或刻意破壞。我詢問了幾個這些房子的相關問題——有關這些房子的新穎與受人忽略。

「這裡的人痛恨這些房子，」有個人告訴我，「從一開始，他們就不要住在裡面。」

「可是這些房子都是新的，而且比泥屋堅固。」我故意惹他生氣地這麼說，因為其實我也看出了這些房舍的不適當。

「這些房子太高了，沒有空間，他們都不能把驢子和山羊帶進屋裡。」

「他們為什麼要把驢子和山羊帶進屋裡？」

「這樣驢子和山羊才不會被土狼吃掉。」

捐贈者的自負之處就在於他們以為窮人、病人或飢餓的人一定會對他們所施捨的東西照單全收。然而，即使是窮人也可以很挑剔、病人也可以有屬於自己的優先順序，而饑荒的受害者也可以有傳統的飲食規定。德國人蓋了這些與其他哈拉爾房舍格格不入的建築，不僅未考慮到動物的安全，連比例都弄錯了。基於這些原因，痲瘋病人拒絕接受這些房子，他們選擇住在更安全、擁有更多隱私，以及——他們一定是這麼認為的——更有尊嚴的路邊老舊泥屋中。德國的建築物——昂貴、新穎但維修不足與使用不當——成了哈拉爾真正的貧民窟。

走回住處時，我穿過城內，看到海利．塞拉西擔任省長時所居住的房子。那是棟印度商賈的老莊園，曾經高雅，現在卻破舊不堪，住在裡面的人是個名叫哈吉．布希瑪長老（Sheik Haji Bushma）的傳統治療師。置身於香薰瀰漫中的他，盤腿坐在一張地毯上嚼著夸特。這位傳統治療師的嘴裡塞滿了一種綠色的夸特小團，嘴唇與舌頭全裹在一層綠色的薄膜之下。

「我可以治癒氣喘、癌症、瘋瘋病——在神明與一些藥物的協助之下。」他說。

我和他小談片刻，他送我一些**夸特**葉——我第一次嚼。**夸特**葉有種強烈的味道，當我繼續嚼食，味蕾全變得麻木。柏頓曾說**夸特**有種「奇異的特性，可以讓想像力活躍、思緒清明、心情雀躍、睡意全消，而且還可以取代食物」。

夸特還可以扼殺談話。哈吉．布希瑪長老對我簡單敘述了他的工作後，就一面像個反芻的動物般自顧自地坐在那兒嚼**夸特**，一面偶爾對我笑笑，然後將更多握在手裡的那一捆**夸特**葉戳進嘴裡。他的一個男孩助手遞給我另外一捆夸特葉，於是我也繼續嚼食、繼續吞嚥。我必須嚼大概十或十五分鐘才會興奮。這對我來說是種成就——萬事試兩次，是我的座右銘——不過就在我即將覺得自在之前，門口的光線暗了下來，我知道有病人來找布希瑪長老看病了。我給了布希瑪長老一些小費後離開。

第二天，我去拜修道院學校拜訪亞麗山卓修女，以及其他幾位修女和一位名為克莉斯汀．艾斯庫利歐拉的紅十字會工作人員。亞麗山卓修女用自己花園裡的新鮮番茄準備了義大利肉醬，另外還有烤魚和沙拉。

「這讓你脫離一下拉斯飯店的**印結拉**，換個口味。」亞麗山卓修女這麼說。

克莉斯汀的工作是開車到哈拉爾省的各個監獄中拜訪犯人，確保他們沒有受到刑求或虐待；許多囚犯都是政治犯。

「有些人根本就不應該坐牢——或許是因為與警察為敵，」克莉斯汀說，「對另外一些人來說，坐牢則是個很糟糕的笑話。有些人只是因為把一杯水給錯了士兵。」

提到文化衝擊，她說她在這兒從未經歷過文化衝擊，然而一旦回到大家談論著洗碗機與嬰兒鞋的瑞士家鄉，她就感受到很大的文化衝擊。

「這裡的人什麼都沒有。」亞麗山卓修女說。

克莉斯汀曾擔任過哥倫比亞、印度、南斯拉夫與科威特的紅十字會職員，而且「下個任務，我想去伊拉克」。克莉斯汀對困難總是欣然以對。哈拉爾有時沒電沒水。通常這些救援人員在鄉間與犯人訪談時，落腳的飯店狀況都糟糕透頂，沒有水，且只有一張床，她們三個紅十字會的女孩就這麼擠在一張床上。

「我試著想像。」我嘴裡雖然這麼說，但事實上，卻可以清楚地看到這幅景象。

「如果只有一個人乾淨，其他人都很髒，那會有麻煩，」克莉斯汀說，「但是當我們全都很髒時，就沒有問題了。如果沒有人洗澡，那麼大家聞起來的味道就都一樣了。」

儘管我知道這些女人都是善良的人，但紅十字會工作人員的關心竟然遍及偏遠的衣索匹亞監獄裡的人權。克莉斯汀帶來的啟發，讓我那易感的頭腦充滿了這三位邋里邋遢女子令人喜悅的影像：美麗三女神[23]，嬉鬧頑皮，黏黏的手指，髒髒的臉，蜷伏在一張衣索匹亞的床上，這是夜暮低垂時，衣髮凌亂的女神令人震撼的情色生動場面。

「晚上出門很不安全。」她說。哈拉爾的夜晚有盜賊出沒。

「另外，」亞麗山卓修女一面說，一面又在我的盤子裡添加上義大利肉醬，「當然還有土狼。」

哈拉爾的土狼

每個人都會提到哈拉爾的土狼。柏頓在他的《初履東非》曾分析過土狼。「這種動物……整晚在營區潛行、跟蹤旅人、吃掉所有可以找到的東西，有時還會捕食孩童與駱駝，如果真的飢餓難忍，牠們也會吃人。」大家現在依然談論著土狼當初帶給這座城市的特質與危險。在野生動物逐漸消失的時代，非洲土狼卻像成功的獵人及群體動物的一份子般茁壯繁榮。這些哈拉爾的土狼很特別，因為牠們擁有不怕人類的特色——的確，入夜後，在這座外有城牆的哈拉爾城內走動的人身後，常常跟著躡手躡腳的土狼。

大約就是我在哈拉爾的期間，聽說有天晚上，城裡一個跟在父親身後閒蕩的小男孩，遭土狼攻擊致死。小男孩在受到攻擊的第二天斷氣。大家都認為這其實是個相當罕見的例子，因為土狼的攻擊通常不會以死亡收場。然而城外——在通往吉吉加（jijiga）路上的巴比雷（Babile）東邊約十五哩處——也就是往索馬利亞的方向——土狼攻擊就成了每週都會發生的家常便飯。哈拉爾人聲稱不怕土狼，而且許多嚼食**夸特**的人晚上會坐在屋外的草蓆上，不斷把**夸特**葉塞進嘴裡，只不過他們的注意力卻被眼中所見到的那些來來去去的土狼，以及土狼與人類相似的嚼食樣子所分散。

阿布．哈金．穆罕默德（Abul Hakim mahammed）是位王子（他的千金們是吉斯提〔gisti〕，也就是公主，他本人是哈拉爾大王的嫡傳子孫），有天和他閒聊時，他提到土狼與土狼之人。「我們這兒有

---

23 希臘羅馬神話中散播魅力與美麗的三位女神：Aglaia、Euphrosyne與Thalia。

多位瓦利阿（walia）——就是聖人的意思。他們會在特定的日子煮粥，放在外面餵土狼。土狼都知道是哪天，所以全都會出現。每隻土狼都有自己名字——有很多土狼。」

後來，我知道了土狼放粥日是回教新年的第七天，也就是阿須拉這個回教節慶日。大家可根據土狼的吃粥量預測未來。

我說：「難怪哈拉爾以土狼著稱。」

他說：「更出名的是宗教。我們就像傳教士，教導可蘭經。」接著又想了一會兒後說，「不論是在白紙黑字上或在人們的心裡，我們都是仇外的一群。」

他暗示，哈拉爾的傳統是要人們去撫慰土狼。這個傳統也是哈拉爾的土狼之人尤瑟夫（Yusof）所自我指定的工作。尤瑟夫白天到肉舖收集餘肉剩骨，薄暮時分就帶著一袋收集來的肉、骨頭及一把凳子，到在城門外的某個地點餵土狼。

「我們相信如果餵食土狼，我們就不會受到騷擾。」曾經有個哈拉爾人這麼告訴我。有天晚上，在黑漆漆的城牆邊，我發現了尤瑟夫，他在一棵枯樹下，望著遠方灰濛濛的一片大地。他是個嚴肅而不多言的人，腿上放著一大塊駱駝肉，身邊則是一個滲著血水的髒麻袋。

遠處土狼開始聚集，一面用牠們特有的上下跳動姿勢快步行走，一面興奮地急促尖叫，牠們在接近時爭鬥不休，抓咬彼此的頸部或背部。我數了數，一共十一隻，不過這時我又看到另外一群約有八到十隻的土狼穿過附近的田野，接近尤瑟夫。

「他們每隻都有自己的名字。」哈拉爾的計程車司機這麼告訴我。

有隻體型碩大的土狼在尤瑟夫的身側移動。

「那隻的名字是什麼？」

這個問題交由正在喃喃低語著答案的尤瑟夫回答。他把駱駝肉拿到土狼面前，卻不肯把肉丟在地上，他強迫土狼從他手中吃肉。這隻土狼的確照著做，張大了嘴巴一面露齒嚎叫、一面從尤瑟夫的手指中撕扯著肉塊。

「他的名字叫『跑者』。」

土狼繞著圓圈移動，但彼此依然爭搶主導地位。尤瑟夫把肉和骨頭丟到幾呎外的地上，土狼一擁而上。不時地，尤瑟夫會用一根叉子叉著肉餵土狼。後來他咬著一塊生肉，接著把肉湊到土狼面前。

在這群轉圈的土狼外圍，又聚集了十多隻彼此爭鬥不休、又嚎又叫的土狼，牠們用怪異得有如跛腳的動作移動。已經搶到食物的土狼正在大加嚼啖，咀嚼聲又大又響，那是因為土狼什麼都吃，連骨頭都不放過，像個木頭絞碎機器般可以咬碎骨頭。

「你如果給我錢，我可以打開前車燈。」計程車司機說。

我高高興興地遞上一些錢，結果換來了一隻又怕又餓但眼露狂野的土狼畫面。牠咬牙切齒，在前車燈明亮的光線之下，用長滿牙齒的下顎，扯下露在尤瑟夫嘴外的肉。

第二天，我在孩子們及一些大人的「**法蘭雞**」叫囂中離開哈拉爾。我一點都不介意**法蘭雞**這個詞。他們嘲弄我就如同他們嘲弄任何一個外國人。再者，我的情況絕對要比那個正蜷縮在門口、遭到門裡男人拿著大棍子毒打的女人好太多了。一名穿著長袍、纏著頭巾、長著灰白鬍子、年紀稍長的男人，用棍子較粗的那頭，交叉來回地狠狠打這名女子時，她尖聲大叫。另一個蹲在她旁邊的女人，做了一個鬼臉後就斜斜挪開了身子，以防不小心被打到。沒有人在乎這件事。這個男人打完之後，因費力而輕輕吐了口氣──對著拿棍者哭號也是件很吃重的工作。這名女子抱著她的頭一面嚎叫、一面彎低身子，男人搖晃著棍子走開，一副剛履行了自己義務的丈夫模樣。

不管走到哪裡，男人都是畜生：這種事情在任何地方都可能發生。然而痲瘋病人、土狼、象牙與垃圾、抱怨的蠢蛋、鵝卵石巷內開敞的排水溝、香料強烈的氣味、渾身都是血的屠夫舉起大切肉刀，剖開毛茸茸的駝峰後露出柔軟有如乳酪的駱駝脂肪——不誠實地一面微笑，一面說要把脂肪送給你當禮物——人們祈禱所發出的呻吟、帶著凶惡眼神請你到一間有遮蔭木屋的邀請，還有狂叫著的「**法蘭雞！**」，這些全都清楚解釋為什麼蘭波在這兒會開心快樂。他喜歡非洲的反歐洲、反西方，也就是說，他喜歡非洲人的時而無禮、時而懶散。我也因為這個原因而喜歡非洲，因為家鄉沒有這樣的特質。身在非洲就像置身於一顆黑暗之星上。

第七章　非洲最長的路

回到阿迪斯・阿貝巴後，我試著計畫到肯亞邊境及更遠的陸路行程。這件事一點都不困難——因為這裡只有一條絕無僅有的路——但在這種不確定的年代，我沒有可靠的資訊。在非洲，離任何一個首都愈遠，路況就愈糟——這是眾所皆知的事情；但是資訊愈難取得，你詢問搞不清楚狀況者的機會也就愈多。在這樣的狀況下，**未知的領域**就變成了事實與說明的詞彙。邊境在遙遠之處；遙遠之處是未知之地；而未知之地很危險。

非洲國家的邊境之城都是極恐怖之地，以流氓、難民、生活艱困的人民著稱，以走私和回扣出名，以賄賂、延宕、愛找碴的官僚及壓榨的警察、令人不勝其擾的錢莊、最危險的狀況、最爛的旅館而臭名滿天下。邊界的另一邊若不是使用另一種全新的國語，就是同一種部落語言跨越兩邊——但卻有棘手的邊境爭端，因為用點硬畫出來的邊境線，穿過了已經分裂的民族。路邊的海關局與移民局都是可怕的瓶頸，通常設在某條泥河的河岸上。大家都對我說：別去。

有些巴士去迪拉和梅加，偶爾也有交通工具去摩亞雷這座邊境之城，但對衣索匹亞人來說，摩亞雷是已知世界的盡頭。沒有衣索匹亞人去過肯亞——幹嘛要去呢？肯亞北部只有無水的沙漠、轍痕累累的路、愛起爭端的部落，除此之外，經常帶槍的波雷納族[1]間也有邊境紛爭，但所有在那兒徘徊的軍隊中，最令人聞風喪膽的，莫過於火力強大、被稱為「**席夫塔**」（shifta）的索馬利人。只要在提議的行程中丟出席夫塔三個字，就足以讓旅行中的非洲人往反方向走了。

在開羅到開普敦這條非洲境內最長的路上，雖然有些路段屬於純理論道路，但以前的確曾有人計畫建造一條工程浩巨的縱貫大陸鐵路。塞西爾・羅德斯[2]除了他的鑽石與征服夢外，對非洲最了不起的遠見，就是一條起自南非，經奈洛比、阿迪斯・阿貝巴、喀土木與努比亞到埃及的鐵路線。「你的內陸在彼端」是鐫刻在羅德斯銅像之下的銘文，基座位於開普敦的銅像遙指北方。北行的鐵路線部分在羅德斯的有生之年建造完成（他的有生之年並不長——去世時僅四十九歲）。後來鐵路軌道鋪進了羅德西亞北部的紅棕條帶區（copper belt），最遠達剛果邊界。德國人也在德屬東非建造了一條橫跨自己殖民地的鐵路，之後這條鐵路又先後穿過英屬坦干伊卡與依然獨立的坦尚尼亞。坦尚尼亞人在推崇毛澤東的糊塗蟲朱利亞斯・尼勒樂[3]領導之下，很快就從三蘭港建造了一條鐵路南進尚比亞，所有工程全是由毛澤東贊助的中國鐵路人員完成，當他們在敲著鐵樁、固定鐵軌時，同時讚頌著偉大舵手的思想。那是一九六七年的事情了，中國剛開始無產階級文化大革命，而坦尚尼亞也以表面化和自我毀滅的方式擁抱這種革命。

前進的路程必須不斷以Z字行進，而且還要搭渡輪橫過維多利亞湖，所以像我這樣背個袋子、拿張地圖獨自旅行的人，是不可能勝任搭火車從開普敦到奈洛比的行程。但奈洛比北部已不見瀝青路面，而是改換成泥道，另外巴士到達伊西歐羅後也不再前進，再過去，更是只剩下多石的路面、土狼及色彩繽紛的然迪雷[4]部族，他們戴著臂章、裹著纏腰布、手持長矛與單刀，對自己的髮型永遠小題大作。路況一旦開始變糟，盜匪也開始出現，配帶AK－47步槍的**席夫塔**是典型的攔路劫匪。奈洛比到邊境的路在非洲是出了名的空。那卻正是我要前往之處。

沒有人知道任何路況，衣索匹亞南部也一樣沒有資訊。大家會說他們曾去過南部的某個城市，但當我問及更遠之處的狀況時，他們就全都傻眼了。連肯亞人也一無所知。簽證的申請規定已經改變，所以我需要申請簽證。我到肯亞大使館，一個坐在辦公桌後、臉色陰沉的奇庫育（Kikuyu）女人告訴我，我還得等三或四天才能拿到簽證。

「為什麼不能今天或明天就拿到簽證？」

她用一種責罵的語氣說：「因為不可以打擾簽證官歐奇恩先生！」

「為什麼？」

「他很忙。」

「可是我也很忙，」我溫和地說，「而且我想要去看看你們美麗的國家。」

「你必須等。」然後她拿起電話，用手指對我比出一個滾蛋的動作。

---

1 波雷納族（Borena）：波雷納是衣索匹亞歐羅米亞區（Oromiya region）最南地帶，與肯亞接壤。波雷納族（又作Borana）是生活在邊境兩邊的一個牧牛民族。

2 塞西爾·羅德斯（Cecil John Rhodes）：一八五三—一九〇二，英國商人、財政家與殖民主義者，也是實際建設羅德西亞的人。

3 朱利亞斯·尼勒樂（Julius Nyerere）：一九二二—一九九九，坦尚尼亞（前身坦干尼加）總統（一九六四—一九八五），非洲人都以史瓦希利語稱他為「老師」（Mwalimu），因為他在政壇活躍之前，曾當過老師。在位期間，最著名的就是與毛澤東統治下的中國關係密切，引進社會主義經濟模式治理坦尚尼亞，推行人稱「家族圈」（Ujamaa，即familyhood）的集體農業政策，一般人稱他為非洲社會主義者。

4 然迪雷（Rendille）：北肯亞的遊牧民族。數百年來，均在北肯亞區的半沙漠地帶與空曠的未開墾區活動。

只不過我並沒有離開。我強留住那兒的外交官詢問路況。在肯亞使館中和我談話的三個人，都不曾從阿迪斯．阿貝巴走陸路越過普通邊境到奈洛比。一位穿著三件式西裝的肯亞人，似乎還覺得我這樣的提議對他簡直是種侮辱。

「我們坐飛機飛過去。」他說。

有個肯亞女人私底下向我坦承，不喜歡衣索匹亞人。「他們很驕傲，」她說，指的是種族歧視。為了激怒其他的非洲人，衣索匹亞人有時說：「我們不是非洲人。」

象牙交易

因在阿迪斯．阿貝巴有了多餘的時間，我隨處逛逛看看。衣索匹亞沒有觀光客的意思，即是說古董店裡珍品與假貨混雜：抄經人與僧侶製作的古舊阿姆哈拉語聖經、手繪的彩色圖解、看起來像大彈簧鎖鑰匙的銀質十字架、從教堂裡偷出來的布畫、聖像、念珠、可蘭經、琥珀豬、嵌花玻璃珠、象牙手鍊與臂環、牛角與象牙湯匙，以及這個國家各個部落的木製與皮質手工藝品——精心製作的凳子、牛奶罐、長矛、盾牌，還有空所族[5]的喪禮海報，上面描畫最近才逝世的人，死者前額伸出一個雕刻的陽具，另外還有莫西族的唇環、陽具保護套、**性窖**（cache-sexes）——一種努爾（Nuer）女子為了端莊而穿在腰際的小金屬圍裙。

一天，有個亞洲男子在古玩店裡對著一名衣索匹亞女人大吼，這件事吸引了我的注意。女人顯然不是店主就是店員。

「你賣我四百**比爾**！」這個長了一張大餅臉的男人聲調刺耳又霸道，而讓他看起來相當體面的白襯衫與領帶，使其氣憤狀態更是令人備感尷尬。

「不行。六百**比爾**。最後的價格了。」女人轉身離開。

亞洲男人氣得發抖，他說：「不行！四百！我回來！妳賣給我！」

我興趣濃厚地聽著，旅程中最稀奇的事情之一，就是聽著兩個英語不是母語的人用英語互洩情緒。雙方你來我往爭執了好一會兒，男人愈來愈尖銳，當他變得暴怒且開始不知所云時，雙頰飛起一片紅暈。最後，他不發一語地和其他幾個臉色慍暗的亞洲男人，一起乘坐小客車離開。

四百塊衣索匹亞比爾大約是美金四十七塊，六百塊比爾大約是美金七十二元。

店裡空空如也。我對那個女人說：「我給妳六百塊。這個價格似乎還算合理。」

「這個價錢很好。最好的價錢了。我以前賣他五百塊，不過那個品質比較差。這是最好的品質。」

「這是什麼？」

「象牙。」她緊緊盯著我，「你給我六百？」

「是新象牙還是舊象牙？」

「新的！長象牙！大象牙！」

所有的象牙交易都違法，所以我繼續追著這個話題轉。我聽說，透過盜獵而流通的象牙數量龐大；但在店裡我只見過大塊的象牙，沒有看過整支的象牙，而且我並不曉得市場行情——真的，雖然有人告

5　空所族（Konso）：南衣索匹亞的種族，以先進的梯田農業與辛勤的農村傳統著稱。空所族在衣索匹亞南部有個空所特區（Konso Special Woreda，主要的鎮為Karate），位於阿迪斯．阿貝巴南部約六百公里處，為衣索匹亞南部八個特區之一。該特區的空所族人約有兩萬五千人。

訴過我哈拉爾和其他地方的象牙交易熱絡，然而我完全沒想到自己可以隨便走進一家阿迪斯．阿貝巴的小店，然後說：給我幾支完整的象牙，好嗎？

「你有多少支完整的象牙？」我問。

「你要多少支？」

「這麼說吧，不少。」

「我有很多象牙。五十支、六十支。平均每支重十公斤。你什麼時候要買？」

想想看，半噸重的象牙堆在地上，這是可以滿足庫爾茲先生貪婪的東西，我問：「那些是衣索匹亞的象嗎？」

「衣索匹亞的。」**衣提歐匹恩**（Ityopian），她說，這個字是希臘字的常見發音，意思是「被燒烤者」。

衣索匹亞象，學名斜齒科非洲象（Loxodonta africana orleansi），是種嚴重瀕臨絕種的動物——就是因為瀕臨絕種的情況極為危急，所以哈拉爾附近的巴比雷設立了一個象群庇護所來保護。但是把象群保護在這個特定的地區內，卻只讓盜獵者更方便行事，該區（一如肯亞）已然成為象牙供應中心。

「所以，你什麼時候再回來？你今天會來嗎？」

我瞎扯了一陣，然後說：「我有點小問題。我要把這些象牙運送回美國，不過那是違法的行為。」

「沒有問題。你有朋友嗎？」

「什麼樣的朋友？」

「大使館的朋友。外交官的朋友。他們買象牙。」她說，「你看到那個大吼大叫的人？他是韓國大使館的三等祕書。」

「所以大使館的人買象牙？」

「對。中國人，日本人。他們都買。」

「原來是這樣。他們把象牙裝在外交袋裡運回家？」

「對。沒有人檢查。」

「美國大使館可能不想把一千磅的象牙裝進外交袋裡運送。」

「會，你問他們，你問他們。」這個女人這麼說，她已經對我的問題有些不耐煩了。

純粹為了滿足自己的好奇心，我又在阿迪斯．阿貝巴的兩家店裡詢問象牙的狀況。唯一找碴的問題是：你要多少象牙？四年前，象牙價格是一公斤兩百**比爾**。現在，整支象牙比較難找，市場需求又很高，所以價格已經攀升。有天，或許不用太久，世界上可能再也沒有大象可以讓人把違禁品塞滿外交袋了，但我們仍不乏奸詐的外交官。

拜訪舊友與當地政治犯

「不行，我想我們不能幫你把任何象牙運回美國。」美國大使館詢問處的官員這麼說。他臉色陰鬱地低笑，接著記錄下要注意瀕臨絕種動物的國際貿易活動（CITES, Campaign on International Trade in Endangered Species）。他的名字是卡爾．尼爾森，六〇年代初期曾加入和平工作團在菲律賓工作；當時我自願到馬拉威服務。

「馬拉威怎麼樣？」

「有如天堂。」

「我也愛死了菲律賓。」卡爾說。他以前是位老師，娶了菲律賓太太，在太平洋雅浦島教了十一年的書，也在世界各地周遊了一段時間，最後進入外交部。我們兩個人不僅同年，以前的生活型態也極為相似。他說，「我很晚才進入外交部。什麼成就都沒有。」不過他這個說法並不正確：他有個快樂的家庭，他愛他的妻子，還養大了五個頭好壯壯又有出息的孩子。

「你說你剛從蘇丹來？」他問，「我知道你曾寫過印度與新加坡。」

「我在新加坡住了整整無聊的三年。」

「那麼你一定會喜歡這個笑話，」他說，「有人問一個蘇丹人、一個印度人，還有一個新加坡人，『依你的看法，牛肉的營養價值是什麼？』蘇丹人反問：『什麼是營養價值？』印度人問：『什麼是牛肉？』而新加坡人則問『什麼是看法』？」

我大笑，並了解到跟我在一起的這個人，是個以笑話與軼聞當作論述方式的人。當他和一堆無聊的傢伙在討論政治時，他會在該說話的時候說：「布希走進一個熟食店，然後說：『我要一客三明治。』店裡的夥計問：『三明治要加什麼？』，布希會說……」就這樣，卡爾表達出自己的意見。那些都是有重點但很溫和的笑話，通常也令人喪氣，他刻意點出大家爭論議題的荒謬之處。

「你要走陸路去奈洛比？」他一面說，一面露出他那氣喘吁吁的笑，「噢，當然你要走陸路。坐飛機對你來說太容易了。走陸路得花上一個禮拜或更長的時間——你的旅程會糟糕透頂。你會有很多可以寫進書裡的東西。」

「我計畫去邊境。非洲邊境充滿了啟示。你去過位於摩亞雷的衣索匹亞邊境嗎？」

「沒有。所以拜託寫本書，這樣我看書就可以知道那兒是什麼樣子了。」他接著又補充，「你知道隨便把六個衣索匹亞男人湊在一起，其中就有五個人坐過牢嗎？」

「這是笑話嗎？」

「這是邀請，」卡爾說，「我要介紹幾個人給你認識。」

我們在他位於阿迪斯・阿貝巴一條後街的房子裡吃飯，那是棟高牆後的單層小屋，有花園、鳥屋及一座鴿舍。五名衣索匹亞人和兩位同時也是天主教修女的菲律賓醫師。修女是卡爾菲律賓籍妻子的朋友，她們要在阿迪斯・阿貝巴待幾天。這兩位修女住在衣索匹亞的偏遠地區，那兒的回教人口很多，她們的任務是提供信奉回教的婦女醫療服務，這是項毫不自私但沒有人感激的工作，然而從兩人堅忍的氣質看來，她們相當樂在其中。

衣索匹亞人中有位女士，在大使館工作多年。她用一種認命的語調說：「女人在這裡沒有地位。她們遭到排擠、毆打。」

四位衣索匹亞男士的職業是作家、編輯和記者。每個人都坐過牢。其中有位連續在牢裡經歷三個政權，總共蹲了十二年的苦窯。「我還蹲過國王的監獄——皇宮大牢！」能夠把海利・塞拉西的獨裁政權及德格的馬克斯政府全得罪，也算是種成就。另外一個人，在整個德格政權期間幾乎都待在牢裡。其餘的兩個人也有相同的過去。這些人從來未被正式判刑或接受審判，有關單位就這樣把他們丟進牢裡，任由發臭發爛。

衣索匹亞人對西方曆法，也就是格里高月曆[6]的日期懵懂不清，因為他們的曆法較西曆晚了四年（當然，猶太曆走快了兩千年，回教曆則慢了六百年）。當我詢問一個衣索匹亞人過去某個事件的發生日期時，他開始數指頭。根據內比・馬可能（Neiby Makonnen）這位年約五十歲的前囚犯竭盡全力的計

6 格里高月曆（Gregorian calendar）：一五八二年，羅馬格里高教皇將凱撒制定的舊太陽曆（Julian calendar）修改而成的現行太陽曆。

算，他在中央監獄受折磨的時間應該是在一九七七年到一九八七年間——反正就是十年。

「因為政治，我站錯邊了。」他嘲笑我接受判刑或受審的想法。他的遭遇很簡單：有天他就這麼被抓了起來丟進囹圄當中。牢裡——他是個習慣閱讀與寫作的人——沒有書、沒有值得寫的東西，也沒有可以用來寫字的東西。

「在牢裡我會瘋掉。」我說。

「你會學會忍耐。」他說。

「這倒是真的！」另外一名前囚犯說。

「有天，當我在牢裡待了大概一年後，警衛又帶了個人進來。他們搜遍這傢伙的全身，卻不知道怎麼地，沒搜到他身上帶著的書。那是本《飄》。大家高興死了！因為我們全是受過教育的人。每個人輪流看這本書——當然，我們必須分享。我那區有三百五十個人，所以一人一次只能閱讀一個小時。那是蹲在中央監獄裡最好的事情——讀《飄》。

「我決定翻譯這本書。沒有紙，所以我把香菸盒中的錫箔紙攤平，然後用背面當作寫字紙。有人私藏了一支筆帶進來。我寫的字非常小。當時我是娛樂官，因此每天晚上都讀些我的翻譯給其他囚犯聽。

「但是我還是得和其他人分享這本書——每次只能看一個小時。翻譯歷時兩年。共寫了三千張香菸錫箔紙。一張接一張，我把這些錫箔紙摺起來，放進香菸盒中，當獄中囚犯被釋放時，他們就帶著這些錫箔紙出去——塞在他們的襯衫口袋裡。」

內比在牢裡待了七年。出獄後就去尋找那三千張記載著他所翻譯的《飄》的錫箔紙。他先找出這些錫箔紙的所在，然後花了兩年的時間旅行、詢問與收集。最後，他出版了這本小說，而那就是衣索匹亞人現在閱讀的版本。

「這本書中，你最喜歡的是哪個部分？」

「我不知道。我一讀再讀，讀了六年，我已經可以倒背如流了。」

在伊夫林．沃的《一掬塵土》[7]的結尾，俘虜東尼．拉斯特注定要坐在森林中，為那個抓住他的瘋子陶德先生清理及閱讀狄更斯的作品，讀了一遍一遍又一遍。這實在令人不可置信，所以很好笑。內比．馬可能的故事好多了，而且其中的歡鬧性恐怖得沒有真實性——六年都在衣索匹亞的監牢中瞇著眼睛緊盯著郝思嘉。

之後，每當我遇到三十歲以上的衣索匹亞男人，都會問他是否坐過牢，而答案也通常都是肯定的。烏必謝特．迪爾內沙胡（Wubishe Dilnessahu）坐了七年牢。他現在是生意人，住在加州，這次在阿迪斯．阿貝巴只待幾天，解決一件官司。這位出身名門的七十七歲老先生，曾是海利．塞拉西麾下多位部長之一，很關心文化議題。那時，他每天都見得到國王，但並不像我聽說的需要磕頭，只是必須表達尊敬。「當然，我鞠躬時，腰彎得非常低。」

德格掌管政權後，哈利．塞拉西遭到勒斃——烏必謝特說曼吉斯圖親手勒死了國王。這是不久前才透露的消息。當時（一九七五年八月）報紙報導的死因是「循環系統衰竭」。國王屍體被放置在門奈里克皇宮的一個洞裡，洞上造了一棟建築物（也許是個公共廁所）。一九九〇年代初期，國王的屍體重新被掘出，僅存的屍身移放阿迪斯．阿貝巴一座教堂的地下墓窖中。二〇〇〇年十一月，在一次精心設計的儀式中，國王終於在聖三一教堂舉行了莊嚴的葬禮。

7《一掬塵土》（*A Handful of Dust*）：伊夫林．沃於一九三四年出版的小說，標題來自艾略特一九二二年的著名詩作《荒原》中的詩句。

「俄國人說：『我們宰了我們的國王。如果你們也殺了你們的國王，麻煩就少多了。』」烏比謝特這麼說。

當年國王遭到逮捕的幾天後，烏比謝特也鋃鐺入獄，罪名是「協助前政權」，他被帶到第四區軍營中，和另外一百二十名犯人一起關在像工寮的小屋裡，他帶我去看那座現在依然是監獄的地方。那個禮拜，這座監獄因為政治犯而大爆滿——示威抗議政府政策的大學生才剛遭到逮捕。被逮捕的學生高達好幾百人，另外還有許多人受傷，四十名學生在警察的警棍和砲火下身亡。

「你看到那個錫屋頂了嗎？右邊的長形建築物？那就是我的牢樓。」烏比謝特說。那兒還有八棟與烏比謝特的牢樓一模一樣的建築物，看起來就像雞舍，裡面關滿了囚犯。沒有人經過判刑；根本就沒有審判。大多數坐牢的人都不知道自己為什麼會蹲在牢裡。「裡面有許多年輕人都不識字，所以我們創立了一個學校，我們教育文盲。然後等待。」

「他們允許朋友或家人探訪嗎？」

烏比謝特用衣索匹亞人灰澀的輕視態度大笑，貌似應該是經歷了一輩子國家的災難後而有的憤世嫉俗。

「七年間，我見過我的家人一次，十五分鐘。」

烏比謝特為國王工作過的皇殿大房依然屹立。我們搭計程車前往。嘉納．雷烏爾王宮（Palace Ganmah Le'ul，嘉納．雷烏爾的意思是堂皇的天堂），也就是國王的宅邸，是在十九與二十世紀交替時，由海利．塞拉西的父親拉斯．馬可能建造，這棟宅邸中曾住過多個馬可能家族、多位義大利總督，其中還包括阿歐斯塔[8]的伯爵、義大利軍隊、一位為期短暫的篡位者（一九六〇年管理了三天的國家）、海利．塞拉西，現在則是由阿迪斯．阿貝巴大學的主管們居住。把這棟王宮建築物讓給需要空間的大學，是烏比謝特自己的想法。一開始，他怯懦得不敢向國王提出這個想法，但最後還是脫口說出自己的意見。國王未發一語。「可是他在晚上召見我說：『好吧。』我緊張、興奮得睡不著覺。」

這棟建築物雖然有些破舊，但看起來依然像個皇家宅邸，高大的門，裝飾華麗，門前有兩尊巴洛克風格的雕像，前庭還有一個法西斯主義的遺物。這個古怪的紀念物是段發了霉的水泥階梯——十五階的階梯代表墨索里尼從一九二二年進入羅馬後所經歷的十五個年頭。階梯雕像在戰爭結束六十五年後依然佇立，君主政權、獨裁政體、社會主義、無政府狀態、政治冥頑、一段法西斯的階梯，全都走不通。

既然烏比謝特曾在國王辦公室工作過，我問他是否注意到海利．塞拉西與拉斯特法里教之間的關係。拉斯特法里這個詞就是為了敬重國王出生時的名字拉斯．特法利而新創的字。

「我知道這些人對他的奉獻，但是國王並不是太常想到他們，」烏比謝特如是說。譬如，國王從未在談話中提到拉斯特法里教徒。烏比謝特說他對位於阿迪斯．阿貝巴南部路邊的拉斯特法利城夏謝曼內（Shashemene）一無所知；他甚至不知道國王曾經賞給拉斯特法里教徒土地的既定事實。「當然，他是個驕傲的人，也享受別人對他的尊敬，但是他們待他的方式實在讓他備感尷尬。」

「但他曾去牙買加看他們。」我說。

「他們讓他非常尷尬。他們向他下跪！他們以為他是神。」

烏比謝特拍拍手，用一個動作揮去了整個運動。

「你知道，衣索匹亞人都是基督教徒，」他說，「我們不膜拜人類。即使個性純樸的人也不會膜拜人類。那是很愚蠢的事。」

---

8 阿歐斯塔（Aosta）：位於義大利的阿爾卑斯山區，周圍是一些阿爾卑斯山區最著名的山。

「但是你向國王鞠躬時腰卻彎得很低。」我說。

我很喜歡他的回答。他說：「那表示我的尊敬，不是膜拜；膜拜是前額撞擊地面。國王很矮小，所以彎腰鞠躬的幅度必須非常非常大。」

阿里的故事

隨著日子一天天地流逝，阿迪斯·阿貝巴並沒有變得更美麗，然而這座處處都是人的城市，卻因烏比謝特的監獄故事及諸如《飄》的冒險之旅這類生動的個人故事，開始讓我著迷。這兒還有許許多多其他的故事──譬如阿里報仇的故事。

阿里是我偶遇的人。他也坐過牢，不過他說那個是很長、很可怕的故事。我說我時間多得很，而且很想聽聽這個故事。阿里認為他或許能幫我找到他熟識的商人，送我到肯亞邊境，也就是摩亞雷。阿里的工作是掮客兼一般的雜役，他買賣車子、馬匹、紀念品，甚至象牙。「如果你把象牙藏對地方，就可以帶進美國。」他去過美國好幾次，護照上有多次入境的簽證，卻沒有任何在美國長住的意願。美國太貴了，再者，他也不喜歡一成不變的日子，更何況他全家都在這兒。

阿里有對灰色的眼睛，雙頰像花栗鼠，全身散發出一種謹慎的氣息，有時顯得很疲倦，有時看似很狡獪。他香菸一根接著一根吸，每次點菸就會自責。他擁有那種企業家特別的感應能力，可以挑出有緊急需求的人。他在我身上就嗅出了那種急迫性──他可以提供任何東西──唯一的問題是我願意讓荷包失血多少，而他又要多少才願意成交？

阿里有許多時間可以耗，我也一樣。

「這些肯亞人！」他帶著生意人對官僚體系和毫無利潤的拖延所產生的嫌惡口吻說，「他們可以在護照上隨便蓋個章後就收錢。可是他們讓你等。」

他發現我對衣索匹亞食物的喜愛——大家稱之為「全國性食物」。就這樣，在阿迪斯．阿貝巴的餐廳裡飯過三、四巡後——其中最讓人開心的餐廳是間搖搖欲墜名為好翅（Finfine）的木造莊園——阿里對我說出他的故事，但他的故事卻迥異於其他所聽過的故事，且完全不具政治性。

我提出的一個無知問題讓這個故事起了頭。我先提到在這趟長途旅行中，很想念自己的家人、妻子和孩子，即使在問及他的家人時，也覺得傷感。

阿里態度退縮，臉色也變得陰沉，一段回憶從他的面容上掠過，接著他搖搖頭，什麼都沒說——尷尬的時間。我知道自己結結巴巴地不知該說什麼，只好試著轉移話題。但他打斷了我的話，「我離婚了。」

離婚這件事似乎沒有那麼糟糕，因為回教並不認為離婚是種恥辱，至少對男人而言不是。在回教的世界裡，一個女人的生命在她遭到拋棄時就結束了，不會再有第二幕。男人卻繼續往前走，通常都會再娶另一個女人。

「我一生中最信賴的人，我唯一在乎的人，她對我撒謊，」阿里這麼說，「最後蹲進牢裡，但是阿拉拯救了我，否則我今天可能還蹲在牢裡，說不定已經死了。」

我們吃飽了，正在好翅餐廳外的花園涼亭中喝著芳香的衣索匹亞咖啡。也許因為這是我和阿里的第四或第五頓飯，而他也已經找到了要南下的一些商人——我們即將要敲定一個交易——這讓他對我有足夠的信任來告訴我這個故事。但是，就像他說的，那是他這輩子遇到最糟糕的事情，所以他幾乎不需要我的刺激就把故事告訴了我。

「第一次聽說時，我都被搞糊塗了，」他繼續說，「傳聞說有人看到我太太和另一個男人在一起。我問了些問題。那個男人是陸軍上校。這件事發生在德格政權期間，那時軍隊的勢力很大。軍人都很壯。像我這樣的商人根本什麼都不是。光聽說她的男人是個軍人，我就想，**什麼**？因此我直接問她。

「她說：『無事生非。我什麼都沒做。不錯，我曾跟他在一起——但那是他強迫我的結果。他是個軍人。我能怎麼辦？』

「我有四個孩子。我不想讓他們煩心，也不想讓他們知道自己的母親處在這樣的情況當中，所以我什麼都沒說。但是我不快樂。我不喜歡這樣的傳聞。我心神不寧地生活了一段時間。然後，有天，因為生意需要，我必須開車到拉利貝拉（Lalibela）去買些東西。」

那是一趟長途的公路之行，拉利貝拉位在遙遠的地方，是許多嵌在火山石裡的十二世紀美麗科普特教堂的所在地，也是大家經常會在衣索匹亞海報上看到的教堂。拉利貝拉在拉斯塔山脈中（Lasta Mountains），離阿迪斯．阿貝巴三百哩。他只要提到拉利貝拉，就表示是趟非同小可的三、四天旅程。

「我出發了，」阿里說，「可是當我先打電話去詢問時，我朋友卡馬爾告訴我，貨品還沒有準備好。倒楣吧？於是我決定和卡馬爾掉頭轉往南走，去拿些東西。

「我們大概在離阿迪斯．阿貝巴四十五公里的地方，經過戴伯雷．札伊特（Debre Zeyit），因山羊、車子和壅塞的交通，車子放慢車速，這時我看到公路之外停著我的棕色標緻轎車，車子停在一棟建築物旁。為什麼我會看得這麼清楚？我想是阿拉要我看清楚。」

「『那是我的車。』」

「『不會是你的車，』」卡馬爾說，「『你的車怎麼會在這兒？』」

「那棟建築物是家飯店，不是太好的飯店，但是周圍圍著圍牆，停車場有個管理員。我問他：『你有沒有看到一個胖女人跟這輛車一起來？』」

我努力不要笑阿里對他太太的描述。

「管理員說：『沒有。』我給了他一些錢。他才又說：『看到了。他們在九號房。』

「我們三個一起到那個房間，我、卡馬爾和管理員。我先敲門。我已經告訴管理員該怎麼說。他說：『請開門。是關於你們的車子。』

「門開了。我拔出了我的槍——對，我帶著槍，不過我之前並未讓管理員知道。卡馬爾和我衝了進去——他們竟然赤身裸體。我朝著我老婆的臉猛揍，卡馬爾則和那個軍人對打，他們兩個很快就都趴在地上了，軍人又叫又哭，『不要殺我！不要殺我！』」

阿里在回憶某個細節時，第一次露出微笑。他像隻兔子般緊張地抽動著上嘴唇，然後說：「那個軍人的鬍子就像這樣抽動。我們抓住那傢伙，他不斷哀求我們饒了他的命，怕得臉一直抽搐。他全身一絲不掛。」

「我說：『站起來！』對我老婆也一樣。他們兩個都沒穿衣服。看到我老婆這個樣子，我有點難過——她被我打得臉上都是血，而且拚命想遮掩自已赤裸的身子。她一直哭泣、哀求。我給了她一件洋裝圍在身上，然後卡馬爾和我就把他們兩個人的手像這樣綁起來。」

阿里站起身向我示範他是如何綁住他的老婆和她的情夫。他讓他們背對背，然後緊緊綁住兩人的手腕，接著再綁住手臂。他們兩個人背對背地緊緊綁在一起。阿里的妻子因為無法把洋裝圍在身上，所以這時也和她的情夫一樣光溜溜了。

「我們把他們推出房外，直到停車場上，然後再沿著街道往下走。被綁成那樣很難走路，所以我們走得非常慢，一路上大家都看著他們。路上的人都在笑！我手上依然拿槍指著他們。孩子們開始聚集——很多很多孩子，還有很多很多的人。

「往前走到了路邊，是另一條交通繁忙的路——巴士、計程車、轎車，還有許多人——每個人都盯著這兩個一絲不掛的人看。我們繼續推著他們往前走，直到一顆大石頭前，那是顆很平的石頭。

「我說：『坐在這裡，不要動。我要叫警察來。』我又對著圍觀的孩子與大人說，『不准幫他們。他們是壞人。警察等下就會來。如果你們幫助這兩個人，你們的麻煩就大了。』

「不過他們只是一直笑，我知道他們不會幫忙。我並沒有報警。我離開了，帶著那個男人的衣服一起走。那是他的制服和證件。卡馬爾開著我的標緻汽車。我到軍營求見將軍，然後把那個軍人的制服和所有的東西交給那位將軍。

「『這是你的上校幹的好事。』

「將軍和我握手！他謝謝我。他說：『做得好。上校自作自受。』」

但是我想知道他妻子和那名情夫的下場。他樂於回答。

「他們在路邊的石頭上一直待到晚上六點半——大概待了六個小時或更久。大家都嘲笑他們，圍觀的人一大堆。兩個赤裸裸的人——一個男的，一個女的。

「後來天色漸暗，有輛陸軍卡車經過那條路看到了他。『上校！』還有『怎麼了—怎麼了。』卡車停下，幫兩個人鬆綁後，又將他和我老婆一起接上卡車，還給了他們一些衣服穿，並帶著他們離開。

「我離開了她，留下房子。我說：『這是我孩子的房子。他們必須繼續在這兒生活。這棟房子屬於他們。』我到另一個地方去住。隨身只帶走兩只行李箱——裡面裝著我全部的家當。我沒有拿走任何東西就離開了，一切重新來過。我說，『阿拉救了我。』」

故事結束了嗎？他的臉色依舊灰暗，人也仍然深陷回憶中——他之前是不是提到監牢？

「沒錯，」他說，「三個月後我遭到逮捕，罪名是『企圖謀殺』，因為我當時手上有槍，而且威脅了那名軍人。我上了法庭。法庭上有個法官。我被判刑兩個月。」

這是我在衣索匹亞遇到所有曾坐牢的人中，唯一一個真正經過起訴與審判程序的人。這也是我聽過最短的刑期。

「後來，阿拉又來拯救我，」阿里的語氣中多加了些熱情，「我走在阿迪斯．阿貝巴的街上，又看到他們，我老婆和那個軍人，他們手牽著手。

「我決定宰了她。我到我哥哥家裡，他那兒有我的槍，我住的地方沒有可以藏槍之處。我哥哥不在家。他出遠門了，沒有人有鑰匙。

「連著好幾天我都試著找鑰匙。我要我的槍──計畫著殺她的方式。後來我哥哥帶著鑰匙回來了。他打開保險箱，把槍還給我。」

阿里一面按摩他的頭皮、一面回想，但什麼都沒說。

我問：「你做了什麼？」

「什麼都沒做。你知道，時機已經過了。我說，『又怎麼樣呢？為什麼要殺她？讓她活下去──這對她更糟。她已經失去了一切。』阿拉救我。」

說完了，阿里也就不再背負這個故事的重擔了，雖然他沒有從我這兒聽到任何關於我的生活點滴，還是說他覺得已經和我很熟了，彼此像是認識許久。我了解他的意思，也因為這種感覺而感動。

我告訴他我覺得時間會揭露真相──時間無法癒合傷口，但是流逝的歲月會讓我們擁有優勢的位置，看清事情的真相。我還說，變老一點都不好玩，不過變老有個好處，就是時間會把我們心靈的狗屎監測機變成極為精準的瞄準器。

阿里說：「現在我知道了，世界上沒有聖潔的人。女人會隨便跟一個人上床。她們為什麼拋開一切？她們為什麼要做這些事情？」

「因為男人也是這樣。」

不過一想到有個女人會如此行為不檢，就令他十分挫折；一想到她不遵從他的一言一語，就覺得挫敗。如此低下、如此受到輕視的一個人，竟然也有屬於她自己的想法與想像力，也擁有能力去設計複雜的欺瞞計謀及追求歡愉，這樣的理解讓他覺得很陌生。

終於上路

因為阿里的關係，我認識了老塔德雷和年輕的伍德，他們這一老一少要開車去南邊向波雷納族買些矛、盾、珠子、手鐲和牛奶罐，向歐羅摩族買象牙環飾，向空所族買雕刻品，還要買其他可以找到的籃子與小裝飾用古董。他們是貿易商。

「如果你跟著其他人，他們可能會搶你。」阿里說，「路上有壞人。」我留心地聽。我確信阿里分了一瓢羹，因為我付錢給他，由他去付錢給塔德雷與伍德，不過價錢還算公道。再說，這是一路走到肯亞邊境的方式。那天我拿到了我的肯亞簽證——在提出申請的四天之後——於是我們走上非洲最長的一條公路，出發南行。

阿迪斯．阿貝巴坑坑疤疤的路面讓我對離開城鎮後的路況有了心裡準備。阿迪斯．阿貝巴海拔八千五百呎——匆忙穿過一條路、閃躲開一輛超速的車子後，我大口喘著氣——自此後，前進的路線帶領我們穿越一連串圓形的山丘與擁擠的村落，經過許多乾燥的河谷及再次出現的高地。在山羊群、驢群、不斷放出臭屁的速克達摩托車和破爛的老爺轎車之間，我看到一個穿著鮮紅短褲與黃色緊身運動衣、腳踩銳跑運動鞋的削瘦運動員正在快步跑，在車陣中穿梭的這個人，是正在接受訓練的馬拉松選手；他只是萬中之一。衣索匹亞除了國王外，最有名的人就是一萬公尺的奧運金牌得主海利．加伯雷．塞拉西（Haile Gabre Selassie，和國王海利．塞拉西毫無關連），他在這附近出生。這些南部的中央高地是許多長距離跑者的家鄉，他們擁有強而有力的腿與肺。他們的速度把他們從可能面臨的艱苦農牧生活中解救出來，這裡除了務農與放牧，沒有別的工作，而且過去的三十年，衣索匹亞除了不穩定的農獲、戰亂、政治恐怖事件外，一無所有。

塔德雷說他曾多次走這條路南下。事實上，他還進過肯亞。

「說給我聽聽。」

因為他的英文很爛，所以塔德雷有些不太完整地訴說他曾兩次偷偷潛入肯亞到難民營去。他最大的夢想就是永遠離開衣索匹亞，移民到其他地方。「哪兒都好——我願意去任何一個國家！」他恨透了衣索匹亞的生活，他說這裡的生活永遠不會好轉，世界上任何一個地方的生活都比這兒好。美國就更完美了。

但是奈洛比和蒙巴薩兩處難民營的聯合國面試者都說他不是真正的難民。「我說：『我不喜歡衣索匹亞政府。我討厭那個政府——討厭那個政府的一切。』」但是他們還是把他送回衣索匹亞。

「有天我還會再去。」

從阿迪斯．阿貝巴出發南下三個小時後，我們來到了夏謝曼內。

「這個壞地方，」塔德雷說，「非常糟的地方。太多賊。他們全是白蟻。」

「停車吧。」我說。夏謝曼內在我的計畫中。

拉斯特法里教的首都——夏謝曼內

如果衣索匹亞是拉斯特法里教徒的心靈家鄉，那麼夏謝曼內就是他們的首都——不是阿迪斯．阿貝巴，儘管阿迪斯．阿貝巴也一樣充斥著非衣索匹亞人長相的黑人，戴著鼓起來的多彩羊毛洞洞帽。拉斯特法里教派的紅、黃、綠三色旗幟，同時也是衣索匹亞國旗的顏色。海利．塞拉西授予這些狂熱的信徒好幾畝夏謝曼內的土地，一方面滿足他們回歸非洲的冀望，另一方面也讓他們有地方可以定居。衣索匹亞用不虔誠與有點荒謬描述這批人。回教徒稱他們異教徒，科普特人認為他們是誤入歧途的基督教徒。不僅沒有人拿他們當一回事，許多衣索匹亞人還習慣瞪著他們看，有時衣索匹亞人還會嘲笑這群人的裝扮、他們惺惺作態的「非洲人」樣子、手臂上戴的珠環、角狀的項鍊及編織的長帶包包。衣索匹亞人覺得拉斯特法里教徒的黏氈髮[9]很奇怪，根本不是非洲人，也不是拉斯特法里教徒認定的文化表示，在衣索匹亞人的眼裡，他們的髮型純粹是倒楣日子的縮影。

甫進入夏謝曼內郊區，我就看到這種髮型、那些顏色及正沿著路邊大步行走極為削瘦的男人。塔德雷、伍德和我之前曾達成協議，我付的車費可以讓我在合理的範圍之內想停就停。我們的目標是在三、四天內抵達邊境。塔德雷與伍德把車開進城裡找地方落腳，而我則四處溜達，想找個拉斯特法里教徒聊聊。

透過一連串的因緣際會與引薦，我遇到了葛萊史東．羅賓森（Gladstone Robinson），他是最早的先驅者之一，也是真正第一批回衣索匹亞定居的拉斯特法里教徒之一。今年七十一歲的葛萊史東，有十一名子女；最小的孩子今年才一歲大，正在他的小屋外爬。他那位紅光滿面又堆滿笑容的妻子——「她今年二十三歲。」葛萊史東說——已大腹便便，所以他即將要成為一打孩子的父親了。

葛萊史東親切、風趣卻機警，年紀雖大但顯得很年輕，總是帶著爵士樂師的輕鬆笑容與沉靜。他很瘦但很柔軟，打結的鬍子黏成一坨，羊毛帽下也是一頭灰色的黏氈髮。他的小屋只不過是個水泥棚，有兩個房間。我們坐著的那個房間裡堆滿了檔案，地上也全是文件，牆上有些老照片，其中不可或缺的人物是海利・塞拉西與包柏・摩里[10]，桌上有個鼓脹的紙袋。

「要不要來些藥草？你抽菸嗎？」

「噢，好啊，請幫我點根大麻菸。」

他笑了笑，然後在袋子裡搜尋。拉斯特法里教徒厭惡豬肉與牛奶，但大麻卻是他們的聖物，這或許可以解釋他們削瘦的身軀與遲緩的笑容。大致說來，拉斯特法里教是個由一群神遊太虛的皮包骨男人與一群神智清明的勤勞女人所組成的教派。

雖然葛萊史東熟練地捲了一根大麻菸，但因他忙於回答我的問題，所以一直沒將菸點燃。

「我父親是個巴多（Bado）——也就是巴貝多人，」他說，「而我母親個契拉奇族的印第安人。但是拉斯特法里教徒來自世界各地。看到那張照片了嗎？」

掛在牆上斑駁相框裡的是張模糊的照片，照片中是一群並肩站著的男人，背景是熱帶地區。

9　黏氈髮（dreadlocks）：這是拉斯特法里教徒的特徵之一，他們完全不梳理頭髮，卻又任其生長，以致頭髮自行糾結成塊，包柏・摩里就是蓄著這樣的髮型。

10　包柏・摩里（Bob Marley）：一九四五—一九八一，牙買加音樂家、作曲家與社會運動分子。在樂界被稱為雷鬼音樂教父。在拉斯特法里教中則被奉為先知。

「那些是來自於蒙瑟拉特[11]的猶太黑人。他們在一九八〇年代來到這兒。」

「你剛說猶太人嗎？」

「沒錯，就是猶太人。順便提一提，美國有很多猶太黑人。我們才是真正的以色列人，不是你在以色列看到的那些所謂猶太人。那些人不是真的猶太人。真正的猶太人是所羅門的子孫。我們才是，還有法拉夏人[12]也是。法拉夏人的血統來自父親，不是母親。」

我在耶路撒冷看過法拉夏人。這些衣索匹亞的猶太人，把自己的信仰追溯回古老時代，他們移居到以色列，把以色列當成家鄉與避難所，最後終於成了憂鬱的一群。猶太教的哈西底教徒把他們排擠到邊緣，觀光客瞇著眼睛看著他們，除了到農場做工外，這些人沒有一技之長，但是在集體農場裡又鮮少看到他們的蹤影。只不過矛盾的是，西方印第安族的拉斯特法里教徒來到衣索匹亞的理由，與當初法拉夏人離開以色列的理由完全一樣。

「法拉夏派最高祭司和門奈里克一起去晉見所羅門，」葛萊史東說，「重要的是法櫃——法櫃目前在亞克夙姆。擁有法櫃的人就擁有上帝的祝福。我們都說耶穌是一隻到世上來接受宰殺的羔羊，但海利．塞拉西卻是一隻來到世上的征服之獅。」

「我疑惑的是，」——因為葛萊史東用毫無牽連的聖經片段與含糊的歷史隱喻讓我搞不清楚狀況——「你怎麼會正好到這兒來？」

「我來告訴你一切怎麼開始的，」葛萊史東說，「當海利．塞拉西加冕為王時，形容他的話展露出他真正的血統，他是大衛王家族的子孫。他的王位得到了七十二個國家的承認。」

「這與牙買加有什麼關係？」

「他去過牙買加。世上最認真祈禱的人就是牙買加人，他們看到了海利．塞拉西真正的身分。」

有特使要從埃及來，他們在聖經詩篇第六十八首第三十一節讀到這些。衣索匹亞人[13]要舉手向上帝禱告。

發起了回歸非洲運動的馬克仕．加維曾預言將有一個拯救者降臨，葛萊史東這麼對我說。加維是個牙買加人，天生就能言善辯，是個能力很強的組織者。他也是個企業家，一手創辦了黑星航業公司（Black Star Shipping Lines）。加維在一九一四年設立聯合黑人改進協會（United Negro Improvement Association），啟發了美洲與加勒比海區的黑人。「衣索匹亞，你這塊我們祖先的土地。」是加維的讚頌詩。加維是摩西，而海利．塞拉西是彌賽亞，只不過後者自己並不知道這點。加維最後對國王和他的獨裁統治雖有所批評，但他的信仰卻從未有所動搖，堅信對於西方的黑人而言，衣索匹亞代表了希望與家鄉。

葛萊史東拿一本一九七〇年八月版的《非洲意見》（Africa Opinion）期刊給我看，封面是馬克仕．加維的照片，期刊裡有篇文章寫的就是夏謝曼內的移民——文中提到葛萊史東的名字。

「我是衣索匹亞世界聯盟（Ethiopian World Federation）的主席，」葛萊史東說，「這是我們的憲法。」他遞給我一份用打字機打出的文件影本。我瞄了瞄開頭的幾句。

11 蒙瑟拉特（Monserrat）：位於東加勒比海的小島，又稱為加勒比海的綠寶石之島（Emerald Isle of the Caribbean）。島上盎然的綠意大多為火山活動的結果。

12 法拉夏（Falasha）：法拉夏三個字在衣索匹亞語中的意思為「陌生人」，是指衣索匹亞的猶太人。這些自稱為貝塔以色列人（Beta Israel，意即「以色列之家」）的法拉夏，雖然嚴格執行某些猶太教的儀式與飲食規定，也奉守安息日（Sabbath），然而不論在宗教信仰或宗教儀式上，都與正統的猶太教不同，而且他們對猶太法典的傳統一無所悉，對希伯來文也很無知，所以他們的猶太人身分經常受到質疑。現在法拉夏大多都已離開衣索匹亞到以色列定居，只有極少數仍留在衣索匹亞。

13 聖經詩篇中寫的其實是「古實人」（Cush），指的是上尼羅河流域的人，不過作者在這兒改成了衣索匹亞人。

衣索匹亞世界聯盟——一九三七年八月二十五日於紐約市。我們，世界上的黑人，為促進統一、團結、解放、自由與自決，特此聲明——

「我曾在美國陸軍服役——受訓為藥劑師，」葛萊史東一面說，一面把憲法摺起來。「韓戰期間，我人在日本，隨著美國醫藥軍團在東京將官診療所服務。不過我夢想著非洲。」

「一加入衣索匹亞世界聯盟，我就負責遣返事宜。」他說，「我們有三個選擇，融合、分離與遣返。融合是大家住在一起。分離是成立回教國家——也許保留某些南方的地區給黑人、某些北方的區域留給白人。遣返的意思則是回到非洲。」

「你第一次來這兒是什麼時候？」

「一九六四年，」他說，然後拿起一本老舊的學校筆記本，翻到用整齊筆跡寫字的一頁。筆記本封皮上黏著一些發黃的剪報。

我讀著剪報：

一九六四年六月十六日。非洲遣返委員會（African Repatriation Commission）的兩位代表葛萊史東．羅賓森與諾亞．史考特（Noel Scott）由紐約甘迺迪機場英國海外航空公司的航站離境。

「那是我整趟行程的日誌。我跟著最早到此地定居的十二個人一起來。十二個人現在只剩下四個。伍爾夫兄弟、沃夫兄弟、克拉克姊妹和區區在下羅賓森兄弟。」

目前約有五十名拉斯特法里教徒在此定居，外加一百多個小孩，許多人在夏謝曼內擁有第二個家，來來去去。有些到這兒來的黑人並不喜歡此地；有些人把這兒當作避難所，葛萊史東這麼說。我們談話時，他一直都在排弄照片：葛萊史東在他位於阿迪斯．阿貝巴的調藥室內、葛萊史東穿著實驗室工作服、葛萊史東戴著眼鏡、葛萊史東的黏氈髮、葛萊史東擺姿勢與觀光客合照、葛萊史東穿著長袍、葛萊史東身著西裝、葛萊史東和自己的幾個孩子。

「我的女兒——是紐約市警察。她是約翰傑[14]的畢業生，也留著黏氈髮。他們說她必須剪掉那頭黏氈髮，她就和他們打官司。拉斯特法里教徒為她辯護。律師也是拉斯特法里教徒。她曾來過夏謝曼內。」

「葛萊史東，你在這兒快樂嗎？」

「很快樂。每個人都必須回家——樹在自己的土地上長得比較好。最早來的人，每人得到二十五畝的土地。我們根本不知道該拿這些土地怎麼辦！」

「那你們拿這些土地怎麼辦呢？」

「蓋學校、耕種、開幾家藥局。我做得還不錯。」

「德格政權有找過你麻煩嗎？」

「德格不讓我營業，他們奪走了我的土地。那時真恐怖。我在這裡的醫院跟著俄國醫生、古巴醫生工作兩年。他們都是外科醫生。那還算好，但是有天，軍人來把衣索匹亞醫生打了一頓。他們說那位醫生有槍。」

「你不害怕嗎？」

「當然害怕。我對自己說：『就讓美國爺爺踢我屁股吧，我要離開這裡。』之後我回到紐約，直到一

14　指紐約市立大學的約翰傑犯罪司法學院（John Jay College of Criminal Justice）。

切結束。」

葛萊史東是我在夏謝曼內所認識最親切的拉斯特法里教徒，他介紹我認識更多從牙買加來的移民。他說我應該知道，許多西印度群島的黑人與美國黑人，並不是因為拉斯特法里教的原因才來到這裡。「我們有波波．相提與尼亞比恩吉教派的人，也有衣索匹亞世界聯盟、獨立組織和十二部落的人。」

戴斯蒙和派崔克兩人都是牙買加人，他們是十二部落的成員。戴斯蒙今年五十歲，相當憔悴，但卻健談直率。他到衣索匹亞已經二十五年了，當初到此是「因為這兒是個避難地」，即使在德格政權下最艱困的時期，他也沒有離開，「那時曼吉斯圖拖出農村裡的年輕人，逼迫他們打仗。」

派崔克年輕而熱情，穿著一件拉斯特法里教顏色的夾克，善辯，而且顯然相當博學。當戴著小圓帽、穿著邋遢絲絨夾克的戴斯蒙開心地蹺著雙腳，抽著大麻時，派崔克——他不抽大麻——只是個來探訪的人，卻勾勒著在此的未來計畫，他打算買棟房子，讓一大家子的人全搬過來。

「我來來去去，不過我告訴你，這裡是我的家。牙買加不是我的家。我的根在這裡。我是非洲人，」派崔克如是說，「當初我們是被人強行帶走的奴隸——現在我回來了。我們是以色列的十二支族[15]。」他舉起一根細長的手指強調自己的論點。「可是我們不是以色列人，我們不像那些不管自己來自何處、只強調民族特徵、假裝自己是來自沙漠的民族。我們真的是非洲人。我們不需要特別的關愛——我們只要這裡的一個家。」

「在你們的神學裡，海利．塞拉西占有什麼樣的地位？」

「國王陛下，」派崔克糾正我，「是大衛王家族的直系子孫。你看聖經——全都寫在這本簡本裡了。王中之王，拉斯．特法里。」

拉斯特法里教徒在拉斯．特法里頭銜上所大做特做的許多文章，全是在他繼任為王時的事情。雖然伊夫林・沃在他的遊記《遙遠的人們》（*Remote People*）中曾嘲弄拉斯・特法里的加冕典禮，然而那場加冕典禮卻明確標明了海利・塞拉西是為牙買加與其他地方黑人的救贖象徵濫觴。國王似乎也堅持自己與聖經之間強而有力的關連。衣索匹亞曆法的一九二二年七月二十五日[16]（相當於一九三一年四月三日），拉斯・特法里發表了一篇有關自己的聲明，聲明中表示特法里・馬可能國王陛下即將繼任國王，登基為國王陛下海利・塞拉西一世，王中之王、猶太族征服之獅、上帝的選擇、衣索匹亞的國王。

國王陛下的聲明書結尾是這樣的，「商人，行商！農民，耕種！我將用先祖流傳下來的律法與儀式治理你們。」

由於海利・塞拉西被稱為猶太族之獅，又堅持所羅門王為其遠祖，因此他在聖經中插入了自己的地位。衣索匹亞的君主政體溯源自示巴女王與所羅門王的兒子門奈里克一世。根據拉斯特法里教徒的說法，這些全都記載於聖經的〈列王紀〉與〈歷代志〉（Chronicles）中。嗯，其實事實並不盡然如此。示巴女王之子門奈里克的出世及之後去晉見所羅門王一世這件事，在衣索匹亞的史詩《衣索匹亞國王榮耀

15 根據聖經上的說法，亞伯拉罕的孫子雅各領著自己的妻子及牲畜返鄉時，在渡過雅波克河後，與天使搏鬥，結果贏了，得到天使的祝福。「那人說：你的名字以後不再叫雅各，應叫以色列，因為你與神與人的搏鬥，占了優勢。」（〈創世記〉32：29）。雅各生了十二個兒子：流便、西緬、利未、猶大、以薩迦、西布倫、但、約瑟、便雅憫、拿弗他利、迦得、亞設，他們也就是以色列十二支族的祖先。

16 衣索匹亞曆有十三個月，分別是Meskerem、Tikemet、Hidar、Tahesas、Tir、Yekatit、Megabit、Miyaza、Ginbot、Sene、Hamle、Nehase和Pagnme，第十三個月因非閏年與閏年之故，有的五天，有的六天。但是衣索匹亞曆的新年是現在所使用西曆的九月十一日（閏年則是九月十二日），所以該曆的七月始於現在西曆的三月十日。

書》[17]確有描述，尼可拉斯・克萊普[18]描述自己尋找示巴女王過程的《示巴》（*Sheba*）一書中，也提到「有人宣稱西元三世紀曾在君士坦丁堡的聖智大教堂（Cathedral of Santa Sofia）內發現一份文件，但這份文件卻更像是十四世紀所編撰的衣索匹亞口述歷史」。學養俱豐且遊歷廣闊的克萊普這本書，全是關於這位在聖經中飛進飛出的模糊女王的歷史。他最後的結論是示巴女王可能是十一位歷史人物或神話人物中的任何一人。順便一提，女王的名字並不是示巴。這位謎樣的女子其實是一個國名為示巴或沙巴（Saba）的無名女王。

派崔克說：「國王陛下是位聖靈傳人——不是神。我們不膜拜他，但是我們從國王陛下身上，看到許多耶穌的特質。」

「譬如？」

「譬如義大利人曾多次試圖占領這個國家。他們很壞，但是國王陛下並沒有譴責他們；他原諒了他們，他慈悲為懷。這是記載在聖經中的慈悲。他是那個預言中的人。你出生在幾月？」

我對他說四月。他說：「每個月都有一個支族。四月是流便（Reuben）。對眼睛很重要。你的符號是銀。」

這個人狂熱的舉動為什麼讓我如此不安？他似乎是個還不錯的傢伙，也明確表達他接受所有人，「白人也不例外」，而且他是個音樂家。他說：「我們的訊息有部分存在於我們的音樂之中。」然而他不聽別人說話，他是個真正的信徒。他的狂熱之所以讓我憂心，完全只是因為那是種狂熱。狂熱分子永遠都不會傾聽。

年紀較大、也比較隨和的戴斯蒙倒是相當欣賞派崔克，還說他在安息日齋戒、閱讀聖經、不抽大麻。「他年輕，他單純。」

「閱讀聖經，」派崔克說，「一天一章，魔鬼遠離。」

「我，我抽印度大麻，」戴斯蒙說，「我們自己種印度大麻，不過，」──配著手勢──「是在檯面下種植，你知道我的意思，因為政府不喜歡，所以有些衣索匹亞人找我們麻煩。」

戴斯蒙還告訴我有關他改信拉斯特法里教的事情。「我們在牙買加有位先知，賈德（Gyad），」──不過賈德這兩個字也可能是那個人用牙買加口音說「上帝」（God）的結果──「這位先知說：『國王陛下將離開行動現場。』那些是先知的話。他預言國王陛下將繼續前進。」

「之後，我立刻來到這兒，帶著我的妻子。我們有四個孩子。我的妻子後來不喜歡這裡。我說：『滾！我可以再找另一個老婆，可是我找不到另一個衣索匹亞。』之後我娶了個衣索匹亞老婆，又生了四個孩子。」

派崔克把我看成一個難以理解的懷疑論者，這點他看得很準，他對我表明，我應該多注意世界上發生的事。世界各地的大災禍就是世界末日的徵兆。

「千禧年來過又走了。」我說。

「千禧年還沒到，」他說，「衣索匹亞曆法晚了七年又八個月，所以千禧年還要大約六年才會到臨。」

17《衣索匹亞國王榮耀書》（*Kebra Nagast*，英文的翻譯為Book of the Glory of Kings of Ethiopia）至少已在世上流傳了一千年，大家都認為這本書是許多衣索匹亞基督教徒與拉斯特法里教徒，將所羅門王一系的衣索匹亞國王真實歷史記錄下來的書。大家認為這是衣索匹亞人從膜拜星星月亮太陽的種族轉變成禮拜以色列的上帝的權威歷史資料。

18知名的紀錄片製作人，同時也是人類學學者的尼可拉斯．克萊普（另著有《尋找烏巴》一書，二〇〇〇年由馬可孛羅出版）二〇〇一年出版的書。作者為了尋找聖經中出現的示巴女王是否真的存在，在中東與非洲進行深度之旅。

你等著看吧。水會毀滅地球。下一次是火。大裂谷[19]將倖免於難——當大火來臨時，那裡將是世界上最安全的地方。你可以來這兒，把這兒當成避難所。帶你的家人一起來。」

我向他道謝後，走出來踏在主要幹道之上，仔細想著非洲這個如此不完整又如此空曠之處，讓人創造個人神話、沉湎在自己贖罪與救贖的幻想之中，也任人浸淫在苦難折磨與力量的誇張戲劇裡——包紮好傷口、餵飽飢餓的人、照顧難民、駕馭昂貴的路華越野車，甚至活在整個創造與毀滅的宇宙論之外，把聖經改寫成一部生存的非洲史詩。

樂觀向前行

那天晚上，在夏謝曼內一間恐怖的旅館中，塔德雷似乎對我們必須在此地落腳一晚的事感到氣憤，心情很糟。他看到一些拉斯特里法教徒頭上纏著鼓鼓的頭巾，安閒地大步走。

「這些人為什麼會來這兒？」他說，「牙買加這個國家在哪兒？他們在牙買加沒有工作嗎？」

隔天，我們繼續開車南行，塔德雷對我說他痛恨衣索匹亞、痛恨軍隊。「他們全是白蟻。」他在哪兒學到這個說法？他常常用這個辭。政客是白蟻，軍人是白蟻，警察是白蟻。

他是如此迫切地想離開此處，所以完全無法理解為什麼會有人自願來衣索匹亞居住。當我們經過阿瓦沙（Awasa）這個美麗的城鎮及阿瓦沙的湖岸時，塔德雷正說著這些事。我們在阿瓦沙湖岸停留吃中飯，我藉機去賞鳥，結果看到了蒼鷺與犀鳥。下午，三人繼續埋頭南行，我看到前方的山巒與空曠的平原，像人工草皮般翠綠，這也表示再過去，將有更多的湖、更多的山，以及擠滿了鳳梨田的肥沃山谷。男孩子在路邊販賣水果。我們停了車，我用相當於一塊錢的美金買了八個鳳梨。我學會用阿姆哈拉語說鳳梨：阿納納斯（ananas），這個詞與義大利文一模一樣。我們朝著迪拉（Dila）鎮的彎路繼續南下。

當天下午稍晚，是我們該打尖的時候了。在薄暮中行駛並非聰明的行為，天黑之後旅行更是無法想像的事情。位於咖啡種植區的迪拉是個胡亂塞在主道上的擁擠城鎮，也是個位於緬德堡山區（Mendebo Mounains）的市場。市場上除了小堆小堆鋪著灰塵的水果外，東西並不多，店裡沒有食物，只有侵害所有權的肥皂、襯衫與中國商品——「力士」（Lax）肥皂及耐吉、銳跑與Gap的仿冒品。

我要進鎮買頂合適的帽子，於是伍德跟著我在鎮裡灰塵滿布的巷子中穿梭。三十二度以上的氣溫，無雲的藍天，陽光不斷。在這樣的地方，炎熱的威力可以持續到半夜。歐羅摩的女子穿著橘色長袍、戴著橘色珠子，蹲在路邊對過路的人大叫，她們也對著我叫，一如她們的孩子纏著我索錢。

阿姆哈拉語中有個很有用的詞**夜藍**（yellem），意思是「什麼都沒有」或只是「門兒都沒有」。伍德嘲笑著這個詞對擾人不休的歐羅摩人所造成的效果。

我問：「我們要在這兒待下來嗎？」

塔德雷抱歉地笑了笑。旅館的名字叫放聰明點（Get Smart），不過卻糟糕透頂，但這是唯一可以住宿的旅館。我們並不受歡迎。

「我們沒有房間。」櫃檯職員說。

「或許你可以再查查看？」

接著是一陣沒頭沒尾的忙亂，櫃檯職員翻閱著一本破爛的學校練習簿，那就是旅館的住房登記本。

「有水的房間都沒了。」

---

19 大裂谷（the Rift Valley）：亞洲西南部及非洲東部的一大片低窪地帶，由約旦河谷向南延伸至莫三比克。

「沒關係」——我心裡想，已經很好了，因為水可能具有腐蝕性。

櫃檯職員依然翻閱著住房登記本，「好吧，有水的房間，在後面。」

房間又髒又熱，還有股惡劣的味道，比夏謝曼內的旅館差多了，不過支付的衣索匹亞幣也只相當於美金兩塊半。喝下三瓶啤酒，並在一張搖搖擺擺的桌上記下筆記後，我覺得既樂天又開心，因為我現在在南衣索匹亞偏遠城鎮中的一間廉價旅館裡，離肯亞邊境只剩下連射擊都有效的距離了（四百二十公里）。如果運氣好，我們明天就可以抵達肯亞邊境了。

放聽明點旅館的餐廳中，有位年輕的日本人坐在幾個衣索匹亞人之間，吃著他們的全國性食物。我加入他們的陣容，心想蔬菜受污染的狀況應該比較不嚴重，所以點了「齋戒食」——反正，這裡也只有齋戒食。我坐在普通的桌子邊，然後大家一起撕開印結拉腳墊，壓碎蔬菜。

這位日本人名叫大林大助[20]，是日本私人企業日本電氣株式會社（NEC）派到南衣索匹亞設立電訊系統的人。他到迪拉已經兩個月了，完全不會說阿姆哈拉語，英語也只有初級程度，曾在坦尚尼亞鄉間待過兩年，但比較喜歡衣索匹亞。

「有時候，衣索匹亞人會請我喝酒，但在坦尚尼亞的兩年，沒有任何人請過我喝酒！」

他說他完全不會說史瓦希利話。聽說我曾住在夏威夷，又說他一點也不想去那些島。「那裡日本人太多了。」

經過了十分鐘這類令人氣結的談話，心想：在迪拉唯一說英語的傢伙，竟然是個豬頭。

他說：「在坦尚尼亞時，我去迪斯可舞廳，女孩子會跟我說想和我上床。不過因為愛滋病，所以我說不行。幾乎三年——沒有性生活。哈！哈！」

或許這種被迫的獨身生活可以解釋他那一點都不令人和悅的舉動，於是我把注意力轉到塔德雷與伍德身上。

「你們覺得這個地方怎麼樣？」

「爛透了。」塔德雷說。塔德雷和曼吉斯圖一樣來自提格雷，因此他十分思念大家都一樣怨嘆的德格政權年代，那是一段饑饉、破產、大規模謀殺、恐怖及反覆無常的監禁時期。曼吉斯圖建蓋了學校與醫院，塔德雷說，特別是在提格雷。

「我認為曼吉斯圖是好人，德格也很好。沒錯，有些人被殺了。可是殺人的是士兵和小人。」

「但現在是民主政治了。」我這麼說只是為了刺激他：因為其實現在的政府也迫害所有抱持不同看法的團體，並把衣索匹亞警察變成垃圾場上的狗。

「我們的民主政治很糟糕。政府只是白蟻。」

躺在放聽明點旅館酷熱的小房間裡，我轉動著自己那台短波收音機的按鈕，在黑暗中聽著新聞。華爾街的問題相當嚴重：道瓊指數已經連續三天下跌……科技股深陷谷底……那斯達克跌至五年來的最低點……完全沒有上揚的跡象……出現另一波經濟蕭條的恐懼增加……

只不過，這些對迪拉完全沒有任何影響。

我們都是兄弟！

早晨，我向放聽明點旅館的櫃檯職員要咖啡。這裡畢竟是咖啡產區。

---

20 可能為 Daisuke Obayashi 的誤植，因為 Daisuko 應該是女孩子的名字。

「沒有了。」

「有水果嗎？」這裡也是水果產區。

「沒有了。」

「那麼，給我安波（Ambo）。」安波是衣索匹亞的罐裝水。

放聽明點的櫃檯職員露出微笑：沒有了。

我們吃了點自己帶來的鳳梨，然後繼續上路，前往亞貝羅（Yebalo）、梅加與邊境之城摩亞雷。

握著方向盤，沿著路面上的深凹洞緣自迪拉南行，我們進入長長的山谷，其中某些有人耕種的山谷區綠油油，其他地區則不過是鋪滿灰的凹碗。後來我們抵達阿吉拉．馬揚（Agera Maryam）這座欲倒還搖的城鎮。「這裡有吃的，」塔德雷邊說邊把車子開進一座有圍牆的圍場中。有個很哀傷但長相甜美的女子，為我們帶來了些看起來頗不良善的羊肉與冷麵，塔德雷說，「這裡的人都是賊。我必須看緊我的車，不然他們就會偷走車上的東西。」

罩在小餐廳桌上的是一個禮拜前的衣索匹亞英文報，報上有篇令人驚慌的文章，說目前我所深處的南部區域正爆發腦膜炎，而且情況嚴重。文中並未提及哪種腦膜炎。衣索匹亞（與蘇丹）是非洲的「腦膜炎帶」，這兒甚至有「腦膜炎季」——就是這幾個月。我在心裡默記著要去買些罐頭食品。沒有罐頭。一路上我能找到的包裝食物只有幾盒阿布．達比（Abu Dhabi）製造的不新鮮餅乾。

我們繼續開車前行，穿越一個寬廣的山谷後，下到一條空曠的路上，中途經過亞貝羅。這個地區的男人穿著傳統服裝，那是身長及膝的外衫與珠飾，隨身還帶著長矛；婦女頭頂一捆捆的木柴辛勞地走在小徑上，年紀非常小的牧童用手裡的曲柄手杖欺負山羊。景色愈來愈熱、愈來愈乾，在一塊已經中暑了的土地上，有個小男孩緊緊貼著一棵樹，希望能從這棵樹的小小樹蔭中喘口氣。

「這裡的女人很漂亮。」塔德雷這麼說，他把車速放慢。

不過他之所以放慢速度，是因為路上被撞死的動物——五十九隻頭上長著冠毛的禿鷹圍著一隻死在路上的土狼，禿鷹拍著牠們凹凸不平的翅膀，撕扯著土狼肉，其他如鳶與大鸛的食腐肉鳥類則保持著安全距離。再過去一點的空地上有野生駱駝，或者只是遊蕩的駱駝，這些沒有上鞍的駱駝拖著沉重的步子走向山丘。

這裡是沃雷塔人的地盤，他們住在蜂窩般的小屋裡，一個個小屋頂像禿禿的鴕鳥蛋般朝上加蓋，這是富饒所帶來的紀念品。這類的小屋一串串地躺在路邊。女人都很漂亮，長長的辮子與鮮豔的斗篷，有些女人還負著重重的一捆捆木柴。田野裡的男人利用套了軛的牛與形狀像叉骨的木犁工作，所有的男孩子則拿著長矛大步踏走。

城鎮的名字在地圖上很大，但城鎮本身卻很小。梅加只是路上一個較大的地方。這裡什麼吃的都沒有，然而身在這麼多飢餓者之間，就算有胃口也都破壞光了。在衣索匹亞，我每天只吃一餐，印結拉配濃稠的半流體蔬菜，不然就是麵，這是義大利占領時所留下來的餘孽。

塔德雷說：「一九八三年這兒曾發生過戰爭。」——然而除了在低矮的光禿山丘上有幾輛毀壞的車子外，並沒有戰爭的痕跡。戰爭來來去去，人死就死了，生活繼續，一切照舊，仍然有犁、山羊群、炊火及光溜溜的屁股；這就是非洲的故事。

我穿梭於商店之間，記下了正在拍賣的東西——便宜的中國衣服、鋁罐、小刀、琺瑯盆；但沒有吃的東西。因為我是鎮裡唯一的**法蘭雞**，所以吸引了很多注意，男孩子開始跟在身後。

「請給我一塊**比爾**。我很窮，我在上學。」

他們輪流乞討。我說不給，想藉此打消他們騷擾**法蘭雞**的念頭。**這麼做對嗎？**那天晚上我在日記上這麼寫。我不知道。從開羅到開普敦，我去的每個地方，大家都這麼問，人們——大多是孩子——伸出他們的手：**梅斯塔**（Meesta）。我給了這些梅加的孩子一些阿布．達比的餅乾之後，才把他們噓散。

塔德雷說天氣太熱，無法繼續行駛，要在梅加停留幾個小時，等到下午晚點再出發前往摩亞雷。大夥兒坐在陰暗處，塔德雷溫和地抱怨衣索匹亞的政客（「他們都是白蟻」），稍後，幾位為我們送來瓶裝水的商店女孩加入了陣容。為了打發時間，我向他們展示我的瑞士刀。

「一個月的薪水。」當我回答塔德雷有關價格的問題時，他這麼說。五十塊美金，我說。不過大多數的衣索匹亞人其實根本連一毛錢都賺不到。

我們吃了些鳳梨，那些女孩也跟我們要鳳梨吃。

「**塞巴特．比爾**（Sebat birr）。」我說，她們笑了起來，因為那是她們向我們所收的瓶裝水價格。我喜歡看漂亮女孩子啃水果的樣子，果肉黏在她們的手指上，留在她們嘴唇上的果汁則沿著面頰流下來。

塔德雷說：「別去肯亞，跟我和伍德一起旅行。我們教你說阿姆哈拉語。我們會很開心。我們去樹叢裡。」

他用提格雷語（Tigrinya）向伍德解釋，伍德帶著微笑說**伊噓**（isshi）——一個帶著感情的「是」。我深受誘惑，不會再有更好的事情了，然而每當我注視著非洲地圖，就會想起自己所訂下的行程，而抵達開普敦是多麼遙遠的一條路啊。如果塔德雷和伍德要繼續南下，我會和他們同行，可是他們要去空所、金卡（Jinka）與歐摩河（Omo River）之西，那些有著光屁股的人與美麗手工裝飾品的區域。

去摩亞雷的最後一段路上，有名穿著迷彩服的荷槍軍人——他站在路邊的黃棕色草堆裡——朝著我們的車揮舞他的武器。塔德雷停下車，經過一番簡潔的對話後，這名軍人爬進車子的後座與伍德坐在一起。他只是個搭便車的人，但是個攜帶了武器的搭便車者。我可以從塔德雷的舉止看出，他痛恨這個傢伙，而且他心裡一定在想：白蟻。

這個軍人告訴我們一些消息，不過全是壞消息。

「歐羅摩上個禮拜在這裡和索馬利人開戰。」他說。

更接近摩亞雷時，這名軍人喃喃說了些話，塔德雷放慢了速度。軍人下車後，塔德雷說：「我不相信這傢伙。」

然而到處都是索馬利人，負著木柴的婦女和在羊群後面趕羊的男人。

「這裡有什麼麻煩嗎？塔德雷？」

「他們都是窮人。」他說。

我們來到了一個非常貧瘠與荒涼的地區，沒有樹，卻有許多蹲著的閒人，有些人看起來像難民，帶著寒酸的包袱，其他的人則是機會主義者、無賴、流浪兒、脫離部落的人、迷路者，以及被吸引到國家邊境矇騙技術高超的騙子。我們位在一個峭壁頂。峭壁之下是個乾涸的河床與一塊一望無遺的區域——無人區；再過去，就是肯亞了，那邊看起來比衣索匹亞這邊更乾燥。

「他們都是賊和白蟻——小心一點。」塔德雷說。

當我在邊境哨站詢問事情時，塔德雷找到了一個停車位，有棟無人居住的平房建築站在一塊荒地上。有人告訴我邊境要到隔天早上六點才開門。沒有任何資訊可以讓人了解進入肯亞之後的交通工具狀況。我回到車旁。塔德雷生氣地說有人踢掉並偷走了半根前保險桿。

就在這時，一輛白色的路華越野車經過。車門上寫著一句帶有理想主義色彩、與非洲飢餓有關的口號，車裡坐著兩隻**法蘭雞**。

「你們可以順便把我帶過邊界嗎？」

「這不是計程車。」第一個人說——英格蘭西南部的口音。

「我正在找過了邊境後的住宿地方。」

「我們又沒有經營旅館。」另外一個人說——倫敦佬。

說完後，他們揚長而去，把我留在路邊。這是我在非洲鄉下遇到救援人員時相當典型的經驗：一般說來，他們全是蠢笨且自誇的假道學，而且經常還都是混蛋。

我走回塔德雷的車子邊，看到伍德在哭。

「伍德怎麼了？」

「看到你要離開，伍德非常難過。」

伍德把臉藏在手中啜泣。我既感動又有些迷惑。伍德不會說英語，但塔德雷習慣把我們之間的對話翻譯給他聽，所以他也參與了我們在這段長途旅程中所討論的每件事情。

我們找到了一家名叫衣索沙達優（Ysosadayo）的旅館，這是目前為止碰到最爛的旅館，卻是摩亞雷最好的一家，一個晚上三塊錢，換一間位於旅館後街各路蚊子出沒的房間，麵食一塊錢，啤酒五毛，電力時有時斷。通風不良的酷熱房間裡，滿是蟑螂與灰塵的味道，床鋪又硬又臭，簡直像監牢裡的床。我給塔德雷與伍德各十塊比爾後，就在摩亞雷附近閒逛、問問題。不到一個鐘頭，我確定了早上七點會有運牛卡車車隊從肯亞邊境出發前往馬沙比，要八個小時才會抵達馬沙比；不對，要走十個小時才能抵達馬沙比；又錯了，十二個小時。不對，要兩天才能到奈洛比，或者三天，抑或如果卡車拋錨（「卡車經常拋錨」），則需要四天。

非洲最長的這條路就這樣一直向前蔓延，直到地平線上，直到過了被當成海關與移民關卡的鋼管之後，然後切入遠方位於酷熱山丘上那個廣大卻貧瘠的國家之中。不論我走到哪兒，身後總有人擺出一副不會有任何損失的無禮態度跟著我、纏著我要錢。但是來這兒的**法蘭雞**本身就都是流浪漢，所以不會有人驚訝於我的回答「**夜藍**」——什麼都沒有。摩亞雷沒有水。衣索沙達優有個蓄水池，一般店家用兩桶水就可勉強撐過。

在這條南北向的長路上，人們最主要的活動是提水，年輕的男孩、女孩重打驢子的臀部，每頭驢身上都馱負著四個八加侖錫桶的水，來回於邊界的兩頭——這是因為這些水來自位於肯亞那邊的一口井中。在兩國之間的無人地區，有個穿著破爛衣衫、頂著一頭糾結亂髮的瘋子，住在一個小小的耳屋中。再見到伍德時，他依然難過，不過已經換上了新襯衫。伍德友善、樂於助人、不騙取小費，是個天生的好心人。要和他們分開令我非常遺憾，我覺得自己可以和他們一起走到很遠很遠的地方——就我們這三人小組。他們對冒險的事情興趣濃厚，而且是忠心耿耿的人。塔德雷這個中年的悲觀主義者（「我痛恨這個國家，他們都是白蟻」）是位很好的司機，伍德是個年輕的樂觀主義者，總是急於取悅他人。我們可以一起走到世界盡頭——或許，我們已經身在世界的盡頭了，因為用世界盡頭這四個字來形容摩亞雷，還算通情達意。

塔德雷買了一件新夾克、兩件襯衫、一雙鞋、一條卡其褲：而我給他的十塊錢竟然還有剩。這些衣物都是從肯亞那邊走私到摩亞雷市場來的商品

「我喜歡衣服。」塔德雷帶著感情這麼說。儘管天氣炎熱，他還是穿著他的新夾克。太陽早已下山，溫度卻依然維持在三十二度以上。

他和伍德穿著他們的新衣服逛摩亞雷，看起來與其他鎮裡的人大不相同。

晚餐——冷麵、熱啤酒——是件令人陰鬱的事情。伍德依然沉浸在哀傷中，塔德雷則是靜靜地低語

著叛國的言語。接著光線全失，一切跌入沉默之中。

最後，在黑暗中，塔德雷說：「我的名字，意思是『禮物』。」

「那是個很好的名字。」

「曾經有一個人，」他說，「亞當。」

「對。」

「他有孩子。」

「是。他們在衣索匹亞發現了骨頭。」露西骸骨[21]：弓形腿、很小的身材、像個人猿——我在博物館中見過。

「根據空氣狀況，」塔德雷說，他指的是天氣與氣候，「這些孩子有不同的膚色。」

「對。」

「我是黑的，你是紅的。」

「對。」

在桌子遠遠的另一頭，暗處裡，伍德開始安靜地啜泣。

「但我們都是兄弟。」

21　一九七三年十一月三十日，美國亞利桑納州立大學教授喬韓森（Donald Johanson）在衣索匹亞哈達爾發現的人類骸骨，距今約三百五十萬年，這副骸骨後來被稱為露西（Lucy），是因為當考古隊在慶祝發現古人類骸骨時，大家正在聽披頭四的歌〈在天上戴著鑽石的露西〉（Lucy in the Sky with Diamonds）。

第八章 盜匪路上的費加維薩伐旅

南下的只有牛車，由大約十輛車子所組成的零散車隊。「因為**席夫塔**的關係。」席夫塔這個名字源於一群名為姆席夫塔（Mshifta）的索馬利人，他們突襲、搶劫又嗜血；不過現在席夫塔的意思則是指這片從索馬利亞延伸到蘇丹、然後一直深入涵蓋整個北肯亞區的大沙漠中，所有遊蕩的盜匪。席夫塔習慣搶劫偏遠村落、突襲路上落單的人車。這兒只有少得可憐的幾條路，卻有許多席夫塔。

從席夫塔手下逃過一劫

這條南北向的公路上並沒有載客巴士。我的地圖上除了馬沙比（Marsabit），也沒有任何註明出來的城鎮，馬沙比位於迪達·加爾加祿沙漠當中——屬於桑布盧族[1]的土地——從這兒開車往南走一天的距離。卡車上載的全是牛而不是人的這個事實，著實讓我安心不少。這些地區，牛很貴重，人命卻一點

1 桑布盧族（Samburu）：與馬賽人（Masai）屬於同源，但只分布在赤道以北肯亞山與北部沙漠交集處及肯亞大裂谷省的特卡納湖（lake Turkana）南部。桑布盧族為半農半牧的遊牧民族。

也不值錢。在這些邊境區，即使部落人民遭到射殺，也不會有人費事報警。他們只會說：「波雷納人在打仗。」或把波雷納人換成歐羅摩人、索馬利、**席夫塔**。沒有人知道死亡人數。然而，如果遭到屠殺或偷走的是牛隻，那麼大家一定會知道確切的數字，而且同聲嘆息。

每輛卡車都載了二十頭牛。我付了三塊美金坐進卡車的駕駛座，和我同坐的還有司機、三名婦女、兩個嬰兒及一個支氣管有毛病的男孩。這個年約六、七歲的肺結核小男孩，在偷喝我水罐中的水時，被我逮個正著。三名女子都蒙著面紗，其中一個正在餵奶，因為全是已婚婦女，所以手腳都有指甲花染料描畫的圖案。儘管是這樣的熱天，坐在如此令人窒息的駕駛座中，而且還是早上七點，但這些美麗的蕾絲花紋圖案，依然緊抓著我的注意力。

「不要離開你的座位，**老爺**——會被別人搶走。」收了我錢的仲介販子這麼說。

離邊境只不過半哩之距，但這裡每個人都會說史瓦希利語，真令人驚訝。

經過了許久的吼叫與爭吵，外加一場打鬥後——有個人之前因未付清車資而從車後被丟出車外：他為了捍衛自己的自尊，因此賞了把他丟出車外的那個人一巴掌——我們出發踏上南下的爛路，進入暑熱與塵土之中。車上的牛群在發抖戰慄，在路面最糟糕的路段，有些牛還會摔倒，遭到其他牛隻的踐踏，使情況更糟。牛群中有三名守衛，他們或扭擰牛尾、或用棍子重毆牛臉、攻擊跌倒的牛，目的是要牠們站起來。這些全是要送到奈洛比屠宰場的牛，因此讓人看了實在難過，牛群中的每頭牛都有張溫和的臉與一對充滿信賴的眼睛，牠們沉默而溫馴地面對自己即將被送去屠殺的命運。由於卡車沒有冷藏設備，所以牛隻必須活生生地帶去宰殺，然後放光所有的血，完全依照回教律法屠宰牲畜的方式，遵從回教信仰的規定。

司機名叫穆斯塔發，是個性情乖戾的年輕老菸槍，他顯然只會說史瓦希利話。「**喂喂，木組恩古**

（Wewe, muzungu）。」每當他要我注意他時，就會這樣對我說。「你，白人。」這種過度熟稔的言語形式極度無禮，但是他已經習慣了應付自知預算捉襟見肘的寒酸旅人。他顯然厭恨這份工作，也怪不得他，駕駛座裡塞滿了人，卡車上則塞滿了動物，另外還有更多的人坐在卡車架上、蹲在駕駛座頂、掛在卡車兩側，他們當中有許多人都嚼著**夸特**保持平靜。

沿途我看過很多狀況糟糕的路，但是這段路簡直爛得壯觀，比穿越蘇丹沙漠那條根本不算路的小徑還要糟糕。這是條窄窄的小路，布滿了可以讓輪子陷下去的深洞與突然出現的轍跡，又硬又陡的車轍不斷令卡車搖晃跳動。不過最壞的狀況是鬆動的大石。破碎而尖銳的大石，體積龐大到足以讓想要爬過去的卡車嚴重前傾與上下晃動，讓車上的牛跌倒在地。依然是很早的早晨，但是氣溫已經很高，路上沒有遮蔭之處，既白又刺眼的大地綿延無盡，像片鹼漠。車子以大約十哩的時速前進，前方還有兩百哩等著我們。

非洲的孩子很少哭鬧——他們像父母那樣有耐性的樣子，幾乎可說是種奇蹟——不過，在駕駛座裡的這些孩子卻尖叫不斷。

由於這個區域的爭戰——沒錯，一如之前那個士兵說的，歐羅摩人攻擊了幾個警察崗站——所以這兒的檢查哨設置得很頻繁。對控制哨站的武裝人員而言，每個非洲的檢查哨都是一個賺錢的機會；也就是說，每個哨站都是勒索站。穆斯塔發把錢塞到哨站人員的手中，然後一面抱怨、一面繼續前進。

我想念和我意氣相投的同伴塔德雷與伍德、想念衣索匹亞比這兒好上幾百倍的路況與蔥綠，也想念衣索匹亞人的彬彬有禮。然而我安慰自己，畢竟已經成功來到了肯亞境內。我要依照計畫繼續南行。

九、十點時，我們停在路邊的一群錫頂小屋前。

「**恰庫拉**（chakula）。」穆斯塔發說。食物。

桌上擺著一盤盤的肥羊肉與裝在髒兮兮搪瓷碗中的一塊塊灰色粗粥，肯亞人稱之為**烏噶力**（ugali）。非洲人的進食習慣是由男人先吃，他們爭先恐後地推擠到桌邊，倒在桌上，然後抓了食物就往嘴裡塞。我買了瓶可樂拍穆斯塔發的馬屁，並問他大概什麼時候可以抵達馬沙比。

他聳了聳肩，大口灌下可樂後對我說：「**希．朱一**（Si jui）。」──我不知道。

其他的非洲人雖然無禮，但很活潑，**喂喂，木組恩古**聲此起彼落，還有一個人一邊嚼著骨頭、一邊用他那根滿是羊油的手指指著我說：「**喂喂，木組恩古**。」

「嘿，你老傢伙，」什麼？這個稱呼可能表示親愛或尊敬，就像鳩摩．肯亞塔[2]的頭銜是姆吉（Mzee）一樣，強調他是個長者與領袖。不過我心知肚明，他們這麼叫我，純粹是為了嘲弄我這個老頭子。

「**哈帕納．姆吉**（hapana mzee）。」我說，這是一般人在家裡講的史瓦希利語，意思是「一點都不老」，不過這些北方人說的史瓦希利語，也全是一般人在家裡用到的話，這些人絕大部分都是住在沙漠裡的波雷納人與薩姆布魯人，彼此沒有共同的語言。只有海岸地區與少數幾個國家才使用合乎文法的精緻史瓦希利語。

「**米米．維加納**（mimi vijana）。」這個男人回應，強調自己的年輕。

另一個右手沒有手指的男人，正在用左拳打一根羊骨，這傢伙顯然在用自己的語言，波雷納話，說明他正在吃羊身上最好的部分──骨髓──他把骨髓打在桌上，變成黏黏的一坨，然後塗在自己的手指上，貪婪地吃進肚。

屋外，車隊的其他卡車也停了下來，隨行的軍人問我有沒有遇到麻煩。

「衣索匹亞有戰爭？你看到了嗎？」

這些無知的居民，旅行在這片過燙沙漠中的醜惡路上，身處在非洲最腐敗、最窮困、罪惡橫流最盛的區域之一，卻認為開朗、衣衫襤褸卻很有尊嚴的衣索匹亞是個戰區。

當我們再度重新出發，我看到有個軍人爬上穆斯塔發的卡車後面。我不太確定和一個帶著高功能來福槍的軍人同行，自己是應該擔心還是安心。

沙漠中看得見的村落都是波雷納族人的村子，不然就是波雷納的附屬部落——姆步吉族（Mbuji people）、雷迪雷族（Ledile）和嘎步拉族（Gabra）。他們都是相當俊秀的男人與動人的女子，貧乏地活在數量日漸縮減的羊群間。他們雖然在這片廣袤的沙漠上放牧自己的牲口，但這兒卻沒有什麼牧草可讓羊群果腹。已經三年沒下雨了，所以這兒的人民被迫食用是自己財富的牲口。有許多雷迪雷人就那麼坐在一個傳道站那兒，看起來很憔悴。

幾乎沒有其他能吃的東西，所以這兒幾乎也沒有任何野生動物。我看到一些他們稱之為迪克迪克（dikdik）的小鹿，當然還有鳥——鳶、鷹、鴿，除此之外，有荊棘的地方，某些織巢鳥也會在牠們的許多巢穴間飛進飛出。

路直直往前延伸——多石、多礫、多凹洞的路況——直到遠遠的地平線，從中切出兩片湖水。湖水非常壯偉，在陽光下閃閃發亮，平坦而廣垠的水面，映出了穹蒼，為這片景色增添了幾分涼意，誘惑著旅人，承諾著舒緩。不過，湖水當然僅僅是片海市蜃樓；只有碎石路才是真的。

我們走得非常非常慢，所以當後輪在下午兩點爆胎時，我不只聽到一聲像手槍開槍的爆裂聲，還聽到空氣從輪胎裡洩出來的嘶嘶聲。穆斯塔發停下卡車走了出來，嘴裡咒罵不休。

---

2 鳩摩・肯亞塔（Jomo Kenyatta）：一八九〇？—一九七八，肯亞的人類學家、教育家和政治領袖，一九六三—七八年間任肯亞總統。

是中間的那個輪胎——為了要支撐牛群的沉重，後車軸有八個輪胎，一共四對。有人拿出了一個生鏽的小千斤頂，慢慢架起卡車，拆下輪子，檢查爆掉的車胎。內胎破裂處已非一個洞字可以形容，而是一個大到足以讓檢查爆胎的非洲人把整隻手臂伸進去的裂縫。

這是意料之中的狀況——至少在我的意料之中；不過非洲人顯然沒有這樣的意料，因為他們根本沒有備胎。這些人從粗麻袋裡抖出橡皮——內胎、貼皮、大鐵撬、一件件的平頭鐵器、一管管的黏膠，以及一個看起像古老腳踩式風箱的東西——然後開始非常不熟練地重重敲打輪胎，就像他們從未這樣修補過輪胎般。當他們試著把輪胎撬離輪框時，鐵製工具也被拗彎了。

這夥人輪流與輪胎奮戰，不過每次都失敗，此時我們其他人只能呆站在沙漠驕陽帶來的強烈熱暑之下。這兒沒有遮蔭之處，也沒有任何可以稍減刺眼光線與熱氣的地方，但仍有幾個男人爬進了被架起的卡車之下，躺在半暗的地方睡覺。

鮮少說話，且就算說話也只說史瓦希利語的穆斯塔發，用英文發表了他的意見，他對我說：「這些他媽的爛路。」

我心想：這可真糟糕——車子在一片沒有人會在乎我是生是死的沙漠中拋錨，而我又卡在一群平生所見最無能、也最缺乏工具可用的技工之間。

這樣過了一個鐘頭後，有輛滿載牛群的卡車從我們身旁呼嘯而過，卡車沒有停下，顯然完全漠視正在修車的我們。但是這輛卡車卻提醒了我，我們本應以車隊的形式前進。我又想：我應該立刻採取挽救行動，跟其他的卡車一起離開。我走到離我們那進退兩難的拋錨地點稍遠的距離之外，搜尋著地平線上是否有另外一輛車子。大約二十分鐘後，我看到飛揚的塵土——一輛卡車。

我站在路上，向接近的卡車招手，這是另外一輛載牛車，車子慢下時，我爬上裡面已擠滿婦孺的駕駛座，要求司機載我一程。

「你可以跟我們走，可是必須到車頂去坐。」

我從穆斯塔發的卡車上取下行囊，丟給另一輛卡車車頂上的人，然後快步追車，因為車子始終沒有真正停下來，只是慢慢滾動經過穆斯塔發這輛令人束手無策的卡車旁，裝配機器的那群傻瓜正在玩弄著補片——有個人啪地一聲在輪胎的洞上甩了一大塊黏膠，當成可能的修補方式。我很清楚他們明天應該還會在那兒，處於奄奄一息的牛群當中，繼續與扁平的輪胎奮戰。

眼中的他們慢慢後退成了距離，迎著熱風與令人窒息的灰塵，我在駕駛座頂的車架上緊抓著管架保持平衡。載運著沉重牛群的高重心卡車非常不穩地搖擺。因為乾渴而虛弱的牛群，隨著卡車的晃動而蹣跚踉蹌，牠們啪啪啪地接連跪跌在地，又不時被摔倒在卡車貨廂板上，車上的看牛人又打牠們的口顎又扭尾巴。即使在輪胎碾過道路的沉重聲音之下，我仍聽得到牛兒痛苦的哞叫。

深入沙漠之後，看到的是波雷納族的駱駝隊伍，那是覆蓋在美麗之下的純然驚恐，穿著黃色長袍的女人走在前面，男人領著駱駝。這是一幕美麗的景象，然而卻是生死瞬間的事情，表明了對於水的急迫需要。沒有雨，也沒有鄰近的水井，因此駱駝隊伍必須長途跋涉，用五加侖的罐子與桶子把水馱回來。每頭駱駝身上都背滿了重重的錫製容器，濺出來的水打溼了駱駝的脛骨。

在卡車頂上的我必須緊緊抓牢才能維持站立的姿勢。這段路不僅多石，而且已經不是直線——這段路開始在巨大的隆起地形間蜿蜒，這些隆起的地形還不到可以稱之為山丘的程度，卻和山丘一樣礙事。我們前進的速度極為緩慢。我根本看不到前方。然而也正因為車速太緩慢，我讓自己放鬆了下來，不必那麼死攥著車架不放。

沒多久，我聽到一聲巨砰，心裡想：糟了，又爆胎了。但是接著又是一聲砰，車架上的人從我身邊推擠而過，撲倒在一大群呻吟的牛群之間。

我瞥見兩名身著土灰色長袍的蒙面男子站在路中，手裡高舉來福槍對空鳴響。之後發生了兩件事。第一，令人嚇一跳的是蹲伏在我身旁的男子——他是個軍人——舉起了槍，直接朝路上的男子開槍，那兩人立刻閃避到大石之後。第二，我們的卡車突然加速，快速移動的車子，在隆丘之間的超狹小徑中連滾帶爬，就像正迎著當頭大浪中搖搖欲翻的航行遊艇。

同時，我也正從卡車的頂杆上和其他男人一樣撲倒在站立不穩的牛群身上，晃晃盪盪地吊在金屬的車側後（心裡想著，不知道這片鐵皮有沒有防彈作用？）。我們的車子從時速五哩加速到二十五哩，這或許不是什麼了不起的加速速度，卻足以讓我們脫離那些武裝分子的射擊範圍，展現大家要逃走的決心。

那兩人就是**席夫塔**，位於絕佳地點的典型攔路強盜。卡車因為開始爬坡而慢了下來，那是一個擠在兩個隱蔽地點間的位置，這時，閃在大石後的**席夫塔**再度現身對空鳴槍，吸引我們的注意。或許他們沒有料到車上會有人對他們開槍；更或許是因為司機猛踩油門讓大家脫離那裡的舉動，讓他們大吃了一驚。

在卡車上，抓著我身邊車杆的軍人搖著頭大笑。

我問：「**席夫塔**？」

「沒錯。」他對我嚴肅的面容微笑。

我說：「**席塔奇．庫發**（sitaki kufa）。」意思是我不想死。

他用英文回答我，「他們不要你的命，**老爺**。他們要你的鞋子。」

那之後，多次漫步穿越非洲時，我都會嘟囔著這兩句話，這是一段低度開發地區的墓誌銘，一段言以蔽的自暴自棄。你的一條命對他們有什麼用處？一點用都沒有。但是你的鞋子——啊，那就完全不同了，鞋子是有價值的東西，比你的表有用（他們有太陽可以知時）、比你的筆有用（他們都是文盲），也比你的袋子有用（他們沒有可以放進袋子裡的東西）。他們是需要鞋子的人，因為他們永遠都在走路。

當我們又繼續上路時，卡車以十萬火急的速度移動，牛群因此更頻繁地跌落在彼此身上，粗野的顧牛人也更加殘暴地對待牠們。不過我們很快就來到了檢查站，必須停車。這個檢查站配置了四名軍人，從容地遊手好閒，要求看我的護照（**喂喂**，**木組恩古**），毫無政府官員的樣子。

這個檢查哨讓我安心不少，就好像可以看成一面阻止強盜接近的擋牆。其他在卡車頂層的乘客顯然也有同感。之後，乘客們各自就定位後，路況也改善了，我們這時快速朝著前面更高的地面、山丘及正在下山的太陽前進。眼裡的綠枝不再是海市蜃樓，那是馬沙比鎮的天然綠葉。

卡車停在這座髒兮兮小鎮上的一個市場上，我壓低身子回到地面，發現自己正在發抖，有一點點是因為經歷了千鈞一髮的危險，有些令人暈眩地確認了自己存活下來的事實後，全面體驗到的那種歇斯底里的快樂。

我到處閒逛，找到了住宿的地方，家家旅館，管理者是位真正的回教徒，他也稱我**姆吉**。是我迫在眉睫的生日，才讓家家這兩個字特別刺耳嗎？又是一間三塊美金的房間。我在公共浴室沖了個澡，然後走到市場喝塔斯卡啤酒，和一些當地人聊天，我吹噓地說：「有人對我開槍！」沒有人覺得驚訝或有什麼了不起。他們只是聳聳肩。「那是**席夫塔**路。」

回到家家旅館，我遇到一個剛抵達的人，他之前一定是走在車隊的後面。他是個看起來精疲力盡的英國人——汗流浹背，全身髒兮兮的鬍子也沒刮，一臉怒氣，充滿血絲的眼睛，提著一個重重的粗呢袋。

「你好嗎？」

「有人對我們開槍！」他這麼吼。

「我們也是，」我說，「在那些土丘之間的彎路上。」

「我們一定就跟在你們後面，」他有一口濃重的約克夏腔，「不過他們惹錯人了。我他媽的馬上把油門踩到底。另外車頂上的那些軍人則毫不留情地開槍。」

這個人叫做班．巴克，是位卡車司機，車上帶了幾位付了車資的旅非遊客。晚餐後，我們找到了權充他技師之一的哥哥阿貝爾，三人一起到馬沙比市場上喝啤酒。班向我描述他的行進路線。他修好了一輛舊柴油卡車後，從家鄉格蘭吉朝東出發，經過土耳其、敘利亞、約旦、埃及及蘇丹——再搭接駁船橫越納瑟湖。他也是要去開普敦。車上已有七名自助旅者，他很開心收些小錢，把我也算進他的乘客名單上，最遠可以把我送到奈洛比。

「我不介意開車，」班說，「但這種旅行最糟糕的是車上的人開始擺張臭臉，抱怨連連。『我們為什麼不能去看鱷魚？』、『今天為什麼要趕路？』、『我們不能他媽的停一下嗎？』」

與慈善組織人員的對話

馬沙比雖然骯髒破舊，卻是個綠洲，位於廣布著農民、牧人村落的正中間，連年乾旱，讓牧人的牲口情況都很糟，農人的庭園裡不是雜草叢生，就是農作物發育不良。這些原因讓馬沙比成了救援人員與慈善機構的出沒之地，許多屬於這些救援人員的漂亮白色路華越野車，都停在家家旅館前。

《黑暗之心》裡的庫爾茲先生曾描述過這樣的憧憬，「每個車站都應該像燈塔，站在通往更美好事物的路上，還應該像貿易路線中心，同時兼具人性、進步與教育性。」當然，這樣的景象是出現在理想開始幻滅之前，而庫爾茲先生也尚未變成一個食人族的首領。

比庫爾茲先生早五十年的潔麗比夫人，在《廢屋》[3]中也提出過類似的體系。潔麗比夫人「致力於非洲議題」，她在完全忽略自己倫敦那個痛苦家庭的同時，念念不忘的頑念只有「非洲計畫」。她的計畫包括「咖啡果的一般栽種——**以及**對當地人的一般性教化——另外還有非洲河岸的快樂村落，我們過剩的家鄉人口……教育尼日左河岸的波利歐波拉加土著（Borrioboola-Gha）」。

費歐娜與瑞秋為一家英國慈善機構工作。庫爾茲先生與潔麗比夫人分別在剛果與尼日所意欲達成的目標，正是這兩位小姐在馬沙比區域努力要做的事。這天剛好是她們每週一次從南部北上的行程。兩人都是二十五、六歲的小妮子，熱氣與長途車程讓她們的面頰顯得溼潤。不過她們配有司機，和一輛很值錢的高性能車。車身的圖案是個哭泣的非洲大陸和一句標語，標語寫著，**為非洲掉淚**，是我在做夢嗎？

「明天要餵溼飯。」費歐娜這麼說。

瑞秋說：「九十個體重不足的孩子，有些嚴重營養不足——從嬰兒到四歲的孩子都有。」

「什麼叫做餵溼飯？」

「粥。提供營養的混合營養品——玉米、豆子、油、一些糖和脂肪。美國人稱之為玉米大豆混合品。」

「你要到一個村子裡，把混合食品倒在食槽裡給人吃？」

「我不會用這樣的說法。」費歐娜說。

3《廢屋》（*Bleak House*）：狄更斯的第九本小說，出版於一八五二—一八五三年間，書中藉著一場因廢屋而在高等法院纏訟許久的訴訟案，凸顯社會與人性的險惡。希望從廢屋案中獲利的每個人，最後均一無所獲。潔麗比夫人是書中的一個角色，她總是為做善事而忙碌，卻無視自己的家人，有個混亂的家庭。有人認為這個角色是在影射早期的澳洲人道主義者契茲恩（Caroline Chisholm，一八〇八—一八七七），不過狄更斯否認此說法。

我對她說：「我們總是說『要給人種籽，讓他們自己種出作物』。」

「這裡的雨量一直都靠不住。」瑞秋這麼說。

「也許他們應該遷居他處。如果他們遷居到其他地方，或許可以找到工作，如果你不餵他們，或許他們可以自己在菜園裡種菜。」

「我們拯救的是生命，不是生計。」費歐娜說，這聽起來簡直就像是潔麗比夫人寫出來的簡介內容。

我說：「或者家庭計畫的建議——妳可以提供他們家庭計畫的建議。」

「我們不討論家庭計畫，」瑞秋說，「我們餵食五歲以下的孩子及需要哺乳的母親。你為什麼要這樣看待我們？」

「我不知道，」我說，「跟『督導餵食溼飯』有關吧。聽起來像是野生動物公園裡做的事情。」她們覺得受到屈辱，說了那些話，我自己也覺得很抱歉，因為她們顯然都工作得努力又認真。再說她們大老遠專程跑來這兒，為北肯亞沙漠裡那些臉色蒼白的孩子準備粥食。

我說：「在野生動物公園裡，遇到不好的年頭，公園管理員就會在小水塘附近撒好幾捆的紫花苜蓿，幫助河馬度過難熬的季節。」

兩位小姐只是瞅著我，非常不高興有人挑戰她們。

我說：「如果你們只是把食物送過去會怎麼樣？」

「孩子的父母會把食物偷走，讓孩子餓死。」

換句話說，物競天擇。這就是為什麼桑布盧族如此強悍。最強壯的孩子才能存活下來，虛弱的孩子只有死亡；在非洲，總是有孩子死亡，然而即使愛滋肆虐、嬰兒的死亡率居高不下，非洲人口的成長仍是世界第一。但話說回來，維多利亞女王時期的英國也有很高的人口成長率。在湯瑪斯·哈代的小說

《無名的裘德》[4]中，在村子裡挨餓又天數已盡的孩子留下了一張紙條，紙條上寫著：因為我們人太多了。

費歐娜和瑞秋都是好心人，對自己的任務也很熱心。然而讓我弄不清楚的是，為了要餵食這些「體重不足的孩子」，她們必須與孩子的父母作戰，這些父母需要（誰能怪他們呢？）從孩子口中搶奪食物。或者她們所說的狀態是過度戲劇化了的情況，因為身在非洲的救援工作人員與慈善團體之間，常帶著傷感的通俗劇味道，然後以一種劇場的形式呈現。

「你們會這樣持續多久？」

「我下個禮拜就要離開了。」費歐娜說。

「我還有一個月。」瑞秋說。

「所以妳們用混合營養品餵食的這些人，在你們離開之後，很可能又得自生自滅了。」

「整個計畫在幾個月內就要做出評估。」費歐娜說，變得很官僚。

純粹為了滿足自己的好奇心，我在第二天早上去參觀了馬沙比的中學，遇到了其中一位校長麥納先生。除了離家念書拿學位的那幾年外，麥納先生在馬沙比待了一輩子。他堅決否認這個區域有任何人沒飯吃。他強調，正因為政府對傳統經濟作物的漠不關心，現在的食物要比任何時候都來得多。

「肯亞農人感到非常無力，因為政府一點都不支持他們，」麥納先生說，「許多地方的農人拔掉了自己的咖啡叢，開始種植高麗菜和玉米維生。」

「政府為什麼不在乎？」

---

4 湯瑪斯．哈代（Thomas Hardy），一八四〇—一九二八，英國的小說家與詩人，英國文學史上最偉大的大家之一。《無名的裘德》（*Jude the Obscure*）是哈代的最後一部小說，出版於一八九五年。

「他們為什麼要在乎？他們可以從世界銀行、國際貨幣基金會、美國、德國，還有其他國家那兒拿到錢。」

簡言之，肯亞政府也仰賴捐贈國家的混合營養品，只不過這種營養品的形式是白花花的銀子。錢進了政客的口袋已是經過證實的事實。那時候，一名肯亞籍的白人理查·李奇博士率領一個委員會揭發肯亞的貪污狀況。然而就在揭發了一堆貪污事件的數週內，李奇博士被肯亞政府拉下台，還遭指控貪污，讓他開始與這宗被指控的貪污案進行奮戰。

不是槍擊，是爆胎！

除了班與阿貝爾外，這部穿越非洲大陸的卡車上還有一個名叫麥克的英國約克夏人，他是卡車的首席技工，沉穩地吹噓車上有套完整的焊接工具、一個備用引擎和一部發電機。其他七名付錢的旅客都因為前一天遭到**席夫塔**開槍攻擊而抖得很厲害。來自紐西蘭的阿玉有氣喘的毛病，壓力讓她出現窒息的現象——或者，她的窒息現象是因為穿過開放式卡車中的灰塵？另一個大約二十歲的加拿大人——是個來自於烏克蘭的移民——他在歡迎我上車後，對我露出一個神經兮兮的笑容。

當我搖晃著爬上卡車時，他說：「沒錯，今天是個死亡的好日子。」他常常說這句話，沒有其他的對話。這傢伙不太像是因巨大衝擊的壓力而形成的受害者，倒像是個天生的討厭鬼。

車上還有兩名士兵，一個笑臉迎人但從不說話，另外一個滿臉怒氣卻很愛說話，叫做安德魯，從我們離開馬沙比那一刻開始，他的抱怨就沒停過。路上只要一看到桑布盧族人——著色彩鮮豔的寬長袍、戴耳環與珠鍊，手中握著來福槍與手杖——安德魯就一肚子氣。

「他們全都是**席夫塔**，」軍人安德魯說，「他，還有他，還有那邊的人，全部都是。因為他們向肯亞政府要求，所以有了槍枝。『我們要保護我們的牛群。』可是他們拿槍攻擊路上的人。前兩個月死了四十個人。」

之後我們來到了滿是樹叢的路上，荒涼、乾燥、寬闊得一如前日之路，而路況也是一如之前的糟糕。我和那些被槍彈嚇傻了的旅人一同坐在卡車上：氣喘的阿玉；兩個女孩，耳上掛著隨身聽的瑞貝卡和蘿拉（Laura）正在聽著崔西．查普曼的歌；麥可的女友茱蒂（麥可和班一起坐在駕駛座裡）；阿貝爾攤平了身子躺在一張長椅上，另外還有那個加拿大人，對著前面的路邊微笑邊說：「今天是個死亡的好日子。」

這個區域除了桑布盧族外，還住著然迪雷族。後者身上的綴飾與鮮豔的色彩常使他們成為明信片上的圖片。**穿著傳統服裝的肯亞戰士**，明信片上會這麼寫。然迪雷人頭上戴著的堅硬珠盔掩至眉頭、混編了珠子又塗上紅色赭土的緊實辮子在腦後晃蕩、直挺挺的脖子上纏著複雜的項鍊與紅白珠的護喉，另外還有臂鐲、手鐲、腳環。他們的服飾中有部分是武器，樣子像響葫蘆的擲棒插在珠子串成的腰帶裡，刀子則套在經過裝飾的刀鞘中。他們帶著長矛、穿著鮮紅色的紗龍。然迪雷人是裝飾品的化身，在迪達．加爾加祿沙漠裡，一哩之外就可以看到這樣的一位然迪雷戰士，或許這正是重點所在。

在不著村不巴店的路上，兩名然迪雷戰士向我們招手。我們讓他們搭了便車，但是他們的史瓦希利話實在太初級，連車上的軍人都無法與他們攀談。後來其中一個人說：「來沙米斯（Laisamis）。」——車上的士兵聽出來這是再過去三十哩的一個傳教區名字。兩名然迪雷戰士不發一語地坐著，但他們允許瑞貝卡拍照。

來沙米斯這個天主教傳教區也是個然迪雷族的沙漠村落。這兒沒有樹，也沒有遮蔭處，但當天是個市集日，好幾百名精心打扮的快樂人們，蹲在一間大教堂、一座小學校、一個地上的鑽洞及許多散置各處的粗製濫造小屋之間，周遭全是塵灰。然迪雷族的裝飾只限於人，大型圓枝和草頂蓋成的小屋裡，住著插著彩色羽毛的人。我的腦子閃過一句康拉德的話，「在陽光的燦爛中找不到歡樂。」

有氣喘病的阿玉哀求班在來沙米斯停一會兒，她說她無法呼吸。阿玉的情況看來非常嚴重，紅紅的眼睛凹陷，臉色蒼白，氣喘最嚴重時，嘴唇還會轉成紫色。炎熱天氣下的卡車後車廂，外加迪達．加爾加祿沙漠中飛揚的塵土，在我眼裡，並不是能讓氣喘病人開心的地方。阿玉顯然很痛苦，但她沒有抱怨。當班試著修理她的電動噴霧器時——他說可能需要一個鐘頭——我走到沙漠邊的荊棘樹叢裡賞鳥。除了老鷹和禿鷹外，這兒還有一種鶇哥大小的鳥，紅、黑與鮮綠，不但非常美麗，也有著非常可愛的名字，超群星椋鳥（Superb Starling）。

有名下了班的肯亞警察馬克溜達過來，他說他需要搭便車。班答應了，因為這位警察雖然穿著便服，身上卻帶著手槍和其他武器，在這條**席夫塔**有意突襲的路上，這傢伙很有用。馬克是個桑布盧人。「進行割禮之後，你可以決定去上學或看顧牲口。如果你決定看顧牲口，穿著就和這些人一樣。我們稱他們**鄰摩利**（limooli）——馬克這麼寫，但他的發音卻是**茂雷**（mowle）。「我有個兄弟就是**茂雷**。然迪雷人模仿我們。」

「我的氣喘又開始發作了。」阿玉說。她努力為呼吸奮鬥，對我們感到很抱歉，她看起來很慘；不過卡車上有同情她的支持團體，莎拉、蘿拉、茱蒂與瑞貝可卡，她們不論在服藥或噴霧器方面都幫忙照顧。**席夫塔**的突擊讓她們在感情上結合在一起。十九歲的莎拉正準備進入英國大學，她在遭到槍擊後，害怕得低聲啜泣。

中午剛過，我們正沿著路走，突然一聲巨響，聲音尖銳、震耳得讓所有人立刻趴伏在車板上。班繼續把車子往前開，車上的兩名士兵抓起自己的來福槍，尋找**席夫塔**的蹤跡。不過並沒有出現第二聲巨響。事實上，卡車的速度放慢了。

「爆了一個胎。」麥克把頭從駕駛艙中伸出來這麼說。

「昨天我們以為是輪胎，」茱蒂說，「結果是槍聲。」

沒有人對撲倒在地的動作感到懊悔。這是次緊急狀況的演習。

「沒錯，今天是個死亡的好日子。」那個加拿大傢伙說。

我們又跛行了四哩，直到一串小屋聚集之處，小屋數量少到幾乎不能稱之為村。這個地方名叫塞羅雷維（Serolevi），存在的目的是因為這兒有個路上的檢查哨，因為是檢查哨，所以必須有名字。此處位於桑布盧族地區的心臟地帶，這片沙漠裡只有矮灌木叢、死荊棘樹及打扮與裝飾過度的桑布盧牧童。沒有樹蔭、沒有坐的地方，只有塵土、砂石、幾個看起來茫然的人和懶惰的警察。

麥克和阿貝爾用千斤頂抬起卡車，班在一旁監督。輪胎半個小時就換好了。這個速度與穆斯塔發和他手下前一天展現出技術的超級生疏，簡直天壤之別。大家忙著換胎時，我在村子裡隨便走了走，心裡想：老天啊，真是個糟糕的地方。這兒有家店——只是間擁有一個貨架的小屋，架子上是未經加工的肥皂塊、米、玉米粉、乾餅，以及卡蘇庫（Kasuku）牌的脂肪。**卡蘇庫**是史瓦希利語的鸚鵡，所以我針對鸚鵡脂肪開了個毫無創意的玩笑，女店東厭煩地嘆了口氣。

「前頭的那些山，」當我們把修車工具重新放回車上時，班說，「山後就是伊西歐羅。」

伊西歐羅是我們的目的地，在沙漠邊緣，算是個具有相當規模的城市，有水也有食物。

「阿契崗（Archer's Post）在伊西歐羅之前，」軍人安德魯說，「那是**席夫塔**問題最嚴重的地方。」

我最痛恨聽到非洲人這麼說：前面有壞人。

我問班是否可以坐到駕駛艙中。他說「好」。我們繼續上路，麥克坐在窗邊，我夾在中間。路面非常顛簸，路上又長又深的坑洞讓卡車上下搖晃不已，我和麥克必須把自己顧穩，腳頂著儀表板。

在一段特別糟糕的路段，卡車上下嚴重跳動，底盤大力撞及地面，發出一聲有如鐵鎚敲打鐵砧的聲音。班機警地看了看輪子，然後抬起頭說：「媽的。」

麥克問：「怎麼了？」

「車子歪了。幹。」他慢慢把車停下來，然後走出車外檢查車底，接著他告知大家狀況。「我們報銷了一條彈簧、三面大底板，底盤移位到輪軸上了。媽的。幹。我就是怕這個。媽的。」他又發動引擎，然後迴轉。「從我們離開開羅後，我就怕死了這條路。」

「我也是。」我說。

「你幹嘛不搭他媽的混蛋飛機？」

「因為我想看看這條可怕的路上到底有什麼。」

「一千哩的頭痛。」班說。

但是麥克念茲在茲的是那根斷了的彈簧。他說：「我們得把底板焊接好。也許要把卡車用鍊條鍊起來或什麼的。」

我們慢慢把車子開回到塞羅雷維那個讓我心情沉落的村子。我們的護衛士兵開始毛躁，即使是平常很冷靜的人也不例外。「修好就走，」暴躁的那人說。但是班根本懶得回答。卡車的損傷非常嚴重，連我都可以看到撞斷的彈簧，以及重型卡車威脅著要折斷輪軸的車身。

麥克用千金頂頂起卡車，擺出工具——發電機、備用彈簧和底板。當太陽朝著沙漠地平線落下時，麥克與阿貝爾輪流試著移開斷掉的彈簧。薄暮已經降臨，他們依然幾乎沒有任何進展。

班對我說：「有沒有興趣在沙漠過夜？」

「我們必須立刻離開，」軍人這麼說，「這些人會占我們的便宜。」

班一面用鐵橇使勁拉扯斷掉的彈簧底板，一面沉靜地說：「噢，這樣啊。」連軍人在內，我們一共有十二個人，夜幕馬上就會籠罩我們——還有飢餓。光坐著實在很無聊，於是我說我會負責準備大家的晚餐。附近有雞跑來跑去，店裡也有米。村裡最友善的女人是個名叫海倫，穿著一件綠色洋裝的奇庫育女人，她對我說：「我是圓滿福音教會（Full Gospel Church）的傳教士。我把耶穌帶來此處。」

「這些是妳的雞嗎？」

她說是，還說只要支付一千七百肯亞先令，也就是大約二十塊美金，她可以殺三隻雞、燉馬鈴薯與準備印度麵餅，餵飽我們十二個人與她的一些家人。

夜幕已降，海倫開始升起三處炊火，這時卡車那兒也開始焊接工作，麥克因為焊接面罩破了，所以隔著一小片霧玻璃瞇著眼睛進行焊接工作。焊接時的明亮火花把塞羅雷維邊緣的小屋住戶吸引了出來，他們坐在旁邊看著焊接過程。

我幫海倫削馬鈴薯皮。我對她的烹飪技術大為佩服，但同時對她造成的雜亂也大驚失色，因為她蹲在一大團雞毛、雞內臟、馬鈴薯皮、熱煤炭及一壺壺劈啪飛濺的水之間。但這就是塞羅雷維的方式：煙霧瀰漫的炊火，凹陷的燉鍋，還有燒焦的肉。

我派一個小男孩到店裡幫我買瓶啤酒，然後坐在木頭上，一面削皮，一面牛飲啤酒，感到一種模糊的滿足感。

「啤酒不好。」海倫吃吃地笑著對我說。

「聖經中沒有提到啤酒，」我說，「耶穌喝酒，也造酒。他對酒的喜愛勝過水。在迦拿的婚宴上，耶穌把水變成了酒。那是奉他母親的要求[5]。哪裡提過酒不好？」

「〈加拉太書〉中有提到。」

「你是說保羅譴責醉酒與荒宴[6]的那段？」我說，「海倫，我不認為在桑布盧土地上的一間泥屋外喝瓶溫熱的塔斯卡啤酒會構成醉酒荒宴。妳說呢？」

她聽懂了我的笑話，所以笑了，但她還是說：「你不會得到救贖。」

「有個人問耶穌，『善良的大師，我應該如何找到天堂的國度？』耶穌說：『愛你的鄰居。遵從誡律。』」

「約翰說你必須重生。你是個優秀的削皮人。」她邊說邊舉起馬鈴薯。

海倫性情很好、反應很快，剛過三十二歲的生日——肯亞人的平均壽命只有四十歲出頭。她未婚。

「妳還沒遇到真命天子？」

「耶穌就是真命天子。」她在做印度麵餅，正在丟擲麵糰，並用雙手拍打麵糰。

我覺得自己很幸運，於是笑著喝了另一瓶塔斯卡啤酒，心裡想著：我愛這個地方，我愛坐在粉紅色的落日餘暉之中，削著馬鈴薯皮，談論救濟的問題。白晝的炎熱已消退，空氣溫和，到處都有小孩子彼此愚弄、吵架、取笑，周圍是飛揚的火花及雞肉和馬鈴薯的香噴噴蒸氣。

黑暗已在我們身邊定位；唯一的一點光亮來自於炊火及焊接噴槍所噴出令人目眩的藍色弧光。稍後，焊接噴槍熄滅了：發電機沒油了，如果不從阿契崗帶回些汽油，焊接工作就無法完成。我們也許會被困在此地好幾天。我一點都不介意，但其他人卻覺得很糟糕。

這個可怕的消息似乎引發了阿玉的嚴重氣喘。她說她無法呼吸。其他幫忙的同車旅人給了她安慰，沒多久，一輛路華越野車來到了檢查哨，車上坐滿了身著長袍的索馬利人。阿玉求他們帶她同行。「我需要去醫院。」於是索馬利人把她和蘿拉一起塞在後座朝南疾駛，闖入黑暗之中。

留下的人開始吃晚餐。當地的首領是個名叫喬治首領（Chief George）的年輕人，他也加入我們的飯局，另外一些在附近閒蕩且看起來飢餓的人也和我們一起用餐。最後連我們一共十五個人吃飯。我協助海倫分發食物。

用把已經彎了的湯匙舀出燉肉時，我說：「由美國藝術與文學學院（American Academy of Arts and Letters）的委員伺候用餐，應該是個極為罕見的情況。」

喬治首領一聽到「美國」兩字，就說：「我聽說有些美國人很窮。我們覺得白人並不窮困。另外，有些人不會說英文。在美國怎麼會發生這種事？」

他宣稱桑布盧族的首領一天可以走四十哩，而女人又比男人走得更快、更遠。他說：「女人的節奏性比較好。男人快走後必須休息。女人不休息。」

被千斤頂架起來的無篷卡車上有層加了襯墊的架子，當晚我就躺在那個架子上打盹。乾燥的空氣死寂而無味。無水代表沒有昆蟲。寂靜、黑暗，沒有任何動靜。幾乎圓滿的月亮姍姍來遲，在揚塵中呈現出深橘的色彩，朝我們身邊投下了一縷光亮。

早上，加拿大旅者看到我，他說：「今天是個死亡的好日子。」他環視塞羅雷維、已死的荊棘樹、四散的孩子及我們受損的卡車。「沒錯。」

5 約翰福音第二章。
6 加拉太書第五章第二十一節。

「恕不苟同。」

「我應該是卡車上最瘋狂獎的得主吧？」

「對。」

「知道我們在哪兒嗎？費加維（Figawi）。但是這是他媽的哪兒啊？」

「費加維薩伐旅。」

「是啊。看起來我們今天也要被困在這兒了。要來點大麻嗎？」

他只會喋喋不休。這時候，阿貝爾攔了一輛便車到阿契崗買發電機用油。這兒的夜晚很溫柔，但白晝卻提醒著大家此處沒有遮蔭之處，而且除了海倫小屋前的一截木頭外，也沒有可以坐下之處。到了大約十點左右，路兩邊都沒有任何車子經過，氣溫回升到三十三度以上。

在桑布盧族村落

原以為軍隊檢查哨邊的村落是村民占用公用地所臨時搭成的據點，沒想到卻是好幾百名桑布盧族人居住的一座村子。軍隊檢查哨才是臨時搭建而成的據點。附近的校舍空無一人，也無人使用——「沒錢請老師」——但是這兒卻有間酒吧，錫頂的簡陋小屋，從早上八點開始，就有男人整天在裡面喝啤酒、在小撞球桌周圍的空間打架。酒吧邊有個史瓦希利語和英文並陳的雙語標示：**聯合國全球人口基金組織衛生部——聯合國全球人口基金。保護你自己和你的朋友。請使用保險套（圖米・恩皮拉〔tumimpira〕）。請自行取用**。然而標示下的錫容器裡空無一物。

以傳統**鄰摩利**風格裝飾的男孩子——長矛、裙子、珠子——在附近的曠野上看顧羊群，小孩子不時戴著裝了水的桶子出現。我向海倫借了一個塑膠盆，跟著這些運水者來到一個水孔，原來這個水孔是荒廢了的校舍儲水塔。汩汩流出的水從管子中滴出。我放下我的盆子，看著水緩慢地滴下來，心裡估算著接盆水要用去將近一個小時的時間。

接了幾夸特的水後，我走到曠野上洗臉，接著把整個頭浸在水中，覺得太陽的熱氣打在潮溼頭髮上的感覺，簡直不可思議。稍後，我發現有塊可以坐下的木頭，於是坐下看我的書。我不趕時間：沒有人在等我，所以只覺得有一點點不方便。最重要的是，我覺得自己現在身處在北肯亞沙漠中央的一個桑布盧村落裡，是種特別的恩寵：可以生活在無懈可擊的安全感中、與當地人聊天、觀察一種趕路時無法看到的生活方式。

那天，有幾輛車經過檢查哨。其中包括馬沙比的主教拉維席神父，他是位健談的義大利人，在此短暫停留，擁抱村民，並和他們用史瓦希利語開玩笑。

「我以前在紐約有個教區，在那兒待了二十年！」現在他的教區是非洲最大、最荒涼的教區之一。儘管麥克依然跪在地上，捏著小片霧玻璃擋在一隻眼前，用火槍燒焊一面底板，但焊接工作似乎進行得非常緩慢。唯一真正擔心行程延誤的人是兩名士兵中脾氣暴戾的那個。我了解他的抱怨源自於害怕：害怕晚出發、害怕受到突襲、害怕讓**席夫塔**有機可乘的黑暗。

當我正和檢查哨的一名警察聊天時，有輛白色的路華越野車——援救人員的車子，車身有個醫療救援團體的標誌——停了下來。車子裡的男女出示他們的護照——美國人。

「你們要南下嗎？」我問。

他們說是，當檢查哨的阻礙物被移開時，他們的車子開始朝前緩緩移動。

「我是搭那輛卡車來這兒的，」我急忙說，「我們的彈簧斷了。可以順道載我去阿契崗或伊西歐羅嗎？」

「車上沒有空位了，」男人說，與我沒有眼神接觸。

「有啊，有空位——整個後座都是空的。」

「抱歉。」

他繼續開動車子，但我走在他旁邊，手放在他敞開的車窗上。

我說：「好啊，不用幫我。我們會把卡車修好。但是到伊西歐羅的這條路又長又空，如果我們看到你們在路邊拋錨或遇上麻煩——去你媽的，我們會視而不見地繼續往前走。」

這些話促使他增加車子的速度，因此我鬆了手。等到飛揚的塵土又回到地表時，我聽到麥克焊接火槍快速噴射的聲音，也聽到酒吧裡男人的醉吼，還有孩子們玩耍的聲音。我在卡車上找到一本關於愛爾蘭共和軍的書，《致死的憤怒》（*Killing Rage*），作者是艾門．柯林斯[7]，他是名前愛爾蘭共和軍的職業殺手。這是本回憶錄，但書中呈現的真誠態度表示了作者的懺悔，內容充斥著那種因部落意識所引發的殺戮，這種部落意識在桑布盧族的土地上，並不會顯得格格不入。柯林斯在協助了多次的殺人行動後，退出該組織，過著躲藏的生活，在他藏匿處，帶著悔意完成了這本有關自己殺人瑣事的紀錄，有些死者是完全無辜的被害者——被錯殺了的人，或只是倒楣的路人。

在路上攔下我們搭便車的桑布盧警察馬克告訴我，他一點都不喜歡和士兵一起坐車。

「因為如果**席夫塔**看到他們，就知道自己必須奮戰，」他說，「他們會射擊我們的輪胎或散熱器，還可能射殺司機。上個禮拜，他們就槍殺了一名司機。如果他們真的很餓，也會槍殺我們。」

「他們不要你的命，他們要你的鞋子。有人這麼告訴我。」

「如果你不給他你的鞋子，他們就會要你的命。」

這益發讓人不安，因為受困在塞羅雷維，所以整個前往奈洛比的車隊已經把我們拋在後面。即使當我們終於可以再度出發時，也將單獨上路，成為一條空曠公路上笨重的大目標。

我在一棵樹下無所事事，於是問馬克桑布族女子割禮的事情。

「沒錯，這是傳統，大家都這麼做——波雷納族、然迪雷族、梅盧族。不過我從來沒看過，因為女人替女人進行割禮、男人幫男人進行割禮，」他說，「她們割掉陰蒂。整個割掉。」

「痛死了。」我說。

「當然痛死了——被割的人也沒有藥擦。不過她不能表現出疼痛。她就只是躺在那兒，什麼都不說。這麼做之後，她就不會感到性行為的歡樂。否則她會需要男人。所以這樣子，她丈夫可以離開，但她卻永遠都保持忠貞。」

「幾歲進行割禮？」

「幾歲都可以進行。一定要在結婚前做。如果十六歲結婚，就十六歲割。或者二十歲。」

「可是她們可以在割禮完成前發生性關係。」

「她們在割禮之前當然會有性關係。她們很年輕就有性關係了。不過——」他擺出一個要我注意的手勢，確認我了解他的意思，「只能跟她同年齡的人發生關係。」

他向我解釋，他們沒有處罰十二歲的男孩、女孩發生性關係的規定，也不會去處罰一對把性行為當成遊戲的十四歲或十五歲的孩子。然而，年紀稍長的男人卻嚴禁與年輕女孩發生性行為，除非他心裡想

7　艾門．柯林斯（Eamon Collins）：一九五四—一九九九。在執行完《致死的憤怒》書內所描述的任務後，脫離愛爾蘭共和軍，住在北愛爾蘭，公開表明他對北愛爾蘭類軍團暴力與脆弱和平的看法。一九九九年在住家附近遭到謀殺。

結婚。同齡的男女，幾乎沒有不能做的事情。

「但這種情況也有風險，」馬克說，「如果女孩懷孕生子，那麼就會找不到要娶她的人。男人要新鮮的女孩、要自己的孩子。孩子的父親如果不想結婚，就會否認孩子是自己的。女孩子可能只會成為人家的第二個老婆，或根本不結婚，獨力扶養孩子。」

「這樣的女孩在村裡會引人側目嗎？」

「當然會，因為進行過割禮與結婚的女人穿著不同顏色的服裝——告知大家她是個已婚女子。」

這個民俗習慣與那本愛爾蘭共和軍的書讓我非常沮喪，於是我走回海倫的屋子裡，計畫著下頓飯。這次，我沒有和她爭論聖經裡的內容，反而讓她教我幾首桑布魯的福音聖歌。海倫拍著手，用一種快樂的態度唱著：

瑪蘭葛．帕．納納！
蘇瑪他．田勾派！
納．提．力托里安——尼！
（世界不是我的家！
我的家鄉在天堂！
上帝存在之所！）

因為有了這樣的承諾，大家可以調整心態，忘掉乾旱的年頭、收成悽慘的日子、荒棄的校舍、只流得出水滴的受損水洞、滿是醉漢的可怕酒吧、陰蒂的切除，以及肯亞駭人聽聞的愛滋統計數字：這些都僅僅是通往天堂途中，在流淚之谷裡所出現的短暫光點。

焊接工作終於完成了，但我們卻碰到了所有非洲之旅都會遇到的時段，那通常是在一天較晚的時間，較明智的作法是和其他獵物一樣蹲伏在地，而不是去煽動與激怒獵食者的，因為幾乎所有的獵食動物都在夜間漫步。這個定律放諸樹叢和任何一個非洲城市皆準。因此我們在塞羅雷維又多待了一夜、多吃了一餐、多看了一次星光。第二天一早，大家出發前往沙漠邊緣的伊斯歐羅。

我們並未遂心所願。在一段以為會遇到**席夫塔**的特別糟糕的路上，又出現了一聲巨響，大夥兒再次撲倒在車上。又是爆胎。但我們並沒有因此停車，只是車速減慢了，從卡車傾斜的樣子看來，顯然焊接好的彈簧再度失去彈性，重新貼到輪軸之上。我們沿路爬行，底盤砰砰作響。

我決定不再焦慮目前身處的困境——顯然我們又一次進退兩難：幹嘛要擔心呢？——我環視周遭的景色。自從離開開羅後，沒有任何景色比得上北肯亞這片沙漠之地的美麗。幾乎無人在此定居，這兒名義上屬於肯亞，但在地圖上卻找不到，不屬於塵世的景觀，使得此地看起來像是被施了魔法的世界。

我們來到一片高處平原，雖然大部分的地面都平坦而多砂礫，但往遠處望，卻全是出人意料而突然聳起的巨山。有些山非常巨大，是五、六千呎高的麵包條——又高又陡的石山，平滑得美不勝收，圓圓的山頂上有稀少的綠色植物，我從未見過這樣的景致，這表示此處是另外一個星球的表面，非洲的黑暗之星。

全身瘀青的卡車沿著路況糟透了的路，已緩慢前進幾個小時。這條路以盜匪著稱，但這時正值中午時分，天氣炎熱得讓一切都靜止不動——連**迪克迪克**和駱駝也不例外。一天多數的時間裡，我們都在無人的土地上穿梭。那個加拿大人仍在喃喃不休。我知道他正在說什麼，因此轉開了頭，眼睛上抬望著山丘。

再度被修女所救

阿契崗是個遠方的小污點。看到阿契崗時，我向自己保證，如果我們在這個乾谷裡停車止步，那麼我一定要捲起背包，徒步走到阿契崗：剩下的距離可以徒步走完。不過沒有這個必要。卡車從裂開的彈簧那邊傾斜，爆胎也全扁了，但我們還是開到了阿契崗的主街上——這也是阿契崗唯一的一條街。到了這兒，班宣布可能要再花一個晚上修車，必須把氣喘的阿玉從醫院裡接出來，而加拿大人則露齒而笑——我決定讓自己脫離這個狀況。我要放棄這段非洲陸路之旅的溫善，碰碰運氣搭乘下一班巴士前往伊斯歐羅——如果有巴士去伊斯歐羅的話。我實在不適合團體旅行。

「再會，兄弟。」班對我大聲說，象徵性地揮動他那隻握著活動扳鉗的手。

我向所有人道別，然後把袋子扛在肩膀上，走離班的卡車。我總是在旅遊雜誌上看到一條條的廣告，「非洲的陸路之旅——體驗探險」，但現在我知道這種探險其實有其必要的條件。如果一個人加入了這樣的團體旅行，那麼他就成了滿載年輕人的卡車上的人肉貨物之一。在這些旅人當中，有許多人很好心，不過也有人非常愚蠢，坐在卡車裝貨台的椅子上，耳機緊緊夾著耳朵，嘴裡吃著灰，聽著自己的恩雅錄音帶。途中或許會碰到**席夫塔**搶劫、絕對會因為漏氣的輪胎而延宕行程、鮮少能夠洗澡。沒有人喊「我們到了嗎？」，因為除了司機，沒有任何人對路線如何或會碰到什麼困難有任何概念。我們穿越了寬廣的迪達．加爾加祿沙漠及北邊的馬沙比、恩加索平原。我們也爬過開蘇特高原（Kaisut Plateau）、受困在羅賽保留區（Losai Reserve）的塞羅雷維兩天、橫過歐爾康久（Olkanjo）這座沙漠山的山腳。如果你問任何一個人，我們剛經過的地方是哪裡，得到的回答大概是「是凱文吐過的地方嗎？」，或者

「是阿玉剛窒息的地方嗎？」，不然就是「不是路況超爛的地方嗎？」。搭卡車在非洲走了幾個月後，每個車上的人都會出現狂熱信徒臉上那種呆滯麻木的笑容，以及頭腦受損的表情。

「你年紀會不會太大了一點，老爸？」當我把一次坐在卡車後車廂的旅行經驗說給我的孩子們聽時，他們這麼問我。我的回答是：也不盡然。卡車並不會讓我覺得老——高效能的大卡車可以克服小轎車不知所措的障礙物。是卡車上的乘客讓我覺得——不是老邁，也不是落伍，而是格格不入。我很感激這段旅程，感激班與麥克的技能與耐性；我也很感激自己能夠離開，即使離開的意思，只不過是在阿契崗這座前後左右都荒無一人又灰塵滿天的小城主街上閒逛。

十幾歲的年輕男孩子離開了店裡的坐席，走出來跟著我、纏著我、問我要去哪兒，以及從哪兒來。他們在阿契崗已經習慣了外國人——桑布盧野生動物保護區（Samburu Game Reserve）就在這裡的西邊，在城緣的廣告柱上，我看到了野生動物區旅館的廣告。小客車載著剛下飛機的觀光客快速來此，觀光客身穿昂貴的薩伐旅服裝、頭戴軟木遮陽帽、外披卡其夾克。他們的褲子上有十一個口袋，袖子上則裝飾著皮革與寬大的三角布。

正當之前包圍我的纏人男孩子開始惹我厭煩（「**喂喂，木組恩古**」），到準備對他們大吼時，有輛吉普車接近。我舉起手要求停車。車子竟然真的停了下來：簡直是個奇蹟。

我又被另外一位修女解救了，這次是瑪提達修女，她的口音非常耳熟。

「沒錯，我來自薩丁尼亞！上車——我們邊走邊談！」

於是我們就這樣一面回憶薩丁尼亞、一面南下朝伊斯歐羅前進。搭上了這輛快車，伊斯歐羅不到一個小時就可抵達，但我們並沒有走太遠，因為出現了一陣大家都不熟悉的味道，那是雨水浸透田野的味道，讓空氣變得涼爽。綠油油的田，路上不時可見泥濘之處。離開阿迪斯·阿貝巴之後，我就再也沒有看過泥巴了。這兒有放牧場、玉米田、小小的自耕農地與林木茂密的山谷，另外，耕地的田壟還在山丘上刻畫出一條條的線。叢叢的灌木也把小溪的河岸妝點得非常美麗。

「路上有沒有遇到麻煩？」瑪提達修女問我。

「我們在馬沙比附近遭到**席夫塔**開槍攻擊。好幾輛卡車都遭到攻擊。報紙上有沒有登這個新聞？」

「沒有！」她大笑，「『遭到開槍攻擊』在肯亞並不是新聞。」

這顯然真的不是新聞，因為當天伊斯歐羅有出售奈洛比的《國家日報》，傍晚時分當我坐上**馬塔圖**（matatu）——一種輪胎磨平了的超速小型貨卡車——擠在滿是汗流不止的成年肯亞人之間，一路往南育奇前進時，我看到報上的新聞，「四十七人在村落攻擊中喪生」——六百名波科特族人到西肯亞的一座村落尋仇，燒燬三百座屋舍、偷取了上百隻牛，同時殺害教師、學生、婦孺，連三個月大的嬰兒都不放過。另外一篇報導是十四歲的男孩，在奇西區所發生的警匪槍戰中不幸中彈身亡。還有一則新聞是關於武裝劫匪盜取了四百萬肯亞先令，「警方在現場收集到AK-47步槍的彈匣。」除此之外，還有篇鮮活而恐怖的足球場暴動報導，以及肯亞愛滋傳染病的更新資料。

比起這些事情，南下卡車在馬沙比路上遭到隨意射擊完全不算新聞，再說，位於衣索匹亞邊境與南育奇之間的那片沙漠地帶，根本就不存在於多數肯亞人的心中。

「北邊不是肯亞，」有個在南育奇的非洲人這麼告訴我，「那裡不是索馬利亞，也不是衣索匹亞。那兒是另外一個國家。肯亞政府根本不管那塊地方。那是外國人治理的地方——他們什麼都管，學校、醫院、教堂。那裡是慈善機構、援助單位和非政府組織管理的地方，不歸我們管。」

這個人並沒有動氣，也不是憤世嫉俗，甚至沒有感激；他只是在陳述事實。

南育奇的運動員之臂飯店（Sportsman's Arms Hotel）正在舉辦一場有關駱駝健康的會議。從附近軍事駐防地來的英國士兵正打著撞球、在樓上的飯店酒吧裡彼此叫囂，同時間，非洲人在飯店大廳內對著手機輕聲竊笑。我看到的每個使用手機的非洲人，都只是輕聲竊笑。接近飯店的路上，穿著緊身洋裝的流鶯，腳踩細跟高跟鞋來回走動——高跟鞋完全不適合這種泥路，但誰他媽的會在乎呢：因為這叫做文明。

第九章　大裂谷的日子

在東非的灌木叢裡，除了飢渴的武裝**席夫塔**習慣性的警告外，好像沒有人擔心犯罪問題。當然，偷牛罪除外，不過偷牛問題引發的危險，絕對不會波及到像我這樣的旅人——隨時記筆記的灰頭土臉亡命之徒，身上背個小袋子，一副畏畏縮縮的樣子，連侷促都來不及感覺。當犯罪的警示變得頻繁而具體，且總有內容殘忍的新聞加以闡述時，我知道自己已出了灌木叢，並正在接近某個非洲的城鎮或城市。

愈接近奈洛比，警訊就愈緊急。聽到許多危險的事情時，我人正在南育奇。如果碰到劫車，乖乖把車給對方：就在上星期的一宗劫車案中，有個女人被殺，刀子直接戳進眼睛；把錢包交給搶匪，絕對不要猶豫：昨天有個強盜從背後勒住一個男人的脖子進行搶劫，後來被害人被亂刀砍死，身首異處，一點都不誇張，死者四肢遭**潘嘎斯**（pangas，開山刀）支解；千萬不要誤以為只有晚上才會出現罪行，有人提醒我小心：這個禮拜，七名武裝男子在日正當中時，搶劫一家位於奈洛比肯亞塔大道（Kenyatta Avenue）上的香水店。不過如果晚上出門，鐵定被搶，別人這麼向我保證。「被搶的機會百分之百。我百分之百確定。」不要反抗，他們要什麼，你就給什麼，這樣就可以保住小命。

我仍在涼爽的綠色南育奇，躺在肯亞山高達一萬七千呎的巴田主峰（Batian Peak）早晨的山影之中，一溝溝的白雪、一整片的冰原和——在赤道上簡直不可思議的——一些肉眼可見的冰河，讓巴田山峰更顯優雅動人。

有個梅盧族人曾告訴我，「那兒住著精靈。這座山對我們來說很神聖。我們到山上祈禱。」

然而即使是肯亞山也一樣遭劫。同一個禮拜，肯亞政府的某些政客達成了一項交易，他們把山邊好幾百平方哩的原始森林保護地賣給了伐木與開發業者。

搭著計程車前往奈洛比

我搭乘一輛嚴重超載的標緻計程車到奈洛比，五個人的位子上擠了九個人，所以整趟兩個小時的旅程中，我都縮在一個名叫卡馬里的人懷中。卡馬里是專業嚮導，袋子中有本英國作者伊麗莎白．賴德[1]寫的關於獅子的書，書中有親筆題詞：**贈卡馬里，他告訴我的獅子故事，我一輩子都會記得**。

「卡馬里」是暱稱，意思是灰草原猴，有些西肯亞的人，因為卡馬里的機靈與幽默而替他取了這個稱號。他對北部的地區、動物的行為及非洲狩獵之旅瑣事的處理，有豐富的知識。

獵人與撰寫關於獵作的人，很早就把肯亞放在地圖上了。海明威的名字瞬間就浮現在我腦子裡，另外還有凱倫．布里森[2]；不過遠在這兩人之前出現的，是帕特森上校這位泰山型的人物和他那本《察沃的食人魔》[3]。這類有關肯亞書籍的共通處，在於他們對動物的纏念及對奴隸和荷槍者的一種慵懶的傷感之情。這些書裡沒有罪行、沒有政治、也沒有慈善機構。海明威的肯亞，或許從來沒有存在過——隔了這麼久的時間，現在看起來，他的肯亞似乎是個有錢作家為了證明自己的男子漢氣概，所改編成的私人狂想曲，而狩獵之旅更是觀光客表現高人一等作風的其中一種惹人厭方式。

「這裡再也沒有打獵了，」卡馬里說，「我好高興。」

我從車窗望出去，尋找熟悉的景物。六〇年代末期的多年間，我曾往返於烏干達和肯亞之間，但現在，除了寫著地方名字的標示板外，我看不到任何認得出的景物。前往奈洛比的路上，顯然以前認識的肯亞已經消失了。我並不介意：或許這種不熟悉會讓此趟旅程更難忘。

我們這輛嚴重超載的標緻飆到了時速八十哩。我對卡馬里說：「可不可以請你讓司機開慢點？」

「波雷—波雷，老爺。」卡馬里這麼說，同時身子朝前傾。

這個建議讓司機覺得受到屈辱，因此開得更快，也更魯莽。由於肯亞道路絕大部分都比之前遇到的路況好太多，所以大家車子都開得較快，也因此有更多致命的交通事故。「多人於巴士翻覆慘事中喪生」是肯亞固定的報紙頭條新聞。

「我錯了，我真不該說話。」卡馬里說。

警察路障——這條路上有八或十道路障——完全不干預這個傢伙的超速。但是司機還是停下了車。顯然車子的狀況很糟，另外還有超載問題。警察瞪著我們看，接著恐嚇司機，不過耽誤了幾分鐘後，他

---

1 伊麗莎白・賴德（Elizabeth Laird）：另著《美麗香蕉》（*Beautiful Bananas*）、《親吻塵土》（*Kissing the Dust*）等許多童書。

2 凱倫・布里森（Karen Blixen）：一八八五—一九六二，丹麥作家，筆名伊莎・丹尼森（Isak Dinesen），能以丹麥文和英文寫作，一九〇五年開始以奧斯謝歐拉（Osceola）的筆名在不同的丹麥期刊上刊登文學創作。一九一四年結婚後遷居肯亞，一九二一年離異，回到丹麥居住，並開始專心寫作。她以自己在肯亞的生活為背景，完成《遠離非洲》一書，一九八五年改編為電影，成為布里森最廣為人知的英文作品。她的其他作品還包括《天使復仇者》（*The Angelic Avengers*）等。一九三九年獲頒丹麥每年三月十七日頒發的Tagea Brandt旅遊獎（Tagea Brandt Rejselegat）。

3 十九世紀末，帕特森上校（Colonel John Henry Patterson）奉命在肯亞建造鐵路，結果築鐵路工人相繼失蹤，人心惶惶，後來才發現是察沃的兩頭獅子所為。帕特森於是停下鐵路建築工作，先獵捕這兩頭食人獅，一九〇七年，帕特森將整個過程寫成《察沃的食人魔》（*The Man-Eaters of Tsavo*）一書（中文版，馬可孛羅出版），從此察沃之獅成為傳奇的恐怖食人象徵。

揮手讓我們離開。

「你看——貧民窟，」當我們進入奈洛比郊區時，卡馬里說，「這種地方最讓我擔心。」我們還沒有過錫卡（Thika），曾經是一片鄉郊的錫卡，在長於斯的艾絲珮絲．赫胥黎[4]溫柔風格的筆下，被描繪成一首饒富鄉趣的牧歌。現在這兒卻成了一座壅塞的迷宮，裡面塞滿了即興建造的房舍、藏在暗處的孩子、車輛，以及衰老的氣味：下水道污水、垃圾、開放式的溝渠、都市化非洲的惡臭。車慢慢走，衣著襤褸的孩子把車子團團圍住乞錢，他們還試著把手從半開的車窗中伸進來。

「看到像這樣的**托托**[5]時要小心，」卡馬里說，「有時他們會把臉放在手上送給你，要你給他們一些東西。」

這句話的正確意思就是對你胡說八道。

交通因一群急忙穿過馬路的人及幾名放慢速度想看清楚發生什麼事情的司機而暫時停滯。

「你看，看那個賊。」卡馬里說。

出現在眼前的是個古老的非洲，有個赤身裸體的男人獨自跑下一道堤防，涉水橫越骯髒的小溪，後面有一群人在追他。

「這些人拿走了他的衣服。他想藉河裡的髒水逃脫。」

但是大家還是把他圍了起來。小溪沿岸站著手持棍棒的人，興奮地嘲笑那人，被追逐的人驚慌失措得完全沒想到要遮蔽自己的私處，只是拚命跑，兩條手臂上下晃動，在令人噁心的泥巴裡濺起泥水。群眾搖著棍子朝他湧過去，車輛又開始移動。

「他們會殺了他。」卡馬里說。

曾經，即使在我的記憶中，奈洛比也只是個安靜的市場城，城裡有低矮的店舍與長長的走廊、兩條主街與拍賣廳，農人來這兒販售他們收成的咖啡或茶葉。搭火車到海岸只要一個晚上──血蛭的危險污染了淡水湖與淡水河，因此海邊的蒙巴薩島是唯一安全的游泳之處。搭火車往反方向走一個晚上，是坎帕拉。穿過高地的烏干達鐵路線緊鄰農莊。

白色高地名副其實：英國殖民政府禁止印度人與非洲人在此種植經濟作物。印度人是店商，非洲人則要不是農場勞工，就是住在村子裡協助農忙的人。極少數造訪此地的觀光客，不外乎靦腆的遊覽客與害羞的獵人，他們由白人嚮導牽著手引導進入野生動物狩獵區的範圍中。除此之外，肯亞這個地方的運作均遵循著地主的舊有殖民系統，生意人遭到貪婪的政客壓榨，而其他的老百姓也不過是受人驅使的僕役與受到鞭打的農奴。

肯亞獨立後的改變並不多。鳩摩．肯亞塔的臉掛在每家店面原來擺放英國伊麗莎白女王照片的相框中。另外，還新蓋了幾所學校、重命名了幾條街。然而在獨裁統治的系統下，受過教育的人是麻煩：因此所有學校都經費不足，鮮少有學校可以順利營運。肯亞收到外國巨額的金援，但大多數最後都落入了政客的口袋，某些中飽私囊的人後來遭到暗殺。任何關於收賄非洲政客荷包有多豐厚的說法，都不太可能是誇大之辭。

4　艾絲珮絲．赫胥黎（Elspeth Huxley）：一九〇七─一九九七，是個擁有多重身分的英國女子，她是個作家、新聞記者、廣播人、殖民地官員、環保人士，也是個政府顧問。出生英國倫敦的赫胥黎於一九一二年隨父母來到當時的英屬東非，直到一九二五年離開赴英、美求學。但求學期間仍斷斷續續回到非洲。文中所提到的是赫胥黎所著的《錫卡的鳳凰木：非洲童年憶往》（*The Flame Trees of Thika: Memories of an African Childhood*），已由馬可孛羅出版。錫卡位於奈洛比東北部。

5　史瓦希利語，意為孩子。

一九六三年耶誕節剛過，我在去尼亞沙蘭擔任和平工作團的教師途中，曾在肯亞的電視上看到鳩摩・肯亞塔。肥嘟嘟、看起來很快樂又帶點微醺的肯亞塔，快速而含糊地祝福每個人新年快樂。我順著一條多蔭的路，往下走到奈洛比圖書館。兩名英國女子正在借書櫃檯蓋著借書證。英國聖公會教堂裡，另外一個英國女子在擦拭著銅器。在白人移民之間，醜聞故事與情色的浪漫事蹟流傳不息。我認為這是鄉下人的吹噓，是住在鄉下的英國人，習慣洋洋得意地談論前一天晚上在酒吧裡爛醉到什麼程度的方式。對這樣的醉鬼而言，除了爛醉，實在別無可提之事了。

即使在那個時候，我就已經質疑自己所看到的肯亞，是否是一個百年不變的英國殖民地。奈洛比是仿造英國城市所建，然而因為有這麼多廉價的勞工，所以奈洛比的運作要比英國的城市順暢多了。

肯亞並未因獨立而人口暴增。獨立之初，一切甚至毫無改變，而且這個國家的現代化僅停留在表面。獨立後的肯亞只不過更大了點、更亂了點、更窮了點，再加上鄉間蹲著的人與城裡的貧民窟更多了點而已。另外還增加了些學校，但全是劣質學校，無法改變社會結構，因為權力都掌握在極少數的商賈與政客手中。這個情況現在依舊。鳩摩・肯亞塔一九七二年辭世，丹尼爾・阿拉普・莫伊繼任總統。我們以前常常拿他說的「莫伊即國家」[6]這句話來開玩笑——但這句話卻準確地刻畫了他的治理方式。三十年後，莫伊仍是總統，而且還是個可怕的總統。

奈洛比的絕望

搭著超載計程車所進入的奈洛比，是我從衣索匹亞而來的長路之旅盡頭，這座城多多少少依然熟悉的景象，那是我在大約四十年前見過的小市場城鎮。這兒在本質上仍是座鄉下的城市，同樣的人在管事，只不過是座很大、很危險又很醜的城市。

奈洛比最糟糕的區域——每個人都這麼說——就是我抵達之處：巴士站與計程車招呼處。該地區算是個老街區，是來往旅者的漂流世界，充塞著推擠的年輕人、叫賣的商人、攤販與兜售著飲品、一盤盤食物和一捆捆太陽眼鏡的人。這兒也是一流的扒手地盤，如此擁擠又如此充斥著流浪兒、搶匪和乞丐，還有盲人、痲瘋病人和殘障者。我又想起中古城市其實都是這個樣子。非洲城市再次屈服在歐洲這種已經絕跡了的街道生活之中——這類生活的斑雜，讓古老的民間故事和早期英國文學作品增添了許多色彩與朝氣。舉個鮮明的例子，狄更斯筆下的倫敦即是如此，一座即興的城市，嘍囉、騙子和初來乍到的鄉巴佬到處都是——一如今日的奈洛比。

取道肯亞去狩獵公園的觀光客，都從機場迅速移動到飯店，鮮少有人看到奈洛比的絕望，但這並非奈洛比黑暗的一面，也不是一塊都市的荒廢區，純粹只是此處的氛圍。

我的想法是快步走，讓自己看起來很忙碌，而且不能穿得像軍人或觀光客——不穿卡其衣、不帶相機、不穿短褲、不帶皮包、不在身上放值錢的東西，只帶著便宜的手表和一點零錢，因為這兒是個強奪、飢餓又什麼都不放過的社會。我把身上所有值錢的物品都鎖在袋子裡。婦女或工作或像妓女般走來走去，男人和男孩子卻是大群大群地圍著圈圈站在一邊，無所事事，他們不是喋喋不休地廢話，就是瞪著過往行人，活像在評估路人身上是否帶著什麼值得奪取的物品一樣。在交通最擁擠的交岔街口，那些非常削瘦的臉上寫滿了飢餓的孩子，強拉硬扯著陌生人，其中有絕對不會看錯的觀光客、單身女子，還

6「莫伊即國家」（L'etat c'est Moi）：莫伊這兩個字，也是法文的「我」，這句話正確的翻譯是「我即國家」，出自法國路易十四之口，是路易十四的治國信仰。

有些老人和外國人，這些孩子跟在他們後面，脅迫，哀乞。

連野生鳥類都在這兒現身。邋遢的長腿大鸛鳥，身上覆著髒兮兮的羽毛，還有一張流著口水的髒兮兮鳥嘴，棲息在人們販售食物的主要街道的樹上。食物販子把周遭弄得髒亂不堪，於是連大鸛鳥都放棄了在野生動物公園覓食來源不穩定的腐肉，決定成為奈洛比的永久居民，牠們常常盤旋在天上，完全無懼於人類，就像美國森林邊緣突擊垃圾桶與垃圾箱那些所謂的乞丐熊。

鳶與鷹從天上俯衝而下搶走學生的午餐，掉落的食物成為老鼠的口中飧。掉了毛的大膽老鼠在奈洛比的排水溝和下水道間倉皇來去。

在肯亞非常戲劇化的森林濫伐問題，也是覓食腐肉的結果。有位外交官聽了我描述穿越沙漠的旅程後，對我說：「沒錯，北邊已經三年沒下雨了。這是誰的錯呢？他們把樹砍了當燃料，他們把木頭賣給伐木業者，他們摧毀了分水嶺。到現在他們還是依然故我。」

在日記裡記下幾則精選的搶劫備忘錄後，我去買了份奈洛比當地的報紙，準備一面喝咖啡、一面看報和填寫報上的縱橫字謎。報上說有隊德國拍片團拍攝外景時，在奈耶里下榻的飯店中遭竊，丟失了所有的攝影器材與音響設備。

「達爾比較好，」有個名叫沙的印度人告訴我，「那兒的印度婦女會佩戴黃金鐲子。在這兒不會。」

女人有足夠的信心穿金戴銀地走在街上，是非洲城市安全度的一項測試。

沙說他父親在四〇年代到肯亞來找工作，後來成為一家二手貨品店業者，從肯亞白人手上買下貨品賣給非洲人。「他什麼都買。」五〇年代，由於緊急狀態時期及茅茅黨[7]的恐怖，肯亞白人開始出售他們的農場並搬離肯亞——許多人去了南非。老沙先生向這些人購買家具、銀器、輕便的旅行皮包、水晶墨水瓶，以及「所有的老東西」。這位五〇與六〇年代的二手貨商，在還沒確實搞清楚怎麼回事的情況下，開始了一個現在由他兒子繼承的賺錢古董生意。他的兒子很需要這份生意，因為他們不可能回到印度。「那兒沒有人了，什麼都沒有，連祖厝都沒了。」小沙先生這麼說，「我在印度沒有家人。我連去都不去。我哥哥在澳洲。我想去澳洲，不過店裡塞滿了存貨。」

他替他那幾個懼怕奈洛比街道的孩子操心。

沙說：「我兒子今年十六歲。成天都在家裡——他怕出門。他從沒有一個人出過門。他完全不曉得怎麼買東西——連最簡單的東西也不會買。當他需要鞋子時，他會說：『爸，我們去買幾雙鞋子吧。』可是，你要知道，他必須學習如何從保護中走出去。對他來說，這跟軟禁在家沒有差別。」

另外一個在奈洛比的印度人也說了類似的話，但他還算個新人。他來肯亞才六年，經營一家餐廳。他對我說：「我一個人在這兒。家人都在印度。如果他們到這兒來，連大門都不會邁出去。我不會說史瓦希利話。我幹嘛要把自己的家人關在房子裡？」

所有那些奈洛比大混亂的故事，讓我鮮少在天黑後外出。我不再利用早上時間記筆記，而改為晚上在旅館房間裡寫東西。筆記在那些個夜晚趕上了進度，因此我把剩下的閒暇時間用來繼續撰寫關於辦了一個盛大生日宴會的男人，以及他回想自己與較年長的德國女子之間情慾關係的情色故事。故事發生在六〇年代早期的西西里島，那是個正在衰變的皇宮——孤獨的情色寫作，或許可以算是一種逃避者的娛樂，不過這要比被搶好多了。

7　茅茅黨（Mau-Mau）：茅茅黨並不是一個黨派，而是五〇年代奇庫育族為了支持肯亞獨立而成立的組織。茅茅（Mau Mau）兩個字的起源眾說紛紜，較為可信的說法是一句史瓦希利語 Mzungu Aende Ulaya – Mwafrika Apate Uhuru 的縮寫，意思是「白人回家，讓非洲人獨立」。茅茅黨的興起，主要是因為經濟因素。

即使是最謹慎的人也會遭劫。一九九八年九月，就在奈洛比的美國大使館爆炸事件後，三名來此篩濾證據的美國聯邦調查局人員，正沿著肯亞塔大道行走。肯亞塔大道是奈洛比的一條主街。三人的車子撞上一輛計程車，於是他們下車檢查損害情形，但很快就被一群普通的奈洛比流浪兒、無所事事的人、遊民、撿破爛者和機會主義者包圍。

結果聯邦調查局的幹員還沒弄清狀況，就被人扒走了皮夾和手槍。他們重重拍著自己的口袋，對這宗偷竊行為氣得不得了，然而同時三個人還得面對一群訕笑他們的群眾。第二天，連報紙也嘲弄他們的愚蠢。

獨立時期，犬儒主義既不常見也不受歡迎，然而連我那些在肯亞年紀最大、理想性最高的非洲朋友也都很犬儒。其中有個人對反對黨領袖穆威・奇巴奇（Mwai Kibaki）讚譽有加。

「他在肯亞是個很罕見的人，他已經到了有理性的程度了，」我的朋友這麼說，「在肯亞，只有極少數的政治人物不把殺人當作獲取政治權力的必要手段，但他是其中之一。」

有位非洲朋友的學生對我說：「你以為只有窮人才會犯罪，事實不是這樣，許多和我一起從大學畢業的人，到現在都還在找工作。根本沒有工作。所以他們就做賊。那是拿了好學位的男孩子！有個拿了商學學位的男孩，和一宗劫車案有關。另一個試著搶劫某個有錢的亞洲人——結果被抓，現在關在牢裡。」

「這就是我們所稱的白領犯罪嗎？」我問。

「不是，是槍械與搶劫罪。許多搶案都是受過良好教育的人所犯下的。」

「這個國家的大多數人都一無所有。」另外一位非洲朋友這麼告訴我。

「要怎麼樣才會改善呢？」

「有些人說下一次選舉會讓情況好轉，」他說，「捐款國家告訴我們，如果所有的國營產業與工業全轉成民營，那就是答案了。」他對我笑，「但是那並不是答案。」

「什麼才是答案呢？」我問。

他在微笑。「也許根本就沒有答案。」

也許根本就沒有答案。晚宴上的白人，包括老師、外交官與慈善救援人員，在六〇年代也和他們的黑人對手有相同的想法。他們談論救助計畫、獎學金、農業方案、難民營、緊急食物計畫及技術協助。這些都是新來的人，他們並不了解，四十年來大家都在談論相同的事情，只不過四十年後的結果，是水準更低的生活、數量更高的文盲率、過剩的人口及更繁雜的疾病。

因為發展計畫而來此工作的外國人員都待不久，所以他們從來不知道自己失敗的全貌。非洲人只看到外國人來了又走，這也是為什麼非洲人如此認命。一如我朋友帶著微笑所說的，也許根本就沒有答案。

肯亞的聲望已經糟到連外國都視之為大開倒車的程度，而且還被譏為食人國。我在肯亞的那段時間，加拿大多倫多市長獲邀參訪蒙巴薩，這是他和非洲國家奧林匹克委員會協會對談的機會，可以乘機尋求大家支持多倫多成為二〇〇八年奧林匹克運動會舉辦地。他拒絕了。

這位加拿大市長解釋，「我幹嘛要去像蒙巴薩那種地方？我只看到自己在一鍋滾水裡，周圍全是圍著我跳舞的土著。」

德國人仍到蒙巴薩和馬林迪度假，那兒的飯店經理全一成不變地說德語；去野生動物公園的觀光客從未間斷；看野生動物是很受歡迎的活動，賞鳥者會去巴林哥湖，他們在那兒兩天所看到的鳥，可能要比在家鄉一輩子看到的還多。儘管獵殺大象、走私象牙、盜獵獅豹以獲取爪子和毛皮的事情層出不窮，肯亞的野生動物公園中仍有相當多的動物。為數可觀的野生動物有部分需歸功於早期無所不在的里查・李奇所推動的政策，他那時贊成公園警備隊員對盜獵者先殺後奏。

肯亞觀光團——毫無創意、照本行事，當天來回的旅人穿著薩伐旅的服裝，坐在路華越野車上張口呆望——一點都吸引不了我。觀光客對著野生動物打哈欠，野生動物也回以哈欠。獵殺大型野生動物的獵人、海明威與伊莎·丹尼森這類傷感回憶者，以致如《夢憶非洲》裡庫琪·高曼[8]那種神話迷心中的肯亞，只會逗得我哈哈大笑。如果《遠離非洲》妄自尊大的浪漫化在書架的這個盡頭，那麼另一個盡頭則擠滿了像伊爾卡·契斯[9]《大象五點半來》（*Elephants Arrive at Half-Past Five*）這類的薩伐旅書籍。從這些作品來看，你或許會以為肯亞只有農場、忠實的奴僕及庫琪·高曼那種奢華薩伐旅營區的高價位房間。在南育奇外的肯亞山薩伐旅俱樂部，其實還有更貴的房間，有位房客後來在一本旅遊雜誌上評論這些房間「豪華得讓你忘了身在荒郊野外」，完全忽略南育奇並不在荒郊野外的事實。

參觀大型動物的活動、在海岸喝啤酒的行程，是個與肯亞生活迥異的世界。以前在非洲居住與工作時，我就覺得參觀野生動物公園的人都是異想天開之徒。他們坐著車體畫上斑馬線條的小商用客車，進入人工栽種最徹底的樹叢中，隨身攜帶著有蓋的籃子，裡面裝滿了美味食品。這些容易上當的人，對我任教的學校一點興趣都沒有。不時地，新聞會提到某知名人士到烏干達或肯亞打獵。六〇年代後期，尼克森的一位內閣官員莫里斯·史丹斯，帶著一把高功效來福槍出訪烏干達，目標在尋找一種害羞而隱密的大骨羚羊，這種羚羊被稱為崩哥（bongo），最後在狗兒的協助下，狩獵成功。那是困虎於坳的計策：狗兒追逐崩哥到無路可退時，崩哥低頭試著用角攻擊狗群，這時獵人對準獵物頭部或心臟開槍。史丹斯帶回一或兩隻崩哥。現在烏干達的崩哥連一隻也不剩了。史丹斯雖已不在人世，但他的族類卻是世上最沒有滅種危機的一群，同時，可憐的崩哥已經要從非洲的其他地區完全絕跡了。

「肯亞不只有動物，」有天晚上在一個奈洛比的宴會上，有個非洲人這麼對我說。他自我介紹是瓦荷梅·穆塔席[10]，然後繼續說：「我說，人民在這兒做的小事情都要比任何動物來得重要。」

我的肯亞拉非奇

瓦荷梅曾是政治犯。「我也遭到刑求，」他笑著說，「我的故事太長了，不適合在這兒說。」於是我決定第二天再和他見面。

瓦荷梅是我在途中遇到的眾多前囚犯之一，一個新聞工作者，也是小說家，在東非擁有廣大的讀者。他帶著一種迂迴的風格及自嘲的笑容，總是用好玩的驚嘆態度談論自己與肯亞的矛盾。他的寫作風格也是這樣——含蓄卻勇敢的諷刺。我認識他時，他五十多歲，對獨立這個狀態依然年輕得足以看見每個荒唐而虛偽的承諾。他才是真正瀕臨絕種的傢伙——土生土長、反對殘暴政權的聰明傢伙，依然在故鄉生活與工作。

「討論問題與知識分子的活動，要比你在你那個年代所看到的還少。」他在新史丹利飯店（New Stanley Hotel）午餐時這麼對我說。

三十八年前我曾下榻過新史丹利飯店，當時這還是個新飯店，來打獵的白人在飯店裡的長吧檯上喝

8　庫琪．高曼（Kuki Gallmann）：義大利人，二十五歲時與先生移居肯亞。先生去世後，獨自經營一個九千畝的牧場，並設立了一個野生動物避難所。《夢憶非洲》（*I dreamed of Africa*）是根據她在肯亞生活所寫的書，由馬可孛羅出版。

9　伊爾卡．契斯（Ilka Chase）：一九〇五—一九七八，美國演員與作家。

10　瓦荷梅．穆塔席（Wahome Mutahi）：一九五二—二〇〇三，肯亞受人敬重的知名專欄作家，著有《邊境三日》（*Three Day on the Cross*）、《如何做個肯亞人》（*How to be a Kenyan*）等書。穆塔席在肯亞的《周日國家報》主筆一個名為「私語者」（Whispers）的專欄，自此「私語者」就成為其暱稱。肯亞的讀者說他的文章有如洋蔥，每一層都交雜著笑與淚。

酒，觀光客則在飯店前的露天刺樹咖啡館閒嗑牙。那時的掠食者在樹叢中，如今的掠食者卻在奈洛比的大街上和肯亞的政府裡。

「一九八二年發生了一起政變，沒有成功，」瓦荷梅繼續說，「那之後開始了一波對知識分子活動的鎮壓。我在一九八六年被捕——鋃鐺入獄。」

「你被判刑——你有受到審判嗎？」

「我被控漏掉了一則重罪新聞，所以犯了擾亂治安罪。他們說我的罪行是認識出版擾亂治安資料的人——也就是批判政府的資料。」

「是真的嗎？」

「不是，我誰都不認識。我只是《國家報》的記者，只負責寫文章。」

「可是你認罪了？」

「是，」——他又笑了——「不過事情並沒有那麼簡單。」他放下刀叉，身子往前傾。「特別局晚上到我家找我。那時我人在酒吧。當有人告訴我特別局的造訪後，我消失了幾天。數日後，他們在我《國家報》的辦公室裡找到我，那是一個禮拜天的早上約十點鐘，他們把我帶到尼亞優大樓（Nyayo House）接受審訊。」

尼亞優是個好詞。史瓦希利語中，這個詞的意思是「腳步」。一九七八年丹尼爾・阿拉普・莫伊就任總統時，曾說他會跟隨肯亞塔的腳步。**尼亞優**因此變成傳統與敬重的代名詞。尼亞優大樓是座警察的辦公大樓，地面以上的部分有著體面的外觀，然而地下室卻野蠻殘忍，因為那兒是審訊中心及瓦荷梅發現的嚴刑逼供室。

「我在那兒被關了三十天，但一開始的日子最難熬。他們在尼亞優審問我。他們說：『我們並不是因為一般的罪行而拘留你。我們知道你參與一樁組織活動。』」

「我回答『如果你們有證據，把我送到法庭去』。」

「這讓他們非常憤怒。他們不再與我交談。他們扒光我的衣服後對我痛毆——三個男人拿著木棍。他們堅持要我認罪。這些人讓我站在拷問囚室裡，朝我身上噴水。我的囚室大概有一個榻榻米大。他們把我浸在水裡——到處都是水，然後鎖上門離開。」

瓦荷梅的小說《邊境三日》中，就描述了這樣的景象。受到指控的囚犯奇波塔被毆打到出血，「像大砲」一樣的水管朝他噴水，力量之大，讓他完全透不過氣，只好把頭轉開。水管瞄準天花板與牆壁噴水，整間囚室都淹在水中。囚室的門有塊高起的地框，因此水流不出去。這時奇波塔才了解到，原來這是專門設計來進行此類非常凶殘的水式刑求的囚室。

瓦荷梅說：「他們離開了。我分不清楚日與夜。全身赤裸，冷得不得了，站在水裡，一片漆黑。水從天花板上往身上滴。我也不知道過了多久——也許十二或十五個小時。」

「門突然開了，一個男人說，『烏那—奇庫—亞—庫阿姆比亞—瓦塞？』意思是『有沒有什麼話要告訴前輩？』」

前輩（**瓦塞**，**穆塞**〔mzee〕的複數）是對刑求者另一種較好聽的稱呼。

「我說沒有。他們於是又離開了很長一段時間，後來門再次打開。同樣的問題——烏那奇庫……？——我說沒有。」

「我碰到了活在噩夢裡的情況。我總是做噩夢——夢到坐飛機或騎腳踏車，但最後都是以墜機或摔車收場。我夢到食物，但全都是刑求的夢。我產生了幻覺。我看到補綴的地板上有食物。我看到牆的另一邊有根香腸，因此試圖撞開水泥拿到那根香腸。」

依據自己經驗而來的這種噩夢也出現在小說中。書中最慘不忍睹的部分是強暴、毆打及慘烈的撞機，但是噩夢仍然要比實際的囚禁要好。瓦荷梅這樣描寫奇波塔，「接著出現一道光亮，他從噩夢中醒過來，知道自己仍陷在囚室的四壁之間……他真希望自己能回到噩夢之中。」

渴望回到噩夢之中，的確是他以前真實的感受，他這麼告訴我。從噩夢中醒來，發現自己腳踝以下全浸在水中、全身發著抖、屎尿都在水裡、不能站也不能坐，實在非常淒涼。

我問：「肯亞人從哪裡學來這種刑求的手法？」

「也許是羅馬尼亞人吧。他們當時對我們很友好。」

「你的家人呢？他們知道你在哪兒嗎？」

「什麼都不知道。當時我三十五歲，兩個孩子都很小。他們根本不知道我在奈洛比市中心，被關在尼亞優大樓的一間黝暗拷問囚室中。五、六天後，我才能從頭頂上傳來的噪音分辨出白晝。」

「他們沒有誘使你認罪嗎？」我問。

他再次展露那個扭曲的笑容說：「被捕前，我總是對俯首認罪的人感到很驚訝。我一點都想不通他們為什麼要說自己有罪——我知道他們全是無辜的人，但他們卻說自己有罪。現在我知道了。因為我在一片漆黑之中、在水裡。我的腳開始腐爛。我瀕臨崩潰的邊緣。我想到自殺。一個禮拜過去了，他們一定以為我快死了，因為他們把我移到了乾的囚房裡。」

但是審訊繼續進行。蒙住了雙眼的他被帶到尼亞優大樓二十二樓，和審訊者關在一個房間裡，總是同一個人、總是同樣的問題，「你何時加入姆瓦肯亞（MwaKenya）？」姆瓦肯亞是一個與政府作對的地下組織。「誰招募你成為組員？」、「你讀過什麼書？」

瓦荷梅否認自己是任何地下組織的成員。當他說自己曾讀過麥克沁．高爾基[11]的《母親》時，審訊者（「他是個很情緒化的人」）大吼，「那就是招募手冊！」

這樣的審訊持續了大約一個鐘頭後，瓦荷梅又被帶回地下室的囚房。但是他知道自己愈來愈虛弱，不僅快要崩潰，而且依然想自盡。他要我相信，那時他並不是在地獄的邊緣，而是活在「緊張不安的地獄中」。

他說自己最快樂的時候，就是得到清洗其他獄友晚餐盤的機會。「那是我最開心的時刻。清洗室裡有面鏡子。我注視著自己的臉。清洗過程頂多五或十分鐘，可是我愛死了那段時間。我在做事情。感覺真棒。」

瓦荷梅知道讓自己虛弱的原因是那種緊張不安，因此他寧願去服特定刑期的刑罰，也不願意再忍受這種不知道監禁何時會結束的日子。

他說：「我這麼對他們說，於是他們給了我三個選擇——三個我可以承認的罪行。我選擇第三個——擾亂治安，刑期最短。就這樣，他們幫我照了相。」

他述說這個嚇人的故事時停頓了一下，搖搖自己的頭，記起了某個細節——一個類似卡夫卡故事中具有卡夫卡風格的時刻。

「他們幫我拍照時，我在笑，」他說，向我閃現同樣的笑容。「我很開心。」

因為當局不想引起注意，所以晚上將他送上法庭。他的家人依然不知道他身在何處。他沒有律師，在被告席上，雙手扣著手銬。

---

11 麥克沁．高爾基（Maxim Gorky）：一八六八—一九三六，俄國作家與劇作家，為社會主義寫實手法的創始人之一，活躍於政界。《母親》（*Mother*）是他在一九〇七年出版的小說。

「檢察官是柏納德．沖加[12]，」瓦荷梅說，「你可能在報紙上看過他的名字。他撿到了個大獎。他當時所說的，就好像對我犯的罪行一清二楚似的。」

「『被告是個聰明人。他知道自己犯下了罪行，並決定不向法庭當局呈報自己的罪行。』——哇啦哇啦地說一大堆。法官巴克是個**穆信迪**（Muhindi）——也就是印度人。「整個審判過程用了七分鐘。可是我好高興！我被判十五個月監禁。這是個明確的東西——不再是個折磨。」

瓦荷梅說肯亞在進入一九九〇年代初期的那個時候，這種類型的逮捕非常普遍。他待過三所監獄，雖然全在鄉間，但監獄附近都有村莊及野生動物，是旅遊業及明信片上印著過度裝飾的部落人民的那個多采多姿的肯亞。

大部分時間，瓦荷梅都被獨自監禁，當局拒絕提供紙筆。他找到一本勞倫斯寫的《虹》，看了十或十二遍。「真好笑，我現在一點都不記得了！」他後來又找到另一本書，《輕鬆學西班牙文》。在監獄運動場上的短暫時間裡，他教其他獄友一些西班牙文，可是警衛懷疑他們竊竊私語的內容，因此沒收了那本書。後來他把時間用來做白日夢，直到染上瘧疾，那時似乎每個星期都要忍受發燒的折磨。

服刑期滿後，他回到家，也回到了報社的工作崗位。「我想，我並不痛恨逮捕我的人。覺得羞恥的應該是他們。」他並非唯一經歷過這種事情的人，也不是唯一把這種經驗寫入書中的人。許多肯亞人都因為莫須有的罪名而鋃鐺入獄，許多人也都描述過類似的拘禁與刑求。恩古吉．瓦．席翁果的《拘禁》[13]這類書，幫他做好準備；《正午的黑暗》（*Darkeness at Noon*）[14]則是瓦荷梅後來讀到的書，他喜愛書中鉅細靡遺描述監獄生活獨特性的精準度。

「我繼續寫作。政府想毀了我，但我要證明他們錯了。牢獄對我而言是種受洗，但我知道對其他人來說是恐怖的經歷。他們一直無法復原。即使已經被毀，他們仍然深受創傷。出獄後，我的朋友都很怕我。」

「可是那些警察和審訊你的人一定還在附近。」我說。

「沒錯，」瓦荷梅回答，又是那個譏諷的笑容。「幾年前，我坐在一輛巴士上，看到審訊我的那個人隔著走道也坐在巴士上。『誰招募你成為組員？』的那個人！他一看到我就馬上裝睡。」

「你生氣嗎？」

「不。我很害怕。我嚇壞了。於是下了車。」

那個要回家的刑求者，和其他通勤者一起搭市公車沿著街道緩緩前行的景象，對我而言，成了代表肯亞都市一個恆久不滅的畫面。

在我眼中是個英雄而不是受害者的瓦荷梅・穆塔席，成了我的朋友、我的**拉非奇**（rafiki）。他在奈洛比四處走動，對我訴說著他的過去和家庭、向我指出不錯的書店與咖啡館所在、告訴我哪些街道應該避而遠之，還告訴我古老的市場城鎮現在剩下了什麼。我們看著一九九八年遭炸彈攻擊的美國大使館殘留下來的部分——靠近火車站的大部分地區仍是廢墟。瓦荷梅建議我買些稍後去西肯亞與烏干達邊境所

12 柏納德・沖加（Bernard Chunga）：一九五〇年生，曾任奈洛比高等法院檢察官、檢查署主任、肯亞最高法院的首席法官（一九九九—二〇〇三）。

13 恩古吉・瓦・席翁果（Ngugi wa Thiongo）：一九三八年出生於肯亞「白色高地」的知名小說家。奇庫育族出身的他，在早期小說中常描述奇庫育／非洲人與西方人／基督徒兩個世界、兩種文化的衝突。《拘禁》（*Detained*）是他一九八一年出版的小說。

14 亞瑟・柯斯特勒（Arthur Koestler 一九〇五—一九八三）的作品，一九四〇年出版，以三〇年代動盪不安的俄國為背景，描寫主角 Rubashov 無辜入獄後的經歷。被成功歸類為政治／歷史小說。

需要的東西。在一家書局裡，我買了本《蚊子海岸》送給他，他也買了本他寫的監獄書回送給我。他在書中寫下**贈索魯大爺**，然後彼此道了**可瓦黑里**[15]，約定繼續保持聯絡。

幾天後，我在《國家報》上看到在瓦荷梅屈打成招後被起訴的檢察官名字。最高法官柏納德·沖加現在正在執行偽裝出來的虔誠，「懇請照顧青少年的各機構，能確保自己依據國際標準來對待青少年。」

那個月，高尚的品格是肯亞境內的演講主題，因為美國大使卡森先生在一場鼓勵肯亞企業界的短暫演講中，傳達了一份嚴厲的警告，他說肯亞正面臨著失去貿易優惠待遇的威脅。美國國會之前為了幫助積弱不振的非洲經濟，通過非洲成長暨機會法案，提供一套簽證系統，讓這些國家可以在沒有配額的限制下，把貨物運到美國。這個寬容的想法本意在於促進當地工業，但結果卻只助長了當地的犯罪率。在肯亞，這項規避政策變成了一宗巨大的賺錢詐欺案。中國與印度製造商在支付肯亞高階官員一些回扣後，把「肯亞製造」的標籤貼在自己的產品上，然後經由肯亞轉運至美國。

「這些跡象不是好事。」卡森大使這麼說，指的是紡織品詐欺案。他繼續提到除非肯亞大力掃蕩貪污、尊重法治與人權、推行健全的經濟政策，否則這項優惠協議就將終止。這位外交官的斥責與晃動手指的不贊同舉動，與以往所聽到各屆大使對以黑人文化傳統自豪的肯亞人所發出的施恩廢話全然不同。然而現在這是個不一樣的肯亞、不一樣的奈洛比，這裡罪惡橫行、貪污腐敗。我並不渴望已經逝去的日子，我再次渴望的是非洲的內陸，那些比較單純、比較快樂的樹叢。

自私自利的援助

要離開奈洛比相當容易。到坎帕拉的火車線已暫停營業，但有許多去邊境的巴士。這些巴士一大早從讓人聯想到危險的附近地區出發——巴士在黎明前的黑暗期離開，這段時間也特別危險。有人提醒我，「搭計程車。」我從善如流，搭上由畢爾達德（Bildad）這位司機開的計程車走過三條巷子，畢爾達德也繼續警告要我小心，讓我很害怕，直到車子準備離開。

我們在黑暗中出發，太陽升起時，車子正在穿越大裂谷，身邊全是小塊的自耕農地。這個山谷曾是一大片深入西北部的綠色空地與彎曲的寬廣之區，中間夾著黃色的平頭荊棘樹林，樹下的羚羊與樹叢中的鹿都在慢條斯理地吃著草，但現在毫無節制的放牧破壞了草地，森林也遭到濫墾，處處都是一群群無所事事的人與一塊塊醜陋的小屋。

燃燒殆盡的暗色火山龍拱諾特火山口，是整個大裂谷實為一連串斷層帶的提醒標示，一路從死海以不規則的裂口延伸至莫三比克的夏爾河谷（Shire River Valley）。大裂谷是在一段劇烈的火山現象期所造成的地形，那些火山活動的猛烈爆發與流動的大量溶漿，撕裂了整個非洲的心臟。有人提出一種頗具爭議的理論，他們認為大裂谷造成的兩種完全不同的氣候區，影響了人類的演化：西邊的熱帶森林成為猩猩的家鄉，同一時間，原始人類則必須在東邊熱帶大草原的空曠中適應環境。當然，世界上最早期的原始人化石，的確是在大裂谷的東半部發現。

位於盧安達的連該山（Mount Lengai）仍在爆發，居民被迫遷居。吉力馬札羅山是座休火山，烏干達的月亮山脈及坦尚尼亞那座山口寬二十里的恩格隆格羅火山口（Ngorongoro）也是休火山。有些因為火山爆發而裂開的巨大裂口，積水成了維多利亞湖、坦尚尼亞湖、馬拉威湖。大多數的景色——譬如就在龍拱諾特西邊的高聳毛爾陡壁（Mau Escarpment）——即是這些早期火山現象與板塊移動的結果。

15 可瓦黑里（kwaheri）：史瓦希利語的「再會」。

奈瓦夏（Naivasha）的小鎮看起來十分安靜、美麗，且因為盛開的巴西黃檀與街上厚厚的花瓣而展現出一片奼紫。猶如肯亞的許多地方，奈瓦夏也有段見不得人的過去和同樣見不得人的現在。奈洛比的所有人都知道，來自美國明尼蘇達州、在奈瓦夏附近一座教堂服務的天主教凱瑟神父（Father Kaiser）的故事。他在肯亞當傳教士已經三十多年了，愈來愈嚴重的道德問題與部落仇恨，讓他感到非常不安，於是開始收集可能有政治教唆的特定暴力行為資料。除了他，沒有人針對這些事情做成紀錄——警察沒這麼做，否認指控；甚至連愛滋在肯亞是個問題都加以否認的政府，更不會這麼做。後來被蔑視為謠言散布者的凱瑟神父，事實上對政府信譽造成了嚴重的威脅，而他手中握有關於強暴和謀殺事件的資料也愈來愈多。

由於牽扯到一位政客，所以有兩個知道警察絕不會關心事件始末的女孩，在極度痛苦的情況下，向凱瑟神父報告她們遭到一位現任部長強暴。這位部長是個家喻戶曉的人物、是執政黨肯亞非洲國家聯盟（Kenya African Natinoal Union，簡稱KANU）的黨員——肯亞非洲國家聯盟是肯亞塔的黨、是莫伊的黨，也是治理了肯亞四十年的政黨；現在依然掌權。

凱瑟神父在各高階官員間奔走，向他們提起強暴的事情及詳述其他某些罪行。一開始，他遭到大家的斷然拒絕，接著當局施壓，要神父停止公布這些事實。他繼續堅持，於是當局不再發給凱瑟神父工作許可證，並要他離開這個國家。凱瑟神父依然堅持自己的作為，他呼籲大家注意高揚的犯罪率，尤其要大家正視政府的否認行為。二〇〇〇年八月，有人在路邊發現了凱瑟神父的屍體。他遭到了謀殺。當我經過凱瑟神父遇害的地點時，肯亞當局尚未抓到兇手，然而被控強暴的那個傢伙依然穩坐在部長寶座上，立足於莫伊的內閣中。

「肯亞有個穩定的政府。」詢問參觀野生動物相關行程細節時，我質疑肯亞的安全問題，一家位於倫敦的知名薩伐旅公司經紀人如此堅持地對我說。這位女士否認政府的貪污與不可信賴，她還給我警告，不過警告的主題不是犯罪問題，而是她公司提供的薩伐旅價格。「我必須告訴您，我們的活動絕對超高水準——為顧客量身訂做每趟薩伐旅，設計的行程絕對讓顧客感到舒適與趣味盎然。」

「獨裁主義者」與「穩定」不同，但是話說回來，薩伐旅顧客主要的興趣是大型野生動物，不是政治。利用直昇機、武裝警衛與嚴密的保全措施來確保顧客在肯亞的安全，是可以辦到的事情，只要顧客不脫離狹隘的行程。

我向一位肯亞白人提到自己之前走陸路，從衣索匹亞邊境南下到馬沙比和伊西歐羅。這個白人是個壯漢，曾旅遊肯亞各地。他擁有的路華越野車是我生平見過性能最好的車子之一——最新款的外型，配上了BMW的引擎。但他從未走過那條路。

他說：「沒人走那條路。」

奈瓦夏與納庫魯（Nakuru）附近具有侵蝕性的鹼水淺湖，理所當然地以火鶴聞名。較小的火鶴聚集在納庫魯湖，較大的火鶴則集中在納特隆湖（Lake Natron）。我可以看到愛爾曼特伊達湖上一整片的粉紅，那兒有好幾千隻鳥。這些鳥在湖的淺水區覓食，低著頭，擺動優雅的頸項，把鳥喙伸進湖裡打撈食物，然後漏掉嘴裡水，留下吃的食物。

觀光客只會看到這些美麗的鳥，他們不會知道任何有關凱瑟神父的事情，他們對肯亞結束凱瑟神父生命的黑暗勢力也一無所知。

我們在納庫魯停留，吃飯、喝水、上令人覺得噁心不已的廁所。納庫魯從一個擁有令人愉悅氣氛的市場小鎮，成長到一個完全未經計畫的龐大聚集地，裡面充斥著錫頂小屋及最近才開始出現的那種較新穎又整齊的高價位房屋社區，這些社區都位於通勤可抵奈洛比的距離之內。「中階管理人員。」有人這麼告訴我：指的是在銀行、保險公司、汽車代理商、進出口公司及外國慈善機構工作的非洲人。太陽曬到褪色的舊招牌，依然掛在某些已經關了門的殖民地時期雜貨店前，招牌上是擁有專利權的藥品與牛群的飼料廣告，有面牆上還橫寫著，**你喜歡我燕麥粥**（U-Like-Me Porridge Oats）。

叫賣小販——大多都是沿海非洲人，頭戴無邊帽，身著白色寬鬆大袍——猛朝到處走動的過路人推上他們裝著太陽眼鏡與便宜手錶的盤子。臨時的攤販提供冰淇淋、水果、熱狗和炸雞。

巴士上半數以上的乘客都是非洲人，他們看起來像烏干達人的小家庭；另一半的乘客是大家族的印度人，坐在後座喧鬧不休，那是因為他們都是成群出動——挑剔的男人、靜默的女人、尖聲怪叫的小女孩及反戴著棒球帽的粗魯小男孩。坐在我前面的非洲女子正在讀韋恩．戴爾[16]的《真愛的追尋》，她看的那章標題為「做決定讓自己自由」。

稍早——就說是六〇年代吧：那是我可以作證的年代——開一趟車前往我們所要去的納庫魯、克利州與奇蘇姆，必須在鄉間穿梭。道路狹小但幾乎沒有其他車輛，只有騎著腳踏車的非洲人，牛群在山丘上吃草，不時出現一間農舍，偶爾還會看到一群羚羊。一大片的藍天之下，是一大片綠色的空曠土地。然而以前是小鎮和卡車停車站的地方，現在都變成了以不規則形狀向外延伸的碩大聚集地；當時人煙稀少的樹叢區，也變得人口稠密與明顯地髒亂。

世界就是這個樣子，但這似乎也是非洲世界的一個特質，鎮或城愈成長愈醜、愈亂、愈危險，這完全是惡質計畫、不足的經費與竊盜所得到的結果。除此之外，每個聚集地都有個特點——總是會看到非洲男人站在樹下或聚在陰涼之處。他們不是在等巴士，這些人只是在打發時間，因為大家都沒有工作。他們一定都有菜園或果園——大多數人都有——但是栽種與耕種這些農務，或許都已經由家裡的女人負責打理了。在肯亞，每次看到村莊或城鎮附近有棵長得還不錯的樹時，就會看到男人站在樹下無所事事，看起來無精打采而茫然。

即使是肯亞這個部分最繁華的城鎮也有鮮明的招牌、救濟的單位、辦公室與生活用品的倉庫——大家在分送建議、食物和保險套。全是美德幫的商品。因為大片大片的茶葉區，而使綠色的山丘與河谷顯得柔和許多的克利州也不例外。或許這類地方之所以會吸引傳教士和行善單位的原因，就在於住起來很愉快？也許這些地方的通訊設備要比偏遠的樹叢方便？每次看到一座外表整齊與適合居住的小鎮，我就會看到外國慈善機構的蹤跡——牛津會、希望計畫（Project Hope）、飢餓計畫（the Hunger Project）、非洲之食（Food for Africa）、緊急孩童村（SOS Children's Villages）、明愛會及許許多多其他的團體，藉著神聖之名與停在門前的嶄新白色路華越野車或豐田四輪傳動車（Land Cruiser）。

這個區域是咖啡種植區，所以任何一輛這種車子，都可能屬於像狄更斯的潔麗比夫人那種諷刺性的人物和她的非洲計畫。她曾說：「到了明年的這個時候，我們希望能有一百五十到兩百個富有的家庭栽種咖啡及教育波利歐波拉加土著。」

我現在要說的這些話並非抱怨，而是觀察到的現象，大多數美國人或歐洲人在聽到了關於未受教育又吃不飽的非洲人故事後，都很憤怒，他們說，**為什麼沒有人要做些事情呢？**但顯然有人做了很多事情——比我想像的還要多。只不過肯亞政府實在太不在乎自己人民的福祉，因此諸如健康與教育這些問題，就由同情的外國人接手。慈善機構已根深柢固。在加拿大的巴塔鞋（Bata Shoes）零售店與當地的

16 韋恩．戴爾（Wayne W. Dyer）：一九四〇—二〇一五，出生於美國密西根。被視為自我提升的權威，追隨者稱他為「激勵之父」。他擁有諮商心理學博士學位，是十分受歡迎的演說家，他還是暢銷作家，除英文版創下六百萬本銷售量的《鑽出牛角尖》（*Your Erroneous Zones*）之外，另著有《真愛的追尋》（*Your Sacred Self*）等十多本書。

印度人商店之間，你會發現世界展望會或拯救兒童的辦公室。這些組織雖源自於救災單位，卻已成長為國際性機構、永久的福利與服務設施。

我想知道——真的非常想知道——為什麼都是外國人在努力，為什麼非洲人不參與自救？因為我自己曾自願擔任過老師，所以我還想知道，為什麼四十年後，進步會這麼這麼少？

一整間收藏珍貴書籍的圖書館，評述了救援機構所帶來的協助：這種做到最好是無功之徒勞，而做到最糟卻是非常嚴重傷害的協助。有些書是個人的紀錄，其他的則是科學與學術著述。但這些書找到的結果都相同。

「救援不是協助」和「救援行不通」，是葛拉漢．漢考克（Graham Hancock）研究浪費金錢的周全紀錄《貧困之主：國際救援事業的權勢、威望與腐敗》（*The Lords of Poverty: The Power, Prestige and Corruption of the International Aid Business*, 1989）所得到的其中兩個結論。漢考克有許多憤慨的輕蔑，都指向世界銀行令人質疑的活動。「救援計畫本身就是個死胡同。」麥可．瑪倫（Michael Maren）在《通往地獄的路：外國救援與國際慈善的蹂躪結果》（*The Road to Hell: The Ravaging Effects of Foreign Aid and International Charity*, 1997）中這麼寫。拯救兒童這個慈善團體是瑪倫針對的目標之一，在他的眼中，這個團體的慈善行為簡直是毫無益處到值得大書特書。兩位作者都在第三世界國家進行救援計畫多年，寫下來的內容也都出自於本身的經驗。

雖然這些作者對從事災難救援工作義工的態度，要比機構化慈善團體裡高薪的官僚和善，但這兩位作者也堅持所有的救援都是利己行為，大規模的饑荒就如同一個「成長機會」般受到歡迎，而登廣告刺激慈善捐款也不會比「飢渴的色情文章」好到哪兒去。

「依據老手經驗，告訴你一個可以放諸第三世界任何地方都準的模式，」漢考克這麼寫，「如果某個計畫是由外國資助，那麼照例會是外國人設計、外國人執行、用的是外國設備，採購地點也是外國市場。」

就像是在證明這個老手經驗的準確性一樣，關於非洲發展最有用卻最不常被引用的書，是一份義大利的研究報告《勞工密集技術的應用指導方針》（*Guidelines for the application of Labor-Intensive Technologies*, 1994），革命性的簡潔內容，這本書倡導大家利用非洲勞工來解決非洲的問題。在描述了讓非洲人自己僱用人員，用自己的勞工建造水壩、道路、地下水道系統與運河等所有的社會與經濟優勢後，瑟吉歐．波利佐提（Sergio Polizzotti）與丹尼耶雷．范奇烏拉奇（Daniele Fanciullacci）這兩位作者，也討論到慈善捐款者設定的限制。捐款者不是詳述機械必須在捐款者國家進行採購，就是限制競標者只開放給捐款者國家的公司，不然就是在「鼓勵簽訂大型的設備合約與花費高額費用購置設備的可能性」計畫上，加上時間限制。

密集勞工的計畫在非洲少之又少，因為太多的捐款援助都自私自利。

經過了最大有三層樓房那麼大的眾多平滑巨石後，我們來到了奇蘇姆。奇蘇姆是個位於維多利亞湖威南灣（Winam Gulf）的港口，是鐵路線的起點，也是渡輪港。但火車早已棄用，渡輪也極不符合規定，而且在非常糟糕的維修狀況下，根本無用。之前，我曾想過或許可以在這兒多待幾天，然後搭乘渡輪到烏干達，不過這個選擇現在完全不在考慮之內。

奇蘇姆現在只是個巴士站。市場裡，一如往常有小孩子叫賣一盒盒的茶與一罐罐的牛奶、婦女烘烤一穗穗的玉米，還有人販售大堆大堆的舊鞋與二手衣。連非洲人都不覺得這類市場的二手衣昂貴。大部分的二手衣過去都屬於你們，是你們放進一個箱子裡的舊洋裝、T恤、短褲、領帶與破爛的毛衣和毯子，然後交給教堂——如救世軍、非洲之毯（Blankets for Africa）或其他單位收集。大家以為這些衣物會拿去救濟需要的人——但事實並非如此，這些衣物被分門別類成捆：襪子、鞋子、長褲、襯衫、裙子、T恤、毛衣及等等。一捆捆的衣物被便宜賣給市場販子，之後這些販子成為配銷商，把貨品堆積在他們自己的攤子出售。

當我自己的衣服破爛不堪時，我也是到市場上去買這些衣物。這是讓我看起來不像觀光客也不像軍人的辦法。而且我愈來愈喜歡自己這些二手衫，其中一件是豔紅色，上面還寫著一流的水管工程。

我在奇蘇姆待了一天，只是隨便走走，因為之前在巴士上有些抽筋。我走到一道舊防波堤上，那兒沒有渡輪，因此又走到火車站，那兒沒有火車。我注意到市場上滿是慈善物資：沒有肯亞製造的商品，沒有紡織品，只有幾個陶土鍋。

我搭下午的巴士離開奇蘇姆前往邊境，看到正在蓬勃成長的肯亞工業：就在城外，一家連著一家的木匠店，全都在做棺材——剛砍下來的粗木，因潮溼而略帶紅色，店裡的人鋸著木頭、釘著長長的盒子，每個人都在辛勤工作。棺材成品豎直了堆在一邊，許許多多的棺材。這是我在整個肯亞所看到最忙碌的當地工業：棺材製造者與他們陰沉的產品，對一個永遠都在生病的國家來說，是幅最貼切的景象。

針對這些棺材，我做了些筆記，也素描了幾張圖畫記下棺材的形狀與尺寸。然而坐在這些巴士上看著非洲在我身邊過去的我還注意到，在任何一個我想下車的地方下車，我確實是在很開心地旅行，跟著鵝群的叫聲而走，處在一種極大的滿足之中在這特別的一天，這些是學名埃及雁（Alopochen aegyptiaca）的埃及鵝，然而儘管名字取得美麗，牠們仍是野鵝。

第十章　蝙蝠谷的老友

就在烏干達邊境內的湖邊，紙草長在濃密多葉的樹叢中，如沙拉般新鮮。高挑優雅的莖幹搖曳，覆著羽冠的枝頭頷首，這是我們巴士經過時的景象，從邊境城布西亞（Bushia）出發的巴士，沿著一條山脊路朝西走。在肯亞，我沒有見過任何正在生長的紙草，即使在維多利亞湖盡頭的奇蘇姆也沒見過，但一過了邊界，進入烏干達境內，眼裡就映入大量這種高挑優雅的叢生植物，長在湖邊的沼澤地裡。這似乎再次證明了烏干達是尼羅河的起源地。在埃及境內的尼羅河下游，真正的紙草已不再生長了，但我曾看過這種美麗植物的身影，人們用亮麗的植物染料，把紙草描繪在法老王墓穴的牆面及卡納克的柱頭上。任何可以把埃及和非洲心臟連在一起的事物，都能引起我的興趣：紙草、睡蓮、鱷魚、河馬、羽冠大鶴、狒狒、獅子、大象和牠們的象牙，甚至奴隸的圖象與河水本身。

「你最早是怎麼到這兒來的？」一六〇年代，我總是習慣拿這個問題問那些老前輩與年長的傳教士。許多人會回答「順著尼羅河而下」。

這個答案的意思是：先是搭船與火車穿過埃及，接著坐火車到喀土木，然後搭乘有蹼輪的汽船從喀土木到久巴，最後再走五十八哩的陸路抵達烏干達。

搭著雞車到烏干達

我是搭乘「雞車」來的——雞車是指載滿了非洲人和他們農產品的巴士，乘客還包括倒綁著的雞及用布緊裹有如木乃伊的嬰兒。有輛雞車讓我在肯亞邊境下車。那兒和藹可親的叫賣小販、黑市黃牛、換錢的人和乞丐全蜂擁而上。他們一路用跑的隨著我穿過無人之地，那是半哩炎熱、多石又沒有遮陰處的路段，直跟到用鍊條串成的圍牆與帶刺鐵絲網所標示的烏干達邊境，才被驅趕折返。跑步的樣子會顯露出一個人的某些特質——而這個人跑向你時所展現的特質，又比他跑開時更多。

我在烏干達的檢查哨又經歷了相同程序，一群人為了擠進一間小屋在護照上蓋個章而彼此推擠，屋外有更多要換錢的人與乞丐。我買了份報紙，看到前一天發生在坎帕拉的多起爆炸事件：「選舉暴力」。在遠遠另一邊的另一輛巴士上，我仔細思考著，一個沒有徒步走過非洲邊界的人，不算真的進入這個國家，因為首都的機場只不過是場騙局；遙遠的邊界及發生在邊陲地帶的一切，才是這個國家核心的真實。

一入烏干達國境，就覺得這個國家的治理狀況要比肯亞好得多，而且這兒明顯比肯亞翠綠、豐饒，有更多的棕櫚樹、更多的青草，田裡栽種的稻子也受到妥善照顧，還有香蕉樹——各式各樣的香蕉。烏干達人告訴我，一共有六十種香蕉，在這兒，香蕉是主食之一。烏干達青綠的東南部地勢很低、沼澤處處，大湖似乎滲入了內陸。

比起肯亞，烏干達的路況好多了——房舍的狀況也較佳，不論新舊——這些都更讓人注意到，肯亞正在走下坡，而烏干達或許正在朝上邁進。此處的田地裡依然種著甘蔗，一如既往，而田地的主人始終都是印度人。想想目前世界上糖類與其他大宗物資的價格，再看到甘蔗田，有些令人驚訝。當然，在非洲種植咖啡、茶葉、棉花、甘蔗與菸草的農民利潤較少——因此有些地方的農民又回歸到基本作物的種植，他們放任經濟作物死亡，栽種自己要用的玉米。

那天下午稍晚，我搭乘的巴士經過金甲小城，維多利亞湖就是在這兒的歐文瀑布（Owen Falls）開始北流——也就是維多利亞尼羅河（the Victoria Nile）——流至奇優加湖（Lake Kyoga）後，繼續前進至莫奇森瀑布（Murchison falls）與亞伯特湖，再注入亞伯特尼羅河（the Albert Nile）中。這段單純的流程，讓托勒密等古代推測者及身處非洲的歐洲探險家大感困惑，直到一八五七至五八年柏頓和斯皮克[1]從東海岸開始，實地勘查內陸的湖區才完全弄清楚。當柏頓因病躺在現在坦尚尼亞境內的塔伯拉（Tabora）時，前進到大湖南角去看一眼的人是斯皮克。他對維多利亞湖真正的大小完全沒有概念，但根據阿拉伯人提供的資訊，他推測湖的北岸是個出口，也就是尼羅河的源頭。柏頓要求斯皮克對該項說法提出證據，同時也譴責斯皮克因耐性不夠而到湖中航行的躁進舉動。斯皮克雖為自己辯護，卻沒什麼自信；反正他的性情本來就很軟弱（他後來以自殺來結束生命）。不過斯皮克的直覺很準確：日後證實維多利亞湖的確是尼羅河的源頭。

這片熟悉的景色給了我一種歸鄉的安慰感，那幾乎是種懷舊的心境。我仍在滿足的狀態中旅行，依

1 斯皮克（Speke）：John Hanning Speke，一八二七—一八六四，為英國印度軍（British Indian Army）的一位軍官，曾三探非洲。前兩次（分別是一八五四與一八五六年）均與柏頓同行，第二次他們發現了位於坦尚尼亞與剛果間的坦干伊喀湖（Lake Tanganyika）後，斯皮克又單獨發現了維多利亞湖。作者雖於文中提及斯皮克是自殺，然根據紀錄，斯皮克是死於一場打獵意外，唯柏頓與其他人懷疑他是自殺身亡。

舊謹慎，卻相對感到安全。毋庸置疑，我顯然是個**木組恩古**，只不過是個穿著二手衣、帶著便宜手表、頂著褪色帽子、年紀大了一點的**木組恩古**。我身上的運動夾克破爛得厲害：某趟卡車之旅中，電池的強酸在夾克上燒了好幾個大洞。在非洲，破爛的衣服具有掩飾作用，所以我的服飾讓我不太顯眼。然而非洲市場是個找人補衫的好地方：我可以在坎帕拉找到縫補外套的師傅。這個簡單的使命讓我欣喜不已。再者，世界上沒有人知道我身在何處，更讓我體會到蘭波式的興奮。我成功地消失在烏干達東南部這片我非常熟悉的樹叢之中。我愛在烏干達夕陽的猩紅餘暉中，獨自搭著巴士沿途顛簸，再過十五分鐘左右，當夜像條毯子般罩在樹叢上時，一切便都會沉入黑暗之中。

來到這兒另一個讓我興奮的理由，因這是趟回春之旅，或者該說我回到了自己已成年但依然年輕的那個時候。上次在烏干達是三十三年前，那段日子過得很快樂。隨著生日愈來愈近，我不知道自己腦後的某個地方，是否正計畫著回到生命中的某個特定時刻、某個曾極度快樂的時刻。那時，我愛上了一個深愛自己的女人，還計畫著結婚，那幾個月裡，還看到了自己第一本書出版。我知道當時自己很年輕，但那段日子能過著自己所選擇的生活，覺得很感恩。

我想避掉一場生日聚會。對自己年齡的強烈自我意識，常促使我請美國人猜我幾歲，期待——或許已有先見之明——對方會給我一個年輕的歲數。猜的人總是如我所願。非洲年紀大的人不多——四十歲就是老人了，五十歲是一腳踏進棺材裡的人，而六十歲則不是老廢物、就是乾癟的老太婆。儘管年紀不輕，但身體倒還挺硬朗，動作靈活且精神飽滿的我，發現在非洲旅行是件樂事：我在這兒看起來一點都不老——也不覺得老，非洲人都不認為我老——所以這兒是個待下來的絕佳地，也是另一場非洲奇想、一趟回春探險的完美場所。

「你四十多歲吧，」在阿迪斯．阿貝巴時，卡馬爾這麼猜。我聽到最大的歲數是五十二。這些人一點都不知道他們讓我感到多虛榮。然而在非洲，沒有人會因長壽而自負，因為長壽這個概念幾乎根本不存在。沒有人活得久，所以年紀一點都不重要，也許這就是為什麼非洲人對時間的態度如此滿不在乎的緣故。在非洲，沒有人的生命能長到足夠成就任何實質的目標，或親眼看到任何重要工作的完成。在西方世界的兩代變遷相當於非洲時間的三代轉換，因為非洲世界的早婚、年輕產子與早亡都壓縮了時間。

在烏干達的東南部，我在日記中寫下：**我不想再年輕。我對現在的自己很滿意。在像這樣一趟漫長而辛苦的旅程中，這種滿足感很有幫助。**

我花了好幾年才鼓起勇氣，決心重回非洲，因為個人的情緒在任何一場旅行中都非常關鍵。在這兒，我曾快樂而充滿希望。但是我開始看到非洲已經像非洲人一樣變得老朽——四十歲就老邁不堪：到目前為止，遇到的多數肯亞人與烏干達人，都年輕得根本不記得獨立那個年代。我一直拖拖拉拉地耽擱回來的時候，因為懷疑自己所認識的非洲不僅早就消失不見，而且已陷入了無政府與暴力狀態。那個禮拜，烏干達關於炸彈（「手榴彈」）在坎帕拉主要市場爆炸的頭條新聞，似乎也證實了我的懷疑。兩人死亡、十人受傷——選後暴力是不斷重複的解釋，過錯全歸反對黨。但是那次的混亂事件與地盤有關。依非洲人的說法，這就是政治。我只不過是個穿著舊衣服的無名氏，坐在雞車上的某個角落，讀著當地報紙上有關這件事情的報導。

所有年紀稍長的人都知道，而我在花了幾乎六十年的時間去學習後也知道了：一張老邁的臉孔容易令人迷惑。我並不想成為傳統的無聊鬼，也不想當追憶過往的怪老頭，但是我現在知道：年邁的人並不如你想的那麼脆弱，他們會覺得被視為孱弱是種屈辱。他們滿腦都是點子、全身充滿神祕的力量，即使是性能力也不差。所以不要因為稀疏的頭髮、老舊的五官及無神的論調而上當。年紀大一點的旅者最清楚：在心裡，我們很年輕，當別人把我們當成老人家和包袱時，我們會感覺受到侮辱，因為我們知道歲月讓自己變得更有力量，且無疑更熟悉民間的疾苦。年歲不是一種苦惱——老邁是種力量。

金甲曾經是個滿是印度店的地方，販售衣服、廚房用具及食物，有幾家店專賣印度甜點——玫瑰牛奶（gulabjamun）糖漿球和黏答答的黃色牛奶球糖（laddhu）。現在印度人都走光了；沒有甜點舖，也沒有販售器皿的攤販。有些店被板子圍了起來，剩下的店則改由非洲人經營。在金甲的巴士站，我遇到一對很緊張的美國年輕人，他們是自助旅行的旅者，穿著豆子店的短褲、戴著歐維斯[2]的帽子，鼻子上還塗著黏黏的防曬霜，女孩大口吞食多種堅果與葡萄乾的混合高能量零食，男孩把拇指戳進寂寞星球的《東非導覽》中，看起來有點過分顯眼。

這個男孩對我說：「你不覺得在坎帕拉變得平靜一點前，我們待在這兒會比較安全嗎？」

「那你們得在金甲待上好幾年，」我回答，「坎帕拉從一九六二年開始，就一直沒平靜過。上車吧——不會有事的。」

他們並沒有上車，他們決定留下來。假設真如他們所說，在坎帕拉平靜之前不打算離開，那麼這兩個人現在極可能還在金甲。

當我告訴非洲人自己的來處及旅行的速度有多緩慢時，他們會說：「所以你一定已經退休了。」

「不，不，不，」我如此回答，反應過度，因為我鄙視退休這兩個字，我覺得退休是投降的代名詞。「我在旅行，我在工作。」

其實這種回答也不正確，不是生意、不是玩樂、不是工作也不是退休，是一種生命的過程，是我選擇如何度過時間的方式。

重回坎帕拉

愈接近坎帕拉，樹叢就愈濃密，城鎮的定義也愈明確，周邊的界線更清楚——這兒都是調整過的小區域，不再是肯亞近郊看到的那種占地自用者的凌亂帳棚。除此之外，還有些跡象顯示烏干達的人講究家庭擺設：小屋與小別墅都漆上了色彩、圍上了圍牆，牆內還有菜園或花園。單獨或成群矗立在這些屋舍間的，是非常高大的當地原產樹木，這是曾經扶養成群猴子和懸吊蘭花賴以棲息的老樹林最後殘留處。我對這條金甲路最清晰的記憶是在某些路段，因為無法解釋的原因，有大量蝴蝶停駐的長條毛絨絨區域。其中有段路，大概整整八十呎的路面全覆滿了白蝴蝶，數量多到如果車速過快，輪胎都會打滑，有些人因此而跌落在蝴蝶身上，失掉了性命。

坎帕拉市邊有個名為曼德拉國家體育場（Mandela National Stadium）的運動場。在我那個年代，這個運動場的名字應該是歐寶特體育場（Obote Stadium）或阿敏運動場（Amin Stadium）。如果在肯亞，這大概會被稱為莫伊運動場吧。非洲政治人物習慣把自己的名字送給道路、學校和大型的活動場；他們把自己的臉放在貨幣上，紙鈔上是圓圓的正面像，硬幣上則是肥肥的側面照。一個國家的政治是否健康，可以從錢與街道的名稱輕易地評斷。最糟糕的地方，大家不管走到哪都看到同樣的名字、同樣的臉，那是萬世總統的名字與臉。

2 豆子店（LL Bean）與歐維斯（Orvis）都是美國著名的商品郵購公司。

到此的前一個禮拜，烏干達剛舉行過總統大選。不同政黨的海報與旗幟依然在商店裡引人注目。我認出了幾位候選人——且私下還認識其中兩人，因為他們在我那個年代，就已是汲汲營營的狂熱分子了。這次由現任的尤維里・穆瑟維尼勝出，雖然位列敗將之林的一位名叫奇札・貝西格耶的人，對選舉結果提出異議，但普遍來說，大家都認為這次的選舉還算公平。只不過，仍有人將手榴彈擲入烏干達不同地區的市場中，汽車也被燒得亂七八糟。

當我終於抵達了坎帕拉，有消息指出在落選後對選舉結果提出異議的貝西格耶，之前曾趕到恩特貝機場（Entebbe Airport）準備搭機去南非演講，卻在登機時遭拒。有關人員對他說「現在大家正在調查爆炸事件」，所以他不能出國。

「我不滿意這次的選舉，」有位烏干達人這麼告訴我，「過程中曾出現威脅與詐欺的事件。結果簡直更是**畢其帕力**（bichupali）。」——這個詞是個土話，不是史瓦希利語，意思是騙局。

「你覺得是怎麼回事？」

「有人作弊。我們沒有工作。事實上，總有真相大白的時候。」

這位烏干達人說這句話時的發音是**做筆**、**拱作**、**時時**、**診香與打敗**。聽到這樣的說話方式，這是烏干達人特有的說話方式，讓我有了回家的感覺。

二十郎當歲時，我曾在斯皮克飯店（Speke Hotel）的陽台上，度過許多個喝啤酒的夜晚。那時我從未在斯皮克飯店住宿，我家在城的另一頭，靠近蝙蝠谷。因此這次舊地重遊，斯皮克就成了我在坎帕拉的家。這家飯店吸引我的條件之一是，四十年來這兒的電話設備始終沒有提升：所以我根本不可能打電話到美國——別人也不可能打電話給我。我在另一家等級較高的飯店裡，發了傳真給我太太，向她保證我還撐得下去，她看了我的傳真後一定會這麼想：可憐的保羅寶貝，孤零零的一個人。

那天晚上，回斯皮克飯店的途中，我領悟到自己正安全地穿越一個非洲的城市。我喜歡這種感覺：在夜間閒逛是件新鮮事。我晃蕩了一個小時，整個城鎮走透透，連手榴彈攻擊的市場都去過了，最後進到一家印度餐廳。完全沒有遇到麻煩，而且街上有很多人。

許多人出來都是為了要抓聚集在街燈下的蚱蜢。蚱蜢季節這個久遠以前的記憶，我可記得很清楚，家家戶戶在街燈下抖動床單，然後把床單間的蚱蜢抓起來放進瓶子中帶回家油炸。蚱蜢總是隨著雨水而至。

「我們喜歡**賽內內**（senene）。」一個非洲年輕人對我說。他正和另外兩個人一起散步，我們停下來聊天。

「**賽內內**是蝗蟲，對不對？」我說。

「不是，不是，」他回答，就好像我在誹謗這些昆蟲一樣。「不是蝗蟲。**賽內內**不會造成損害。」

「在村子或樹叢裡怎麼抓？」

「很難抓，」其中一個人說，「光線不夠。」

於是市區的這個照明設備就成了援助捐款一個了不起的特色，因為這些設備能讓烏干達照亮城市裡的街道：不用在意車輛——反正晚上的車輛少之又少。但是這些街燈的現代化，這項數百萬美金的援助計畫，卻讓烏干達人能夠在明亮的夜晚，在街上來個食用蚱蜢大豐收。

「很好吃，對不對？」

「好吃極了！」第一個非洲人回答。

「多好吃？」

「比白蟻還好吃。」

我覺得這個回答實在很妙，我爆出了一陣大笑。

他說：「可是白蟻是唯一可以和蚱蜢相比的食物。」

的確，兩種都是昆蟲，而且準備工作一模一樣。先剝掉翅膀與腿，再放進大量的油中炸，最後在市場上，從大袋子裡油膩膩地一勺勺出售，成為一道饒富風味的佳肴。

在繞著圈子飛的蚱蜢、抓蚱蜢的人、擦鞋童與散步的人之間，是數量眾多的娼妓，她們也像昆蟲。這些娼妓不是在街上遊蕩、站在樹下、坐在矮牆上，就是倚靠在車子旁。她們大多非常年輕、穿著得體、看似靦腆，甚至可稱得上甜美，當我走近時，她們對著我發出嘶嘶的聲音，有的還會弄出親吻的聲音，就像叫喚一隻貓般。「要約會嗎？」、「想按摩嗎？」另外幾個看起來最純真的女孩，還會把她們油光光的臉龐湊過來，柔聲的低語，「想上床嗎？」

這群中最年輕的女孩一路尾隨著我，哀求我和她做生意。她說了一筆很小的金額。這個女孩絕對不滿十七歲，穿著一件閃閃發光、鑲了亮片的紅洋裝，蹬著一雙高跟鞋——是我三十五年前在大學舞會上可能會碰到的那種女孩，也許是某人的女兒，也許是某人的女友，也許還是個高中生，活潑又美麗。這個女孩的英文相當好。「我們去跳舞，」我大可以這麼說。但是我說不行，當她繼續在我身邊打轉，保證會帶來歡愉時，我告訴她我累了，事實上，我是驚慌失措。

「那麼，明天，」她說，接著把手伸近那昂貴的皮包內，拿出一張名片。「打我的手機。」

「就經濟觀點而言，非洲女子進入色情業是理性的決定，」麥可·瑪倫在《通往地獄的路》[3]中這麼寫，「這是極少數她可以自己賺取真正金錢的方式之一。色情行業也是當地經濟與海外派駐人員經濟極少數的交會點之一。」在這個國家裡，人們賣的東西要比她能擁有的東西多得多，而且大家都生意昌隆，就像史蒂芬·迪拉度斯[4]所說。「她們不怕出賣肉體，她們的恐懼是沒有買回靈魂的能力。」

我個人的感受是，娼妓無疑是救援業務無可避免的附屬物，她們是老行業「軍隊隨行者」[5]最傳統意義下的那群人。她們懶散地隨著外國慈善機構的大軍移動。哪個非洲國家的國外派駐人員經濟活絡——阿迪斯・阿貝巴、奈洛比、坎帕拉、黎朗威與馬普多都是救援經濟體大戶——哪兒就有色情行業，而且通常都是特別穿著西式服裝的漂亮女孩，她們吸引著派駐人員、銀行家、救援專家及慈善官僚。每個人都心知肚明。娼妓跟著錢走。

然而在坎帕拉的那個晚上，一如我這趟長時間的薩伐旅中的許多夜晚，我待在自己的房間裡，繼續寫著那個年輕人與較年長的女人在夏日西西里島上發展出來的長篇故事。

以前，雨季裡的坎帕拉一直都很可愛，因為這是個圍著滿樹山丘的小城，而且每條街都羅列著開花的樹——黃白楊、鳳凰木，還有巴西黃檀。有關單位後來為了拓寬路面給新起的高樓，砍倒了許多樹，即使是留下來的樹，也成了覓食腐肉、撿食垃圾的大鸛鳥巢穴。大鸛鳥還會站在大街上，牠們不是在垃圾堆中走來走去、靠在路邊，就是三三兩兩昂首闊步——那樣子倒有點像憤慨的非洲人他們自己。

到烏干達後連著好幾天，我都先留話給一些非洲朋友與同事，接著便出去隨處走走，試著搞清楚自己當前所處的環境。坎帕拉已不再是個印度商店之城了。店面依然存在，但由印度人經營的卻寥寥無幾。有些店歇業已久，有些則是由非洲人經營。城比以前大多了，新的建築物高大卻難看。舊一點的建

3《通往地獄之路》（*The Road to Hell*）：麥可・瑪倫（Michael Maren）二〇〇二年所出的書，副標題為外國援助與國際善行的破壞結果（The Ravaging Effects of Foreign Aid and International Charity）。
4 史蒂芬・迪拉度斯（Stephen Dedalus）：喬伊斯（James Joyce）早期的筆名，也是喬伊斯作品中出現的角色名稱。
5 通常都是商人、妓女等。

築物缺乏維修，看起來頹敗不堪，就像是更久以前留下來的鬧鬼遺跡。我覺得新的建築物早晚也會朝這個方向走，跌入失修荒廢的狀態，雖然沒有頹倒而存留了下來，但卻破爛、無人使用，同時，更新的建築物繼續一一完工。老舊建築物沒有必要的荒廢，似乎成了非洲城市的一個模式。在這兒，什麼東西都沒有人整理或好好修繕，服務與維修的概念幾乎根本不存在。坎帕拉碩大而高雅的建利銀行（Grindlays Bank）早成了可怕的樓房，國家劇院也變成了破舊的醜陋之屋，火車站更是完全乏人照顧。沒有了中心，這個城市似乎也失去了決心。

「每棟那樣的新建築物，都有巨額的回扣。」一位熟知內幕的烏干達人對我說，他請我不要透露他的名字。

沒有什麼東西會比電影院更特別了，因為電影院的建築本身就是一種廣告，大片的門口遮簷、寬敞的入口、長長的樓梯、開闊的大廳，還有專門設計來展示電影海報的正牆。我以前在坎帕拉看早期的〇〇七系列電影、〈風流紳士〉與〈午夜牛郎〉的歐登大劇院（the Odeon）、歡樂屋（the Delite）、諾曼尼塔戲院（the Norman and the Neeta）都已結束營業。一家較新的多銀幕劇院取代了這些老戲院的位置，但這家用塑膠與鋁材料蓋起來的平臉建築物，也已進入了失修狀態。那些老坎帕拉戲院曾幫我認清自己的環境。所以在坎帕拉這座破毀的大城中，有座我更熟悉的小城。

因為砍倒了太多樹，坎帕拉看起來更禿、更醜。沿著坎帕拉路往大學方向走，最後半哩的路段，原本兩邊全站滿了樹——全是非常高大的樹，簇葉使這些樹顯得暗沉，而白晝時段，因蝙蝠的關係，樹顯得更暗。這裡是汪德蓋亞（Wandegeya）區，又稱蝙蝠谷。蝙蝠谷離我以前住的地方很近，是我會請計程車司機載我前往的一個地點，「請載我去蝙蝠谷。」這個奇怪的地方是個地標，也是坎帕拉與眾不同之處，大學區的非洲味比其他地區要濃厚，因為大學與蝙蝠谷毗鄰而居。

一整天，數以萬計的小蝙蝠倒吊在這些樹的樹枝上，一面抖動一面發出尖銳的叫聲，有時還會掉下來，但隨即迴旋飛到另一根樹枝上，牠們爭吵式的懶散抱怨聲與尖銳叫聲充斥空中。初來者常誤認為是小鳥，當我指著蝙蝠時，新來的人會帶著笑容說：「麻雀？」但是當我說，「再看清楚一點。」他們才會看到一大片亂七八糟的蝙蝠，而路邊一整片高大的樹叢上，也全因蝙蝠而呈現黑色，這時初來者就會帶著嫌惡的表情退縮不前。

傍晚，就像接到信號般，所有的蝙蝠一起出發，大圈大圈地迴旋而翔，好似一群群的蚊子或蒼蠅，聚成了一片片遮蔽了天空的黑雲。然後，白天無法穿透的太陽，將最後一縷光線灑過大樹，使得被蝙蝠拋棄了的樹林，看起來像鑲了一圈花邊。體型沒有人類巴掌大的蝙蝠，進入坎帕拉外郊較低溼的地方覓食昆蟲。黎明前，牠們全會回到樹林中，一面灑下有如雨水的糞便，一面像麻雀般吱吱得叫個不停。

我沿著路走，抬頭往上看。樹全被砍掉了。茅屋、木屋、棚屋占據了原來大樹的位置。沒有樹，也沒有蝙蝠。蝙蝠谷不見了。

這兒幾乎沒有樹，卻有許多簡陋的小屋。經過滿是閒散的計程車與店家的圓環時，我並未停下腳步。由非洲婦女經營的小店舖，是現在大家看得見的經濟。馬可雷雷大學的大門內是座漆成綠色的清真寺。大學前呈斜坡狀的造景草地，是大家最不太可能與一座清真寺和尖塔聯想在一起的地方。然而，這座清真寺卻屹立在此——據說是穆阿瑪．格達費的贈禮。非洲人總是來者不拒。一條路、一棟宿舍、一間學校、一家銀行、一座橋、一個文化中心，甚至一所診療室——全都樂於笑納。然而笑納並不代表那是他們需要的東西，也不代表他們會使用或維修。連這間顯然礙眼的清真寺，現在也搖搖欲墜。

馬可雷雷大學曾是我受僱四年的地方，一九六五至一九六八年。在所有的派駐人員都回國後，我跑到校外部去任職。那時我在坎帕拉已成了人夫、人父及一家之主——我的大兒子在穆拉哥醫院（Mulago

Hospital）出生。我的寫作在烏干達受到了鼓勵，而且在那兒開始了與V. S.奈波爾[6]一段三十年的交情，當時他因法爾菲德基金會（Farfield Foundation）的一筆研究金而被派到馬可雷雷。那真是段純真的年代：幾年後，有人揭露法爾菲德基金會是美國中央情報局的幌子。然而，烏干達一直都是我重要的發展之地。

重訪馬可雷雷大學

一連串的混亂之後——那全是瘋狂、窮凶惡極的阿敏上台的早期徵兆——我倉皇地離開了烏干達。之後一直沒再回來，直到現在，直到這個三十三年後的炎熱下午。我一直想回來，因為那段時間是如此神奇，在歲月的效力之中，我看到了某些如夢似幻、甚至具有先知性的東西。年邁也可能讓人驚惶：樹苗長成了巨碩的橡樹，寬廣大屋褪成了廢墟，而鋼鐵的東西——一如馬可雷雷這個壯麗的周界鐵欄——全都鏽敗。建築物不是成了有著鬼屋外觀的房子，就是變為用其現代化特性讓你錯愕到不知所措的大樓。

烏干達現在的聲譽還不錯，但是烏干達的新穎在我的眼裡，卻沒有任何讓我驚訝之處，這兒的一切都在衰退。我並不對此哀嘆，只不過瑞典人或日本人捐款蓋成的新飯店、加拿大人集資籌建的新學校、浸信會診所，還有那個路標上寫著**美國人贈**的麵粉磨坊，也打動不了我。這些就像是一時興起的耶誕節禮物，電池沒電了不會動、壞了也沒人修理的禮物。所有的計畫都將淪為遺跡，一個都不例外，因為這些計畫本身就埋著失敗的因子。有天當計畫停止運作時，沒有人會覺得遺憾。這就是發生在非洲的狀況：一切都會失敗瓦解。

頹敗似乎本就是計畫的一部分。英國殖民辦公室（British Colonial Office）在此建造一所大學的計畫，就曾經涵括頹敗這個部分。馬可雷雷的座右銘是Pro futuro Aedificamus——意思是建構未來。多棒的概念啊！然而這個西方世界極崇高的人文想法，卻不是非洲的傳統。改變、腐朽、再生才是非洲的輪迴：小屋蓋好了、小屋倒了、新蓋座小屋取而代之。大學裡的烏干達是個有實質經濟能力的國家——一種勉強餬口的方式，但卻是一種可以讓人熬過苦難日子的生活方式。在阿敏執政之下，大學關了門並成為廢墟、政府架構不再存在、市場空無一人、燃料短缺、無政府狀態緊緊抓住烏干達不鬆手時，讓烏干達人依然有口飯吃的，是這兒的傳統經濟。一如大學這個毫無是處的複合式建築物成了頹敗之地，烏干達人逃回村子的老舊避難所裡，住進自己的泥屋中做牛做馬。

我曾經工作過的一層樓建築物，成人學習中心，已經三十年沒有改善了，狀況非常糟。現在是法學院的老師在使用。

「大多數你看到的建築物都是過去十年才蓋起來的。」有位法律系的講師告訴我。這位講師名叫約翰．恩塔姆伯威凱，我想他應該四十多、將近五十歲，不過他塊頭很大、身體強壯，沉靜固執得令人產生好感。更巧的是，這傢伙的辦公室正是我以前的辦公室。他帶我在校園四處走動——老舊又遭到輕忽的建築物比嶄新的大樓多多了。顯然在經歷了這個國家的各種政治動亂之後，大學仍未恢復到三十三年前的樣子。

6 V. S.奈波爾（V. S. Naipaul）：一九三二—二〇一八，生於千里達島的印度家庭。二〇〇一年諾貝爾文學獎得主，是當今英語世界的重量級作家，作品以小說和旅行文學為主。馬可孛羅已出版他的《印度：百萬叛變的今天》（*India: A Million Mutinies Now*）、《在信徒的國度》（*Among the Believers*）、《印度：受傷的文明》（*Inida: A Wounded Civilization*）和《幽黯國度》（*An Area of Darkness*）。

我好懷念那些樹。為什麼我對那些樹的記憶要比這些建築物還要清晰呢？當我們經過朽壞的主要大樓與圖書館有裂縫的窗戶時，我問約翰．恩塔姆伯威凱對於這次選舉的看法。

「選舉並不是民主唯一的指標，」他一面開車繞過這所破舊象牙塔裡的障礙物，一面說，「民主代表的意義更多——畢竟，羅馬人就有選舉。但是羅馬人民主嗎？我們需要一個更廣義的定義。我們需要更多的制度，不是一個東西，而是很多很多東西，這樣人民才能自由。」

「人民很自由，不是嗎？只不過他們也很飢餓。」

「政府必須授予這裡的人民一些政治空間。」他說。

對一直在忍耐的非洲人而言，這似乎是個相當適切的說法。

「我真正反對的是像首相西傍比這樣聰明的人，竟然大費唇舌地向我們解釋，我們其實需要的是一黨運作系統、我們非洲人還沒有聰明或成熟到可以自己思考、我們比別人差——比那些擁有真正反對黨的人差。」

「這次選舉有好幾個反對黨競爭，」我說，「他們都失敗了，對嗎？」

「選舉不能證明任何事情。」

「有些非洲國家連選舉都沒有。」我說。

「我們需要選舉，但我們需要比選舉更多的東西，」他回答，「我對這個國家裡的政治辯論水準非常失望。」

「烏干達人不是從一九六二年起就這麼說了嗎？我以前老是聽到大家這麼說。」

「現在更糟，」他回答，「他們把我們當成沒有價值、沒有能力做決定、無法分辨是非的人。簡直是侮辱！」

「你提到這些事情時，烏干達的人怎麼說？或者你根本就不會說這些事情？」

「我說——常常說。我還寫文章，並在廣播中談這些事情。上個星期四選舉剛結束後，我還在廣播節目中提這些事情。現在我們可以自由地談論所有事情。」

「好極了。」我回應。

「不過一點用處也沒有，」他說，「他們只會說：『噢，他又來了——那就是約翰，像平常一樣又在抱怨了。』」

「那總比以前這兒的傳統反應，把人關起來要好。」

「沒有人會因為說這些事情而被關起來。」他這麼說，然而對他自己的意見竟然如此沒有影響的情況，卻表現出某種已經認命的態度。

約翰告訴我，在阿敏垮台、歐寶特重新掌權的那個時候，他所說的話曾迫使自己必須逃到肯亞去避難。當他了解到生命受到威脅時，他遠赴加拿大讀書、教書。後來在新的政權下，他以法律事務的諮詢專家及復興東非共同市場[7]的顧問身分回到烏干達，東非共同市場是個為了發展貿易與溝通而成立的協會。

大多數的非洲國家，約翰．恩塔姆伯威凱都已去過。他對非洲其他國家的意見也很鋒銳。

「肯亞又是另外一種狀況，」他說，「他們有頑強且決意要主導一切的白人移民。但我們烏干達只有少數白人移民——全都是波托堡附近的茶農。這些人都是沒沒無名的人。我曾翻閱過資料，如果某位白人地區長官，在某方面冒犯了我們的某位國王，那麼這位長官一定會被立刻調職。白人官員必須學習如

7 東非共同市場（East African Community）：二〇〇一年一月創立的區域經濟體，會員國包括肯亞、烏干達與坦尚尼亞。

何與烏干達的首領和國王們相處。這個政策一直持續到獨立。烏干達從未被殖民化。我們是保護國。我們的國王權勢也延續至獨立之後。」

「這也沒關係，」我說，「不過如果首領和國王們擁有太多權勢，那或許會成為烏干達的一個問題——擁有權勢的人物會變得很鴨霸。」

「也許吧。不過肯亞的狀況並非如此。另外，還有種族問題。」他說，「我常和其他非洲人旅行。我注意到肯亞人、辛巴威人和尚比亞人都用一種奇怪的方式和白人打交道。每當有白人在身邊時，他們的舉止就很奇怪。」

「真的？」

他大笑，然後說：「真的。當我們一起在英國或美國旅行時，這些非洲人都會感應到別人的藐視——或者應該說是他們所想像出來的他人反應，那是我感覺不到的。有白人在身邊時，他們會很不安，但烏干達人不會這樣。」

我告訴他我很高興能聽到他這樣說，因為這正是我對烏干達人的感覺；這也是我為什麼喜歡住在這兒的原因之一。大家直視我的眼睛。但後來種族歧視卻偷偷進入了政治修辭學中，最後，我只是一個來自**瓦組恩古**[8]之地的**木組恩古**，一個應該怪罪的人。終於我發現，非洲原來是個可以輕易就離開的地方。

約翰和我的馬可雷雷校園之旅即將接近尾聲。儘管有些新的建築物，但這所學校看起來仍像個鬧鬼的破敗地方。音樂從許多破了的宿舍窗裡大聲傳了出來。我的舊住所早已成了一個恐怖之地，只剩下朽壞的窗框、斷裂的房門、曬焦的牆壁。校園裡的道路滿是坑洞。圖書館——一向都是大學健全與否的理想量尺——也是景況堪憐、缺乏維修，我看到的使用者寥寥無幾，而許多書架上更是空空如也。

我說：「你提到的首相阿波羅．西傍比，是我的朋友——我們曾一起教書。」

「他住在這附近，因為他太太是學校的行政人員。」

約翰．恩塔姆伯威凱讓我下車後，我直接往阿波羅的住處走去——一棟灰泥的單層小屋，還有個照顧妥善的花園。我按下門鈴，一位女管家來應門，她告訴我她的主人不在家。我留了張「**還記得我嗎？**」的紙條，請他回電。

我對其他朋友也寄出了類似的紙條或留下了口信，這些人現在不是政黨顧問、政黨委員、諮詢專家，就是國會議員。有幾位做過總統候選人，其中一位候選人的妻子還當過我同事。這裡每個人都聽過他們的名字。在非洲，像我這樣年紀的人，沒有不認識的人。

我回到圖書館四處看看：書架上殘存的幾本書又髒又破。我想書應該都被偷了。這兒沒有新書。曾經是東非第一圖書館的地方，如今僅存書架。圖書館周圍的樹也全都被砍掉了。許多年前扎扎實實蓋起來的這棟建築物，是唯一沒讓圖書館倒下去的原因，然而每個人都看得出來，這座校園是個恥辱。

沿著青草如茵的山坡，往下朝著教師宿舍走。我記得當時就是在這兒，一九六六年的一個炎熱正午，在一棵長了許多茸毛的桉樹樹幹邊，我和說他討厭住在這兒的維迪亞．奈波爾在散步。他生氣時很醜。他說：「弱者與受壓迫者。他們都很恐怖，老兄。必須要有人踢他們一頓。」他踢起一顆石頭，用了很大的力氣。「那是非洲人唯一了解的事情！」

奈波爾在烏干達時總是在咆哮，然而他生氣時並不是自信滿滿，而是在害怕，因為他氣憤的源頭是不安全感。非洲人注視著他時，他們眼裡看到的是一個穆信迪、一個印度人。隨著時間流逝，奈波爾狹隘的印度人態度與偏見愈發嚴重。結果，他筆下所有關於非洲的事情，全是一個被孤立的印度孩子，在

8 瓦組恩古（Wazungu）：史瓦希利語，意思是白人、歐洲人。

黑人千里達島上認識的恐懼所告訴他的事情。他帶到非洲的孩童恐懼，變成了他對烏干達歲月與剛果之行的憎惡，但像他這樣愛面子的人，在寫非洲時，卻把自己怯懦的感情轉化成了鄙視。《在自由的國度》（*In a Free State*）與《大河灣》（*A Bend in the River*）兩本書中，他以一介感覺軟弱的外人，隱諱地攻擊非洲人與非洲。一個千里達印度人對樹叢的恐懼而產生的拘謹，使得奈波爾從未了解到樹叢其實溫良敦厚。非洲讓他感到如此恐懼，以至於他詛咒非洲、冀望非洲惡事連連，直到詛咒成了一種無知讀者會鼓掌叫好的輕藐咒語，「非洲沒有未來。」

那天稍晚，我搭計程車離開了馬可雷雷，我問司機這次選舉，他的票投給誰。他笑了起來，回答我，「舉辦這些選舉主要是為了讓捐款國家有好印象——證明我們在做對的事情。不過這是一次作弊的選舉，我們這些選民的印象可一點都不好。」

我問某位知道內情的人。他說的確如此，為了參選，候選人必須拿錢給選民，每人大概拿到相當於一塊美金的數目就差不多了，不過最成功的候選人送的是鍋子、罐子、一塊塊的布疋、襯衫（「不是T恤哦」）。協助動員的人索取免費的腳踏車。「烏干達所有的選舉都和送錢、送禮有關。」

我還有空，於是在樹下找到一位裁縫師傅幫我補破爛的帆布運動夾克。結果好極了，一大塊補工精細的補丁，還加了一層綠色的新襯裡。應一位朋友的請託，我對三十名英文系的大學生演講，其中許多寫過詩與短篇故事的學生，都說他們以全職作家為職志。

三個美女的豔遇

我想去樹叢裡。這天我打算搭巴士去西部的卡比拉（Kabila）省，看看原始保留區內的黑猩猩，不過那附近有點糾紛。有一則新聞報導說，在卡比拉附近的一座小鎮裡，有人從樹叢中進行了一場攻擊，造成十一個人死亡（「被亂刀砍死」）、十五輛車子化為火光。政府宣稱可能是反對黨在背後操控，然而大多數人都認為那是一個自稱非洲抵禦軍（the African Defense Force）的反政府團體所為。幾天後，一輛裝滿學生的小型商用車，在莫奇森瀑布進行車上的野生動物參觀時，遭到另一個反政府組織上帝反抗軍（Lord's Resistance Army）的開槍射擊——十名學生死亡。這類的事情似乎相當普遍，武裝男子從樹叢中出現，然後展開製造大混亂的行動。所以我沒去樹叢。

我待在坎帕拉，尋找著過去。雖然有人偶爾會把手榴彈丟進中央市場中，但城裡看起來依然很平靜。「經濟在改善——又回到了七〇年代的時候。」一位經濟學者這麼告訴我。七〇年代大概就是我離開烏干達的時候。從一個大的角度上來看，烏干達之所以維持團結的原因，一般來說，是去教堂及宗教上的容忍度。烏干達有數目龐大的回教人口——朝天挺立的尖塔到處可見，另外喚拜者的哀叫也經常耳聞。烏干達的教會是英國聖公會，教會有間位於坎帕拉某座山丘上受到妥善照顧的紅磚大聖堂。每個禮拜天都聽得到教堂的鐘聲。烏干達有位國王姆帖沙一世[9]不但不准他的子民改信天主教，還為許多這樣的人準備了很大的營火。殉教行為與繼起的聖人曾給予天主教一股巨大的推力，這樣的推力甚至出現在教皇走訪烏干達[10]之前。

「我們必須講授和諧與和解，」某位教士在一次禮拜天的講道時這麼說，人行道上還有擴大器放出

9　姆帖沙一世（Mtesa the First）：又作Mutesa I，一八三七—一八八四，又稱為Mukaabya of Buganda，在位期間以殘暴著稱。他其實是布干達的國王（卡巴卡），並非烏干達的國王，一八五六年開始執政。

10　一九六九年，訪問的教宗是保祿六世。

講道內容。這位教士提到選舉及勝選者如何「歡欣慶祝，即使其他人都在悲歎」，他感人地用「彼此相愛」來結束這段講道。

那是個溫和的夜晚，所有散步者都在擴音可及的範圍內。散步的人包括流浪兒、妓女與尋求援交的女學生；有人在賣報紙；也有人在兜售太陽眼鏡與打火機。我完全無法得知這些人之中究竟有沒有人了解教士剛剛說的話。

城裡的這個區域為什麼這麼多娼妓？過去，娼妓只在酒吧或夜總會裡晃蕩。但這些女人和女孩子都在街上，她們有的在矮牆邊散步、有的靠在樹旁。這兒有樹蔭，很安靜，這個區域有三家飯店。我想這兒有做生意的客人，那就是救援人員、參訪的官員及外國人。但是這兒的妓女也勾搭開車經過的非洲人。在我那個時代，有車的非洲人並不多，因此這些流鶯也成了新經濟體的一個特色。

有些妓女坐在我下榻飯店的陽台咖啡館中，用徘徊久留的注視及娼妓和汽車銷售員臉上常見的笑容，打量著每個走過的男人——然後鎖住交會的眼光。這些女子甚至還用與汽車銷售員一樣的語調問：「我可以為您服務嗎？」意思是「你可以為我做什麼？」

這些女人需要的是一杯酒，因為這樣她們看起來才不會太顯眼。我因為買啤酒請她們，所以認識了三個總是坐在一起說史瓦希利話的女人——來自剛果的克萊曼婷、來自盧安達的安潔麗凱和來自蒲隆地的菲菲。

菲菲前一個禮拜才從布松布拉來此。「因為那兒有很多麻煩，」她解釋，「蒲隆地現在有許多戰事。」她坐了三趟巴士，從盧安達的吉佳利輾轉來此。

「盧安達現在——唉！」安潔麗凱雙手一攤，擺出一副絕望的樣子。

「不過以前的情況更糟吧？」我問。腦子裡想的是《我們想告訴你明天我們和家人全都會被殺》

（*We Wish to Inform You that We Will All Be Killed Tomorrow with Our Families*）這本書裡恐怖的大屠殺描述。就算你不認同作者的歷史性假設，也就是比利時的殖民主義，把部落區別與階級制度強行加諸在瓦圖西族與巴胡圖族社會之上，就算你看了會覺得很不安，這仍是本優秀的報導書籍。

「以前糟糕多了，」她說，「我是說，我家人全都被殺了。」

她是三人中最年輕的一個，應該不會超過十七歲。年紀最大的是克萊曼婷，來自剛果的布卡伕省（Bukavu）。她的抱負是去美國。

「**庫・方亞・尼尼**？」我說，意思是「去做什麼？」。我用史瓦希利話問她，因為從她平常賴以為生的工作來看，這個問題有點難以啟齒。

「**庫・方亞・烏內・沙龍・德・科以府雷**，」她說，接著解釋，「我做頭髮做得很好，你看安潔麗凱的頭髮。多漂亮！」

她們的共通語言是史瓦希利語，不是法語。她們的英語也很不錯，不過會令人尷尬的問題，她們都用史瓦希利語問。

「**迷迷・納・沙奇亞・恩加**。」菲菲說，她的臉有點臭：她餓了。

我點了三盤炸馬鈴薯請她們，顯然她們真正需要的不是和陌生男人進行口交的機會、不是十塊美金一次的按摩，也不是在某位非洲官員車子後座敷衍了事的性交易，她們需要的是一大盤薯條與一杯啤酒。或許還需要一張去美國的機票。反正她們餓壞了，而且毫無掩飾自己飢餓的意思。

「所以，你在旅行嘍？」克萊曼婷問。

我說是，還告訴她我剛從肯亞那兒過來。

「我們聽說奈洛比非常危險。」

這句話竟然出自一個居住在東剛果無政府狀態最嚴重區域之一的剛果人口中，而且她還走過了經歷多次大屠殺的盧安達。我把這些話說給她聽。

「沒錯，不過那兒也有好地方，」克萊曼婷說，「我們一起去剛果，我們會讓你見識到好的地方。」

於是我們計畫著剛果之行。我可以僱用一輛路華越野車、買些食物與幾箱啤酒。我們會需要些分送給大家的禮物。好的鞋子、雨衣，或許還得準備些藥品，當然還要有錢——最好是美金。我們會一路往西南走，穿過盧安達進入葛瑪這座邊境之城，接下來就只需要在剛果境內晃蕩，看路要把我們帶往何處。

「那兒的路況很糟，不過我們一點都不介意！」安潔麗凱說。

「我們會免費替你按摩——三個女孩子一起。怎麼樣，喜歡嗎？」克萊曼婷說。

「非常喜歡。」

「現在去嗎？」她問，手指著樓上。

「**喂喂‧納片達‧瓦塞**？」我問。意思是妳們喜歡老頭子？

她說：「你不老啊。也許——你幾歲？——四十歲左右？」

這是另外一種歡迎的風格。她們實在讓我神魂顛倒——她們的旅程、她們的活力，甚至她們的魅力。這些身著緊身緞面洋裝、頭梳上攏髮型、腳踩細高跟鞋的女孩，來自於非洲中心點那些既黑暗又危險的村落，但她們卻將自己重新塑造成性感女神。可惜我對她們的興趣僅止於她們的故事。烏干達雖然規定「禁止無保險套的性行為」，但是在一個愛滋橫行的城市裡，這些女孩所從事的行業，危險性仍然極高，而且她們要和數以百計、甚至數以千計的其他女人競爭。我不得不佩服她們無米之炊的應變能力。我不時會聽到美國或歐洲婦女團體到奈洛比和坎帕拉去的事情，慈善團體解釋說她們是要去鼓勵娼妓擺脫流鶯生活，並且訓練她們、「授權」給她們。然而我認識的娼妓一定會嘲笑這樣的說法。

「怎麼樣？」克萊曼婷笑著問，「我們去你房間？」

但最後仍是我一個人回房，然後在紙上胡亂塗寫。

接下來的行程，我試著安排坐船走水路穿過維多利亞湖。進出之間，我常在飯店遇到克萊曼婷、安潔麗凱和菲菲，而我也總是會停下來請她們喝酒或吃東西。我甚至問她們想做什麼樣的工作，以及她們希望自己能得到什麼。在她們的雄心壯志中，美髮一途雖隱隱卻大大地呈現，只不過多數時候她們還是想要錢。

克萊曼婷說：「我只要一個男人——可以照顧我的人。如果他對我好，我也會對他好。你呢？」

只不過，一如往常，我隻身睡在自己的窄床上。

拜訪總理故友

不斷往來於東非鐵路局董事會辦公室這件事，讓我相信如果繼續堅持，我或許可以要到一個渡輪的艙位。每週都有好幾班渡輪從烏干達的貝爾港到湖對岸的坦尚尼亞港口姆彎札。但是過去三個月，當局禁止旅客搭乘渡輪橫越維多利亞湖。

「為什麼？」

「伊波拉病毒，」理事長的祕書這麼告訴我，「兩個月前烏干達爆發伊波拉病毒的病情，因此坦尚尼亞採取了措施。」

除此之外，之前曾發生過渡輪沉沒的悲劇。一九九六年，**布可巴渡輪**（MV Bukoba）在維多利亞湖的南角沉沒，一千多位旅客慘遭滅頂。因為高昂的保險費用，所以現在只有極少數的乘客搭乘渡輪過湖。對我來說，這些資訊全是新聞，但是哪兒找得到這些報導呢？**布可巴**的沉沒是國際媒體認為不值一提的眾多非洲慘劇之一。

「也許我該寫封信？」

我要了張紙，坐在辦公室裡，寫了封文情並茂的信給理事長。又跑了兩趟後，理事長的信已在等著我，信上說如果我自行負責一切後果（伊波拉病毒的後果？還是沉船的後果？），他們可以破例通融我搭乘其中一艘渡輪。他們會通知我要搭哪艘船。這雖然有點狀況不明，不過拿到了確認的許可函，我還是覺得自己打了場勝仗。

「我怎麼知道渡輪什麼時候啟程？」

「你必須每天來這兒查詢。」

「索魯先生，有總理給您的信。」櫃檯人員有天這麼對我說。留信的人是已經出人頭地的阿波羅．西傍比，我的老友兼老同事。我回了電話，他說我應該在第二天到他辦公室去。他還說告訴我怎麼走是在浪費他的時間。

「總理辦公室！每個人都知道總理辦公室在哪兒！隨便問一個計程車司機！」

又是喝斥的老套——這傢伙一點都沒變。從一九六六年以講師身分進入我們部門時，他就是這副德行。當時他剛從芝加哥拿到政治學博士回國。初次和他碰面時，我問他喜不喜歡芝加哥。他說：「愛死了。」幾個月後，他說他曾和芝加哥警察發生數次爭吵，原因都是現在我們疑似的種族問題。

「每次都一樣。夜深在圖書館看完書回家，駛過的警車會停在路邊，然後一名白人警察對我說：

『過來這兒，黑鬼。你要去哪裡？』」

「你做了什麼事？」我問。

「我說『警官，我不是黑鬼。不要叫我黑鬼。我是烏干達人，一個非洲人。我是這裡的學生，我沒做錯事』。」然後阿波羅的聲音開始變得尖銳，「我不是黑鬼！」

說自己是個非洲人通常很有用，有位警察甚至向他道歉，「對不起，我們不知道你是非洲人——我們以為你是個黑鬼。」

阿波羅不只是個烏干達人，他還是個貴族階級，家世顯赫。他的祖母或外祖母是位公主，所以他和國王，也就是卡巴卡[11]，有親戚關係。由卡巴卡治理的布干達王國已有好幾百年的歷史了，至今依然勢力強大。大家稱為佛瑞迪國王的卡巴卡在一九六六年被推翻——當年，從我們位於成人學習中心的辦公室裡，就可看到受到圍攻的布干達所揚起的煙火，那是伊迪．阿敏和他的人馬對皇宮開火的結果。就在那個禮拜，原本應繼任為王的隆納．穆泰比——現任的卡巴卡——就躲在阿波羅家中避難。

「我決定當個尋常百姓，」阿波羅說，「我的孩子也都是尋常百姓——可以自由嫁娶他們喜歡的人。」

相當於烏干達伊頓公學的是布多國王大學。阿波羅的祖父曾是這所學校的校長，而阿波羅本人也擔任過校長。他的父親——塞姆尤尼（Semyoni）——活生生的西緬[12]——以前則是個大地主。一九二二

---

11 卡巴卡（Kabaka）：布干達國王的稱號。依照傳統，布干達同時由兩個國王統治，一個是永遠存在的精神國王（神），由名為Mujaguzo的皇族代表，這樣不論何時，布干達一定會有個國王治理國家。除了神王，另外一個國王（人）就是卡巴卡。

12 西緬（Simeon）：在聖經中，西緬是雅各的第二個兒子，這個名字意為「上帝聽見了」。西緬與兄弟之間感情很好，有正義感，願為公義而戰，但因缺乏父母親的愛，個性中有不可控制的憤怒。當西緬的妹妹底拿（Dinah）遭示劍（Shechem）強暴後，西緬和弟弟利未（Levi）殺了所有示劍的男人，並擄掠該城。為此，雅各在臨終前咒詛西緬的憤怒殘忍。

年，當大家全陷入一種宗教狂熱的情緒裡時，年紀大了的塞姆尤尼不知怎麼地沉迷在托爾斯泰的精神之中，他放棄了所有土地、放棄了政治信仰，開始了一種稱為巴羅可雷運動[13]的宗教復興。阿波羅稱他們為「精神純正主義派」（spiritual purist），他解釋，「他們相信只要做對的事情，並且悔改，就可以得到『救贖』。這些人並不是基本教義派。那是個烏干達教會內部的運動。」我初次見到阿波羅的父親時，他正躺在沙發上，受到一陣發作的疾病折磨，處於這種慵懶姿態的他，對我說的第一句話竟是「你得到救贖了嗎？」，我告訴他我不知道。這個答案讓他大笑。他尖銳地說：「那麼答案是沒有。如果你不知道，就表示你沒有得到救贖！」

跟我年齡一模一樣的阿波羅和我同年結婚；我們還參加了彼此的婚禮，不論怎麼看，我們都是同期。後來我離開了烏干達，他留了下來。接著伊迪．阿敏接管政權：九年的恐怖日子。阿波羅是四個孩子的父親。八〇年代是調整的十年——阿波羅當了大學講師；九〇年代他成為政府的內閣閣員。他的改革和他的貴族風格一樣出名。「去年我在紐約看到他，」有位我們都認識的朋友告訴我，「他帶個專門幫他提公事包的人。我問他幹嘛要這樣。他回答『因為我是總理』。」

他還是個有名的揶揄者，對誇大言行的喜好，讓他這個愛調侃人的傢伙更具殺傷性。三十年後再度重逢後的第一句話是「啊，保羅。你在烏干達的問題嚴重了。你跟我表妹上床！你當初為什麼不娶她？你那時抖得厲害哦！因為你沒有和她結婚，所以我要罰你一萬先令。」接著他擺了個極不雅的姿勢。

「我根本不認識你表妹，阿波羅。」

「你還會對她做這個，」他一面說，一面揮動雙臂、扭動身軀。這實在是幅很奇怪的畫面，因為做著這個動作的他，人高馬大、穿著一套細條紋西裝、打著清爽的領帶、聲調渾厚。

「你以前總是這樣對她。」

「從來沒有的事。」我說。

「有。事實上，她相當喜歡歐洲人。」

「她叫什麼名字？」

「你知道她的名字啊。我開給你的罰單上會有她的名字。噢，你在那個領域真是忙得很啊。」

「哪個領域？」

「女人，」他回答，這時電話響了，他接起電話，然後立刻開始辱罵電話另一頭的人，用同樣渾厚的聲音，他說，「你告訴我那個人為什麼會寫這種白癡信給我……可是這個人歸你管……我氣的是自己被當成一個恐嚇者——先讓我說完。我看不起這個傢伙，實際上我們曾經發生過衝突……我要你採取行動——我不想知道自己在替你做你的工作。」

他的辦公桌上有八個公文淺匣，分別標示著**非常緊急**、**緊急**、**一般**、**部長**、**首席法官**、**發言人**、**副總統**、**總統**。每個淺匣中都堆滿了公文與報告。**非常緊急**的淺匣已經滿得溢了出來。

阿波羅仍對著電話吼，「他刻意曲解我說的話。他為什麼要把這場辯論弄成私人恩怨？我說的是『你是個好人，可是你既獨裁又傲慢』。他說我也一樣！不可能！那個白癡寫的是『悲痛』。我根本沒說過這兩個字。我說的是『苦惱』……不對、不對、不對！你們怎麼不說『那些傢伙創造了一種戰敗文化』？」

「我是個主張技術專家治國的總理，」他在用力掛上電話後對我說，「那是什麼意思？那句話的意思

13 巴羅可雷運動（Balokole Movement）：巴羅可雷是盧安達語，意思是「受到拯救的人」（saved people）。這是一九三〇年代源於烏干達與盧安達的運動，也是東非聖公會教會非常重要的一個宗教復興運動。

就是——保羅，寫下來——我沒有選舉壓力。」

當他指責電話那頭的那個人時，他看到我記筆記。他一直都屬於那種喜歡唱獨腳戲之流的傢伙，所以我想，只要我的膝蓋上躺著本記事本，他就會覺得自己的話應該被記錄下來。

「在我們的憲法之下，如果你是總統或總理，根據憲法第七十七條，在職權上你就是個國會議員。」

我當時一定是停下了筆——不管怎樣，這種事情有什麼樂趣？——因為他說：「保羅，寫下來，『第七十七條』。還有，想一想國會議員必須承受的壓力。來自於憲法條例的壓力。要支付他們金錢。」

「什麼錢？」

「給他們買棺材的錢、支付學校費用的錢，還有這個、那個的錢！他們占用別人的時間，他們擅自闖進別人的屋子！」

他這時就像個政治家一樣，在他寬大的辦公桌、大幅的烏干達地圖及所有標示著非常緊急、緊急和其他字樣的文件淺匣前，來回踱著方步，右手抓著西裝的翻領，另一隻手則忙著比畫。

「就我看來，保羅，政府的危機在於部長們工作量過多，而且在巨大壓力之下操勞不堪，國會的議題、選民的工作，還有內閣的事情。國會一直飽受其擾的問題之一就是出席率。我們有時根本湊不到法定開會人數。」

他的電話又響了。又是一通報社回覆的電話。

「你們的記者扭曲我所說的話。我說的是候選人『讓步』。我並沒有因為他們讓步而感謝他們。可是我今天翻開報紙，你猜我在第五版上看到什麼？『總理讚揚那些接受失敗的人。』我根本沒有這麼說。你的記者另外還犯了好幾個錯誤，都是關於憲法的問題。」

阿波羅把錯誤一一指出來，然後掛上電話，很滿意地點著頭，因為我在做筆記——我覺得自己做筆記這件事，讓他產生了強烈的自我意識，也讓他的話變得冗長。不過或許並非如此，因為他說話時一向嚕囌。

「他們全被我對憲法的了解催眠了，」他說，「我太太說『阿波羅不能參選』，這句話搞不好是真的！如果有人很笨，我就會告訴他們，他們很笨。」

我把這幾句話記了下來，電話又響了——是另外一個部門，阿波羅在對著那個人的吼聲中掛上電話。

「我對健康部門的回覆是，他們真的需要九十億先令去買藥嗎？如果是這樣，我們幹嘛不把那個部叫做『個體金融』部？我要對你說的是，在某些方面國王完全沒有穿衣服[14]……有，我有悄悄告訴他實際狀況……你先聽我說。我們有句老話，『把人打趴在地上後，別再去咬他。』」

在他繼續對我說下去前，電話又響，是和他同政黨的人打來的。

「這證明了我以前說得對，」聆聽了幾秒後，阿波羅洋洋得意地對電話裡的人說，「傳統上，穆干達族（Muganda）對首領要他們怎麼投票的說法全言聽計從。有史以來頭一次，民主化進入了鄉間。這是好現象，因為布干達一直都落在車尾。他們必須要有責任！除非履行憲法第二百四十六條，否則我們就要毀滅了！」

他掛上電話，再次轉向我。

「你看到了嗎？我是個主張技術專家治國的總理，」他說，「我用一種專家的態度治國。」

「阿波羅，」我說，「大家說這個國家正轉變成一黨運作系統。你怎麼說？」

14　這裡引用的是「國王的新衣」的這則童話，西傍比在此指責國王沒有認清現實，只聽信一面之詞。

「我們要的不是一黨系統，而是一種運動，在非洲特有的運動。」他回答，「在一黨運作中，不聽從黨指示的人，馬上被拉下馬。在運動中，大家則試著找出一致的意見。」

「要怎麼找出一致的意見？」

「哈！烏干達菁英分子的協商能力都非常差。一九五〇年代英國人就已經下了這個結論，現在我可以確認這個結論。」

「在布干達？」我問，心裡想的是那個小王國，而不是鄉下。

「烏—烏—烏干達，」他說，「你還記得歐寶特治理國家的方式嗎？」

「歐寶特自私而專一。」我說。

「我喜歡你的說法。沒錯。他就是那個德行。穆瑟維尼有自信多了。他聆聽。至於多黨運作系統，憲法第七十四條說，在第四屆國會期間——保羅，你要引用我們的憲法，這非常重要。請寫下來。第三項明述在三年之內，必須實施多黨運作系統。不過這點不宜太過拘泥於法律規定。最好是政治協商，然後取得可以維續下去的共同意見。」

阿波羅依然來回踱著方步、長篇大論地獨白、戳著烏干達地圖。他接了更多的電話。喝了一瓶可樂。他姑媽在法國去世。他要安排把屍體運回烏干達。

「是，我們會參與這件事。是，我們會在二十八號舉行喪禮。是，我們會哭。」然後掛上電話。和其他人一樣，阿波羅說伊迪．阿敏的年代是他知道最糟糕的時期。「恐怖得難以用言語形容，」他說，「軍人奪走了我已經不要了的車子。看到一名大學教授竟然活在如此落魄的環境裡，他們好像很開心。」

他開祕書的玩笑、接了另一通電話、喝了兩瓶可樂、手裡晃著烏干達憲法的影本。他曾親自參與憲法的起草。這部憲法註解之多、翻弄之頻繁，簡直有如一本聖書。我們聊了政黨的需要、品德威權及公開辯論的必要性。這些話題和一九六六年我們在馬可雷雷教職員俱樂部，一面喝著貝爾啤酒（Bell Beer）、一面談論的話題一模一樣。

「你想見誰？你想要什麼？我可以幫上什麼忙？」他說，「我必須去國會。你看我的日子有多忙！」

我說：「你還記得以前你告訴我在芝加哥當學生時的故事嗎——警察怎麼把你攔下來，還叫你黑鬼的事情？」

他大笑，然後說：「噢，記得。六〇年代的芝加哥警察種族歧視狀況相當嚴重。那是個生氣勃勃的城市。我偶爾會回去看看。」

就這樣，他出發到國會去了，而我則朝鐵路局董事會前進。

烏干達的老友們

「今天晚上沒有渡輪。明天看看吧。」

第二天也沒有渡輪，這讓我有時間探訪其他幾位老友。他們就像阿波羅一樣，都是社會的中流砥柱，而且他們的配偶仍是三十多年前結婚的那個人。四位老朋友總共生了二十四個孩子。他們全變得更胖、頭髮更白，而且和阿波羅一樣，都很會說話。從非洲人的觀點來看，他們均是佼佼者，因為這幾個人全都是六十歲左右，在非洲，這是受人尊敬的長者年紀。在這個經歷了弒君、兩次革命、一次武裝政變、愛滋與伊迪・阿敏的國家中，他們全都存活了下來，而且活得很好。我的老友全都是成就非凡的人。唯一的女性瑟兒瑪・阿沃里（Thelma Awori）以前擔任過大使，她的丈夫是這次總統選舉中得票數第三高的總統候選人；另外一位朋友傑西・奎西加（Jassy Kwesiga）管理一個智庫；第三位朋友是總統顧問，他拒絕了政府請他擔任大使的任命，原因是「我不是當大使的料——我這麼告訴總統，這是真的」。這個人是羌哥・瑪奇歐（Chango Machyo），一九六〇年代曾是毛澤東信徒，現在依然是個激進分子，以及大聲撻伐「帝國主義分子」、「新殖民主義分子」和「黑人資本主義分子」的人。

「你在其中一本書裡提到了我的部落。」傑西・奎西加說，這是一種打招呼的方式。

的確，那是烏干達西南部的巴奇加族，以及他們把新郎兄弟和新娘牽扯進尿典的奇特婚禮儀式。每次聽到這個部落的名字，我一定會想起這種亂七八糟儀式的撒尿景況。

奎西加當大學講師已經好幾十年了。他的妻子是大學裡的系主任，孩子都非常成功，是個又胖又開心的傢伙。我們回想著六〇年代大家還是年輕人時在烏干達的生活，那時我們經常出沒的地方有白尼羅河俱樂部（the White Nile Club）、梔子花餐廳（the Gardenia）、蘇珊娜俱樂部（the Susanna Club）、新生活餐廳（the New Life）及城市酒吧（City Bar）。他和許多其他人一樣，懷念更早以前那段井然有序的時光，那個年代，烏干達還完整無缺，政治暴力、愛滋病都尚未出現，是段純真年代。

「六〇年代真是美好，」他說，「我們當時是不自知的菁英分子。七〇年代因為伊迪・阿敏而變成一場災難，大家就這麼失蹤了——因為許多不同的原因。那是段要遺忘的年代。現在情況愈來愈好。民主是個過程。過程就是民主化。民主成長有自己的動力。你現在在寫什麼啊，**老爺**？」

「還沒開始動筆——現在只是在旅行。」

「外面的人只寫不好的消息——災難、伊波拉病毒、愛滋病、炸彈。而且他們都問錯了問題。」

「他們該問什麼問題？」

「該問『大家是怎麼活下來的？』。」

「我想我知道答案，」我說，「因為那是一種生存經濟，而存活是非洲人學會的一個課題。」

「沒錯。一年一年就這麼過去了，」他用一種懊悔到幾近悲傷的語調說，然後又用同樣的語調繼續說，「你知道，我也有旅行。幾年前我去了北京。我以為我會看到人民又窮又苦的一座城市。太不可思議了。我在一家美侖美奐的飯店三十三樓上——而整座城也令人無法置信。怎麼會這樣？」

他想起了我們的同事羌哥．瑪奇歐和他辦公室裡的幾本《北京評論》（Peking Review）與《中國再造》（China Reconstructs）雜誌。我們大家在當時，就是這樣感同身受地一起活過了毛澤東文化大革命的那個年代，那年代整個社會主義的非洲都是這樣。那些雜誌裡的中國人在種稻子、收成豆子、製造生鐵。他們的信條是：為人民服務。他們穿著布鞋與褪色的藍色毛裝，看起來像瘋狂的雜耍演員。然而現在中國人卻成了十億個打著領帶、面帶笑容的財閥。

奎西加的意思是：為什麼非洲人做不到？

我說：「你想住在中國嗎？」

「絕沒這回事。」他說。

「那麼你看到的烏干達，或許多多少少就是你想要的烏干達。」

風水輪流轉，現在欣欣向榮的中華人民共和國，因為烏干達大量的棉作物，而投資烏干達的農民階級。有家中國工廠最近才在北部的里拉設廠紡織、製作成衣內、外銷。更多的合資計畫正在進行中。毛澤東時代中國沒能在東非完成的成就，或許可以透過資本主義辦到。

奎西加對烏干達有信心的一個徵兆，是他鼓勵自己的五個孩子全留在烏干達生活、工作——有些孩子已經結了婚，但沒有人離開烏干達。我的朋友羌哥．瑪奇歐，也就是那個毛澤東信徒，有九個孩子。他的孩子也全在烏干達工作。考驗一個人的政治信念，就是要看他如何指導自己的孩子。充滿愛的父母絕不願意因為混亂的思想或注定失敗的經濟而犧牲自己的孩子。

瑟兒瑪是黎巴嫩人，接受的是美國教育，嫁給了烏干達人，她已在烏干達生活、工作了三十五年。透過部落的附屬關係，我還認識了其他人。阿波羅是穆干達人，奎西加是穆奇加人，羌哥是穆沙米亞人（Musamia）。

羌哥的辦公室位於科羅羅山（Kololo Hill）的總統辦公區，那是好幾棟位於一片高牆後的灰泥建築，建築物全濺上了泥濘。羌哥的頭銜是國家政委，一個曖昧的官職，不過因為羌哥始終是個思想家，所以烏干達總統認為他是個很有助益的良師。羌哥看起來憔悴又病懨懨，而且還有些站不穩。他向我道歉，說自己在那個禮拜染上了瘧疾，有些暈眩。我說我們可以改天再見。

「不。這麼久之後，再次看到你很開心。你覺得這個國家現在怎麼樣？」

「人變多了，樹變少了。」

「沒錯，印度人也不見了。」

「這是件好事嗎？」

「非常好。他們剝削我們、吸我們的血。」

即使是瘧疾都無法影響羌哥毛澤東式的誇張語句。我們談到了現任總統尤維里．穆瑟維尼。羌哥說：「你不記得他了嗎？他是我們在恩塔雷（Ntare）的學生，就是我們教的那些週末課程。」

恩塔雷是靠近姆巴拉拉的一所學校。六〇年代我們這些成人學習中心校外部的年輕教師，都要去那些鄉下地區，籌劃英文與政治學的課程。至於姆巴拉拉，我唯一記得的只有一大群以放牧為生的班楊可雷族（Banyankole）的學生，在教室裡記著筆記，而他們的牛群就在窗外哞哞叫或低頭吃草。

「我也不記得他，」羌哥說，「可是他記得我。阿敏時代，年頭實在太壞，所以我就去了奈洛比。穆瑟維尼也在那兒。他看到了我。『瑪奇歐老師！』我說：『嗨、嗨，你好嗎？』他那時是個軍人。他的名字取自於他父親的營部，第七營。他說他有個計畫。他曾和莫三比克解放陣線[15]在莫三比克一起受過訓。於是我和他一起去三蘭港，可是我想念我的家人。之後，阿敏下台、無政府狀態結束、反抗歐特寶的游擊戰也結束，穆瑟維尼在一九八六年取得政權，這時他派人接我回國，並任命我為水資源部部長，後來又任命我為再創人生部部長——我們送出了許多毛毯。後來我成為國家政委。」

「你一直都是個政委。」

「是啊，我一點都沒變。到現在還在說一樣的事情。」

「『新殖民主義』、『無產階級』、『帝國主義』、『黑人資本主義分子』、『剝削者』。」

「肯亞也有黑人資本主義分子，」羌哥說，「非洲資本主義分子繼承了殖民者的農場。他們接收了白人旅館，這樣才能賺大錢。這種非洲人對非洲沒有好處。從資本主義分子的層面來看，這是場權力鬥爭。」

我告訴他，我覺得烏干達似乎仍處在伊迪．阿敏混亂期過後的復原階段。羌哥說這句話有部分事實。他那時和許多其他人一樣，丟了大學裡的工作，回到他位於東部姆巴雷鎮附近的村子裡。

「阿敏統治期間，烏干達的生活很恐怖，」他說，「槍聲不斷。好多年間一直都有下午六點到隔天早上六點的宵禁管制。如果宵禁期間外出，就被遭到槍殺。人民都很害怕。如果看到士兵，大家就會非常恐慌，因為士兵可以對所有人為所欲為。很多人就這樣被帶走了。我，我本人，就曾被抓走，不過後來

15　莫三比克解放陣線（FRELIMO）：莫三比克當前的執政黨，英文全名為the Liberation Front of Mozambique，一九七五年帶領莫三比克脫離葡萄牙的殖民而成為獨立的國家。

被放了出來。」

「你怎麼過日子？」

「我一無所有——那個年代的日子真的非常難過。我後來又開始了測量技師的老本行——沒錯，我是個受過正統訓練的測量技師——可是根本沒有工作。」

「你那時在姆巴雷不是應該比在坎帕拉安全嗎？」

「不會。有天我在姆巴雷的一家咖啡店裡，一名士兵走進來。大家都和他打招呼——可是我有種不祥的預感，於是起身離開。一到家，就聽到了從咖啡館那個方向傳來的槍響。結果事情的經過是，當時有兩個走在街上的男人，士兵看到了就說：『你們看。』然後開槍射殺了那兩個人，沒有任何理由。這件事之後，我就去了奈洛比。」

聽到了這段故事，我想起了大家總是掛在嘴上的「那是段應該忘記的年代」和「展望未來」，或許根本就是個錯誤。烏干達的大學生曾問我，「我們要怎麼樣才能成為較知名的作家？」然而真正的問題應該是「我們應該寫些什麼？」，這個問題的答案是：寫那些失落的年代。因為羞愧、恥辱與挫敗，沒有人喜歡談論阿敏統治的那段時間，然而這似乎卻是某個人寫作技巧的最大用處，把那些恐怖年代的口傳歷史編寫下來。

黎巴嫩人瑟兒瑪．阿沃里是我的老朋友，也是我的老同事。瑟兒瑪也有個可怕的故事。一九七一年阿敏當政時，她的丈夫阿貴是烏干達電視公司（Ugndan Television）的老闆。有天，士兵們來到他的辦公室強行逮捕了他。其中有個軍人還要將阿貴就地正法，另外一個說：「不要在這兒處決——帶走。」他們於是把他帶到外面，讓他靠著一棵樹上。士兵用槍瞄準阿貴，但就在開槍前，阿貴昏倒在地。

另外有名士兵走過，認出了阿貴，於是對這群士兵說：「不要殺他。」可是這群士兵堅持行刑，於是雙方開始了一場激烈爭執。「帶他去阿敏那兒。」其中一名士兵說。就這樣，阿敏決定了阿貴的命運：他被釋放。這件事情之後，他逃離了烏干達，在肯亞的一所學校裡教書，直到能平安回國。阿貴競選總統未果，但仍是國會議員。

「而且我們的孩子全都在這兒，」瑟兒瑪說，「我們想要他們全留下來。我們說：『回來，回到家門口。找個不錯的工作。試著參與整個過程。』」

他們有五個孩子，大多都和他們的父母一樣接受美國教育——瑟兒瑪是瑞德克里福學院的畢業生，阿貴則是哈佛學生。他們有個女兒取得了華頓學院的碩士學位。

瑟兒瑪說：「她之前在華爾街工作。阿貴堅持要她回國。她現在的薪水和以前根本不能比——而且她無法相信這裡的辦事效率竟然如此低。不過她說，『如果我不在，他們的事情就做不對。』」

每個人都公開談論這個國家的問題——從這點來看，烏干達一點都沒變。即使正在明顯的復甦，烏干達依然處於需要救濟的狀況。這裡一半以上的預算來自於捐款國家。一九九二年愛滋病高峰期，全國感染人口達百分之三十，經過了密集教育，這個數字已經下降：現在全國有百分之十的愛滋人口。然而這個疾病已經扼殺了那一代最精華的部分。烏干達現在是兩百萬孤兒的祖國。

「我領的薪水就是要我樂觀，」這是在我離開坎帕拉之前，一位美國外交官對我說的話，「我是說，在這樣的地方工作，你必須樂觀。可是如果沒有人付錢給我，那麼看到非洲人讓自己的國家變成這樣，我一定會很絕望——森林的濫墾、脫序、愛滋——老天爺啊。」

他問我怎麼想，因為我既看過這些事情之前的非洲，也看過之後的非洲。

我說：「我認識的人——全是非常聰明的人——都希望自己的孩子留在國內，而不是移民國外。身為人父的我，覺得這是個很好的現象。」

我沒有其他東西可說，但是我說的確有其道理：相信自己的孩子在這個國家還有將來，是一種信心的評斷，也是這個國家還有未來的一種表示。

在坎帕拉，我開始過著一種沉靜的生活，不是旅者的生活，倒像是開始重新享受某地的一種居民生活，我優閒地用餐、散步、在湖邊賞鳥。大多數的晚上都在工作，寫著我那長篇的情色故事。

我這種旅行有些昂貴，因為總出現即興之舉，也常常會有最後一秒鐘才定案的計畫。但是住在坎帕拉的花費卻甚少，而且每天晚上都睡在同一張床上、寫著故事的狀況，讓我恢復了精力。有時候，除了閒逛、看孩子玩著自製的玩具外，我什麼事也不做。那些孩子的自製玩具有塑膠做的輪圈、鐵絲扭成的小車子、可以拖著走的玩具，有時候還會看到活生生的昆蟲——犀牛叉角鍬形蟲——被綁在繩子上飛。

我的閒逛行程中，一定會涵括去鐵路局董事會弄清楚有沒有要出發的渡輪。有天，我到了下午才去。那天理事長祕書從她的辦公桌後站了起來，手指著大門。

她說：「現在就去貝爾港。帶著塞恩同葛（Sentogo）理事長寫的信，帶著你的護照，帶著你的衣服。渡輪馬上要離開了！」

第十一章　烏摩加號渡湖記

在貝爾港渡輪碼頭，看織巢鳥把巢築在湖緣的紙草莖幹上看了三個小時。我本應搭卡巴雷加號（Kabalega）渡輪。「快了、快了，」一名船塢的官員說，「他們正在焊船。」一隻魚鷹猝然衝下。有個男人拋下一張網，好幾次撈捕的結果，是他網起了些很小很小的魚。又一個小時過去了。在好幾艘沉船邊，有十或十二個男孩子正用竹竿捕撈吳郭魚。那並不是休閒活動，而是這些孩子的下一頓飯。又過了一個小時。

我來回走動，腦子裡想著每一本我所讀過有關非洲的書，都是如何用長章大節，有時甚至成篇累牘去描述延宕這件事。「我們在首領的圍場裡住了好幾天，等他同意我們回到沿岸。」是兩句在許多非洲探險書中都出現過的句子。柏頓的非洲之行，包含了許多對延宕的大聲抱怨，李文史東和其他人也不例外。堅信「便祕一定會造成發燒」的李文史東，命令手下在長長的樹叢間行進，因為這樣做對大家腸胃的蠕動有益。「（在非洲）由於氣候的變化，腸胃經常都處於一種獨特的情況，讓人幻想其他人的各種事情。」對李文史東而言，延宕是便祕的成因。《黑暗之心》是本關於戲劇性的延宕與瘋狂延宕的書，這本書連敘事手法都鋪陳得障礙重重——既曖昧又刻意離題。有時候，延宕會成為一種表現懸疑的形式，可以讓人專注，但是更多的時候，延宕是個會令人發瘋的討厭東西。不過誰要聽這個？這段文字已經過於冗贅了。

有時非洲似乎是個讓人去等待的地方。許多我遇到的非洲人都說同樣的事情，但他們沒有抱怨，因為大多數人的一輩子都用宿命的耐心在生活。外人眼中的非洲是塊延宕的大陸——中止的經濟、懸而未決的社會、等待的政治與人權，還有減了速或已停了下來的大眾。「時候還未到。」殖民與獨立的那些年，當局的聲音一直在告誡著非洲人。然而，非洲時間與美國時間不同。西方世界所經歷的一代，在父母都是青少年、三十歲的人已是一腳踩進棺材裡的老人的非洲，已經流轉了兩世。當非洲時間流逝時，我心裡斟酌著西方國家的步調實在瘋狂，現代科技的速度也毫無建樹，然而非洲因為自己的理由，走著自己的路，保持著自己的速度，所以這兒成了避難所與休憩之處，也成了偷溜的最後去處。

「焊接工作什麼時候結束？」我問，然後別人告訴我，「不是焊接，**老爺**，他們在修理引擎。」

「他們修多久了？」

「好幾天了。」

搭便船橫渡維多利亞湖

黑夜降臨。頭頂上亮眼的光芒已在照耀，讓人不可能看清一切。現在距離我抵達碼頭已經超過五個小時了，沒有風，我待在碼頭上，想像著自己即將登上一艘離去的渡輪。約瑟夫先生說：「別擔心，先生。」海關官員說：「我們會照顧你。」然而這些人也像大塊頭的胖小伙子一樣，彼此調侃、打招呼和挖苦，就像那些工作中包含了許多長時間拖延的男人一樣——碼頭、車站和裝貨河堤上的人。但是我相信他們。我在他們的保證中得到安慰。

在這個月亮不露臉的湖畔夜晚，泥巴的惡臭飄盪在空中，一如蚊子與湖蠅，就像隸屬於黑暗的一部分。又過了兩個小時。

「到湖對岸需要多少時間？」我問海關官員。

他說：「在下，本人我不可能知道，先生。我這輩子從來沒有去過湖的對岸。」

約瑟夫先生聽著我們說話，然後搖搖頭，一面笑一面表示不解，他說：「睡在水上。呵！呵！我從來沒試過。一定很奇怪。」

抵達碼頭七個鐘頭後，**卡巴雷加號**的歐皮歐船長對我說：「看來今天晚上走不了了。」

「真的？」我的心往下沉：壞透了的消息。

「真的，」他嚴肅地說，「所以，讓我引介你認識烏摩加號的曼沙瓦瓦船長。」

「你今天晚上要出發嗎，船長？」

「是，等坎帕拉來的貨箱裝上船後就走。」

這是小事。搭乘渡輪或其他船舶的首要條件是先上船、占好艙位，然後把腳放在船艙的桌子底下。之後，延宕與否就一點都不重要了：只要上了床，即使第二天船仍在碼頭，那就讀本書吧。這要比整整七個小時都坐在海關辦公室的長椅上或在碼頭來回踱方步好多了。

「我可以跟你走嗎？」

「**卡里布**（Karibu）。」船長說。歡迎。他說的是史瓦希利語，因此似乎讓這句話更顯誠懇。

船長來自湖邊的穆索瑪，是個嚴肅又努力的人，他還會說齊切瓦語。以前我在和平團時，因為要在馬拉威教書，所以學習過這種班圖語。船長之所以學過這種語言，是因為他曾擔任往來於奈沙湖的客輪**伊拉拉號**（Ilala）的船長。

「你是我們的客人，」船長一面說、一面爬上舷門，「這位是艾力克斯，我們的大管輪。」一個戴著無簷便帽的人站在階梯的頂端，臉上帶著笑容的他，一隻眼睛盯著我看，另一隻眼睛卻焦點不定。他那隻動作緩慢的眼睛使他看起來迷惑而可愛。他說完「**卡里布**」後，就從我手中提走了行李。他一邊握著我的手搖擺一邊說：「你住我的艙房。在前面。」

他匆忙朝船首走，打開了艙門的鎖，艙門上貼著一塊寫著「大管輪」的銅牌。但是他並沒有立即拉開門。他用一隻眼睛看著我，然後下達了一些指示。

「首先，我們得把所有的燈都關掉。這個燈，還有那個燈。」他啪地關掉了甲板上的燈。「這兒有海蠅。牠們喜歡光，可是牠們不咬人。」

接著他很快打開門，把我推進去後，自己也擠了進來，然後關上門。我們伸手不見五指。

「別怕。」他說，扭開了艙房裡的燈。

房裡滿是群魔亂舞的昆蟲，這些蚊子大小的蟲子，一群群不是圍著光線飛轉，就是撞擊艙房的隔板。死蟲子散落床上。艾力克斯把這些死蟲從黃色的床單及灰色的枕頭上揮撣到地上。

「是**多多**（doodoo）。」我說，多多是昆蟲的通稱。

「這些**多多**不會打擾你，」艾力克斯一面說、一面用手撣掉更多的蟲子，然後把我的袋子塞到一張架子上。他那隻微醺的眼睛讓他看起來更有效率，就像能同時檢查艙房的兩個不同地方。

「所以這些蟲子不會咬人？」

「對。我們吃這種蟲子，」他說，嘴唇弄出嘖嘖的聲音。「牠們很甜。」

「**多多**不會咬你們，可是你們會咬**多多**？」

他大笑說：「沒錯！沒錯！」然後說，「這是你的艙房。」

「那你睡哪兒呢?」

「隨便!」他向我鞠了個躬後離開。

這條船名副其實——**烏摩加**(MV Umoja),在史瓦希利語裡的意思是和諧或一致。姑且不論艙房又鏽又臭,而且床沒洗過、海蠅擾人,這兒安詳又隱密,正是我迫切渴望的那種寒酸的舒適。艙房很大,有張有扶手的椅子和一盞燈。牆上掛著一個不走的鐘和去年的月曆——月曆上是張犀牛的照片。緊靠著船身有張桌子。抽屜裡有顆刻著**烏摩加號渡輪大管輪**的橡皮章。我和隔壁艙房的人共用一個冷水淋浴。我可以在這兒看書、寫字,還可以聽收音機。不管要花兩天或二十天過河,我一點都不在乎。

半個小時後,我正在寫筆記——睡在水上。呵!呵!一定很奇怪——門口傳來一陣啄門聲,艾力克斯請我到廚房去。一般船員、二管輪和我們一起用餐,另外還有船長,因為從坎帕拉出發的貨廂還沒到。

「你喜歡**尼亞馬·亞·庫庫**[1]嗎?」船長問我,同時在我的盤子上放了根雞腿。艾力克斯又在雞腿上堆了些米飯及一大塊酪梨泥。

「你有皮里—皮里醬[2]嗎?」

「太多了。」艾力克斯說,自知在講笑話。

「你們有啤酒嗎?」

「你要喝,有。」

---

1 尼亞馬·亞·庫庫(nyama ya kuku):史瓦希利語,雞肉。

2 皮里—皮里醬(pili-pili sauce):將辣椒、檸檬汁、大蒜、荷蘭芹、油與鹽充分混合後,在平底鍋內煮幾分鐘後所製成的非洲辣醬,在非洲非常普遍。

「我簡直是在天堂，」然後舉杯敬在座的人。他們都在值班，所以不能喝酒。

「歡迎你，保羅先生。」

艾力克斯是蘇庫瑪族。蘇庫瑪人住在湖的南端，也就是一般人稱為大烏恩亞姆威自區（Greater Unyamwezi）的地方。我一直記得這個部落的族人。在奈洛比的店裡我曾見過一個巨大的木偶，約五尺高的木娃娃，有著胖胖的身軀、圓錐形的胸脯和一張陰森森的臉，那是個很古老的木偶，但做工極佳，手臂與腳有關節連接，重約四十磅。「這是蘇庫瑪族人的東西。」印度店東這麼說。他是從坦尚尼亞的一名樹叢貿易商那兒買來的。我向店東買下了這個娃娃，條件是等我要打道回府時，我會通知他，他必須把木偶寄給我。

「他們在村子裡用這種木偶。」艾力克斯說。

他稱這種木偶為**威恩亞哥．威布巴瓦**（vinyago vibubwa，一種大娃娃），說是在豐收時繞村遊行的一種仁慈表徵。他很高興談到這個話題，不過都市化東非人的神經過敏傾向，讓他隔絕了自己和任何形式的迷信儀式的關係。

「只有在樹叢裡使用，」他說，「在偏遠的樹叢裡。」

坐在那兒，我想到了在這個甲板或渡輪上，沒有人曾要求看我的護照。沒有人要看我這趟旅程的特准函、沒有人提到錢、沒有人要求引介文件、沒有人要船票。幾乎也沒有人正式介紹過我。曾經發生的事情只有「上來」，一如在馬沙比北部的**席夫塔**路段，我們在伏擊前，運牛卡車的駕駛曾對我說過的兩個字。

船上的工作人員全是坦尚尼亞人——友善而關懷情切。他們已在貝爾港待了好幾天了，一直都在裝貨上船。工作的結果就是他們全身的油汙多到嚇死人，這使得用餐時的洗手儀式變得很具觀賞性：每個坐在桌子邊的人，都往旁邊傾，輪流使用水盆與肥皂，同時，其他人從水瓶裡倒水沖洗。大家都不停地刷洗，因為往船上裝貨是種會讓人弄得非常髒的工作。然而不論他們多髒，吃飯時，雙手一定要乾淨。

「我喜歡來這兒，」船長用史瓦希利語說，「烏干達是我們的朋友。肯亞也是我們的朋友，但是肯亞的警察總是伸手要**盧西瓦**（rushwa）。」

盧西瓦對我是個生詞。

「小費，」船長解釋，「額外的錢。肯亞是個壞地方。」

吃完飯後，時間也很晚了。我們依然尚未離開碼頭，這又有什麼了不起呢？我回到自己的艙房，寫完了筆記，用一隻手揮掉落在白紙上的海蠅，另一隻手繼續寫字。稍候我躺在自己的床上，聽著短波收音機、抓掉在臉上落腳的海蠅。我聽到貨廂轉入船軌的晃動與轟隆聲——甲板上有輪軌組具。隨著水手喊叫的聲音，渡輪在對新裝船的貨品做出反應後，重新自行平靜了下來。

我已經開始瞌睡連連了，每次打哈欠都會吃到海蠅。引擎啟動時，船身抖動不止，等到正式啟航，我已經進入夢鄉。離開貝爾港約一個半小時後，我們穿過了赤道。

晚上醒了好幾次，不過都是因為奇怪的夢——那種在陌生的床上會做的夢——而不是因為船身的晃動。**烏摩加號**平穩地航行，乘著常輕微轉向的東南風，劃破平靜的湖面。氣溫宜人——涼爽的清新空氣流過舷窗，嗡嗡的引擎在深深船底，船身在令我覺得安慰的按摩般動作裡顫動。

起身時，周遭都看不到陸地：我們在湖上。維多利亞湖是非洲最大的湖——有七萬平方公里的面積（兩萬七千平方哩）。一整群始終維持原狀的塞西族（Sesse Islanders）占據著湖北的一座島。湖水裡漁產豐富，然而鱷魚、血蛭、海盜、群島與原始工藝也俯仰皆是。殖民時代後，這座湖就沒有好好地勘查過，大家只有舊航線圖可用。因此湖上有許多的岩塊與危險，在航線圖上都找不到。

走出艙門，一群群的海蠅被吹過甲板，撞到我的臉，闖進我的眼裡。船的西邊有塊污點，接近一看，我才看出原來是座島，林木茂密的平坦之島。

「葛吉巴島（Goziba Island）。」艾力克斯說。

「誰住在那兒？」

「大家。烏干達人、肯亞人、坦尚尼亞人、剛果人、盧安達人，還有更多的人。有的划獨木舟去、有的搭汽艇或單桅帆船去那兒。真好！沒有警察、沒有政府的人。也沒有稅。身在前不著村、後不巴店的地方。」

舵手室裡詳細的航行圖顯示，這座湖裡星羅棋布著許多這類的島嶼，湖緣、湖中都有，有些島接受管理、有名字，有些則是無名島，開放給所有可以過水抵達的拓荒者。然而鱷魚常常弄翻獨木舟，並吃掉划舟的人。紀錄指出，位於東北湖區的辛古魯島（Sigulu Island），在最近六個月有四十三個人因鱷魚而喪生。鱷魚密集的行動似乎強調了維多利亞湖一視同仁的免費原則。

早餐是**烏加利**（ugali）——一種稀稀的非洲麥片粥——配甜茶吃。我想起了自己所認識的非洲從來沒有提供過美食經驗，但大多數的食物都很可口。某些地方或許還會因某種農產品而特別出名，如衣索匹亞南部的鳳梨、肯亞的橘子、烏干達的香蕉。坦尚尼亞這邊的維多利亞湖，以芒果著稱，據說是世界上最好的芒果。湖畔的酪梨也豐實美味。當時正是酪梨的產季，所以我們大快朵頤了一番。

輪機長也在吃早餐，他正在看最近一期的《船運新聞與船舶維修》（Shipping News and Ship Repair）雜誌。那是英國出版的雜誌，發行者是皇家造船師學會（Royal Institute of Naval Architects）。

我說：「或許你該讓**卡巴雷加號**的技師看看這本雜誌。」

輪機長抬起頭回答，「這本雜誌裡沒有任何可以幫助他們的實質東西。他們的燃料管裡有水污染問題，還沒找到問題癥結。」

我又想起了船長的善心行為。如果不是這些人的協助，如果不是他們帶我上船，我大概現在還在貝爾港的碼頭上苦候。但我算什麼？只不過是另外一個厭惡飛機的寒酸**木組恩古**，想要搭船去姆彎札。這兒也和其他地方一樣，我是唯一的木組恩古旅人。其他的旅人也不搭巴士，因為他們怕蘇丹和衣索匹亞，所以他們只走經過選擇後的幾條路線，而且總是團體行動去檢視動物。大體來說，這些人與一般大眾都維持著很遠的距離。而我雖然是一個人，卻總是聽到**卡里布**、**卡里布**，歡迎、歡迎，以及「多吃點**烏加利**吧？」

輪機長約翰．卡塔賴亞，是個四十出頭的人，和大多數的船員一樣，在湖畔長大。他在比利時專攻海洋工程與引擎維修。他是個聰明而友善的人，眼神平穩，理解力強，對自己的意見有股沉靜的自信。

「比利時人有很多問題。」他說，我笑著聽他泛論比利時人，一如比利時人對非洲人的以偏概全一樣。這個世界，他看了許多，但比較喜歡維多利亞湖。

從一種諷刺的反向思考來看，約翰在《黑暗之心》中馬婁所清楚藐視的那座城市裡，待了相當長的時間。布魯塞爾，馬婁說：「是一座總是讓我聯想到刷白了的墳墓的城市，」馬婁就是在這座城市的某間公司辦公室裡，拿到了去剛果河的指令。這間看起來很文明的公司，位於井然有序的城市裡，遞出了里奧波國王的粗暴指令。馬婁也注意到了牆上世界地圖中的德屬東非，「一塊紫色的斑，標示出開心又有進展的開拓者，喝著令人開心的儲藏啤酒之處。」德屬東非先是變成了坦干伊加，後來又成為坦尚尼亞。

「可是有件大事讓比利時人他們自己不開心。」

他摺起了手上的《船運新聞與船舶維修》說：「比利時人主要的問題是彼此之間無法相處。法蘭德斯區的比利時人痛恨說法語的比利時人。你可以說這是某種形態的種族歧視。或者是差不多的東西。」就像是拿樹叢中無知落後的村落當作參考值一樣，約翰補充，「從這個角度看，安特衛普是個很糟糕的地方。」

那時，他大部分的時間都在研讀海洋工程，但他也旅行——一開始是試探性的行程，後來隨著法語的進步，去的地方也愈來愈遠。大部分的比利時與其鄰近國家，他全去過。「連一些小村子都去過，我敢說，非常非常小的村子。」這番話讓我想起烏干達的龐波和布恩迪布格尤，以及葛吉巴島擠成一堆的社區。

「旅行時碰到過任何問題嗎？」

「對我來說，是有一點問題，」約翰提到他在比利時的遊歷，「如果他們把你當成剛果人——也就是以前屬於他們的人——他們對你的態度就會非常壞，而且會侮辱你。」

「真不友善。一點都不**卡里布**。」

他大笑。「我說：『我是坦尚尼亞來的！』他們就覺得還好。他們說：『所以你是奈洛比來的嘍？』哈！」

在非洲將近一百年的殖民統治，這些無知的傢伙依然弄不清楚肯亞與坦尚尼亞之間的差別，一想到此，約翰就迸出了嘲弄的大笑。

在烏摩加號的廚房，這是個與約翰和其他船員閒聊的好話題。我最近讀過《里奧波國王的鬼魂》[3]，而且非常喜愛，這本書是亞當．赫許斯闕爾德對非洲那段殖民主義的怪異期間所做的敘述。這是本細述帝國主義的野蠻、誇大狂的病理、以恐嚇手段進行統治、對這些事情的理想主義反應及現代人權運動之濫觴的書。比利時人激發了瓦切．林賽[4]的靈感寫下了〈剛果〉（the Congo）一詩，其中有部

分是這麼寫的，

聽那里奧波國王鬼魂的吶喊
因被剁了手的苦主而在地獄接受火炙之刑。
聽那魔鬼如何低聲竊笑與叫吼
在地獄中砍下他的雙手。

我說比利時人對剛果人粗魯很奇怪，因為掠奪剛果人國家的是比利時人，一開始他們搜尋象牙，接著是橡膠，最後是鑽石、鉻與黃金。絕大部分都利用被奴役的勞工，整座村子為了找尋象牙與收集橡膠而被翻了過來，怠忽職守的懲罰是一條死路或卸下雙手。好幾十年這樣的日子之後，抽光了自己財富的一個龐大殖民地於焉出現。一如喬伊斯《尤里西斯》中那個在酒吧裡憤慨的愛爾蘭人所說：「強暴女人與小女孩、鞭打土著的肚子，就為了要擠出能從這些人身上榨出來的紅色塑膠。」

我說：「整個剛果屬於比利時國王。那是他的私人財產。剛果是國王個人的**線包**[5]。」

3《里奧波國王的鬼魂》（*King Leopold's Ghost*）：亞當．赫許斯闕爾德著，一九九八年出版的暢銷書，內容描述比利時國王里奧波二世對剛果自由邦（Congo Free State）的暴行與剝削。赫許斯闕爾德秉持歷史性的謹慎態度撰寫這本書，意在讓大家了解白人統治者在非洲的罪行，但也同時兼顧了讀者閱讀的樂趣。

4 瓦切．林賽（Vachel Lindsay）：一八七九—一九三一，美國作家、詩人，人稱「草原詩人」。一般人認為林賽的詩作節奏強烈大膽、意象生動，內容表達出熱切的愛國之情及對民主制度的激情，對大自然也有浪漫情感。

5 線包（shamba）：史瓦希利語，意思是耕地。

這件事勾起了在座眾人的興趣，其實這件事也是個有趣的事實。剛果並不是比利時的殖民地，但是從一八八五年開始的二十三年間，剛果卻始終是里奧波國王的私人領地。這件事的恐怖令溯河而上前往史丹利維爾的約瑟夫．康拉德憤怒難當，也因此給了他靈感寫下《黑暗之心》。

「整個剛果，他的**線包**？」其中一位船員問。

約翰堆起了冷笑說：「在比利時，他們的大街都還以里奧波為名。」

烏摩加號的船員都是專注的聽眾，他們了解赫許斯闕爾德稱之為「歷史上的其中一段沉默」期間的矛盾。他們報以尖銳的問題，最後當工作要求他們回到渡輪崗位時，他們說想看這本書。

輪機房奇景

「來，我帶你參觀輪機房。」約翰說。

我們爬下滑溜的階梯時，熱氣與噪音從狹窄的樓梯井中傳了出來。最後幾階只剩下鐵梯，隆隆運轉的引擎聲，大到我幾乎聽不到約翰在說什麼。他向我解釋這艘英國製造的渡輪，是在一九六二年正式下水啟用。四十年來，不論是柴油引擎、履帶發電機或鍋爐都從未更換過。建造這艘渡輪的公司早已歇業，船上的柴油引擎更是早已停產的過時產品。

在輪機房震耳欲聾的噪音中，約翰對我大叫，「零件非常難找！兩具引擎——這樣我們才能不停工！有時候會碰上操舵的問題！」

接著，他遞給我一副砲兵夾在耳上的那種耳罩，以阻絕喧雜的引擎怒吼。然後他帶我進入熱氣之中。從開羅到開普敦這幾個月的旅程，我有幸目睹的最奇特景況之一，是我在甲板下的**烏摩加號**輪機房所瞥見的景象。在輪機房的最下層，震耳欲聾的噪音分貝最大、熱氣溫度最高、管線最燙之處——大多數的管線都沒有隔熱裝置，有些管子還從鐵製的管頸處噴出蒸氣——有個年輕的非洲船員坐在一張溼答答的木桌前，做著複雜的數學方程式習題。乍看之下，他似乎沒穿衣服。這名年輕船員的拇指伸在一本對數表中，眼前是本攤開的教科書。他使用的那張紙上滿滿的全是代數方程式——數字與字母，從上到下。對我來說，這兒的熱氣與噪音的強度簡直嚇人。但是這名年輕人卻很平靜，他拿著一枝只剩下殘株的鉛筆頭，全身除了內褲與耳朵上的粉紅色塑膠耳塞外，一無所有。

他如此專心於自己的研究，以致看起來像是在做學校的功課，他沒有和我們打招呼。只有在我翻起他的書皮看看書名時，他才抬起頭笑了笑，但之後又繼續研究。這本書的書名是《柴油與高壓縮引擎原理》（*Principles of Diesel and High Compression Engines*）。

「英語是帝國主義者的語言。」坦尚尼亞官員以前常常這麼說。坦尚尼亞廣受眾人愛戴的第一任總統朱利亞斯．尼勒樂．穆瓦里姆（老師）所制定的國家政策中，有一項就是以極為昂貴的代價，將所有的學校教科書都翻譯成史瓦希利語。為了證明作法可行，他還親自用這種沿海的特有語言翻譯莎士比亞的《凱撒大帝》。然而在**烏摩加號**的輪機房中，我突然了解，史瓦希利版的《柴油與高壓縮引擎原理》，可能還要一段時間才買得到。

在這樣的噪音中，交談幾乎是不可能的任務。我拿了張紙寫下，他在做什麼？

約翰點了點頭，接過了紙和筆。他寫，他在學習。

為什麼？我寫了這三個字回應。

因熱氣而汗流浹背的約翰咬緊了牙關——因為他並沒有戴耳罩——他寫，為他的工作增加學術資格。

噪音依然隨侍在側，我們坐在輪機房的操作室內，喝了一杯從保溫瓶裡倒出來的熱咖啡。一度，我拿下了耳罩，但引擎的狂嘯令人無法忍受。約翰嘲笑我的反應——那如同鐵鎚砸在頭上的反應。他似乎一點都不以為意，不過那或許是因為多年來的噪音，已經讓他有部分聽障。我注意到輪機房非常整潔且有效率，比渡輪的上甲板區要井井有條多了，維護管理也好得多。約翰指著儀表板，向我說明鍋爐的壓力、燃料高度、溫度，以及我們正以介於十一與十二節[6]的速度前行，這是相當不錯的速度。

在鍋爐室內喝咖啡喝了約二十分鐘左右，我實在無法承受了。我示意要到乾舷[7]上去。在乾舷上，雖然浸浴在涼爽的空氣和陽光之中，我們依然還在水上，舉目望去，看不到陸地。

「你不再載運旅客了嗎？」我問。

約翰說：「這艘船原來就被選定為貨船。如果載運人數超過六個，就會被視為客輪，那麼就必須強迫遵行非常徹底的安全規定。像救生衣的數量、救生艇、詳盡說明救生艇的使用標準程序等。」

「是因為**布可巴號**（Bukob）沉沒的關係嗎？」

「對。我們會經過出事地點。**布可巴號**的目的地是姆彎札。」

後來，我才讀到維多利亞湖從未經過嚴密的測量與勘查，所有危險地區的現有資料，全都是一九五四年英國殖民政府收集到的。有關地標與警告的資訊早已過時，因此唯一有資格引領大型船隻在維多利亞湖中航行的人，只有那些擁有當地知識與經驗的人。

約翰與船長從七〇年代後期就一起在**烏摩加號**上共事。那時候**烏摩加號**是艘軍船。

「在和伊迪·阿敏打仗期間，我們運載許多士兵來回於湖上。五千名士兵，像這樣站著，」——約翰繃緊了自己的臉，僵直地站著，向我展現當時大家是如何緊緊地擠在一起。「我們帶這些軍人去金甲港，他們一上岸就躲起來。」

「你們現在運什麼去烏干達？」我問。

「不曉得。都在貨箱裡，而且全都密封、包裝好了，」約翰回答，「離開烏干達時，我們運送的是咖啡與茶。我們自己在占席巴生產棉花、咖啡、茶、腰果和丁香。」

「成衣呢？」

「我們現在只有一家紡織廠，」約翰說，「我們賣棉花，但不做成衣。」

四十年的獨立統治與外國投資，四十年關於**烏家麻**（Ujamaa，「家族圈」）和「非洲社會主義」那令人心靈麻木的政治修辭，再加上國家主義、工業主義及中立狀態，這個擁有兩千萬人民、廣大而肥沃的國家，竟淪落到幾近破產的狀態，而且只有一家工廠。

然而奇怪的是，我卻覺得自己遇到了坦尚尼亞的某種成功，這個成功就是**烏摩加號**，這條不論戰禍亂世或太平盛世，都載運著老百姓、軍人、牛隻、經濟作物以烏干達賴以運作和坦尚尼亞用來賺錢的必需品，四十年如一日地始終忠實橫越維多利亞湖的渡輪。這條渡輪一直都有穩定的利潤，而船上的人員也都嚴肅又盡責，他們當中還有一個人，依然穿著內褲在甲板之下，提升自己的學術資格。

抵達延宕的旅程終點

在維多利亞湖的東南角，我們經過了一連串的島嶼。我到船橋上借用船長的望遠鏡，也察看了一下這些島嶼的名字。最大的島叫烏克雷維（Ukerewe），而位於烏克雷維後方遠遠的陸地，就是坦尚尼亞

6　節（knot）：每節約合時速一八五二公尺。

7　一艘船吃水線以上的舷側。

的湖岸線。

整座湖都知道烏克雷維島的名字，因為柏頓與斯皮克在一八五八年的探險旅行中，在此遇到了阿拉伯人。在卡載（Kazeh，即塔波拉〔Tabora〕），旅遊範圍最廣的阿拉伯奴隸販子史奈．賓阿米爾（Snay bin Amir）說卡載離烏克雷維僅「十五或十六個行軍距離」，但烏克雷維很危險，因為那兒的人很不友善。如果那兒的人不友善，極可能是因為他們不願成為奴隸，也不願被銬上鐵鍊，行軍到沿海那個地名很憂鬱的奴隸港巴嘎摩尤（Bagamoyo）。巴嘎摩尤的意思是「我把心留了下來」。

從占席巴與亞丁來的阿拉伯販子，已經在這個區域活動了一百多年，遠在歐洲勢力滲入此處之前。阿拉伯人販賣奴隸，也交易象牙和蜂蜜，一如他們在更南部的尚比西河所做的交易一樣。他們進行搶掠自然不在話下，但從未控制過這片偏遠的大草原。阿拉伯人因為奴隸買賣而成為當地極不受歡迎的人，因此他們必須固守幾條最安全的路線行進，許多時候還必須仰賴非洲人自己來提供奴隸或象牙，以交換貿易商品。

阿拉伯人與沿湖人民的這份老行業，最令人吃驚的痕跡是我在湖上看到的單桅帆船——尺寸相當大的這些單桅帆船，約三十呎或更長，大多數都有帆，剩下的則降下了帆，載運漁人。這些象徵著阿拉伯人航行技術標誌的船，緩慢卻穩固，張著大三角帆，仍在非洲的心臟——維多利亞湖中擺盪。

下午稍晚，我可以清楚看見姆彎札、周圍的湖岸、湖角及小島。陸地的每個特色都是由跌落下來的平滑大石所構成，這兒的許多大石都非常巨碩，兩、三層樓高的巨石，不僅讓陸地上的小屋相形見絀，也讓其他所有住宅看起來像是玩具屋。乍看之下，這裡的湖岸像緬因州的史東寧頓，只不過沒有雲杉，只有棕櫚：成堆的岩塊、一條岩岸、圓潤的大石及緊靠著陸地的低矮小木屋。

我、艾力克斯和大管輪在船軌這兒注視著湖岸，這時我看到一艘快艇經過，是那種很吵人的白色塑膠艇，艇首翹起，跑得很快。

「**木組恩古**。」艾力克斯說。

又一艘快艇跟進。

「**木組恩古**。」艾力克斯說。

他們也許是傳教士、也許是商人、也許是農人、也許是醫師或慈善機構的人員：沒有人知道。他們只是吵人白船上的白人。

艾力克斯指著海岸說：「我們稱那些岩石為俾斯麥石。以發現這些石頭的英國人命名。」也許是奧圖．范．俾斯麥，他曾經統治過這塊遙遠的條頓族邊境殖民地，他的轄區還有薩摩亞、新幾內亞和喀麥隆。

接近姆彎札港後沒多久，我們在附近繞了一會兒，然後又盤桓了一陣子，慢慢地朝前挪動。一艘名為**烏胡盧號**（MV Uhuru）的肯亞渡輪正在卸貨箱、下貨。工作進行得非常緩慢。

大多數的船員，包括艾力克斯，都已在自己的工作崗位上——輪機房、甲板上、貨軌旁。於是我走進廚房，發現船長正在用餐。

「別擔心，姆吉，」船長說，「很快就會靠岸了。」

我加入了他的餐局，吃了一頓平凡的**烏摩加餐**：米飯、蔬菜和一塊乾癟癟的雞肉，整盤食物都因為大量的皮里—皮里醬而呈現紅色。

「非常感謝你讓我成為這艘船的乘客，」我說，「我很喜歡這艘渡輪。每個人都熱心助人又非常友善。」

「他們都很好。」船長說。

「而且友善。」我又重複了這兩個字，希望能強調我的感激之情。

我孤身一人，是船上唯一的外人，是搭霸王船的乘客，也是船上最無所事事的傢伙，他們一點都不知道我是誰或我要去哪兒，但他們卻待我有如上賓。我怎能不感激？

「他們很友善，」船長小心翼翼地說，「可是我對他們不太友善。」

他依然在用餐，但我聽得出來他強調的敏感要點，一個他希望我了解的重點，這是個有關於領導權的議題。

「對我來說，太過友善是有害的。」船長說。

我們並沒有靠岸，也沒有下錨，只是一直盤桓。**烏胡盧**一直在卸貨。湖岸線上凌亂地散置著沉船與棄船。我走到船尾，找到一個桶子坐下，然後聽著我的收音機。我搜尋到了英國廣播電台，他們正在播放的節目內容是有關一本名為《阿里與尼諾》[8]的亞塞拜然小說。我曾為這本小說寫過序，也為這個節目出過一點力——節目裡錄下了我的看法，但時間已經久遠到我根本忘了這回事。我聆聽著自己的聲音零碎地從倫敦傳出，就這樣，我在維多利亞湖上又度過了一個小時。

「別擔心，**姆吉**。」船長說。

「我不擔心。」我回答，另外我還想加上一句話，我不是個**姆吉**。渡輪究竟是現在、晚上、明天或下個星期靠岸，有什麼好在乎的？我在姆彎札唯一的計畫只有找到火車站，然後搭火車去沿海、去三蘭港，但那兒沒有任何人在等我。另一方面，我在**烏摩加號**上非常開心。我並不是真的很想離開這艘船。

夜幕降臨，許多事都快速地發生。肯亞渡輪從碼頭搖擺而去，**烏摩加號**取代了它的位置，船長與艾力克斯一起工作，他們一個在船橋上、一個在輪機房裡，這是趟亟需技巧的高難度靠岸。船剛入塢，氣溫陡揚，沒有了湖上的微風，空氣悶熱。

我一點都不急著離開。但所有的船員都快步疾走——他們回到了家鄉的港口，急著想回到自己的村子和老婆孩子身旁。但渡輪上的貨還沒有卸下，他們還不能上岸，所以他們先送我離開。

「**夸嘿里，姆吉！**（Kwaheri, mzee！）」當我步下裝貨板，踏上了坦尚尼亞的土地，他們對著我如此大叫。一路平安，老頭兒！

8《阿里與尼諾》（*Ali and Nino*）：作者為沙伊德（Kurban Said），這是部愛情小說，內容敘述一名亞塞拜然的回教男孩愛上一名喬治亞信仰基督教女孩的故事，背景設在俄國大革命時期。

第十二章　前往三蘭港的樹叢火車

「有帶槍嗎？」坦尚尼亞的海關檢查員在姆彎札的一間小屋裡這麼問我，他還戳了戳我的旅行袋。千萬別在意他髒兮兮的衣服，僅憑著他襯衫口袋裡滲漏出來的那些原子筆墨漬，你就猜得到他是位政府官員。

維多利亞湖雖然只有一塊小如派餅片的範圍躺在坦尚尼亞境內，湖南岸這邊卻是嚴密警戒的邊境區。

「沒有帶槍。」

「走吧。」

我經過一群正在接船的人——渡輪的不定期抵達，已經成了姆彎札人民生活中的一大高潮。在走向城裡的這段路上，我領略到這種生活高潮背後的原因。這座城鎮根本就是一個荒地，只有廢墟、空店及一條沒有鋪石子的主街，這條街簡直無法通行，因為路況糟得無以復加。老舊的巴士搖搖晃晃，輪子陷入路面上深深的坑洞裡，幾乎翻覆。這是另外一個鬼魂出沒的邊境崗，陰沉而有趣，也是那些直接搭飛機到阿魯沙[1]國際機場去進行薩伐旅的觀光客，永遠都不會看到的地方，即使能看到一些野生動物與色

1 阿魯沙（Arusha）：坦尚尼亞東北部的城市，是坦尚尼亞北部阿魯沙區的首府，位於大裂谷的一塊台地上，夾在塞倫蓋提平

彩鮮豔的土著。

姆彎札的土著並沒有鮮豔的色彩，不過人數眾多且衣衫襤褸，這時許多土著緊黏著我不放，以至於當一輛計程車經過時，我招手攔車，然後跳進車內。

「去三蘭港的火車哪一天開？」我問。

「今天晚上。」司機回答。

「什麼時候開車？」

「可能再過一個小時吧。」

在火車上

我們沿著顛簸的道路前進到火車站，車站裡擠滿了賣食物的小販與背著塑膠包袱的人，包袱裡是他們所有的財產。這裡的熙熙攘攘讓人覺得突兀，有些盛裝的人還在奔跑。之所以突兀，是因為這樣戲劇性的景況，發生在相當缺乏戲劇性與緊迫性的地方。

我刻意引起火車站站長的注意，他正和賣花生的小販在自己的辦公室裡吃花生，花生小販是名蹲著的婦女，拿著一大錫盤的花生。

「買這班火車的車票會不會太遲？」

「我們還有位子給你坐，**老爺**。」他回答。

他起身去拿我的車票，這時花生小販搖動著她的花生盤，對我說：「**牛骨**[2]**？牛骨？**」

抵達姆彎札後的一個小時裡，「**一路平安，老頭兒！**」的聲音依然在耳際迴盪，我已上了火車，身處一間小小的雙臥鋪房裡，不過顯然我是單獨使用的人，房裡還有從在鐵軌旁叫賣的飲料小販那兒買來的瓶裝水。

「您覺得舒適嗎？」站長這麼說，他在我的鋪房前駐足，目的是小費。

「是的，謝謝你，」我一面說、一面遞給他一些非他勞力所獲的收入。「我們什麼時候抵達三蘭港？」

「星期天的某個時間。」他說，然後繼續往前走。

現在是星期五的晚上，不過那又怎麼樣呢？我在滿是非洲人的火車車廂裡，有個臥鋪，還有扇面臨非洲的車窗。很快我們就會進入樹叢之中，往東穿越坦尚尼亞的中部。

火車站廣場的通明燈火吸引了人們到這兒來坐著聊天。一大群孩子在燈光下踢足球。這裡並不是個適合玩這種遊戲，但卻是場球員都極為投入的比賽，充滿了笑聲與叫聲，我的注意力也被牽引了過去。非洲到處都是削瘦但精力充沛的孩子，玩耍時會尖叫，而他們的遊戲通常也都和踢一顆球有關。這些孩子並沒有塑膠圓球可玩，他們只有一顆裡面塞滿了碎布的畸形布球。場地既不平又不坦——只是一連串的土堆與土丘，滿是石塊。孩子們赤腳踢球，人數大概有二十個或更多，沒有球隊，任何人都可以加入。

在這個炎熱的晚上，看著他們踢球和彼此叫囂，揚起了燈光下火車車場的塵土，他們的努力令我感動，他們的興高采烈讓我振奮。球場是塊荒地，其中還有部分位於黑暗之中。孩子們尖叫著在黑暗裡跑

原、恩格隆格羅火山口、曼亞拉湖（Lake Manyara）、歐度瓦伊峽谷（Olduvai Gorge）與吉力馬札羅山國家公園之間。因此是著名的觀光客停留城市。

2　牛骨（Njugu）：即史瓦希利語的花生。

進竄出。黑暗沒關係，凹凸不平的場地不要緊，壓扁了的球也無所謂。不論從哪個角度看，這些孩子都是在一個半荒棄國家中最絕望的其中一個省分裡玩耍、笑鬧。即使火車汽笛已響，開始慢慢離開姆彎札，但我的耳中仍然聽得到孩子們鈴鈴的笑聲，這時我記起了自己為什麼會如此著迷於這樣的快樂景象，這幅讓我感到如此寂寞的快樂景象。

我想起了沙奇[3]的小說《不可承受的巴辛頓》（*The Unbearable Bassington*）中，結局就剛好有這樣的一幕——孩子們興奮地玩耍，孤獨的柯瑪斯．巴辛頓（Comus Bassington）在旁觀看。這個場景也是在非洲，一個和姆彎札非常相似的地方，一個「熱得起泡、熱得像鞭抽的荒郊野地，在這兒，人像魚餌一樣生活、像蒼蠅一樣死亡」。如果沒有健康抑制自己想像力的本事，大家或許會去相信魔鬼，然而若要相信一個慈祥而管理萬事的上帝，卻絕不可能。

巴辛頓的孤寂和悲慘，已經到了無法親眼面對這幅快樂景象的地步。

> 那些狂野的人類小幼雛代表著生命的喜悅；他是個局外人，是個孤獨的異類，他看著自己無法參與的事物，一種與他毫無關連的快樂……（而）……在自己連言語都無法表達的孤寂中，他把頭低垂到手臂之上，或許這樣就看不到彼方山腰上那段歡愉的狂亂嬉戲了。

天上的月光足以讓我看清姆彎札外的景色，一如湖岸般多巨石。這是片有巨石堆擾礙的平坦曠野，有些巨石堆高如山丘，有些則光滑如墓塚。

這裡的村落只不過是許多裡面閃爍著油燈的泥屋——但如此儉樸的這一切，卻有一種烏干達村落所缺乏的完整性。烏干達的村子展現出曾經遭到攻擊、遺棄、收復、重建、改善及再度頹敗的跡象，那全是戰爭、驅逐及激烈改變的結果。在坦尚尼亞，過去沒有留下如此圖像化的證據，有的只是沒落——簡單而線形的老朽，以及在某些村子裡所呈現的崩倒。

很快——二十哩或更短的距離——我們就進入了樹叢：草綠色的平原，有低矮的樹。這片偉大的非洲空無，就像之前看到的維多利亞湖那麼空無，在月光如水波般的明亮之下，這片空無就像一浪浪的海洋。

當白雲蔽月時，我在火車裡四處觀看，結果發現了一節餐車，裡面有幾個已經喝醉的非洲人。服務生用史瓦希利話問我餓不餓，為了勾起我的食慾，他還指著一些上面堆滿了食物的盤子說：「**恰庫拉**、**恰庫拉**。」意思是食物、食物。

對新手來說，這是「神祕的肉」。不過我可清楚多了。一盤顯然是紫色的不爽果派（amblongus pie），其他盤則是一堆克難炸肉片（crumbobblious cutlets）和一些搞死豬小餡餅（gosky patties），我全是因愛德華．李爾的《胡說烹調法大全》（*The Book of Nonsense Cookery*）[4]才認識這些食物。肉片完

---

3 沙奇（Saki）：出生於緬甸，一八七〇—一九一六，是英國知名作家海克特．孟羅（Hector Hugo Munro）的筆名，以短篇故事著稱，也出版過戲劇和小說。

4 既是胡說烹調，就表示根本沒有這些東西。以韻腳、文字遊戲出名的愛德華．李爾的《胡說集》（*A Book of Nonsense*）最早是一本詩集，後來又發展出《胡說之歌》（*Nonsense Songs*）與《胡說烹調法大全》等作品以饗讀者。根據胡說烹調的解釋，不爽果是一種罕有的漿果，只長在暴風肆虐的英國西南海岸，而且只生於那些已經退休而性情又乖戾的漁夫私人庭院裡。做好的不爽果派，在分到盤上後，必須盡快丟到窗外。克難炸肉片的做法是將牛肉切到細到不能再細的條狀，步驟重複八、九次，然後在太陽下曝曬一個禮拜後，加上克難醬，放在餐巾紙上食用。至於搞死豬小餡餅，則是用揉好的麵糰抽打幼豬後製成的餡餅，不過根據《胡說烹調法大全》後註，搞死豬餡餅因為牽涉到虐待動物，所以已遭禁做與禁食。

美，廚師必定是謹遵食譜指示烹製（「當整塊肉如此如此切片時，要用一把新的布刷快速刷過」）。服務生仍在我面前晃動這些食物，不過我拒絕了。

「只要啤酒。」我說。

我拿著啤酒回到自己的舖房。途中發現兩個外國人，火車上除了我之外，他們是僅有的外國人。這兩個人面色蒼白、滿臉斑點、曬傷的皮膚，一個年輕男人，一個年輕女人，大概二十多歲，不過他們龐大的身軀讓他們顯得比較老。結果，我發現他們原來是那種矮胖、餅乾吃不停、沉迷於基督的福音派傳道士，突然出現在像姆彎札這類的地方，身上除了聖經、軟式背囊、不可或缺的糧食：也就是餅乾與蛋糕，以及一本史瓦希利語的讚美詩外，別無他物。我之所以會發現這些，是因為火車的車窗為了能讓任何可能出現的微風吹進車內，都是開著的，而有次當火車慢下來時，我聽到了自己的名字。保羅。

老天爺，他們看到我了嗎？他們打算向我提及他們的父母很喜歡我的書嗎？或者在火車上遇到我是多麼令人稱奇的巧合？

都不是，只是因為那個男人用一種假裝博學的方式說話，他嘴裡塞滿了餅乾地說：「保羅在加拉太書中告訴我們……」

西邊地平線上的天空開始在電光緩慢的爆發中閃耀。光芒的爆裂以一根有鋸齒的長火莖，從地面朝上開花，直傳入雲層之內，而雲在被照亮的同時，也大肆膨脹，從黑暗變成輝煌。這裡的光芒要比火花更突然，在猛烈中愈來愈接近，規模幾近一場大戰——一場投彈手與戰鬥員都渺小得讓人看不見的戰爭，但他們的炸彈卻極其熾熱、極具破壞力。這是二、三十哩之外的非洲雷雨。整片烏雲密布的天空，不時會因為一道電光而撼動，而這道電光又像貫穿萬物的閃電般躊躇徘徊。閃光當中，我可以清楚看到這塊土地——一片的空無，暴風雨只呈現出了這塊土地的空無與不可摧。

「他給予加大拉人另外一個方向，」那個男人又開始振振有詞了，這時天空正冒著火，但那僅是天雷的一聲竊笑，因為暴風雨離我們如此之遠。

在自然中尋求真理，我真想對隔壁舖房裡正吃著餅乾的傳教士這麼說：萬物皆不足，萬物皆殘缺，萬物皆短暫。上床睡覺吧。

穿越大裂谷之前

黎明之前，我們抵達了塔波拉。三個鐘頭後，我們仍在塔波拉。傳教士下了車，大多數人也下了車，但同時火車上又塞進了新的乘客。有個非洲人上車和我共用舖房，上舖是指定給他的臥位。

火車是進出塔波拉唯一實際的方式。鐵路是這座雖然頹敗但相當大的城鎮，與遠在八百哩外的首都間的聯繫。數十年的輕忽，留給坦尚尼亞道路的，是一種慘不忍睹的狀態，其中許多條道路根本不堪使用。唯一的例外，援如往例，只有觀光客路線。一個穿著斜紋馬褲、頭頂著軟木遮陽帽、開著路華越野車慢慢沿著公路往恩格隆格羅火山口走，只為了瞠目結舌地看看疣豬的薩伐旅怪胎，或許會對坦尚尼亞的現代化感到不可思議——碩大的飯店、好極了的道路及健壯的野生動物。然而一名蘇庫姆族的漁夫若想在僅僅六十哩以外的辛亞恩加（Shinyanga）路底販售自己的魚獲，要找一條走得通的路，卻會陷入困境，遑論交通工具，他如果要去塔波拉，除了這班樹叢火車外，根本是癡人說夢。

坦尚尼亞的社會主義路線已經走進了死胡同，而工業與農業經濟失敗的結果，就是讓這個國家打著廣告說，自己是優秀的野生動物公園收集處，邀請外國人來為這兒瀕臨絕種的動物拍照與消費。在靠近肯亞邊境的羅里恩度（Loliondo），坦尚尼亞政府將一條野生動物移居的主要路線上的大面積樹叢，租賃給阿拉伯聯合大公國的大人物當作私人不定期的狩獵保留區，因為這位富可敵國的大人物想要獵殺花豹。但是兼任狩獵小屋嚮導與刷地板工的當地人，也就是馬賽人，排斥外人的入侵，他們認定當羅里恩度的野生動物數量稀少時，獵人就會轉戰塞倫蓋提國家公園去進行獵殺。

坦尚尼亞是觀光客的目的地。共產黨員、毛澤東信徒、意識型態者、革命理論家、專門製造口號的卡斯楚信徒，現在都在飯店裡擠進推出地找工作，爭取受到野生動物公園吸引的觀光客。如果你是坦尚尼亞人，而你的村子又不在任何獅子或大象的附近——例如塔波拉——那麼運氣就背了，你必須繼續和破舊的學校、悽慘的路況與不定期到令人吃驚地步的鐵路線奮戰，這條鐵路線一度被稱為中央線，是德國人在將近一百年前所建。

睡上舖的人自我介紹是朱利亞斯，取名自他家鄉的國父名字。他是個有教養之人，四十五歲左右，談吐高雅而體貼——舉例而言，他總是離開舖房去抽菸。他在土地使用部工作，屬於農業範疇，協助農人種植可以存活的作物賺錢。這件事在塔波拉是非同小可的計畫。朱利亞斯要去三蘭港參加下個星期的幹部會議，他提早一個禮拜離家，只為了能準時抵達。

「當地的經濟作物是製作香菸的菸草，」朱利亞斯說，「以前有座菸社。政府收購菸草，價格還不錯。」

「結果呢？」

「經理人貪污。他們不當管理菸社。菸社倒閉，於是菸業民營化。」

他敘述這些事情時，不帶絲毫感情，語氣平靜，幾近戰敗。反覆說著訓辭的教條化坦尚尼亞人早已變得謙遜。現在沒有人談論帝國主義或新殖民地主義，也沒有人訴說資本主義的邪惡——雖然坦尚尼亞人或許有權這麼說，因為連資本主義都在坦尚尼亞宣告失敗。

「塔波拉有許多小菸廠——一畝或半畝大，」朱利亞斯說，「兩年前還有私人公司購買菸草。治療感冒的菸草價格很好。但是今年價格只有那時的四分之一。農民——怎麼說呢，我們稱他們為小規模的自耕農——他們很辛苦。無法平衡收支。」

我說：「肯亞的咖啡農改種玉米。」

「這兒也一樣，」朱利亞斯說，「很多人已改而只種自己食用的作物——玉米、豆子和洋蔥。」

經過了這麼久，又回歸到基本作物的種植。我很熟悉非洲的這種生活。腦子裡留下的強烈印象，不是自己認識的地方變得更糟，而是這些地方根本沒有絲毫改變。四十年各種不同的意識形態與工業實驗之後，他們又回到了赤手耕種、搗玉米成粉、以粥和豆子為食的日子。除了多了更多的人、更污穢的建築物、更多的破爛、更少的樹、更多的盜獵者與更少的野生動物外，沒有任何新事新物。

漫長的延宕期間，我下了火車，四處看看塔波拉這座城鎮。店裡的架子上雖然空空如也，不過市場上卻有農產品——婦女販售著香蕉、番茄，與一堆堆布滿灰塵的洋蔥。

炎熱中，我們終於在早上還剩一半時離開了塔波拉，朝著到處都是飛來飛去的鳥兒與空無的綠色濃密樹叢出發。這片非洲與十九世紀那片未經探測的老非洲相比，幾乎未有任何變更，一百五十年前從海岸邊徒步穿過這兒的柏頓和斯皮克，要認出現在的這塊地方，應該毫不費力。這是阿拉伯人的貿易路線，是奴隸路線。

朱利亞斯對我說：「你為什麼不去阿魯沙看看動物——獅子、大象？」

搭飛機到因為方便他們行事而在野生動物附近建造的國際機場，是觀光客的作法。但這片廣大的地區與那樣的作法毫無關連，而且從某個角度來看，這兒仍是一片低度開發、甚至未知的土地。諷刺的是，阿魯沙是一九六七年全民主張自決的地點，是坦尚尼亞總統在一場雄辯滔滔的演說中，聲明國家將自給自足的地點。這紙所謂的「阿魯沙宣言」（Arusha Declaration）誓言坦尚尼亞政府會根除「一切型態的剝削」以達到「防範與現存的無階級社會互相矛盾的財富囤積」。但現在，問題——無所不在的問題——不是剝削、階級或財富，而是如何吃一頓飽。

收音機的新聞裡正談到辛巴威——需要土地的非洲人侵入白人的農場。穆加貝總統選擇站在違法入侵的非洲人這邊，在其他一些謀殺白人農場主人的案子上，穆貝加總統也是同樣的立場。我把這個消息轉訴給朱利亞斯。

「穆加貝想再多當幾年總統，」朱利亞斯說，「所以他才發表有關土地的演講。沒錯，他們會從那些白人農場主那兒拿走土地。坦尚尼亞這兒也發生過同樣的事情。接下來，有些土地會落到有錢的非洲人手上。剩下的土地再分給農民——很小的一塊一塊。農民種植他們想要種的作物，最後變成我們現在所處的境況，農民在小農場裡為生活掙扎，種植玉米和豆子養家。」

我常從火車上的非洲人或村民口中聽到，像這樣不帶任何憐憫色彩的判斷之語，卻從來沒有聽過非洲的政客或外國的慈善團體，說過如此精闢而具正確判斷力的話。

因為季節和中午時分處於這個赤道位置的關係，太陽正在我們的頭頂上。火車在卡吉—卡吉（Kazi-Kazi）車站暫作停留，這個車站只是一座錫頂的小屋。放眼望去，周圍全是濃密的樹叢、與人齊高的雜草和一簇簇的黃色野花。再過去，則是一大片無垠的平原。

一整片的荒涼，全是奇觀。我曾在六〇年代循此路而來，甚至或許那時候就已見過這座老車站，鏽色斑斑的屋頂、站牌、塔門、三大塊樹叢，還有用來當作圍牆的一捆捆荊棘樹枝，纖細的刺枝就像有倒鉤的鐵絲。這座車站四十年來不可能有任何變化，甚至從鐵路建好的時候——一百年前——可能就一直都是這個樣子。不過車站雖沒有改善，但也沒有更加頹壞。沿著鐵路線再往前的奇拉拉卡（Kilaraka）

車站，有個帶著一碗煮蛋的小男孩從一群泥屋處，匆忙順著一條灰塵滿布的小徑而下，希望能把蛋賣給乘客，換幾毛錢。然而就在他抵達之前，火車的汽笛響了，我們繼續上路，留下那正在號叫的孩子。

我們正穿越瓦哥哥族的平原，這是坦尚尼亞未經馴服的中心：沒有路、沒有城鎮，只有這條鐵路線。生存在此的動物都是被捕食的對象——畜牧的瓦哥哥人盜獵這兒的動物為食。雖然瓦哥哥人耳垂的裝飾品和看起來致命的長矛，與馬賽人有點類似，但是如果瓦哥哥人像馬賽人一樣色彩鮮豔，或許別人會多注意他們些吧。瓦哥哥人將自己的前齒磨尖，身上帶著珠飾，只不過依然沒有人注意。他們本來可以靠自己繁盛，然而旱災、死亡的動物與怠忽等原因，使他們只能維持一九五〇年代理查．柏頓爵士穿越非洲時的安好程度。柏頓曾稍作停留研究瓦哥哥人的性習慣，帶著他一貫的徹底，詢問女人問題，測量男人私處。女人「對外國人似乎頗有好感，面容姣好」，而有個男人「在靜止不動時，計算下來幾乎長達六吋」。

大裂谷橫躺於前，一大片綠色平原中有條肉眼可見的凹陷，比肯亞境內的淺，也較不具戲劇性。但大裂谷的這個部分樹木較多，處處都覆蓋著森林，這是古老非洲的另一幅景色，屬於古老非洲一片看起來沒有終點的熱帶大草原。

鐵道邊是紫色的野花和急衝的燕子，遠處只有樹叢。在兩者距離很長的間隔處，應該是一種標本樹——芒果或猢猻木——標示著瓦哥哥族的村落。然而那兒幾乎稱不上村落——因為只有不到五間的小屋圍成一個圈，剛好是稀少的樹可以遮陰的小屋數目。

所有的小車站都有瓦哥哥人，伊提吉（Itigi）與沙蘭達（Saranda）也不例外，有些乞討，有些則叫賣食物與手工藝品。他們都帶著微笑，露出磨尖了的牙齒，由於我是火車上唯一的**木組恩古**，所以他們全聚集在我的車廂周圍，提供木刻的研缽與研棒、編織的草蓆、划槳、木匙與籃子；還有烹煮過的食物——雞肉及壞了的魚。

下午的熱氣超過三十度；太陽在無雲的晴空中燃燒。這對需要雨水滋潤新種玉米的當地農民來說，實在非常令人失望。因此陽光就像種病蟲害——人們試著躲而避之，但並不容易。

在這一大片太陽烤乾了的空無裡，有間小車站，那兒只有一棵樹，一棵不太大的芒果樹，但樹上卻枝葉茂密。樹下有圈遮蔭處，而樹蔭中站了三十個人，大家摩肩接踵地擠在一起，只為了待在樹蔭之中，拴在大太陽下的悲慘山羊，正注視著這幅景象。看起來像是團體遊戲的這個活動，顯然是在下午生存的例行性活動。而像這群繞著一棵樹幹擠成一堆的村民，同樣讓我感到有趣的是，在這處處炎熱的地方，竟然沒有人想到再種一棵芒果樹，甚或是更多的芒果樹來遮蔭。種樹是再簡單不過的事情了，這棵芒果樹本身就包含了上千顆的種子，然而卻沒有任何人想到栽下一粒種子。或許樹已經被砍倒了吧。在坦尚尼亞中部的這一小塊地方，非洲人掙扎著要擠身於一方樹蔭之下的景象，在我的腦海中，一直都是未來計畫，或許我該說是缺乏未來計畫的鮮活實例。

過了這個小站，看到了我在姆彎札附近見過的那種大石，但這兒的石頭更大、更灰也更圓，從遠處看，像一群大象，碩大有如象屁股的灰色巨石，以極其龐大的數量在山腰上隨意瀏覽，以至於蒙蔽了真正的山丘：連山丘看起來都像是灰色的大象。

唯一的人類跡象，是很久以前一次火車失事所留下的撞壞與扭曲的火車車廂，火車從鐵軌上翻覆，拉掉了好幾節生鏽的軌道。我正在重新讀《黑暗之心》，讀到下列這段時，我想起了這幅景象：

> 我偶然看到了一個在草地上翻滾的鍋爐……還有……一節連著輪子的小型火車車廂，面朝下、輪子朝天地躺在草地上。車廂少了一個輪子。這個東西就像是某種動物的死屍一樣毫無生命。我又

看到了更多腐壞的機器殘骸，還有一截生鏽了的鐵軌。

路邊破損與荒棄的機械，在非洲是司空見慣的事情。這不是——不再是——一件需要哀嘆的事情，至少不是我需要哀嘆的事情。

《黑暗之心》的主題之一——反覆申訴而非暗示的主題——是人吃人。馬婁滿不在乎地把非洲人指為「食人族」。即使是從理想主義者轉變成鬼怪的庫爾茲先生，也發展出以人肉為食、留人頭骨為居家裝飾的愛好，這已有足夠的理由讓他的臨終之言只剩下「恐怖啊！恐怖啊！」幾個字。這樣強烈的人類學暗示，從康拉德的立場上看，應該具有少許的舞台效果。雖然比利時人以前很習慣毀傷人體、截去人肢及大屠殺，但是剛果的非洲人從未將食人的行為制度化（譬如說，不像斐濟那樣）。吃人肉的暗示只不過是另一類的種族主義諷刺，一如加拿大的多倫多市長拒絕前往肯亞，「因為我不想在一鍋滾水裡結束一生。」《黑暗之心》裡還有類似的嘲諷之例。

然而這本書中以更平凡的態度所觀察到的事情，也是更加恐怖的事情，是完全不帶感情的毀滅與剝削——通往無人之處的道路、坍塌的小屋、毫無意義的努力、破損的機械、銹蝕的金屬。類似這樣的細節，目的在於讓一九〇二年的讀者大驚失色，但一百年後的現在，這些卻成了非洲日日可見的基本事實。許久前，我或許還會說這樣的廢墟代表了破滅了的希望，然而現在，我知道，這些根本不是非洲人的希望。

德國人建造的鐵路線，連接三蘭港與坦干伊卡湖的奇哥馬（Kigoma）。就像大多數的殖民時代想法一樣，這是要更有效率地掠奪這塊土地。英國人建造了去姆彎札的鐵路支線，但自那之後，鐵路線沒有多建一呎，也從來沒有改進過。我們在清晨抵達的多多瑪，就是殖民時期坦尚尼亞中部鐵路科技臻至頂點的一個很好實例。多多瑪火車站已經一百歲了，雖搖搖欲墜，但依然在運作。

沒關係，多多瑪（一如塔波拉、迪拉、馬沙比與南育奇）是那種會讓我相當開心住下來的地方——當然，在這兒做些有價值的事，譬如在當地的學校教書，或讓當地人像他們的祖先一樣對養蜂有興趣（這是東非另外一個遭到遺忘的技術）。大家會對我說，用一種讚美的方式，就如同他們總是對這樣的人所說的話，「他為非洲貢獻了他的生命！」但根本就不是那麼一回事，因為這只會是另一個哈拉爾的蘭波版本：放逐，一個對權勢有著現代幻想的自私野獸，隱密地享受著喝啤酒、塗鴉的生活，在沒有任何諸如不請自來的信件、傳真或手機這類打擾的好地方，偶爾癡癲於虛構的故事之中。那是一種脫離常軌的理想、一種脫離地圖的生活。

多多瑪也是東西向鐵路與貫穿整個馬賽大草原（the Masai Steppe）的大北道[5]交會處。如果說鐵路狀況很差，那麼主要的公路狀況就更慘，那是避其糟糕的路面、坑洞，以及在這個季節還得避其泥巴惟恐不及的一條路。烏雲在多多瑪附近聚集，用雷戲弄著這兒的農民，一束束的閃電在暗雲之內爆裂，讓烏雲有幾秒鐘的耀亮，但那都只讓這些暗沉的雲看起來更暗沉。

朱利亞斯看到我在塗鴉，他說：「你在寫什麼？」

「只是份報告。」我說。

他會了解報告的部分；然而他不會了解我正在自己的筆記簿上，寫一篇會成為中篇小說的情色故事。

當我無所事事時，就望著窗外，記筆記，聽收音機。我從鐵路邊的叫賣小販那兒買了香蕉和煮蛋，有時還得冒險在餐車吃克難餡餅。火車如果長停一段時間，我會下車到附近走走，買顆椰子。我用了些時間與多多瑪車站的站長聊天，他竭盡所能地讓這個已屬古董層級的轉轍機組正常運作。

火車在奇曼巴出軌

那天稍晚，我發現有人把朱利亞斯從我們鋪房請出去，排解一樁戲劇性的事件。

「真是糟糕。」他說。

「怎麼了？」

一開始，他沒有說話。通往臥車車廂的走道上另有一場騷動。一群垂頭喪氣的大男孩走過，後面跟著冷酷的列車長。這些男孩子是我在餐車上看過的那幾個衣衫破爛又喝醉了的孩子——他們也是我一直與餐車保持距離的原因。

「那三個男孩子，」朱利亞斯放低了聲音說，「他們把一個女孩子關在廁所裡。她進了廁所，想出來時，那三個男孩子卻進去把她關在裡面。」

「他們要做什麼？」

「他們打算強暴她，不過女孩子大聲尖叫，有人聽到了。他們找我過去，因為我認識那個女孩。她非常擔心——現在她依然很擔心。我會報警。」

我以為會有更多的麻煩，但接下來再無其他令人憂心的事了，一切都很安靜，是一種引人注意的安靜。然後約在半夜時分，火車突然停了下來。我們並沒有進入鐵路線的倒數第二站摩洛哥洛，火車停在

5 大北道（the Great North Road）其實是指連結開普敦與開羅的道路，但直到今日都尚未完工，但南非、中非與東非境內各有部分完工路段，被大家稱為大北道。坦尚尼亞的阿魯沙是整條大北道的中點。

一個名叫奇曼巴（Kimamba）的小站，不再往前。七個小時後，在又熱又溼又黏又滿是蚊子的清晨裡，我們依然停在原地沒動。

我聽到有人咕噥著**下汗吏**——意思是一個問題、一個麻煩。之後，有人在通道上說：「出軌了。」奇曼巴鎮的鎮民聚在鐵路路基上瞪著停滯的火車。雖然這次的停留不在計畫之中，但還是有些富於進取心的人販售香蕉與茶，只不過大多數的鎮民都只是張口呆看。一座遠處的清真寺中，有名喚拜者開始哀號。

主街上全是荒棄的商店，在窮困的外觀下，我仍可判讀出褪色的招牌，一個是曳引機的招牌，另一個則寫著新耕者飯店（New Planters Hotel）。仔細端詳了奇曼巴好一陣子後，看得出這座城鎮曾經可能是座真正的城市，或許還是個很重要的地方，因為有些東西很像出自於一個地區經濟體，只不過現在這兒卻像座古老的廢墟。

朱利亞斯這位土地使用專家說：「他們以前在這兒種瓊麻。」

發明尼龍之前，瓊麻是世上所有繩索的核心纖維。朱利亞斯向我解釋以前歐洲和印度的大農場主人，在他們廣大的地產上種植瓊麻。那時還沒有小自耕農。坦尚尼亞的瓊麻產量在一九六〇年代中期臻至最高峰，就在這波景氣期間，急於在這片欣欣向榮中賺錢的政府，將所有土地收歸國有。離鄉背井的農場主人被踢出坦尚尼亞。接著瓊麻市場崩盤，產量降至原來的四分之一，一九九〇年代，產量更是連原來的十分之一都不及。這時，政府才認賠，將瓊麻地賣給私人。瓊麻種植又回到了四十年前的光景，但是瓊麻市場幾已不復存在。坦尚尼亞再次經歷恐怖的經濟打擊。

種植瓊麻並不難。這種植物能容忍乾旱、大雨與拙劣的種植方式，鮮少病蟲害，而且除非重複燃燒，否則也防火。瓊麻還可以與其他作物一起種植。這實在是種非常棒的經濟作物，巴西、墨西哥、中國及菲律賓直到現在都還有小自耕農在種植瓊麻。可是——沒有人知道原因——在坦尚尼亞，瓊麻是種失敗的作物。

「也許是因為劣質的管理，」朱利亞斯說，「大家只種自己的食物。」

我說：「那也不錯，不是嗎？如果之前種的是瓊麻，他們就得用錢去買食物了。」

但是人民會活下來。在這樣的情況下，腳步踉蹌的只有政府，沒有收入，沒有外銷，沒有強勢貨幣。

我坐在鐵道邊聽著收音機：口蹄疫正在摧毀英國的牛隻；馬其頓戰火高揚，車臣、婆羅洲、以色列和阿富汗都有死亡人數；華爾街正在記錄急遽衰退的數字，而且「科技股賣壓沉重」。

奇曼巴是個又熱又髒又窮的地方，但這個地方卻能餵飽自己，而且鎮民今天抓住了火車停駐的機會，向乘客兜售食物與飲料。

有個拿著裝了熱牛奶的大錫壺與茶杯的年輕男孩一看到我，就停下了腳步。

「早安，先森。」

「你叫什麼名字？」

「我的名字是外克列非。」

「有什麼問題嗎，外克列非？」

「問題，先森，是錢。」

隨著時間流逝，我們把奇曼巴的鐵路旁弄得髒亂不堪。廁所的污物全倒在地上，乘客也朝窗外扔出香蕉皮、廢紙、錫罐與塑膠瓶。伴隨著這條垃圾而來的，還有喧雜：之前不時在餐車播放的饒舌音樂，現在正在放送。奇曼巴的鎮民靠得更近來傾聽。

火車上的非洲醉漢開始變得粗暴吵鬧。我一點都不喜歡這個畫面。我去詢問出軌的相關資訊時，遇到一位名叫衛斯頓的非洲人，他說他是個會計。衛斯頓要去三蘭港稽核某個人的帳簿。他說坦尚尼亞目前正走在錯誤的道路之上。

「我們比馬拉威還窮。沒有經濟。什麼都沒有，」他說，「不過『自由化』之前更糟。」自由化是指坦尚尼亞政府拋開所有賠錢工業的時期，他們把這些產業賣給私人機構。現在坦尚尼亞政府手上多多少少還有些獨立之前就擁有的財產：吱吱作響的火車、簡單的農業，以及特定數量的獅子、老虎和相當多的牛羚。

好幾聲的汽笛震碎了奇曼巴的寧靜，也切穿了饒舌音樂。又是幾聲汽笛，乘客全跳上車。我們在中午左右離開了奇曼巴，突兀得就像我們之前在半夜的停止一樣。

一抵達三蘭港就想離開

火車嘎嘎嘎地駛進了只有發育不全的樹與平原、完全荒無人煙的曠野之中。類似奇曼巴這樣的村落就像一片綠海中的平坦小島。幾個小時後，我們置身在綠色的山丘中，這些山丘就像是位於同一片海洋中的高島。摩洛哥洛鎮就在那些山裡面。我想在這兒停留，因為這裡是交叉路口：我可以從這兒南下，避免三蘭港的城市蔓延。不過有個問題。因為姆彎札的入出境管理局辦公室已關閉，有關單位發給我的是四天簽證，我只能在三蘭港付錢延長簽證，而且明天就得完成手續。

再說，雷雨的前兆正在路上，當我們接近海岸時，惡劣的天氣終於擊中了我們。我們正處在炎熱、潮溼又很像是沼澤的平地上，稻田更像沼澤。這兒的耕種季節已經開始了，雨季也是。

朱利亞斯走向窗邊的我。

我想起了要問他的事。「聽過克汪札（Kwanza）嗎？」

「就像你所知道的，那是『第一』的意思，」他說，他的發音是「踢一」。

「我知道。不過我心裡想的克汪札是慶典。」

「沒有什麼慶典，**克汪札**就只是第一的意思，」他敲了敲車廂的牆。「**嘎里—阿—克汪札**（Gari a kwanza）。」

「頭等車廂。」我說。

「沒錯。」

但那純粹是個修辭。離開姆彎札才三天，火車卻已經髒得不像話。服務員用強力洗潔精清洗所有的水槽，他們知道大多數的男人都懶散地把自己車廂裡的水槽當成小便斗。吃東西的人用水瓶與水盆洗手，服務生會遞上一小塊肥皂。但是你不能在這兒洗澡。由於沒有淋浴設備，所以這輛炎熱的火車裡，充斥著沒洗澡之人的味道。廁所污穢不堪。餐車也很髒，不過在這些耽擱之後，連食物都所剩無幾。我喜歡搭乘這列火車，因為這條鐵路線經過了部分坦尚尼亞道路無法穿越的地方。一把掃帚、一根拖把與一個刷子的一點小活動，就會讓這輛火車變得相當舒適。延宕並不會給我造成太多困擾。我沒有限期，也沒有人在等我。但是汙垢、垃圾、糞便與醉漢，卻都讓我對非洲旅行的這一面難以忍受。

或許火車能跑就已經是件了不起的事情了。但除了搭飛機，還有什麼方式能把這為數上千的坦尚尼亞人從姆彎札送去塔波拉呢？火車是不可或缺的交通工具。數字的壓力與維修的不足，都讓正常運作成為不可能的任務，但唯獨骯髒沒有藉口。

低矮卻陡峭的山丘表示我們已經接近海岸了。山腰上是鮮明標示的鐘乳石洞入口。

「**卡歐林**（Kaolin），」朱利亞斯說。山丘是鐘乳石原料的出處，而鐘乳石洞——根據朱利亞斯所說——是德國人挖掘的。曾經有段時間，坦尚尼亞外銷鐘乳石。蓋屋頂的磁磚、磚塊、罐子都是從這種很有用的土做出來的。「不過現在大家卻偷偷進去竊取。」

又是個已經作廢了的工業，一如瓊麻、菸草、稻米、棉花，以及某些和平工作團志工在塔波拉建立的養蜂場，那些養蜂場曾製造出高品質的蜂蜜。志工都回家了。

「那之後，蜂箱的情況呢？」

「失敗了。」

在離海岸好幾哩的地方，三蘭港就以斷斷續續的稻田、散落各處的村莊和浮誇的泥屋開始現身，建築物之間的距離愈來愈近。水泥磚的屋子與方正的平房外貌，在滿是簡陋小屋的城鎮外持續出現，最後終於開始連接在一起，都是破爛的小房子，還有太多的人，全擠在一起，所有的事物都在水坑之上。

然而日子依然繼續。在這個泥濘的貧民窟當中，在這場綿霪不斷的雨水中，有個人突然蹦了出來，用一個水桶和一把刷子洗著自己的腳。大家拿著鶴嘴鋤對著地面亂砍，準備著耕種一小塊地。有些婦女攪動著端坐在冒煙之火上被煤煙燻黑了的鍋子——她們正在下著雨的戶外煮飯。鐵道邊的某人菜園裡，有些玉米桿已經發芽。閃過的景色開始像賀加斯[6]筆下的貧民窟畫作，連賀加斯式的細節都相似——大家喝酒、打鬥、閒坐各處、傾倒尿壺，有個人對著電線桿撒尿，另外還有個孩子正在哭鬧，但是周圍連抬個頭的人都沒有。在一塊全平的地方，火車經過了一個過度興奮的男孩，他在一個泥坑裡上下跳動，對著火車大吼大叫。

我一點都不趕時間——我不需要在任何特定的時間抵達某地——然而不論何時，只要到達一座非洲城市，我就想離開。

每個人都想離開坦尚尼亞

世界各地的都市生活都令人厭惡，但是非洲都市生活的令人嫌惡又更加一等——在塔波拉待一年要比在奈洛比住一天好多了。截至目前為止，從開羅南下，所有我見過的非洲都市，似乎都很適合人類居住，但是這些地方也永不缺乏對如此悲慘世界大唱讚美詩的外國人——要怎麼使用手機、發送傳真、上網、買披薩或打電話回家——所有我想規避的事情應有盡有。

有天我在一份非洲報紙上讀到：到了二〇〇五年，非洲百分之七十五的人口都將居住在都市區域。二〇〇五年很快就要到了。這個消息讓我對自己現在走的這一趟感到欣慰，非洲都市愈來愈糟糕，而且就在愈來愈大的同時——也愈來愈絕望、愈來愈危險。非洲的城市人口並不會更加密集，這些城市只會往外蔓延涵蓋更大的區域，成為巨大的村落。在這樣的都市裡，婦女依然從配水塔裡提水、用柴火煮飯、在髒兮兮的小溪裡洗衣服，而人民也仍然在毫無遮蓋的廁所裡拉屎。「都市化」，在非洲只不過代表更大、更髒而已。

就像貧窮或受人踐踏到已經到了喪失自尊心與所有羞恥心的人一樣，非洲的都市除了呈現出自己是個大貧民窟外，甚至連任何其他形象都懶得去假裝。曾幾何時，每座城市都還擁有自己的獨特外觀：奈

6　賀加斯（Hogarth）：William Hogarth，一六九七—一七六四，十八世紀前半段重要的英國雕刻家與畫家。他擅長強調畫作中人物的個性，捕捉有特性的動作，筆下的圖象與場面常帶著誇張的喜劇效果。賀加斯除了畫作之外，還在一七五三年出版了一本美學著作《美的分析》（*The Analysis of Beauty*），直到今日仍印行流傳。

洛比的建築風格是灰泥與瓦頂、坎帕拉擁有和諧的山丘、三蘭港是座海岸的殖民城，厚牆的建築設計，是為了在熱天裡保持涼爽。這樣的風格帶來了城市氛圍與一種井然有序的外貌，而且這樣的環境讓人覺得希望並沒有完全絕跡。

現在，一座城市與另外一座城市極為相似，因為貧民窟就是貧民窟。即興之作取代了計畫。廉價的新建築物一一矗立，只因大家認為翻修老舊建物的費用太高。再加上所有的建築物都缺乏妥善維修，所以非洲都市裡的一切建設都在頹敗。我手上有張可能落腳的三蘭港飯店名單。我向計程車司機提到其中一家。他說：「沒了。」我又說了另一家，「火燒光了。」再一個，「**線吉**（Shenzi，太髒）。」又一個，「關門了。沒有營業了。」

坦尚尼亞人說話的開頭大多都是「問題嘛，你知道……」。我遇到的坦尚尼亞人，對任何觀察或隨口而出的評論，都會以分攤責備的方式開始接話，然而他們卻也過了相當太平的日子——沒有戰事、沒有革命、沒有武裝叛變，也沒有動員戡亂法。四十年來，坦尚尼亞人還舉行過一或兩次的投票自由選舉。

若要浪費時間，沒有什麼事會比待在坦尚尼亞政府部門辦公室裡更合適的了，這是有天我在三蘭港發現的情況。這種對時間的浪費，或許隱約指出了這個國家的問題。坦尚尼亞人抱怨失業率——在首都，幾乎一半的成人都沒有工作。但是有工作的那一半，幾乎也什麼事都不做，雖然入出境管理局是個必去之處。我有護照、五十塊美金現鈔、填好了的觀光簽證申請表，也在規定的時間排好了隊。我不是特殊人物。在這個配置了二十名員工、沒有隔間的辦公室裡，每個排隊的人都遇到同樣的阻礙：先是無動於衷，接著是粗魯，最後是敵視。

和我排在一起的民眾就這麼看著、等著。辦公室髒兮兮，桌子亂糟糟，有名公僕正在吃著塊大蛋糕，另外一名公僕，是個上了髮捲的女人，正在辦公桌前看早報，同時另外一個人在發呆，還有一個用手指敲著桌面。我試著把自己從這種手勢遊戲中抽離出個人的急迫性（事實上我需要這份簽證和護照才能買火車票），然後冷眼旁觀這一切，就像看了部滑稽的紀錄片。「你晚點再來。」那個粗暴的女人這麼說。可是我要監督自己的申請表通過所有的階段，從這張桌子到另一張桌子，並確定我的申請表上會沾到狼吞虎嚥那個男人的蛋糕屑，以及喝茶那個人手指上的茶漬。六個人審查了我的表格，並在上面畫了押。接著我的申請表被放在公文盤中，一待就是二十分鐘。最後表格被遞進了牆上的一條縫裡，轉進隔壁的辦公室中。

如果我抱怨，他們會用光明正大的態度回覆，「急什麼？」「你是誰？」「有什麼關係？」「我們幹麼要管那麼多？」任何事情在坦尚尼亞都行不通，他們向來只知道失敗、空洞的政治修辭與破碎的承諾。的確，三蘭港的失業者看起來絕望不已，但有工作的人看起來也是上當、嫉妒與氣憤的一群。

我跟著我的護照，偷偷走到隔壁的辦公室門口，打開門，嘴裡道著歉——假裝自己走錯了辦公室——眼睛卻盯著穿白襯衫、打藍領帶、桌上擺著錫盤子、手裡抓著大塊麵包正往一大碗燉肉裡浸，而溢出的一團濃汁潑在一疊簽證申請表上的非洲簽證官員。

「對不起。」我說，然後趕忙衝到外面去大笑。

我在這兒遇到了克里斯多福．恩焦。他二十二歲，受過大學教育，失業，想要申請一本護照。

「問題嘛，你知道，」當我說自己已經為簽證等了兩個半小時，又花了五十塊美金——而這全都發生在一個拜託觀光客來觀光的國家——之後，他立刻開始這麼說。

「世界銀行不會再給我們錢。」恩焦說。

「我看不出這間效率不彰的辦公室與世界銀行的貸款有什麼關係。」

「另外，這裡的貪污太多。」

「那麼我應該送紅包嗎？」

他聳聳肩。「將銀行國營化是個錯誤。除此之外，我們人口過多。」

「所以，答案是什麼？」

「我想要離開，」他說，「這是我在這兒的原因。我需要一本護照才能離開——可是已經過了好幾個月了。」

「你想去哪兒？」

「我姊姊在德州。她在那兒念書。她還有自己的車子！有輛車，她可以開車去工作，也可以開車去上學。」

他不可置信地搖搖頭。他的姊姊，一名二十四歲的女子，可以擁有一輛車，似乎是件無法想像的事情。然而我卻發現自己更難想像他的姊姊曾經來過這間辦公室辦理，而且還拿到了護照。

那天稍晚，我拿到了簽證，也買了火車票。從三蘭港到尚比亞中部的普通艙要價二十塊美金、頭等艙五十五塊。在頭等艙裡，你要和另外三個人共用一個舖房——和我想像中的頭等艙不一樣，不過沒關係。

由於還有時間，所以我搭了渡輪去桑吉巴。桑吉巴大部分都還維持得很完整，是個充斥著丁香氣味的島嶼，島上刷了石灰的房子前是裝飾過的矮牆與裝了紗窗的陽台。不過這兒也有公寓街，難看得就像羅馬尼亞的所有東西一樣——或許這些公寓全是羅馬尼亞人所建——羅馬尼亞是早期對坦尚尼亞表示善意的國家之一。

桑吉巴的水邊有單桅帆船活動，還有船隻、貿易商、擺攤子的人、賣水果的小販，籠罩著一如他處的中古風味。這天，有個男孩正打算走在一條綁於兩條街間的繩子上，吸引了五、六十名旁觀者圍觀。桑吉巴的男孩子們整天無所事事，但雜耍藝人廣告的順口溜歌曲卻讓他們很開心——表演者大肆宣傳自己不用安全網的事情。

「我可能會摔下去！我可能會死！」

在海上隱約可見的桑吉巴閃著刺眼的白光，這兒是個滿是臭氣沖天的巷道與惱怒回教徒的小島。我四處打量著市集，發現一個牢騷不斷的印度商人。

「生意日落千丈。」

「什麼時候曾景氣過？」

「六〇年代。」

「這些涼鞋多少錢？」

這些涼鞋僵硬、古樸、銀製品。這是新娘的銀拖鞋，是新娘在新婚之夜要穿的鞋子，她在半黑暗中，拖著步子走向新床，她的新郎正在那兒等著自己的戰利品、等著她的童真。

「我必須稱一下重量。」

這些漂亮的東西竟然以重量計價，這個想法讓我失笑。

「銀子一克兩塊二。」他說，講的是先令。

我折算了一下，價錢是一百二十塊美金。我們討價還價了一會兒，最後我給了他一百塊美金現鈔，而他則用張舊報紙把鞋子包起來，再用橡皮筋套住。包鞋時，他說他的祖父在一八八五年來到桑吉巴。他全家都在這兒。

「我們想離開，但怎麼走呢？」

「你的意思是，回印度嗎？」

「不是印度。我從來沒去過印度。」

「那你說的是美國嘍？」

「是，我要去美國。」

「你去過美國嗎？」

「沒去過。」

接下來的兩天，我為南下的火車之旅準備補給。在三蘭港，不遇到試著解決坦尚尼亞問題的外國人是不可能的事。讓我驚訝的是大家的努力其實很微薄。再也沒有人願意慷慨解囊。現在主要是「小額貸款」，這是熱門活動的一個熱門名詞。我遇到一個美國人，他提供兩百到五百美元不等的貸款，但借款人必須在相當短的時間內償清。

「我對他們說：『不要再想其他的捐款人。我們要幫你們自己站起來。我們將是你們從現在開始所需要的最後捐款人。』」

「你相信嗎？」

他笑了起來，並說非洲人「只知道補助金」。他們已經非常習慣補助金，所以完全沒有察覺到這些錢會在三、五年間用罄，因為他們以為到時候，可以再為自己的計畫到他處尋求金援：譬如說小規模的牛奶處理廠、零售店及婦女的銷售計畫等。

「也許我們在浪費錢，不過金額不大。」他說。

有天在咖啡店裡，我無意中聽到一位美國傳道士說的話，他當時正和幾個要申請補助金的非洲人見面，兩個男人、兩個女人。他們說自己急著用錢。傳道士回答他們也許很急，不過他倒不急。這名傳道士大概七十歲左右，濃密的白眉毛讓他的眼光看起來像是出自嚴厲的鴞鳥。

「我是到這兒來觀察環境，」他說，「沒錯，我們是有資源，不過這些資源來自於上帝的關心與上帝的愛。」

其中一個非洲男人提到了一所立刻需要現金的學校。

傳道士重重壓著他說：「有件事情我們非常堅持，那就是絕對不要政府介入。」

「政府只是指導而已。」那個非洲男人說。

「我們從聖經中尋求指導。」

「合夥關係。」其中一個女人說，她只是插了句話，但傳道士又開始說話時，她又退縮了。

「我們會考慮合夥人，不過只考慮有信仰基礎、與我們原則相同的合夥人。」他說。

第二個女人又提到了錢。

「繳交申請表，這樣我才能研究看看。」傳道士說，之後，他告訴這幾個非洲人，他覺得非常榮幸能有機會和他們互動，傳道士還帶領他們進行了一場嚴肅的禱告，他的頭低垂。非洲人帶著祈求的眼光看著他，心裡想著（就像我想的一樣）：我們絕對看不到這傢伙的錢。

太多的捐款者曾在坦尚尼亞吃過虧，所以現在補助款愈來愈難要——至少大家是這麼告訴我的。坦尚尼亞人或許依然會堅持自己急需用錢，不過捐助者卻可以指出明顯的事實，那就是過去大筆大筆送出的錢，幾乎沒有成就任何好事。

離開比較容易。「我想要去南非，」一個年輕人在市場上這麼對我說，他之前曾試著向我乞錢，但沒有成功。「我認識的很多人都到那兒去了。我的朋友們只想離開坦尚尼亞。這裡什麼都沒有。」

「他們怎麼去南非？」我問。

「從這兒搭火車到尚比亞後，再搭巴士。」

「火車怎麼樣？」

他做了個鬼臉、皺皺鼻子，或許只是想讓我覺得喪氣。但那一點都沒打擊到我。我，也想離開這兒。

第十三章　前往姆貝亞的吉利馬札羅快車

塔札拉鐵路線（Tazara Railway）是中國人送的禮物，那是中國文化大革命所激發出來的想法。整條鐵路都是中國工人建造——工程師、喃喃抱怨的勞工，還有紅衛兵——中國在一九六六至一九七六的災難十年間，紅衛兵占領了整個國家。中國當初的用意其實很高尚，他們要把坦尚尼亞和尚比亞從對「帝國主義」的依賴中解放出來，而「帝國主義」又以白人統治的南非為供應線。建造鐵路意欲展現的另一件事，是當吃苦耐勞的農民變成了革命機械中沒有鏽蝕的螺絲釘時，主動協助的人也可以成就一番事業（就像毛澤東信徒所說）。遺憾的是，坦尚尼亞的核心地帶沒有革命的農民，只有受騙上當、一肚子不滿的花生農，不過紅衛兵似乎從未注意到這一點。鐵路比預定的計畫還要早完工，不論從哪個角度評論這件事，這條鐵路都是中國人偉大的成就。

坦尚尼亞的官僚為了表示對中國的感謝，在之後的好幾年裡，盲目覆頌著毛澤東信徒的口號、稱彼此為「同志」、愛穿毛裝。八〇年代中，中國人公開承認文化大革命是個可怕的錯誤。但這項更正並沒有傳到三蘭港。在中國人早已不再視毛澤東為偉大的舵手、認為他的陳腔濫調讓人汗顏、開始打起領帶、戴起太陽眼鏡，一切都跟著新趨勢前進，並覺得「追求富有很光榮」很久之後，非洲人仍在吟唱著「為人民服務」，只不過服務人群是任何一個坦尚尼亞人最不想做的事情。坦尚尼亞人依然還是一肚子不滿的花生農。

塔札拉鐵路線在完工的瞬間就已陷入了頹敗，雖然多年來一直都有人員輪替——其實應該說是騷動——試著要修護這條鐵路線。有些年間，這條鐵路根本就無法使用。還有一段時間不准外國人使用這條鐵路。現在至少火車又開始跑了，且重新命名為「吉力馬札羅號特快車」（the Kilimanjaro Express），只不過這條鐵路線與吉力馬札羅山沒有任何交會之處。「火車老是誤點。」三蘭港有人這麼警告我。好像我有多在乎時間一樣。

沿線的重要車站本身就是個指標，指出大家多麼不把塔札拉鐵路的維修當一件事。三蘭港終點站一如我以前搭著各個不同的鐵公雞[1]穿越中國時，花很多時間在裡面買車票與吃麵條的那種建築物。巨大、空洞得像個馬克思的大陵寢，沒有候車室，也沒有附加的建築物，從頭通到尾，了無障礙，中國風格，想必當初設計的目的是要讓警察便於管理群眾，以及要讓群眾全在自己的視線範圍之內。沒有藏身之處，是中國都市設計的弦外之音。三蘭港的車站出自於典型的中國藍圖，即使置於山西省的大同市中心也很合適——大多數的中國城市都有長相完全一樣的車站。這座車站雖然顯得有點格格不入，卻不會怪過老舊的德國人辦公室大樓、三蘭港中心的英國俱樂部或桑吉巴的阿拉伯式大樓這類的殖民式建築。

芬蘭女子的憂慮

我認定路上會有延誤、拋錨或食物短缺，所以買了一箱食物與足夠四天飲用的瓶裝水。到姆貝亞的兩天行程，通常得拖個三天。我打算到姆貝亞後，搭巴士去馬拉威。我對自己努力進行非洲陸路之行的這件事很滿意。自從搭蘇丹航空飛到阿迪斯．阿貝巴之後，我就一直腳踏實地到現在。

車廂的鋪房裡有三名非洲人在等著我，剛果人麥可、尚比亞人菲利，還有一位桑吉巴人，名叫阿里。

阿里說：「你要去馬拉威？馬拉威人是很好的男僕。他們都受過教育，他們會說英文。我們自己則比較喜歡賣東西。」

菲利是位五十三歲正要退休的鐵路局職員，他也同意這個說法。他補充說：「而且他們喜歡替白人工作。」

我有種感覺，這些話是貶，不是褒。

我們在上午十一點離開。從三蘭港南下約二十分鐘左右，火車進入了我在東非看到的第一個山洞——一個從大山之下切穿的長山洞，中國人鐵路建築的要點是碰到障礙就炸開，鐵軌一定要直直鋪。山洞的另一頭是樹叢，除了長草與平頂的樹外，什麼都沒有，近來的大雨讓這些植物青青綠。不過這天陽光普照，很溫暖。雖然剛果人麥可除了睡覺外，鮮少做其他事——他是個巨大的壯漢，在盧布巴希有位生病的母親——其他的人則是既健談又多情報。

出發三小時後，火車加速朝南，卻又突然停止。「出問題了。我們不該在這兒停車。」四小時後，我們依然沒動。「知道我的意思了吧？」好像是鐵軌的問題。「太陽的熱氣造成鐵軌膨脹變形。我們得等到天氣涼快。」這並不是個具說服力的理由。

為了打發時間，兩個肌肉發達的非洲男孩在鐵軌旁倒立。他們以膝蓋著地，接著又翻了好幾個後空

---

1 中國的傳統基礎建設，如鐵路、公路、機場等，俗稱為鐵公雞。索魯一九八八年曾出版《騎乘鐵公雞：搭火車橫越中國》（*Riding the Iron Rooster; by Train Through China*）一書。

翻。然後其中一個男孩爬到另一個男孩的肩膀上，翻跟斗落在鐵路的路基上。在東非的樹叢裡見到擁有肌肉如此發達的強壯男孩子並不尋常。這兩個男孩告訴我他們是職業賣藝人。

「我們要去波札納（Botswana），」其中一人告訴我，「在這兒，賣藝者找不到工作。」

有位年輕的金髮女子正坐在鐵軌旁讀一本已經破了的厚書——一本我認識的書。

「你覺得這本書怎麼樣？」

「太棒了。書裡講的是這個在非洲的傢伙，跟所有的那些非洲女人上床。」

「不過這是本小說啊。」

「大概吧。」

「真有趣。這是我的小說[2]。」

「少來了！真的嗎？」她的笑容迷人，而且英語有種柔軟的南非調。她大聲喊，「康納，過來！」

一個精力充沛的年輕人匆忙趕過來後站在我對面，他說：「凱莉，這傢伙對妳毛手毛腳嗎？」

接著他笑了出來——指控我吃他妻子豆腐是他對我的哥倆好打招呼方式。他是愛爾蘭人，妻子來自開普敦，不過兩人現在都住在舊金山，也在那兒工作。他們告訴我，他們正要去南非，座位在隔壁車廂。

許多乘客的衣著打扮都會透露出相當多的訊息，所以我約略可判斷出他們的身分：多數都是返家的非洲人，不過也有些自助旅行的歐洲散客、一些救援工作人員、有位一臉驚慌的芬蘭女子，還有一對傳教的白人夫婦，帶著一群赤腳的小孩子搭車，另外加些印度家庭，以及許多要去國外追求機會的坦尚尼亞人。

「他們在等鐵軌降溫，」康納說，「你他媽的真相信嗎？」

然而當薄暮開始聚集、氣溫開始下降時，火車的氣笛也響了，我們再度出發。

東非的黃昏美得令人屏息，卻短暫得有如錄影帶快轉——太陽沉入了白日的晝塵中，天上的雲朵光亮如火，整片西邊的穹蒼也幻化成一座罩篷，泛著螢光的粉紅，有如一鍋融了的黃金，綴著橘彩與藍紫的邊緣，勾勒出鷹鉤鼻臉龐與鏤空花紋的圖案，這是一塊四散的風信子碎片、一塊奶酒飲料潑灑的水漬、一場動人的光的表演。或者這其實是塊有實體的肉紅色東西，是天空一大塊正在滴著血的厚肝片，被切成一條條的細片，而脆弱的光也在急轉成棉絮與消失之前，變了色、乾成了酥脆的油炸餅和殘塊。大家只看得到部分的落日，因為整個場景實在太過寬廣。但這個神奇的魔法只持續數分鐘，而其中最迷人的部分更是僅倏忽的幾秒，之後，夜幕驟降。

太陽已經下山，可是天空依然光彩奪目。在這兒，天幕的顏色是坦尚尼亞特有的藍紫色寶石丹泉石[3]色調，一束束濃稠的金色天光照亮了地上的樹叢。細看鐵軌邊的黑影，原以為是棵瘦高的樹，結果卻是隻長頸鹿，就在我看清楚是長頸鹿的當兒，車廂裡傳來一個史瓦希利詞，「**頹加**[4]」。另外還有兩隻長頸鹿在樹間安閒地踱步。火車正經過一片荒野區，各種動物在逐漸褪逝的光亮中聚集於小塘旁——有疣豬、幾頭大象、數隻條紋羚羊。這些動物的身上，在出人意料之外的奼紫嫣黃夕陽餘暉中，被塗上了美麗的色彩——淡紫色的疣豬、金黃色的大象。

2　索魯所著的《我的祕密過去》（*My Secret History*），一九八九年出版，是其精心力作。敘述男主角美國人安得烈．派倫特（Andre Parent）的故事。他是個作家、旅行者，也是個周旋於各種女人之間的情人。

3　丹泉石（Tanzanite）：又稱坦桑石，一九六七年在坦尚尼亞發現後，因亮眼的藍紫色，立刻受到珠寶市場的歡迎，加上礦藏極其稀少（只產於坦尚尼亞），價格迅速攀升至與紅、藍寶等高價寶石齊高。

4　頹加（twiga）：即長頸鹿。

之後，黑夜罩了下來，動物融入黑暗中，除了**啯啯啯**的蛙鳴之外，一切悄靜無聲。

當夜更深時，我在火車上閒逛，來到了一節餐飲車廂。車廂裡正在播放震耳的美國饒舌音樂——憤怒而猥褻的語言、控訴，以及聽不懂的俚語。這個地方到處都是喝醉了正在叫囂的非洲人。有個醉漢把他汗水淋漓的臉湊到我的眼前，硬要我請他喝瓶啤酒。「**開修**（kesho）、**開修**。」我說；意思是明天、明天，我這樣說避免了一場對立的危機。

正準備離開時，我看到康納和凱莉坐在車廂的另一端，喝著塔斯卡啤酒。他們邀請我和他們的朋友一起喝酒，是那位芬蘭女子，她似乎仍處於驚嚇狀態。她很漂亮，但是因焦慮而苦惱的表情，讓她的美麗看起來有些令人不安。

「她是烏蘇拉，」凱莉說，「保羅是位作家，他的《我的祕密過去》全是關於那個和非洲女孩子上床的傢伙。」

烏蘇拉變得更退縮。這是個敏感的話題。她為尚比亞的一個愛滋計畫工作，正要回尚比亞，不過不會待太久。

「離開芬蘭前，我就已經了解到尚比亞的愛滋問題，自以為有些很好的解決方式，」烏蘇拉說。她說話時，身子輕輕地前後搖動，這是另一種因憂慮而引起的動作，不過她的話卻帶著輕微有如唱歌的芬蘭腔。「到了尚比亞後，我發現問題比想像中要複雜多了。現在，我已不是那麼清楚地了解問題了。一切都如此複雜，我再也不知道任何的解決方式了。」

「妳在尚比亞發現了什麼事情，是妳之前並不知道的？」我問。

「行為，」她一面說一面轉著眼珠，「那兒的性行為是如此之多。全都是性行為。而且都那麼年輕！」

「多年輕？」

「好像你不知道似的。」凱莉促狹地說。

「十歲是很稀鬆平常的狀況。」烏蘇拉說。

「不過他們都是和自己同年齡的人進行性行為。」我說，用的是我在恰爾比沙漠學到的說法。

「不是和他們自己同齡的人——隨便誰和誰都可以。」烏蘇拉說。

康納說：「聽起來滿好玩的嘛！開玩笑而已！」

烏蘇拉搖著頭，「太可怕了。完全沒有性教育。沒有人談論性，可是每個人都在進行性行為。沒有人談論愛滋，可是每個人都受到感染。我們收到一捲反愛滋的影片，放給尚比亞人看，可是村子裡的人說這是很丟人的事——太下流——所以影片又被抽了回來。我們還能做些什麼呢？」

「妳和他們談過這個問題嗎？」

「我盡量。」

「結果呢？」

「他們想和我上床。」

康納伸手矇住臉，發出了大聲狂笑的聲音。

「男人們跟著我。他們叫我**木組恩古**。我恨死了他們這麼做——總是大聲叫著我，『**木組恩古！木組恩古！**』」

「種族問題側寫，」康納這麼說，試著緩和氣氛。「是不應該忍氣吞聲，如果我是妳，我一點都不會忍受。」

不過烏蘇拉並沒有露出笑容。對她而言，這件事不僅僅是令人憤怒的禮節問題——那是一種絕望、一種無力感的體認，甚至是一種悲切，伴隨著憤怒的情緒。

「他們總是向我要錢。『妳給我錢』——只有對我這樣，因為我是白人。」說完這些之後，她坐在那兒全身顫抖，再也不發一語，包圍她的是可怕的饒舌音樂與大聲喊叫的醉鬼。

康納與凱莉之前期望有個野生動物公園之旅，現在他們剛結束這樣的旅行，只不過結果並不是太圓滿。

「我幾乎一抵達阿魯沙，就想馬上離開，」凱莉說，「有些人看到一個小偷，然後全追過去。『小偷！小偷！』他們抓到了小偷，並把他打趴在地上，最後**當場**把那個人打死了。這件事讓我覺得非常沮喪。」

我告訴他們，自己到奈洛比的第一天就曾看過同樣的事情，一名竊賊嫌犯被眾人追到一條滿是泥濘的小河裡。

「所以你怎麼想呢？」康納問，問題並沒有特別針對某個人。

「我要回芬蘭。」烏蘇拉說。她不再搖擺身子，而是往後坐進了椅子裡，然後抱住自己，把自己抱成了一個球。

回到自己舖房時，三名非洲人已睡得呼呼響。我爬上屬於我的下舖，讓火車的韻律搖我入睡。拉下的窗板及為了阻止小偷接近而鎖上的門，都使狹小的空間令人窒息，而高溫與陌生感，則讓我一直做著關於危險又討厭的機械那種擾人夢境，這些夢境的猛烈度讓我醒了過來。在夢裡，嵌齒的輪子飛散，螺釘也變成了發射的武器。

火車外的高溫和濃烈的氣味與車內不相上下。這個晚上的多數時間，火車都行駛在奇羅姆貝羅河

（Kilombero River）邊的沼澤地，不過一到早上，我們就會抵達寒意很重的高地。日出大約一個小時後，我們抵達了一個車站，馬卡姆巴口（Makambako），許多乘客在這兒下車轉搭巴士，去遙遠的坦尚尼亞南部城鎮，松吉亞（Songea）。

火車一個鐘頭都沒動。身為鐵路局員工的菲利與一名工作人員談過，確認會有延誤，是鐵路線上的問題。

農民比政府更能自助自足

想起自己前天晚上沒吃晚餐，我到一家招牌上寫著**車站餐廳**的店裡，看看能不能找到些安全的食物。我買了一個煮老了的蛋、兩張印度烤薄餅和一杯熱茶。正吃著這些東西時，康納走進店裡。

「他真的把那些東西塞進嘴裡呀，」他嘲弄著我，「嘿，延誤大概要拖三個鐘頭——要不要去走走？」

我們走了半哩路進入馬卡姆巴口，這根本就不是個鎮，只是陋屋堆積在一長條鋪好的路上，以及無所事事的人或坐或站之處。男孩子用揶揄的聲音叫喊，還假裝要對我們丟石頭。三十年前，政黨的標語是：這條鐵路將使本省展開進步。大家都將想在此長住。火車將給予每個人通往市場的入口。他們將栽種作物。學校將如雨後春筍般設立。生活將改變，人民的生活也將更好。一如李文史東曾稱尚比西河為「上帝的公路」般，這條鐵路線是「人民的公路」。

然而這些結果並沒有出現。我曾經走過這條路，那是在一九六五年，走的是公路，但一切看來並沒什麼大的改變。小異有什麼呢？一個臨時湊合的市場，還有蹲踞在路邊的婦女。以前這兒有座加油站，現在已經荒棄不用，然而少數人為的大目標，卻比一座荒棄的加油站更加醜陋。破木板蓋成的陋屋取代了以前的泥房。男孩們穿著更破爛，態度也更無禮。成年男子遊手好閒地站在街上聊天，只是為了要打發時間。販售水果與花生的老婦人，低頭頂著撕扯零星荊棘樹叢的夾沙冷風。

我們買了些香蕉與花生，我還發現了一份一個禮拜前的報紙。我把頭條新聞念給康納聽，「想要擁有更美麗的臀部可能導致死亡」及「（十歲大）主婦入住三蘭港精神病院」。

「不過讓我害怕的是那則新聞，」康納指的是「美國股市再度淪陷」。

因為他是愛爾蘭人，所以我問他有沒有聽過艾門．柯林斯的作品《致死的憤怒》，那是我在北肯亞時所讀的一本作者深自懺悔的書，內容講述的是一位擔任愛爾蘭共和軍職業殺手的生平。

「噢，當然。非常好看。不過我覺得艾門很可憐。」

「怎麼了？」

「幾個月前，愛爾蘭共和軍的暗殺小組在他的家人面前將他謀殺。只因為寫了這本書。」

而殺手，我指的是一般的愛爾蘭人，竟然對非洲的暴行還呱呱呱地表示意見。

我和其他受到延宕影響的乘客一起坐在月台上。沒有人真正在意火車的誤點。如果真要在像這樣的旅行學到任何教訓，那就是在東非，「緊急」二字是外國概念。雖然史瓦希利話中有好幾個詞代表緊急的意思，如**拉寂馬**（lazima）、**舉忽地**（juhudi）、**西打**（shidda）與**哈拉卡**（haraka），但沒有一個字是班圖語的字根，這些全是阿拉伯語的假借詞。在東非的文化裡，匆忙有種負面的意義，這可由一句押韻的格言說明，**哈拉卡，哈拉卡，哈依那，巴拉卡**（Haraka, haraka, haina baraka）——急急急，厄運臨。當然，有些非洲人因為這種缺乏緊急的特質而快發瘋了，因此想盡辦法移民。不過大體而言，如此的怡然自得不但會讓人變得很有耐心，而且也解釋了為什麼大家會對出錯的事情極度無動於衷。在時間根本不重要的地方，存在著一種虛無主義，這種虛無主義同時是某種類型的平靜與生存的本領。

一個流著鼻涕賣橘子的人，正把沾滿了鼻涕的橘子遞給客人。另一個男人則提著一小架子的中國製女性內衣，包括胸罩與內褲。男孩子跟在他的後面，譏笑著他的商品。這些外交使節之子——紅紅的臉頰、活蹦亂跳——赤腳跑在月台旁的曠野上，他們父母的激勵聲，讓他們踩在塵土與狗屎之上。我覺得自己並沒有立場提醒他們小心鉤蟲。火車站大樓，是中國人的另一個設計，裡面空空蕩蕩，售票亭被弄壞了，滿是破爛的地板也無人清掃。

兩名賣藝者的倒立博取了當地居民的歡心。其中一個人告訴我，他們來自桑吉巴，非常期待即將在波扎納開始的短期表演工作。

「摩里斯先生的邀請。」

「去表演嗎？」

「差不多。我們簽的是三年的合約。」

要離開這兒去開始一份真正的工作，讓他們很高興。

根據前往剛果購買手工藝品的年輕人說法，去盧希巴希並不太麻煩——他要在北尚比亞搭巴士。他說自己對於面具與神像這些東西一無所知，不過他要在喀坦加與一個對每個部落都有所認識的陸巴人碰面。現在是購買剛果老雕刻品和古董的最佳時機。村民都在變賣自己最好的東西。

「博物館水準！」

這位商人的措辭逗得我哈哈大笑。

「因為他們都很窮，所以什麼都賣。」

愈接近中午，太陽愈熱。周遭的鄉間全是樹叢，然而馬卡姆巴口的村落卻處於荒廢狀態。我想知道的是，在附近有這麼多空地與荒野之處，為什麼一個垃圾滿布的城鎮看起來如此無足輕重？

大約中午時分，火車汽笛響了，我們再度出發，火車踏著似乎已經鬆散了的鐵軌顛顛簸簸地搖進樹叢之中。我們正朝低處走，經過一個坡度很大的曠野區，綠色的山丘位在遠方。附近的一些花園裡種了向日葵和玉米，不過再往曠野那兒去，卻杳無人煙、也無刻意栽種的植物，只有坦尚尼亞西南部人跡罕至的樹叢，處處都是肥胖的猢猻木與異常濃密的樹林，那兒有許多野生動物的痕跡——小塘泥岸上的蹄印，還有拖著裂枝、覆著被啃過的樹皮的斷樹——全是飢餓大象的影子。

又是好幾次的故障，火車完全癱瘓。和我同舖房的非洲人只打了個哈欠，繼續睡覺。我到餐車去，站在那兒，對車廂裡的骯髒覺得不可思議。

「您要些什麼，**老爺**？」

「我要一份去籽麵包捲夾煙燻火雞肉的三明治，裡面加一片義大利乳酪，還要加生菜、番茄、一點點芥末，不要美乃滋。一杯現榨果汁、一杯咖啡。」

他大笑，因為我的話一點意義也沒有。我只是在喋喋不休而已。然而剛才問我要什麼的不是他嗎？

「你有什麼？」

「米飯及燉肉。」

我儲藏的食物都已吃光，所以只好坐在窗邊，吃著米飯與燉肉，同時，長而巨大的山谷，山巒與山丘邊緣這些美麗的景色蠱惑著我。

靠近奇馬拉（Chimala）村落的小村莊令我驚異：今天的這座草頂的村莊，與譬如說西元一八五〇年，歐洲傳教士與改進狀況者尚未出現在這個區域附近的任何一個地方之前，所豎立在此的草頂村莊有什麼差別？這是個合情合理的問題，而且這個問題甚至還有答案。從許多角度來看，兩者是同樣的草頂村莊——小屋的圖案、炊火、木缽、木杵、粗製的刀斧、籃子與碗與生活的結構都大致相同。這全歸因於這種生活的頑固不撓。居民在自己一小塊一小塊的土地上耕種、自食其力。對一百五十年來的剝削、殖民主義和獨立運動保持沉默與無動於衷。他們現在也許都已是基督教徒了，想要自行車和收音機一類的東西，不過此處沒有任何這種精巧的裝置，而且看起來也沒有任何改變的跡象。

拯救他們是慈善團體在提及這些人時所說的話——但是像這些村民一樣的農民卻始終都在自助自救。在我眼裡，自給農業不再是件可悲的事情了。如果這種自掃門前雪的態度，令負債累累的坦尚尼亞政府難堪，那麼對於那群浪費捐款人金錢，並以極為拙劣手法計畫經濟的官僚而言，更是不幸的厄運。這座小村子裡的人顯然有本事存活下來，而且這種生活方式還可能愈來愈普及。以我們這時的前進速度及火車如此吃力才能朝著姆貝亞出發的現況看來，這些村民極可能會活得比吉力馬札羅鐵路線更長更久。

沒人在意的姆貝亞

從遠處看，小山城姆貝亞很漂亮，我們得經過深綠色的咖啡園與犁過的田才能接近姆貝亞。伊夫林．沃在一九六〇年來到這座城鎮時曾寫下「姆貝亞是個小型的英國式郊外花園住宅區，沒有特殊的存在理由……在針葉樹叢與桉樹林間的一堆紅屋頂」。五年後我經過此地，依然小巧而井然有序，姆貝亞的繁榮奠基於咖啡作物。

然而今天在接近姆貝亞時，我卻看到一座敗頹的小鎮，搖搖欲墜的屋舍、破損的道路及毫無價值的商店。大多數的店面都販售一模一樣的商品，布滿灰塵的信封與原子筆、中國製的衣服與運動鞋。欺世盜名的收音機招牌是「菲利補」、「奶華」與「醒力」——非常狡猾，但我知道這些全是垃圾，因為我在埃及買過一個「醒力」收音機，早壞了。還有更多悲慘的商店在販售別人丟棄的書，形成了一種收藏坦尚尼亞政治走入歧途書籍的圖書館——《一黨民主，非洲何處去？》（*One Party Democracy, Which Way Africa?*）、《尼勒樂老師演講集》（*The Speeches of Mwalimu Nyerere*）、《坦尚尼亞的發展之路》（*The Tanzanian Road to Development*）、《馬克思主義在非洲》（*Marxism in Africa*）等等。我站在那兒讀了其中一本名為《烏格格區的選舉》（*Elections in Ugogo*）的某個章節，這本書的作者是我在馬可雷雷的一位老同事，是個開朗的愛爾蘭人，但伊迪．阿敏政權對他的迫害及過度的猜疑，讓他變得神經兮兮，後來成為回教徒，放棄了在瓦哥哥的獎學金。

我向吉力馬札羅快車上的朋友道別，決定在姆貝亞住幾天，因為這裡是我三十五年前來過的地方。我想要知道時間在此造成的改變。第一眼接觸到這地方時，我就看到了時間並沒有讓該地有所改善，不過改變卻絕對存在。郊外的花園住宅區與針葉樹叢已不復在，姆貝亞現在只是個碩大、光禿、荒廢、讓人看來毛骨悚然的地方。這裡仍充斥著憂鬱的印度人。有個印度家庭正在賣電爐、熨斗、烤麵包機及其他電器。

「但是誰家有電呢？」有個印度人這樣對我說。銷路最好的熨斗是那種需要在中空處裝進熱煤球的老式機種。

「三蘭港派我來改善生意，」一名年輕人對我說，「不過事情還是很糟糕。生意慘澹。」

「你這兒最暢銷的商品是什麼？」

「壺，金屬壺。那是非洲人唯一買得起的東西。誰有錢？他們沒有錢。」

我說我正要去馬拉威。

「馬拉威也一樣糟。他就是去那邊。」第一名印度人說，指著年輕一點的那個人。

「那是座死城。」年輕人說。

「什麼城?黎朗威?」

「整個馬拉威——一座死城。」

我認為坦尚尼亞的這個角落,是非洲人民居住的較偏遠處之一。這兒並不是荒野,卻是樹叢區,離首都太遠,離尚比亞和馬拉威又太近,無法吸引投資。剛果的東南角就在附近一片山丘的另一邊;如此近的距離也是個不利因素。一九三〇年代,姆貝亞曾發展得像座省府,如今卻毫不重要,一直在走下坡,吸引著走私者和如我這類漫無目標的過路人。

然而身為一個適合人類居住的廢墟,姆貝亞也吸引著外國慈善團體,但是我覺得這樣的狀況無法讓人充滿希望,我只覺得沮喪,因為這些慈善團體已經在這兒數十載,悲慘情形卻每下愈況。城裡有許多救援工作者,他們看起來忙碌但猜忌心極重,總是兩兩成行,一如狂熱的宗教崇拜者與摩門教巡迴傳教士的行徑。這些人似乎代表著一種新類型的神職人員,然而他們卻是最謹慎、最會迴避與最不會主動幫忙的一群人,就像大多數作風官僚的社會工作者,其實這些人也算是作風官僚的社會工作者,除了叫罵,就是沉默。

身為新類型中的一種人,慈善工作者盡量避免與圈外人有親密的接觸,特別是像我這樣無親無故的流浪者,在他們眼中,我們似乎和他們要執行的任務一樣危險。這群人一定可以看透我的心思,因為一路走來,我這時真的非常質疑他們的使命。他們幾乎從不正視他人的眼睛。英國人閃避他人注視的習慣,源自於害怕表現出任何有義務協助的友善暗示——如搭便車、幫個忙等。這些救援人員擁有嶄新的美麗車子,不是白色的路華越野車,就是白色的豐田四輪傳動車,而他們開車時,也總是帶著部長級的高傲。

非洲人有時會在我下榻的李文史東山岳飯店（Mount Livingstone Hotel）停車場清洗這些車子、為車子打蠟。李文史東山岳飯店是個淒涼的飯店，空蕩蕩、溼涼涼，除了那間暗沉的房間一到下午六點就酒鬼滿屋外，還有一份死寂。之所以暗沉沉，是因為多數的燈具上都沒有燈泡。

救援人員全住在最好的客房裡，不過他們從不與外界來往。我試著接近他們，希望能取得一些去馬拉威的道路資訊，但他們總是避之惟恐不及，斜視的表情似乎在說，我有用到你的東西嗎？

「我到這兒來開會。」一個人在閃避之前這麼說。

「馬拉威不是我的區域，」另一個人告知，「抱歉，我還有一堆會要開。」

「今天下午有個研討會。」是另外一句我聽到的回答。

還有一句「我們正在進行一個工作營」。

我開始了解《貧困之主》與《通往地獄的路》這類反捐贈書籍中所陳述的角度，作者認為外國援助對非洲是種破壞——而且已經造成了實質的傷害。另外一位大聲疾呼同樣理論的人，是非洲經濟學家喬治．阿宜提[5]，他也在自己的《非洲背叛》（*Africa Betrayed*）與《混亂中的非洲》（*Africa in Chaos*）兩本書中，提出證據證明捐款者的援助是非洲人之所以倒楣的原因之一。

慈善團體在非洲的努力是成是敗，有賴他人評估，不是我。若要隨便說說，我會說整個動力都衝錯了方向，因為這樣的動力已經持續了太久，卻沒有任何人在乎耕耘的結果。如果要我解釋，我的理論根據是：在這個過程中，非洲人在哪兒？如果慈善事業經營了四十年後，仍然只有外國人提出理論、施捨金錢，那麼整個援助活動就很失敗。過程中，非洲人不僅沒有參與其中——他們連自願行動或勞力密集計畫的概念都沒出現。如果你做的事情只是花錢，卻沒有激勵到任何人，那麼你絕對可以教授一堂最嚴厲的課程，那就是扭頭回家。

這就是非洲人的作法。非洲人為了解決自己的困境而想出來最具創意的方式，就是簡單的兩個字，離開——出走、逃亡、跑開、竄出、去英國或美國，拋棄自己的家園。這就是吉利馬札羅快車的教訓——火車上半數的非洲乘客都是往外逃、想要移民的人。

像姆貝亞這樣的城鎮，讓我理解到無力感。或許那正是我為什麼如此喜歡非洲鄉間與避開城鎮的原因，因為在村莊裡，我看到自給自足與不屈服的農業。然而在非洲的城、鎮，不是鄉村，我卻感受到所有破碎的承諾、受挫的計畫與譏諷的重量。所有的解釋都強詞奪理，「咖啡價格下跌……洪水重挫玉米的收成……合作社收歸國營……管理人員竊取基金……他們關閉了工廠……問題嘛，你知道，就是沒有錢。」

在這樣的城鎮裡，我只感覺到：沒有成就、沒有成功，只不過地方變得更大、更暗、更糟。我開始幻想自己穿越的非洲，經常會像另外一個平行的宇宙，腦子裡浮現了黑暗之星的影像，在這顆星球中，每個人的存在都像是較光亮那個世界中某人所對應出來的影子。

外國服飾就是這種影子存在的證明。這裡，大多數人都不再穿從店裡買來的簇新中國服，而改穿市場買來的舊衣。這些二手衣都是用意良善者，在他們教堂的捐衣活動、學校的捐衣濟非日或救助窮困者基金活動中親手捐出來的衣服，這些活動需要「所有可穿的衣物」。在非洲，這些衣物被分類成不同的大捆：褲子、洋裝、T恤、襪子、領帶、牛仔褲等等，然後有人再把這一大捆一大捆的衣物便宜賣給在

5 喬治．阿宜提（George B. N. Ayittey）：迦納出生的學者，現在美國華盛頓特區的美國大學（American University）任教。一九六九年迦納大學畢業後，即赴加拿大進修，獲得碩士、博士學位。他也是自由非洲基金會（Free Africa Foundation）的會長，主張自由非洲，認為非洲之所以窮困，完全是因為不自由。

市場叫賣的販子。這件事刺激了我的幻想力。我看到非洲人穿著上面寫著這些詞句的T恤：**春田小聯盟、聖瑪麗青年服務隊、岡札加大學（Gonzaga）、傑克曼汽車公司、聖母學院（Nortre Dame College）夏季曲棍球、威爾克斯、薩克其邁省**……，我想像著穿這些T恤的人，都是另一個世界裡那些活人的鬼魂。

我在姆貝亞暫作停留，看看我離開的那三十五年間的狀況如何。答案是情況非常糟糕，不過好像沒有人在意。我該走了。

姆貝亞與馬拉威之間有巴士連接。我買了車票。不過等要上車時，才被告知今天巴士不開車，可能要到第二天才有車，但我不能退票，因為支付的車資已經送到三蘭港的總公司了。

「問題嘛，你知道……」又有人要開口了。

一聽到這個，我就掉頭離開。

騙我買票的那個男孩子依然跟著我，要我給他更多錢。他說：「給我買瓶汽水。我餓了。我今天還沒吃東西。」

「你沒有媽媽嗎？」

「有。」

「那麼去找你媽媽，要她餵你吃飯。我要去馬拉威，而這張你賣給我的車票完全沒有用處。」

我想到可能有些印度商人要去馬拉威邊境，於是找到一家商店，裡面有兩個印度人正在將未經加工、也沒有包裝的黃色長條洗衣肥皂分級。除了不時有走私者從馬拉威那個方向來此外，這些印度人對馬拉威一無所知。店裡的兩人不會說史瓦希利語。令人驚訝的是他們不是姆貝亞當地人——普拉薩是初來此地的人，和老前輩席瓦一樣，都是孟買來的派駐人員。

「肥皂是很輕鬆的生意，」老前輩說，「我們在三蘭港製造，原料是棕櫚油與苛性鈉。然後以條狀或塊狀出售——我們把這些肥皂切開，懂了吧。世界上已經沒有其他人使用這種肥皂了，也沒有人買這樣的肥皂。我們在鄉村裡販售，不過生意不好。」

「沒有購買力。」新來的那個人說。

「坦尚尼亞什麼事都沒有。什麼都沒有。什麼都沒有。再過十年，還是一樣，什麼都沒有。」

「這裡有間紡織廠，老闆是這裡出生的一個印度小子。那個廠以前做得很成功。後來尼勒樂把紡織廠收歸國營，讓非洲人經營。他們偷東西，結果紡織廠破產、關門。一九八七年，那家紡織廠找到了買主——賣給一個印度人！廠裡的機器狀態依然很好。現在還在運作。」

「非洲人是很糟糕的管理者。工人也懶死了。懶死了！懶死了！我的員工也一樣——懶死了！我必須踢！踢！踢！」他說這些話時，腳一直向半空踢，他看起來、聽起來就像是奈波爾初來非洲時一樣。**踢他們一頓——那是非洲人唯一了解的事情！**

肥皂商人似乎有些歇斯底里，我刺激到他了。非洲人的話題讓他想起了自己痛恨非洲人這件事，不過他很喜歡待在姆貝亞。

「對我來說，這兒就像在度假，」他說，「這兒很平靜——沒有麻煩。我的孩子可以在街上隨便走。蔬菜又好又便宜。米也不錯——這裡種的。在孟買，我要花非常多的時間在交通上——每天都要好幾個小時。在這兒，我開車十五分鐘就可以走完全鎮。」

「肥皂生意容易極了，」席瓦這麼說，「只要有一點點常識的人都可以做我的工作。每個人都會做。簡單得讓我覺得丟臉。可是非洲人就是不會做。這樣我們能僱用誰？非洲人連賣一塊肥皂都不會。」

「他們根本不在乎，因為他們有什麼需要？一點點食物、幾件衣服，還有——什麼？他們根本就不去想明天。他們也不需要去想。食物很便宜。生活也很便宜。他們不想未來的事。明年——那是什麼？對他們來說，明年什麼都不是。」

多年來，我一直聽著印度人喃喃說著這些無知的陳腔濫調。如今他們竟然還在說這些話！差別只是現在的這些人都是陌生人。他們就像一百年前第一批來到東非做生意或建鐵路的印度人，那些從古吉拉特或庫許的窮困鄉村進口到東非來的廉價勞工，也是帕特森上校在《察沃的食人魔》書裡稱之為印度土人（baboo）的鐵路粗工。一如那些殖民時代之前不知所措的印度傢伙，現在的這些印度人也完全不知如何到鄰近的國家去、不會說當地的語言、不認識任何一個非洲人，他們生活在一片黑暗中，因此理所當然地想——在時機成熟的時候——離開。

「走」進馬拉威

我把自己的耐性看成一種絕望的宿命論，又在姆貝亞待了一天後，努力尋找離開的可行方法。沒有巴士，不過我可以改搭一種鏽蝕斑斑又臭氣熏天的**馬塔圖**（matatu）到邊境，那是一種小型巴士。有些男孩子看到我背著行囊，知道有賺錢的機會，於是圍在我身邊，不過我一直試著脫離他們的包圍。

「對，**馬塔圖**會去邊境，不過等到了邊境，你可能也受傷了。」

「為什麼會有人要傷害我？」

「那裡有壞人。」

可怕的警告：不過我有別的選擇嗎？

中午之前都沒有要離開的車子。雨開始下。我走開了，但男孩子們依然緊跟著我不放，他們試著乞錢，不過我卻覺得他們是在分散我的注意力，想要伺機偷走我的行囊。我從巴士站走到鎮上後，又再走回巴士站。最後搭上一輛髒兮兮、看起來又極危險的**馬塔圖**，把自己夾在十六名已經擠扁了的乘客之間，他們身上的味道可怕極了，自忖，我一定是瘋了。

馬塔圖的例行運作是：司機加速、突然偏離道路、停車、丟下一名乘客、接兩名乘客上車、司機全身傾倒在喇叭上加速離開。每次停車，總是會有什麼因素爆發小規模的口角衝突，有人沒錢、有人請司機等一下，還有人用史瓦希利話大吼「喂，我正在走！」。婦女緊貼著小巴士，希望能賣出花生或水果。然而最讓我驚慌的莫過於現在正大雨傾盆。我有件斗篷，不過那並不是重點——整條路滑溜溜，而車子的輪胎全都磨平了，另外，司機的駕駛作風簡直恐怖。

一個星期之後，在同一個路段，也是一場類似的暴風雨中，兩輛車子迎面相撞，其中一輛小巴士中有十八名乘客死亡——那是車上所有的乘客數目——另外一輛較大的巴士，死了十四人，多人受傷。超速的小巴士司機，為了閃避一頭牛，把車子滑向旁邊，結果翻覆撞上大巴士。

根據我看的這份報紙報導，有個忙碌的人出現在事故現場，並開始撿拾「三十二名罹難者的頭顱與其他遺骸器官」。他說自己是「一名傳統治療師」。聽到這起事故而趕來的村民也張口呆看，他們問這個人在做什麼。「這個人解釋，他在前一天下了咒語讓這件意外發生，因為這樣他才能得到自己治療所需的人體器官。」

村民一聽到這個說法，當場把他打死。

我們抵達了圖庫羽這座小鎮。所有乘客全下車——大小一共十七人。司機說：「不走了。」

我很高興自己能跳脫這個死亡陷阱。我在地圖上找到了圖庫羽。「先生、先生，要坐計程車嗎？」

兩個常見的年輕小鬼坐在一輛破破爛爛的車裡。我們談好了價錢到邊境。「我們帶你去卡隆加。」事情似乎太完美了，完美得讓我起疑。車子安靜地行駛了三十哩。接近邊境時，眼裡出現了雜亂而泥濘的景況，更多的水果販子及住在簡陋小屋裡的人，兩個小鬼把車子停在路邊（不出我所料），要我付更多的錢。「我們要買汽油。」

「我們去那邊談。」我說。我下了車，開始往前走。

他們閒散地跟著我，等我拿著護照在坦尚尼亞邊境哨站裡蓋章，然後要我付更多的錢。當我沿著路往馬拉威的方向走時，雨勢漸緩，跟在身後的變成了一群流浪兒。我想自己應該覺得很驚慌——天色已暗，孩子、換錢的人一直在騷擾我，計程車裡的小鬼又朝著我吼，對我施加壓力。

可是我很開心。姆貝亞已在身後，我並沒有被困在圖庫羽，而且我躲開了**那裡有壞人**的詛咒。前面的邊境看起來可愛極了。我可以看到馬拉威共和國位於一片山脈之後，遠遠地看，那是一面非常平坦的景色。非洲孩子仍然不放棄騷擾我的機會，所以我加快腳步通過邊境最後的大門，一道他們過不去的大門，我把這些緊緊依附著圍牆的孩子也留在身後了。就在黃昏之前，太陽又露出了臉，而且炯炯發光——一整條黃金色的細線壓在地面之上——然後融化、滑落，我循著這道最後的光線進入馬拉威。

第十四章 穿過高原哨站

過了邊境，三、四步後，我大步踏入了另一個國家，很高興又回到了馬拉威這個家，這個做事從來沒有計畫的地方，這片道路塵土滿布，但人民臉上塵土更多、世界第八窮困國家的大地。在一家還不錯的美國餐廳裡吃一頓飯的錢，是一個馬拉威人整年的收入。我曾把自己在和平工作團裡的兩年留在馬拉威，試著在南部省分一個山腳下的校舍裡擔任老師。也是在這裡，遇見了生平第一個獨裁者、第一次染上淋病，還碰上一個白癡軍人，因我的膚色而把槍抵住我的臉——三種多少有點相連的事件，激起了我的恐懼與嫌惡。不過在這兒我也曾很開心，而且可能是出於與恐懼與嫌惡相同的理由，因為接近死亡的恐懼能增強我們愛的能力，也可以讓我們對生命充滿熱情。

海關官員索賄不遂

馬拉威的時區比坦尚尼亞晚一個鐘頭，但邊境已經入夜。沒有人要入境。我是辦公室裡唯一的外人，辦公室位於暗沉沉路上的一棟小建築物裡，路通往森林。所有的這些因子都製造出一種強烈的感覺，讓我覺得自己正從後門進入這個國家。

我和官員用他們的語言打招呼，以人稱的敬語形態，也就是正式的「您」稱呼對方，並填好了申請表。在「職業」一欄，我寫下「教師」，不過我真正想填上的其實是「挑唆者」（provocateur）。我支付了簽證費，護照上也蓋了章，但要走出門、真正進入這個國家時，一個坐在空木桌前的矮小男人說：

「請出示黃熱病證明。」

令人驚訝的是，我竟真的有這份證明文件。我遞了過去。

「過期了，」那個人說，「去年就過期了。有效期只有十天。」

「我不知道這個規定。」

「你應該看清楚證明上的說明。」如此尖銳對我說話的這個矮小而長相普通的男人，突然有了明確的容貌——他變成了一個體型削瘦、眼神冷漠、獐頭鼠目的掠食者，穿著汗臭的襯衫，頭髮裡沾著小塊小塊的髒絨毛。「另外，你注射的疫苗也過期了。」

「卡隆加有黃熱病嗎？我要去的地方是卡隆加。」

「有，我們有黃熱病，」他把那張露出尖牙的臉轉過來對我說，「我們有霍亂、天花、瘧疾，還有小兒痲痹。我們有許多疾病。」

「**恩田達．寬姆比里。片帕尼！**（Ntenda kwambiri. Pepani!）」我說，意思是好多疾病。我覺得很遺憾。

「這件事情很嚴重。跟我來。」

這兩句話一出，我就知道他的真正意思了，**賄賂我**。他相信自己位居上風：邊境剛關閉，辦公室裡除了少數幾名公務人員外，空無其他人，路上漆黑，我們又在這個狹長形國家最偏遠、最北邊的檢查哨裡。一九六三年十二月，我第一次進入這個國家時，非洲的移民官員一面笑著對我表示歡迎之意、一面事先感謝我到馬拉威來當老師。

「到這兒來，」獐頭鼠目的傢伙如此命令我。他打開一間簡陋的辦公室門。這棟建築物粗製濫造極了，而且看起來臨時極了，連牆和天花板都沒接在一起。我可以聽到其他辦公室裡傳出的低語聲。我坐在塑膠椅上，那個人同時也在一張辦公桌後坐定，他的頭頂是馬拉威總統穆魯吉先生的肖像，一個戴著眼鏡、牙縫特寬的胖子。這個政客上任後訂立的第一道法令，就是把自己那張完全沒有魅力的臉，放在馬拉威所有的貨幣之上：印在錢幣上的是肥胖的側面像，印在紙鈔上的是整張臉。這條法令早已廢除，但貨幣卻依然在流通，穆魯吉具有恐嚇效果的肖像也依然掛在馬拉威的每家商店牆上。他與他的前輩總統們大相逕庭的做法之一，就是這個人創造了個人崇拜。

我一面堆滿笑容面對辦公桌後那個滿腦子只有賄賂的傢伙、一面想：你休想從我這兒拿到半毛錢，混蛋。

「這件事情非常嚴重。」他指著一張官方的表單說，那或許是張驅逐令。

「我會在卡隆加打疫苗，也會打黃熱病預防針。」

「卡隆加不可能。那裡沒有醫院。」

「那麼就在黎朗威打。」

「疾病預防，這麼說吧，要十天才能生效。萬一你生病怎麼辦？事情會變得非常嚴重。」

我非常討厭他的誇大，也討厭他每次都用「非常嚴重」這四個字，聽在耳裡，是種堅持不懈的勒索。我決定不再用英文和他交談。

「**恩迪圖，班波。恩達德瓦拉・恩迪庫皮塔・庫・奇帕塔拉**（Ndithu, bamboo. Ndadwala ndikupita ku chiptatala）。」我說。意思是當然，先生。如果生病了，我一定會去醫院。

他又說：「如果你生病了，我會覺得非常遺憾。」

「**裴帕尼，裴帕尼．沙波里特沙．奇隆達**（Pepani, Pepani spolitsa chironda）。」這是句馬拉威的諺語，「老說『遺憾、遺憾』，治癒不了傷口。」

他對我的嘲弄沒有反應。他說：「因為下雨，所以路況非常糟糕。你可能很多天都到不了黎朗威。」

「**姆夫拉！馬托裴！恩賽魯．札．卡雷，安圖．阿納色馬，『瓦里亞．姆夫拉，馬里拉。馬托裴！』**（Mvula! Matope! Nzeru za kale, anthu anasema, "Walia muvla, malila matope!"）」——「雨啊！泥啊！很久以前，智慧之語就曾指出，『求雨的同時，也求來了泥！』」

我的喋喋不休顯然激怒了他，但他還是繼續拖延我的時間，也不放棄迂迴地索取賄賂。這時他拿著我的護照，在我的眼前晃來晃去。「你必須了解這件事非常嚴重。你的證明已經過期。證明已經無效了。」

「這就像你們描述一張弓的情形。**烏塔．瓦伯維諾．瓦恩嘎．瓦格瓦！**（Uta wabwino wanga wagwa!）」——我的良弓已經失效。

齊切瓦語實在是種押頭韻押得非常棒的語言，我剛說完這句押頭韻的話，就聽到從牆壁與天花板間隙的另一邊，傳來了一個非洲人用約德爾調唱和的方式，同意以齊切瓦語說：「嘿！嘿！我聽到的這個是什麼啊？一個白人在說這個語言。這個白人在哪兒？」

門開了，一個魁梧的禿頭男子走了進來，他身穿警察制服，一面笑、一面伸出手與我相握。我們用齊切瓦語禮貌地問候彼此後，他詢問我的名字、國籍，並歡迎我。

「我想去美國，」他用他自己的語言這麼說，接著他問，「你從哪兒學會齊切瓦話？」

「很久以前，我在索切山當老師。」

「拜託，再到這兒當個老師吧。我們需要你，老爹。」

當警察先生用雙手緊握住我的手表達敬意的同時，我對他說：「我很願意幫忙。不過我現在自身難保。」

「有什麼問題嗎？」他一面提高了音調這麼問、一面傾身看著辦公桌後那個矮小齷齪的傢伙。不過那個窩囊的傢伙始終低著頭，筆下飛快地寫著，填完了曾揮動在我面前的表單。他用屏氣鬼祟的態度說：「基於人道主義的立場，我讓你入境。」

警察先生送我到門口，他說：「你在這兒有麻煩嗎？」

我提醒他另一則馬拉威的諺語，「**馬塔口・阿拉阿比利・塔布利・庫庫姆巴納**（Matako alaabili tabuli kucumbana）。」——連兩瓣屁股都不能避免摩擦。

「你一定得留下來，」他大笑著說，「這段時間，我們的學校很糟糕。我們需要老師。」

「我現在不是老師了。我是個**姆蘭多**（mlando）。」**姆蘭多**是個用途極廣的好詞，意思是遊人、流浪者、陌生人、客人。

不再相同的卡隆加

我在一條暗巷裡找到一輛停在幾個水果與飲料攤旁的迷你巴士。在夜晚的熱氣裡，半滿的迷你巴士發出柴油與雞血的惡臭。我站的地方離這輛巴士很近，耳裡聽著夜裡熙熙攘攘出沒的昆蟲。由老祖母和衣衫破爛的男孩子所主導的市場似乎搖搖欲墜，而且非常骯髒。有個男人在一堆冒著煙的火上烤玉米。再遠一點，是棵碩大的仙人掌在月下閃閃發亮，像個手臂高揚的巨柱仙人掌。

「這輛巴士什麼時候去卡隆加？」

「我們不清楚。」

我一點都不在乎。我既寬容又有耐性，因為我正在自己想待的地方。黑暗、空曠的路、雜亂的市場、腐爛的垃圾、揚起的煙、破爛的衣服及惡臭，都嚇不到我；我感到很安心。至少，這裡似乎景物依舊；我曾認識的那個最單純的國家，現在依然很單純。

過了一會兒，司機上車，拿鑰匙試了幾次都發不動巴士，幾聲咒罵後，車子終於啟動出發。

坐著這輛破舊巴士去卡隆加的五十哩路上，我在心裡列了一張表，標題是「如何知道自己已身在馬拉威……」。

最早經過的七家店全是棺材行；

路邊的老先生穿著五〇年代的粉紅色女性便服，衣服上還裝飾著皮毛；

腳踏車後載著十張尚未處理過牛皮；

路障是根架在兩個桶子上的竹竿，官方配置的管制人員身上穿著印有溫尼伯藍色轟炸機隊[1]的T恤；

兩名警察無故攔下你搭的迷你巴士，然後拿著槍桿強迫車上十四名乘客下車，在黑暗中擠成一堆（而且檢查我的護照檢查了很久）；

漂亮、平坦的柏油路突然變成轍痕累累且根本無法通行的泥道；

大家劈頭的第一句話都是「可是我們都在受苦，先生」；

老百姓無緣無故地就說：「老太太失蹤的日子，土狼會拉出灰髮。」

財政部部長宣布自己提出的全國儉樸計畫當天，有人透露政府向德國下了一張訂單，訂單內容是三十八輛賓士轎車。

在溼冷的空氣裡，凹凸不平的泥路上，我們經過了油燈所照亮的簡屋陋舍，車速很慢，某些路障前有武裝警察攔車，除此之外，無禮的年輕人也會設置其他障礙攔阻車子。四周都籠罩著黑暗。有些路段，人民蹲踞在路邊，等著任何一輛願意載他們去卡隆加的車子。這樣的景象似乎已是自暴自棄的極致呈現，因為此時已過晚上八點，太陽下山也兩個鐘頭了，晚間，路上幾乎沒有車子。不過我們還是讓他們上了車，結果這些人帶著些許驚訝上車，手上拖著行李、身後跟著孩子。

收取車資的十幾歲少年，從邊境開始就一直衝著我叫**木組恩古**。一開始我充耳不聞，因為那是種侮辱，不值一哂。可是那渾小子始終糾纏不休地用齊切語問我，「白人，你要去哪兒？」

對我的正確稱呼應該是「邦伯」（bambo，老爹／師傅）或「波瓦納」（bwana，老爺／先生），或甚至「阿奇姆偉內」（achimwene，老兄／老弟）。在過去，馬拉威人做夢都不會想到用如此無禮的方式對陌生人說話。

最後，因為他一直不放棄——而我們又坐在一輛又擠又臭又黑的迷你巴士裡，走在一條輸痕累累路上——我於是面對面地對他說：「你要我叫你『黑人』嗎？（木恩圖．木達〔muntu muda〕——這是一個可以指暗色、黑色、棕色或藍色的形容詞）。」

1 溫尼伯（Winnipeg）是加拿大東南部的城市，曼尼托巴省（Manitoba）省府，而溫尼伯藍色轟炸機隊則是一九三六年成立的一支加拿大美式足球職業隊伍。

這個男孩子立刻安靜了下來，但臉色陰沉。迷你巴士依然吃力地朝前行駛。我和這個男孩仍是面對面。

「**扣地。德吉納．拉奴．恩達尼**？」（Kodi. Dzina lanu ndani?）對不起。你叫什麼名字？

「賽門。」他回答。

「很好。你不要叫我『白人』，我就不會叫你『黑人』。我的名字是保羅。」

「保羅先生，你要去哪裡？」他用一種壓抑的聲音問我。

只不過我並不知道自己要往哪兒去。車子進入了一座陰暗的小鎮，鎮上的主街要比從邊界來此的路況更糟——深轍、深洞、寬泥坑。幾支日光燈泡的光線具有路燈的效用，我們看到大部分的店家都已打烊。

「讓我在旅館門口下車就可以了。」我說，認定了這兒一定有旅館。

從熟爛的味道與愈來愈重的溼氣判斷，我知道車子正朝著湖邊前進，他們讓我在一群蕭瑟的建築物前下了車，建築物的建材是水泥與炭灰混和的空心磚，那兒還有個招牌，上面寫著瑪林納飯店（Marina Hotel）。剛踏出車門，雨就開始下，不是滂沱大雨，是那種霏霏細雨，像一種嘈雜的警告，雨滴噼噼啪啪地敲著頭頂的大樹葉，也噼噼啪啪地砸響湖面。

我被引導至一間位於茅頂小屋的房間裡，屋內全是蚊子。這是一間所謂的「豪華套房」，十五塊美金一晚，含早餐。我放下行囊，將防蚊液噴滿全身，然後出房門去找東西吃。我不記得自己當天是否吃過東西——也許曾吃了幾根香蕉或幾粒花生。坦尚尼亞和衣索匹亞一樣，人民看起來都絕望得讓我失去了胃口。

不過瑪林納飯店裡有間酒吧餐廳，當天晚上雖然暴雨來襲，餐廳裡仍有震耳的音樂與醉酒的馬拉威人，這些醉漢中，有人正在高歌，有人蹣跚搖晃，也許是在跳舞。大雨開始傾盆，重擊著帆布篷，濺溼了餐桌，淹溼了車道。有兩名男子推開了椅子，邀請我入座，他們強健而曝曬過度的臉孔，看起來像是薩伐旅導遊。

其中一人說：「這場雨實在不算什麼，昨天晚上的雨像洩洪，那是我這輩子見過最大的一場雨。」他提高了音量，想要蓋過大雨的聲響。

「你到這兒來做什麼？」

「開車到肯亞去，」另一個男人說，「你一個人嗎？」

「是。我剛從邊界過來，」我說，「事實上，我是從開羅過來的。途中經過肯亞。你知道摩亞雷嗎？」

較年輕的男子說：「我在肯亞出生，一輩子都住在那兒，可是從沒去過摩亞雷。」

這讓我覺得自己好像成就了什麼了不起的事情。之前提到他們的臉孔看起來像是薩伐旅導遊的猜測很正確，因為他們的確經營一家名為皇家非洲薩伐旅的高級薩伐旅公司。這家公司的名字讓人聯想到那種奢華的薩伐旅：客人頭戴軟木遮陽帽、身著卡其服，在樹叢裡的水坑旁高雅帳篷內露營，一個和我所遊歷的非洲完全不一樣的非洲。

較年輕的那名男子叫大衛・潘羅斯（David Penrose），他的伙伴——魁梧、飽經風霜、白髮——是強尼・巴克森戴爾（Johnny Baxendale）。他們兩人看起來都是開心、膽大、可靠的人。雨愈下愈大，我們正喝著啤酒、吃著魚肉和炸馬鈴薯片。他們都曾參與電影《遠離非洲》的拍攝工作。大衛住在南育奇，強尼住在卡蘭，他說現在卡蘭已經很安全了，「我們把壞蛋都趕出去了。」他承認奈洛比正快速衰退，大家都搬到了城外。「不過我們的生意是在樹叢裡。」

他們剛從南非買了一輛路華越野車，目前正往北行。兩人已經穿過了辛巴威與尚比亞。

「你會喜歡南非。開普敦棒極了，」大衛說，「你會以為自己身在歐洲。」

「你覺得馬拉威怎麼樣？」

「還可以，」強尼說，「我們剛從高原過來。那兒荒無一人。只有些野生動物。這就是非洲，沒錯。」我們邊聊天邊喝著啤酒，不過風變強了，雨吹進了我們所坐的陽台。三個人往裡面挪了挪，後來正準備走進餐廳裡，突然起了一陣強風與豪雨，燈光全滅，音樂也歇，非洲人開始叫囂。我們坐在呼嘯的強風中，周圍一片黑暗。

「我們明天得早起。」過了一會兒，大衛一面這麼說、一面起身。

我們握手告別。酒保遞給我一盞燈籠，並指點了我落腳茅屋的方向。

茅屋內不僅潮溼且多臭蟲，不過床上掛了張蚊帳。我解開蚊帳，把帳緣塞進床單下，然後輕輕爬進蚊帳裡，躺在床上，聽著收音機——新聞正報導首都黎朗威發生的一起武裝叛變。這件事或許會引起驚慌，不過我猜測這只是屢見不鮮的奸計，是逮捕反對政府成員的前奏，也是警察在路障地點勒索遊客的鼓勵。

轉動著收音機上的轉扭，我找到了一家電台正播放那種在馬拉威始終很受歡迎的鄉村音樂——吉姆·瑞維斯[2]、漢克·威廉斯[3]、佛萊特與史克拉格斯[4]等，都是些很好的老歌。然而沒多久，就出現一位牧師開始談論罪人，他說：「歡迎各位收聽世界大豐收電台，基督國度的音樂。」我就像保羅·包雷斯[5]短篇故事《提卡提的道牧師》[6]裡的墨西哥異教徒，就因為對牧師那台上發條的唱機所播放出之「優美旋律」太感興趣，所以才擠在教堂裡聽道。

我關掉了收音機，就這麼躺在黑暗中，聽著雨水的聲音，驚訝於自己在這趟長途的薩伐旅中，竟然已單槍匹馬地走到了馬拉威。我渴望在這裡度過我的大壽之日，甚至連計畫都擬定好了。之前我已請烏干達與肯亞的美國大使館發電子郵件給黎朗威的美國大使館，告知他們，我有空在這個國家的任何一所學校、學院演講，也有時間和懷抱雄心大志的非洲作家見面。我還要造訪自己的老學校，也許送他們一些教科書，除此之外，也願意貢獻一個禮拜的時間教書，在這麼多年之後，我要向馬拉威表示感謝：他們久別重逢的孩子，想在自己生日的時候，回饋他們一些禮物。我想要有所表示，想要讓自己的這次回歸之旅別具意義。

雨後的卡隆加早晨泛著金黃及鮮明的色彩——閃閃發光的湖水、不帶任何雲屑的湛藍天空、濃重的綠色簇葉，還有漆黑的泥。有些樹仍滴著水。我的身體感受到高溫的熱氣與沉重的溼氣。飯店門口的一

---

2 吉姆・瑞維斯（Jim Reeves）：一九二三—一九六四，德州出生的美國鄉村樂歌手。六〇年代初期，他在南非比貓王還受歡迎，是當時少數在非洲與亞洲國家出名的西方世界歌手，一九六四年駕駛小型飛機失事去世。

3 漢克・威廉斯（Hank William）：一九二三—一九五三，出生於阿拉巴馬的作曲家兼歌手，是影響美國鄉村音樂最巨的音樂人之一。

4 佛萊特與史克拉格斯（Fratt & Scruggs）：Lester Flatt，一九一四—一九七九，Earl Scruggs，一九二四出生，是美國鄉村音樂中青草地民歌（Bluegrass Music）的先驅人物。佛萊特是吉他手兼歌手，唱歌時的高音平順，善用吉他的低音弦，史克格拉斯則是以三指彈奏五弦琴（banjo）聞名。

5 保羅・包雷斯（Paul Bowles）：美國作家與作曲家，一九一〇—一九九九。包雷斯在三〇年代離開美國，赴歐師承美國作曲家阿倫・柯普蘭（Aaron Copland），並追隨柯普蘭遊歷德國與摩洛哥。三〇年代末、四〇年代初，包雷斯成為一位芭蕾舞、戲劇與電影作曲的優秀作曲家。一九四九年出版了暢銷小說《遮蔽的天空》（*The Sheltering Sky*）後，陸續推出其他著作。他大多數的小說都在五〇與六〇年代完成，七〇與八〇年代的作品侷限於短篇故事。包雷斯除了自己的著作外，還錄音並翻譯了數篇摩洛哥作者的作品。

6 《提卡提的道牧師》（*Pastor Dowe at Tecaté*）：保羅・包雷斯的短篇故事，講述一個新教徒的傳教士至偏遠地區傳教，卻發現這個地方是他的上帝無力管轄之處。

個送貨員讓我搭了一段便車到幹道，我可以從那兒找車繼續南下。

卡隆加的幹道嚇了我一跳。前天晚上以為是因為打烊了而黑漆漆的店面，依然凹陷而荒棄。這是我注意到的第一個大不同——這些以前都是印度人的商店，都已經關門。第二個迥異之處是棺材業者。製棺在非洲是個大家都看得到的戶外生意，每家都在樹底下的鋸木架上製作棺材。因愛滋而高居不下的死亡事件，正是生產棺材的原因。

大家公認六〇年代是印度人頤指氣使的年代。馬拉威第一任總統哈斯丁斯．班達在一九六五年來到卡隆加，專門指著印度人罵，指責印度商人占非洲人的便宜。「經營這些生意的人應該是非洲人！」他如此咆哮。然而許多印度人依然留了下來。七〇年代，班達總統重訪卡隆加，再次譴責印度人。這次印度人聽懂了他的意思——所有的印度人幾乎都走光了，極少數躊躇的人，則眼睜睜地看著自己的店，被以色列代為訓練的班達青年先驅部隊（Young Pioneers）燒成灰燼。最後，所有的印度人都離開了卡隆加，遷往南部的城市或移居他國。班達接著又去其他鄉鎮，發表同樣的演說，挑起同樣的結果。

我的驚愕並非源於印度人全離開的事實，而是竟然沒有人取代他們的位置；商店頹毀，卻依然留著什葉派回教與古吉拉的店名。空洞的店面與製棺業者讓卡隆加看起來，像個遭到瘟疫荼毒的城市，某種程度上，情況也的確如此。

我在卡隆加的主要市場上，發現了一輛南下的小型巴士，於是又擠在二十一位有大人有小孩的乘客當中，熱氣騰騰、氣味濃濃。當司機的車速過快時，我再次質疑：自己為什麼要冒著生命危險坐在一輛嚴重超載又不安全的老爺車裡，而且司機還是個完全無法勝任司機工作的男孩？

答案很簡單：別無其他選擇。我當然可以選擇坐飛機。卡隆加有座小型機場，每週都有班機，但那是想要直接降落在卡隆加去看湖的傳道士、政客、慈善團體人員和觀光客的行徑。

儘管如此，離開卡隆加的路上，我還是允諾了自己，這趟非洲之旅後，我絕不再乘坐任何一輛雞車、小型巴士或**馬塔圖**，也絕不再搭運牛卡車或超載的計程車。如果我能活著走完這趟旅程，我再也不會在死亡陷阱中，把自己的命交到白癡司機的手上。

已有裂痕的窗子密實地關著，渾身溼黏黏的乘客全擠在一起。

善意是馬拉威的永久靜脈注射劑

一首氣味的交響曲把擁擠的人形巨塊融合在一塊。腋窩的酸臭、裝上了噴嘴的橘子味、已融的抹胸軟膏、乳香水、呼吸之間所吐出晚餐的硫磺味大蒜、帶有燐光的噁心臭屁、苦樹脂、適婚與已婚女子率真的汗香、男人刺鼻的肥皂味。

詹姆斯．喬伊斯解剖的港歌劇院內充滿惡臭的上層包廂，似乎證明了體味的一種共通人性。然而，非洲巴士裡強烈的人類體臭，卻是一種注定要滅絕的氣味，對我而言，那似乎是一陣死亡的煙雲。

惡劣的路況增加了安全性，因為車速在大部分的路段都無法過快。數不勝數的坑洞深到司機必須放慢車速，繞洞而行，就像行駛在一條障礙訓練路上；再不然，司機必須全速前進，蹦蹦蹦地進出坑洞，讓車上好幾個孩子吐得滿頭滿臉。在平穩的路段上，司機開得實在太快，但是他的速度卻總是直接把我們送進泥路中。有兩次車子陷入泥沼裡，要靠好幾名男乘客下車推。我沒有幫忙。我和其他幾位年紀較大的男乘客下車往前走，穿過泥沼路段，直到小巴士趕上我們這些老人家。

我一面走一面想，這兒有什麼改變嗎？路況從未好過。湖岸向來稀疏聚集著說坦布卡語的漁家，他們一直住在草頂的茅屋裡、划著獨木舟、把魚網撒在樹叢裡曬乾、燻製一種名為**卡片塔**（kapenta）的小魚、燒烤一種用樹枝做成的除酸劑[7] **強波**（chambo）。他們在湖邊的田裡種稻，但稻田常遭洪水淹沒。我看過漁夫、獨木舟、曝曬的羊頸肉和稻田，心裡想，四十年前任何一個曾在這兒照過相的人，今天仍能把同樣的景色攝入照片當中。

在一段泥路上，我們經過一個身材矮小、體型畸形的人身邊，他也許是個侏儒，不過確定是個駝背的人，車子上的孩子們對著窗外吼叫，嘲笑他的畸形。

駝子回吼「你們完蛋了」。

「你才更完蛋！」其中一個孩子大叫，每個人都笑了。

我聽到了**馬步五頭**（mabvuto）這個詞——完蛋——坐在我身邊的人告訴我，剛剛說的是坦布卡語。因為步行者對我們吼叫的次數實在太頻繁，所以我再問身邊的那個人這是怎麼回事。

他說：「因為他們被迫走路，所以他們嘲笑我們。」

「可是你們也嘲笑他們。」

「只是開個玩笑。」

馬拉威式的玩笑。從車子裡吼出的辭彙是「繼續走路吧，混蛋！」。

湖非常美，莫三比克的那面有金黃色的山脈，而我們這邊則是伸向尼卡高原的絕壁，非洲閃亮的湖水、雄偉的高山與自然的美。然而這只是事情的半面。另外半面是這輛悲慘的小型巴士與車裡極度令人不悅又充滿惡意的小男孩，嘲笑著身負重物的婦女和身體殘缺者。

我們來到了奇隆巴（Chilumba），這兒只是座漁村，有個男人正在用肥油煎切碎了的馬鈴薯。馬鈴薯變成乾硬的大疙瘩，肥油看起來像機油。等待其他乘客時，我買了些馬鈴薯疙瘩吃，但下肚後依然飢餓，所以又吃了幾根香蕉。

我們的車子沿著一條有多處U形彎的危險道路爬著峭壁，許多彎道都有急促的——而且嚴重的——明顯落石，經過了幾個廢棄的煤礦坑後，爬上了峭壁，來到了馬拉威最早的傳道區，李文史東尼亞村。這個傳道區起初只有一座磚造教堂、數棟單層小屋、一所醫院和幾間茅屋，是個位居高處的涼爽之地，教會的外派人員可以在這兒種植芽甘藍菜與菊花。現在這個傳教區已經向外擴大，因此也破壞了許多樹，學校看起來乏人照顧，不過以前差不多就是這個樣子。

過了李文史東尼亞，高原向前鋪散，綠油油、沒有人煙。我們經常停車，因為一輛小型巴士要靠超載、超載再超載，讓每一個招手攔車的人，都帶著自己的農產品與牲口上車，才能賺到最大利潤。正當我以為這輛可憐的車子再也無法擠下任何一個人時，收票員又推開了門，但他緊緊拉著車門，車子就這麼敞著繼續前進，接著車上就又多了些身子伸出於車外的乘客。

隆非（Rumphi）與艾克溫疊尼（Ekwendeni）——我曾經很熟悉的兩座城鎮——也失去了他們的印度店，而且也同樣沒有非洲人取代印度人的位置。我很關心這種情況；頹毀與荒棄的店面，招牌上漆塗的字隱約可辨，**巴帖爾兄弟**（Patel Bros）、**孟買雜貨店**（Bombay Bazaar）、**阿里巴伊商品市場**（Alibhai Merchandise Mart）——全都遭到棄置，塌陷的屋頂，破裂的窗戶，許多商店還遭到刻意的破壞，留下塗鴉。店前，在排水管與路邊水溝旁的草地邊，是一群非洲婦女，她們在一小方布上，展售肥皂、鹽巴、火柴與食用油。北部省分這些城鎮的商業生活，已從繁忙商店所組成的主要街道，淪落成簡單開放式的市場，市場裡是坐在泥地上的叫賣商與水果小販。

---

7 除酸劑（plumper）：通常都用於抹膏與唇膏的一種物質，加入這種物質後塗抹在皮膚上的軟膏，皮膚除了會呈現油亮的效果外，也會變得柔軟。

離開卡隆加六個小時後，車子來到了坐落於維非阿高原的穆祖祖城（Mzuzu）。我在這兒有些熟人，所以決定住進旅館拜訪他們。我最想見到的人是瑪格麗特（Margaret），她是馬丁．羅斯維爾爵士（Sir Martin Roseveare）的遺孀，而爵士本人則是我在馬拉威最早結交的朋友之一。

一九六二年自英國公職退休後，馬丁爵士就來到尼亞沙蘭經營一座師範學院。他是位和藹可親、抽著菸斗的紳士，年近七旬的他還是位強健的曲棍球球員。然而他同時也是位對細節一絲不苟的人。英國人因為戰爭而養成的節儉習慣，讓許多人變成了小氣鬼與守財奴，卻也激勵了許多人發揮無與倫比的巧思，成為發明家與解決自己問題的專家。戰時各種物質的缺乏，牽引出了馬丁爵士的應變之才。首先他設計出了防偽的配給登記簿，並因而受勳為爵士。除此之外，他對教育、園藝、運動也都很有興趣。他把這些自己熱中的事情一股腦兒全帶到馬拉威。他是老一輩的人，是一位教育家，而不是福音傳道者，他是位來非洲服務、稱這兒為家、最後死在樹叢中的人。

他的夫人瑪格麗特也和他一樣，不僅精通運動，而且聰慧又饒富變通能力，她能夠改裝一台水動的手壓幫浦，供應家裡所需的電力。我有時會看著她彎腰修理一台滿是油污的機器——身著粗呢裙、頭梳髮髻、腳穿多色菱形圖案的襪子與滿是泥濘的涼鞋——手裡揮動著一支套筒扳手說：「哎唷！」

馬丁爵士去世時九十多歲，夫人瑪格麗特繼續生活下去，丈夫去世後，她負責經營維非阿中學（Viphya Secondary School）。我一直很欽佩他們，甚至視他們為榜樣，在自己晚年的歲月裡，他們是我想要模仿的那種對象——生命力旺盛的退休者。他們給了我重返非洲這個始終懷抱在心的雄心壯志，或許到我六十五、六歲時，要做和他們一樣的事情。當然，我還是會繼續寫作，但是我要在這個國家裡，透過創辦學校或鞭策某所學校邁入正軌，來證明自己的存在。奉獻剩下的生命，看自己所獨立資助的學校，培養出聰明又受到良好教育的學生，似乎是件很圓滿的事情。我並沒有要刻意成就殉道大業或甚至做出太多犧牲，我只是喜歡偏遠之處、喜歡種植蔬菜、喜歡質樸、喜歡托爾斯泰的教育方式[8]。抱持著這種饒富正面目標的態度生活，會是一種既健康又讓人長壽的生活。我會變成一個兩頰紅潤的討厭鬼，穿著寬鬆的短褲，寫寫東西，變成一個布恩度裡的養蜂人，經營著一所比預期還有優秀的學校，同時在腦子裡想像著各種八卦說法。

> 保羅究竟怎麼了？
>
> 他在中非的某個地方。就這麼突然離開了。他已經在那兒好幾年了。

「瑪格麗特夫人，她去世了。」學校裡的一個女孩這麼告訴我——看起來荒廢的學校，絕對不會令其前任嚴謹的校長高興。

她在兩年前就去世了，享年八十七歲。

「她葬在哪兒？」

女孩聳聳肩——不曉得。羅斯維爾夫婦並沒有改信其他宗教，不過他們也上教堂，所以我又去了穆祖祖的英國聖公會教堂詢問教區的非洲代理牧師認不認識他們。「我是代理主教。」他糾正我。是，他認識他們。他們是非常好的人，他說。他們協助建立這座教堂。他們就葬在這兒。

羅斯維爾夫婦倆的墓碑都是長方形的厚板，並排置於泥濘的教會墓地中，瑪格麗特夫人的墓碑上沒有其他字，馬丁爵士的墓碑上則刻著**眾人愛戴**。兩人的墓地雜草叢生，看起來已不僅是疏於整理，而是

8 簡單說來，托爾斯泰認為教育是雙向的「對話」（dialogue），不是單向的「教導」（instruction）。

遭人遺忘。生前曾是嚴謹的園丁與痛恨雜亂的他們，看到這幅雜草交纏的景況，一定會驚愕不已。我像拜拜一樣跪了下來，懷念著我們過往的交情，清除墓上的雜草。

稍後，我徒步穿過穆祖祖，打算回到自己的旅館時，中途在一間酒吧前停下來，走進去喝瓶啤酒，只是自己心知肚明，無可避免地，一定會有個非洲人過來要我請他喝杯酒，然後再告訴我一個故事。

這個人的名字叫穆克西（Mkosi）。「我們是安格尼人，從南非來這兒的祖魯人。」

「你好嗎？穆克西？」

「我們在受苦，先生。」

「怎麼回事？」

「我在受苦，先生，我的妻子勾搭上了一個軍人。我發現一封她寫給那個軍人的信。太可怕了。『我愛你，我最親愛的愛人。』我把這封信拿給她看。結果她竟無禮回應。『我怎麼可能愛你？你是窮光蛋。我不可能愛窮光蛋。你是窮光蛋。』」

「這樣也好，從此對她眼不見、心不煩。」我說。

這時，穆克西的兩個朋友也過來找不花錢的酒喝。但是我已決定離開。他們跟著我走出去，想要聊天。因為酒吧裡明顯有特種行業的女子，所以我提起了愛滋病的話題。他們說馬拉威一直有人死亡——所以怎麼有人能言之鑿鑿地說是源由於愛滋病？

「如果你帶這樣的女人回家，你會用保險套嗎？」

其中一個人比手畫腳、活力充沛地說：「我們是馬拉威人——我們喜歡肌膚相親。」另外一個人大笑。

「保險套是塑膠，」另一個人說，「塑膠上有很多很小的洞。細菌可以穿過去，連空氣都可以穿過去。」

路邊停著一輛計程車。

「如果塑膠會漏氣，那為什麼輪胎不是平的？」我說。

他們繼續逗留爭執，還提到即將實施的菸草拍賣會，不過當他們發現我並不打算給他們任何錢時，隨即就做了鳥獸散。

第二天，我找車子南下。穆祖祖有許多車子，而其中最昂貴的，不消說，仍是那些在門口展示的白色四輪傳動車，車身上印著所有我曾經聽過及新出現的慈善團體印記——譬如取於民用於民協會（People to People）、對抗無知與貧窮互助團（Mission Against Ignorance and Poverty）、食物計畫（Food Project）、行動援助（Action Aid）、窮困十字軍（Poverty Crusade），以及更多其他的團體。

當這些人拒絕順道載我一程時，我一點都不意外——經驗告訴我，他們是最不可能讓旅人搭便車的一群人。不過，我還是很生氣。我分析自己的氣憤。結果，原因在於那些車子往往都是由非洲人駕駛，而坐在車上的白人，則像坐在類似部長寶座上一樣。這些車上有雷射唱盤，因此音樂都放得震天價響，不時我還會看到完整的畫面：一個非洲人或白人坐在他那輛拯救兒童的白車上，一面單手開車、一面放著音樂講手機——他真是這個國家裡最快樂的傢伙。在現場辛苦工作的慈善團體工作人員與享受開車樂趣的傢伙，我所看到的比例，大概是一比二。

這種在車上所看見的幸福，以及這種因為太有錢而不知道罪惡感為何物的第一世界蠢蛋，只不過是造成我厭惡的原因之一，而且還是最微不足道的一個原因。比較實在的一個原因，是我意識到，經過了數十年善心的努力後，馬拉威現有的慈善團體竟然比以前更多。慈善團體、救援機構及非政府組織，現在都已成為馬拉威經濟的一部分，而且還是很大的一部分。馬拉威的慈善團體是一堆食槽，多數人想盡辦法要把自己外突的鼻子伸進去，卻不得其門而入。稍後，當我知道若干在某些非洲國家施捨救濟的大人物，向饑民索求性行為做為套裝食物計畫的一部分時，我竟完全不驚訝。

有幾輛要前往黎朗威的小型巴士，不過看起來都很危險——超載、磨平了胎紋的輪胎、可以擠出鏽水的鐵絲所修補的車門、坐在車頂上的乘客，還有雙眼因印度大麻而呆滯的司機。我想找大一點、安全一點的車子，不過什麼都沒看到——只有許多死亡陷阱，以及慈善團體那些棒透了的路華越野車。「也許今天下午會有輛大巴士。」

我回到旅館，回想著過去的這幾個禮拜。我在姆彎札搭上樹叢火車走了三天、三蘭港移民局官員濫用職權、前往姆貝亞的可怕火車弄得我頭昏腦脹、在姆貝亞這個髒兮兮的小鎮，旅館超額收費、騙子坑了我的巴士車資；除此之外，要搭的車子誤點，後來一直沒出現。接著是邊境的苦鬥，穿越路障抵達卡隆加的夜間旅程之前，我在邊境碰到了意欲訛詐的小混混，以及想要收取賄賂的衛生官員，最後經歷了這趟坐在車上又長又緩慢的橫越高原之旅，來到了毛毛細雨中的穆祖祖。

不過，我已非常接近首都黎朗威了。自知幾天內就可以抵達黎朗威，於是決定打通電話給黎朗威的美國大使館。我願意在任何時間、任何地點舉行演講，我願意和學生談談，再次當個和平工作團的幫手。我那滿懷善意的訊息應該早已傳到了黎朗威，至少我希望事情是這個樣子。

我從穆祖祖落腳的旅館撥了通電話給公眾事務辦公室，有位悶悶不樂、帶些不耐的女士所表現的歡迎，讓我吃了一驚，她說：「是，是，我知道你是誰。電子郵件幾個禮拜前就收到了。」

「關於那些演講，」我說。

她打斷了我的話，事實上，她是突然插進來說話，這位公務人員說：「我還沒有幫你安排。」

「什麼都還沒安排嗎？」

「你絕對不相信我這個禮拜過的是什麼樣子。」她說。

難道，像我一樣，她也碰到了苛待、拖延、驚恐、進退不得、騷擾、詐欺、苦惱、憤怒、侮辱、疲憊、搶劫、欺騙、威嚇、歧視、忍受惡臭、挨餓嗎？

為了不向她咆哮，我掛上了電話。一開始覺得很沮喪，因為我所提議的協助，她竟然怠惰以待。但是在心胸比較寬容時，我想通了：在一個不斷有外國人出現要提供勞力、時間、甚至物質協助的文化裡，善意並不是什麼了不起的事情——事實上，善意在馬拉威是另外一種窮困的常規，那不是博愛的行為，而是一種永久的靜脈注射，是整套施捨系統中的一環。

我提議協助的教書或演講算什麼？我只不過是另外一個行使慈善行為的人，提醒著一位始終被騷擾的官員，她要比我忙多了。儘管這位大使館的小助手薪水過高、逾越本分、不正直、愛遷怒又態度隨便，但她或許並沒錯，她說：「抽個號碼牌吧，小子。好好排隊。像你這樣的人比比皆是。」

聖潔的醫生夫人

維非阿高原的早晨：霪霏細雨，立在濃霧之中的黑漆漆樹木與滑溜溜的泥路，非洲人為了不被淋溼，把塑膠袋套在頭上。早上六點半，在穆祖祖巴士終點站外的街上，有位年約六十歲的白人女士，藉著一棵香蕉樹的嫩芽頂遮擋雨水，為了不弄溼腳，她還站在一塊大石上，試著保持身體的平衡。這位非常瘦、非常蒼白的女士，在這個雨濛濛的暗晨中，張大了眼，眼光穿過山嵐，尋找著黎朗威的巴士。

她上了車，和我並排坐在前面，穿過高原時，雨水潑灑在車前的擋風玻璃上。巴士雖老舊，但寬度與高度都足以添加些安全感。每位乘客都有座位，司機是位謹慎的中年人，而且他還會踩煞車和打方向燈。

坐在我旁邊的女士是烏娜・布朗利，是李文史東尼亞傳道區來的護士。她和她的丈夫唐已在非洲住了二十七年。唐是醫生，因為數量龐大的病人，所以留在傳道區。烏娜有兩個禮拜的探親假。她前天從李文史東尼亞搭上巴士——花了一整天來到穆祖祖，在穆祖祖的髒旅館中待了一晚，今天搭上另一輛巴士——再花一整天去黎朗威。她會在黎朗威待一天等飛機飛倫敦，然後用一天的時間回到阿爾斯特的家。四天的行程可以讓她在家住一個星期，之後把搭飛機與巴士的順序倒過來重新再走一次。從穆祖祖搭機轉飛倫敦的行程根本不用考慮——太過昂貴。烏娜沒有任何國際非政府組織的資金援助——沒有白色的路華越野車、沒有手機、沒有雷射唱盤。她和她的丈夫都是醫療隊的成員，靠得是家鄉教堂所收到的捐款。他們微薄的薪水，即使以馬拉威的水準來評估都算低。他們曾要求過許多馬拉威的醫生到李文史東尼亞來行醫；那些醫生都很清楚李文史東尼亞醫院的沿革，也知道那兒對醫療人員的迫切需要。不過那些非洲醫生仍拒絕了要求。

「黎朗威以北連一個外科醫生都沒有。」她說。

獨立四十年後，這個國家的北半部依然沒有任何醫生可以進行她先生從未受過訓練的較複雜手術。

「這個國家給付醫生的薪水太低，」她說，「所以他們都離開了馬拉威，到其他收入較好的地方。」

「你們的薪水呢？」

她說：「我們的薪水請不動非洲醫生。」

我開始了解慈善事業在非洲的徒勞。這些慈善事業通常都有最良善的動機，然而最糟糕的部分是這種慈善事業完全沒有鼓舞性。外國人援助的時間太久、防範得太深，以致非洲人已經失去了做同樣工作的興致——即使非洲人真的曾經有過這樣的興致。非洲人不僅沒有自願的精神，連稍微想取代慈善工作人員從事給薪工作的意願都沒有。然而同時卻又有許多無業的非洲人，除了坐在樹下，整天無所事事。

「馬拉威政府有補助你們醫院嗎？」

「一毛錢都沒有。他們連自己的醫院都不管。」

「情況怎麼會變得這麼糟？」

「我也不知道，」她回答，「當然，這兒存在著貪污的問題。所有的部長對任何援助都要分一瓢羹。不過，我並不考慮政治問題——有什麼意義呢？再說，大批的援助始終不斷。有些人覺得這些援助本身就是問題。這兒有些醫生——艾斯珮斯與麥可．金恩——曾合寫過一本書，辯稱非洲落後的癥結就在於援助[9]。」

「你覺得呢？」

徵求她在這個議題上的看法，似乎讓她覺得很有趣，因為長期派駐在非洲的保健工作者都有個特色，那就是他們只做事，不抱怨也不憤世嫉俗。任何會把心思花在矛盾或如薛佛西斯傳說中那種日復一日進行相同工作的人，都會覺得在非洲的醫療工作令人無法忍受，而且當事人就算沒有打擊士氣的抱怨，也會出現不斷令人厭煩的牢騷。

9 此處指的是金恩夫婦（Michael Stanton and Mary Elspeth King）合著的《大裂谷：非洲、手術、愛滋、救援》（*The Great Rift? Africa, Surgery, AIDS, Aid*）一書，二〇〇〇年十月出版。金恩夫婦在馬拉威工作了二十五年，先生是外科醫生，夫人則是工藝學校的講師，此書是他們依照個人親身的經歷，對今日的馬拉威的社會政治與醫療系統所提出的責難。書中在描述馬拉威發現的第一起愛滋病例及該國當前的健康制度所面臨的巨大挑戰同時，也描述了馬拉威這個非洲最窮困的國家之一的多數人民過得是什麼樣日子，以及考慮欠周的捐助政策如何對馬拉威造成更多的傷害，而不是更多的幫助。書中有些美麗插圖，在沉重的現實描述中，也穿插了日常生活中所碰到的幽默故事。

「援助總是有附帶條件，」她說，「那並不是壞事，不過在許多時候，就沒有了當地的投入。捐助者決定所需要的東西，於是當地人就順應捐助者的計畫來取得金錢。」

針對這樣的現象，最和善的詮釋是各有各的算盤，不過比較確鑿的說法卻是欺騙。我問她，「為什麼北邊的路況這麼糟糕？」

「那條絕壁之路已經存在一百年了。曾經是條非常美麗的路，不過你看到那些落石了嗎？」她問，「過去他們用人工清理落石——這項工作需要大批的人力，不過人工很便宜，而且徒手清理落石可以維持排水溝暢通。最近幾年，當局改用捐贈者的挖土機來清理落石。他們把落石推到路邊，堵住了排水溝。於是雨水一來，整條路都被沖走，變成了一條湍流道——並引發另一場落石。」

原來捐贈者的挖土機解決方法讓問題變得更嚴重，同時也讓更多徒手挖石的勞工失業。

「政府花錢請了五個人來維護道路。後來政府終止了他們的薪水。從那時開始，這條路就每下愈況。」

「李文史東尼亞的學校看起來也相當破舊。」我說。

「那裡需要二十四名老師，可是學校現在只有十四位老師。英國小夥子要走了，所以再過一個月，大約六百個學生只剩下了十三位老師。你知道，老師的薪水低得不得了。」

我說：「如果馬拉威人自己都不願意做出犧牲，我不知道外國老師為什麼應該要去李文史東尼亞教書。」

她用最甜美的微笑打發了這個太有道理的問題。

「你們在李文史東尼亞開什麼車？」我問她，心裡想著自己隨處可見的那種慈善團體分發的白色路華越野車。

「一輛救護車，不過那輛車已經九年了，而且現在正修理中，沒有值勤，」她說，「只怕是段很不像話的經過。一個月前，我們在黎朗威買了車子的零件、工具，還有一疋要做學校制服的布。我們把這些東西緊緊地綁在貨車後面，不過就在大家上車準備出發時，幾個孩子跳上貨車、切斷繩子，把所有的東西都偷走了。」

到處都有偷竊與暴力的破壞行為，她說。在黎朗威有個男孩子從她脖子上用力拉走了她的金項鍊。她喊著「小偷！小偷！」，可是坐在附近車裡的男人卻眼睜睜地看著男孩子跑開。李文史東尼亞的船被破壞者毀損，結果湖邊兩個只能搭船抵達的診所倒了大楣。

「不過我先生很會修東西。」不為病人動手術的時間，唐都用來補船、修馬達。原來唐也認識另外兩個凡事靠自己的人，那也就是羅斯維斯夫婦。

我們又談到愛滋病。烏娜說：「這個國家的病人一定非常多，因為我們看到許多病例，而我們還是在非常鄉下的地方。」醫院工作人員也受到感染，李文史東尼亞有兩名診所人員就呈現人類免疫缺乏病毒的陽性反應。

「我們沒有辦法治療愛滋病患——沒有藥品。他們都死在家裡。我們那兒有個人疝氣問題很嚴重，可是動了手術之後，情況卻一直沒有好轉。我們替他做了檢驗，呈陽性反應。他只好回家，這個人已經死了。」

「這裡為什麼有這麼多人感染愛滋？只因為他們不用保險套嗎？」

「幾年前我也問過這個問題。」烏娜說，「愛滋病一定要透過血液傳染，可是許多非洲人還有其他性行為所感染的疾病，這些傳染病造成了感染的可能性。除此之外，我們還看到許多的健康問題，許多孩子營養不良，許多人民有貧血問題，另外還有瘧疾——這種病專門摧毀紅血球。」

我們已經過了高原上的樹林，那是大概五、六十年前栽種的一片濃密松林，本來的目的是要製作紙漿，不過計畫並沒有成功——運送木材的費用過於昂貴，管理費用也太高——結果大家把樹砍了當柴與木炭。樹林一過就是荒野、高原上的邊哨站、孤立而浸溼了的村子，以及茅草頂都已變黑、變爛了的小屋。我們在雨霧之中下山，來到了一塊平地，遼闊的平地上聳著巨石丘，就像我在坦尚尼亞和肯亞見到的一樣——大裂谷的特色，全是火山現象的痕跡。有些雞蛋形的巨石大得像座小山。

我們停車加油的地方是姆吉姆巴（Mzimba），我環顧這個市場。這兒幾乎沒有販售任何可以下口的東西，只有些滿覆塵土的根球與枯萎的綠色蔬菜。

「每年都是這個時候，」烏娜說，「農作尚未收成，但上一季的食物已經吃完了。再說，你知道，在非洲，孩子都不是最重要的。我們看過營養不良情況極為嚴重的孩子——膨脹的肚子、脫落的皮膚。有些孩子還沒來得及送到我們那兒就已經斷氣了。」

因為這位有長期經驗的醫療隊護士實在是個資訊的寶庫，所以我詢問她有關最基本的衛生問題。為什麼巴士、**馬塔圖**與其他封閉的地方都似乎比以前還要臭？是因為我現在變成了一個大驚小怪的糟老頭，所以特別挑剔？這個問題也讓她頭痛。

「噢，臭味！」她說，「當他們全聚在教堂裡——教堂裡的那個臭味啊！」烏娜閉上眼睛，在驚恐中露出了微笑。「可是你要知道，這兒沒有熱水可以洗澡。而且他們不替病人洗澡——他們認為那樣對病人不好，洗澡會讓病人發冷而病得更重。」

車子在卡孫谷（Kasungu）停留接載其他乘客，我下車舒展筋骨。大雨滂沱而下，讓我不得不躲進修車廠裡，進去後我抱怨著這場雨。

「那是因為你是歐洲人，」當我正在躲雨的修車廠中看著外面的傾盆大雨時，有個非洲人這麼對我說，「我是個非洲人。我們喜歡雨水。我們不像歐洲人那麼喜歡太陽。歐洲人幾乎一絲不掛地躺在太陽下面。非洲人——你曾經看到過這樣做的非洲人嗎？噢，絕對沒有！太陽讓我們覺得很熱。可是下雨很棒。雨水賜給我們舒適的溫度。雨水讓農作物生長。遺憾的是，現在洪水為患，帶著穗軸的玉米都爛在田裡。」

我認為這些話是一種對文化差異相當公正的評斷。

回到巴士上後，我對烏娜說：「這實在是場非常艱辛的戰爭。你曾經問過自己『這一切到底有什麼意義』嗎？」

「我們盡量做自己能做的事情，」她回答，「你知道，李文史東尼亞是個美麗的地方。湖水很漂亮。那兒的人也都有副好心腸。」

「但是改變卻是那麼少。這和我三十五年前離開的那個國家幾乎一模一樣。或許還更糟。政府根本就不在乎，所以才沒有給你們任何協助。」

這個問題的範圍太大了。她的表情看起來似乎有些遲疑，然而她的回答實際上卻是一種堅毅的聲明，「我們——只是——想點亮一小根蠟燭。」

我們經過了草舍及自耕農一小塊一小塊的菸草田，其中有些菸草正在收成，這些田全都浸在水裡。此處沒有什麼車子，不過有很多衣衫襤褸的人走在路上。

「我丈夫已經六十四歲了，很快就要退休。政府並無計畫找人接替他的工作，所以可能不會派其他人來。」烏娜說這些話時，看起來很不開心。「如果我們不在這兒，就沒有人了。」

「那事情會變得怎樣？」

「他們會死，」她簡短回答，「除了死，沒有別的結果。」

我們正在一片空曠的地區，放眼望去，除了樹叢別無他物，雲層緊壓著地平線，一切都綠油油。我一直逼問著烏娜許多問題，只不過樂觀派的烏娜也一直提醒著我，李文史東尼亞很美麗；這片斜坡的樹叢也很美麗——空空的非洲，因久下不止的雨而蔥綠。

然而她對自己的離開始終耿耿於懷，因為當我們的談話暫歇了一段長時間後，她又開口說：「以前就發生過這樣的情況。他們只有死路一條。」

她再次開始專心看著前面的路。車子這時已經進入黎朗威區的外圍村落，搖搖欲墜的小屋，除了某些是石牆外，其餘全是陋舍。我非常欽佩這個女人，特別是她的慈悲心腸。她最了不起的美德之一，就是她根本不知道自己有多麼高潔。烏娜自始至終都沒有用到任何一個故作聖潔的字詞。她完全不曉得我是個寫書的人。她的憐憫之心因現實狀況而做了調整，然而卻不曾抱怨過自己的命運。任何一個馬拉威的護士或醫師都不會走近這輛公車，更不會花三天的時間從李文史東尼亞走陸路去黎朗威。

非洲並不缺醫療，也不乏教育的技能，即使是像馬拉威這樣貧困的國家都不例外。但是願意使用這些技能的心意卻根本不存在。問題在於，外人真的應該繼續做那些非洲人拒絕去做的事情、去冒那些非洲人不肯冒的險嗎？

令人不悅的拜訪

繼續南下前，我決定在黎朗威待一個禮拜。我必須從自己馬不停蹄的旅行中休息一下，我還必須提醒自己的家人，我還活著。我選了一家位於主街上的飯店。第三世界的奢華度假區是一種錯亂的行為——馬拉威甚至在湖邊就有幾個這樣的度假區。不過，第三世界的飯店也是另一種錯亂的行為，而且和度假區一樣嚴重，因為飯店裡住的客人是經濟學者、聯合國人員、難民專家、慈善團體的大老闆、訪問的投機者與政客。這整趟旅程中，我所見到最糟糕與最昂貴的飯店都在馬拉威，而且這裡所有的飯店都有兩種收費標準——一種非洲人適用的較低價，一種外國人適用的荒唐價。這些大多都是國營飯店，由南非的管理公司負責經營。

「這是什麼？」我在黎朗威的飯店裡這麼說，手指著飯店帳單上外加的一成的費用。

「服務費。」

「服務在哪裡？沒有人揹行李、沒有人掃地、房間不乾淨、馬桶是壞的。你明白我的意思嗎？沒有服務，哪兒來的費用？」

「這只是個名目。『服務費』。一成，外加。」

慈善團體與外國捐助者對這個國家的窮困與悲慘所帶來的影響，或許還有可爭辯之處，但在飯店問題上，這些團體與個人卻絕對發揮了破壞性，因為這些人的費用全是公家報支，所以錢根本不是問題。然而他們的浪費，卻要由我們這些需要精打細算與漫無目標的流浪者來接受懲罰。只不過我曾住過很糟糕又很昂貴的飯店，所以別無選擇。我躺在飯店的床上，重複想著這段文字的寫法，而待在黎朗威那整個禮拜的白天，我則讓自己忙於撰寫那篇中篇的情色小說。

黎朗威是兩座城。一座是舊有的市集城，裡面有商店、加油站與成群衣衫襤褸、無所事事的男孩子；另一座是與舊城比鄰而居的城，比舊城新多了，是馬拉威的首都，有寬廣的街道、政府辦公室、總統官邸、官員住所、豪宅與大使館。首都的街道上處處都有士兵與警察站崗，不過在骯髒的黎朗威舊城，人人卻都在抱怨犯罪，其中又以印度店家的抱怨最甚。

印度人被哈斯丁斯．班達政黨裡的惡棍趕出鄉間後，來到了身家性命較有保障的舊黎朗威商業區，有段時間，因為政局轉變，印度人茫然不知何去何從。班達政權治理期間有個特色，那就是政治暴力雖然普遍，但民間犯罪——偷車、竊盜、強暴、謀殺——相較來說卻相當少見。這種情況已經改變，事實上與當時完全相反——強暴與謀殺現在比政治恐怖還要平常。

掌權三十四年後，班達已經下台，他的名字也從國立運動場、道路、學校與醫院中移除。把自己那張肥胖的臉印在貨幣上的新總統巴奇里．穆魯吉掌權後，街道變得不安全，闖空門的事情也變得稀鬆平常。穆魯吉曾被視為親農民、反班達的政治人物；現在卻成了一個獨裁暴君。一如大多數基督教國家中的回教徒般，穆魯吉海外最熱切的支持者之一就是格達費的利比亞政府。有句馬拉威諺語形容穆魯吉這種人是「養蟒為患」。

「以前，我們晚上可以睡在自己的家裡，」有個叫沙林姆的人這麼告訴我。他開家餐館，而我正在吃著他所準備的印度黃金餃，他過來坐到我這桌。「我們現在一點都不覺得安全。現在不可能。賊盜橫行！」

「我以前住在這裡。」我說。

「你覺得怎麼樣？」他說，覺得我理所當然應該說明。

「你來告訴我，沙林姆。」

「更糟、更糟、更糟。而且不會變好。跟以前比，變得糟糕透了！」

然而我依然走在黎朗威的街上，並到市場裡探險，只不過行事謹慎——這兒有家超級大的二手衣店，一如其他地方，行動派從慈善團體那兒弄來了免費的衣物在此零售。此處幾乎沒有任何車輛，所以非洲人都已習慣走在街道中央。曾有印度人警告我竊賊問題嚴重，但是我衣著襤褸，即使行囊裡有些值錢的東西（現金、護照、手工藝品），隨身也沒有任何值得一偷的財物。我多數的衣物都來自像這裡一樣的二手市場。

連妓女都避開我，除非請她們喝酒，之所以請她們喝酒，純粹是因為寂寞，就像在古怪時間出現在後巷餵流浪貓的那些怪老頭一樣，這其實非常類似一種取代行為。所有與愛滋相關的那些話題令我性趣缺缺。通常我會一個人坐在黎朗威飯店旁酒吧裡的樹下。有時候我會加入一桌打發時間的女孩子，跟她們聊天。這些女孩子的穿著都很規矩，甚至連態度都很靦腆。

「我們都是學生。我們都是表姊妹。」

「我是祕書科的學生。」

「我學商。」

「我在拍賣店裡做事。」

這些都是十五、六歲與十八、九歲的女孩子，沒有結婚，沒有孩子，不喝啤酒，只飲汽水。她們竊笑、私語又撒嬌，她們告訴我她們自己的事情，還問我問題，外加消遣。

「你不老啊——大概嘛——四十歲或四十五歲。」

「再請你喝瓶可樂，親愛的！」

樹枝上纏繞著耶誕燈飾，音樂輕柔，這個地方一點都不喧鬧。對歷經了趕巴士、趕卡車與趕火車從衣索匹亞到馬拉威，穿越整個大裂谷區的一個受盡虐待的旅人來說，僅僅是待在這樣的一個地方、吃普通的餐點、洗澡、把該洗的衣服都洗乾淨、聊些言不及義的話、寫寫自己的作品、填填從家裡傳真來的紐約時報縱橫字謎，就已經是種新鮮與歡愉了。

「你在做什麼，保羅先生？」

「猜謎而已。把字填進去。啊，提示是『不准喝的茶』。」

她們全靠了過來，我鼻子裡滿是香水、脂粉與髮油的味道，她們貼著我，緊緊裹住她們上身的易裂洋裝，就像我年輕時在畢業舞會裡出現的衣服。

「我猜應該是『禁忌烏龍』。行得通。」

當我填完了縱橫字謎，將報紙摺起放進袋子裡時，其中一個女孩靠了過來，用暖暖的氣息在我耳邊低語，她的嘴唇輕輕擦過我的耳朵，「我想幫你按摩，保羅先生。你帶我走吧。我很棒哦。」

最後我仍很貞節地回到了自己的房間，孤獨躺在自己那張潮溼又有些發霉的床上，緊盯著天花板上像臉孔的污漬，心裡想著：這個地方是怎麼了？

報紙頭條仍是「從貧窮到繁榮的新旅程」（報導的內容是農業部長的一場演講）、「農業區的嶄新起點」（協助菸草農民轉植柳豆與大豆的美國贊助計畫）與「菸草拍賣預測燃起希望」（只不過一個禮拜後，拍賣的價格卻跌至前年的五分之一）這類的標題。我自忖：到底怎麼了？

我對自願擔任演講者卻遭到斷然拒絕一事仍耿耿於懷，於是要求會見美國大使。像這樣的一本書，每當要回答會面者的屬性問題時，一般的形態都把對方描述為「消息靈通人士」、「西方世界的高階使節」或「巧遇之人」。但是大使與我的會面時間實在太短，而且態度實在過於輕鬆，以致整個過程完全沒有掩飾的必要，當我和大使對談的時候，大使的外交手腕讓我不得不微笑以對。

我覺得大使不喜歡我的程度，絕對不亞於那位顯然和他站在同一陣線的使館女士，那位曾對我說**你絕對不相信我這個禮拜過得是什麼樣子**的女士。大使的年紀可能跟我差不多，整體而言是位相當溫和的人，但似乎仍看得出他始終在壓抑著一股煩躁與苦悶的情緒。是因為我那套從非洲市場省錢店裡買來已經褪色的衣服？更可能的因素，應該是我偏激的挫折感、魯莽的批評與輕率的嘲弄，只不過這趟黑暗之星之旅，實在讓我備感疲頓，除此之外，非洲的前途也成為我腦中始終痴纏不休的議題。在其他的國家，我是個超然的旁觀者，然而不管多麼荒謬可笑，馬拉威的情況，卻讓我無法置身事外。

我說：「我以前在這兒教書。我對這個國家知之甚詳。我甚至會說這個國家的語言。我願意在這兒舉行幾場演講，可是你的公共事務官員卻一點興趣都沒有，也沒有做任何事情幫我一把。」

大使並未被激怒。

我又說：「我想你應該有很多這類的提議吧。」

大使輕啜著他的飲料，把一盤花生推到我的面前，像是安撫。

我再說：「這個國家沒有一點進步，我的老天啊。不然你說說看哪件事有進步？」

大使說：「現在沒有政治動亂了。以前有政治動亂。」

我說：「從卡隆加到這兒，有二十個路障檢查哨搜我的身、延誤我的行程。」

大使說：「我打算親自去趟北方。」

我說：「路況糟透了。我們得下巴士推車。」

大使說：「我上個派駐地點是剛果。在剛果，連路都沒有。」

我說：「沒有車子，要路幹什麼？」

大使說：「那兒有巴士。」

我說：「你搭過嗎？」不過這種攻擊實在太低級了，於是我又說，「菸草竟然還是經濟作物。菸草！」

大使說：「現在小自耕農都可以種植菸草了。以前菸草還是政府獨占事業。」

我說：「可是菸草已是衰退中的大宗物資。」

大使說：「咖啡產量正在增加。」

我說：「價格正在下跌。咖啡是另一項虧錢的作物。」

大使說：「當然，這都是道聽途說。不過整個氛圍讓我覺得有些改變正朝著愈來愈好的方向前進。」

我說：「當然，你是個外交官，政府付你錢讓你抱持樂觀態度。」

聽了我這番僭越的說詞，大使蹙著眉喝下了他的飲料。他一點都不喜歡我對他的誹謗。

我接著說：「說真的，我在這兒真的覺得很沮喪。什麼都不對，學校狀況一塌糊塗，嬰兒的死亡率也依然是世界最高。我覺得政府要的就是爛學校，因為無知的人民比較容易管理。」

大使說：「政府承諾要改進學校的狀況，可是老師的薪資都太低。」

我說：「那又怎樣？沒有人當老師是為了發財。」

大使說：「馬拉威在電信事業上仍有些令人興奮的發展。手機科技。或許明年吧。」

他那輕信他人的辭彙「明年」令人不寒而慄，就和他提到的手機一樣令我失笑。「我們希望是明年的這個時候」，是潔麗比夫人提到她那為了波利歐波拉加土著而制定的非洲計畫所說的話，也是狄更斯用來表現譏諷的一段話。然而大使卻和潔麗比夫人的博愛家老友奎爾先生（奎爾先生說：「廟裡有又大又亮的球飾。」）如此相像，奎爾先生的計畫是「為了教導咖啡殖民者而訓練土著搬動鋼琴腳，進而建立起外銷貿易」。為了不讓大家無事可做而造就出沒有意義的工作計畫，以及由現代的潔麗比夫人與奎爾先生所著手進行的工業，在非洲比比皆是。查爾斯・狄更斯一百五十年前的一個看似愚蠢的嘲弄構想，現在竟被大家嚴肅認定為馬拉威的希望。

我說：「哈！手機！他們會像貨運崇拜的信徒[10]一樣把玩手機！他們會把手機當成玩具來玩！」

禿子盡可以把滿腦子的不滿，光禿禿地盡情顯露出來。我的嬉鬧測試著大使的耐性，只不過即使大使頭皮的摺縫裡塞滿了憤怒，他依然保持著禮貌與樂觀的態度。我不得不佩服他的泰然自若，但我看得出來，他恨不得我馬上離開。他並沒有在我的杯子裡加水。這是提醒對方應該告辭了的有效暗示。當會面應該結束了的訊息，透過饒富含意的沉默表達給我時，我們一起慢步走過大使的花園，欣賞著他的棕櫚樹，然後我告了辭，回到自己的飯店房間裡沉思。

第二天，我撥了通電話給馬拉威大學的副校長（查證原文，因後面皆稱副校長），他是我的舊識——很久以前，我們曾在學校一同教書。他說他很高興我和他連絡。

「我只是路過，」我說。我並沒有提到自己許下的生日宏願——花一個禮拜左右的時間教書、幫忙、做些有用的事。「我想貢獻點棉薄之力——在學校辦場演講或在索切山的學校教點書。」

「太好了。到宗巴（Zomba）來——我來安排。還有，歡迎回家，**阿奇姆威內**（achimwene）。」

阿奇姆威內是兄弟二字最親愛的用法。

10　貨運崇拜（cargo cult）：太平洋西南部的群島美拉尼西亞（Melanesia）的一種宗教活動。貨運崇拜的人相信生產製造出來的西方物資（即貨運），都是古代神靈為了美拉尼西亞的人民所創，但是白人卻利用不正當的手段控制了這些物品，因此信徒在觀察了白人的行為之後，進行類似這些行為的儀式，他們認為這些儀式能夠讓貨運自行到來。最著名的例子是信徒用椰子殼和稻草做出機場、機場跑道與無線電設施，並相信這些「建設」可以引來裝滿了貨運的飛機。

第十五章　回索切山學校的後路

馬拉威人說「就算腿短，媽總是媽」，這是句老話，但也正是這種滿不在乎的態度，讓馬拉威人原諒了國家所出的各種差錯。

大多數人都不抱怨。有些人甚至洋洋得意——「路況變得更好了。」許多人如是說。嗯，在南部，事情或許的確如此，不過馬拉威實在太窮，所以只有政客才擁有見得了檯面的車子。他們在這些好路上駕著賓士，但是其他人只能在這些路上步行、騎自行車或趕牲口。孩子們把幹道當成玩遊戲的地方——鋪了柏油的路適合回彈的球或自製線圈玩具的拖行。至於巴士，由於絕大部分巴士的狀況都慘不忍睹，所以路好路壞根本沒有太大的差別。各種不同的巴士之旅，讓我的情緒落到南下以來最低點，所以在黎朗威租了一輛車。這是我在這整趟旅程中的第一次，也是最後一次這麼做。只不過，此時變成了駕駛的我，不斷在路障檢查哨被警察騷擾。

「拉開你的靴子，**老爺**。」一位重武裝的警察在一個關卡處這樣命令我。

「你們在找什麼？」

「毒品與槍枝。」

「你們找到過那種東西嗎？」我問。

兩名警察助手拿著來福槍戳弄我放在後車廂裡的行李，其中一個還大力吸氣，就像隻嗅覺靈敏的警犬，專門搜尋馬拉威稱之為**強巴**（chamba）的印度大麻，這種東西在馬拉威隨手可得，價格也不昂貴。

「今天結束前，我們一定會找到些違禁品。」警察這麼說。

老友證實了我的觀察

除了路障外，去宗巴的兩百哩路程愉悅極了。我慢慢開著車，非常喜歡自己的交通工具所帶來的自由，以及這些每座都孤獨站在綠色平原之上的怪誕山巒所帶來的荒涼。在我眼裡，這些全是獨一無二的非洲景色，一如山下吃草的動物般獨特，因為這些大裂谷的巨石都是太陽烘焦的灰色山岳，有如某個史前灼熱時代的一個火山口砲嘴所噴吐出之物，平滑又孤獨，既非全然的孤崗，也不盡然是方山，有些是蛋形，有些則像外國水果。我想起自己第一次看見這些奇山的感覺，那時腦海中留下深刻印象，自覺是在一個特殊的地方，在非洲的黑暗之星。在其他國家旅遊，從未見過如斯景色。

鋪設好的路段，曾一度只是輪痕纍纍的紅土小徑。一九六四年，我前往湖邊的穆阿（Mua）痲瘋病院時所搭乘前往巴拉卡的鐵路線已遭棄用——痲瘋區也已廢除。以前在黎朗威要穿越因洪水而滿溢的黃棕色夏爾河所需搭乘的渡船，如今也被一條橋取代。這全都是進步的表徵，可是在這些新通道上的非洲人，卻衣不蔽臀，而且依然赤腳步行。

我漫無目的開著車，由於停下賞鳥或與農民攀談的次數太多，結果天黑之後都還沒抵達宗巴這座山城。宗巴的主街上沒有燈光，大家都在黑暗中行走，有人輕巧，有人踉蹌。朋友教了我怎麼去宗巴俱樂部，要我到了那兒再打電話，他會來和我碰面，帶我去他坐落在高原險坡上那很難找到的家。

宗巴這座尼亞沙蘭時代的小小植茶保護國，曾是英國在馬拉威具體呈現的首都。這座依舊小的城鎮，是宗巴高原邊緣一堆錫頂紅磚建築物的聚集之處。從幹道開始，高原看起來像片披掛在綠色布疋上的鐵板，而高原的高度也可以讓人從很遠的地方就看到它的存在——眾多高原的山峰中，還有一座山巔逾六千呎。崎嶇的山坡迷霧濛濛，部分高原未開化的程度，仍足以讓土狼群、小型條紋羚羊，以及大批大批的猴子、狒狒安居樂業。英國治理時期的特色依舊深植於宗巴較低矮的山坡上：紅磚的總督府、紅磚的英國聖公會教堂、紅磚的公務人員小屋宿舍、紅磚的俱樂部。這些建築物現在連錫頂都已鏽蝕成紅磚的顏色。

宗巴賽馬俱樂部（Zomba Gymkhana Club）在英國人時代是開墾者聚會與社交的中心，荒謬的是，會員資格是依照膚色嚴格限制，白人主導，再加上數名印度人和幾個有著古銅色皮膚、當時被稱作「有色人種」（Coloureds）的混血傢伙。即使在馬拉威獨立後，俱樂部裡仍是清一色的白人——愛馬的男男女女、板球和橄欖球迷。那兒沒有足球迷：因為大家都把踢足球看成是非洲人的運動。

那時候，我不是任何俱樂部的會員，但偶爾會不情不願地出席英國人狂熱的聚會，那些身穿俱樂部的運動夾克和羊毛外套（衣服上寫著「這是我的英國毛衣」）的英國佬，一面大口牛飲著啤酒，一面說「讓非洲人自己留在這兒吧，他們會拆了撞球檯、喝得醉醺醺、帶著他們流著鼻涕的黑小鬼到酒吧裡來。有些非洲女人還會在遊戲室裡餵奶」。我認為這些話既無禮又帶著種族歧視，然而儘管令人不悅，這些話卻相當具先見之明，因為現在撞球檯邊喧鬧的青少年，正在用球竿戳著已經裂開的毛氈，吧檯上也堆滿了醉鬼（只不過沒有小孩，而且現在已經沒有人用「黑小鬼」這個粗魯的辭彙了），另外有個女人在飛鏢靶下餵奶。然而，儘管這個地方的結構變得很糟，氣氛還是和以前一樣。

仍有些英國遺跡留了下來——好幾對條紋羚羊（kudu）與南非小羚羊的角高掛在牆上，玻璃盒裡裝著積滿灰塵但整齊綁著的假餌釣鉤，釣鉤分類排列，鮭魚愈大，魚餌也愈大，小釣餌用來釣小魚。月曆和現在脫節了好幾個月，畫像被移開了、地沒人掃，而過亮的燈則讓室內顯得更髒、更讓人不舒服。

我一面坐著喝啤酒、記錄著這些觀察到的現象，一面等朋友。

沒多久，我的朋友熱情地用兩種語言來歡迎我。這個人是大衛・魯巴迪里（David Rubadiri），第一次見到他是一九六三年，當時他是我任教學校的校長，索切山——正確的念法應該是索恰。獨立時期馬拉威因缺乏大學畢業生，魯巴迪里從學校被拔擢出來，進入外交界服務。當時的首相哈斯丁斯・班達任命魯巴迪里為馬拉威大使，派駐華盛頓。魯巴迪里在華盛頓發跡，一直到獨立三、四個月後，國內突然發生了權力傾軋。內閣譴責班達獨裁，他們口頭攻擊班達，還在國會裡進行了一場不信任投票。遠在國外的魯巴迪里也加入了反班達陣容，這個事件後來轉變成武裝政變，可是班達在這場政變中活了下來，並在事後對譴責者進行秋後算帳。當初曾反對班達的人不是離開馬拉威，就是加入了地下游擊隊奮鬥。班達繼續掌權三十年。

魯巴迪里不僅因選邊站而在政治上出醜，那次的武裝政變也讓他丟了飯碗。他去了烏干達，在馬可雷雷任教。當我幫助他的事情變得天下皆知後——我開了兩千哩的路，穿越樹叢，把他的車子送到烏干達給他——我就被控協助叛軍，頭上戴了頂革命的帽子。一九六五年下半年，馬拉威將我驅逐出境，和平工作團也免了我的職（「你危害了整個計畫！」），後來在魯巴迪里的協助下，我也受僱於馬可雷雷。前一個星期還只是個學校教師的我，到了下個星期卻成了大學教授。生命的危險、社會的實踐主義、革命的熱潮、第三世界的政治及單純的舉動，成為一九六〇年代那齣戲碼的特色。[1]

就這樣，魯巴迪里和我的事業開始糾纏不清。我們做了三十八年的朋友。他的運氣在馬拉威更換政權後又開始上飆。九〇年代中期，他被任命為馬拉威駐聯合國大使，四、五年後，成了馬拉威大學的副校長。他有兩位妻子、九個孩子，年近七十的魯巴迪里，頭髮灰白、氣質顯貴、年高德劭，一如他在英國大學進修時曾扮演的奧塞羅將軍一樣。魯巴迪里只要黃湯下肚，有時會揚起他的手、翹起一邊的眉毛、用低沉含混的聲音說，

> 稍待；走前我有一、兩句話要說，
> 我曾為國家立下些汗馬功勞……[2]

在宗巴賽馬俱樂部裡再次見到魯巴迪里實在太棒了，依然活蹦亂跳的他，是個從遙遠過去所存留下來的人。我尾隨著他的車子，沿著宗巴高原的側邊穿過一條Z字窄道——看門狗與夜間值勤的守衛不時從黑暗中衝出來——讓我有機會瞄一下居家的官僚老爺們。這些前英國官僚住所現在都成了非洲官僚的房子。魯巴迪里曾經住過英國高級行政長官的官邸，那是棟插立在一面陡坡上的殖民式平房豪宅（錫頂、磚塊與灰泥牆），向外不規則延伸，坡頂是一壇花園。

魯巴迪里的兩位妻子只有一位住在這兒——她的名字是葛楚德（Gertrude），我認識的她是個聰明又明理的人。她和我打招呼，歡迎我的到來，要我把這兒當成自己的家。

---

1 原註：這個將自己牽連在內的冷酷故事，我在發表於《海怪的日出》（*Sunrise with Seamonsters*）的〈置哈斯丁斯・班達於死地〉（The Killing of Hastings Banda）一文中有詳盡的描述。

2 這是莎士比亞《奧塞羅》中最後一場戲，奧塞羅在自戮前所說一段話的開頭兩句。奧塞羅知道自己錯殺了妻子後，悔恨不已，對來逮捕他的人說，希望他們能照實呈報整件事情。

「一個小時內開飯。」

「該是你和一些學生聊聊的時候了。」魯巴迪里說。

我們於是沿著山坡往下走到大學會館，這是另一個二〇年代留下來的輝煌酒吧，我在那兒對一群學生、老師演講——另外一次鼓勵性的演講。我立刻認出了其中有個人是我以前的學生——和以前一樣胖嘟嘟的臉與大大的頭掛在窄窄的肩膀上，和以前一樣嚴肅但眼皮厚重的眼睛，讓他看起來有些矛盾。他的頭髮都白了，不過除此之外，這個人依然是山姆．孟派切圖拉（Sam Mpechetula），穿了鞋的山姆．孟派切圖拉。上次看到他時，他還是個光著腳、穿著灰色短褲的十五歲少年。山姆已經五十二歲了，穿著西裝，打著領帶。

山姆說他恰巧人在宗巴，聽到我要演講就出席了。他結了婚，生了四個孩子，現在在黎朗威外的布恩達學院（Bunda College）當老師。現在我至少可以說已經有個學生繼承衣缽，在馬拉威的課堂裡，接替我的位置擔任英文老師。這曾經是我眾多謙遜的目標之一。

「你還記得我們學校嗎？」我問。

「那是所好學校——最好的學校。那是我生命中最棒的一段時光，」山姆回答，「和平團的那些傢伙真不賴。他們把牛仔褲和長頭髮引進馬拉威。」

「真是造福後人啊。」我這麼說，因為魯巴迪里正在聽我們說話。

山姆說：「和平團的那些傢伙願意和非洲人交談。你知道嗎？在他們之前，白人從不跟我們講話。」

魯巴迪里問：「你真記得這個人啊？」

「噢，當然。當他被宣布為『禁民』時，我們都很難過。」

禁民就是禁止入境的人。那是我協助魯巴迪里所得到的獎賞。

「大概在同一段時間，傑克．馬潘傑[3]也教過我們。你還記得他嗎？」

那是另一起政治橫禍：傑克．馬潘傑因為寫了馬拉威政府認定為反動的詩作而入獄服刑十年。山姆向我簡述了我教過學生的最近情形——許多人都已過世，有些離開了這個國家，不過還是有不少人在這個國家的各個崗位上做著有用的工作。我以前的這些學生中，現在有相當大一部分都是職業婦女。

那天稍晚，用過晚餐後，有人再次提醒我馬拉威婦女的能力與敏銳的眼光。那時魯巴迪里已經就寢，他的妻子卻尚未安歇，她一面喝茶、一面說了許多話。葛楚德是個矮小卻結實的女人，圓圓的臉，有力的手臂，陷坐在一張沙發的椅墊中，身軀稍稍前傾，看起來很機警。她很聰明，而且在她那個年代，受過相當高的教育，曾在南非的海爾堡大學（Fort Hare University）就讀。當過游擊隊戰士、後來成為辛巴威反覆無常的總統的羅勃特．穆加貝，就是她的同班同學。我們稍稍聊到了他，因為穆加貝在那個月份騷擾白人農民的程度實在太嚴重，因此還有人警告我要離辛巴威遠一點。

「穆加貝以前非常用功——我們都叫他『書呆子』。」

由於是個客人，我深怕自己出言不遜，因此一開始只嘗試性地暗示說這趟回到馬拉威，我看到一個比以前還要不堪許多的國家。但葛楚德明白我的意思，因為她也離開了很長的一段時間——也許二十五

3 傑克．馬潘傑（Jack Mapanje）：一九四四年出生的馬拉威詩人，一九八七年未經審判即鋃鐺入獄，入獄前曾在馬拉威大學的校長學院教授英文及擔任該學院英文系系主任。入獄後，國際上雖有如二〇〇五年的諾貝爾文學獎得主品特（Harold Pinter）、語言學大家強姆斯基（Noam Chomsky）等知名人物替他奔走，但直到一九九一年才被釋放。出獄後認為自己生命有危險，因此離開馬拉威，目前定居在英國約克夏郡，任教於新堡大學（University of NewCastle-upon-Tyne）。

年吧。

「情況愈來愈糟，」葛楚德毫不遲疑地說，「一九九四年回來時，我嚇了一跳。這兒的窮困真的讓我瞠目結舌。我沒有辦法相信人民可以這麼窮。我看到一個手上只有很少很少錢的男孩子想要買肥皂——他需要一個**夸恰**（kwacha）[4]，但手上的錢還不到一個**夸恰**，最後只好離開。大家都衣衫襤褸。街上都是垃圾。」

「我注意到了。」我說。

「不過你知道嗎？兩個禮拜之內，我就對這些狀況視而不見了！」

「你剛回來的時候，還有什麼讓你驚訝？」

「年輕人在家裡說話的樣子，實在讓我覺得很不舒服，有些還是我的子姪輩。如果我問他們問題，他們就用另外一個問題回答我，有時候說『**希．恰皮塔**？（那又怎樣？）』，這實在非常不合傳統——一點都不尊重對方。我如果請他們把糖遞給我，他們會這麼聳聳肩，依然坐在原處說：『希．瓦沙？（不是都用光了嗎？』真是令人咋舌！

「大家八卦的情況也令我驚訝。你知道我們一直都是個嫉妒的社會。有人從國外拿到博士學位回國時，我們就說博士的英文縮寫（Ph.D）代表的是「拉下馬」（pull him down）。他們對這個人說長道短，然後還說這個人太驕傲。最近我參加一場喪禮，又聽到大家嚼舌。你可以想像嗎——在喪禮上？

「而且我們國家變得好髒——大家都在街上亂丟垃圾。不僅個人的清潔程度變低了，個人在習慣上也都不再像以前那麼愛乾淨。你在巴士上就可以注意到這一點。臭味。還有，你看到大家推擠的樣子了嗎？以前絕不會人這麼做。往人多的地方去或彼此推擠這種事情，根本就不存在於我們的文化之中。我們的文化有明訂大家需要空間。僕人會給你空間——因為他會站到旁邊去。人與人之間彼此都會留下空間，所以推擠是非常不自然的事情，可是照樣還是常常發生。沒有人尊敬老人。沒有人讓座給我。或許我是因為老了才會說這些話！

「到底哪裡出了問題？難道班達掌權那些年間，都是他們在告訴人民該怎麼做、該保持整潔、該尊重別人，而現在人民說『老頭子已不在位，所以我現在盡可以搞得髒亂兮兮，以彌補過去那些年的整潔』嗎？

「還有，這兒都是外國慈善組織在替我們工作——好多好多人！他們改善了什麼？他們會永遠待在這兒嗎？以前還沒有這麼多的人。為什麼這麼久了之後，我們依然需要這些人？大衛說我是個悲觀者，不過說實話，我實在覺得有些慚愧。」

入寢時，我心裡想著，原來這一切都不是我的想像。

依舊泛政治與官僚的機構

第二天早上出發去造訪我的學校，車子要沿著宗巴至索切山的路走上四十五哩。人生中有些旅程實在太重要，以致我們會把這些旅程當成頑念般不斷在腦子裡預演，這並不是為了要準備好自己去迎接這些旅程，只是為了預先設想這些旅程、為了享受這預測的甜美滋味。我在腦海中想像著這趟沿著窄徑走向索切山的返鄉之旅，已經好多年了。在更深一層的意義上，此次的返鄉要比回到從小長大的麻州梅德福（Medford）老家意義更深。在梅德福時，我只是眾多想努力離家開始自己生活的其中一人；然而在

4　一個夸恰：不到台幣五毛錢。

馬拉威、在索切山的學校裡，我卻是單槍匹馬地創造了自己的生活。

在非洲，我第一次隱約感覺到日後可能過著由寫作、孤獨與危險主導的生活形態，而且當時二十出頭的自己，也已體驗到了那些含糊的歡愉。很早我就了解了許多前人所發現的事情，那就是非洲正因為充滿了危險，所以代表了荒野，也代表了各種可能性。在非洲，我不但有寫作的自由，還有新的寫作題材。

我認識的非洲不是觀光客或獵捕大型動物的獵人所知道的狹隘生活，更不是外交官員所體受到的罕見或受到誤導的經驗，而是一種在樹叢之間胸懷大志的放逐所帶來更具啟發的過程。我那時身無分文、無名無權，但在馬拉威，我開始認同亞瑟・蘭波與格雷安・葛林，也是在非洲，我開始對厄尼斯・海明威產生一輩子的嫌惡，從他的獵槍到他矯揉造作的散文，無一不厭。海明威版的非洲始於獵殺大型動物，也終於獵殺大型動物，因為這樣做才能展示動物的頭顱，讓訪客對他的英勇留下深刻的印象。這種薩伐旅得來全不費力，只要付錢，就會有人帶你去看大象、花豹。除此之外，你還可以和卑屈的非洲人攀談，他們是比聽話的奧柏倫柏人[5]更順從的非洲一般人。至於非洲那人性的一面，則是在午後造訪某個色彩鮮豔的村子。這就是為什麼在各種非洲旅遊中，最容易看到、也是最容易誤導他人的那種，就是海明威式的體驗之旅。從某些角度來看，一些以餵食他人的痴纏之念做為動力的慈善組織，都和海明威式的經驗有關。因為我所見過的慈善救濟人員，絕大部分都會在某方面讓我聯想到圈養、丟食給動物的人，就像在飽受久旱之苦的野生動物區裡，公園管理員對動物所做的事情一樣。

在非洲的教書經歷，得來不易，不過所費少得多，而人類大愛卻多得多。我是個幸運兒。為了怕中籤當兵，我加入了和平團，成為最早派駐尼亞沙蘭的幾批自願工作者之一，那時尼亞沙蘭還是個尚未獨立的非洲國家。這番際遇讓我經歷了英國殖民地的最後一口氣、不確定的政權轉換過渡時期，以及那充滿希望的黑人治國主張。另一份幸運是我得以就近觀看這段過程，而非洲人治國，儘管必要，但在馬拉威，卻是從第一天開始，就成了另外一次的君主獨裁。

在學校教書，是了解人民如何生活及他們自己想要些什麼的最理想方式。我當時的工作，讓我在非洲的存在名正又言順。我從來不想做個觀光客。我想遠遠走開，愈遠愈好，夾雜在我可以與之交談的人群中。在馬拉威，我實現了這個願望。我最愛非洲的一點，是那裡似乎仍是塊尚未完成之土，多多少少依然存在著未知與有待發掘之處，無聲卻堂而皇之地躺著，有如亞斯文採石場裡巨碩的方尖石碑。有瑕疵的美麗之物雖然困臥在石堆中，然而只要有機會矗立，石碑將聳挺一百五十呎。對我而言，那方石碑就象徵著我所認識的非洲。

當時的舊愛，如今依然是我的摯愛：村莊生活、不屈撓的人民、鞍形的石巒，還有蟻丘比所有小屋都高的平原。以宗巴為起點的路上什麼都有——眺望幾乎可及的莫三比克景色、散落著稀疏樹木的熱帶大草原、小村落、販售馬鈴薯與甘蔗的路邊小攤——馬鈴薯和甘蔗都是玉米尚未採收那段缺糧乏穀時期的食物。我喜歡鄉間非洲的甜美嗜睡感覺，總會讓我覺得很安全。

我並沒有直接開車到學校去，而是在學校附近的林貝小城稍事停留，這個出現得有些莽撞的小城，城緣髒兮兮的，但有些戶外的商業行為——修理自行車、汽車、製棺；不過除了戶外生意，其他全亂糟糟，到處都是垃圾與社會低下階層的人民、小生意與店舖、數量激增的酒吧和令人裹足猶豫的診所。我

5　奧柏倫柏人（Oompa-Loompas）：羅德．道爾（Roald Dahl，一九一六—一九九〇）筆下《巧克力工廠的祕密》（*Charlie and the Chocolate Factory*）中在威利．旺卡（Willy Wonka）巧克力工廠內工作的人。根據《巧克力工廠的祕密》的描述，奧柏倫柏人來自倫柏國（Loompaland），也是旺卡允許在工廠裡工作的唯一一種人。他們身高及膝，工作所得是他們深愛的食物可可豆。

開車在城裡繞，希望能找到路標及我以前喝酒的椰林酒吧（the Coconut Grove）、林貝市場，以及直到獨立前，每場電影放映之前都會播放〈天祐女王〉[6]的彩虹電影院。

鄉下似乎比以前空曠，但城裡人口卻更多——而小城也變得更大，看起來也更顯簡陋。我停好了車後走進一家銀行，想用信用卡預支些現金。

銀行員說：「交易要三天才能完成。」

排在我後面的非洲人替我嘆了一口氣，並說：「這應該是一個小時都用不到的事情。真討厭。」

我放棄了領錢的想法，轉而和這個人攀談。他是個馬拉威人，強納森．班達博士（Dr. Jonathan Banda），是喬治城大學的政治學老師。一九七四年還很年輕時就離開了馬拉威，後來在許多國家旅遊、深造，最後在美國拿到博士學位。他剛回馬拉威，對自己親眼所見的景況覺得很失望。

「環境骯髒——糟透了。」他說。

我們站在林貝的主街上，夾在人群之間。強納森．班達因為長久以來都住在國外，所以營養充足，比他的馬拉威同胞要高、要壯，看起來像運動員，也擁有運動員那雄赳赳的自信，挺直的身軀，果斷的站姿。他的姿態與嘴邊多疑的笑很契合。

「人民貪婪而注重物慾，」他繼續說，「人懶，不尊重別人，互相推撞，待人態度惡劣。」

「你在這兒做什麼？」

「探望我的家人，不過我也想回來教書。最近才去馬拉威大學面試。」

我聽得很仔細——畢竟，我正住在馬拉威大學副校長的家裡。

「結果呢？」

「接受了一堆官員的質詢。他們問我的政治觀點。難以置信吧？如果我教的是科學或地理，就不會有問題。不過我的專長是政治學。我回答他們『我不偏袒任何政黨』。」

「他們怎麼說？」

「他們不喜歡我的答案。我說：『我想教導我的學生自己決定——建立學生自己的政治概念。那才是我覺得重要的東西。』他們彼此對看，然後其中一個人說：『我們沒有辦法付你那麼多薪水。』」

「我確定他們的薪水一定比喬治城少。」我說。

「我才不在乎。我對他們說『沒有問題。我是來這兒學習的』。」

可是班達博士並沒有獲得那份工作。他確信自己因為政治原因才未被錄取，還說當時若讚揚政府與執政黨，很可能結果就不一樣了。

我想到了美國大使對我說的話，於是問他，「有位外交官對我說，這兒完全沒有政治恐怖事件了。是真的嗎？」

「也許吧，不過這兒有一種非常弔詭的政治壓力。」

他似乎是個非常敢言的人，於是我又問他那些始終困擾著我的慈善團體和救援人員的問題，也就是坐在白色路華越野車車內的那些做好事的人——這些人改變了什麼？

「不多——因為所有的援助都具政治目的，」他回答，「這個國家獨立之初，公共設施少之又少，現在依然沒有太多公共設施。捐贈者的捐獻不是為了發展，他們只是想讓這裡維持原樣。政客最喜歡原地踏步，因為他們痛恨改變。獨裁君主最愛救援，因為救援幫助他們保住權勢，所以發展不足有一部分也要歸因於救援。救援行為既非為了社會目的或文化目的，更不是為了經濟目的。非洲低度開發的主要原

6〈天祐女王〉（God Save the Queen）：英國國歌。

因之一，就是救援。」

「這是你說的，我可沒這麼說，」我答腔，「這兒的慈善救援人員多如過江之鯽。」

「所有的這些車子——隨便往那兒看都可以看得到。」他精準地說出了我的感覺。

「那麼你覺得要怎麼樣才能變得更好呢？」

他說：「改變也意謂著要等所有的老人都死光殆盡。所以大概還需要四十年。」

「如果所有捐款者都抽腿離開呢？」

「這或許也行得通。」

我祝他好運後，繼續朝著主街上走，想要確認自己的一份老舊記憶，我想去看看馬拉威審查委員會（the Malawi Censorship Board）是否一如既往地運作。的確，這個委員會依舊存在，而且仍是一個位於鎮東堅固的自有大樓中的政府機構。該機構人員眾多，所有員工的名字都列在大廳的一塊板子上——執行理事、助理理事、會計、打字室人員、審查室技術人員及其他——總共約三十人。

我隨便敲了一間辦公室的門，發現一位穿著細直條紋西裝的非洲人坐在辦公桌後，手肘邊有本翻開的聖經——除此之外，辦公桌上整齊清潔。

「打擾了，請問有更新的名單嗎？」我並不確定自己在問些什麼，所以刻意問得曖昧不明。

「我可以賣你這個，」他一面說、一面遞過來本小冊子，冊子上的標題是**遭禁出版品**、**電影**、**唱片一覽表**，**附補禁品明細表**，日期是一九九一年。「請支付五夸恰。」

他調整了一下自己的領帶，接著翻開一本標著審查委員會會計部門的分類帳簿，辛苦填寫著一張一式三份的冗長收據，然後在收據上蓋章，撕下一張影本給我。[7]

「你們沒有一九九一年之後的資料了嗎？」

「我查查看。你對哪方面感興趣？」

「我想要寫些關於審查制度的事情，」我回答，「我正在研究這個議題。」

「請在這兒等一下。我需要你的名字。」

我在一張紙片上寫下名字後，他就拿著紙片離開了辦公室。他離開的這段時間，我打量了下身邊環境——牆上貼了許多振奮人心的標語、一張穆魯吉總統的肖像，書架上還有些宗教小冊子。這個人的聖經翻開在〈以西結書〉（Book of Ezekiel）之處，也就是地獄之火的懲罰那些章節，「對罪人的威脅」這種公然的譴責，其實就是馬拉威審查委員會的任務主旨，只不過這章大量露骨的意象描述，卻很可能會被視為馬拉威讀者不適閱讀的內容。〈以西結書〉從第二十三章第二十節開始[8]：「阿荷利巴……卻比她姊姊更墮落、更淫蕩……不斷賣淫……她迷戀那些體格像野驢一樣雄壯、精力像野馬一樣充沛的情郎。」

矛盾的是，馬拉威的禁書名單，在任何一個文明國家，都可以成為大學一年級學生的閱讀書單。翻閱著查禁一覽表冊，我看到上面包括了約翰．厄普戴克[9]、格雷安．葛林、柏納．馬拉莫[10]、諾曼．

---

7 所有這些工作索取的美金價錢只合一塊多台幣。

8 作者誤植了節數，這段文字是由以西節書第十一節至二十節內擷取出。

9 約翰．厄普戴克（John Updike）：一九三二年生的美國小說家、詩人、評論家與短篇故事作家。多產的厄普戴克最著名的作品，大概非「兔子」系列莫屬，其中《兔子致富》（*Rabbit is Rich*）與《兔子休息》（*Rabbit at Rest*）二書更為厄普戴克贏得了一九八二與一九九一年的普立茲獎。除了小說、短篇故事、詩作與評論文章外，厄普戴克也著作童書。二〇〇三年出版的《早年短篇小說集》（*The Early Stories*），使他榮獲美國國際筆會／福克納小說獎。

10 柏納．馬拉莫（Bernard Malamud）：一九一四—一九八六，出生於紐約猶太家庭的美國作家。馬拉莫以短篇故事著稱，迂迴的嘲諷內容常以都市裡夢幻般的猶太移民聚集區為背景。他最為人知的小說《調停人》（*The Fixer*）為他贏得了一九六六年的美國國家書卷獎，另一本小說《天生好手》（*The Natural*）則改編成電影。

梅勒[11]、三島由紀夫、D. H.勞倫斯、詹姆斯·包德溫[12]、寇特·馮內果、夫拉迪米爾·納布可夫、喬治·歐威爾。《動物農莊》也在禁書名單上——更不出所料的，禁書單上還有書名如《隨便的寶琳》（*Promiscuous Pauline*）與《女學生性事》（*School Girl Sex*）等書籍。薩爾門·魯西迪的名字也在查禁單上——當今總統是回教徒，所以理由不言而明；我的名字也在查禁單上——經過了這麼多年，我那本故事背景設在馬拉威的小說《叢林愛人》（*Jungle Lovers*），時至今日，依然是本禁書。

審查委員會的公務員還沒有回來。看來，在他們把我的名字與名單上那位邪惡的作家連在一起前溜之大吉，應是現在的上上之策。我躡手躡腳地走出了辦公室，走廊上空無一人，所有辦公室的房門緊閉，我於是像片聚集在附近山丘上的暴風雲般，倉促離開。

走過從前

我在馬拉威稱之為**奇裴洛尼**（chiperoni）的一陣細緻、料峭又水霧飄飛的迷濛中，開車從一條熟悉的路徑離開林貝：上坡路段要穿越一片比以前要小得多的森林，和一個比以前要大得多的村子，現已鋪設好的路面，曾經只是一條泥徑。爬向索切山較低山坡的這條後路，雖然狹窄但路況良好，讓我充滿了希望，因為我認定這條有所改善的路，表示學校的狀況也有進步。

但我錯了，學校幾乎面目全非。原本在大片樹叢中的一串校舍，現在成了一片空曠泥地上遭人棄置的頹敗屋舍組合。樹已倒，雜草與胸齊高。乍看之下，這個地方乏人管理得有如棄地：破碎的窗、虛掩的門、霉菌叢生的牆面，還有創傷累累的屋頂，附近僅站著寥寥數人，無所事事的他們，只是盯著我瞧。

我走向自己以前曾經住過的房子。那如今已破舊不堪的建築物，曾經坐落在籬笆後、藏身於花朵簇簇的樹叢圈中，然而濃密的樹叢已不復見，取而代之的是一小畦淩亂的菜園，裡面是枯萎的玉蜀黍，菜園一角另外種著木薯。高大的象草[13]——樹叢的象徵——現在幾乎喧屋奪舍，緊緊逼鄰著房子。整棟建築物貼貼補補、飽受太陽烤炙，其中一面滿是油煙的牆是炊火添加燃材之處，陽台的屋頂破損失修。車道上散置著墊子，墊子上是一堆堆要曬乾的白麵粉——只不過雨水開始把麵粉都變成了麵糰。一捆捆的薪柴也亂七八糟地丟堆在廚房外。

對不熟悉非洲的人而言，這幅景象正是失序的最佳寫照。不過，我了解的更透徹。這裡所發生的過程叫做轉型，是一棟英國式的獨間木造小屋轉型成一棟實用的非洲小屋，一棟沒有繽紛色彩的小屋，甚至可說是一棟沒有任何可愛之處的小屋。不過，我並沒有立場責怪為車道尋找其他用途、砍下樹木當柴燒、砍倒籬笆，或在我曾經種牽牛花的花園裡種植木薯的住戶。但是我依然惋惜著屋舍裝飾與屋簷剝落的油漆、哀嘆著腐壞的木頭、破裂的磚造物及滑落在窗櫺外的窗戶。村子裡小屋的維護狀況還比這兒

11 諾曼・梅勒（Norman Mailer）：一九二三年出生的美國作家，被認為是非虛構小說（nonfictional novel）的改革者之一。二次世界大戰時，梅勒受徵召入伍，在南太平洋服役。依據自己二次大戰時的親身經歷，他完成了讓自己一舉成名的著作《裸者與死者》（*The Naked and the Dead*），企鵝出版社的當代圖書館系列還將此書選為一百本最優小說之一。梅勒在政治報導文章、傳記文學方面都相當著名。

12 詹姆斯・包德溫（James Baldwin）：一九二四—一九八七，非裔美籍作家，著有長篇小說、短篇故事與散文，最著名的作品為《上山去說》（*Go Tell it on the Mountain*）。包德溫大多數的作品都與二十世紀中期美國社會的種族與性別問題有關，曾參與美國人權運動。

13 象草，又稱為納皮爾野草（Napier grass）或烏干達野草（Uganda grass），屬禾本科，色呈黃色或紫色，因繁殖迅速，在台灣被列為有害的外來植物。這種又高又密的野草，原生於非洲熱帶大草原的湖床與河邊等肥沃土地上。非洲當地農民常砍來當作牲畜的食料。

好。這棟乏人修繕的住所頹倒是指日可待的事。

「請問，你在找什麼人嗎？」

曾經是我的住處的現有住戶從屋裡走了出來，他打著赤腳、身穿一條污漬斑斑的褲子和一件汗衫，臉頰上沾著麵食屑。這位住戶剛才正在吃飯。

「不是。我只是路過，」我說，「我以前住在這兒。六〇年代的時候。」

「好久以前！」

這個說法讓我覺得非常有意思，因為三十五年對我來說一點都不長，而在亙古不變的非洲心中，三十五年更顯得微不足道。不過，那畢竟是他出生以前。這個人並沒有自我介紹，也沒有對我表示歡迎，在這兒，這都是極其不禮貌的行為。他沒有問我為什麼曾住在這間屋子裡，也沒有問我那時在這裡做什麼。他舔乾淨了嘴邊的食物，雙手交疊。這個人只不過是個在自己村屋裡吃著村食的村民而已，我才是外侵的人，來自另一座星球。

「這是間非常老舊的屋子。」他邊說邊回頭檢視這棟小屋。

「其實也不是非常老舊。」

「大概是獨立時期蓋的。」他說，就像提到了久遠以前的遠古時代。

獨立是在一九六四年，但是在一個大家都早婚、年紀輕輕就產子及早逝的地方，這已經是兩代前的事情了，以非洲時間來算，獨立已經離他非常遙遠了。

羅斯維爾的舊宅就在隔壁，比這棟小屋大多了，但屋況也是慘不堪言。對那兩位園藝技能高超、連細節都不放過的園丁而言，未除草就種植花木簡直是場噩夢。不過這也是種轉型。羅斯維爾夫婦時代，玫瑰與羽扇豆的位置，現在有株結實的玉蜀黍冒了出來。這幅景象生動刻畫了非洲的生活，那是攸關存活而非適應的故事。

「羅斯維爾夫婦曾住在這兒。」

「本人在下我並不認識他們。」

「馬丁．羅斯維爾爵士是這所學校的創辦人。他和他的夫人都在這兒教了許多年書。」

這個人聳了聳肩：一點都不清楚。

「他們已經去世了。」

「噢，遺憾。」不過他的表情更像猜忌而不是遺憾，就好像我在舌粲蓮花讓他失去戒心，或許為得是要伺機搶劫一樣。

「你是老師嗎？」

「教溝通與其他科目。」他回答。

「謝謝。我得走了。」

「拜拜，先生。」

前往其他教師宿舍的路上，我見到更多充斥著雨漬霉菌的牆壁、下陷的屋頂、破損的窗子、斷裂的陽台。霪霪細雨開始變大，而雨水、泥巴、滴水的樹及磚塊上綠色的黏稠物質，都與我感受到的鬱悶非常貼切。

我遇見站在溼路上聊天的兩位老師。他們自我介紹是蘇格蘭伐夫郡（Fife）來的安．荷特（Anne Holt）與馬拉威人傑克森．葉卡（Jackson Yekha）——都是這裡的新老師。

「我讀過你好幾本書，」安說，「我並不曉得你曾在這兒教過書。」

「已經是好一段時日以前的事了。聽過羅斯維爾夫婦嗎？他們是實際創辦這所學校的人，以前住在那兒。」

沒聽過，對他們完全沒有記憶。我開始覺得羅斯維爾夫婦位於穆祖祖墳墓上所蓋滿的野草，其實就代表著他們數十年的工作與犧牲究竟有多重要的一種確切反映。他們好像從未存在過，不然就只是兩個鬼影。這對夫妻當初出力創建的一切，幾乎都已失落，因此就某個角度來看，即使他們的魂魄依然出沒在這所學校中，但是他們或許從未出現在此地。我也是個幽靈：一縷來自過去的鬼魂，用自己只剩下骨頭的手指，敲著破碎的窗子，把自己的頭骨緊緊抵著玻璃，注視著凸齒的死亡頭顱而問：記得我嗎？但是我這個鬼實在太陰暗、太薄弱，所以這些人幾乎看不見我，然而我卻清楚地把他們看成一種反覆、另一種循環、一種比以前更悲傷的化身。安·荷特二十二歲，正是我初來索切山的年紀，於是身為鬼魂的我，造訪並糾纏著早期的自己、看著過去的自己：孱瘦、蒼白、站在樹叢的溼路上，手裡拿著一本發了酸又發了霉的教科書。

我們談著談著，雨開始傾盆而下，噼啪拍擊打著頭上的樹葉，威脅著要淋溼我們。我們到最近的一間屋子裡避雨，那間屋子的主人是傑克森·葉卡。傑克森的這間屋子也湊巧是我到馬拉威之後所住的第一間屋子。那時，我的屋子接近完工，所以就先住在這一間，這間屋子當時屬於一位工作努力、來自於南優斯特島的蘇格蘭老師。他是約翰·麥肯能（John MacKinnon），是學校裡一個堅毅不拔的人，同時也是另一個遭到遺忘的人。那張曾經擺放醬油瓶、芥末罐及一個黏答答的布朗史東牌（Branston）黃瓜瓶的桌子上，現在覆蓋著做嘻嗎[14]所撒覆蓋的滑石粉。這間屋子也變得像樹叢，亂糟糟，又被太陽烤得焦透透：小別墅變成了小木屋。

就當大夥兒坐在那兒，聽著雨水重敲屋頂時，有人哀嘆這個國家的貧窮與混亂，那是傑克森·葉卡，不是我。

我說：「當我還在這兒的時候，大家常常說『五或十年以內，事情將有所改善』。」

我並不需要完整呈現我的想法，因為傑克森接著說：「事情糟透了。我們能做什麼來改變呢？」

我說：「首先，你們必須決定什麼是對你們重要的東西。你們要什麼？」

「我想要事情變得更好。房子、錢、生活。」

「那麼是什麼事情阻礙了你呢？」

「政府根本就沒有幫忙。」

「也許政府就是想要阻止事情變得更好。」

我概述了自己的理論，說明非洲的政府倚賴開發不足的狀態來生存——爛學校、爛通訊、孱弱的媒體與衣衫襤褸的人民。他們需要貧窮來獲取外援，他們需要無知、未受教育和被動的人民來掌權數十載。一個開放社會的完善教育系統，只會為想掌權的人製造對手、競爭者與有效的對立。說這些話簡直是異端行為，不過在我眼裡，事情就是這個樣子。

「真是讓人沮喪極了，」安說，「可是沒有人想當老師。小學老師一個月只能賺兩千**夸恰**。大學教師也只有大概五千**夸恰**的薪水。」

這些數字代表的是大約二十五到六十五塊美金——非常低的薪資，然而馬拉威每人的平均年收入只有兩百美元。

「非政府機構拉走了所有的教師，」傑克森說，「他們提供了較好的薪資與條件。」

這可真有趣——志在改善狀況的外國救援與慈善積極分子，吸收了薪資過低的老師，把他們變成坐

---

14 嘻嗎（nsima）：坦布卡語，為馬拉威人的主食，原料是水和玉米粉。

在白色路華越野車上的食物配發者，然後放任學校師資不足。

看到雨勢停歇，我央請安帶我在校園裡逛逛。我在大辦公室裡見到了校長。安說：「這位是索魯先生。他以前在這兒教過書。」

校長縮了縮脖子，像隻受驚的烏龜，然後瞥了我一眼。他說了句「有趣」後，繼續揮筆塗寫。

圖書館是棟堅固的建築物，以前是學校的核心。要從海外機構拿到一箱箱的新書從不是難事。我記憶中的索切山圖書館是個沒有明顯隔間的房間，有一桌子的雜誌，還有一個放置了百科全書的參考區。現在的圖書館幾乎是漆黑一片。有盞燈燒壞了。所有的書架上幾乎空空如也，燈座上也少了燈泡。

「這兒有點黑。」

「你應該看過這兒以前的樣子，」安說，「至少我們還有這盞燈。我們曾無數次要求相關部門提供日光燈管，可是他們連我們的信都不回。」

「你們要燈管，可是他們不給？」我說，「我想他們是在傳遞一個訊息，那就是他們一點都不在乎。」

「啊，有此可能。」

「這裡以前是馬拉威最好的學校之一。」

「唉，真讓人難過，我同意你的說法。」

「書籍都怎麼了？」

「學生偷走了。」

「老天爺啊。」

「我們正試著運作一套新的系統。等系統建立起來並開始運作後，我們就可以防止許多偷竊行為了。」

我心裡卻想：我絕不再送任何一本書到這個國家了。我心裡還想：如果你是名需要錢的非洲學生，那麼偷書出售就是一種可以理解的犯罪行為。這是一種正當化的盜獵型態，一如村民設陷阱捕捉疣豬，雖是當局所不允許的行為，卻或許是必要之行為——只要攸關生死，那麼部落制裁法就不適用。

離開索切山圖書館，我覺得像走出一個無知與掠奪的黑洞。我們向教室走去，那兒和其他地方一樣雜草叢生，然而從某些角度來看，這種情況又比其他地方更糟，因為走廊無人灑掃、雜草無人清除，小徑上還躺著垃圾。這些東西的存在又有什麼藉口？

「這個國家嚴重缺乏資金。」安說。

「那或許是實情，」我回答，「可是一支掃把要多少錢？學生可以打掃這個地方、清除掉雜草。我不認為這是錢的問題。我覺得是更嚴重的問題，那就是沒有人在乎。你是來這兒工作的，而且你是志願來此，所以別人為什麼要幫忙呢？」

「我不僅僅是教書，」她說，「我也學了很多。」

「當然——那是待在這兒的好理由，」我回應，「那也是為什麼我喜歡待在這兒的理由。」

我們經過建築物，來到了操場，那兒有些學生正在逗留，盯著我們看。這個操場是以前舉行早會的地方，是我那時所見過最大的一塊地方，不過現在操場上鋪滿了煤屑，而操場邊緣則是更多未加清理和溼氣弄髒了的教室廢物。從教室裡走出一位穿著綠色洋裝的健壯女子，看起來很有自信，她剛才顯然是在教室裡吃東西，因為她走出來時，正在舔舐自己的手指。她是學校的女校長。

「這位是索魯先生。他以前在這兒教過書。」

「謝謝你。那真是有趣。」

女校長的手指依然杵在嘴裡地走回到教室裡，繼續她的餐點。

安和我又走向操場。我環視著這座陰沉的學校，心裡想著之前我是多麼盼望回到這兒。我還計畫在這兒待一個禮拜幫忙，也許教教書，重新過過以前自願來此工作的日子。這裡是我的非洲。**你正在播種！**有人曾這麼說。然而種子卻沒有發芽，現在種子不但腐爛了，而且還可能消滅殆盡。

安或許看穿了我的想法，她說：「有時我也有疑惑。我對我母親說：『我們幹嘛不捲舖蓋一走了之？大家全走開。全部的人都走開。』」

「如果真的這樣，你覺得情況會變成什麼樣子？」

「那時候這兒的人就必須為他們自己設想了。他們必須決定對自己最好的是什麼——他們要的是什麼。沒有人可以影響他們。也許那時候他們會說自己需要的是教育——那麼他們就得教書。他們就必須做我們現在正在做的事情。」

「然後拿你的微薄薪水。」

「沒錯，」她回答，「也許他們會決定根本不要改變。他們可能會放任事情一如現在。許多在農村裡的人都過得不錯——那些人一點都不悽慘。」

這些嚴肅的問題出自於一個自願工作的人——一個和我以前一樣的人——讓我燃起了希望。問同樣這些問題的非洲人還不夠多。

我想看到一些自願工作的非洲人——想看到他們關心這個地方、掃地、清理雜草、清洗窗子、用膠水把所剩無幾的書本黏好、把教室牆上黏答答的東西刷掉。不然，如果這並非是他們的選擇，那麼我想看到他們用一把火燒平這個地方，圍著火焰起舞；然後犁起所有地下的東西，開始種植食糧作物。在任何一種上述的情況出現前，我絕不再回來這裡。我完全沒有逗留的心情，當然更沒有在此工作的念頭。

我衷心祝福安・荷特，把這個地方的一切留給她，我覺得自己將永不再歸，這是自己最後一次到此的薩伐旅。

我不知道答案是什麼；我甚至不知道問題是什麼。腦中突然一陣清明：我看到了自己這趟停留及試著教些書的毫無意義，而且沒有意義得幾乎不值一提。那些努力只是純粹想取悅自己的一些事情。我並沒有因為不能履行自己的計畫而沮喪不已，相反的，我有了嚴肅的體認，既然只有非洲人才能夠定義出他們自己的問題，那麼也只有非洲人才能解決他們自己的問題。

或許這些缺失不斷的學校並非問題的癥結，問題的癥結反而是像那些異國設施的外來精巧裝置——就像巨大的金屬貨櫃，裡面裝滿了配送到各處的機械與電腦，大家用過一段時間後故障，就此無人修理。我在非洲各處都看過這類的東西，貨櫃箱被丟棄在城鎮邊緣。不論貨櫃裡曾裝過什麼，留下來最值錢的東西其實是貨櫃箱本身。這些空櫃子變成了堅固的住所，裡面一定有人或動物居住，一如進行貨運崇拜那些容易親信他人的腐敗部落。

只有非洲人才能幫助非洲人

回宗巴的路上，我開車到白朗泰（以大衛・李文史東在蘇格蘭的出生地命名），在支道的一家名為超優家具的店前停車，拜訪我另一名學生史帝夫・康溫道（Steve Kamwendo）。史帝夫現在是這家店的分店經理，五十一歲，六個孩子的父親，碩大健康、有力的五官，以及幾乎和維農・喬丹一樣的風采。維農・喬丹是比爾・柯林頓的災害控管專家。史帝夫擁抱我，說看到我非常開心。我告訴他我去過哪兒。他的臉垮了下來。

「你去了索切？」他說，「流眼淚了嗎？」

一言以蔽之。任何一個認為我對自己的老學校過於嚴苛的人，我都可以送到史帝夫面前，他悲歎學校狀況不佳、犯罪行為猖獗、生活普遍艱辛難過。他自己的生意倒很不錯。馬拉威製造的家具、南非和辛巴威進口的床架、燈具都很受歡迎，因為從非洲以外進口的家具實在太過昂貴。

「你的老學生混得還不錯，不過這個國家卻不太好。人民和以前不一樣了——變得更窮、不受尊重。」

「你的孩子怎麼樣，史帝夫？」

「在美國——四個在印第安那州的大學。一個今年六月畢業。」

不論從什麼標準判斷，史帝夫都是個成功的例子。他所有的積蓄都投注讓孩子在其他地方受教育。儘管他對馬拉威的前途感到悲觀，卻依然鼓勵自己的孩子回到自己的國家工作。

「現在決定權在他們自己了。」我說。

我比預期的時間更早回到宗巴，腦子裡仍有個沒有答案的問題。學校經費為什麼如此不足？

「我可以告訴你為什麼，」葛楚德．魯巴迪里這麼說的時候，雙腿一如往常地盤坐在地上。「錢都被拿走了。」

看起來，某個歐洲捐款國指明用於教育的兩百萬美元，最近才被財政部部長和兩名其他的政客以詐騙手法侵占，裡面牽涉到創立根本不存在的學校與培育根本不存在的老師。還有更多的錢交代不清。這些傢伙現在全在監牢裡等待審判，然而錢卻不翼而飛，再也找不到。

因此索切山的學校及這個國家的每所學校內破碎的窗子、不亮的燈、未漆的牆壁都有正當理由。教育費中很大且很重要的一部分，都被人民所信賴的政府官員偷走了。

第二天，魯巴迪里夫婦邀請了一些朋友共進晚餐。其中有一個泰然自若的大胖子，曾擔任過馬拉威駐歐洲大使，他現在是個作風很官僚的人，住在宗巴。

「你看過這個國家的這麼多地方，保羅！那麼，告訴我們，你認為如何？」

「有人這麼說『訪客常常帶著一把鋒利的刀』——這是另一句格言。陌生人以最敏銳的觀察力著稱。」我不知道該從何開始，但是不知道什麼原因，我的心裡一直看到穿越北部城鎮的幹道，以及高原上的前哨站——卡隆加、李文史東尼亞、隆飛、艾克溫疊尼、穆組組——空無一物的印度店面、蹲踞在地上販售香蕉與花生的婦女。我提到了這幅鄉間的衰敗景象，不過我並沒有用衰敗這兩個字，我說的是改變。

「印度人被趕走了，」這位前大使說，「那並不是法律，也沒有在公報上公告。不過那是種局部呈現。總統發表反印度人演說之後——大概是七〇年代中期吧——他們隨即就關了他們的店。印度人都去了英國或南非。」

這些我全知道，但是我要聽他親口說出來。我繼續問：「總統演說的背後動機是什麼？」

「我們要讓非洲人有機會經營商店。這樣非洲人才能做生意。商店才能轉手。我自己就買了一家店！」

「結果呢？」

「哈—哈！沒什麼結果！行不通。店都關門了！」

他說的是：我們把印度人踢了出去，我們接管了他們的商店，我們失敗了——那又怎樣？故事結束。他甚至想改變話題，不過我對這個議題很有興趣，所以請他再詳細描述那次的失敗。

「嗯，就像你知道的，印度人對於做生意很在行，」他說。接著他懊惱地笑了笑，就像剛弄掉了一片塗好奶油的那面著地的麵包一樣。「我們對這種事情懂些什麼？我們又沒有資金。店倒了——幾乎全都關門了！哈，你看到了，大家都放棄商店了。剩下的全變成了**奇布庫**（chibuku，啤酒）酒吧。」

發生在鄉下地區的結果是：完全沒有商店，二十七年之後，依然沒有商店。整個計畫都擦槍走火。當我指出這點時，另外一位非洲客人開始相當執拗地用一種模仿的聲音誹謗印度人的生意靈敏度。

「他們坐在這兒，你知道，手上有這些小小的紙片，紙片上還有好幾行數字。」他誇大地說著印度人，一如描述瘋狂又有妄想症的孩子和他們壞了的玩具。「然後一個印度人按著計算機，另一個則數著一袋袋的麵粉和一罐罐的濃縮牛奶。一——二——三。一——二——三。」

這個受過教育的非洲人用他圓潤的嗓音想要模仿的——也是這些計算行為的明顯荒謬之處——其實是一家商店所進行的簡單貨物盤點的描述。

我說：「但那正是一間商店的經營之道。那是正常的作業。你先製作一張已經售出的貨物清單，這樣你才知道還要再進什麼貨。」

「印度人對其他的生活方式一無所知！」他說，「他們只有這種相當隔離的生活——只有數字、金錢和架子上的貨品。一——二——三。」

「記帳是小型企業的本質，不是嗎？」我對他這種蔑視商店老闆的態度非常氣憤，但是我保持冷靜，打算讓他暢所欲言。「因為利潤非常低。」

「但是我們非洲人不是這樣被養大的，」他一面說、一面點頭尋求其他人的認同。「我們怎麼會在乎商店和會計？我們有一種更自由的生活方式。我們對做生意一點興趣都沒有——商店不是我們的長處。」

「那當初為什麼要關掉印度人的店呢？」

這個問題讓他們踢到鐵板，不過並沒有阻礙他們太久。

「也許那些商店可以用來做其他的事情。銷售不是我們的傳統。我們不是生意人。」

「可是婦女在販賣肥皂、火柴和食用油。」

「他們不是在店裡賣。」

「的確不是，他們坐在穆組組的泥巴裡。」我已經感到自己的火氣上揚。

「我來告訴你為什麼這些商店行不通，」那位前大使說，「當非洲人開店時，他們的家人就來和他們住在一起、吃他們的食物——就這麼靠他們生活。一個非洲人一旦在某件事情上成功，他整個家族就都來敲詐他。不是這樣嗎？」

「這倒是真的，兄弟。」另外一個男人這麼說。

「我們天生就不是做這種管店、記帳，和——」他對我眨了眨眼，「擠數字的料。」

我從來沒聽過這樣的廢話。或許曾聽過，但沒聽出來。這個人正在說：這對我們實在太吃不消了。我們學不會做生意。我們一定要別人給我們錢，我們必須要別人給我們閒差事做，因為我們不知道怎麼去賺錢。

我問：「如果你們對記帳和記錄費用的去處不在行，那麼又如何去期待捐款國家繼續給你們錢呢？」

這樣說有點太不客氣，而且這些話發揮了結束這場討論的效果。

就像是要解釋我的煩躁般，魯巴迪里這位主人說：「保羅才經過一次撼動人心的經歷，他剛從自己的老學校回來。那也說明了他以前是位非常好的老師。那所學校對他來說意義非凡。」

就像受到了鼓勵般，我接著說：「沒有燈。整個地方都在頹敗。他們還偷了書。我知道你們打算說什麼，可是——嗨——為什麼沒有人掃地？」

「我們有個座談會，研究教育系統。」

我心裡想：噢，鬼扯，然後當他們在談論其他事情時，我喝了另一瓶啤酒，攤在自己的椅子上。我沒有聽到他們在談些什麼，但卻聽到這棟老舊殖民房子的木頭屋頂上，老鼠在其中的空間裡急竄與吵鬧的聲音。開敞的窗子讓翅如薄紗的蜻蜓、黃色的蛾及又大又笨的甲蟲得以進入屋內。

肥胖的那傢伙一直盯著我瞧。我已無話可說。最後，我問：「你曾任哪個國家的大使？」

「德國，四年。」

「那兒有非常好的博物館。」我說。

「我只去過博物館一次，」他說，「他們在博物館舉行晚宴——你知道，在博物館裡面。桌子、椅子全擺在掛畫的地方。我們一面吃、一面看著那些畫。很不錯。除此之外，我沒去過別的博物館。」

「德國還有很好的音樂。」我接著說。

「我學了一點古典音樂。那之前，我最喜歡的音樂是**啪噠—啪噠**（pata-pata）。」**啪噠—啪噠**是南非的一種貧民窟音樂。「不過我還是最喜歡**啪噠—啪噠**。那是我的莫札特！」

「你在德國時，曾去過很多地方嗎？」

「啊，我去過柏林，住在飯店裡，阿德隆飯店（Adlon）。美麗極了。一個晚上要三百塊美金。」

我忍住不去嘲弄索切山一家位於白朗泰自大的二流旅館，也索價兩百五十塊美金一個晚上，只因為所有公費負擔的經濟學家、援助人員和政治觀察家都住那兒。

前大使說：「有天晚上，我在阿德隆的酒吧裡喝酒——我太太當時和總統夫人一起，那次我們總統正在訪問德國。我抬頭居然看到了〇〇七情報員——那個傢伙，叫什麼名字來著，皮爾斯．布洛斯南。我向他走過去。『哈囉。我想跟你說幾句話。』他說：『是？』我竟然真的在跟他說話！噢，他人非常好。我身上沒有帶紙，所以他就在菜單上簽名。我的女兒氣死了。『你為什麼沒有帶我去看他，爸爸？』

真的，那個〇〇七情報員的傢伙，我真的和他說話。在柏林！」

晚餐之後，聚會也解散了，客人告辭離去，和魯巴迪里一起坐著的我，煩躁得像正在經歷某種疾病的病症。我又灌下了更多啤酒。木頂上的空間裡，老鼠大聲的重擊與吵鬧已停歇，變成了抓撓和尖叫的聲音。有雙滑翔翼翅膀的大蜻蜓仍飄過窗子，看起來有如燕子般龐大而敏捷。

在這兒的許多努力都付諸東流，讓我有多麼驚愕，我不敢提，因為魯巴迪里一直都友善以待。在爽朗的情緒下，他其實是個浪漫的人。他曾經歷過馬拉威最黯淡的時期、曾坐擁高位、曾遭到放逐，而現在再度掌權，管理著國立大學，即使這所大學目前正因數百萬元的債台高築，以及薪資嚴重延誤發放，致使所有課程都已取消。學生威脅要在宗巴舉行遊行示威。

「你的孩子都很有成就，」他說，「我在倫敦時，你的一個孩子擁有自己的電視節目，另一個則剛出版了一本小說。都是聰明的小伙子。」

「多謝誇獎。」我回答。雖然覺得受到恭維，卻發現自己很難再說些什麼。頭昏眼花與噁心反胃讓我言詞簡潔。煩躁的感覺已變成身體的不適。不知道是不是吃了什麼不乾淨的東西。「的確，他們都是好孩子，工作都很努力。」

「我想看到的是，」大衛用一種感同身受的態度回應，在他的控制之下，一點點的劇場效果，使他變成了像奧塞羅一樣的人，「我真的非常想看到的是，你的孩子中有人來這兒待一陣子。」

我發現自從數週前穿越卡隆加進入馬拉威後，親眼目睹到的一切，讓我對他的這個想法感到震驚與無法接受，如同萬能的上帝指示亞伯拉罕犧牲以撒[15]一樣。很快，我的深疑與迷惑取代了驚嚇。

15　這是舊約聖經創世紀裡的故事，上帝為了考驗亞伯拉罕的虔誠，要求他殺了自己的兒子以撒祭獻上帝。

「老天爺，我的兒子到這兒來做什麼呢？」

「他可以工作、可以教書，他可以成為各種想法與靈感的來源。」這是一首老歌的歌詞，不過那只是一首歌。

我一面帶著憤怒而笑、一面因為五臟內腑疼痛而微彎著腰，我對他說：「可是你們已經有一大堆這樣的人了。而且多年來，一直都有這樣的人。已經許許多多年了。」

「我要你的兒子。」

或許他的本意是褒揚，然而他的恭維卻激怒了我。他這時的堅持，聽在我耳裡就像是一名希律王[16]的刀斧手屠殺無辜的前一刻。**我要你的兒子**。

為什麼我的腦子裡不斷浮現這些聖經故事裡的謀殺隱喻？也許是因為馬拉威人全是按時上教堂做禮拜的一群人。

「你有幾個孩子，大衛？」

「明知故問，九個。」

「有幾個在這兒教書？」

「一個在雷諾、一個在巴爾的摩、一個在倫敦、一個在坎培拉、另一個……」他突然住口，看起來有些躁怒。「你為什麼這麼問？」

「因為你並沒有從善如流——你要求我把自己兩個兒子裡的其中一個送來馬拉威教書。可是馬塞爾在印度教書，而路易士是辛巴威的老師。他們都有教書的經驗——不是嗎？」

我的回答有些過於尖酸，但他仍保持很好的風度，只不過他以為我的情緒是不情願，以為我已是個無法被理想說服的人。他覺得我可能已經變成了庫爾茲先生。他錯了。我對理想依然熱切。然而我也有了更深的領悟：即使我的孩子可以從非洲的工作經驗中豐富自己，他們在這兒所造成的結果卻無法改變任何事情。我想起烏干達的朋友對他那幾個受過美國教育的孩子所說過的話。**我們想要他們全留下來。我們說：「回來，回到家門口。找個不錯的工作。試著參與整個過程。」**

我一面試著控制自己的憤怒、一面盡可能沉靜地說：「你的孩子呢？這兒是他們的國家。他們可以造成改變。他們是唯一——唯一可能——對這兒做出改變的人。」

這就是我的馬拉威領悟。只有非洲人才能改變非洲。所有的其他人，不論是捐贈者、義工或銀行家，不論這些人多麼有理想，都只是破壞者。

那天夜裡，我在自己的房裡被徹底打敗——抽筋、反胃、腹部絞痛，腸子裡糾纏的管子還發出邪惡的汩汩之聲。**請步之**[17]就在長廊底。整個晚上我每隔一個小時就去那個小房間一趟。第二天早上，我依然虛弱，而且覺得病懨懨，這種情況還是進入開羅後第一次碰到。我始終昏昏沉沉的，起床起得很晚。醒來時，屋裡空無一人。我在水裡加了鹽和糖補充水分，又吞了幾顆藥後，開車往山下走，一路上我經過很多人身邊——我幾乎寫下「衣衫破爛」這四個字、我幾乎寫下「赤足」這兩個字、我幾乎寫下「腳步沉重」這四個字。不過最後我什麼辭彙都沒用，那些只不過是走在路上的馬拉威人——是我無能為力的一群人。

在白朗泰，我住進了一家旅館，然後一直待在房裡自思自想。我屈身躺了好幾天後，又徘徊到城裡去。上次停留時，沒注意到這兒有為數眾多由基督教福音傳教士所經營的商店與教堂——其中還包括吉

16 希律王（Heord）：聖經中耶穌誕生時的猶太王，以暴虐著稱。

17 請步之（chimbudzi）：廁所。

米．史瓦格教派[18]。這兒的教育體制雖然糟得可怕，卻不乏哼唱著讚美詩的夢幻虔誠信徒與傳道者，這些人承諾給予任何獻上自己靈魂的人食物。

當我看到路邊有個橫躺的男人在等著我時，我知道自己對新馬拉威多少多少少都失去了些惻隱之心。這個男人一看到我就露出微笑，然後興高采烈走向前，他還揮動雙臂吸引我的注意。他跳了幾下，然後在我面前蹲了下來，擋住我的去路，他說：「我餓了。給我錢。」

我說「不要」，然後跨過他，繼續往前走。

18 吉米．史瓦格教派（Jimmy Swaggart Ministries）：由吉米．史瓦格創立的教派，以電視布道聞名。史瓦格是一九三五年出生於美國的基督教傳道士，也是電視布道的先驅，八〇年代最受歡迎時期，每年平均可募得一億五千萬美金的善款。該教派作風保守，公開反對同性戀，但教派內的神職人員，包括吉米．史瓦格本人都被揭發多起召妓醜聞。

第十六章　去海岸的河上薩伐旅

懷抱著另一種想逃離此地的渴望——又是另一個想逃離的地方——我覺得我病了。只不過，這種病痛是旅者習以為常的折磨，所以報告細節並沒有意義。這場病造成了自己的閒散，卻為別人帶來了積極與厭煩。非洲人似乎很清楚我的孱弱，因此對我窮追不捨，一如掠食者不斷侵犯動作較緩慢或行動有所遲疑的獵物，他們伸手要錢，就好像知道我虛弱得無法拒絕。看到我雙眼無神、拖著沉重的步子走在擁擠的白朗泰街上，他們不斷對我嘮嘮哀求。我緩慢地走著。男孩們尾隨不去，並乘機抓著我，對我叫著「**木組恩古！木組恩古！**」。

有個男人在一家店外向我搭話。他說：「請給我一些錢買食物。」

我用他的語言說：「我為什麼要給你錢？你什麼都沒做。你為什麼不向我討工作？」

這些話讓他困惑得不知所以、啞口無言。

「你不想工作嗎？如果有工作，你每個禮拜都會有錢。」

他跪了下來——那對瘦骨嶙峋的膝蓋碰磕在地——繼續懇求我施捨金錢。這種自我貶抑的行為，以前一定很有效，因為他下跪前毫不猶豫。哀求的時候，他甚至抓著我的腳踝。

「站起來，」我對他說，「你是個男人。站起來。像個男人一樣站起來，向我要工作。」

「我餓了。」他說。

「我病了——你看不出來嗎？」我說，「你為什麼不給我錢？我生病了。」

我這番出人意表的攻擊和怪誕的要求似乎嚇到了他，但也讓我自己吃了一驚，因為我根本就沒打算說這些話。他很快走開了。

身體虛弱時，我感到自己易怒、彆扭與煩躁。白朗泰曾是個種族融合的地方：希臘的麵包師、義大利的茶農、許多不同種族交融的家庭，另外，除了一般的印度人外，還有什葉派教徒、錫克教徒、古吉拉特人等等。這些人中，即使最沒出息的人都為馬拉威的社會貢獻了一份力，使之得以運作——摩擦是必要，挑戰讓人更努力思考，而多元化則迫使大家益發的寬容。然而，所有這些長著外國臉的人全被趕出了馬拉威。現在，除了清一色短期停留的白種慈善工作人員外，馬拉威沒有種族差異。社會運作全掌握在慈善團體手中：管理孤兒院、提供醫院人員、執行著可悲的教育系統中的各種工作。他們在拯救生命——這點你無法誤解他們——但大體而論，我一看到救援工作人員就感到絕望，這群人只不過是跳電時的維修人員，把馬拉威人變成乞丐與哭哭啼啼的抱怨者，把發展變成一場徒勞的研究。

報上的新聞寫著玉米大欠收。來年的饑荒將是意料中事。

行過下河區

有天醒來，我發現自己健康狀況良好。留在馬拉威與檢討這兒到底哪裡出了錯的欲望已不在，我決定離開。現在的我已強壯到足以選擇一條不尋常的路離開，穿越樹叢，逃往南部地區，逃往一片幾乎未知的土地。

這是趟終極薩伐旅，一趟我自己設計的薩伐旅：沿夏爾河而下，進莫三比克後，再入尚比西河，接著順流南至凱亞，從那兒可以走陸路到海岸線上的貝拉，然後再以陸路直接進入內陸到海拉爾。關於這趟迂迴的行程，我給自己的理由是走同樣的路線，可以和前次的旅程相比。不過，事實是藉著這趟繞了最大圈的路徑進入辛巴威，是一次遠足、一場嬉戲，也是一種反制，對所有慘兮兮的巴士及所有那些不正當責難者的反制。

我發過誓，要遠遠離開危險的小巴士，所以和一名計程車司機討價還價，要他載我走上路面透著怪異紅鐵色的泥濘道去恩桑傑（Nsanje），那是馬拉威最南端的村子。一度被稱為海洛港（Port Herald）的恩桑傑，以前是臭蟲與瘧疾為患的偏遠地方，數十年來，這裡一直是馬拉威的西伯利亞，也是政治異議分子的勞役服刑地。所有不受歡迎的人物都被遣送到這個南部區域，任其腐爛。

不過，恩桑傑也是仍保有舊非洲外觀與感覺的遙遠鄉下之一。這兒的人口不多，居民都是塞納人[1]，他們因不現代化、住在遙遠的低地與沼澤區而受到輕視。恩桑傑未開化的程度，讓它擁有自己的野生動物公園，也就是姆瓦波維野生保留區（Mwabvi Game Reserve）。恩桑傑位於一條適合航行的寬廣河面上。大衛．李文史東第一次來這兒時，正沿著尚比西河前進，他溯著尚比西河最大支流之一夏爾河，朝上游走，抵達了恩桑傑和迷宮似的象沼，再從那兒進入內陸。一路上，他發覺棉花會是這兒的理想作物。一百五十年後，恩桑傑附近仍種植棉花，只不過現在市場對棉花的需求並不大。

我的司機名叫哈德森。他複述著報上的新聞，說南部注定會出現饑荒，因為玉米作物採收前大雨不斷。

1 塞納人（Sena）：班圖族的分支，在馬拉威屬少數民族。夏爾河谷的居民都是塞納人。

南部豪雨傾盆。作物的生長循環受到扭曲。政府發送免費的種子（種子全來自捐贈國家），每戶十公斤，足夠播種一畝的地。這種做法本身就是問題，因為我覺得這種做法表示小規模的自足農業並非正規。使用非改造種子種植作物的農民，都要留下一塊地的玉米當作種子，然而因為所有的農民都使用改造的混種（高大卻無繁殖能力的種子），無法自行為來年創造種子，因此必須接受施捨。每年如果沒有免費的種子，人民就會挨餓。

一般而言，九月翻土，十月除草與準備，十一月乾植，接著農民祈禱雨水降臨。二月成熟的玉米桿留在田裡曬乾，等到四月再摘取玉米穗。農民把玉米粒從穗軸上剝下，裝袋送去碾磨成粉。六、七、八月是糧食充足的月份，馬拉威的獨立就是在七月，因為那時大家有充足的閒暇與足夠的食物。在第一次的獨立慶典上，哈斯丁斯・班達站在國家運動場中，領導數千名出席的馬拉威人哼唱著當月重要而喧鬧的讚美歌〈收禾捆回家〉（bringing in the sheaves）[2]。

普通的四至五口之家，需要十二袋的玉米（每袋五十公斤）。這些玉米都儲存在小屋外的貯倉（**恩口克威**〔nkokwe〕）中，但是可惡又惱人的鼠輩卻會讓倉中的存糧減少。製作**嘻瑪**用的玉米粉——**嘻瑪**是一種小塊的白色蒸麵糰，搭配燉煮的菜餚一起吃，也是我從卡隆加開始就一直用來裹腹的食物——也就是說要製作這種馬拉威主食，玉米粒不是在研缽中搗碎，就是在公共磨坊中研磨成粉。在中非所有的活動中，最攸關生計的就是玉米的生長週期，這也是唯一最重要的工作，關係著生死，任何中斷這個週期的因素——戰爭、天氣、政治災難、壞了的種子、洪水或燎原的野火——都會帶來死亡。

這一季，雨水來得晚。有些種子沒來得及發芽。許多發了芽、長出了玉米穗卻尚未採收的成熟玉米，因為三月仍未停歇的雨水，在田裡腐爛。南部許多地方都洪水為患，今年的收成不會多。由於收成不足，恩桑傑與其他地方的饑荒將無可避免。

「這些人會餓肚子，」哈德森一面說，一面看著潮溼的田地已經變黑了的玉米桿、腐爛的殘株及禾束堆，還有從小屋上塌陷下來的溼草頂。

十個月之後，情況將慘不忍睹。由於玉米嚴重短缺，所以有關單位從南非運來了十五萬立方噸的貨，另外還向生產過剩的烏干達訂了更多的玉米。但是每袋玉米的價格狂飆三倍，沒人吃得起。馬拉威報紙報導人民煮樹薯葉、挖野草根和掘蚯蚓為食。

當我們到了恩桑傑時，「再遠一點，」我這麼說，「我要去馬爾卡。」

「你知道這個地方？」

我的確知道。九〇年代我就來過這研究有關尚比西河的情況。那時我還擁有自己的雙槳單人小舟，不過這次發現可以租用一艘獨木舟進行溯河而下的旅程；如果出發得早，到尚比西只需要兩個晚上，到了凱亞待一個晚上，然後再十二個小時的陸路就可到達海岸。我準備好了必要的設備——一件雨衣、一床可以摺成足球大小的鵝絨睡袋及驅蟲噴液，此外，我還準備了買食物的現金。

哈德森讓我在馬爾卡村村長的圍場下車，過往曾和這位村長打過交道。這兒有一群把孩子綁在背上的婦女，正圍坐成圈，一面把散在豆子堆裡的石頭挑出來，將豆子分放進不同的錫桶中，一面聊天。我用普通的慣用語向她們打招呼，相當於我們說「我可以加入你們的談話嗎？」或「我可以插嘴嗎？」。

她們對我表示歡迎，還搬了張不太穩的凳子給我坐。

「我要找尼亞奇卡德札村長。」我說。

2　基督教的一首詩歌，一八七四年基督教徒 Knowles Shaw（一八三四—一八七八）因聖經詩篇中第一二六篇中「流淚撒種的，必歡呼收割，那帶種流淚出去的，必要歡歡樂樂地帶禾捆回來」這幾句話，而創作的詩歌。

他不在——這可真是個壞消息；而且，從她們委婉的說法及慎重的態度看來，村長恐怕不是病得很重，就是已經過世了。像馬爾卡這樣的村子及馬拉威的下河區，沒有死亡這回事。如果有人從肉體中消失了，那只是一種躲避，這些人有時因覺得日常生活令人厭煩，有時因想採取行動讓事情進展得更順利，而回歸到靈魂狀態。

這些婦女指引我去找村長的兒子卡斯騰，我上次來此曾見過他。卡斯騰河畔的住處位於別處，不過這時他正好划著獨木舟來馬爾卡送貨。

在馬爾卡，「送貨」可以代表各種事情。因為過於偏僻，這裡幾乎是法外之地。恩桑傑配有警力，也有汽艇，不過夏爾河太寬、太長，警察無法監控所有往來的獨木舟。於是，走私成了家常便飯：糖、棉花透過走私運到莫三比克，而其他的貨品——錫壺、琺瑯盤、小刀、火柴——則透過走私進入馬拉威。

下河區是個被人遺忘的省分，住著受人鄙視與對樹木感到恐懼的塞納人。夏爾河谷則是被馬拉威政府遺忘的地方；再往下游走，在河水進入莫三比克的地方，政府更是不聞不問。這樣的情況下，誰能責怪這些住在岸邊的人民，用非法的方式自食其力？根本沒有人照顧他們。這個地區，一如許多非洲其他的邊境地方，是妾身未明之處。國境兩邊都有塞納人，而夏爾河讓這種不清不楚的情形更加含糊，這兒既非馬拉威，也不是莫三比克，只是綿延數哩流動不止的河水，只是個流動的東西，只是條位於非洲的河。

這兒連河岸都沒有清楚的定位，因為水邊的泥巴區，只有讓人分不清河與岸分野的一刈刈廣大的蘆葦，以及一塊塊滿布的布袋蓮——雖然美麗非凡，但對獨木舟的划者來言，卻是討人嫌厭。

向我提到卡斯騰的那位婦人，差遣了一個年輕男孩帶我去找他。我們穿過泥屋村，雨水浸蝕了這些泥屋的牆，直至牆基。水灘上排列了約二十艘的獨木舟。

有些人正從一艘特大號的獨木舟上卸下一包包的大塑膠袋——半透明的塑膠，讓我看到袋子裡裝的是塑膠拖鞋。我想他們剛從莫三比克的某個停留地點溯河而上。為防貨物沾到泥，塑膠袋全堆放在木台上。

有位漁夫正在解他的魚網，身邊的桶子是他的漁獲，大魚噼哩啪啦地把桶裡的水往外打。另一個男人正在用修剪成水舀的一加侖裝塑膠瓶，將獨木舟裡的水往外舀。還有群男人站在卸下的拖鞋堆旁，我想我從其中認出了卡斯騰。

三十五歲左右的卡斯騰是個**強巴**老菸槍——身材矮小、臉龐削瘦，然而儘管是如此一副骨瘦如柴的體格，卻強壯而堅毅。他有支堅固的槳，可以整天划著舟前進。卡斯騰習慣早起，天亮前起床後推舟外出，整天待在舟上，中途不會停下用餐，但有時會停下來捲管**強巴**菸。他吃水果——橘子、香蕉、椪柑，任何當季的水果——一天終了，他會吃頓豐盛的晚餐，**嘻嗎**配燉煮的青菜和燻魚。

卡斯騰雖然因為大麻而眼光呆滯，但他仍記得我。他離開了站在一起的人群，走過來和我握手，他對其他人喊了些什麼，向他們解釋我是誰，並嘲笑我上次造訪時在他記憶裡所留下的事情。

「我想搭你的船去凱亞。」我說。

他笑了笑，表情似乎在說，**沒問題**。他依然握著我的手，像是要敲定這項協議。那是划槳人皮脫如鱗的手，有力的手掌及因繭皮而堅硬的雙腳，看起有如研磨器具。

「什麼時候？」

「明天怎麼樣？」

「今天晚上先去我家，睡在那兒。明天早上出發去凱亞。」

他比我還要急，這讓我覺得很開心。不過，我們得先做些準備。

「食物怎麼辦？我想帶些瓶裝水。我們需要**烏法**（ufa）。」——**烏法**是製作**嘻嗎**的麵粉。

「市場裡的商店有罐頭。給我些錢。我來買麵粉。」

我們一起穿過村子到商店購物。對我而言，這是整趟旅程中最開心的一段——採買必需品，把固體食物和其他像餅乾、罐裝乳酪等食物裝進箱子裡。由於瓶裝水缺貨，所以我買了一箱芬達汽水和一箱啤酒。這樣的非洲商店，是提供謀生食物與基本需要用品最完美的地方——店裡有火柴、蠟燭和繩子。我想買些鍋子、湯匙與野營設備，不過卡斯騰說這些東西他全都有。下雨時，我們還可以把卡斯騰用來遮蔽走私品的塑膠防水布當成帳篷。

回卸貨處的途中（幫我們把一箱箱的食物頂在頭上的年輕男孩子一直跟著我們），卡斯騰和我談好了租用獨木舟的價格——一百元美金，以小鈔支付。卡斯騰說我們還需要另外一位划舟手——他的朋友威爾森．瑪騰吉。不過，等我們找到威爾森時，太陽落到了樹後，白天早已溜走，這時要回到卡斯騰的住處，為時已晚。我並不在乎傍晚趕路，但是天一黑，蚊子就以撲天捲地之數出動。這時我只想找個小屋睡覺，想有盆有煙的火；我把全身噴滿了防蟲液，早早入寢。

村子裡的狗整夜都在我落腳的小屋外吠聲不斷，也許是因為土狼在附近徘徊。當我聽到卡斯騰的腳步聲與他那完全清醒的聲音說「我們走」時，天色依然灰暗。

划向凱亞

在夏爾河上，早晨也一樣是蚊子時段。出發時，蚊子成群繞著我的頭低鳴，稠密與忙碌得有如緬因州的蚋。幸好我的防蟲液噴得很徹底，而且太陽一出來，蚊子就全銷聲匿跡。這艘獨木舟是一根中間挖空了的巨大圓木，從頭到尾約有十七呎長，寬度也大得讓我們費了許多力氣才把獨木舟從溼地區划到夏爾河的主流之上。卡斯騰在船尾划槳，並負責操縱方向，威爾森和我則輪流在船首划槳。

卸貨處的入口是一條位於開放水域的狹窄水道，中間厚厚鋪著茂密交疊的樹葉與布袋蓮。許多時候，我不是像**愛麗斯夫人號**（Lady Alice）上的史丹利[3]般，坐在船上的一張小凳子上，就是蹲伏在船首。身為一船之主的卡斯騰不願意讓出手上的槳——而威爾森雖然在划舟的時候最開心，但為了遷就我，他還是給我出力的機會。只不過我已過了划舟的年紀。十點左右，我們穿過了布滿布袋蓮及溼地野草交錯糾纏的彎曲水道。這時已進入了夏爾河快速流動的主流之上，一路順流南下。

近來的雨水讓河變得又混又深，不過河面雖與某些河岸齊高，卻沒有氾濫過岸，淹沒平地與菜園。我們穩定地沿著河流前進，有時需用木槳掌握方向，河流加快了我們的旅行速度。

河岸上的人對著我們大叫，他們一定是在問我們要往哪兒去，因為卡斯騰大喊著「尚比西！」。河水彎進令人困惑的溼地區時，岔分成許多支流，流力變弱，水面也失去了原本的河貌，變成一堆鬆軟蘆葦中的緩水。恩戴恩迪溼地地區的夏爾河水，完全沒有河流的樣子，高大的野草與蘆葦濃密得讓我們根本看不見前路，塞滿水面的布袋蓮也讓我們即使費力划槳，依然難進寸步。在這片溼地區，只能偶爾以溯流而上的方式設法脫身，與水流對抗。我本以為卡斯騰的強巴破壞了他的判斷力，不過一個鐘頭後，我們從溼地區划了出來，看到了莫三比克。

3 亨利・摩頓・史丹利（Henry Morton Stanley，一八四一—一九〇四），美國記者與探險家，曾與李文史東一起赴非洲探險。一八七〇年代，史丹利就是坐著愛麗斯夫人號勘查維多利亞湖與坦干尼加湖（Lake Tanganyika）。史丹利與李文史東的實地勘查，確認了尼羅河與坦干尼加亞湖之間並沒有接口。

我沒看到村子，只有不時出現的一群群茅屋蓋在河緣之上。卡斯騰在一座村子前停下來買些芒果，又在另一座村子買了些魚乾。那些人都認識他，這讓我提高了對卡斯騰的信心，因為他之所以會知道這些半掩之處，一定是因為他對航行於這條河的知識豐富。

莫三比克的邊境是一座泥堤。沒有任何指示說明此處是邊陲，但是泥岸上卻有許多車輛船隻的殘骸，這些殘骸一向都是文明的表徵。梅加沙河邊的村落是由兩艘毀壞的河船、一個生鏽的貨車底盤、一道滑溜的斜坡及一些販售普通物品的小屋所組成——販售的物品包括油、蠟燭、火柴、餅乾、未經加工的肥皂、香菸——無所事事的非洲人坐在另一輛壞了的卡車下遮蔭。這個地方除了缺少庫爾茲先生和他的人頭外，什麼都有。一棵芒果樹下，有個人坐在桌旁，他是莫三比克的移民官。我們把自己的獨木舟拖上岸後，威爾森升起了火，卡斯騰則去找水。

當移民官翻查我的護照時，我和他一起坐在芒果樹下，最後他終於在護照上蓋了章。我順著路走，想知道這裡有些什麼。這時我發現移民官一直跟著我。我等他跟上來，然後無言地一起走。前面是三棟木造建築。一棟是政府機關——裡面只有一間房。另一棟是間廢棄的商店——我偷看了一下裡面，只看到空無一物的貨架和一條長凳子。我喜歡這條凳子的寬度。第三棟建築物是間酒吧——裡面只有一個櫃檯，架上是溫熱的啤酒，收音機裡流淌出的則是震耳欲聾的葡萄牙音樂。

「你要請我喝**卡酵素**[4]嗎？」這位移民官問。

卡酵素是一種馬拉威的琴酒，原料是香蕉。我買了兩杯酒和他一起喝。我問：「今天晚上我想睡在隔壁，可以嗎？」

他聳聳肩，不置可否。我又買了一杯酒請他，在我準備離開時，他說：「來吧。你可以睡。」

卡斯騰之前調勻了些**嘻嗎**，這時正在一個燻黑了的鍋子裡用水煮麵粉，並把魚乾和青菜搗在一起。

我開了一罐燉肉，在火上加熱，配著嘻嗎吃。三個人圍著火堆蹲著聊天。

「明天可以走多遠？可能抵達尚比西嗎？」

卡斯騰做了個模稜兩可的表情說：「**孟飛否**（Mphepho）。」——風。

他的意思是說，如果逆風，我們可能走不了那麼遠到尚比西。河上的獨木舟之行非常刺激，風對我們的影響遠比對淺灘上行駛的船舶大得多。

準備就寢時，還不到七點半。在路邊的小屋裡，我蜷在自己的長椅上，耳裡雖然聽得到從酒吧裡傳來的白癡音樂，但仍然睡著了，而且睡得很沉，直到一大早天尚未透亮時，卡斯騰叫我才醒過來。

我們滑入河中，在破曉前的寧靜中，划了將近一個小時。太陽出來了——毫無預警，先是一道閃爍不定的光，接著整片天空都亮了起來，接踵而來的是火力強大的熱氣與快速攀升的日頭烈焰。眼前，我可以看見一座孤單而形似麵包的山，那是莫倫巴拉山。根據我的地圖，附近應該有座名為莫倫巴拉的小鎮，可是此處什麼標示也沒有，只有從河邊平坦的溼地區拔地而起四千尺的這座美麗、圓潤的東西，除此之外，沒有任何其他的山丘或據高點。

我們在那個炎熱的早晨艱苦地往前划進。李文史東一八五九年來到這裡時，曾驅策自己的手下爬上莫倫巴拉山。尚比西河與夏爾河讓李文史東得以穿越滿是令人稱奇景色的非洲內陸——雪娃湖、奈沙湖（Lake Nyasa）等——也就是我們今天所知道的馬拉威，還有夏爾河上擁有大量象群、有如迷宮似溼地

4 卡酵素（Kashasu）：又作kachasu，作者在書中雖稱是馬拉威的琴酒，但其實是中、南非洲各地自製的啤酒，有人以英文諧音的暱名「catch us all」（一網打盡）稱之。這種啤酒以強力的後勁及半神祕的配方著稱，價格比進口的瓶裝啤酒低廉許多，因此在中、南非非常普遍，主要的成分有玉米粉、發酵的玉米籽和糖。

地帶，以及有「高傲的眺望塔」之稱的莫倫巴拉山。然而，對李文史東而言，這只是趟河船的恐怖之旅，河船在這條河上的吃水太深，而且穿越沙岸與溼地的速度太慢。他有次在到處都鬧饑荒的時期到此，結果河裡全是鱷魚。李文史東有個手下因此下了一個結論，夏爾是條「死亡之河」。

莫倫巴拉是不朽的大地傑作，被雕琢得像個堡壘，葡萄牙人從他們早期的探險時代，就把這座山看成是他們的戰利品。一六四〇年代，在這片區域出沒的人，全是葡萄牙人的**鄉巴佬**[5]——照字面翻譯，也就是住在窮鄉僻壤之人——到此的鄉巴佬，每人選塊地稱王。他們都是來自祖國的殖民者，只不過有些是貴族、有些是罪犯。他們也全都是在貪婪和自以為偉大的錯覺之下結合的征服者，因為這些人把自己變成了地區性的君主，活得像個小國王，封立隨從、培植朝臣，還擁有並交易奴隸。

十七到十九世紀期間，**鄉巴佬**住在莫三比克的腹地，把毫無特色的樹叢變成許多鄉間的王國，然後在這些王國內累積金銀與象牙。康拉德筆下的庫爾茲其實就是比利時版的**鄉巴佬**。偏激的葡萄牙**鄉巴佬**在縮腰背心與緊身長褲裡，佩帶火槍，以一種可鄙的方式展現多采與多姿，李查．柏頓爵士的一段話即可做為例證，「偏執開始自我發展時，也就是離開黑暗大陸的時候了。『瘋狂起於非洲』。」

十七世紀中葉，緊臨莫倫巴拉山的地區掌握在一個自封為領地之王的人手上，這個鄉巴佬名叫西斯南達．迪亞斯．巴亞紐（Sisnanda Dias Bayã），他定居在不遠的塞納。住在夏爾河更上游區及塞納區的非洲人，一般而言都不好戰，武器配備也很差，因此巴亞紐很輕易地就壓制住他們，然後加以奴役，迫使他們做苦工、尋找金銀。因此在許久前的巴亞紐時期，這個地區就曾出現過短暫的尋金熱。當殖民政府對巴亞紐的作法提出異議，並進而追捕時，巴亞紐藏匿在山上。同一時期，山裡的峽谷與洞穴，也使莫倫巴拉滿是樹木的斜坡，成為脫逃的奴隸最喜歡的一條路線。莫倫拉巴直到今日仍是個藏身逃難之處。二十世紀，在莫三比克樹叢裡為時二十五年的危險游擊戰時期，山裡是逃兵最喜歡的藏匿之所。

下午風力加強，河面掀起一波波漣漪把我們的小舟往旁推。卡斯騰為了穩住自己，停止划槳，抽了根大麻，然後瞪大了眼睛，繼續朝著下游走。

一如上次的造訪，只要沿著下游走，連著好幾哩都可以看到莫倫巴拉山。由於這座山的孤立與怪異——山上或附近都沒有任何其他山巒——在我眼中，莫倫巴拉是種啟示。我把注意力全集中在這座山上，這種專注讓我樂在其中。與其說莫倫巴拉的形狀像座山，還不如說像座高原來得貼切。山頂有荒棄的農場和果園，擦舟而過的非洲人如此告訴我們。我不禁質疑葡萄人當初如何上山與下山。

「非洲人抬。」威爾森說。

我只能想像一個紅通通的葡萄牙農場主人坐在轎裡的模樣，當四個非洲人抬著他爬上陡峭的山腰時，他正在為自己搧風。荒棄的房舍與農園、葡萄牙殖民體制的殘存痕跡，在岸邊的許多地方都看得到。這些遺物具有屬於偏遠地區廢墟的那種憂鬱外表，那是一個失落世界沉默卻鐵證如山的存在痕跡。夏爾河本來就有些地區多沼澤，有些地方僅是溼地——連續分岔的支流流過厚密的蘆葦。「一塊多沼澤的曠野，是水牛、水羚和蚊子的聖地，」這是一位旅者在一八六三年寫下的句子——他是李文史東的其中一位同伴。「要從各路在此混雜的急流當中找出夏爾河的水，我們幾乎已不抱任何希望。」

然而，卡斯騰卻從未對這條小河存有任何疑惑。他在這條河上划舟的頻繁度，讓他連淤水處和錯誤的彎道都知之甚詳。我們來到一座村子。我以為卡斯騰是要在這兒買些魚和水果，所以我放下了手上的槳。不過，卡斯騰卻把裝食物的箱子抓起來丟上岸。

「發生了什麼事？」

5　鄉巴佬（sertanejos）：是指住在sertão的人，sertão的意思是偏遠地帶，最早是巴西人用來指巴西東北布的半內陸。

「我們在這兒睡。」

距離天黑至少還有兩個小時，風力也不錯。在令人心動的河面上，我可以看到一個美麗的彎道，一個看起來平靜而富裕的地方觸手可及。我問，為什麼不多走幾哩？

卡斯騰指著河面上的彎道。

「那裡有壞人。」他用英文說的這句話，讓這些字聽起來更具危險性。

這句簡單的敘述足以說服我跳上岸，連抓帶爬走上陡峭的河岸，穿過大約三十名婦女和孩子組成的人群。不遠處，有一串小屋站在較高的地方。

這群人看著我們費力地拿著自己的箱子和包袱，不過我知道他們並非無所事事的旁觀之徒。所有我們不需要的東西——塑膠或白紙碎片、錫罐、一切的可用之物——他們都準備取走。沒多久，等我們生起火後，我正在開一罐豆子罐頭，這時有個女人蹲到我身邊。她說：「**彎嘎**（Wanga），那是我的。」她指的是空罐子。

很多人都盯著我看，小孩子們坐成一個半圓形，高瘦的女孩站在這些小孩後面，十多個女人及好幾個男人則站在更遠一點的地方，總共約三十人左右，他們看著卡斯騰、威爾森和我蒸**嘻嗎**及把罐頭裡的食物倒出來。他們自己有足夠的食物——這兒並不缺乏食物，這裡是男人捕魚、女人種田的村子。盯著我們瞧，只是他們的夜間娛樂。

我注意到一陣來自於觀眾群中的笑聲，回過頭，我看到一個矮小而醜陋的人，正搖搖晃晃地朝我走來。他那張滿是疔瘡坑疤、腫瘤與滲水傷口的恐怖臉孔及萎縮的手指，讓我猜想他必定是個痲瘋病人。不過，他也可能是個癲癇患者，因為新的瘀傷和斷裂的鼻子，也讓我聯想到癲癇發作時，因抽搐而一再跌倒的病人傷口。

不論如何，他的畸形一定被村民視為村裡的傻瓜——並無過失，但卻是大家嘲弄與揶揄的對象，只不過，當他發現比自己長相更奇怪的人時，他又同時成為一個嘲弄者。那個更奇怪的人當然就是我這個流浪到他村子的**木組恩古**。

他開始把手指戳進我的**嘻嗎**盤子裡，並作勢要搶我的食物。他的手指真的很噁心，他的臉也因滲出液汁的傷口而髒兮兮又閃閃光，他的眼神瘋狂，痲瘋病的雙手皮脫鱗又髒到不行。當他張口大笑時，我看到他的牙齒都已斷裂。

他滑稽的動作引起圍觀村民的大笑，有些是嘲弄，有些是困窘，之所以困窘是因為他們不太確定我會如何反應。然而在我的眼裡，這個矮小而飽受磨難的人，這個因畸形而悲慘、但或許有副單純心思的人，卻像是莎士比亞戲劇中的傻子與宮廷小丑[6]，特許做任何他想做的事、說任何他想說的話。

「這個人笨。」卡斯騰說，他為了我而用了齊切語中一個很坦率的詞，**沃普沙**（wopusa）。

我招手要那人過來。當我比出手勢時，我看到他眼裡多了一層恐懼。他用扭曲的雙腳搖搖晃晃地走向我，圍觀的人群大笑。

我問他「**木庫夫納・曼克瓦拉**（Mukufuna mankhwla，你需要藥嗎）？」，然後給了他一些我從馬爾卡村的小店買來的巧克力餅乾．

6「聰明的傻子」（the Wise Fool）早在希臘戲劇中就扮演著重要的角色，而莎士比亞不但在自己的戲劇中沿用了這種重要角色，更利用這種角色的語言來凸顯戲裡主角人物或劇中情境的荒謬之處。莎士比亞的傻子（或宮廷弄臣），常利用毫無意義、誤解或曲解的語言及雙關語，來告訴觀眾真相。傻子在傳統或古典戲劇中，是一種非常特殊的角色，他們不像其他角色只能活在戲中，彼此對話，這種角色雖為劇中角色，卻可隨時抽離，與觀眾直接對話，其複雜性、趣味性與功用絕非數語可說明。現代戲劇有許多將傻子角色提升為主角並更為發揚光大之作，貝克特的名劇《等待果陀》即屬這類的知名劇作。

他為了保護自己的巧克力餅乾不被村人奪走，所以跑開了。雖然一直都有人盯著我們瞧，不過接下來我們安靜地吃了頓飯。隨著時間過去，孩子們爬近了些，愈來愈接近即將熄滅的火。

最後，其中一個孩子沙啞而靦腆地說：「我們也要藥。」

我給了餅乾打發他們離開。卡斯騰把鍋子和盤子交給一名婦女去河裡洗乾淨後，就躺了下來抽一管飯後大麻。

大家全睡在戶外，我心裡唯一的疑問，就是不知道這個地區有沒有土狼。土狼以垃圾為食，雖然牠們不進入屋內，但啃食伸出屋外的人腳卻很出名，在某些例子中，土狼還咬囓睡在門口邊的人臉。「**怕里貝·馬非西**（Palibe mafisi），」威爾森這麼說——「沒有土狼。」可是我想要聽到村民的回答，於是當洗鍋盤的婦女回來時，我問了同樣的問題。我很喜歡她的回答，聽起來詩意盎然。

「**怕里貝·馬非西，阿里波·莫非提**（alipo mfiti）——沒有土狼，但有很多鬼。」

我想問卡斯騰一個政治問題，我說：「你曾想過總統嗎？」

「沒有。因為他從來沒有想過我。」他回答。

我一面催促卡斯騰把柴加入火中驅蛇、一面對著頭與手猛噴防蟲液，然後把自己封進睡袋中睡覺。

土狼與蛇都不是問題。尚比西區最危險的部分幾乎全是看不見的東西——風、帶有瘧疾病源的蚊子、咬人的采采蠅[7]，還有一種河邊植物，長著看起來無害蟲的果實，這種植物名叫「水牛豆」（buffalo beans），會引起疼痛的皮膚紅腫。除此之外，尚比西區有蜘蛛、蠍子，有些地方還有溼答答的大青蛙，牠們會待在任何睡在戶外的人附近，然後提口氣一躍，就令人窒息的啪答一下，端坐在你的臉上。

我們在黎明前出發，如前一天般滑入平靜的水中。我問卡斯騰這天能不能抵達尚比西。也許，他咕噥，**卡培納**（Kapena）。他似乎專注在划槳，於是我也加入，用一個板子當槳，三個人安靜地將獨木舟向前推進。一直到太陽出來，我才想起來昨天卡斯騰對我們已經過了的那個河段所說的話，**那裡有壞人**。

十點多時，我正坐著吃芒果，卡斯騰說：「來了一些河馬。」

我們繞過一個彎，河馬就在那兒用鼻子噴氣，看起來很凶猛。河馬是僅次於人類，最具地域性的河中動物。我試著回想離開開羅之後所看到的野生動物，但想起的卻只有哈拉爾的土狼、衣索匹亞和肯亞各種不同的羚羊、奈瓦夏湖的火鶴，以及在坦尚尼亞從火車上瞥見的大型野生動物。這是我數月來第一次看到河馬。根據卡斯騰的說法，莫三比克的尚比西市場上有販售河馬肉。山林濫伐的速度，加上人口的成長，使得環境學家預測較大型的野生動物遭到盜獵以致滅絕的日子，可能不會太遠。

中午左右，我們抵達一個渡船碼頭，這時有輛平底貨船從東岸接近，這艘船載了一輛小貨卡車渡河。坐在車上，把車子開上碼頭的白人是個南非農人，他從脫黨的葡萄牙人手上，便宜取得了一塊土地種紅椒。他說他很享受偏遠莫三比克樹叢中的生活。

「南非以前就是這個樣子，」他說，「我不喜歡現在的發展。」

這個人有個非洲工頭幫他翻譯工作指令及管理工人，但他似乎和這兒極不搭調——曬得黑黑的腫胖身材，頭戴一頂鬆垮的帽子、身著短褲。他種植的各種紅椒悉數賣給一家荷蘭的製藥廠——這些紅椒全用在某種藥品上。

「你不怕樹叢中有人闖入你的地方？」

他挺胸、握拳，並用一種不耐煩的權威說：「他們應該怕我。」

卡斯騰與威爾森朝著我晃過來，他們拐彎抹角地要我給他們錢買飲料，販售的飲料裝在一個粗麻袋

7 又稱為舌蠅，產於非洲的吸血蠅，會傳播人類的酣睡症與家畜的非洲錐蟲病。

裡——粗麻袋的作用在於浸水讓飲料保持清涼——賣飲料的小販是個坐在板條箱上的女人。我給了兩人一些馬拉威錢後他們就走開了。赤著腳、頭髮蓬亂的卡斯騰與威爾森非常瘦，衣著也破爛異常。

「那是你的人？」

這個問題意義深遠，因為此時**木組恩古**甲正在端量著**木組恩古**乙的工人。「我的非洲人比你的非洲人好多了。」是殖民者非同小可的誇示。白人農夫小貨卡上的非洲人，身穿耐用的工作服，頭戴鬆垮的寬邊草帽。這些人大多都穿著鞋，其中一個人還穿著塑膠靴子。以莫三比克人的標準來看，他們衣著算是非常得體。

反觀卡斯騰與威爾森，他們的衣服僅具象徵意義——卡斯騰穿著破爛的T恤與短褲，而威爾森的白襯衫則如彩帶般掛在肩頭上，他的短褲也一樣破爛。

「沒錯。他們是我的人。」我回答。這時，我心裡的想法是：在所有心術不正的政客全穿著直條細紋西裝的國家裡，最優秀的人都光屁股。

更往下游去，當河面變廣、露出了淺灘和泥岸時，我們看到了更多河馬。這兒另有蒼鷺、老鷹與鸕鶿，而河邊的泥岸上還出現白額的胭紅色食蜂鳥。

卡斯騰說尚比西已經不遠。不過除了樹叢外，前面什麼都看不到，有些樹叢位於溼地，有小屋之處，小屋也全圍成小形的圓圍場。每次經過一群小屋，必定會聽到杵擣缽的聲音——有時是一個女人努力製作麵粉，有時是兩個人輪流舉起笨重的缽杵。某些樹上吊著被當成蜂窩的圓木。當年李文史東也曾注意到尚比西及這條河上的這些文化特色。

十七、八世紀，來此尋找奴隸與象牙的阿拉伯人把蜂蜜視為珍品，到了李文史東時期，這裡依然有奴隸販子活動。李文史東自稱他之所以在這兒掌控那艘名為**我的羅伯**（Ma Robert）的汽船，是懷著為耶穌基督拯救靈魂及剷除奴隸買賣的目的。然而，這個奇怪而抑鬱的男人真正的目的，其實是要打開非洲的通商之門。他稱尚比西為「上帝的公路」。李文史東在奴隸買賣上的影響不值一哂，而尚比西亞省這個人煙罕至的樹叢區，事後證明也是個商業完全行不通的地方，就連李文史東成功說服改宗皈依基督教的唯一一個當地人，後來也揚棄了基督教。

「尚比西。」卡斯騰說。

上帝的公路已在眼前——一片陽光眩目的水面寬達半哩，滾滾泥流載著整根的斷木、粗樹及巨木——這些全是非洲心臟的碎石，美麗的漂流之物。

卡斯騰正在對威爾森講故事，我捕捉到故事敘述中的幾個字——「印度人」、「魚」和「錢」——當我們划著槳橫過尚比西河時，河水的力量把我們的獨木舟往斜處拉，這時卡斯騰對我說了這個故事。

卡斯騰說，更往尚比西河的前方去，在尚比亞那邊，有些印度商人的生意是綁架村子裡年紀非常年輕的非洲女孩，然後加以殺死，取出心臟。他們用這些從非洲處女身上剛摘下來的心臟當作大鉤上的魚餌，可以捕到某種肚裡滿滿裝著鑽石的尚比西魚。

「印度人就是因為這樣才那麼有錢。」卡斯騰說。

一路順著尚比西往下走，令我心情大好，好到我竟然告訴卡斯騰和威爾森，這真是個開心的故事。其實九〇年底，我曾經閱讀過發生在尚比亞的反印度人暴動的相關報導，尚比亞人指控印度人非法買賣人體器官。那時謠傳印度人殺非洲人取出內臟，然後把心、肺、肝賣給西方醫院，大賺器官生意的錢，雖然未必是真，但連一些西方醫院都信以為真。

河旁的土地平坦無奇，遠處是一片多草的低林澇原。我們在漂著樹幹和巨木的河中划槳前行，這兒的水流力道最大，漩渦造成一個個霧濛濛的泥泡，宛如巧克力奶昔的表面。寬廣的河水緩慢流動，我們必須努力划行，不過水流也提供了足夠的助力，讓我可以不時地休息、思考。

我很開心。河邊的村子看來悲慘但都能自給自足。政府裡沒有人關心他們，也沒有人干涉他們。有時我不知道是否該在某個像這樣的地方稍事停留，但身在河上，泥濘的河水帶著我一路前行，漁夫、蒼鷺及（只露出外凸的眼睛和鼻孔的）小群河馬盯著我瞧，卡斯騰和威爾森保護著我，我成了世界上最像《頑童流浪記》的哈克．芬的人。我實現了出發進行這趟旅程時最期盼實現的願望，因為這才是我的逃避之所，坐在挖空了的木舟之中，沿著這條空曠的河流往下航行，是純粹的哈克．芬式歡愉。

從夏爾河轉進尚比西約兩個小時後，我聽到很大的軋軋聲響，一艘像浴缸的船正從河面北邊的碼頭前進。

引擎的聲響出自凱亞的平底載貨船，這艘船的體積大得足以運送直接開上去的貨櫃拖車。一個名為「水手」的英國救援組織結合了十二艘「單筏」（unifl‌ote）才創造出這艘貨船，他們從八具廢棄的引擎零件中組裝出引擎。水手的負責人是英國人克利斯．馬羅（Chris Morrow），這個團體裡有許多人像克利斯一樣轉任救援人員的軍人。這艘平底載貨渡輪，是從莫三比克南部旅行到數百哩之外的北部的唯一方式。

貝拉廢城

凱亞是個由簡陋的小屋、賣酒的小店與蹲踞的莫三比克人所組成的村落。我跳上岸後，扶住獨木舟讓卡斯騰上岸，但他卻伸出手握住了我的手。

「我們要回去了。」他說。

他只想轉個頭，速速划向夏爾河的上游，朝著家園前進。卡斯騰還有足夠的時間回到夏爾河與尚比西河的交匯點；但對他來說，從此刻起，一路都將是逆流而上的旅程。卡司騰眼睛盯著岸上衣著襤褸的男人與男孩子——這些人正在騷擾著他，問他從哪兒來——我知道卡斯騰心裡在想什麼：這裡有壞人。每個人都知道一艘在寬廣水面靠岸的渡輪會吸引機會主義者、掠奪者、無家可歸的無賴及迷失的人。於是我沒有協助卡斯騰上岸，反而硬塞了些錢給他當小費，我偷偷把錢塞進他的手中，不讓旁觀的群眾看到，就這樣，我把獨木舟推回水流之中。

這時，渡輪剛好靠岸，繩索也已固定，一輛裝了許多圓鼓鼓袋子的大卡車，頭重腳輕地開往碼頭上的一列卡車隊伍。男孩們跟在我身後要幫我提行李，但我卻埋頭往卡車停駐的地方去——那兒已停了四輛卡車。有群男人正坐在一家餐廳的陽台上吃吃喝喝。

「你好，先生。」其中一個人這麼說，嘲笑著我這個正在接近他們的**木組恩古**。

「**日安**。」我對他們說，並問有沒有人要去貝拉。

「我們都要去貝拉。」其中一個人對我說。這個人坐在那兒，手裡握著一支湯匙，湯匙下是一碗雞肉與米飯。

「你可以帶我去嗎？」

他沒有回答，不過頭卻擺了一下，我把這個動作當作是同意。他的名字叫袞牛。我買了兩瓶啤酒，給他一瓶，然後坐在他旁邊。因為我曾發誓為了家人，絕不再坐在卡車頂上旅行，所以我和袞牛針對車資討價還價了好一會兒。沒多久，他用自己的襯衫擦了擦臉，並付了飯錢，大夥兒起身離開。這輛車的駕駛座裡坐了四個人，另外還有約十五個美國人緊抓著卡車上裝豆子的麻袋。貝拉在兩百哩以外，一條夾沙帶泥的軟路，沿著舊有的葡萄牙鐵路線前行。鐵路與公路連接了莫三比克的所有省分。殖民時代曾計畫要在凱亞建造一條橫跨莫三比克的鐵路橋，路基已有部分開始架堤，不過構想不夠成熟，甚至可說過於誇張。現在連在凱亞和其外圍地區，都還可以看到翻覆的火車車廂與毀損生鏽的火車頭。

這塊腹地最近才開放。二十五年來，兩次游擊隊交戰，一次接著一次，結果莫三比克的內陸成為戰區。第一次是莫三比克解放陣線與葡萄牙人長達十年的抗爭。一九七四年這個國家獨立後，一個名為莫三比克民族抵抗運動組織[8]的反莫三比克解放陣線組織成立，主要支持者是南非的白人、葡萄牙與美國的右翼分子和懷著善意的人。莫三比克民族抵抗運動組織戰爭期間，數百萬人遭到殺害或被迫遷居，橋梁被炸、通訊系統被毀、道路被封、城鎮與村莊的人口因大屠殺而驟減。這場內戰導致莫三比克境內的尚比西河從潤柏到印度洋三角洲這塊地區及主要的支流夏爾河，全都對外斷絕，連許多莫三比克人都無法通行。戰爭期間，莫三比克的樹叢成了黑暗之心，既危險、混亂，又難以進入。

這時才四點，換言之，我們距離天黑大概還有兩個小時。在這兩個鐘頭內，我看到沿著道路而建的每座橋都遭到了毀壞——不是被炸斷，就是被燒毀；所有鐵軌都被扭開；所有的殖民地建築全成了無頂廢墟。

在前不著村後不巴店的地方，大夥兒停車小解。裘牛看到我朝著路旁走去，他忙說：「不要去！」然後招手要我去卡車邊。他指指樹林說：「地雷。」

這是莫三比克鄉間的傳統智慧，絕對不脫離任何幹道，也絕對不離開任何小徑，因為只有大家都踩爛了的路，才能保證沒有以前武器充足的各派軍人所設置、掩埋的地雷。

暗夜降，我們繼續沿著一條溼黏的單行道南下，走在我們自己的橘色車燈創造出來的隧道裡。車子來到了印哈明加。葡萄牙人治理期間，印哈明加曾是個相當大的鐵路城，有寬廣的主街，街上有兩層樓的住家兼商店及四周圍著花園圍牆的大宅邸。然而游擊隊的衝突與怠忽，卻把印哈明加變成了一個頹舍、鏽械與破車組成的棄村。此處的年輕人一看到我坐在卡車的駕駛座裡，就對我大聲叫囂。

「白人從來不到這兒來。」裘牛向我解釋。

「多奇怪。」

我們在一大早抵達海邊，這兒是貝拉的邊緣。自從離開馬拉威的白朗泰後，我就沒見過電燈、電話、鋪設好的道路或自來水。我一點都不覺得遺憾，反而覺得平靜，因為頹敗的不是國家——至少就設備而言，情況不可能變得更糟。幾個月前，這兒的人民曾歷經大自然最嚴酷的對待，好幾場帶有巨大破壞性的深深洪水。人民都存活下來了，但一如眾人所云，洪水最可怕之處不是摧毀了穀物和房舍，而是沖出了地雷，這些隨澇逐流的爆炸裝置，都將漂流到其他沒人知道的地方。

貝拉城也是座廢墟。裘牛讓我在一條位於巷道間的旅館前下車。我一直睡到日正當中，才到街邊已廢棄並冒出野草的建築物間散步。我在貝拉見到最有趣的建築物，是以前的大飯店（the Grand Hotel）——一座臨太平洋的偌大空盪樓架子。整塊地方是個巨碩而老朽的賭場遊樂區，盜賊與侵略軍都曾占領過此地。現在，無家可歸的老百姓在以前曾是客房的地方落腳，他們在陽台上起火煮飯，在走廊上架設帳篷。扶欄上有些空糞桶，大家洗好的衣服則軟癱癱地掛在拉起來的繩子上。這棟建築剩下一大堆毀倒的破灰泥與鏽欄，其間蹲踞著衣著破爛的老百姓。多數的房裡都飄出了煙霧。我想對某些人而言，這幅

8　莫三比克民族抵抗運動組織（RENAMO）：又稱為莫三比克國家反抗軍（Mozambican National Resistance, MNR），是一九七〇年代末期為了推翻三比克政府而開始運作的游擊組織。這個組織於一九七六年成立，創辦者是羅德西亞的白人官員，最初成立的目的只是要阻止一九七五年六月二十五日新獨立的莫三比克支持意欲推翻羅德西亞白人政權的黑人游擊隊，當時這些官員網羅的組織分子多為對現況不滿的游擊隊員。莫三比克國內現在以執政黨莫三比克解放陣線（FRELIMO）與莫三比克民族抵抗運動組織這個反對勢力為兩大勢力。

景象有如往日重生，但在我眼裡，這裡卻帶著某種揮之不去的未來面貌，一個遙遠而絕望的未來，一種世界將如何終結的暗示——第三世界奢華的遊樂區變成了蹲踞的老百姓集中營。

我在市場上尋找要去海拉爾的長途巴士，卻晃到一個停著破舊計程車的停車場。有個斜倚著舊車的人說，他可以用合理的價格載我走一百六十哩到莫三比克與辛巴威邊境的馬奇潘達，而且沿路還會指出各個景點。我們在一個小時後出發。走了大概一半路程時，他把車子駛離路邊，停在一個交叉口。有個窄箭頭標示這兒是新凡度西。我說：「我什麼都沒看到。」司機擺出一副最乖戾的表情回答，如果我不多付點錢，他就不會載我去馬奇潘達。我和他爭論了一會兒，最後同意加價，可是在去馬奇潘達的路上，他依然嘮嘮抱怨著我應該多給些錢，而我則叨叨向他發著牢騷，說我輕信別人的天性總是讓自己變成受害者。

第十七章　侵占杜魯門德農場

我從莫三比克步行穿越邊境進入馬紹納區後，搭乘一輛巴士前往辛巴威首都，這一路上，辛巴威的政治動亂，正出名得令人聞之生畏。這個國家什麼都出問題，至少我是這麼聽說的，而且狀況愈來愈糟：危險、混亂、消沉、破產。但是我個人卻迫不及待地想親眼看看如此極端的紛爭——親身經歷「這些都還是幸運的一群」這句新聞的誇大之語，以及其中可能存在的戲劇性事件。紛爭讓眾人七嘴八舌，但對任何一個想寫下這場紛爭的人而言，雜沓的說法全是禮物。**遠離農場**是辛巴威的美國大使館建議書上所給的忠告，不過這幾個字卻更讓我想在某座農場裡待一待。我沒有聲望、沒有關係，只有一股閒散的流浪者擁有的那種獨特自信：人已經到這兒，並且準備接受某種啟發；我會遇到合得來的人；我將一切順遂。然而在這個剛開始的階段，我實在不知道該如何讓諸事如願，因為偌大的一個國家裡，我連個朋友都沒有。

辛巴威土地的侵占

別去，有些人這麼說。他們之前也曾警告我別去蘇丹，但我卻愛死了那個又大又滿布灰塵的地方。

坐在海拉爾的巴士上，我們穿越辛巴威東部的高地，那是片從木塔雷到馬隆德拉的農地，然而在我眼裡，這片農地卻暗示著某種顯明的苦惱。當時我正在閱讀的書本扉頁記下了幾個字，車子不多。這是片美麗的土地，一畦畦的農田、一隻隻吃草的牛與一棟棟農舍，但這片美麗的土地似乎相當空蕩，就像曾經歷過瘟疫。許多地方都可以做為《天外魔花》[1]中的場景，因為處處都可見到閒晃的非洲人，偶爾會瞥見中南美人膚色的移民，不過除了那寥寥數人外，這個地方遲緩與人口稀少得不禁令人覺得奇怪。

躺在腿上的這本書，是我從木塔雷買來的，這本書幫我了解了一點辛巴威當時發生的事情。書名是《非洲之淚：辛巴威土地的侵占》（*African Tears: The Zimbabwe Land Invasions*），作者是凱薩琳．巴可（Catherine Buckle），她曾在安裝設備時遭搶。除此之外，六個月內，她在馬隆德拉的農場不僅遭人粗暴的侵占，而且還一點一點地被蠶食。

「這全是一個人的問題。」許多辛巴威的白人都這麼解釋。依據和我談話對象的不同，解釋的用詞也有所差異，「總統神智不清」、「他搞不清楚」，不然就是「他發瘋了」。連親切的諾貝爾和平獎得主屠圖大主教[2]都說，「這個人的腦筋有問題。」

我用嚴肅的態度收集到有關羅伯．穆加貝的傳聞，傳聞把這個可憐的傢伙描繪成一個因某所白人掌理的監獄刑求而變成的神經病：長時間的單獨監禁、各種虐待、電棒電擊其私處，以及終極的侮辱——傷害他的私處。另有一說他已進入梅毒末期；他的腦子在發燒。「你知道，他是中國人訓練出來的傢伙，」許多人都這麼說，「每當他開始自稱『同志』時，我們就知道又有事情要發生了。」他曾重拾舊習——凡事必先問過巫醫再做決定。穆加貝對同性戀的嫌惡也一樣出名，「他們全是狗，應該把他們當狗對待。」他親自廢除了辛巴威學校的標準學測，目的是「藉以破除殖民地的過去」。有些傳聞相當率直：他是個一輩子都恨白人的人，他的大志就是把白人全趕出辛巴威。當穆加貝提及英國首相時，他說：「我不要他把他的粉紅鼻子伸進我們的問題裡。」然而在我注意到這些傳聞的同時，不斷想起葛楚德．魯巴迪里曾對我說的話，「我們都叫他『書呆子』」。的確，世上再沒有比書呆子和妄想症的結合更要命的東西了。舉例來說，對許多小說作者與旅者而言，這樣的結合就是一種令人發狂的狀態。

加油站大排長龍的情形，說明了辛巴威部分的狀況：這兒汽油嚴重短缺。花費五億美金新建的海拉爾國際機場早就沒有飛機用油了。沒有強勢貨幣表示進口貨品嚴重縮減。海拉爾曾出現過因食物而造成的暴動。反對黨人士曾遭到執政黨打手小組的迫害。失業人口曾飆高至百分之七十五，觀光人數也銳減了百分之七十。總統的不明事理已經出名到連國際媒體都不再引用他的控訴，除非他真的口出最瘋狂之語，譬如「我有暴力學位」。然而就算是外國記者也曾受到攻擊，其中不乏受到重傷者，另外一部分外國記者則因試圖報導脅迫與混亂的新聞，而被驅逐出境。我怕自己也遭遇到同樣的命運，所以在入境簽證申請書的職業欄，填下「地理教師」。

曾經有很多年，辛巴威一直是非洲的主要終點站之一，因為這兒有尚比西河、泛舟、從維多利亞瀑布大橋上的高空彈跳，還有許許多多的野生動物，獵殺大型獵物的活動可以盡量進行。帶槍的獵人可以開槍射殺五大物——大象、犀牛、豹子、獅子和長頸鹿。一位辛巴威導遊告訴我，有些外國獵人非常挑剔，他們拒絕開槍射殺某些大象，只因為那些象牙只有四呎，而不是五呎長。辛巴威或許是非洲唯一可

1《天外魔花》（*The Invasion of the Body Snatchers*）：一九五六年根據美國科幻小說作家傑克．芬尼（Jack Finney）的同名小說改編而成的電影。內容是敘述美國一個小鎮裡的人民，被外星植物占領身體的故事，被視為科幻驚悚片的經典。

2 屠圖大主教（Archbishop Desmond Tutu）：一九三一年出生於南非的神職人員，一九八〇年代因公開反對南非種族隔離政策而聞名國際。屠圖是南非開普敦第一位黑人主教，也是南非第一位黑人大主教。榮獲一九八四年諾貝爾和平獎的屠圖大主教，用彩虹國（Rainbow Nation）稱呼一九九四年後廢除種族隔離政策的南非，後來彩虹國一詞成為南非的別名。

以合法買到令環保人士驚跳的象腳垃圾桶的國家。海拉爾的商店裡有大量新鋸下來的象牙，還有獅皮、豹皮、鱷魚皮帶、象皮或河馬皮皮包，除此之外，也可以找到些奇珍異品，譬如長達一碼、並在脛骨部分刻畫著非洲風景畫的長頸鹿腿骨。

然而觀光客、珍玩商、旅人全都離辛巴威遠遠的。問題在於侵占私人土地。總統鼓勵游擊戰的老兵——「無產農民」——進行侵略、占領與蹲坐在白人農民的土地上，用武力奪取白人的土地。許多辛巴威黑人就這樣對付辛巴威白人，其中不乏採取暴力手段者。這些侵占者已殺害了八名白人農場主人，卻沒有任何一人遭到起訴——不只如此，有些民眾還慶賀這些人達成目標，恭喜他們成功奪取了白人的土地，成為地主與地紳。有位高等法院的法官因為質疑這些農場侵占事件的合法性，而受到政府攻擊，最後辭職下台。至於那些搶來的農場，有些因為政府無法提供免費的玉米種、肥料和拖曳機，結果侵占者一走了之，重新回到原來的都市生活。遭到侵占與占領的土地約有兩千筆；政府承諾了更多可供侵占的土地，所以威脅真的存在。

只要當地報紙以批評的態度撰寫土地侵占事件，主筆的記者就會遭到逮捕或騷擾。外國記者不是被趕出辛巴威，就是被撤銷工作證。獨立的《每日新聞》（*Daily News*）編輯和兩名記者，在刊登了一篇消息來源可靠的新機場案回扣報導後，全都被控「刑事誹謗」罪。這件案子的行賄者是個沙烏地阿拉伯人，他本人就曾當眾抱怨過自己的三百萬美金賄款沒有得到合理的回報。

《每日新聞》的總編輯曾是一次暗殺未遂行動的目標。辛巴威人說這是政府教唆的暗殺行為，而證據就在於整起事件的粗糙性，而政府進行這件事情的拙劣手法，之所以是默認的確切證據，則因為這個政府根本做不出一件對的事情。另外一份報紙《獨立報》（*The Independent*），因為逐字報導一次令國會自陷於罪的國會辯論，而被控「污蔑國會」。除此之外，政府通過一項法案，明訂計畫規定辛巴威收音機與電視節目，都必須播放純正的辛巴威音樂、戲劇、新聞和時事，這是「為了促進辛巴威人民的國家認同度與價值觀」。然而某些辛巴威人已經自我發展成最偉大的非洲音樂革新者，而且辛巴威的音樂家也在大批美國與歐洲群眾面前演奏，因此這樁法案的動機其實只是要讓辛巴威的白人緊張。

「穆加貝所說、所做的每件事都是為了趕走白人。」有個辛巴威白人這麼對我說。我回答，在我看來，辛巴威的黑人似乎也在忍受同樣難熬的日子——如此高的失業率、如此高的通貨膨脹、如此不穩定的幣值，還有如此沉淪的經濟。黑人也被趕走了——許多人都逃到了南非。

親身證言

但是海拉爾卻不像個廢都。在我的心中，海拉爾即使在破產狀態，仍是截至目前為止最令人愉悅的非洲城市——當然也是最安全、最整潔、最少污染及最有秩序的城市。在經歷過了交通打結的開羅、炎熱過頭的喀土木、錫頂搖搖欲墜的阿迪斯、飽受罪惡折磨的奈洛比、雜亂無章的坎帕拉、洩了氣的三蘭港、破爛寒酸的黎朗威、絕望無助的白朗泰及滿是戰痕又被炸得無處容身的貝拉之後，海拉爾看起來美麗又乾淨，一幅寧靜的畫面，這兒的鄉間更是座伊甸園。

但是大多海拉爾顯明的平靜其實根源於這座城裡極度緊張的局勢，因為這兒的井然有序，同時也是一種沉沉的死氣，是令人屏息的那種不自然的寂靜。我有個預感，總覺得有事情即將發生，也許幾個月之內，也許一年，現在正是面臨重大事件前，沉靜與怠惰的歷史時刻，那重大的事件或許會是一次巨大的崩盤、暴力的選舉、社會的脫序，甚或是一場內戰。誤把此刻的沉靜當成順從或信心是錯誤的，因為此時此刻，更像經歷過劇烈變動後的人，自然流露出來的緘默。英國的統治在一九六五年因白人少數黨的片面獨立宣言（Unilateral Declaration of Independence）[3]而戛然終止，接踵而來的是國際制裁，然後是十年的游擊戰，一九八〇年黑人多數黨掌權，游擊戰結束，帶來了穆加貝同志掌權的二十年。

然而，多年來的國際制裁卻讓辛巴威變得活力充沛且自給自足。辛巴威骨子裡其實是個獨立而驕傲的地方，是個擁有製造業的國家。這兒幾乎沒有任何汽油或柴油可以賣，但大多數其他的必需品都買得到。即使在如此艱難的時期，辛巴威人的製造活動依然在進行——文具、衣服、家具、鞋子、冷凍雞肉、罐裝豆；也有牛奶廠、麵包店與釀酒廠。這兒還有許多很不錯的飯店，只不過絕大部分都冷冷清清。

辛巴威人有黑也有白，他們全都率直地抱怨。這對我來說是件新鮮的事。坦尚尼亞人與馬拉威人似乎比辛巴威人無精打采又拐彎抹角的多，那些國家的人民都已投降，也放棄了情況會好轉的一切希望，淪落至完全沒有歉疚的乞丐狀態，他們的態度還另外包含了一種意涵：我的國家辜負了我，所以你們一定要幫助我。一些惱羞成怒的辛巴威人說要離開自己的國家。賣給我車票的人問我從哪兒來後立刻回應，「我想去美國。」另一個人說：「三年前，這兒還是個好地方——但是，哎，再也不是了。」有名非洲女子敲敲自己的頭，用辛巴威黑人特有的腔調說：「你可以鞋到很拖」——她說的是「學到很多」。

馬拉威讓我心情低落，但是夏爾河與尚比西河上的插曲卻讓我心情蕩漾。莫三比克中部遭到摧殘的樹叢世界與腐朽的濱海城市，讓我拉起了防衛之心，然而現在在海拉爾，我卻能恣意散步，因為這兒是滿布人行道與公園的城市。我感到興奮，覺得自己正目擊著某件尚未命名的事情；而正因為缺乏戲劇性事件，這個時候才象徵著揭開一段歷史改變的階段前，那充滿懸疑的濫觴之刻。某種革命性的事件即將發生——但沒有人知道究竟是什麼。在這一刻，災難只是某種警訊的氣味，某種空氣中的苦味，某種讓大家豎起耳朵、皺著鼻子說「你有沒有察覺到什麼？」的氛圍。

我散步、開始吃美食——這是此趟旅程中的一個新鮮經驗。我還穿過市場、駐足商店，觀看商品，並注意物品價格。一有機會，我就會鼓勵大家談論這兒所發生的事。多數人心中都牽掛著燃料短缺這件事，此外，通貨膨脹也高達百分之六十五，但薪資始終微薄。最近一次的公務員罷工因警察介入而落幕，許多罷工者都受了傷。對大多數辛巴威的黑人而言，問題癥結在錢——崩毀的經濟；對大多數辛巴威的白人來說，問題關鍵是安全，因為侵占農場的無法無天，所有的白人，連城裡的生意人也不例外，都感到不安全。

抵達海拉爾後不久的某日早晨，《每日新聞》的頭條寫著「政府再收九十五家營利農場」，內文提到這項行動不是生意買賣——因為過程中錢財沒有易手。這是一次「強制性的徵收，屬於目前正在進行的土地改革與再遷居計畫的一部分」，再加上這九十五家，辛巴威政府過去三年挑選出來做為成熟的侵占計畫之營利農場總數，達到了三千零二十三家。報上把遭到徵收的農場名字全列了出來。

---

3 辛巴威（前南羅德西亞）之前是個由少數白人統治的英國殖民地，一九五三年，英國政府在面對非洲各地要求獨立的情況下，試圖成立羅德西亞與尼亞沙蘭聯邦（the Federation of Rhodesia and Nyasaland），該聯邦一九六四年因北羅德西亞與尼亞沙蘭分別獨立成尚比亞與馬拉威而解散，但南羅德西亞卻繼續維持英國殖民地的身分，從此大家稱之為羅德西亞。一九六五年十一月十一日，以伊恩·史密斯（Ian Douglas Smith）為首的少數白人羅德西亞陣線（Rhodesian Front）主導羅德西亞政府，無視英國政府「非多數非洲人治理不獨立」（NIBMAR, No Independence Before Majority African Rule）的原則，發表「片面獨立宣言」後宣布獨立，英國政府稱此為叛亂行為，但並未出兵制止。一九六六與一九六八年英國兩次斡旋失敗後，呼籲聯合國對其進行經濟制裁。聯合國的制裁，一直到一九八〇羅德西亞獨立成功才解除。一九七〇年，羅德西亞白人政府宣布改制為共和國，但英國與世界各國均不予承認。同時，羅德西亞國內反抗白人政府的游擊戰愈演愈烈，一九七八年，史密斯在白人政權面臨瓦解之際，為了自身的安全，無可選擇地與三名黑人領袖簽下協定。當時最具影響力的黑人領袖為穆左雷瓦（Abel Muzorewa），雖然同時有史密斯白人政府與南非白人政府的支持，但卻無法得到國內黑人重要派系的完全信任，因此穆左雷瓦很快就岌岌可危，後來英國政府再度介入，最後承認羅德西亞獨立，更名辛巴威。

好戰的參戰老兵協會領導人，是個染有愛滋病的憤怒醫生，名叫臣結萊．洪子維[4]，他自稱「希特勒」。辛巴威的報紙上報導過這個人完整的紀錄，他曾利用市郊的辦公室來刑求拒絕支持自己的人。希特勒．洪子維不但威脅白人，還派黑道分子到白人農場去。洪子維的狂暴，是一個知道自己天數已盡者的無理言行、一個拖著病體之人的叫囂；令人遺憾的是，穆加貝政府卻支持洪子維極其魯莽的威脅。

就這樣，一位起床後做了好幾個鐘頭雜工的農場主人，只因為是白人（這兒還有很多白人），回家吃早飯時，會發現自己的名字出現在早報上，然後午餐時間之前，他就可以預期看到一大群參戰老兵在他的土地上紮營。如果這位白人農場主人運氣好，那麼這些紮營者只會要求他的一部分地產；如果他運氣背，那麼老兵們會拿著武器威脅他離開，嘴裡還喊著（一如許多侵占者的行為）「這裡現在是我的農場！」。

這正是發生在凱薩琳和伊恩．巴可夫婦身上的事情，就像巴可太太在她剛出版的《非洲之淚》一書中所述。二〇〇〇年三月的某天，三十六名男子闖入他們的農場，又唱歌，又喊著「轟鬥」（Hondo）——這是紹納[5]語中的「戰爭」，也是一首由辛巴威創作歌手湯瑪斯．瑪普甫摩[6]所作的暢銷歌曲。巴可夫婦擁有這座農場已經十年了，當初買下時，曾有人向他們保證，這塊地並不在政府的重劃區內。然而這個保證卻只是個瑣碎的小節：因為事情實在發展得太快。有個人向他們自我介紹。「我就是要睡在你們農場上的人。」這個人如此問候的理由，是因為需要巴可夫婦的協助：不知道他們是不是可以開車送他進城去拿錢？拿了錢後，他才能付錢給其他與他一起擅自非法在巴可家的土地上住下來的人。約莫一個禮拜後，有面辛巴威的國旗在這方土地上升起。後來還有人設立了一家非洲啤酒館，很快地，農場上出現醉漢、一個愈來愈大的非法居留營及愈來愈頻繁的歌唱。

鄰近的農場也都遭到侵占。起身抵抗的農場主人全遭到攻擊，有些人還因此喪命。巴可夫婦向政府上訴，懇請政府協助阻止這種非法侵占他們農場的行為。然而政府袖手旁觀，警察也沒有出現，反而是退役的老兵愈來愈多，他們甚至要求巴可夫婦把農場的卡車借給他們去參加政治示威，示威目的則是公然譴責白人農民。

最後，一群醉酒老兵中的領導者站了出來反覆地說：「這是我的土地！這是我的牛！這是我的草！這是我的農場！」他命令巴可太太離開她的屋子。「這是我的房子！」不過，巴可夫婦繼續抗拒他的脅迫。但沒多久，一群挑釁的老兵在巴可的土地上以草起火，當這場火席捲了整座農場並威脅到他們的住屋時，巴可夫婦的意志力終於崩潰。一個不懷好意的人從煙霧中走了出來，他凶暴地說「**徙亞**」（Siya）——走開。就這樣，在第一次威脅出現的六個月後，巴可夫婦為了保命離開此地，失去了一切。

---

4 臣結萊・洪子維（Chenjerai Hunzvi）：臣結萊・「希特勒」・洪子維，一九四九—二〇〇一，出生於辛巴威的馬紹納省，參戰老兵協會的好戰領導人物，並曾於歐洲習醫。在眾人的眼中，參戰老兵協會幾乎就是辛巴威土地改革計畫的同義字。一般認為洪子維在青少年時代曾因黑人民族運動遭到羅德西亞白人政府的拘捕，不過他後來選擇到東歐學習醫學，並和一名波蘭女子結婚，精通法文與羅馬尼亞文。一九九〇年回到辛巴威執業，據稱，他的波蘭籍妻子因不堪洪子維的暴力相向而在一九九二年逃離辛巴威。一九九七年洪子維成為一個在辛巴威幾乎聞所未聞的辛巴威解放參戰老兵協會（Zimbabwean Liberation War Veterans Association）主任委員，但沒多久洪子維就組織示威活動，公開批評穆加貝總統違背當初對參戰老兵所許下的承諾，最後穆加貝同意支付老兵大筆金錢。二〇〇〇年，洪子維以「希特勒」為別名，領導老兵侵占白人農場的活動，造成白人農場主人遭到殺害，反對黨支持者遭到恐嚇與騷擾。洪子維在二〇〇一年突然去世，官方對死因的說法是瘧疾，不過一般人都懷疑洪子維的真正死因是愛滋病。

5 紹納（Shona）：紹納族分布在辛巴威及莫三比克南部，人數約九百萬，有屬於自己的紹納語。

6 湯瑪斯・瑪普甫摩（Thomas Mapfumo）：一九四五生於辛巴威，又稱為辛巴威之獅。他結合傳統的紹納族拇指琴（mbira）與電吉他等西方樂器，創立了一種名為「奇姆倫加」（chimurenga，紹納語，意為掙扎）的音樂。

《辛巴威獨立報》的主編崔佛・納庫貝[7]在《非洲之淚》的引言中，形容書中的故事是「一個家庭與整個國家所支持的恐怖行為之間的抗爭」。

這些都是相當新的新聞。巴可夫婦被迫離開他們的農場後不到一年，我經過那座在馬隆德拉城外的農場附近。

侵占農場的事件——椿椿

我來到了海拉爾，這是我的徒步行程。我在一家位於巷道中販售非洲工藝品的店裡，打量某些看起來很老的物品——換言之，就是江湖術士曾用過的東西。所有因年代久遠而表面出現特殊光澤、因長年握在手中而磨出平滑，或因使用頻繁而泛出煙燻味道的雕刻品，都令我心動。烹飪的器皿——碗、杓、瓢等——全會引起我的興趣，木製工具——棒子、手斧、鏟子、棍子、凳子等，也一樣吸引我。我這時剛好握著一個木雕的彈弓，倒轉過彈弓，就成了一個有頭和四肢大張的人形雕刻。

「這個東西有什麼典故嗎？」我詢問櫃檯的女士，「這是古董嗎？」

她回答，「看到這裡變黑的過程嗎？這個東西曾被放進火中烤炙，目的是要讓木頭變硬。我想這應該是丘克威[8]的東西。」接著她想了一下後，又補充說，「不過，我想沒有什麼東西是古董。」

這句睿智而率直的話，出自一位手工藝品業者之口，因此我對她產生了深深的信賴。她是位年約六旬的女士，一頭白髮，言語坦率，父母都是英國人，生於非洲。她的兒子務農，因此她非常擔心兒子的命運，不過還沒有人侵占他的農場。我們又聊了一會兒。我說我想見見土地遭到侵占的農民。

「我認識一個這樣的人，他說話相當直爽，也許他願意和你談談。他的卡車上有行動電話。」

她拿起電話和對方通上了話，短短幾句話向對方解釋清楚我的請託後，她仔細傾聽，接著道了謝，掛上電話。

「他很忙，不過今天早上稍晚他會到這家咖啡館去。」她在一張紙上寫下了咖啡館的名字。「他說歡迎你和他一起喝咖啡。」

這就是我認識彼得・杜魯門德（Peter Drummond）的因緣，他是一個滿頭白髮的高個子，五十五歲左右，湛藍而譏諷的雙眼讓他飽經風霜的面容顯出些許柔和。兵役、農勞及政治騷擾讓他變得蒼老，這是所有辛巴威白人農民的處境。他是個溫柔但非常頑強的人，滿腦子的計畫。他習慣用「真好笑」做為引言，但是這三個字引出的全是可怕的事情，有機槍、有鮮血。「真好笑」通常指的是千鈞一髮。

彼得擁有一個七千畝大的農場，農場位於海拉爾西部大約五十哩的諾頓（Norton）城外。他在農場裡除了種植玉米當種子，也種蔬菜、養牛與豬，另外還有個牛奶廠；兩個兒子都是他的幫手。彼得自己經營養雞場，每星期從美國進口兩萬三千隻一天大的雛雞，飼養後供應當地市場。他把養大的雞宰殺後，將部分冰凍，剩下的以新鮮雞肉販售。彼得每天運送四千三百隻處理好的雞到海拉爾供應市場、商店、飯店與餐廳，有些是新鮮雞肉，有些是冷凍雞肉。一如許多其他的大規模農場主人，他對餵養整個

7 崔佛・納庫貝（Trevor Ncube）：辛巴威的報界大亨，旗下有南非的《郵件與守護報》（*Mail & Guardian*）及辛巴威的《獨立報》與《標準報》（*Standard Newspaper*）。二〇〇五年，穆加貝政府在第一次限定媒體自由法（restrictive press freedom laws）實施時，取走納庫貝的護照。納庫貝律師告上最高法院，最高法院還為此案準備召開公聽會，但後來辛巴威的入出境管理機構在公聽會召開之前，以此舉不合法為由，歸還納庫貝護照。

8 丘克威（Chokwe）：中非的一個種族，約一百一十多萬人，分布在安哥拉、尚比亞與剛果，語言以巴圖語系中的烏丘克威語（Utchokwe）為主。

辛巴威盡了一份力，但是他發現這並不是件容易的事。

杜魯門德關心的問題是參戰老兵侵占他的土地、造成混亂、暴力威脅、酒後亂行，以及砍倒他的樹、戮殺他的牲畜、恐嚇他的家人。除此之外，柴油的短缺也代表著他的許多曳引機都無法使用。這一季，杜魯門德農場上許多土地都未經耕種，野草長在原來應是穀物挺立的地方。

「真好笑，我曾上過日本的節目談論這種情況，」他說，「我相當坦白，所以節目播出的當天下午，就有人威脅要宰了我。」

「口頭威脅，還是書面威脅？」

「電話。非洲人的聲音。你一直支持『民主改革運動[9]』——他指的是反對黨民主改革運動黨——『我們要殺了你。』」

民主改革運動黨和其黨魁摩根・祥葛萊[10]曾批評政府當局鼓勵非法侵占農場的政策，以及對暴力睜隻眼閉隻眼的態度。執政黨的反擊是指控民主改革運動黨與白人農民串謀，而且拒絕讓民主改革運動黨使用鄉村的運動場進行政治集結。所有批評政府當局的報導都遭到壓制。

「因此我把所有出現在英國廣播公司、天空新聞（Sky News）、南非新聞（South African News）和美國有線電視（CNN）的新聞全錄在一捲錄影帶上，」杜魯門德說，「我有大約二十分鐘的影片，是外國媒體對於辛巴威的看法。我把影片播放給我的工人看——大概有兩百人。我對他們說：『你們看看這個，這是外國媒體的說法。我什麼話都沒說，因為如果我牽扯在內，可能會惹來殺身之禍。』」

杜魯門德在一九七五年鬥爭時期，買下了他的第一座農場。「我錢不多，但是許多農民都遭到殺害，所以農場價格很低。我分期付款買了一個三千畝大的農場。」他努力經營，認為自己還會在辛巴威待上一段時間。「不過我的農場在一九七九年遭到十五個人攻擊。一個相當好笑的故事。」

那其實是個可怕的故事。杜魯門德在槍聲中醒過來，三十聲槍響，一整匣的ＡＫ－47衝鋒槍對著他的雞舍掃射。「沒打到他！那傢伙真是好狗運！」杜魯門德自己也有把ＡＫ－47衝鋒槍。他爬出了圍著防衛牆的屋子。「防衛牆是火箭筒攻擊時的保護措施。這些人用俄製的ＰＲ－７火箭筒，火箭彈穿牆後爆炸。有了防衛牆，砲彈只會在第一面牆後爆炸，損害不到房舍。」杜魯門德取下了防衛牆上的一塊磚，對著侵占者掃光了一整個彈匣的子彈。「我手下有兩個人開始開槍。所有人都在開槍。」結果十五名攻擊者落荒而逃。當農民後備救援隊（Farmers' Reserve Rescue Team）趕到現場提供援助時，他們發現杜魯門德在自家的土地上有個武器貯藏室——武器、炸藥及地雷——足以阻止侵占者的全面攻擊。

「就像我說的，這是一個相當好笑的故事，」他又說了一次，「我三個兒子當時各是五歲、四歲和一歲。我太太把他們叫醒，我兒子葛斯問：『那是什麼聲音？』『沒事。』我太太這樣回答他。結果葛斯轉了個身說：『爸爸會開槍打他們。』他非常鎮靜。我們都非常鎮靜。」

杜魯門德後來賣了那座農場，買下另一座農場，與朋友共用一大塊鄰近的草地。他們兩人的農場都是前一任農場主人賣給政府做為再遷居之用的土地。

「再次購置這座農場時，我們得到了政府的保證，不會有其他的再遷居事件——也不會有侵占事件。」

9　民主改革運動（MDC，Movement for Democratic Change）：為反對穆加貝總統的「辛巴威非洲民族聯盟」（ZANU），而於一九九九年成立的反動黨，成員包括眾多公民社會團體與個人，支持自由與其他民主力量。

10　摩根．祥葛萊（Morgan Tsvangirai）：一九五二—二〇一八，辛巴威民主改革運動黨的黨魁，曾在礦坑工作過十年，從小礦工一直晉升到監工。一九八八年成為辛巴威最大的商業工會「辛巴威商業工會大會」（Zimbabwe Congress of Trade Unions）的祕書長。一九八九年因一起南非間諜案入獄六週，曾遭到三次刺殺。一九九七年，籌畫辛巴威商業工會大會大罷工。一九九九年，創立民主改革運動政黨。

他用出售第一座農場的利益買了現有農場的這塊地，七千畝位於胡恩亞尼區的土地。他在這兒種樹、建造居住的房子，還蓋了間機械廠與雞肉處理廠。杜魯門德在這兒耕犁、引進牛隻，並另留一區給野生動物——大羚羊與飛羚。所有的投資都意謂著他必須借貸大筆金錢。他現在不僅要支付屋舍貸款，還必須清償五十萬美金的超額透支給銀行。

「接著我們就遭到侵占，」他說，臉上露出嚴峻的笑容。「真是好笑。那傢伙根本就不是參戰老兵。整個鬥爭時期，他只是一個司機。那傢伙只是在找不要錢的土地。」

坐在咖啡館裡的這段時間，我一直在膝蓋上的筆記本上振筆疾記。

杜魯門德問我，「不餓嗎？」

我說餓。

「一起吃中飯吧，」他說，「我和我的家人約好十分鐘後在附近的餐廳碰面。那兒的菜很不錯。他們是我的雞肉客戶。」

十分鐘後，我和杜魯門德家人坐在一張大桌子前吃烤雞——彼得、他的妻子鈴西、四個兒子中的兩個，特洛伊和葛斯，還有葛斯的女友羅倫。

就這樣，我在某個海拉爾的炎熱天，如此出乎意料卻如此又隨性地參與了這個慷慨家庭的團聚，這是整趟旅程中最溫柔的插曲之一。非洲南部樹叢中農民的好客是遠近馳名的特質，但這頓飯已遠非好客兩字可以涵蓋。我是個陌生人，共餐代表某種和解，所以他們邀我共餐，代表的是一種由衷的接受與善意。

「這是一次家庭會議。」杜魯門德說。

此次聚餐的具體目的是要決定到哪兒度假，這個理由讓這頓飯更顯重要。他們提到可能進行的計畫——在樹叢中露營、去北邊的卡里巴湖（Lake Kariba）、開車到莫三比克海岸游泳，或一家人就這麼待在農場裡。「我們得用省錢的方式度假！我們沒錢！」討論一回合接著一回合進行，看在一個進行穿越非洲薩伐旅的獨行客眼中，這種家庭生活中融洽的意見表達景況，有如天堂。

最後當大家決定到莫三比克旅行後，彼得．杜魯門德對他的兒子葛斯說：「我剛告訴保羅當初遭到那十五個傢伙攻擊的事情。」

「你爸說你一點都不害怕。」我接口。

葛斯說：「我從來沒怕過。」

鈴西說：「我們從來沒把這種戰爭當回事。我只告訴他們，『如果有麻煩，就躲到床底下去。』」

「不過仍有大概一成的白人農民遭到殺害，而其他一半的人離開了這個國家。」鈴西說。

羅倫是名二十五、六歲的女子，迷人而直率，生長在辛巴威鄉間的一座農場裡。

「我父親的農場也遭到侵占者占據，」她告訴我，「農場的名字是奇帕德吉農場（Chipadzi Farm），我父親擁有那座農場已經很多年了。當地有個傢伙叫做奇帕德吉首領（Chief Chipadzei），有天他來找我父親，並對他說：『這是我的農場。』——就這樣宣稱農場是他的。政府採取與我們對立的立場。我們能怎麼辦？我父母移民去了澳洲布里斯班西邊的圖伍巴（Toowoomba）。不過他們再也不務農了。」

「奇帕德吉農場後來呢？」

杜魯門德說：「那是一個相當好笑的故事。羅倫，說給他聽。」

「不久前我們還經過那兒。有一點點的栽種區，不多——到處都是一小塊一小塊的玉米田。只夠餬口。」

侵占那兒的人又回到了用鋤頭與雙手除草的情況，而羅倫父親的機械化農場當初可以生產足以餵飽一千人的玉米。

「我們現在的問題在於缺乏良好的武器，」杜魯門口德說，「過去還可以從保安部隊那兒得到AK衝鋒槍與補給，不過現在如果有了麻煩，警察根本不幫忙。」

「以前還有拿著AK衝鋒槍的參戰老兵在我們家的庭園裡走動，」鈴西說，「我一天到晚看到他們。這些人試著嚇唬我們。在鬥爭時期，我還覺得比較安全。」

「我有五棵巨碩的風車子屬[11]樹，」杜魯門德這麼告訴我，「全是原生樹種，非常漂亮。我很愛這幾棵樹。有個禮拜天，當我們從教堂回家時，看到一個參戰老兵，那是個當地的醉漢，砍倒了其中一棵樹，留下了一個大空隙。你知道，這是他要傳給我的訊息。不過，我想不出比這種舉止更令我憤怒的事情。竟然跑到我家裡砍倒了我的樹！」

那個醉鬼還有另一個讓人不勝其擾的習慣。每當他需要用錢時，就會和當地的非洲人碰面，然後把杜魯門德家的農場土地一小塊一小塊賣給他們。

「這些人總是到這兒紮營，然後把一張張的紙拿給我看，對我說他們現在擁有部分我的土地，」杜魯門德說，「你應該來看看這些人。真的很好笑。」

「我一定會去侵占你的農場。」我回答，然後大家決定了造訪的日期。

紹納人民的禁忌

因為遊客、來狩獵的白人，甚至內陸的旅者都避辛巴威而遠之，所以我非常好奇，很想知道觀光部部長要怎麼來扭轉大家認為辛巴威是個黑洞的觀念。我冒充一個毫無惡意的記者，要求會見現任的觀光部長，出乎意料的是他竟然同意接見。他是國會議員兼環境與觀光部部長愛德華・秦多力—奇寧加（Edward Chindori-Chininga）。

走進觀光部時，一位祕書迎了過來，請我稍等——「部長的行程有點耽擱。」——於是我坐在部長外環辦公室的一張皮椅上，倒頭睡著了。半個小時後我醒了，精神也變好了，已準備好和部長見面。

這位胖胖的部長年紀很輕，大概不到三十歲，風度翩翩。他穿著一套合身的深色西裝、打著一條絲領帶。部長來自辛巴威北角的堪亞姆巴（Kanyemba），是尚比西河上的一個城。

「兩趾族木多瑪人[12]不就住在那兒嗎？」我問。

他說沒錯，不過卻沒有提供任何我已知資訊以外的知識——那個跛行、走路蹣跚的部落因基因的特質，族群中有人會出現奇怪的分叉腳，是名副其實的裂腳。部長本人屬紹納族，他很敏捷地指出紹納人的文化價值與傳統信仰正在消失。「大家都說我們的信仰有如惡魔或這個那個的。可是沒有人能夠脫離自己的良好文化。」

---

11 風車子（Combretum）是植物的一個屬，為使君子科（Combretaceae），台灣著名的小葉欖仁樹，即是使君子科的植物，屬欖仁樹屬（Terminalia），與風車子為使君子科中最大的兩個屬，該科植物的特徵是葉互生或偶為對生，具葉柄。

12 Vadoma是木多瑪族Mudoma的複數，這是居住在辛巴威極西部措羅磋共同區（Tsholotsho communal area）的一個種族，生活在樹叢中，但一般認為現在已沒有純粹血統的木多瑪族人，因為其與班圖族群通婚多年，只是生下的孩子許多都追隨父親的生活習慣，居住在樹叢之中，不喜外人打擾。有些木多瑪族人出現罕見的畸形腳，也就是作者在此說的裂趾，因此又有人稱他們為兩趾族，其實木多瑪族中只有少數人是天生的裂趾。這些天生裂趾的木多瑪族人，除了大腳趾與小腳趾外，天生就沒有中間的三個腳趾，所以他們的腳與鴕鳥腳相似。只不過裂趾不僅不會妨礙他們的行走能力，據說還有助於他們爬樹的敏捷度。

「舉個屬於你們的良好文化例子給我聽。」

「我們相信任何不敬重祖先的家庭都無法久存。」

「可是這點連我都相信。」我說。

「我看過你們在美國的人如何哀悼死者。」

「我們當然會哀悼。世界上所有的人都會為死者悲傷。」我說。

「另外，因為祖先對我們日常生活的控制與影響，我們要常常請示祖先的意見。」

「我不太清楚是什麼樣的『影響』。」

「很重大的影響，」部長說，「在這兒，如果一個家庭發生問題——兒子坐牢或女兒不開心——我們就去請教祖先，找出可以解決問題的方式。如果事情出了錯，我本人也會回到家鄉的村子裡去見我的**夢和樓**（Mondhoro）。」——就是治療者，紹納語中又有獅子的意思。

治療者是當地所有歷史的寶庫，尤其是他知道村裡每個人的家世。部長強調**夢和樓**沒有書、沒有任何寫下來的東西：所有的歷史都在他的腦子裡。正因如此，當他聽說某個人有困難時，他能夠連結到過去所發生過的事情——譬如某位過世許久的祖先正在對現在發揮不懷好意的影響。我喜歡這樣的信念，因為這種想法既圓滿又堅持沒有人死亡：死者永遠不缺席。

「我們還有幫助自己的動物，」部長如是說，「每個辛巴威的非洲人都與某種動物有關。這兒的人碰面時，常問『你的圖騰是什麼？』。」

於是我問他「你的圖騰是什麼？」。

「一種老鼠，」部長回答，「我不能吃這種動物。有些人是大羚羊、斑馬或大象。我的圖騰是一種特別的老鼠——**尼卡**（nhika）——我不知道英文名字是什麼。那是種非常小的老鼠，頭上有白色的斑片。

有些人吃這種老鼠，但是我不吃，絕不吃。」

我向他提起有些辛巴威巴士在車後畫上某種動物。

「那些就是圖騰，」他說，「你看，我們的人民因為自己的圖騰，所以很尊重動物。」

「既然如此，那你怎麼解釋所有的盜獵行為呢？」

「人民肚子餓。經濟一路衰退，情況很糟，」他回答，但接著他變得比較開朗。「不過也有好處！這樣的情況讓我們知道自己必須自立。辛巴威之外的人不見得會來解救我們。我們必須學習自助。」

辛巴威與馬拉威、坦尚尼亞與肯亞之間一個極大的不同處，就在於辛巴威並不是白色的路華越野車、救援勢力與外國慈善團體的目的地。這兒沒有解救飢餓計畫或拯救兒童組織的用武之地，因為在這裡，沒有人挨餓，孩童的狀況也還不錯。這個國家的歷史雜湊零碎，曾是英國治理的南羅德西亞，也曾是白人叛軍統治的羅德西亞共和國，最後辛巴威迫使自己的國民學習到自助這個重要課題。然而，當部長提到穆加貝政府治理下的賤民（pariah）狀況時，我抓住機會提起參戰老兵與農場侵占的議題。我問：「難道你不擔心這樣的情況嗎？」

「事情很複雜。所有的事情都攪和在一塊。」他抓抓自己的後頸，然後繼續喋喋不休地說，我如此直接的問題令他很尷尬。「的確，有些土地遭到豪奪，有些農場也被所謂的侵占者重新遷居，不過這些人接收土地後都有生產力。情況並不像報紙所說。報導的人應該親眼來看看。」

「我正要親眼看看。聽說被奪走的農場生產力大不如前，而且現在還有玉米短缺的問題，」我說，「不過不管怎麼說，用武力奪取土地都是非法行為，不是嗎？」

「或許你可以說我們還需要某種程度的政治成熟度，」部長說，我感覺到他不尋常的坦率。「彼此對立的政黨必須對話。我們必須把國家看得比自己的理念還要重要。也許你可以助我們一臂之力。」

我把身子向前傾，問他，「你希望我怎麼做？」

「你可以描述在這生活的正面景象，」部長回答，「你可以消除這裡不穩定的形象。」

「我會盡力而為，部長。」我說，然後他帶著由衷的欣悅，繼續討論紹納人民曖昧不明的禁忌。

不知感恩的占據者

坐彼得．杜魯門德的車子到他的農場的那天，我聽到收音機報導英國政府已終止辛巴威的援助，並取消了鉅額貸款，原因是「再遷居計畫」——也就是農場侵占。英國的這項行動提到了兩點原因——土地沒有給貧民，以及所有的侵占行為均不合法。那則新聞中還播放了臣結萊．「希特勒」．洪子維大聲叫囂著要譴責英國。

「你可以親眼看看，」彼得．杜魯門德說。他到旅館來接我。「跟侵占者談談。跟我手下的工人談談。你想和什麼人談就和什麼人談。到農場去住住。」

我轉述了部長對我所說的那些安慰的話，以及關於辛巴威需要政治成熟度、不同的政黨需要彼此溝通的必要性。

「或許他只是對你說你想要聽的話，」杜魯門德說，「不過話說回來，政府裡還是有許多有理性的人。我相信你一定聽過這其實是一個人的問題。」

「每個人都這麼說。」

「他恨死我們了。」

穆加貝總統在那一年獨立紀念日的演講中提到，辛巴威的白人是「蛇」，他說：「我們以為已經死了的蛇又出現了。白人又回來了！」在他的眼中，民主改革運動這個反對黨只是反政府白人手中的「一個傀儡」。辛巴威的農場主人普遍都已習慣了逆境，穆加貝這種頭腦簡單的污蔑——稱為蛇——只能讓他們聳聳肩。

出了海拉爾城的路筆直但愈來愈窄，緊鄰而立的圍牆，兩邊是犁過的田，一排排高大而井然有序的樹，標示出農舍的位置。進入空曠的鄉間二十哩之後，草地與適得其所的高大玉米桿在變乾、變黃，這些玉米正等著採收。

「生意怎麼樣？」

杜魯門德低聲輕笑。他說：「本來可以做得更好，不過農場裡有竊賊。我們發現十一月到三月間，有好幾個工人偷雞。偷竊的數量相當多，所以三個月來我們損失了所有的利潤。另外，由於是內賊所為，所以小賊還弄亂了我們的帳簿。」

「你怎麼處理那些賊？」

「他們仍在替我工作。我沒有辦法解僱他們，因為這些人都有政治後台——解僱他們會很麻煩。警察也沒什麼用。」

監守自盜不是什麼罕見的事，他說——以前的賊除了偷柴油，玉米袋在運往市場的路上也會從卡車上不翼而飛，工具更是順手牽羊。然而偷走了這麼多雞，而且連帳簿與運貨數量都被篡改，杜魯門德的損失代表這三個月來他無法償付銀行的貸款。

「真是好笑，」他說。接著，他手指著窗子外說，「我的土地大概從這兒開始算起。」

那之後我們又開了好幾哩。杜魯門德告訴我，他最近才知道有家礦業公司獲得政府許可在他的土地上探礦。礦工在一條範圍廣泛的堤道下發現一大片白金礦區，堤道一直延伸過杜魯門德的土地。壞消息是他雖然擁有那片多石的土地、豬圈、雞舍和遭到竊取的柴油，但白金礦藏並不屬於他。

「我家地底下的東西不屬於我所有，而是屬於政府。他們可以隨便照他們的意思處理。」

杜魯門德的房子在一座小山丘上，這個**科普截**（kopje），位於一條灰撲撲的小徑終點。路上，我們經過一些他的工人身邊——正在修補圍牆、剪草，或拿著配管笨拙地修補水槽的男人。

杜魯門德用紹納話及在辛巴威被稱為奇拉帕拉達[13]的方言與他們溝通。

杜魯門德自建的這棟屋子，用的是自己的窯所燒出來的磚塊，屋頂鋪的也是自己田裡所割下來的草。石灰是蟻丘裡的黏土與沙的混合體。幾近正方形的屋子並不大，樓上本應是閣樓的地方有間客廳，另外還有好幾間房，房裡凌亂堆著書籍與文件，屋裡大多裝飾著非洲手工藝品。屋子附近有馬廄、員工宿舍、一叢叢的香蕉樹和一個漂亮的玫瑰園。整個圍場不但簡單、舒適，同時還保有總部的樣子。杜魯門德最大的遺憾是沒有在房子裡設置壁爐。

「這兒會變得很冷。六月有霜。」

他的土地在一座名為曼雅美（Manyame）的大湖岸邊（曼雅美湖舊稱羅柏森湖〔Lake Robertson〕）。我坐著杜魯門德的車子繞過部分他的屬地之後，覺得與其說他的農場像個單純的村落，還不如說像個小鎮來得貼切，因為這兒具備了與小鎮相當的基礎建設。他的農場裡有狀況不錯的道路、一座加油站、一個油料倉庫、一間牢固的機械廠、一個車庫、一條幹道，還有一個豬圈，大羊小羊在草原上，外加一間雞舍和吃草的牛，這兒還有許多的作物、許多的水。不同的工事區位於這塊土地上的不同地方，常常需要開車。他手下有兩百名工人，如果把工人眷屬算進去，這塊土地上由堅實的小屋所組成的勞工村，一共住了四百人。

我注意到，這個地方除了有完善性與井然有序的外觀外，杜魯門德利用雞糞與拔下的雞毛做為作物肥料，藉以回收雞隻殘留物的做法，更令我印象深刻。

不過，他並沒有接受我的讚美。他說任何繁榮的外觀都是幻象，自從柴油改採配給制後，他就必須削減農場的效能。「你現在看到的，是一個只有百分之五十產能的農場。」

到雞場時，他說：「不久前有個女人來這兒跟我說她需要部分我的土地。辛巴威女人都很聰明，工作道德也很不錯。她說她需要在這兒蓋間屋子，」——杜魯門德指著一塊靠近倉庫的地。「她計畫把她的電接在我在那兒的電線上，這樣她就可以有燈，而我則必須支付她此生的電費。計畫不賴吧？」

「她是參戰老兵嗎？」

「那正是我問她的問題！」他笑著說，回想起那個女人。「她說『算是吧』，我問她『你之前在哪兒打仗？』。」

「你跟非洲人談這些事情？」

「當然。我告訴他們，我為我的這一方打仗，」他說，「我問他們之前在哪兒打仗。我還稍稍消遣了他們一番。他們可以接受這種玩笑。同樣曾是軍人，我們有許多共同處。戰爭是歷史，已經結束了。要我們繼續認為一小群白人能夠治理數百萬的非洲人，實在是很愚蠢的觀念。」

「你談到戰爭的細節嗎？」

「有。我常說『哦，你在那個戰區？我也待過那個戰區。我可能對你開過槍』。」

「對方的反應怎麼樣？」

「很不錯，」杜魯門德說，「我們常常聊到沒有打仗的那些人——間諜。我說：『哦，你們有白人間

---

13 奇拉帕拉達（Chilapalapa）：辛巴威與尚比亞一種主要的對談語言，又被稱為廚房卡非爾（Kitchen-Kaffir）。

諜吧？你們對這種人有什麼看法？』他們回答，『我們只是利用他們。』完全不帶私人感情，知道了吧。我說：『我們也有非洲間諜。我們也只是利用他們。』」杜魯門德看著我，說出了他的重點。「間諜沒有打仗。我無法和間諜對談，不過面對一名戰士——那完全是另外一回事。」

回到車上後，我們繼續開車穿越他的土地，這期間，他一定在沉思著這件事，而且希望我能夠了解，因為他突然沒頭沒腦地以強調的語氣說：「某種情誼存在於曾經參戰的戰士——軍人之間。我們雖然有各自的陣營，卻享有相同的經驗。」

那天晚上，我在杜魯門德的農舍裡仔細研究一張他的土地地圖，他告訴我他曾勾勒過各種計畫，希望能讓這個地方存活得更好。其中一個是分出一塊地方，小塊小塊地賣給可以成為小自耕農或種植花卉蔬菜的辛巴威人，讓此地變成一種合作社區。他並不是打算把小塊的土地交給侵占或占地為王的人，而是出售每塊地的合法所有權。

「或者建立分時共用的小屋，」杜魯門德一面說、一面用手指概指著地圖的一個角落。「這整個區域都可以做為退休之家。」他指著某些小池塘說，「完美的露營地。這個區域已經吸引來了大羚羊、大角羚羊和飛羚。我們可以架起一面巨大的圍牆，把這塊土地上的某些地區當作野生動物保護區。」

我注視著這張地圖，想像著小屋、小別墅、帳篷及長角的動物。

「或許我會去澳洲，」杜魯門德說，「可是我真的很想待在這兒。問題是我還有貸款。這兒的通貨膨脹率百分之六十五，我從美國進口雞，所以必須支付美金，但辛巴威幣值卻一直在跌。」

那天晚上寒涼卻晴朗，明媚的月亮映在湖面上。除了吠叫不止的狗——一條拉不拉多和一隻活潑的傑克羅素犬——四周一片沉靜。當狗兒汪汪大叫時，我理所當然地想到可能正有人入侵，我還想像著參戰老兵、竊賊、機會主義者、掠食動物等的畫面。

「我要去看看那兩隻狗，」杜魯門德說。也許他也一樣焦躁？

不過，我喜歡這座農場勝過海拉爾，也勝過旅館、一座鎮或一座城。我一直在想，這一切與舊蘇聯是多麼的相似，和舊美洲也是極為相像。說起來奇怪，城裡的故事鮮少讓我喜歡，我愛的幾乎都是歌德式的虛構小說和鄉村生活的悲喜劇，如奧莉芙·史海納[14]的《一個非洲農場的故事》（*the Story of an African Farm*）、桃樂絲·萊辛[15]的《草唱》（*The Grass is Singing*，這本書的故事背景就是在杜魯門德的農場附近）、契訶夫有關鄉村人民的戲劇，以及美國南方作家的作品——福克納、芙蘭納莉·歐康納[16]，另外還有馬克·吐溫的最好作品，這些作品中帶有喜感的幽暗與孤立都可用果戈里具有召喚作用的標題

---

14 奧莉芙·史海納（Olive Schreiner）：一八五五—一九二〇，南非作家，同時也是社會主義與女性主義者。在英國時期接觸到女性主義。一八八三年出版《一個非洲農場的故事》，廣受歡迎，奠定了史海納小說家的地位。一九一一年，史海那出版了她生涯中最重要的政治作品《女人與勞工》（*Woman and Labour*）。

15 桃樂絲·萊辛（Doris Lessing）：一九一九—二〇一三，出生於伊朗（當時稱為波斯）的英國作家，本名Doris May Taylor。萊辛家人在一九二五年遷居當時名為南羅德西亞的辛巴威，過著種植玉米的辛苦日子。雖非出自天主教家庭，萊辛卻在天主教學校就讀，直到十五歲離開學校，從那之後，她就自習進修。即使自己的童年生活困苦，萊辛的作品，卻對在非洲過著枯燥生活的英國殖民者和窮困的非洲人充滿同情。二〇〇一年獲頒亞斯都里阿斯王子獎（the Prince of Asturias Prize）的文學大獎，也曾頒贈大衛·柯漢英國文學獎（David Cohen British Literature Prize），二〇〇七年獲得諾貝爾文學獎。一生出版五十餘部作品。

16 芙蘭納莉·歐康納（Flannery O'Connor）：一九二五—一九六四，生於美國喬治亞州的作家。歐康納很小的時候就因為嘗試教她的小雞倒著走路而登上地區報紙，她說那件事是她人生中最令人興奮的事情，自那之後，一切事情都只是走下坡。一九三七年醫師診斷出她父親罹患了紅斑性狼瘡，一九四一年去世，父親的去世讓歐康納不知所措，自此幾乎再也沒有提起過自己的父親。一九五一年，她也被診斷出罹患了紅斑性狼瘡，於是回到老家的農場休養，養了約一百隻孔雀。歐康納雖然過著相當隱居的生活，但她的作品卻對人類行為的細微差異表現出超人的掌握。

「狄康卡近鄉夜話」（Evenings on a Farm Near Dikanka）來涵括。

杜魯門德農場的早晨清新而明亮，凜涼的露珠在長草上閃爍。我早就被狗兒與杜魯門德進進出出的聲音吵醒。早餐時，他說他要和兩名手下出門去卡洛伊（Karoi），那是個北去約一百二十哩的地方，他們要在那兒蓋間教室，當作是支付他女兒米絲堤學雜費的一種方式。

他走前對我說：「我兒子特洛伊會過來帶你四處走走。你可以和任何人聊天。」

特洛伊今年二十六歲，曾參加過奧林匹克運動會的風帆賽，他最近才代表辛巴威參加在西太平洋的新喀里多尼亞島舉辦的國際錦標賽，得到了相當不錯的成績。他是個謙虛、聲調溫柔且很好相處的人，對於現代農場的程序知之甚詳。他和他弟弟向恩負責管理玉米種、豬群、馬群及車輛。他曾經種過菸草，不過「我父親不抽菸，菸草與他的哲理背道而馳，所以我們就抽手了」。

他說：「我父親說要帶你去看所有你想知道的東西。」

「我想和侵占者談談。」

「沒問題。」

「不過不要先告訴我任何事情。我想要自己慢慢知道。」

特洛伊一面笑一面說：「反正他們都是友善的傢伙。」

我們開車穿過杜魯門德的土地，我再次想起這塊地的面積及這個地方的複雜性，這兒看起來似乎比一座小鎮還要大，而且更像一個完整的國家。

第一個侵占者不在家。這個人在地上打進了樁子，以標示此地為他所有——相當諷刺的情況，因為樁子是一種對其他可能入侵他所侵占的這塊土地者的警告。我沒有看到作物。小屋很簡陋，幾乎沒有修繕可言。

「這兒沒有太多活動。」我說。

我們改走另外一條路，約十五分鐘後，岔入一條窄徑。小徑邊是一塊種了玉米的土地，看起來玉米剛發芽——然而這個時節幾乎已是收成的季節。此處沒有可供採收的作物。

「沒有收成，」我說，「這裡沒有東西可吃。」

特洛伊遵循著我要他什麼都不說的要求，只聳了聳肩。

遠處，在四座蓋著圓錐頂而且建造精巧的小圓屋前，有個瘦巴巴、穿著一件髒T恤、長著一張龜臉的男人在搖動他的手臂。

「那是另一名侵占者。」特洛伊說。

為了討好對方，我用齊切瓦語和這名非洲人打招呼。對方也回以招呼，我一點都不驚訝，因為齊切瓦語在馬拉威以外的地方也使用得很廣泛。不過，這個人說他的齊切瓦語是在尚比亞學的，他在那兒住了二十一年。他名叫瑞瓦，母親是尚比亞人，有個大家庭，全家都和他一起住在這塊從杜魯門德家奪取而來的土地上。

「你在尚比亞做什麼？」我用英文問他。

「當司機。」

「你是參戰老兵嗎？」

「不是。沒打仗。我沒有土地。」

「我以為只有參戰老兵才可以侵占土地。」

「有個參戰老兵說我可以來這兒。」瑞瓦說。

我對特洛伊說：「他只是個要土地的傢伙。」

特洛伊說：「沒錯。」

「瑞瓦，你園子裡的狀況並不太好。」

這時他開始對我咆哮，他緊繃的臉看起來更像隻烏龜。「園子一點都不重要！我下種的時間太晚！政府承諾種子、肥料、讓我用拖曳機，可是他們什麼都沒給我！我一直等，直到一切都來不及。他們都沒幫我！」他滿肚子的牢騷。「這一切都是我用雙手完成的——沒錯，我自己！」

「可是這兒沒有東西吃。」

「蟻丘附近有些玉米比較大，」他指著一個約四十碼外的小丘，小丘頂上有些高的植物。「我有些南瓜花可以吃，還有些小番茄。」他轉身面對特洛伊說，「我需要籬笆。動物會進來吃我的作物。告訴你爸爸，他必須把籬笆架起來，否則……」

「否則怎樣？」我問。

瑞瓦那張有個鳥嘴的臉變得興奮莫名，他說：「否則就要開戰！因為我必須要圍牆。」他在沮喪之餘，猛踢著園子的邊緣。他說，「明年事情會好轉。政府會幫我。」

「如果他們不幫你呢？」

「那麼杜魯門德先生會幫我。」

「杜魯門德先生為什麼要幫你？再怎麼說，你都侵占了他的土地。」

「因為我沒有土地。」

「現在你有土地了。」

「如果沒有拖曳機，有土地有什麼用？杜魯門德先生有一台拖曳機。他必須幫我。他會幫我犁田。」

「他為什麼要幫你犁田？」

「他有錢啊！」瑞瓦大吼，「我很窮！」

「他還欠銀行兩千兩百萬元。」我說。

「我不管。如果杜魯門德先生不幫我犁田，那麼——」瑞瓦停頓了一下，然後對著特洛伊怒目而視，他在傳達一個訊息——「那麼我們並不了解彼此。」

侵占他人土地據為己有並建造了四座小屋，他現在竟然還要免費的種子、不要錢的肥料，以及要他所加害的人依照要求幫他用拖曳機犁田。這簡直像小偷偷了一件外套後，還堅持要苦主把外套拿去乾洗、修改到合他的身為止。瑞瓦一想到他的要求完成時間可能有所拖延就火冒三丈。

我們坐在最大的那座小屋前，我假設了一個狀況。瑞瓦強奪了一大塊杜魯門德先生的土地，但他奪取的土地面積過大，根本無法完全栽種利用——這是很明顯的事。我問他，如果有人來，看到他只利用了一大塊土地上的這麼一點點區域——「怠忽土地」是有關單位認可農場侵占的狀況之一；如果有人想非法僭據此地，並在他土地上的某個角落蓋間小屋，會怎麼樣呢？對侵占自己農場的人，瑞瓦會怎麼做？

瑞瓦幾乎不等我說完，就皺起眉，擺出一副攻擊的表情，撐開的鼻孔重重吸吐著氣。「不行！絕對不行！我什麼都沒有！我會把他們趕走！」

他完全不覺得自己的態度有什麼矛盾之處；想到其他人即使占據他的一小塊地，也會令他大發雷霆。他站起來開始來回踱步。他揮著拳頭，然後指著自己那些發育不良的玉米。

「這樣的事情差一點發生。這裡有個笨蛋老兵需要一些錢，所以他把我的部分土地賣給了別人。大家都來了！他們說『這是我的土地』。」

「你怎麼處理，瑞瓦？」

他齜著牙說：「我把他們趕走了！」

原來我假設的這個完全不知心存感激的荒謬狀況，竟然真的發生過。

特洛伊問我，「你還想看看其他人嗎？」

我說不了。我沒有意願再接觸如此至極的荒謬。我在附近晃了晃，然後看著特洛伊的馬，接著又盯著一輛特洛伊所修復並呈現出原有光彩的一九六二年老豐田四輪傳動車——「看到車門上的彈孔了嗎？都是來自那場戰鬥。」

我後來在湖附近和一位擁有一座漁業合作社的非洲人聊天。他名叫約瑟夫，是馬拉威人，他說農場侵占簡直是「一場災難」。我問他對自己的故鄉馬拉威的看法。「沒救。」他說。不過他也補充說他鮮少回家，因為他自己的漁業事業發展得很成功。

「如果回到馬拉威，我的親戚就會伸手借錢、吃我的飯、讓我變窮。」

約瑟夫向我解釋，在非洲的這個地區，如何保護自己所成就的東西，是個很嚴重的問題。他並不是指遭到侵占的白人農民，但他的話也可以用在白人農民身上。有錢、有地或有食物的人，會吸引自忖有權分享的旁觀者，每個人都試著拿走一些東西。

那天稍晚，特洛伊開車送我回海拉爾。他向我指出各個遭到侵占的農場。他還指出其他現象——非洲人如何抄捷徑穿過白人農場的玉米田，不只是為了便利之因，也為了侮辱農場主人。

這些小徑彎彎扭扭地穿越本應是一排排整齊的玉米列。

我們看到路上有一對非洲男女要搭便車，特洛伊減了車速，問他們要去哪兒。「海拉爾。」那個男人說，特洛伊對他們說可以上車。這兒是鄉下，開車的人讓想搭便車的人或在巴士站等車的人搭便車，是稀鬆平常的事情。

我問特洛伊，「如果我在這兒搭便車，非洲人會讓我上車嗎？」

「可能會吧，」他說，「不過他們會期待你支付些費用。他們知道我們從不開口跟他們要錢，但是他們彼此之間總是會要錢。」

特洛伊就像他的父親，話語之間並沒有酸苦。就這樣，陽光之中、廣大的藍色非洲天空之下，我們在沉默中慢慢沿著鄉村之路晃行，直到後座的人敲著窗，請特洛伊讓他們下車。

我又在海拉爾待了好幾天，迷惑於海拉爾表面上的井然有序——孩子們穿著學校制服、警察指揮著車輛稀少的交通、百貨公司大而空蕩，還有賣花的人、咖啡館、清道夫——一種我現在才了解是屬於極度緊繃之下的平靜。

我在海拉爾遇到一個以前當過記者的美國人，他在郊區有棟房子。他沒有離開此地的計畫。這個人說：「海拉爾是非洲最棒的城市，辛巴威是個美好的國家。目前這裡正在經歷一段惡劣的修補期。」另外一個外交官說：「我想待在這兒，看看事情會變成什麼樣子。」

第十八章　通往南非的樹叢邊境巴士

某個酷熱的早晨，我出了海拉爾，沿著一條滾燙的筆直路段南下，路邊有農場圍籬，我們經過名字諸如「廣畝」或「落日」等白人的牧牛場草地，每道大門都有個守衛，每根電話線桿上都有隻猛禽，在這兒，猛禽常常是隻守望的老鷹：我們正朝著南非而去。在如此陽光普照的日子離開海拉爾是件多麼開心的事，我坐在裝了椅套的車座上，而這輛長途樹叢巴士正行駛在這條以開羅為起點的路上。

低矮的白人農場建築因攀高如蘋果樹的九重葛而更顯發育不良。小河、小溪、平坦的地形與鄉間景況，就算讓我以為身在俄亥俄州的僻徑之上也不為過。然而，不時會出現強而有力的提醒，讓人猛然想起這是非洲：譬如一座大如小別墅的蟻丘、一個腳踩自行車的非洲人，身穿藍色T恤而頭戴捲邊帽、一匹肚子圓滾滾的斑馬和一匹骨瘦如柴的馬兒並肩吃草、一隻鴕鳥站在樹底下頗不贊同地怒目而向、一隻在圍牆竿上剔牙的猴子，或是農場侵占的鮮明標誌——粗製濫造的小屋、辛巴威國旗、為了建造另一棟小屋而疊起的橡膠樹柱堆，以及原本應是滿山挺立著高莖玉米的大農場田地上，出現的小塊玉米區。在明亮卻灰塵滿布的德萊頓（Dryton）小鎮，因為燃料短缺，二十二輛車子在一座加油站前排隊。

司機先生的虔誠聲音透過巴士擴音器傳出，「賞（上）帝將幫助引領我們走過驢（旅）程，在他的神聖甜（殿）堂中平安無恙。」

我偷笑了嗎？也許。每次坐上非洲的巴士，腦子裡就只能想到醒目的新聞頭條，「多人在巴士翻覆慘劇中喪生。」不論我發出了什麼樣的聲音，都激怒了當時正用手指逐字閱讀祈禱文小冊的鄰座乘客，他抬起頭，把臉湊向我。

「你是基督徒嗎？」他問。

在非洲，我所發現的魯莽，呈現在一個屢屢出現的盤問之中。

「這樣說吧，我有很多疑問。」

「我以前也和你一樣。」他說。

大家都是從哪兒學來這樣的話？我看得出來，這個人一如他所說，相信自己擁有唯一的真理。奇怪的是，我那時正好在繼續寫那篇從埃及開始的姊弟戀情慾故事，筆記簿上是完成了一半的作品。我對著這位福音傳教士微笑，指指自己的故事，然後繼續在筆記簿上寫作。

陰暗的星光下，是個鬼遞過來一只酒杯，她的手上依然戴著蕾絲手套。我喝下杯中物，摸著她的手，訝於蕾絲的溫暖，她的手是如何溫熱了手套；伸手輕觸她的酥胸時，又訝於她的嬌軀是如何溫熱了她的絲綢襯衣、長裝、袖子……

紹納族的傳教者

大地乾枯，蓋著一層灰綠的草地，在陽光下呈現銀色。一個小時過去了，又是一個小時，然後再過了二十分鐘，恆久而美麗草地的一切。路上不時出現某座農莊的標誌——一條發燙的直路，以直角彎入主道——白色的塵土，深入鄉間的軟石灰粉，還有兩條消失在遠方的平行輪轍。

坐在我身邊的非洲人，臉上堆滿了真正信徒的那種勝利施恩者的微笑。

「什麼樣的疑問？」

「譬如你們吃烏鴉嗎？」[1]我簡潔地引用了《聖經》〈申命記〉裡的章節，並加了更多摩西律法中不能吃的討厭東西，但大多數辛巴威的人都非常喜歡把這個東西與晚餐的**沙札**（sadza）粥一起燉煮食用。

那傢伙支吾其詞。

我又問：「你要如何解釋〈使徒行傳〉第十章中，彼得在哥尼流家裡看到了不潔淨的動物？」

「我問你一個簡單的問題，你卻問我很不簡單的問題。」

「那麼我問你一個簡單的問題，」我說，「耶穌在兩千年前出生。那麼在耶穌之前的數百萬人呢？他們得到救贖了嗎？」

「他們全因崇拜錯誤的偶像而下地獄了。」他回答。

「原來如此。你叫什麼名字？」

「華盛頓。」他說。

「華盛頓，你屬於那個部落？」

「我是紹納人。」

「太好了。」我說觀光部部長曾要我相信透過詢問傳統的治療師**夢和樓**，一個人可以得到啟發與平

1《舊約聖經》〈申命記〉第十四章第十二節至第十九節，明述不可食用的鳥類，「不可喫的乃是鵰、狗頭鵰……烏鴉與其類……凡有翅膀爬行的物，是與你們不潔淨，都不可喫。」

靜，那麼身為紹納族人的華盛頓對這件事有何看法？

「亡靈崇拜是異教徒的行為，而且**夢和樓**必須對許多小孩子的死亡負責。」

他向我解釋**夢和樓**可以診斷出問題，但解決的方式卻通常需要犧牲小男孩或小女孩。在祭典上殺生就和釀啤酒或尋找某種藥草解除詛咒一樣普遍。

「小孩之後會被勒死。」

「別盯著我看，」我說，「連總統在內，你們政府裡有許多人都相信必須徵詢**夢和樓**的意見。」

「那你就錯了，」他說，「如果你相信全能的上帝，就會得到救贖。」

「如果全能的上帝是隻呱呱呱永遠叫不停的巨鴨，那麼所有的人可能一生下來，腳上就長著蹼，而且每個人都跟教皇一樣全無過失。還有，我們永遠都不需要去學游泳。」我說，刻意稍稍錯用了亨利．詹姆斯父親[2]的話。

不過我達到了目的，華盛頓知道在我身上只是浪費時間，於是繼續自己的祈禱，而我正在進行的故事也多了點進度。車窗外既像廢墟又像小圓丘頂上頹敗神廟的方正石塊，凌亂的大石猶如破散的基石，讓人想起遠在遙遠的坦尚尼亞河邊、靠近姆彎扎的那片平原。不過下一個山頭——馬斯文戈城（Masvingo）附近那些堆砌莊嚴的石塊，更能喚起眾人對偉大辛巴威的記憶。

抵達馬斯文戈時，我原想多做逗留，參觀廢墟。但一來觀光與我的性情相違，二來華盛頓在此下車，我繼續留在車上的誘因更強。

馬斯文戈是個可愛的鄉城。我心裡想著：我可以在這兒住下，然而很快就領悟到，其實自己本來就住在一個像這樣的小鄉城裡。馬斯文戈舊稱維多利亞堡（Fort Victoria），是白人移民來此的第一個要塞，後來變成一座農業城。儘管名字更迭，但小城未改，因為這兒仍有維多利亞旅館、乾貨店、名為

「祖拜爾品味」的印度人服飾店、賣酒小舖和五金行。一如辛巴威所有的老街般，這兒的街道寬廣得足以讓牛車迴轉。

依照行程安排在馬斯文戈的停留演變成延誤，不過我無所謂。延誤讓我有機會看看車上各色人等的其他乘客——白人家庭、黑人家庭、一群印度女子、某校足球隊六個穿著體育服的白人女孩、穿西裝打領帶的非洲男子，還有其他穿著像我的人。即使這輛巴士和旅客都與灰狗巴士和灰狗旅客相似，有端莊者、飽受壓力者、社會邊緣人、怪胎及身上散發著濃濃香氣的人，我卻感覺像在另外一個星球，一個跟地球明顯相似，事實上卻是個暗星的地方。

整個下午，我們幾乎都待在馬斯文戈。我在主街上逛了一圈，街上的冷清令我訝異，後來才想起當天是星期日。車子繼續上路，進入了馬塔貝雷區的沉靜氣氛與綠色山丘之間。我們抵達貝特橋時已是傍晚，這兒有另外一條名叫林波波的河水權充國界，隔開了辛巴威與南非。

巴士之旅

暗夜中，大夥兒歷經了行進速度緩慢的車道，與所有因護照問題或過關質詢的紛擾，整趟行程變得如夢似幻。過了林波波河後是一道頂端設有刃網的高大圍牆，當我們搭著巴士沿著一條防禦橋進入時，

---

2 老亨利．詹姆斯（Henry James, Sr.）：一八一一—一八八二，美國神學家，與當時盛行之自然主義立場迥異。自然主義相信科學法則足以說明一切現象，而所有宗教中的真理都源自於對自然的研究，但老詹姆斯卻對科學興趣缺缺，並堅信宗教的真理屬於純粹的精神層面，上帝與自然之間的關聯必須打破，才能領略到這個真理。

照耀著圍牆的明亮探照燈讓這兒看起來有如武裝營或監獄。在非洲，再也找不出比這兒更具威脅性與高效率的國界跨越區了——有如一場被推進監獄的噩夢，除了偶爾出現令人目眩的燈光外，只有陰沉和鬱黯，短短的一小段路上，部署著許許多多的衛兵崗哨與路障。最後一道路障處，有位白人士兵登上了我們的巴士，重新檢查每個人護照上的入境章——很有禮貌，但眼睛卻大而凸得令人奇怪，這人上還帶著自動步槍。

有個年輕的非洲女孩在梅西納鎮（Messina）上車後，坐在我身邊，她推弄著我膝蓋上的筆記本。

「你在寫什麼？」

「一封信而已，」我回答，其實是我的情愛故事。「還要多久才到約翰尼斯堡？」

「十二個小時，」她說，「不過我要坐更久。我要去馬塞魯（Maseru）。」

她的故鄉在賴索托，名字叫圖羅，蘇圖人[3]。她說：「我的故鄉不事生產。什麼都不做。什麼都不做。」

她繼續睡覺，卻只睡了一下子，醒來後，我們聊到賴索托及那兒有時會下雪的情況。

「我想離開賴索托——離開南非，」她說，「不是移民，只是離開。你懂嗎？只想離開這個第三世界一段時間。」

聊完天，閃爍的燈光說明了我們正經過村落——一路上，我還沒有看過晚上如此燈火通明的地方，這可以當作進入南非的前奏。其他的國家都沒有如此的電力。燈光帶有阻撓與騷擾的作用，因為被照亮了的繁榮，看在眼中並不太對勁——高高的電線、大大的房子、二手車停車場停著亮晶晶的車子，還有都市化的邪惡秩序，更多的燈光、更多的圍牆、更多被照亮的櫥窗。這麼多的燈光，在雙眼已習慣了黑暗之後，猶如夢魘，因為刺眼的光線傳達了一種扭曲與誇大之感。另外，說真的，這兒其實根本沒有太多現代化，因為北特蘭斯瓦省定居人口稀少，路易斯・崔查德（Louis Trichardt）、班德里耶克（Bandelierkop）與鹽盤山上的市場城——全都是北特蘭斯瓦的務農鄉間。

半夜時分，在匹野茲堡長時間的耽誤後，我在寒峭中隨便走走，這時街上仍然有些人，女人賣著香蕉與橘子，與馬拉威鄉下的非洲女性同胞非常相像，差別在於這兒的婦女在依舊營業的大口便利店前賣水果，便利店裡傳出熱肉派、酚皂和消毒劑的味道。這座城裡的人都裹在各種毛衣、圍巾、保暖襪、圍裙和頭巾當中。白天變熱時，他們會一層層的把衣物扒下來；不過在晚上，這些毛織品的層層包裹與堆起的臃腫，讓他們看起來像是夢境中的生物，尤其是那些仍在空蕩蕩卻亮光光的主街上閒晃的人。

我在跳羚公寓對面的高速公路上歇息入睡，公路對面還有數百哩日趨繁榮的南非白人地名——帕吉特斯拉斯（Potgietersrus）、瓦納凡斯福雷（Vanalphensvlei）、納布姆史普魯特（Naboomspruit）、瓦姆巴德（Warmbad）與尼羅斯特姆（Nylstroom）[4]等。最後一個地方，帶著「尼羅」的字首，是一八四〇年代，受到聖經指引的遊牧波爾人[5]意義深遠的命名。波爾人在這兒遇到了北流的莫卡拉奎納河

---

3 蘇圖人（Suthu）：又作Sotho或Suto，居住於南非大草原高地的人民。

4 以上這些城市均位於南非的林波波省。

5 遊牧波爾人（Trekking Boer）：一般以Trekboers表示，遊牧波爾人是半遊牧半農的民族，祖先大多是歐洲大陸的移民，以荷蘭人為主，不過也有法國人、德國人、比利時人、北歐人等，後來還涵蓋了印度人與馬來人。遊牧波爾人在一六九〇年代開始從開普敦等地向荷屬東印度公司（Dutch East India Company）所建立的東開普開拓區（Eastern Cape frontier）遷移，一部分遊牧波爾人留在東開普開拓區定居，大家稱為波爾人（波爾為荷蘭語中的「農人」）。約十九世紀的時候，波爾人與遊牧波爾人都被稱為波爾人，二十世紀，全改稱為南非白人（Afrikners）。他們說的語言是南非荷蘭語（Afrikaans），這種語言一開始是經過了改造的荷蘭方言，後來因陸續加入了法、德、葡萄牙、馬來、英文等各種非荷蘭語源的字詞，而變成一種獨特的語言。

（Mokalakwena），而在他們心中這只代表了一件事：這必是流入地圖上沒有標示的非洲心臟、並穿越了埃及的尼羅河；因此波爾人就賦予了這座位於河岸邊的村落這樣一個符合邏輯的名字，「尼羅溪」。

我不時在自己的座位上醒過來，透過呆滯的眼睛，看到高速公路上新豎起的亮眼招牌——天天飯店（Day's Inn）、ＩＢＭ、全錄、ＤＨＬ（洋基通運）——在樹叢裡待了這麼多月後，看到這些招牌的刹那，讓我心頭發毛，因為在夢裡，最恐怖的東西就是最熟悉的東西。

燈光也把圖羅吵醒了。她說：「我剛做了個夢，夢到自己嫁給一個從菲律賓來的人。我想我大概真的會嫁給這樣的人。」

不過她已經有男朋友了。他住在辛巴威。「他想當個人教練。」圖羅還有個七歲的女兒，「她和我母親住在一起。」

我再小睡片刻，又醒了。光線在公路邊燃燒。

「普利托利亞，」圖羅說，「聽說印度人從來不睡覺。他們一直醒著，不分晝夜做生意。他們就是因為這樣才那麼有錢。」

當我睡了又醒時，圖羅說：「還不錯。但是我想離開第三世界。」

聽她說的就好像是一趟搭著火箭太空船到另一個星球的旅行。

一夜熾烈的景象與奇怪的夢境，有如添加了酸或阿亞華斯卡[6]的迷幻之旅。凌晨約四點半時，我們進入了約翰尼斯堡的郊區。路面閃著黑光，寬廣而冷清的高速公路上，只有我們的車踽踽獨行，就像正要隆重地進入一座夢魘之城，這時司機又開始對著巴士擴音器說感謝上蒼賜給我們平安。

「約堡危險極了。」圖羅說。

我們進入了一個隧道，這同時也是一個停車場、一個有篷車庫、一座空無一車的明亮車站。車上的每個人都滿臉警戒，堆起陰沉而憂慮的表情，領走了自己的行李，然後拖著步子走進車站月台的寒涼之中。他們沒有逗留，圖羅甚至在我說再見之前就已離開。車站有燈光，但站外漆黑，而且沒有計程車。已在車上端坐了將近二十個小時的我，疲憊至極。考慮再三，決定天亮後再進入這座風評不佳的城裡試運氣，所以我繼續坐下來，用雙膝夾著旅行袋，繼續打盹到太陽露臉。

令人裹足不前的報導

黎明時分，我在停車場車站又消磨了一點時間，買了份這兒的日報《約翰尼斯堡星報》（*Star*）來看。這個舉動實在不聰明，身為這座城裡的陌生人，或許這是我能力所及的最愚蠢之事，至少絕對是最擾亂我心的一件事。頭版全是污穢的政治新聞，還有一大篇冗長的特輯，探討約翰尼斯堡的娼妓問題，在這個國家搖搖欲墜的經濟體系中，娼妓是成長最快速的產業之一。報導內容樂天的令人咋舌，從事娼妓工作的女人用正面的態度談論著自己的工作。「這份工作絕對不會把我砍掉（裁員）」、「不需要履歷，也不需要正式教育」，還有「你可以自己選擇工作時間」。

就像是在支持這樣的職業選擇一樣，星報廣告分頁上有半版的廣告都明白與娼妓、聯誼協會、妓院有關，另外還有保證三人行、希臘人、性奴隸、性虐待、歡愉、同性戀、黑人、馬來人、印度人、中國人、「祖魯人」、白人、「歐洲人」的廣告。標題為「好色的大學女孩」與「倦怠的家庭主婦」的完整專欄也夾在其中。有這麼多不同的性口味可供選擇，我想這即使不算是文明的表現，也應該算是成功的都

6　阿亞華斯卡（ayahuasca）：巴西產的蔓生植物，以及用這種蔓藤泡製成的迷幻飲料。

市化象徵。順便一提的是，這些彌漫著色慾的分類廣告，似乎也代表著多類人種主義的縮影。

不過報紙的內頁——內頁的新聞更令人擔心——全是犯罪的新聞。最駭人聽聞的是四個遭捆綁、矇住雙眼的人，兩男兩女，在約翰尼斯堡外的小客車上被發現時，遭人「以行刑的方式被槍斃」。沒有線索，沒有身分證明，沒有頭緒。「大家認為犯罪的動機是搶劫。」第二篇報導中，一樁即將交付審判的謀殺案的「另一位目擊者」遇害——這件案子的八位目擊證人全遇害，無人可出庭作證。報上還有式樣各異的種族仇殺、街頭暴力、劫車、農場侵占、下毒及刻意燙傷孩童的事件。走私、致人傷殘、無緣由的暴力搶劫案件的報導數量也令人瞠目。最怪異的新聞莫過於一個受到攻擊的人，被施暴者挖出一隻眼睛、斜切喉嚨，並砍下了生殖器。「警方懷疑受害者目前仍下落不明的生殖器，可能會被**印剛嘎**（inganga／巫醫）用來當**木提**（muti／藥品）。」

早報，特別是強制性的器官捐贈報導，讓我猶豫是否要離開停車場車站。我讀到的新聞似乎確認了大多數觀光客在抵達這個國家後，很快就發現的驚人統計數字：南非一年有兩萬起謀殺；五萬兩千起登記在案的強暴案，其中三分之一的受害者是孩童，甚至嬰兒。這些強暴兒童事件最怪異的解釋，竟然是惡意的坊間謠言，據說與處女發生關係可以治癒愛滋病。就算是最積極讚頌南非是非洲大陸最富有、最成功國家的人，也說這兒其實是座叢林。

我依然裹足無法向前，拖延時間，不安地坐在一張用模具製造出來的塑膠椅上。我沒有足夠的勇氣離開車站，直到太陽出現，並公平地照耀每個人。這時我才覺得自己可以進入南非。

第十九章　約翰尼斯堡的原始人

「這些傢伙！」當我七點半左右鑽進計程車內，急著從約翰尼斯堡的公園車站入口離開時，計程車司機如此大吼。車站正面有片令人難忘的雕帶——花崗岩上刻著大象、獅子，以及原產樹種、非洲特殊景色的圖像。這個背景實在切情切景，比起在馬拉威南部下河區的象沼中，我坐在獨木舟上，拍槳打著布袋蓮橫划過河時，這個碩大的城市裡，更讓我覺得渺小與摸不清方向。灰濛濛的城市中，唯一看到的人，是睡在人行道旁與車站外草地上，活像樹叢裡動物的莽漢。

計程車司機名叫諾曼（Norman），看似科伊桑人[1]——淺褐色的皮膚、小頭、小頰，配上可愛的鳳眼。科伊桑人較為人知的稱呼是何托騰人[2]，但後者是南非白人冠在他們頭上的無禮稱呼，當時白人聽到他們難解語言中的喀噠聲，於是認定他們全都結巴。

---

1 科伊桑人（Khoisan）：其實是南非的科伊（Khoi）與桑（San）族兩個種族，合稱科伊桑。石器時代以狩獵採集為生，居住在南非年雨量稀少之地。這兩個種族在體型與語言上都有許多共通點。

2 何托騰人（Hottentots）：自稱為科伊科伊人（Khoikhoi 或 Khoekhoe），科伊桑語的意思是「人中之人」，是科伊桑族的一支，血統與布希人（Bushmen）相近。一如作者所言，何托騰人是南非白人（主要為荷蘭人）帶有矮化的稱謂，現多已不用。

諾曼仍在咒罵「那些傢伙」。他指的是住在帳篷、耳屋、塑膠屋、頗富創意有如駝峰的拱帳、破銅爛鐵堆搭成的避難棚裡的人，以及亂七八糟像鱷魚般躺在草地上、睡在地上、背靠著街燈桿的人，遊民、醉漢、無所事事者、倒楣鬼、糊塗蛋、心不在焉的傢伙、迷途者，還有把車站入口搞得髒亂不堪的人。

「他們臭死了，把一切都弄得亂七八糟，又拉屎又打架，完全沒有離開這裡的意思。政府也是雙手一攤，情況愈來愈糟。我厭惡透了！」

忿忿不平又怒氣沖天的他說家鄉在索維托。

「像你這樣的人都躲得遠遠的！我們的生意一落千丈！」

「他們是什麼人？」我問。

「外人，」他回答，意思是非南非人。「猶維亞和希柏爾有好多撮子（tsotsis），」——意思是惡棍。「剛果人和奈及利亞人。他們幹嘛要來約翰尼斯堡？只會找麻煩。」

不過他車子愈開心情愈好。我問他原因。

「世界末日要來了。另一個世界末日。西方要完蛋了。」

「那是你以為。」

「我知道。」

他當然是約和華的證人，堅持大量的犯罪與暴力是種預兆。整個南非都讓他看到了最後審判日的清晰指示。

「你很可能是對的，諾曼。」我說。

紅燈亮的時候，剛好有個滿頭油污的削瘦乞丐站在路中間，手上舉個牌子，沒有家——沒有工作——沒有食物——請發揮愛心。亂七八糟睡在車站的人，並沒有主動乞討。在南非看到的第一個乞丐，竟是個四肢健全的白人。

期待南非之行

我在布萊姆佛田下榻的旅館，離停車場車站不遠，事實上走路就可抵達，這個區域是出了名的危險。然而在一個人民受到襲擊、車子在自己社區車道上被劫走的國家，「危險」是什麼意思？貨幣兌換率讓所有的買賣都有討價還價的空間。我洗了澡、吃了早飯、還散了會兒步，開心得很。

最開心的莫過於自己還活著。我在出發前還有預感，覺得自己會半路死於車禍（標題：「周遊世界者喪生於巴士翻覆的慘劇中」）。這種事既然沒有發生，我現在就可以分配自己的時間、計畫接下來的事情。之前一個禮拜又一個禮拜的過，根本不曉得這趟旅程需要多少時間，但南非是個鐵路之國，而且火車時刻表值得信賴。另外，這兒讓我覺得可以吃得很好。離開開羅後，就沒吃過幾頓好飯，而剛吃的早飯及瞥見的晚餐菜單，也的確都足以讓我有更高的期待。再說，既然到了南非，我可以開始仔細思考自己的行程了，對我而言，這應該是趟值得走一遭的薩伐旅、一次理想的野餐。

最後，我很開心自己的生日就在後天。我打算把那天當成國定假日：不工作、完全獻給快樂與內省。再說，因為周遭的人都不知道我那天過生日，所以沒有人會強迫我開心，或拿任何跟六十多歲這幾個字有關的事情開我玩笑。

在南非有另一種滿足：已有許多傑出的人寫過這個國家，包括娜汀·葛蒂瑪[3]。我在七〇年代就認

3 娜汀·葛蒂瑪（Nadine Gordimer）：一九二三—二〇一四，南非作家，一九九一年的諾貝爾文學獎得主，積極反對南非種族

識娜汀了，那時她每年都會去紐約與倫敦。她和其他南非作者、活躍分子不同的是，娜汀拒絕放逐式的逃離，而選擇一直留在約翰尼斯堡這個住了一輩子的地方，因此，南非震盪不已的轉變過程中，她也成了最可靠的證人之一。她就是這麼一個不可思議的人，忠於自己的藝術，成為一位超越國籍的國民作家，一如阿根廷的波赫士、印度的納拉揚[4]、巴西的阿瑪多[5]、英國的普里切特[6]、日本的遠藤周作[7]、埃及的納吉布．馬哈福茲，以及土耳其的凱末爾[8]。他們都是我以旅者身分尋訪出來的作家。

好幾個月前我就已警告過娜汀，我正朝著南非而去，希望到時能在約翰尼斯堡和她碰面。她是屬於這個世界的作家，但忠於自己的故鄉與性格，曾以南非為題，分析此地的問題與人民。透過她的筆，這個複雜的國家不僅變得有人性也變得容易理解。這次隨身書中，有一本馬哈福茲格言式的著作《一本自傳的回音》（*Echoes of an Autobiography*），我在開羅曾與馬哈福茲見過面。娜汀以作者朋友及同是諾貝爾文學獎得主的雙重身分，為這本書寫過引言。在這兒和她見面一定很開心，也很切合情境，因為這是另一種連接非洲兩個遙遠角落的方式。

葛蒂瑪小說的真實性，從我到約翰尼斯堡的第一天就變得非常鮮明，因為她的小說中俯仰皆是偏僻的村子，以及遠方國家來的移民——葡萄牙人、阿拉伯人、立陶宛人、俄國人、希臘人、英國人、印度人、猶太人、赫雷羅人[9]、史瓦濟蘭人，還有科伊桑人。約翰尼斯堡就是這樣充斥著移民，像古代原始人那種流浪者是另一種原住民。我在約翰尼斯堡沒待多久，就遇到了立陶宛人、保加利亞人、葡萄牙人、一位塞內加爾聖人及剛果的貿易商，同時也很快就發現，在南非，每個人的肚子裡都有個故事，而且內容通常非常精采。

種族隔離政策與移民

幾天後，我已習慣了這兒的口音，鼻音與嘶口水聲都讓這些人的語言更顯肯定與友善。在他們口中，約翰尼斯堡是「詹尼斯堡」或「焦治」，忙碌（busy）成了「吵鬧」（buzzy）、擁擠（congested）要念成「康集斯提得」（congisted），耳裡聽到的雖是「腰」（waist），實際卻是西部（west），而說（said）也變成了「席德」（sid）。南非人說話除了沒有聲門閉鎖音（glottal stops）外，某些措辭還會出

隔離政策。

4 納拉揚（R. K. Narayan）：一九〇六—二〇〇一，以英文寫作的印度作家，在其九十四年的生命裡，寫作時間超過五十五年。他的作品不但充滿人性的關懷，也讚揚著日常生活中所蘊藏的幽默和活力。曾多次提名諾貝爾文學獎。

5 阿瑪多（Jorge Amado）：一九一二—二〇〇一，現代主義派的巴西作家。阿瑪多可能是最廣為人知的巴西作家，作品被翻譯成三十多國的語言。他的作品《*Dona Flor and her Two Husbands*》被搬上銀幕，不僅大受好評，還獲金球獎最佳外語片提名，知名度更上一層。

6 普里切特（V. S. Pritchett）：一九〇〇—一九九七，英國作家與評論家，以短篇小說著稱，作品中嘲諷的風格與對中產階級生活的生動描述頗為文壇稱道。自傳性《門口的計程車》（*A Cab at the Door*）與《午夜之油》（*Midnight Oil*）均是他廣為人知的作品。一九七五年受封為爵士。

7 遠藤周作：一九二三—一九九六，生於東京，童年在中國大連度過，慶應大學法文系畢業，別號狐狸庵山人。曾獲芥川獎、谷崎潤一郎獎等許多日本文學大獎，作品包括《母親》、《影子》、《醜聞》、《海與毒藥》、《沉默》、《武士》、《深河》等膾炙人口的書。

8 凱末爾（Yasör Kemal）：一九二三—二〇一五，在土耳其出生的庫德族。當代普遍認為他是土耳其最優秀的文學大家。

9 赫雷羅人（Herero）：屬於班圖族，人數約在十二萬左右，主要住在納米比亞，另外波札納與安哥拉也有一些。

現鮮明的蘇格蘭風，譬如軍事建築被稱為「mulatree buldup」。在日常會話中，幾乎所有人都習慣使用南非語[10]的字彙，如dorp、bakkie、takkies，naartjies，還有dagga，不過由於這些字許久前就已深入中非，所以我在馬拉威時即知道這些字彙的意義，分別是小鎮、貨卡車、球鞋、橘子及大麻。如果有發音問題，那也只是dagga或豪登這種字，使用者必須用荷蘭語文中輕卻深的清喉嚨聲音與漱口般的「g」音。

在整個南非，Voetsek都是指滾開的意思，一種很不禮貌的說法，但是禁用字彙仍不時會潛入會話中。Kaffir（黑鬼）這個字最糟糕，koelie（印度語中的「苦力」）也沒有好到哪兒去，bushies（指的是有色人種或混血兒）也一樣。Piccanin是對非洲孩童帶有蔑視意味的低級字眼，除此之外還有許多其他字。有位高等法院的白人法官，大概自以為親切，所以在描述某些非洲兒童時，暱稱他們為klein kaffirtjies（「小黑鬼頭」），結果遭到停職處分。不生動就不配稱為南非語，儘管某些俚語的語源需要先做說明，譬如同性戀者是moffie，源於被閹割的羊moffskaep。

「我才不叫他們黑鬼，我稱他們烏鴉。」有位七十二歲的白人大樓管理員在報上針對一則發生於普利托利亞的種族歧視報導如此說。他對自己的滑稽也啞然失笑。報上另外一條標題是「保守小鎮匪夷所思的浪漫情事，保守派人士大感頭昏」。在這篇報導中，一位三十歲、有四個孩子的豐滿白人母親艾瑟．多芙琳（Ethel Dorfling）突然消失，原來是和一名四十二歲身強體壯的洗衣粉售貨員克萊德．雷巴提（Clyde Le Batie）共築愛巢，她所有的朋友自此都不再和她說話，還稱她「黑鬼愛人」（karrir boetie）。在戲謔的南非語中，非常年輕的太太或濃妝豔抹的妓女，都被稱為kugel，一種甜糕。

有些人牽動著母音，說話變成這樣，「阿相阿要掰航怪的西利酒」（我想我要杯很貴的雪莉酒）。一旦習慣了南非人的音律，這句話就很清楚了，但那些初來乍到、受到鄙視的移民，仍習慣堅持自己的家鄉口音。

「南非是個好地方，可是我不喜歡這裡的人。」一個塞內加爾來的人這麼對我說。

這個瘦高的男人戴著一頂色彩繁雜的雷鬼毛線帽，自稱艾爾．哈吉，他認定自己有衣索匹亞血統。「你看我的臉。非洲到處都看得到我們。千百年來，我們帶著自己的牛群旅行。」他是個手工藝品商。我一直在找特殊的雕刻或偶像物品。哈吉有些這樣的東西，不過他並沒有對手上的貨品多做描述，反而喃喃抱怨著南非人。

「哪種人你不喜歡？」

「所有的人。黑人，白人，所有的人。也許因為這是他們的歷史：他們對戰、彼此仇恨。他們討厭我們，叫我們外國人。問題很嚴重。不過我很喜歡這個國家。」這個人邊說邊揮動著一個偶像，他捏捏泥偶的頭，又說，「生意也還不錯。」

哈吉九〇年初來到南非。當時才被釋放不久的曼德拉鼓勵不同國家與種族的移民遷居南非，共同打造新國度。這種門戶大開的政策，之前一直飽受批評與縮減，不過我遇到的許多人，都是在這個政策實施之初來到此地，那大概是十年前的事情。

原籍立陶宛的愛德華就是一例。他很瘦，臉色蒼白、容易焦慮，雖然只有三十多歲，但頭髮稀疏，總是擺出一副在極權體系中長大、不相信別人、也沒有任何幽默感的東歐人那種斜視對手的態度。他跟著逃難的父母來到南非時，還只是維爾拿一個二十歲的土木工程系學生。「可是工程不適合我。我覺得無聊。」他的雙親痛恨為了五斗米而折腰的勞碌、痛恨必須排隊購買最基本的日常用品，也痛恨被圈限

10 南非語又稱為斐語或南非的荷蘭語，源於荷蘭語，最主要的使用區為南非與納米比亞，波札納、安哥拉、史瓦濟蘭、辛巴威與尚比亞也有少部分人使用。

的感覺及立陶宛在俄國撒手不管後的窮困環境。我仔細聽他說，卻沒有聽到任何屬於立陶宛愛國分子的不滿。

「在立陶宛，什麼都沒有。一個人得等二十年才能等到一部車。立陶宛的生活恐怖極了。我每年都回去看朋友，他們連一毛錢都賺不到。大家都只是買了又賣。那是什麼樣的生意？在這兒，一切都很簡單。」

我回答，「可是，這兒是非洲。離立陶宛非常遠。你可以去英國。」

「那裡天氣太糟。」

對天氣相當在意的這位立陶宛移民，不屑英國的生活品質，他最後在約翰尼斯堡落腳。

「我父親是猶太人，母親是立陶宛人，」愛德華說，「以色列有那麼多問題，我才不會去那兒，不過就算我可以去，以色列也不會要我。在以色列，我是個立陶宛人，在其他地方，我是個猶太人。不過猶太人的一切應該傳承自母親。哈！我媽什麼都不是。」

我還是弄不清楚他們為什麼選擇南非。他向我解釋他們如何花了十年才取得美國簽證，但取得南非的簽證與工作許可證卻簡單至極。「在這裡，只要工作，就可以賺錢、可以買東西。我想擁有一些東西。」

「譬如？」

「衣服、一輛車、一套音響。」

對許多人而言，南非是塊充斥著野生動物、高緯度沙漠及民族自決主義的非洲人之地，但在立陶宛人愛德華的眼中，卻代表著一個現代的世界，裡面有伸手可及的物質文化。當大家旅遊至南非看牛羚時，他卻因音響而來這兒。一個尋找發亮物的原始人。

「白天，我在證券交易所買賣股票，晚上開計程車。沒錯，證券市場現在的確不太景氣，不過三年來我們也賺了錢。那些抱怨連連的那斯達克傢伙實在應該把嘴巴閉起來——他們賺了那麼多錢！」

未婚的愛德華說他沒有非洲朋友，不會說南非語或任何其他非洲語言。南非一共有十一種官方語言。

我在南非遇到的保加利亞人——電子專家大衛——年約三十五、六歲，個頭矮小、面容蒼白。他也和愛德華一樣，臉上掛著猜疑。一九九一年從索非亞來到南非的大衛，經歷與愛德華類似：兩份工作，主要是修理與整理電視、錄放影機等電子機械品。他只會說英文與保加利亞文，從沒離開過約翰尼斯堡，對非洲人一無所知。他的兩個孩子都在幾乎沒有非洲學生的私立學校就讀。他滿意地說：「學費讓多數的黑人止步。」

和愛德華一樣，大衛也喜歡南非的天氣，不過他對這兒的經濟並不滿意。

「情況一定會繼續糟下去，」大衛說，「換算成美金，我想我應該有十萬塊錢——我的公寓、車子，還有拉拉雜雜的東西。等到蘭德[11]變成十塊兌一塊美金時，我就要離開這兒了。還不清楚要去哪兒，但不會是加拿大——我不喜歡那兒的天氣，如果能住加州，可能會去美國。」

他不但對南非歷史一無所知，連最近的事件也沒有概念。我問他相關事件時，他只是疑惑地搖搖頭。當我提到以前南非最凶暴、最成功的政治活躍分子是共產黨時，他開始叫囂。

「哈！他們一定是精神狀態不穩定！」大衛說，「如果一個活在民主國家的人是共產黨，他的腦子一定出了問題。這個人一定是瘋了。」

我回答，「但一九九四年之前，南非並不是民主國家。那年南非才舉行了第一次的自由選舉。」

11　南非的幣名，匯率約一美金兌七塊蘭德。

「以前並沒有太差——大家都這麼說。」

南非的種族隔離政策在多種族社會中仍是比較可取的政策，這種嘲諷的觀點至今仍存在於某些懷疑論者心裡，甚至非洲人之中，也還是有人如此認為。不過總體而言，持有這種想法的人大概都是社會邊緣人，譬如波爾人、科伊桑人，以及大家稱為「有色人種」的混血兒或鄰近國家的移民。

來自賴索托的蘇圖人梭利說：「我父母來自馬塞魯，父親以前在農場工作。工作斷斷續續，農場也是一個一個換，當時的生活並不容易，不過卻比這裡好。」

我問他「在種族隔離政策下的移民農工生活，要比在自由南非中工作受到保障的工人生活好？」

「以前比較好，」梭利用一種你不需要跟我爭辯的語氣回答，「現在犯罪事件太多。我每天都看到犯罪案件。我想離開，可是能去哪兒呢？白人政府比較好！」

「怎麼個好法？」

「犯罪事件沒有那麼多，垃圾也沒有這麼多，」梭利說，「我不是因為你長了一張白臉，才這麼說。我說的是真的——白人政府比較好。我現在根本不曉得要做什麼。」

我隨興地與人攀談，不斷碰到把約翰尼斯堡視為厭惡與驚奇混合體的陌生人與移民。這些人幾乎全是到這兒賺錢的人，但現在工作機會開始乾涸，他們也開始認真考慮自己的去留問題。不過，許多住在這兒的白人老前輩，似乎也覺得自己住在外國。我覺得在許多白人的眼中，黑人的南非是片自己最近才開始居住的外國土地，而且要花上一段時間才能適應。

「我們是經濟囚犯，」有個白人男子對我如是說。他擁有自己的小型企業。「沒錢去其他地方。」

不過當我繼續追問時，他才說其實他根本不想去其他地方，還說自己被嚇到了，數十年來，白人政府教育非洲人的工作，竟然如此之少，一如他人。他也說犯罪是南非最嚴重的問題，警察也是問題之一。

「種族隔離時期，警察恐怖極了，」他說，「他們抓人不需要理由——只因為黑人在白人區，或沒帶身分證。他們殺人、刑求，很不公正。沒有人尊重警察。現在，他們的過去回過頭來反咬他們。」

拜訪老友娜汀

我坐的計程車中，有位司機是葡萄牙人，他在六〇年代從葡萄牙逃到西班牙，七〇年代又從西班牙跑到莫三比克，接著在八〇年代，從莫三比克來到南非。他已無處可去了。「因為歐盟的關係，葡萄牙現在到處都是外國人。」他說他覺得南非已經成了一個荒涼的地方。

我說：「這裡並不是第三世界。」

「還不是。」他回答，然後從後視鏡中向我眨眼。

我們正在約翰尼斯堡名為西公園城（Parktown West）的美麗地區，沿著兩邊都是樹的街道前進。路上的庭園高牆全以石灰砌成，儘管圍住的堅固大房子仍隱約可見，但牆裡的一切卻全被遮住。每個大門口的門號旁，幾乎都貼著某家警報系統公司的名字與**武裝回應**的字樣。如果有人將此處誤認為貝爾艾爾[12]或馬里布[13]，也不足為奇。

「不過如果你住在這條街上，那什麼都不用擔心。」司機這麼說。

這個說法只是推測，因為娜汀．葛蒂瑪就住這兒，而且在南非的這七十七年裡，她飽嘗了許許多多

---

12 貝爾艾爾（Bel-Air）：美國加州洛杉磯西部的一個高級住宅區。

13 馬里布（Malibu）：美國加州西岸的城市，以美麗的沙灘和高級住宅區著稱，屬洛杉磯郡。

的焦慮。娜汀從髮尖到指頭，無處不是道地的約翰尼斯堡人。她出生於一座名為斯普林斯的礦城，距離自己現在這座位於公園城的美麗房舍僅二十五哩。祖籍拉脫維亞，那是她父親的家鄉，十三歲時，她父親離開里加，來到南非——為了脫離沙皇政權的早期移民潮。當時她父親還是個年輕男孩，身無一技之長地來這兒找哥哥。後來他成了修表匠，往來於特蘭斯瓦省各城之間修表，又在斯普林斯這座金礦城開店賣表，最後還兼售不值錢的小飾品，以及只有外表好看的珠寶、婚戒及珠寶。娜汀在《跳躍雜誌》（*Jump*）上所發表的〈父親離家〉（My Father Leaves Home），寫的就是她父親的故事。

首次接觸到她的作品就對她極為敬重，但我一直到六〇年代才發現她的創作，而她早在四〇年代就開始寫作：二十四歲已在《紐約客》（*The New Yorker*）上發表著作。她的第一個短篇〈亡者之表〉（A Watch of the Dead），是以約翰尼斯堡的猶太喪禮為題的作品，描述女兒對父親的愛及與喪禮規矩之間的衝突，娜汀完美地以第三者的觀察角度描寫整個故事。

早在她寫作之初，娜汀就已標出自己作品中的情感範疇——男人與女人之間的激情，同時也劃出她的地理領域——移民的南非、莫三比克、羅德西亞及許許多多非洲村落與黑人鎮區這種異質與禁忌的領土。廣義而言，娜汀從未離開過政治。她的第一本短篇小說集《溫柔蛇音》（*The Soft Voice of the Serpent*，一九五二）完整呈現了這些範疇：愛人在《隧道口》（*The End of the Tunnel*）中跋涉到洛朗索馬可、《羅德西亞來的火車》（*The Train from Rhodesia*）中不相配的夫妻，以及用這些話語開場的「輸家」（the Defeated）裡的女人，「母親不讓我接近專賣店，因為他們又臭又髒，而且當地人還把肺結核病菌吐在地上。她說這不是小女孩該待的地方。」在這最後一篇的故事中，小女孩走進非洲人的店裡，發現了生命力與悲傷。

就這樣，從一開始——在種族隔離的早期，生活就遭到惡意分隔——娜汀寫種族關係，她的黑人特色一如她的白人本質般，受到仔細的描繪。娜汀散文體作品的獨特標記之一，是文中總彌漫著強烈的生理需要：性愛、食物、陽光的歡愉，不然就是這些快樂的反面：沮喪、飢渴與壞天氣。

在約翰尼斯堡的我，似乎有些困惑，雖然從未來過此地，卻覺得這個城市非常熟悉。聲音、臉孔、氣味、言語中的懶散與鼻音、陽光與糾紛不協調的組合，還有娜汀作品中的空間意識，都讓約翰尼斯堡變成了一座我再度歸訪的城市，就如同馬哈福茲作品讓我對埃及所產生的感覺。對一名作者而言，這是最大的成就，文中成功重建某個真實地方的構造與情感，使讀者在閱讀作品時，一如體驗一趟旅程，其中包括感受到許多旅行的喜悅。我心想，如果有人讀了我這次的非洲旅行紀述，也有同樣的感覺，該有多棒！這應該是僅次於親身體會的最棒事情了，或者，這要比親身體會更棒——因為遭到槍擊、被毒害或侮辱這些經驗，一般來說，在閱讀時感受到的驚惶失措程度，要比親自接觸輕微得多。

花朵簇簇的巴西黃檀高覆在娜汀的花園之上，葉子猶如大貝殼的龜背芋攀爬在黃檀的樹幹上。九重葛和一株株玫瑰花串成的多刺花叢，讓她的圍牆倍顯柔和。滑絨般的紫羅蘭與鬆軟的櫻草花鋪成地毯。娜汀的作品也充斥著對植物的近距離觀察。

我在前一天曾打電話邀她共進晚餐——餐廳由她決定。我只想和好友共享一頓愉快的餐宴，偷偷慶祝自己的生日。我走到車道的鐵門邊，有隻棕色的大狗對我狂吠，直到一個非洲女人站在廚房口對狗兒大吼閉嘴。這時一名穿著白襯衫、藍長褲的非洲男人替我開了門。不知道為何，我決定用齊切語向他道謝，南非到處都有晃蕩的馬拉威人在找工作，因此齊切語相當普遍。

「吉柯摩（zikomo），邦伯。」意思是：謝謝你，老爹。

我們聊了一會兒後，我請問他大名。他叫阿比諾（Albino），來自莫三比克。

傭人把屋子整理得非常潔淨，拖過地的房子既寬敞又陰涼。

我從這間房被帶到另一間房，經過一幅由年邁傭人組成的寫實畫（老太太坐著、老先生站著）廚房，再穿過一條狹窄的迴廊。其間，我只看到非洲面具、隱約可見的籃子和一個堆滿了寬邊帽的帽架。引領的人將我推過一扇門，然後就像上了舞台般，進入一間光線充足、牆上掛著家人相片及可愛畫作的起居室裡，娜汀挺直地站在那兒，小巧的身軀、銳利的雙眼。她向我獻上親吻，並緊緊抱著我以示歡迎——以體型來說，她是個很強壯的女人——這是我離家後的第一個擁抱。

「這幅畫看起來很熟悉。」親吻時我這麼說，這時我的眼光正落在她頭後一幅加了框的畫像上，畫中是三個筆觸生動的人物，只畫了肩膀與頭部，但一看就知道出於杜米埃[14]之手，一如某些段落，一讀就知道是娜汀．葛蒂瑪的句子。

當我轉頭打量這間屋子，同時想找個地方坐下時，又看到了另一幅色彩極為鮮豔的畫作，一幅拿破崙遭到槍騎兵與阿拉伯族長從側面攻擊的石版畫。

「羅德列克[15]，」娜汀說，「拿破崙帥吧？我一直覺得他長得像馬龍．白蘭度。」

這時，我看到了屋裡的另外一個人——安靜不動地坐著，膝上蓋著毯子，安靜得讓我竟沒有注意到他的存在。這個人身上掛著呼吸器，鼻孔裡插著管子，但卻在微笑——他顯然從一開始就對著我這個盯著他的畫、穿著過大又邋遢衣服的美國幽靈微笑。他是瑞赫．卡西[16]，開朗、友善、脆弱。九十三歲的瑞赫抱病在身，卻留意著周遭的一切，而且臉色很不錯，雖然坐在輪椅上，我仍看得出來他個頭很高。

「他從開羅來——坐巴士來的！」娜汀高聲對丈夫這麼說。

瑞赫對著我微笑，並舉起一隻手向我致敬，他低聲地說：「很好、很好、很好。」

他有很燦爛的笑容，是那種展現慷慨大度與開懷歡樂的微笑。坐在屋角的他，似乎正在享受溫暖、光線與談話。瑞赫痛恨被局限在自己的病房中，也厭惡特別護士的照顧。娜汀後來告訴我，他最喜歡的就是兩人婚後他一直熱愛的事情——在一天工作結束時，小酌一杯飯前威士忌。

有位年輕的非洲人來訪，他是若克斯・西克荷（Raks Seakhoa），是詩人，也是前政治犯。

我說：「我想聽聽你遭到監禁的經驗。一路上我遇到了許多被判過刑的人。」

「保羅從開羅來——搭巴士來的！」

「我很樂意告訴你。我在羅本島服刑五年。」

「跟曼德拉關在一起？」

「沒錯。我們偷偷地傳遞字條，討論哲學問題。」

娜汀機敏地說：「今天不是你生日嗎？」

我盡量隱藏自己的沮喪。我問她「你怎麼知道？」

「有人在網路上看到的。」

若克斯・西克荷說：「今天也是我的生日。」

就這樣，祕密雖被戳破，但似乎沒那麼令人不自在，因為同一天過生日的人還共享了很多其他東西：某種親密的關係與特質。若克斯要過四十二歲的生日，但他看起來比實際年齡蒼老——這是牢獄增長生命歲月的另一名前囚犯，牢獄生活讓他身憔形悴、頭灰髮白。我們兩個牡羊座是不同膚色的兄弟，

14 杜米埃（Daumier）：一八〇八—一八七九，法國版畫、漫畫、雕刻與畫家，是法國當時最有天分也最多產的藝術家之一。

15 羅德列克（Toulouse-Lautrec）：一八六四—一九〇一，法國版畫、插畫與畫家。

16 瑞赫・卡西（Reinhold Cassirer）：一九〇八—二〇〇一，南非頗受敬重的一位藝術品經紀人，創立了南非的蘇富比拍賣公司，後來經營自己的畫廊。

這種想法讓我很高興，只不過他的生命受盡折磨，而我的生命卻是一場野宴。

又有一位訪客加入，她在擁抱了瑞赫、娜汀與若克斯後，娜汀向我介紹這個人是莫琳．伊薩克森（Maureen Isaacson），約翰尼斯堡《週日獨立報》（Sunday Independent）的文學編輯。

「生日快樂。」她說。

「他從開羅來——搭巴士來的！」

我們開了兩輛車前往餐廳。我和莫琳、娜汀、若克斯同車。出發前，莫琳細心啟動了中央控制鎖，她說：「我碰到過搶劫未遂的事。不過我拒絕被暴力恐嚇，所以要提高警覺。」

「發生了什麼事？」

「有群人試圖在伊麗莎白女王大橋（Queen Elizabeth Bridge）上強行進入我的車——一個人先擋住去路，敲著擋風玻璃轉移我的注意力，另一個抓著我的後車門。沒多久，我就被這些男人團團圍住，大概有六或八個人。」

「老天爺啊，那你怎麼辦？」

「我對他們大吼『滾開！』」莫琳如此描述，聽起來非常凶猛。然後她平靜地補充，「現在所有的東西我都上鎖。」

以古董為裝飾的餐廳可愛又寬敞，但門庭冷清，原因是天黑後，市中心會出現從暗處偷襲及劫車的犯罪行為。餐廳裡大概有三十張桌子，卻只有一桌客人。店東們熱情招呼娜汀，雙方攀談造成餐廳幾乎空無一人的罪行，然後娜汀介紹我們認識。

「保羅搭巴士來這兒——從開羅出發！」

席間，娜汀說她因為整天都在看自己的新小說《萍水相逢》（*The Pick-Up*）校樣，所以非常疲累。

「美國負責校對的人總是想糾正我的英文，」娜汀說，「他們都照著規矩來。我才不管。我喜歡我的句子。」

我說自己一直遇到肚子裡有許多驚人故事的約翰尼斯堡人。娜汀說這是南非人普遍的特色，因為他們的生命中充斥著重大的事件。我提起最近的移民議題，勾起了娜汀對她父親的回憶。她父親來到南非時只有十三歲。

「想想我的父親。」娜汀這麼說，然後讓自己的聲音就這麼逐漸變小，終至寂靜。

娜汀的母親是英國人，出身於一個已在倫敦久居的猶太家庭。她帶著微笑回憶彈鋼琴的母親翹起鼻子、用尖銳的聲音嫌棄瑞赫的出身，「他們都圍著爐子睡覺。」

娜汀在《父親離家》的故事中，對自己的父母有相當無情的描述。

> 夫與妻爭執時，她眼中的他們（親戚）既無知又骯髒，她一定在什麼地方讀過什麼描述，才有這樣譏諷的想法：你就像動物一樣睡在爐子旁，渾身都是大蒜的臭味，一個禮拜洗一次澡。孩子們都知道不洗澡會是什麼樣子。而盛怒的他，很清楚她國家裡低下的階層是什麼，這個國家。**你跟我說話的態度，簡直是把我當成一文不值的非洲黑鬼（kaffir）**。

「聽起來好像是《兒子與情人》[17]裡的莫瑞爾夫人。『我受的教養，並不是為了要我來容忍這種東

17《兒子與情人》（*Sons and Lovers*）：英國小說家勞倫斯一九一三年出版的作品。故事講述莫瑞爾夫人這位出身良好的女子，因愛情而下嫁華特．莫瑞爾後，體會到貧賤夫妻百事哀的現實，後來將愛轉移到兒子身上，桎梏了兒子心靈與愛情的故事。

西。』」

「沒錯，那就是我媽。莫瑞爾夫人。」

「不過，我想我大概沒有辦法再把那本小說看一遍。有什麼作品是你一讀再讀的？」

「所有的東西。而且一直都這樣。我還想重看一遍杜斯妥也夫斯基。」

我問：「如果想更了解南非，該看什麼書？」

「南非有很多很優秀的作家，」娜汀回答，然後她鼓勵若克斯和莫琳幫我開張書單。書單上包括了高文・姆貝基[18]的《農叛》（*The Peasants' Revolt*）、修・李文[19]的《土匪》（*Bandit*）、查克斯・莫達[20]的《死亡的方式》（*Ways of Dying*）、阿比・薩奇斯[21]的《溫柔的復仇》（*Soft Vengeance*）及唐・馬特拉[22]與傑若米・克勞寧[23]的詩作。

「還有若克斯的作品，我真希望他能多寫一點。」莫琳說。

這時若克斯的手機響了，正當娜汀為了愚蠢的手機鈴聲大作而嘆氣時，若克斯已離席去接電話了。

「我很高興自己讀了你那本寫奈波爾的書，」娜汀說，「我討厭那些書評。這本書是你的故事，不是奈波爾的故事——而且你對自己毫不留情。寫得真好。看到最後，我還為你歡呼。『他終於自由了』我這麼覺得。」

「奈波爾老是擺著一張臭臉，」莫琳接著說，「可是他的《畢斯瓦斯先生的屋子》（*A House for Mrs. Biswas*）寫得真好，不是嗎？」

「維迪亞最討厭人家只提那本書。」

娜汀說：「我的作品裡，大家老提的是《七月人》（*July's People*）。」

「派屈克・懷特[24]就抱怨大家都只讚美《沃斯》[25]，不過那真是一本好書。」

娜汀也同意這個說法，她說她還非常欣賞懷特的《葉緣》（*A Fringe of Leaves*）（「我想再看一遍」）。娜汀對同期作家大方的讚美，與一般作家的特性迥異。

我說：「如果問你有關《七月人》的問題，你會覺得厭煩嗎？」

她大笑。我說大家之所以喜歡那本書，是因為書中呈現了大家最私密的恐懼——必須逃離巨大的政治變動、失去家園、成為自己國家的亡命之徒，並且發現整個世界變得顛倒混沌。這是南非白人終極的夢魘，他們開始完全仰賴黑人僕役，而且生活也必須儉約到住在樸實而遙遠的村落裡。

「我寫的是現在，」娜汀說，她指的是寫那本書的年代，一九七六至一九八〇年之間。「那時這裡糟

---

18 高文・姆貝基（Govan Mbeki）：一九一〇—二〇〇一，南非政治家，也是鄉村與農業問題專家，更是南非前總統姆貝基（Thabo Mbeki）的父親。

19 修・李文（Hugh Lewin）：一九三九—二〇一九，出生於南非，父母均為英國傳教士。曾任新聞記者，反對種族隔離政策，一九六四年遭到逮捕，後來判刑七年，刑期服滿後被迫離開南非，在英國與辛巴威流亡了二十年，一九九二年獲准返國。

20 查克斯・莫達（Zaks Mda）：一九四八年生於南非，父親為激進的反種族隔離主義分子，後被捕入獄，全家被驅逐出境。查克斯在賴索托完成學業，後來到美國研讀戲劇與大眾傳播，一九九〇年獲得開普敦大學博士學位。他的小說和戲劇贏得了南非和英國的主要文學獎，目前是埃蒂薩拉特文學獎的讚助人。

21 阿比・薩奇斯（Albie Sachs）：一九三五年出生，一九九四年由曼德拉任命為南非憲法庭的司法官。

22 唐・馬特拉（Don Mattera）：一九三五年出生於南非的詩人與作家。

23 傑若米・克勞寧（Jeremy Cronin）：一九四九年出生於南非一個中產階級的天主教白人家庭，政治人物與詩人。

24 派屈克・懷特（Patrick White）：一九一二—一九九〇，出生於倫敦的澳洲作家，許多人都認為他是二十世紀最重要的英語小說家之一，一九七三年的諾貝爾文學獎得主。

25《沃斯》（*Voss*）：懷特一九五七年出版的小說，講述主人翁沃斯（Johann Ulrich Voss）橫跨澳洲的故事。

透了。什麼事都在那個時候發生。我把這些全放進書裡。」

她說完成《七月人》時，自己就承諾了要一直留在南非。「我覺得我們已經歷了所有的事情。」不過她卻曾在六〇年代末的某段時間，慎重考慮過離開南非，當時她正在寫《貴賓》（*A Guest of Honor*）。「我們到處旅行。我在辛巴威和尚比亞都有朋友。我覺得自己應該從這些地方中考慮一個地點。我在非洲，那些地方才是非洲。」她需要一個離南非近點的地方。

「至少我當時是那麼想，」她補充，「我仔細審視自己的朋友——他們大多都是白人、大多都是離鄉背井的人，他們的忠誠在其他地方。生命對我來說，到底是什麼？我可以當個很不錯的白人女子，對非洲人很感興趣，但活在一群離鄉背井者的世界裡。我辦不到。從此之後，我再也沒有想過離開的問題。」

我問：「你有加入政黨嗎？」

她聽到這個問題時，面露微笑。「我想自己應該可以加入自由黨[26]，不過他們實在太弱了——再說，他們代表的是誰？我曾經很嚴肅地考慮要加入南非共產黨。不過對我來說，一切都太遲了。我應該早點加入政黨。不管怎麼說，我非常尊敬這裡的共產黨員。沒有他們，我們永遠都不可能獲得自由。」

若克斯回到席間，說起在羅本島因政治犯罪而服刑期間，所聽到的政治鬥爭情況。外面世界的消息透過耳語和塗鴉的字條傳進牢中，在牢裡，犯人不准看報。

娜汀一直在沉思。她說：「我沒有離開，留了下來。我看到了一切。離開的人——其實，你不能怪非洲人。對他們而言，生活很恐怖。但其他人——白人、作家，」——她搖搖頭——「離開後，還能寫什麼？」

莫琳說：「我為所有離開並錯失了這一切的人感到難過。這麼多年。這麼久——曼德拉出獄後仍未結束。」

我問：「還有人要離開這兒嗎？」

「是。你可以把這個當成寫作題材。」娜汀說。

後來，娜汀指路，我開車，途中，我詢問有關瑞赫的健康狀況。她說很糟，卻慶信自己能擁有這麼圓滿的婚姻。「瑞尼抽菸抽得很凶，」她說，「抽菸讓人覺得舒服。你抽過達加（大麻）嗎？」她感嘆約翰尼斯堡市中心竟然如此空洞。我們聊到各自的孩子。最後，她祝我生日快樂，然後說：「祝旅行開心。要注意安全。」

當誰都無所謂，草原上的一匹狼、獨行俠、蘭波或甚至我自己。我們到某處造訪，然後在仔細觀看後離開，貫徹著抽離切割的美德。然而像這樣的夜晚，在數月的孤獨旅程後，我卻記起，原來與好友吃頓飯，可以提升低落的情緒，而生日，也不見得都是痛苦的體驗。之前，我的自我意識太強了。娜汀有許多長處，注意到所有事物就是其中之一。最優秀的作家全是最周延的觀察者。生日是個彙總的機會，是份一年的資產負債總表，我確信娜汀看見了我身上的烏干達補丁夾克、寬鬆的褲子、磨損的鞋子、我的刺青、日漸稀少的頭髮，以及上次離別後這二十年來我的改變。我沒什麼好抱怨的：這就是人生。但是，機敏、開朗、凡事積極投入及風趣的娜汀，卻一點都沒變。

脆弱跡象的緣由

第二天，若克斯．西克荷邀我到溫帝布羅戲院（Windybrow Theater）參加一場詩歌朗讀會。「搭計

26 自由黨（Liberal Party）：一九五三—一九六八的南非政黨，在種族隔離政策時期遭到解散。

程車。」戲院所在地，是約翰尼斯堡最危險的地區之一。我幾乎沒去成，因為一出飯店，就遇到了一個人告訴我當天晚上最大的盛事，是酋長（the Chiefs）與海盜（the Pirates）這兩支南非最強的隊伍對決。身為訪客的我，義不容辭地覺得應該去看看這些當地的偉大球員比賽。那個人說：「你可以在體育場買票。」

不過，最後我卻在活動中心與若克斯碰了面，這個地方一度曾是某位約翰尼斯堡百萬富翁的豪宅（圓頂、加了豎框的窗子、門廊、木質鑲板）。詩歌朗讀會後，若克斯一面拋弄著他的水晶眼鏡、一面娓娓道出他的故事。十八歲時，他在約翰尼斯堡外的一個鎮上被捕，之後遭到監禁，罪名是蓄意破壞及加入不法組織。警察監禁他時，還施以刑求、毒打。那時七〇年代已進入尾聲。

「他們要我說出有關非洲民族會議[27]的事情，可是我知道的並不多，」若克斯說。「鼓舞我的其實是黑人自覺運動（the Black Consciousness Movement）。」

「蓄意破壞的罪行呢？」

「我們參與了各種活動，」他平靜地回答，「不過警察非常惡毒。剛開始，他們只是打我們，什麼問題都不問，就只是**用力地扁**。我們被打得很慘。這種情況持續了兩、三個禮拜，然後我們被裝進袋子丟入河裡，大家都以為自己要被淹死了——我們認識一些就這樣喪命的人。」

「他們都沒有偵訊你嗎？」

「在那之後，有。不過毒打依然繼續。他們想知道我們的朋友是誰——所有的細節。『誰是共產黨？』這類的事情。」

說這些事情的時候，若克斯並沒有憤怒，但卻情感充沛，就像這一切都發生在很久很久的以前，在另一個星河，在很遠很遠的地方。若克斯穿著很得體：夾克、領帶，一如生日晚宴上的服裝。然而他有某種特質——某種脆弱的跡象——讓我覺得不安。

「當警察發現我們實在沒有什麼資訊可以提供時，毒打就停止了，」若克斯繼續說，「然後我們被送上法庭。審判過程很短。刑求的事，隻字未提，我們受到的待遇，也完全沒有披露。大家就這樣被判了刑。我的刑期是五年。在那個年代，每個人都要關滿自己的刑期。」

「談談羅本島。」

羅本島在海上，離開普敦只有一哩之遙，現在是相當受歡迎的觀光景點，然而卻是個讓人認真反省的觀光處。觀光客搭船前往，由前政治犯充當導遊。

「我在羅本島服滿了全部的刑期，從一九七九年到一九八四年，」若克斯說，「那兒又冷又不舒服，而且根本不可能逃獄。就像之前所說，我們在那兒見到了尼爾森．曼德拉，還互傳紙條，在一小張紙片上倉促塗鴉後偷偷交換。」

不過書籍、紙張、鉛筆這些東西，一旦被發現，就遭沒收。即使是曼德拉這位南非未來的總統，也遭到同樣的輕視——他的書籍和書寫工具，全都被取走。填補讀書、自修與所有心智活動的是勞動。

「我們進行道路維修，」若克斯說。羅本島上曾一度有過社區的存在——房舍、道路、教堂，還有一個痲瘋病人區。「大多數的日子，我們從海裡把海草拖上岸——十呎長的大海草，全賣到台灣或韓國去。」

這件小事很有趣：透過榨取這些被奴役的勞工，而在吃麵時享受著開普敦美味海草的中國人與韓國人，沒有受到任何人的責難；沒有人對公開聲明曼德拉是恐怖分子的瑪格麗特．柴契爾或迪克．錢尼說

27 非洲民族會議：全名African National Congress，簡稱ＡＮＣ，南非的執政黨。

一句重話；沒有人對比利時人買鑽石這種事或以色列人把武器與食物販售給矢志殺害、折磨與囚禁某些非洲人，同時為其他非洲人創造了貧民窟的種族歧視政府，抱著懷恨的心，大家只嘲笑為了與白人優越主義政府做生意的日本人公開自稱為白人[28]，不過或許這些日本人其實只想在僅限白人出入的鄉村俱樂部裡打小白球。

若克斯說：「出獄後，我被驅逐到波布納。」

波布納以前是個班圖斯坦，所謂的班圖斯坦就是一小塊由貧瘠的土地與破爛的房子所組成的窮困貧民窟，隔離發展（Separate Development）即是從這種地方開始。後來南非拆除了所有的班圖斯坦，也推倒了圍牆，現在這些地方成了重要都市外圍的簡陋屋舍區，是勞工與移民的聚集之地。

這就是若克斯的故事。他並不喜歡提起這段過往。然而傾聽著他的故事，我卻從他無精打采的樣子與哀傷的表情上，看到了某種熟悉的東西。那是許久許久前曾在鬼門關前躑躅的人，才會出現的一種飽受蹂躪的面容：一段在牢籠中的歲月。我在那些遭禁於阿迪斯．阿貝巴監獄裡的衣索匹亞人、在阿敏政權下受盡折磨的烏干達朋友，以及在奈洛比受到水刑的瓦荷梅．穆塔席臉上，都看過這副面容。這是一張破舊的面容，不是破碎的心靈，而是一副斷裂的皮囊、早衰的年邁及另一種形式的放棄，他們痛恨回首來時路。換言之，這些人的心靈並沒有被擊垮，健康卻早已疲盡。

當天晚上要回住處時，我注意到街上嚴重的騷動。計程車司機也很激動，他熱血沸騰，收音機開得震天價響。我猜大概是暴動或某種全國性的失序，因為直升機轟隆隆地在我們頭上盤旋，救護車的警報聲也持續不斷。

「海盜足球賽出了麻煩。」司機這麼告訴我。

「什麼樣的麻煩？」

「踩死人了。」他說。

約有一萬五千名遲到的球迷，受困在體育場門口的小通道內，彼此推擠。這些人根本無法進入場內，因為球場裡的人數已高達六萬。四十三人在這場意外中喪生，另有好幾百名球迷受傷。球賽因為一開始的尖叫與混亂，先是暫停，後來取消。

「有人告訴我要去看這場比賽。」

「本來應該是場很不錯的球賽，不過發生了人擠人，踩死人的事情。哎。可怕極了，老兄。」

參觀世界遺產之地

透過朋友介紹，我認識了化石區的嚮導麥可・寇奇尼斯（Mike Kirkinis）。看到他的第一眼就很喜歡他。精力充沛、樂觀開朗、工作努力，而且一點都不勢利。他對我說：「約堡的非洲人告訴我，他們的老家在樹叢裡，還說他們的祖先放牧山羊。我說：『嘿，真是巧！我祖父也是在塞普勒斯（Cyprus）放牧山羊。』這是事實。這種事情有助我們記住自己的源頭。」

四十出頭的麥克擁有一架直升機，載著觀光客穿梭於史德克方田與史瓦特克藍斯的考古地。這兩處充斥著史前類人類的骨骸，是世上擁有最多化石的地方，也是南非的第一個世界遺產地點。我和麥克說

28 南非白人政府實施種族隔離時，世界各國大多採取不來往態度，但日本與南非卻有龐大的貿易往來，南非政府為了感謝日本，後來宣布日本人為「榮譽歐洲人」（Honorary Europeans）或「榮譽白人」（Honorary Whites），讓他們在南非擁有部分白人的權利。這其實是南非政府的決定，並非日本人片面的宣布，只不過有些日本人無可厚非地會善用這個機會。

好，找個星期天早上去看看。

「我會帶我的女朋友一起去。我們可以野餐。」

他的女朋友希柏拉是位德國獸醫，身高一百八十三公分，長得非常漂亮，養了一隻洛威拿犬。身為獸醫的她，專業是大象的健康狀況。前年，她遠征到馬利共和國，用麻醉「槍」麻醉大象後進行治療，結果一頭麻醉不完全的大象突然起身，捲起希柏拉往地上甩，還從她的身上踩過去，踩碎了她的骨盆與腿。麥克飛到巴馬科照顧她，一年後，希柏拉痊癒了。除非像我一樣禁不住誘惑地一直盯著她的腿部瞧，否則完全看不出她差點就在大象腳下香消玉殞的跡象。細微的傷疤與縫合的痕跡，不僅一點都沒有損及她的美麗，反而提醒了我這名女子的力量與勇氣。希柏拉有頭如絲的秀髮、燧石藍的眼睛及駕馭直升機的專業功力。

「大家都很怕她。」麥克說。

他回答，「我不怕。我的意思是，如果真要去世界的盡頭，她是可以一起去的人。」

起飛後，麥克向我解釋腳下的是約翰尼斯堡城所座落的山脊——維瓦特斯蘭，又稱白水脊（the White Water Ridge）——一塊明顯隆起的地方：（根據麥克的說法）數億萬年前，有塊隕石曾擊中地球，造成地形重組，富藏金礦的礁石與巨大的岩塊邊緣遭到推擠，更接近地表，取代了內陸海。而一八八六年所發現的金礦，正是約翰尼斯堡崛起的原因（約二十年前，慶伯利發現藏量豐富的鑽石）。

搭乘這架直升機飛行，讓我有種混合了罪惡感的快樂。儘管一聽到飛行就哀嘆，但我卻酷愛低飛在約翰尼斯堡的郊區，緊盯著那些華宅豪府猛瞧。這全是白人逃離市區的證據，或許其中也夾雜著黑人。從空中，我看到一簇簇的公寓大樓、圍起欄柵的社區、附設游泳池與賽馬練習場的豪宅、鄰近的貧民窟，以及非法占地者聚集的村落：一切的一切均無所遁形。與麥可的飛行之旅也是趟語言的學習課程：

公園用地、吹積物、**夫雷**（vlei：沼澤地帶）、**克樓夫斯**（kloofs：峽谷）、**科普吉斯**（kopjies：小丘）、橫跨又名**死普爾**（spoor）的無林大草原上的窄徑、大型的**維爾得圖因**（wildtuin：野生動物保留區）、**史奈爾維格**（snelweg：公路），以及**維瑞馬克**（vrymaak：高速公路）。除此之外，還有金礦所造成的各式各樣岩屑名稱，這些礦場產生了大量的碎石與污泥——全是礦坑的廢物與黏滑的堵塞物。

由於史德克方田有好幾輛巴士的觀光客光臨，所以我們降落在史瓦特克藍斯。

「世上最久遠之前的化石就是在這兒發現的，」麥克一面說、一面帶我們走下窄徑，穿過盤根錯節的洞穴網。有如燧石與粉筆的白骨突出於洞穴牆面。我仔細注意這些白骨，可以輕易分辨出臼齒、脊椎骨、中空的長腿骨、指骨、犬齒，以及頭骨的各個部分，每塊直立的骨頭表面，都覆蓋了破碎的骨塊。

在洞穴底，麥克說：「這裡有人類第一次支配用火的證據。這或許是一百萬年前，人類演進上最重要的單一關鍵點。試想火所造成的差異。火讓人類有能力主宰環境，成為這個星球上最具破壞力的物種。」

在洞裡，仍可看到史前人類手製的骨器遺跡，以及當時人類成為大型動物口中飧的證據。麥克說，史瓦特克藍斯是一九三〇年代出土的洞穴，**直立人**（homo erectus）與**猿人**（home robustus）兩種早期的原始人類，大約兩百萬年前曾在此共同生活，但兩百萬年來，這個洞穴從未寂寞過。除了原始人類，許多動物也把這兒當成巢穴，非洲的牧人數百年來，一直把這兒當成避難所，波爾戰爭[29]期間，波爾士

29 波爾戰爭共有兩次，一次發生在一八八〇—一八八一，另一次發生在一八九九—一九〇二。波爾這個詞，在荷蘭語和南非語中都指農民，更狹隘的意義則是指十八世紀在南非東部海角開墾地及十九世紀遷居至波爾共和國（即特蘭斯瓦共和國）的荷蘭語農民後代。兩次波爾戰爭都是當地農民為了脫離英國管理，而與英國軍隊所發生的戰爭，兩次都是英軍獲勝。

兵也利用過此處。而在更近一點的現代，類似這樣的洞穴，更是非洲游擊隊在試圖推翻白人政府的戰鬥中用來藏匿的地點。

希柏拉控制著操縱桿，我們飛入一條偏僻的峽谷中。三人在冷泉邊野餐，耳裡是鳥鳴，身邊是正在飛舞的赭色蝴蝶與警戒的大鷹。

「人類在這裡進化，」麥克說，「就在我們現在坐著的地方。我們發現了石器、骨頭，到處都有。非洲是人類最完美的進化地區。不過你想知道一件事嗎？」

正在泉水邊梳理頭髮的希柏拉，抬頭望著麥克，我也一樣，把注意力從希柏拉一邊梳一邊扯的飛揚頭髮上，用力拉了回來，全心全力注意麥克。

「或許這裡的骨頭，沒有一副屬於我們的直系祖先。」

「我還以為洞裡住的是亞當和夏娃。」

「你明天要幹什麼？」麥克問，「你一定要去見一個人。他的理論妙極了。」

麥克在約翰尼斯堡的高級壽司吧檯上，介紹給我認識的人是李．伯格[30]教授，他是維瓦特斯蘭大學古人類學研究與探測組的組長。古人類學家研究古代的人類，但伯格教授卻說這種能對歷史提出最瘋狂想法的科學，是「身為人類……所能擁有的最大特權之一」。

伯格教授在二〇〇〇年出版了《夏娃的足跡》(*In the Footsteps of Eve*)，詳細闡述自己的研究。親切的伯格教授是出生於喬治亞州的美國人，三十七、八歲的他，認為人類的祖先可能並不在任何非洲或其他地方所挖出來的骨頭或化石當中。沒錯，我們的確發現了原始人類，而比起黑猩猩，這些原始人的型態也的確和我們較為接近。然而就算我們和原始人類極為相似，我們真正的直系祖先骨骸還未出現。

我問：「那些提出驚人發現的人又是怎麼回事呢？『人類的祖先』今年就又有一則這樣的報告。」

「肯亞古猿[31]，」伯格教授說，臉上掛著微笑。「你想想看，為一個新物種命名，就像這樣。而且速度這麼快——提出研究發現到正式接受，只有三個星期。」

「所以你才不相信嗎？」

他說：「史前人類學家在錢和研究經費方面的競爭非常激烈，因此很輕易就會對發現人類祖先的議題，宣布驚天動地的消息。如果需要研究基金，新聞頭條的幫助很大。」

伯格教授的率直與多疑、堅持化石證據應置於正確情況中呈現，以及質疑並要求證據的習慣，為他贏得了許多崇拜者與敵人。由於史前人類學包含了大量的詮釋及「情感共鳴」，因此科學家、化石獵人（fossil hunter）之間的敵對關係無可避免，競爭也非常激烈。他說連家人之間都競爭激烈的李奇家族，在奧德威山峽發現的並不是亞當。對伯格而言，我在阿迪斯・阿貝巴親眼所見三百二十萬歲的露西骸骨，也不是夏娃，而只是一個長了有如黑猩猩下顎的三呎雙足猿人（bipedal ape）。

「她的確存在於我們的族譜當中。兩百萬年前，大家都還是大猩猩。後來成為直立人——有了技術，學會了用火、狩獵、使用武器。不過，露西化石或許是個死胡同。」

「族譜」並不是個他常用的詞，事實上，他說族譜的觀念扭曲了人類起源的進展。一本族譜的觀念，因為呈現出直線形的發展，所以過於簡陋，其實我們祖先的型態，更像一片「族林」。

30 李・伯格（Lee Berger）：一九六五年生於美國堪薩斯州的古人類學家，一九八九年移居南非，一九九三年成為南非永久居民。

31 肯亞古猿，全名Kenyanthropus platyops，約三百五十萬至三百二十萬年前的人類。一九九九年在肯亞圖爾卡納湖（Lake Turkana）由Justus Erus所發現。Eurs是蜜芙・李基（Meave Leakey）考古隊的成員。Kenyanthropus platyops這個詞的意思是「肯亞的扁臉人」。

飽受爭議的化石發現，讓他擁有一些忠實的支持者，其中包括真正相信亞當、夏娃、洪水及化為鹽柱的羅得[32]的那些神造論者。這些人將伯格教授的作品斷章取義，充當證據，證明達爾文與他的邪說不僅全是無稽之談，而且只是要把上帝趕出美國學校的低級手段。

然而，我們對自己祖先的了解少之又少，是可以理解的事情，他說：「人類起源的研究只有三、四十年的時間。僅此而已。在這之前，發現人類化石就像集郵。」

伯格教授在八〇年代經過肯亞來到南非。他曾與里查．李奇在肯亞西北部的特康納湖一起考古。那個時候，南非正等著考古學者的發掘。一九四八年南非國家黨員掌權，該黨白人至上的政策，讓學術界對南非進行杯葛，因此南非在四十年間沒有任何考古活動——史前人類學沒有任何研究，一九四八至一九八九年間，也沒有任何考古學上的發現。糟糕的還有大批在這段時期之前發現的化石資料，也毫無用處，因為完全沒有標示日期。

「這裡不像歐洲有湖區舊址。湖區舊址可以讓人很容易追溯出年代。我們這兒也沒有火山活動、沒有地球化學的標示。在這裡，沒有人知道他們發現的究竟是什麼。」

一九九〇年，伯格教授開始認真尋找化石，南非當時只有五個已建立的原始人類考古挖掘區。「不過有數十個洞穴——數十個又數十個，」他說。「我開始在克魯格斯多普周邊的樹叢中步行，」——史瓦特克藍斯就在附近——「只要看到洞就可以挖出化石。到處都是化石。後來我們開始在葛來帝斯威爾（Gladysville）開挖，兩週後就發現了原始人的化石。我們還在某些洞裡發現了被劍齒虎當成獵物的原始人——沒錯，不是人吃虎，是虎吃人。」

一提到非洲，這塊化石所蘊含了更大意義的土地，伯格教授就失去了慣有的嚴謹，他說起化石不可置信的凝聚力，敘述這些約束力如何把人類全串在一起。非洲演進的教訓，並不是部落文化，也不是分離隔閡，而是合作。

「**智人**（homo sapiens）[33]在發展的過程中，每一個關鍵事件，都源於非洲。」他說。

在《夏娃的足跡》中，他這麼寫：

> 人性（Humanity）是非洲的產物。我們之所以成為今天的自己，全是拜環境的塑造之力——而我們在轉變成人類的旅程中，所經歷的一切重要進化改變，幾乎都在非洲的環境中發生。
>
> 「臉部的形態學、我們如何揚棄了自己的犬齒，正是真正定義了我們的人性，」他說，「人類的定義是和平與合作。這全是在非洲所發展出來的特質。」

充滿希望的對話

我們一共有四個人坐在壽司吧檯上——伯格教授帶了一個朋友，麥克帶著我。

「你看看我們，」伯格教授說，「你不可能再找得到四個其它的哺乳類動物坐下來，做我們正在做的事情。這就是證據，證明我們是一種合作的物種。」

32 羅得（Lot）：聖經創世紀中的故事（創世紀十九章第一至二十六節），但成為鹽柱的是羅得的妻子，不是羅得。羅得是亞伯拉罕的侄子，住在罪惡之城所多瑪中，上帝毀滅該城時，天使令羅得帶著家人逃走，但他的妻子在逃亡時因回頭望，而成為鹽柱。

33 現代人的學名。

麥克拿起一個辣味鮪魚手捲，他說：「也就是說，世界大同也許還有希望嘍？」

「人類無疑是愛好和平的物種。我們演化出一張稚態的臉——像孩子，完全不具威脅性。來，保羅，用你的臉來嚇唬我。」

我試圖擺出鬼臉。

伯格教授笑倒在桌上，「你看吧，他沒有露出牙齒！哺乳動物在意圖威脅時，會露出牙齒，但人類就不會這樣做。戰爭是象徵性的表示——不管怎麼樣，在這個世紀之前，戰爭只具象徵性。集體屠殺是非常近代的觀念。」

人類史上一直讓我非常感到興趣的復發性事件，是第一次接觸（the First Contact）。這種事件最鮮明的例子是旅行——探險與發現。通常，第一次接觸在一般人的觀念中，都被誤認成哥倫布首次遇到阿拉瓦克人[34]，並稱之為印第安人的事件；但大家不妨反過來想——阿拉瓦克人第一次碰到了這個又矮又胖的義大利人，站在輕型帆船的甲板上，手裡緊攥著一本《馬可波羅遊記》（*Travels*）的景況。在首次接觸的一七七八年，夏威夷人相信庫克船長是羅椰神[35]。一五一七年，阿茲特克人[36]將西班牙人誤認為學習與風之神的胖蛇蓋札爾柯特神[37]下凡。北極圈的伊努特人（Inuit）一直以為世上只有他們，因此當他們一八二一年看到第一位進入極圈的陌生白人——探險家威廉．派瑞爵士[38]時，他們竟然問他「你是從太陽來的，還是從月亮來的？」。

更近代的事件，是一九三〇年代，澳洲金礦探勘專家與新幾內亞的高地人初次碰面。貪婪又厭世的澳洲人以為高地人是野蠻部族，而高地人卻以為這些澳洲人是已去世的祖先魂魄回來探訪後人，不僅感覺親切，而且獻上食物。高地人心想，這些人和夢裡看到的人長得還真像。不過，澳洲人的目的是黃金，後來殺了不願合作的高地人。

我們談起了第一次接觸這個議題，適情適境，四個陌生人討論著相遇的要素，以及這頓愉悅的午餐所蘊含的希望。所有的人都一樣，第一次接觸是件鮮活且會一再出現的事情——在地鐵上碰到陌生人、在電梯裡發現身邊還有一堆人共乘、在飛機上與身邊的人手肘相碰、在公車站、退房櫃檯、海邊、教堂或電影院，我們不論何時被丟在一起，都必須要面對這第一次的接觸。身為一介旅人，第一次接觸是我的生命故事，也是我這趟非洲之旅的基調，這趟薩伐旅帶我穿越蘇丹沙漠、從衣索匹亞邊境坐牛車前進、在維多利亞湖上搭汽船、尚比西河上划獨木舟、哈拉爾的午餐與農場，一直到這兒的壽司吧檯。

「第一次接觸的所有證據，都證明我們是和平的物種，」伯格教授如此總結，「挑釁是後來的事。」

在人類的領域裡，非洲是研究我們祖先的最佳場所，伯格教授這麼說。人類當初不需要離開這兒就可以繼續發展，他們曾在這片廣大而富裕的土地上遊蕩，頭頂著怡人的天氣，身邊有舒適的遮風蔽雨之所。非洲一應俱全，歐洲卻資源貧乏，這也是為什麼遠在歐洲出現原始人種的十六萬年前，非洲就已有人類居住。

---

34 阿拉瓦克人（Arawak）：西班牙人在加勒比海遇到印地安人時，用來稱呼對方的名稱，其中包括了許多不同部族。這些印地安人住在南美的東岸，使用阿瓦克語。他們也是當初哥倫布登陸美洲時所遇到的原住民。

35 在夏威夷的神話裡，羅梛是富饒、和平與音樂之神，他踩著彩紅虹下凡與拉卡（Laka）成親。在農業上，羅梛掌雨水和種植的作物。與其他三神（Ku, Kane, Kanaloa）並列主神，並均為創世之前就存在的神祇。

36 阿茲特克人（Aztecs）：阿茲特克人本指某些居住在墨西哥的中美洲原住民，後來泛指建立了鐵諾奇提蘭（Tenochtitlan，即現在的墨西哥城）的墨西哥人。以勇猛著稱。

37 蓋札爾柯特神（Quetzalcótl）：在阿茲特克文化中，蓋札爾柯特神是長了翅膀的蛇神，有人認為他是阿茲特克的神祇之王，但也有學者認為他只是阿茲特克眾多神祇之一，並沒有特別的重要性，但在現代，蓋札爾柯特卻是最為人知的阿茲特克之神。

38 威廉・派瑞（Sir William Edward Parry）：一七九〇—一八五五，英國少將與極地探險家。

「我們是沿海的物種——從歷史上來看，我們居住的環境都可以通向海洋，」伯格教授說，「在非洲，這種情況特別明顯。人類可以克服海洋環境。等我們把陸地上的動物全殺光後，人類就會回歸海洋。如果知道如何捕魚，就永遠不會碰到欠收的季節。」

他在書中提到一個理論，他認為原始人類較大的腦，是肇因於非洲海岸提供富含蛋白質的海洋食物。我問：「那麼一直住在非洲森林、叢林、甚至沙漠裡的人，又是怎麼回事？」

「從歷史的角度來看，住在森林中的人是邊緣人，」他回答，「你看伊圖里森林[39]裡的矮黑人，以沙漠為家的阿拉伯人、科伊桑人，以及某些美洲的原住民。居住地離水流區很遠的人，都成了邊緣部族。」

他勾勒出了一幅明亮而具有說服力的圖像——我們人類是愛好和平、擁有應變能力、知道如何合作的物種。不過這幅圖像也有它的陰暗面。午餐後沒多久，一位約翰尼斯堡的心理學家描繪南非是個「從無底洞裡浮出的社會」。

說這句話的人是沙斯．古柏[40]，他是遭到謀害的史帝夫．拜可[41]相當親近的同事。古柏在政治上的活躍性，換來了九年的牢獄之災，其中五年多都是在羅本島服刑。他現在是位大夫，同時也擔任南非健康組織委員會心理學法定專業董事會的理事主席。他說：「我們還沒有真正控制住腐敗的深度。」

南非在最好、最高傲的時候，是一個關懷正義的社會，透過真相與和解委員會（the Truth and Reconciliation），用值得讚揚的方式對待自己嗜殺的過去，同時盡力掌握自己充斥著矛盾的現在。這個社會取消了死刑，所有的訓誡及大多數的政治演講內容，都以仁慈和寬恕為主軸。然而在另一個層次上，犯罪的數據，卻暗示了某些近乎野蠻的行為——每天五十五起謀殺，以及每二十三秒就會發生的強暴。這些只是登記有案的事件；實際的犯罪數字更高。南非的社會——或許是非洲最開放的一個社會——媒體擁有自由、沒有任何審查制度、沒有政治恐怖，而且創造出卓越的雙語文學。然而也正是這種開放的態度，確保了每個差錯、每件犯罪、每個違背道德的事件，都受到人們鉅細靡遺的查驗。

南非的普羅大眾，在各城邊緣開始發展出一種購物商場的文化，這種文化的產生，雖然部分歸因於大家的不安全感及市中心頻繁的犯罪事件，不過也反映出大家擁有足夠的消費能力購置新衣、上館子吃飯。玫瑰河岸（Rosebank）與沙頓（Sandton）的郊區，都是人種多樣卻相當安全的地方，這些地方的購物商場滿是盎然的棕櫚樹與祥和的氣氛。

我心心念念著一位對自己的原始人知之甚詳的睿智古人類學家所說的話：四個陌生人在一起，圍坐在同一張桌子旁。我們是和平的物種。我們是知道如何合作的物種。這些話充滿希望，而他在一個整潔、安全的非洲購物中心美食街中說這些話的事實，也一樣讓人充滿了希望。

39 伊圖里森林（Ituri Forest）：位於剛果共和國東部伊圖里區的一片雨林。面積約有六萬三千平方公里。

40 沙斯・古柏（Sathasivian "aths" Cooper）：一九五〇年生，南非的心理學家與政治運動分子。

41 史帝夫・拜可（Steve Biko）：一九四六—一九七七，南非一九六〇年代與一九七〇年代早期以非暴力方式反種族隔離的著名人物。他於警察監禁期間死亡，被視為反種族隔離的殉道者。曾說過「黑即是美」這句著名口號。

第二十章 馬拉馬拉[1]的野東西

或許，吸引多數人到非洲最大的一個毛里毛氣理由，是戴著可笑的帽子，手上拿著計分表，從舒適又安全的路華越野車車子裡觀看危險的野生動物。一日終了，計分表上顯示的是非洲五大獸[2]。我只能勾選其中一種：在坦尚尼亞從火車上無意瞥見的一隻蹣跚的大象。儘管對非洲的觀光事業覺得非常絕望，也嘲弄騷擾樹叢裡動物的偷窺狂症狀，但在滿足自己的即興薩伐旅中，我卻也加上了這樣一段非常著名的非洲活動——觀看野生動物，為期一週。

一路上，我根本沒看到什麼野生動物——除了海拉爾幾隻用下顎咬食的土狼、肯亞害羞的瞪羚、吉力馬札羅快車上透過車窗看到的寥寥數隻大步而行的長頸鹿與步履沉重的大象、夏爾河中斑斑駁駁的河馬、辛巴威一隻猛盯著我瞧的鴕鳥、偶爾見到的小羚羊與狒狒，以及處處可見的鳥兒。我沒看到犀牛、花豹，也從沒見過成群結隊的野生動物，但卻能感受正身陷尷尬處境的動物心境，因為牠們看起來就像

1 馬拉馬拉（Mala Mala）：位於南非普瑪蘭加省的野生動物保留區，是南非最受歡迎的薩伐旅觀光區之一，也是五大野生動物會自然出現的地區。

2 非洲五大野生動物（the Big Five）指的是獅子、非洲象、非洲水牛、花豹與黑犀牛。

是樹叢裡的獨行客，而且幾乎全在竄逃。瞪羚逃跑時大力高舉的膝蓋，猶如進行障礙賽。

截至目前為止，我在非洲見到的最危險動物，是馬沙比北部朝著我搭乘的那輛卡車車頂開槍的席夫塔土匪：簡直就是野男人。最奇特的動物莫過於身穿華服的烏干達妓女，在坎帕拉路邊的樹下對我發出嘶嘶之聲：根本就是野女人。

與眾不同的薩伐旅

非洲之旅前約一年左右，烏干達與盧安達邊境發生了游擊隊屠殺觀光客的慘劇。十二名登山客因為不甘心讓數量銳減的可憐動物過著清靜的日子，企圖入侵動物們嚴重縮減的棲息地，以便日後吹噓曾與重達兩百七十多公斤、搞不清楚狀況的銀背大金剛[3]和眾後宮佳麗，在與世隔絕又滴水不斷的樹蔭下，親身經歷過用腳掌拍水、用手指掐捏的終極靈長類動物的經驗，這十二個人氣喘吁吁地進入了位於高海拔的烏干達布溫迪森林[4]，不料卻遭到殘忍的苛虐——只不過施暴者是胡圖人[5]，並不是大猩猩。八名觀光客遇害，其他遭到監禁者設法逃脫[6]。當大家言行不一致地竊笑非洲處處都是危險與反覆無常的野獸時，大多數國外觀光客對非洲也懷著先入為主的觀念，認為非洲人既危險又善變。相較之下，五大獸反而變得沉靜、安全與冷淡。

赴非的觀光客先是一股腦兒地全被拉到野生動物公園裡，接著幾天之內，這些人就可以大談特談一袋袋五大獸的照片，而其中沒有遭遇任何驚險。我後來從一本美國旅遊雜誌上得知，當薩伐旅結束時，這些聽起來與百年前散漫、肥頭肥腦、享有超級特權者無異的外國旅客，會對自己的旅行進行評分[7]。「（非洲員工）試圖讓你高興」……「（非洲員工）會做所有的事情——我們覺得被寵壞了」……

「（非洲員工）溫柔地用一頓床邊的輕食早餐叫醒你」……「（非洲）服務生樂意在任何你喜歡的地方為你安排野餐細節」……「什麼都比不上」。另外，還有坦尚尼亞恩格隆格羅火山口的小屋，「體驗由導遊帶領的薩伐旅與文化之行後，請管家把洗澡水放好。」

這是較令人滿意的非洲薩伐之旅，穿著深口袋的薩伐旅服、鮮少覺得無聊，除此還有歐卡凡加[8]坐在大象背上探險這種屬於浪漫派遊客的豪華印度象轎行程、安柏瑟利[9]的野餐籃（「把佐料拿給那位先

3 即公的山地金剛猩猩（the Mountain Gorilla），主要有兩大棲息地，一是中非的維拉岡火山區，另一個就是布溫迪森林區。公的山地金剛猩猩由於發育成熟後，背部會出現一條灰色或銀色的毛，所以又稱為銀背。

4 布溫迪森林（Bwindi Impenetrable Forest），位於烏干達西南部，臨大裂谷西部的邊緣區，距剛果民主共和國（舊薩伊）邊境僅數哩之遙。大部分都歸屬於布溫迪國家公園（Bwindi Impenetrable National Park，簡稱BINP）之內。是東非擁有大片原始叢林的區域，海拔高度從一一六〇公尺到二六〇七公尺之間。這片森林區又稱為「黑暗之地」（Place of Darkness），為世上生物種類最繁多的地區之一。

5 胡圖人（Hutu）：中非的一個種族，大多居住在盧安達與蒲隆地。

6 這是發生在一九九九年二月底的不幸事件，不過根據烏干達政府當時的說明，這個觀光團共有十四名分別來自英國、美國、紐西蘭、加拿大瑞士的團員，八名遇害，六名脫逃。死者包括四名英國人、兩名紐西蘭人和兩名美國人。

7 原註：《旅遊者》雜誌（Conde Nast Traveler），二〇〇二年一月號。

8 歐卡凡加（Okavanka）：指奧卡萬戈河流域。奧卡萬戈河位於西南非，全長約一千六百公里，是非洲南部第四長的河流。發源於安哥拉（稱庫班戈河〔the Bubango River〕），南流成為安哥拉與納米比亞部分的天然邊境後入波札納，最後流進莫雷米野生動物保留區。

9 安柏瑟利國家公園（the Amboseli National Park）：前稱馬塞．安柏瑟利野生動物保留區（Maasai Amboseli Game Reserve），位於肯亞裂谷省（Rift Valley Province），約三百九十平方公里。是肯亞第三受歡迎的國家公園，僅次於馬塞馬拉國家保留區與納庫魯國家公園（Nakuru National Park）。

生，奈吉」）、馬塞—馬拉保留區[10]及塞倫蓋提的豪華帳棚可供選擇。這是逃避現實者、度蜜月的小倆口、穿著出自設計師之手的卡其裝的那些所謂「消費性遊客」的「遵命，老爺」非洲。海明威筆下非洲的荷槍者的，已蛻變成了萬能管家[11]，而任何一個像海明威先生般富有、但對非洲卻沒有絲毫興趣的人，都可以僱用觀察大型獵物的專家。海明威的第三任妻子、同時也是偶爾居住在肯亞的嬌客瑪莎・蓋爾何恩[12]，在一篇七〇年代留下的旅遊文章內，坦承自己對非洲人的冷淡。她在《與自己和另一個人的旅行》（*Travels with Myself and Another*）一書中，雲淡風清地提到自己如何熱愛非洲的自然世界，但「並沒有愛屋及烏地愛上非洲的人類，或他們不同的生活方式」，完全不察這些詞句對其他人所造成的不悅。猶如比手劃腳遊戲的標準薩伐旅涵蓋了包機、卑躬屈膝的非洲人、美食、哈洛茲百貨公司的戶外運動部推出的叢林夾克、荷蘭荷蘭（Holland and Holland）專賣的軟草帽、五百塊美金一雙「保證防蛇」的高基靴、奧維斯[13]的大象布叢林草原杉，以及最後一項以生動詞藻所促銷的商品：

> 我們的非洲火車薩伐旅，在九天內將帶您從普利托利亞到維多利亞大瀑布，中途還讓您體驗「叢林草原」地區的狩獵，由一百多位驅獵人為您驅聚珠雞與鷓鴣。沙漠上，一大早就飛向水洞的一千多隻納瑪瓜（Namaqua）沙雞，也將由您從傳統的石製酒桶上任意射殺。這件衣衫正是我們為這樣的探險所特別設計的服飾。[14]

這幅景象與我經歷有如戰鬥的薩伐旅完全不同：大眾運輸工具、黴菌傳染、迷你規模的勒索敲詐、淒涼的臥室、難以下嚥的食物、狂瀉的肚子、竄逃的動物、破落的教室、無意義的延宕與直言不諱的威脅：「那裡有壞人」及「給我錢！」。消費性遊客熱切談論著搭飛機進入馬拉威後，在某湖邊的遊樂區住上數日，然而我卻被馬拉威給嚇壞了——那兒就像篤信聖經的虔誠馬拉威人會說的——那幾年，我打發了一隊隊的蝗蟲，牠們吃掉農作物（〈約珥書〉第二章第二十五節）。

儘管我痛恨麻煩的事情，卻不介意遭逢艱困；再說，承受悲慘遭遇的同時，也總是會發現某些燦爛事物、享受一些奇遇、找到三兩舊友。我曾跨越許多國界、在尼羅河的第六大瀑布邊野餐、在莫三比克的尚比西河上一槳槳向前划行，也曾在烏干達與當總理的老友混了一整天。然而，每當途中有人要我總結自己這趟薩伐旅時，我卻總是啞口無言。若說這是一趟旅程，倒不如說是場消失的體驗來得適切，這是我生命中獨自身處這片世上最綠的大陸上，興之所至隨處去的一段頗長的時間。我對自己感到驕傲，因為我說不出「非洲真棒！」、「服侍我們的人好俐落！」、「我在野生動物區的下榻旅店做臉，溫蒂去修指甲！」、「我們吃了勃艮第紅酒燒羚羊」、「城裡好像發生了暴動，不過我們一點完全不知情！」或「我的管家幫我放洗澡水！」這種話。

---

10 馬塞—馬拉保留區（Masai Mara Reserve）：位於肯亞西南部的公園保留區，連接坦尚尼亞塞倫蓋提國家公園的南部。馬塞馬拉的名字取於當初居住在這個地區的馬塞人與流經的馬拉河。

11 萬能管家（Jeeves）：英國作家沃德豪斯（Sir Pelham Grenville Wodehouse）筆下的人物，全名瑞金諾・吉維斯（Reginald Jeeves），出現在他的許多短篇故事與小說中。吉維斯聰明、機靈，服侍有些迷糊的男主人伍斯特，每每都必須收拾主人製造的爛攤子。後來改名為百老匯歌舞劇，名為《萬能管家》。

12 瑪莎・蓋爾何恩（Martha Gellhorn）：一九〇八—一九九八，美國小說家、旅遊作家與記者，有人認為她是二十世紀最偉大的戰地特派員之一。八十九歲那年，又病又近乎全盲的她服藥結束了自己的生命。

13 高基（Gokey）、奧維斯（Orvis）：奧維斯是美國以釣具相關商品起家的百貨店，高基為其副品牌，產品以靴子和其他鞋類為主。

14 原註：出自奧維斯二〇〇二年春天的服飾目錄。

不過話說回來，我一點都不質疑自己對這趟旅行的熱情。在約翰尼斯堡待了一週後，胃口變得更大。看著非洲地圖，知道自己離開普敦不遠，我決定轉向前往。

馬拉馬拉動物保護區

馬拉馬拉是緊鄰克魯格國家公園的野生動物保留區，也是一個值得信賴的朋友大力推薦的地方，位於奈斯普伊特這個離翰尼斯堡東部約三百哩一個水果纍纍的小村落南邊，離莫三比克邊境非常近，近到莫三比克的大象經常晃過邊界大啖樹木。性質為野生動物保留區的馬拉馬拉，橫跨一條綿延二十哩寬河，遠離任何村落或盜獵人的侵擾：大型野生動物在滿是綠色植物與整年水源都無虞的環境中非常開心。

在前往奈斯普伊特的途中，我遇到了波爾與英國血統各半的漢西。他回答問題時，顯得相當遲鈍，不曉得是心不在焉，還是詞窮。他說：「有時，我的腦子比嘴快。」我請他多談點自己的事情，於是很快就了解了他為什麼會有這種語焉不詳及令人發愣的說話方式。漢西曾在南非軍中服役，打了五年的叢林戰，日子過得相當悲慘。

「我那時在**科伊沃伊特**（Koevoet），」他這麼說，然後向我解釋這個辭彙在南非語中的意思是「鐵撬」。「那是情報單位的軍事支局。我當時只有十八歲。」

「你怎麼會去從軍？」

「我也不知道。我想，應該是因為大家都這樣做吧。那個單位非常辛苦。」漢西說，「我們的指揮官飛到美國接受海軍海豹特戰隊的訓練，然後又去英國參加英國陸軍特種空勤部隊的課程。他把那些學習全用在我們的訓練上。」

「一定被操得很慘。」我說，腦子裡想著這種訓練所要求的體能狀態。「最糟的部分是什麼？」
「最糟的？啊，嗯，是我還沒有準備好去殺人——我是說，殺那麼多人。實際的殺戮是訓練不來的，懂吧。」
他誤會了我的意思：我以為我們談的是軍隊長征或潛水游泳這種突擊隊員訓練的體能要求。
「但不是他們死，就是我們亡，」他的聲音依然沉靜，「啊，我們必須下手，否則情況會失控。當時在納米比亞打西南非人民組織的游擊隊。我負責反暴動。我想我的表現應該很不錯，不過儘管如此，還是很恐怖，老兄。」
「你們的特定任務是什麼？」
「摧毀游擊叛軍的陣營，然後不留任何痕跡地離開。」
「也就是趕盡殺絕。」
「啊。沒錯。一個都不放過。而且就算失了戰友，也要獨力完成——有時真的會碰到這樣的事。我的意思是，我失了戰友，不過不是在叢林裡。他是個黑人，納米比亞人。他去酒吧慶祝生日。一個西南非人民組織的線民也在那兒，他打電話給幾個人，向他們報告酒吧裡有四個我們的人。那時生日慶祝才剛要開始，有個女人知道我的戰友在慶祝生日，她撲上去保護他。」
「不可思議。」
「是啊。不過他們照樣對她開槍，也向我的戰友及其他人掃射。當場死了四個，那批人後來留下那個女的，讓她失血過多致死。」
這是沒有任何教育意義的可怕故事。等氣氛平靜了一會兒後，我問漢西他那位戰友慶祝的是幾歲生日。

「這件事有趣，」漢西回答，「啊，他眼睜睜看著全家人被西南非人民組織的槍手殺死，所以十四歲就從了軍。那小子體型魁梧，再加上這兒根本沒有身分證件，所以沒有人知道他的實際年齡。那天他慶祝的是十六歲生日。」

「後來西南非人民組織掌權。」

「所有我們當時奮戰的對象都握了大權——納米比亞、辛巴威，還有這兒。」漢西冷淡地低聲笑了笑，「真是瘋了。以前大家稱他們共產黨。不是嗎？他們受俄國人的訓練，提供武器的是中國和古巴。他們知道如何運用那些武器。還有地雷！他們有一種用電木[15]塑膠製成的俄國地雷，根本偵測不到。這種地雷真要命。我朋友就是這樣被炸死的。我失去了許多許多朋友——但為的是什麼？」

訴說了這段凌亂的過去後，漢西情緒變得相當低落。我的問題讓他陷入了這些可怕回憶的陰寒深巷之中。幾個無聊的問題勾起了回憶、喚醒了過去，但是在南非，鬱黯的過去全是由受難者所鋪成。

「啊！我如果在這樣的情況下失去任何一個孩子，一定會『瘋掉』（doolaly）。」漢西這麼說。

愈接近馬拉馬拉的主營區，樹木遭到破壞與被踐踏的狀況就愈嚴重，一如剛遭到龍捲風肆虐，樹木被連根拔起、摔得稀爛。

「大象。」漢西說。他對我解釋，在一九六〇年代，這個地方因獵人的關係，幾乎見不到任何大象的蹤跡。現在這個只養得起一百五十頭大象的區域，卻有六百多頭大象——這樣的災害景象於焉出現。

漢西指著一群正在吃草的野牛，牠們身上頂著啄牛鳥，有些啄牛鳥在啄蟲，有些在幫牛群清理傷口。還有一對疣豬。「大隻的受了傷。也許是豹子的傑作。有些可以逃得掉。你看。」疣豬蹙眉看著我們，長了瘤又有獠牙的臉上，滿是憤怒，盡顯動物的警戒之心。

但是我幾乎視而不見、聽而不聞，因為我依然想著漢西之前對我所說的話：**我還沒有準備好去殺**

人——**我是說，殺那麼多人**。我曾聽過各種毆打、虐待與戳刺的故事，但這個「鐵撬」反暴動的混亂狀況，卻比聽過的那些故事更恐怖。因為親眼看到家人遭到殺害而在十四歲從軍的男孩子；在酒吧裡的十六歲生日慶祝會；告密；敵軍的抵達及猛烈射擊；那個以自己身軀擋護過生日男孩的女子，還有漢西的憐憫。「怪胎」（dilly）的意思只是特別，但「瘋掉」（doolaly）卻是軍人瘋狂的最極端狀況。這個詞源於十九世紀印度孟買的一座瘋人院名字，迪歐拉利（Deolalie）。

一路上，我看過了非洲的許多面，所以住在投宿的薩伐旅小屋中，我無法不拿動物的狡詐與人類的野蠻做比較。在東非和中非時，我承認身為白人的自己是個獵物，因此大大降低了危險性，因為我一直在迴避獵食者——一如動物，我在日間快速移動、保持高度警戒、晚間不出外活動。獵食動物主要都在夜間活動——獅子、土狼的白天都在睡覺與閒蕩玩耍中度過。除了獵豹外，非洲所有的獵食者速度都比獵物慢——而且獵物更謹慎、更神經過敏、腳程更快，獵物已經進化成很難捕捉到的生物了。

同理，良善的非洲人也試著智壓惡棍，他們不但互相警告危險狀況，也對陌生人提出通知。竊盜、偷襲與強暴通常都是夜間發生的罪行，這不僅僅是因為夜晚有益於獵食者祕密行動，主要也是因為被抓到的竊賊與強暴犯，可能會被事後不需負起任何責任的群眾打死，那是非洲執行粗暴正義的不成文之法。

地盤定義出行為。不同的生物或許可以共存——長頸鹿和斑馬、疣豬和條紋羚羊。然而，兩隻河馬卻不能同住在一塊空間內，他們總是爭奪統治權，與蘇維托的幫派無異。

笨重的哺乳動物，以及因毛色和體型而令人難忘的養眼鳥兒，都可預測。牠們的行為是所有動物都

---

15 電木是種人造合成化學物質，算塑膠產品，可製成燈頭、開關、插座、電路板等，不吸水、不導電、耐高溫、強度高，因為多用在電器上，所以叫做「電木」。

會出現的行為：吃、睡、找水、整理自己的毛、聞彼此的屁股、鬼吼鬼叫、噴鼻息、競爭、打架；動物在盡力保命的同時，也從學習如何生存的過程中，開拓出自己的路徑。然而，沒有任何動物會像人類一樣如此殘酷與進行毫無意義的戰爭，也沒有任何動物，甚至連大象在吼叫出自己悲哀的衝動時，也不會有期待彌補的悔恨心態。就像柏格教授所說，人類是惡毒的動物，我們創造了大屠殺。然而，人類也是最和平的動物——但不論惡毒與和平的特質，都比其他動物更強烈、也更糟糕。

在所有居住於馬拉馬拉四萬五千英畝的生物中——包括國王水羚（regal waterbuck）、棕色蛇鷹、敏捷的岩羚、四腳巨蜥或威嚴的五大獸——最讓我感到著迷的竟是麥克・瑞特威（Mike Rattray），保育區的主人及保育活動背後的驅動力。從遠處接近他時，他揮動著手杖與大聲公的音量，非常像他所豢養的那種昂首闊步、頭頂著紅色肉瘤的犀鳥。麥克是另一種生物，但更細緻、色彩更豐富，他是最愉悅的人、最粗暴的人、最難以捉摸的人，也是最難入鏡的人，身邊總是跟著他那迷人的伴侶諾瑪（Norma）。他的手杖從不離手。他利用手杖強調重點、在人群中指出某人、當成武器擺出威脅的態勢。他看起來像曼瓦寧上尉[16]，同樣無精打采的說話方式，總是說些出人意料的東西。

「那傢伙想要『奮戰到死』，是嗎？」他會帶著一點鼻音這麼說，「那麼，我告訴你，每次有人說他們要奮戰到死的時候，那些人其實是準備投降了。那些人的膽子都已經被嚇破了。你該做什麼？像這樣，拿根棍子，」——這時他揮動自己的手杖——「在那些人的背脊上敲兩下。狠狠地敲。『不要再當傻瓜了。』這樣他們馬上就不再胡說八道了。你知道公林羚會怎麼做嗎？」

我說我對這種大型羚羊不太熟悉。

「公林羚是種非常扁瘦的動物，」瑞特威一面回答、一面把手杖垂直舉起，然後用另一隻手的手掌壓住手杖。「非常瘦。不過當他們想要嚇唬敵人時，他們卻會膨脹，」——他皺著眉頭、鼓起雙頰，目的是看起來更凶暴、更紅潤，讓臉更圓——「鼓起他們的臉讓自己看起來很危險。但其實都只是空氣！」

一九二〇年代，這兒還是座養牛的牧場、一間狩獵小屋及一座大型動物保留區，到了六〇年代，自家農場就在附近的麥克與他父親購下了這塊地。此處的動物數量與種類都豐富到吸引許多獵人前往。僅僅一季，就有兩百頭獅子遭到獵殺——部分因為狩獵、部分也是因為保護牛群。可惜由於蟲害與天氣的關係，這兒的畜牛業從來沒有蓬勃過。當麥克家的產品終於可以上市時，更多鄰近牧場與保留區也加入了戰局。豪華的主營區又新增了兩座住宿小屋，一棟有情調的農舍經過整修後成為克曼營區（Kirkman's Kamp），另外一棟價格不高（但相當舒適）的住宿是哈利營區（Harry's Camp）。馬拉馬拉一共僱用了兩百五十名員工。一九九三年，因為麥克的鼓勵，綿延好幾哩長、同時隔開克魯格國家公園與莫三比克的國界，以及圍著保留區的圍牆倒了下來。那之後，動物自由閒蕩，選擇定居在屬於瑞特威家的水道沙河（the Sand River）附近。

六十五、六歲的瑞特威生龍活虎，既是馬兒培育者，也是賽馬者，在西開普省（Western Cape Province）有個種馬場。當獵人還在射殺所有會動的生物時，瑞特威就已經是個環保人了。他生來就是個有管理旅館天分的享受生命者，也是個對細節一絲不苟的人、嚴厲的管理者及公共工程的財政家——他那座橫跨在沙河上的義大利產高陸橋，撐過了一九九九年的大洪水。他同時還是個肚子裡有許多精采故事的說故事者，以及儲存了許多好主意的智囊庫。

---

16 曼瓦寧上尉（Captain Mainwarning）：英國國家廣播電台（BBC）一九六八至一九七七年間一部相當受到歡迎的電視情境喜劇《老爸軍團》（Dad's Army）中的人物。劇中，曼瓦寧是位二次大戰期間某個虛構的臨海小城兼任民兵團指揮官的銀行經理，他愛擺架子、愛喝斥又自以為非常重要，愛管閒事的他堅信遵循規章制度的必要性，有時甚至到了可笑的地步。

「犀牛受到了威脅——又怎麼樣？」有天晚上他在酒吧裡一面這麼對我說、一面揮動著手杖強調重點。「犀牛被搞得很慘。為什麼？因為一支犀牛角，在澳門的零售價高達七萬五千塊美金——至少我是這麼聽說的。所以，答案是什麼呢，保羅？」

「麥克，你的問題是什麼？」

「犀牛該往哪裡去？他們的命運是什麼？我說啊——」他又輕輕舞動自己的手杖——「是犀牛牧場！一座可以生產犀牛角的牧場。我每次提到這個，大家就罵聲不斷，可是你知道嗎？犀牛角其實和指甲一樣。犀牛角切下來後，會再長出來。所以如果設立一座白犀牛牧場——黑犀牛全是激進分子，不用理會——那麼我們就可以鋸下犀牛角當作收成。這個辦法可以杜絕盜獵、杜絕掮客，三年之內犀牛角又長了出來，我們可以再鋸。可是有人要聽我的意見嗎？沒有。他們覺得我是個怪胎。」

我住在主營區一棟可愛的草頂屋中。從黎明到上午十點多、傍晚，以及不時的暗夜，我跟著一位保留區警備隊員搭著無篷的路華越野車，進行野生動物區的巡禮，晚上是獅子與豹子在長草間匍匐，尋找蜷縮的飛羚當作食物的時候。帶領我的保留區警備隊員是年輕又專業的克里斯．達芬，他的助理約翰是個祖魯人，獵槍橫躺在膝上。

南非秋天的草叢既乾又多灰，我們在第一次的動物保留區之旅中看到了非洲水牛和一群大象、一對正在交配的林羚、一群公的條紋羚羊、幾株被毀損的火炬樹——被毀損的原因是大象愛死了火炬樹上長得像油亮花生的果實味道。

馬拉馬拉是保留區，並不是野生區，不過這樣更好，因為沒有人射殺這個區域中的動物，而且動物們也開始習慣四處遊蕩的車子與自鳴得意的旅客——彼此保持一段合乎人道的距離——遊客可以看到動物們自然而不具威脅性的平常狀態。普遍說來，動物都很開心、吃得不錯，也沒什麼壓力，而且保留區經營得非常好，以至於如瑪格麗特．柴契爾或曼德拉這類的觀光客——均曾在馬拉馬拉住宿——都會造訪，他們在看看大型野生動物之後離開，沒有任何不便或困擾。

一群數量約兩百的水牛群在馬拉馬拉是司空見慣的景象；二十頭大象安靜地嚼著樹、清光了整座山丘上的樹，也是稀鬆平常的畫面。土狼——「所有獵食動物中最快看出獵物弱點的動物。」克里斯如是說；一對白犀牛——「你知道犀牛和馬有親戚關係嗎？」克里斯這麼問我；一頭沒有象牙的大象——「可能比有象牙的大象更具侵略性。」克里斯告訴我。在這兒，鳥兒簡直就是奇觀：體型更大的藍耳亮眼星椋鳥、發出獨特叮叮聲音的鐵匠千鳥及黃嘴犀鳥。

有天晚上，克里斯在樹叢裡透過無線電聽到有頭豹子才剛撲向一頭飛羚，並咬斷了羚羊的脖子。我們馳車飛奔而去，及時看到豹子拖著獵捕到的戰利品——約四十五、六公斤的死飛羚，幾乎與豹子的體重一樣——爬到一棵番紅花樹大約三十呎高的樹枝上，然後穩穩地把獵物卡在叉枝當中。這個方法可以讓豹子平靜地大啖獵物，不致引來其他機會主義者。儘管強烈的光線照在豹子身上，牠卻依然撕扯著飛羚肉。牠從獵物的臀部下口，喀擦喀擦地嚼著碎掉的骨頭、脊椎與骨盆，在我的注視下，這頭豹子只花了十分鐘就吞下了一整隻飛羚的後腿。

同時，馬拉馬拉的客人們正在星光下享用晚餐，啃著剛烤好的飛羚肉排。食客們的狗群也在營火邊閃現，狗爪因肉的脂肪而發亮。吃完後，狗兒們滿足地嘆了口氣，開心自己參與了這些客人的薩伐旅。

由於去看了花豹，我耽誤了晚餐的時間，不過我還是設法在麥克．瑞特威身邊找到了位子，問他對終止自己土地上的狩獵行為適應得如何。

「不太容易！獵人都非常生氣！他們全想來這兒繼續教訓獅子。」他說。麥克的臉上掛著微笑，或許是回憶起了那些反對勢力。他是個喜歡挑戰的傢伙。「這個地方是非常受歡迎的狩獵區。愛麗斯公主[17]！曾在這裡修理過一頭獅子，好耶！」

麥克其實早就預見了大型野生動物數量的下降，以及一個更簡單的經濟現實：狩獵是少數人的運動──最惡劣的混蛋想要的是最飽滿的動物──但觀看野生動物卻是多數人的活動。對生態環境抱持友善的態度不但更合理，也更具金融價值。在其他保留區依然招待獵人團時，馬拉馬拉不僅終止了狩獵活動、採行野生動物管理、僱用受過大學訓練的園區警備隊員，也開始看到利潤。同時，動物也開始繁衍。

「你看，獵人的問題在於他們帶走了最好的動物──當成戰利品標本，」瑞特威說。「他們動搖了基因庫、擾亂了自然的平衡。這些人對著我吼，不過我也對他們吼回去。『想打獵？請啊，你打啊！不過你得打那些眼睛不好、耳朵不好的動物。去獵殺那些瘦弱的動物──帶走那些肉食獸會吃的動物！』」

「他們的反應是什麼？」

儘管我們還在用餐，瑞特威依然把手杖擺在手邊，以便隨時強調重點。他抓起手杖揮動。「他們當然不高興！可是我告訴他們，『別給我殺了那些聰明的傢伙。』要在樹叢裡活下去就必須聰明。旱季最後，留下的全是最優秀的動物。那些人要的是戰利品，他們要的是聰明的動物。我說不可以。」

這實在是個發人深省的決定。每當擁有統治權的公獅遭到獵殺，獅頭成為獵人框中物後，年幼的公獅就會留在母獅群中，與母親、姊妹交配，也因此「動搖基因庫」。缺少了一隻具有攻擊性公獅的獅群，開始成為其他獵食者的簡餐。過去十年，非洲獅的數量從五萬銳減到約一萬五。二〇〇一年，波札那為了確認國內獅群的健康狀況及數量，開始了為期一年的獅子禁獵。然而同時，以美國亞利桑納州為據點的國際薩伐旅俱樂部（Safari Club International）──會員均是百萬富翁級的大型野生動物獵人與共和黨資金勸募者──卻積極遊說布希政府，對波札納施壓取消禁獵規定。波札納一開始拒絕，但最後還是讓步。任何拿得出兩萬五千塊美金的人，都可以成為海明威筆下的法蘭西斯．馬康柏[18]，在波札納屠獅。

我在馬拉馬拉接下來的幾天，整天都坐著車在炎熱的樹叢中奔波。我看到三隻長頸鹿在一窪池塘邊喝水，牠們的腿岔得非常開，斜著身子一直磕頭，這樣才能喝到水。一隻手指伸進嘴中的狒狒藏在長頸鹿身後的一個**卡蘭斯**（krans）──洞穴裡的大石間。我還看到在黑漆漆池子打滾、潛伏的河馬，只露出眼睛與鼻孔在望著我。

艾略特的詩作〈河馬〉（The Hippopotamus）中有十多種對於河馬的觀察，從「寬背河馬／俯泥小憩」──這是河馬從來不做的事情──到牠們步伐的特徵，全是錯誤的描述。我看到斑馬像刷子般的鬃毛閃著略帶紅色的亮度、一隻犀牛媽媽帶著八天大的小犀牛、五十隻狒狒組成的龐大狒狒軍團、許許多多的鳥──熱帶巨嘴鳥、伯勞、鳩鴿、犀鳥、鵜鶘、翠鳥、老鷹及禿鷹（克里斯說老鷹的喙要比禿鷹的喙銳利得多）。我還看到大大小小十二頭獅子，在剛剛入夜後匍匐潛行，跟蹤一群擠在矮樹林裡極容易受驚的飛羚。

這些全是棒極了的野生動物景象──健康又無懼的動物在樹叢的環境中擁有自己的一片天──然而，同樣了不起與令人難忘的還有挺著啤酒肚昂首闊步的麥克．瑞特威，天下無雙。有許多關於他的故事，一般都是令人佩服的舉動，另外也有不少樹叢中生活的奇聞軼事，通常都和難應付的客人有關。

譬如有個故事的主角是對非常棘手的德國夫妻，最後以悲劇收場。話說這位德國先生與太太到了營區，吃了一頓豐盛的午餐後，就與一位很可靠的保留區警備隊員開車出遊。不過，這對夫妻一路卻不斷

17　愛麗斯公主（Princess Alice）：一九〇一─二〇〇四，是英國女王伊麗莎白二世的嬸嬸，曾至肯亞旅遊。

18《馬康柏情事》（*The Short Happy Life of Francis Macomber*）：海明威一九六三年出版的短篇故事，一九四七改編成電影，敘述一個膽小的丈夫與強勢的妻子到非洲打獵，結果死在妻子槍下的故事。

抱怨食物、找警備隊員碴、對動物也覺得失望。德國先生比他太太溫和，德國太太在整個下午的遊覽途中，不但大聲發著牢騷，還對警備隊員怒吼。這位德國太太簡直就是個惡婆娘，不由得讓人想起樹叢間愛罵人的灰頭伯勞鳥，一直叫著「**糟！糟！糟！**」。

吃晚餐時，麥克・瑞特威出現在他們的餐桌旁，他的手掌用力拍著手杖。你猜錯了，他並沒有打他們，雖然他很想那麼做。德國太太開始清楚表達自己的不滿，然而在她火力全開之前，瑞特威說：「你們一點都不開心。你們一直在抱怨。這次不收費。」

這對夫妻因為管理人員明白提供的下台階而平靜了下來，然而正當他們要使用刀叉用餐時，卻發現瑞特威一動也沒動。

「你們搭明天早上的第一班班機離開。」瑞特威說完就轉身，離開時耳裡鑽進德國太太的狂斥。這位德國太太離開馬拉馬拉前，堅持要瑞特威寫封信交代他們離開的情況，並要瑞特威明言他們並非自願離開。

「辦不到。」瑞特威如此回答。他親自督看德國夫妻的行李被送上車，然後最後一次在他們面前轉身離開。

這件事後沒多久，威脅要對瑞特威進行訴訟的函件從德國陸續寄達；其中許多封德國律師的信中，都暗示了足以讓馬拉馬拉垮台的費用及曠日廢時的纏訟過程。這種訟棍行為持續了約一個月，然後一如當初律師信件突然開始一樣，一切的行動就這樣戛然而止。好幾個月過去。這件事情平靜得讓人提出了謹慎的質疑。怎麼回事？怎麼這麼安靜？回覆收到：那位德國太太自殺了。

住在這樣野生動物區住宿旅館中的男性觀光客，穿著短褲和及膝短襪，行為舉止全帶著一種怪異的男子氣概。然而對來訪的女性而言，這種經驗若非極度不自在、臭蟲多得令她們忍無可忍，就是宛如體會了一場讓她們天旋地轉的卡其裝奇幻之旅，其中瀰漫著把肌肉健美的年輕男子當作點心的動物欲望。

在這個跟蹤是種動物生活方式的地方，女性觀光客也發展出了跟蹤的性格，而且在追捕的過程中，誰都勸不醒。我聽過許多這類迷戀的故事：當丈夫們在小屋中自以為是地無所事事、牛飲著啤酒、緊盯著大象掃蕩河裡的蘆葦之時，保留區的警備隊員卻正遭逢如痴如醉的太太們肌膚輕觸、媚眼橫拋或其他各式調戲暗示的攻擊。這些開車帶著含情脈脈的觀光客進行獵食動物觀察之旅的保留區警備隊員，於是陷入了相當有趣的處境：當他們在偷偷尾隨跟蹤獵物的獵食者同時，自己也成了被跟蹤的對象。

「之後，她們寫信給我們，」有位警備隊員這樣告訴我，「她們從美國或歐洲打電話過來，說想離開自己的丈夫，搬到非洲來。『我夢裡都是非洲。』有些人需要很長的時間才會放棄。不過，和客人發展出那樣的關係並非專業的態度。」

有關馬拉馬拉跟蹤客的一個著名例子，是名度蜜月的女子。我雖然鎮靜地低語，「不可思議。」但注意力卻被吸引到那則新郎穿著卡其裝、頭上卻戴著綠帽子及他的新婚妻子的故事上。他們才新婚兩天，新娘迷上了警備隊員。這段婚外迷戀後來雖無結果，但也沒人看好這段婚姻。我覺得可惜的是這則故事竟然這麼短，而且故事內容亂七八糟。

我在馬拉馬拉時，碰到三對度蜜月的新婚夫妻。他們一起坐在吧檯上、吃在一起、彼此交換著結婚當天混亂的事件以爭取更多的注意。他們很像住在樹叢裡的動物，為了生命而交歡、互相抓撓、如貓般互蹭鼻子，並在炎熱的午後，待在荊棘樹影之下親密地彼此吼叫。

麥克與諾瑪兩人的感情並沒有那麼外放，卻彼此深愛。他們從未分開過，有七個已經成人的孩子與眾多孫兒。麥克負責住宿區的管理與基本設施，諾瑪的任務則是住宿區的裝潢。他們用動物般的意象溝通，當一隻馬拉馬拉的花豹出現在《國家地理》雜誌封面上時，這對夫妻真是開心不已。這隻花豹並不是趁著黑暗從樹叢中悄行而出製造大混亂的剛愎獵食者，而是隻讓大家都心安的動物，當諾瑪以溺愛與讚佩的語氣說這隻花豹「根本就是愛現」時，牠還像隻受到大家喜愛、嬌寵的貓咪和家人。

「要走了？」麥克在我準備離開的那天早上這樣問我。

「不走大概不行了。」

「回美國？」

「總是得回去。」

「老天爺，」他說。他在回憶都市生活時，臉部表情扭曲得嚴重。「以前有些紐約來的客人。其實算是朋友。大多數客人都和我們成了朋友。那小子跟我們說：『如果到紐約一定要來找我們。』所以我們就去找他了，去那小子位於高樓的家中。不可置信！他根本就是住在天上！」瑞特威揮動著手杖，說明那座摩天大廈的高度。「牆壁全是玻璃，從地板到天花板全是窗子。諾瑪幾乎不敢往下看！真是等不及要離開那兒！」

「像住在樹上。」諾瑪說。

「更糟！那小子簡直就像隻被卡在**卡蘭斯**的塘鵝！」

麥克對動物的驚恐所做的生動描述引我大笑。要離開這兒讓我覺得很難過。住在樹叢中過著奢華的日子是如此美妙的打發時間方法——凝視著完全沒有驚恐之意的大型動物、賞鳥、看書、住在舒適的小屋中，屋裡還有張可以讓我增加自己情色故事進度的書桌。這是此趟旅程體驗中的一小部分：高級的野生動物觀察之旅，配上優質的南非葡萄酒。不難理解為什麼觀光客會不斷湧現：因為這種體驗令人愉悅，而且簡單、和諧又安全，沒有紛爭、沒有飢餓、不會擾亂心情；這裡沒有太多非洲人，這裡根本不算非洲。

第二十一章　林波波鐵路線上的信念、希望與慈善之心

回到奈斯普伊特村，身處在橘子樹、波蘿蜜果樹園與大葉菸草田中，我看著手上的地圖，知道自己離莫三比克邊境只有七十哩——大概是巴恩史太柏與波士頓之間的距離——我搭上一輛來往於國界兩邊的巴士到馬普托。我早就知道重新穿越國界需要兩倍的時間，換言之，一共是四個移民關卡，來回各兩個，外加長長的等待隊伍，不過怎麼樣都比搭飛機好。我腦子裡一直浮現娜汀．葛蒂瑪介紹我時說的話，「他從開羅來的！搭巴士來的！」

車上擠滿了非洲人，其中許多都是莫三比克人，他們要越過邊境到奈斯普伊特去採買馬普托買不到的東西。兩名纏著頭巾的印度人占了巴士上層最前面的四個座位。這兩個傢伙脫了鞋盤腿坐在位子上，車廂裡全是沖天的臭腳味。車子標榜的是「豪華客艙」，所以吊在頭上的電視正在放映電影。

一九七七年第一次看這部由羅賓．威廉斯主演的《家有傑克》時，我覺得劇情與傷感處都薄弱地近乎玩笑，然而對現在旅途疲憊而大壽又已成為過去的我而言，未老已衰的傑克在中學畢業典禮上所說的話「盡情揮灑生命」，卻令我情緒莫名的激動。那兩名印度乘客喧鬧地大聲放屁，屁味彌漫，其中一人還抓住座位的一邊，故意對著走道放屁，兩人覺得很好玩地吃吃笑著。為了想得到一點點的真實，我把

目光轉到窗外，望向皮葛斯顛的方向，見到了史瓦濟人[1]的泥屋。皮葛斯顛由皇太后（Ndlovukazi），也就是史瓦濟蘭的偉大母象[2]治理。

夜晚的威脅

越過長長的山丘，經過滿是石塊的山巒，當巴士抵達第一批簡陋小屋時，我知道車子已經來到了接近兩國國界的中間地帶了。這裡大多是社會底層者，沒有人在此定居，大家不是剛抵達，就是正準備離開。車子停了下來，乘客排隊一步步地去辦理手續。南非官員非常有效率，但莫三比克處理相同業務的單位卻萬事俱缺——舉例來說，移民官的印台裡沒有足夠的墨水可以在我護照上蓋出留下印子的入境章。就這樣過了約一個半小時後，我們又再度出發，踏上一路況極佳的莫三比克公路，這是南非致贈的禮物。巴士經過了科瑪提波特，那兒有個火車站，不過當天並沒有火車進出。

「去年這兒發生過水災，」坐在我身邊的非洲人對我說，「當時這裡全都淹在水裡。」

那場水災是國際新聞，一如總會登上全球媒體的非洲天災人禍——地震、火山爆發、大屠殺、饑荒及排山倒海而來的難民。**而他們還是幸運的一群！**淹在水裡的田、緊抱樹頂的人，還有救援的直升機，這些畫面在變成舊聞之前，連續一週不斷出現在電視上。這類災難的問題在於亙久不變的畫面——觀眾都看膩了，因為這些慘狀既沒有值得讓人樂觀的前景，也沒有變化。災難事件若想長腿向前挪動，就必須要有不為人知的故事，一如有劇情鋪陳的劇本，而且最好有個皆大歡喜的結局。莫三比克水災的結局是霍亂與受到污染的水、成千上萬無家可歸的災民及數以百計像老鼠般被淹死的老百姓。

「更糟糕的是洪水淹到了地雷區，」我鄰座的人說，「地雷浮起來到處漂。聽說先前那些地雷區全做了標示，但現在地雷因洪水全落到不同地方，無法追蹤。」

我在蘇丹遇到的地雷專家雷曾告訴我，這種事情其實是非洲鄉下完全沒有根據的迷思。整個地雷區像鬼趕集一樣遷移的情況極為罕見，而且任何一隻狗都可以嗅出地雷的味道。我向鄰座的人暗示了這個觀念。

「我看過一個女人追豬，」他顧左右而言他，「在我家附近，馬普托城外。突然間發生了大爆炸，那女人的頭掛在樹上、手腳在不同的地方。我的意思是，她踩到了一顆在自家院子裡的地雷，以前那兒沒有地雷。」

馬普托看起來像是一串位於中心外側的破落城鎮，不久，我們從這區移動到那區，景象卻沒有什麼改善。馬普托是真正的非洲城市，綿延數哩的貧民窟和地方市集，全通向城中的主街與商家——城中的高樓屈指可數、數排路燈周遭圍著好幾哩的廢墟與危機：全是毫無自制的都市化結果。

巴士停了下來，我一下車就遭到乞丐、計程車司機、口香糖小販、擦鞋童及喊著「先生！」的機會主義者包圍。我屈服在一名計程車司機的糾纏之下，請他帶我去波拉納（Polana），這是在海岸邊的一個爛了的蛋糕，不知當初是如何熬過殖民的日子。

「有什麼忠告嗎？」我問司機堪迪多。

「晚上別在街上走。」他說。

1 史瓦濟人（Swazi people）：屬於居住在史瓦濟蘭的班圖族。

2 史瓦濟蘭的偉大母象（the Great She Elephant of Swaziland）：史瓦濟蘭仍是專制君主政體，由國王負責治理國政，國王的象徵是獅子，但文化部分則屬皇太后的治理範疇，而皇太后的代表即是母象。

他向我解釋，最近他們貶值的貨幣**梅蒂卡爾**（metical）的匯率問題。坐趟車需要六萬梅蒂卡爾，吃頓飯可能花十七萬五千梅蒂卡爾，而到南非的巴士費大概高達五十萬梅蒂卡爾。一百塊美金相當於兩百五十萬梅蒂卡爾。自從上次進入貝拉之後，匯率又變得更糟。

「還有，小心頑皮的男孩子，」這是卡迪多的臨別贈言，「他們會偷你的東西。」

南非人到莫三比克去，就像美國人去墨西哥，是為了追求「多采多姿」，撲鼻而來的水溝與貧民窟之味、廉價小吃——特別是新鮮的虎頭蝦——是為了「真正的非洲」，醜不拉嘰的小古董卻是真品，以及為了這兒的潛水、游泳及嫖妓之樂。

尋歡作樂之處在莫三比克南部，海邊就在馬普托的北邊。我之前去過的貝拉與尚貝西亞省，幾乎沒有公路可通。莫三比克北部就像另一個國家，與坦尚尼亞為鄰，仍浸淫在東非文化之中，有內陸偏遠的村落、海岸邊古老的捕魚社區及馬空德人[3]。馬空德人是非洲最優秀的工匠與雕刻師。但沒有人去那兒。

相較之下，深入莫三比克的南部，就會以為已踏入南非，各個層面都是南非的樣子——高度的工業化、流失的部落特質、過多的人口、恣意的罪行。夸祖魯省與史瓦濟蘭、南非交界，只需要半天的巴士之行，就可以抵達繁華的海岸城市德爾班。

馬普托是個大家都想去的目的地，然而事實上卻只是個淒涼的破舊城市，裡面住著絕望的人民，戰爭蔓燒於各省的二十五年間，他們蜷縮在這兒，橋梁、公路與鐵路在那段時間全遭到摧毀。銀行、贊助者、基金會都聲稱在莫三比克的慈善活動非常成功。我猜他們之所以捏造這些成功，是為了讓自己的存在合理化，因為我根本沒有看到慈善活動留下的任何正面成就。只不過每當我明白說出自己對此地經濟、失業率，甚或坑洞、小偷行為的看法時，馬普托的人卻總是對我說「以前更糟」，一如其他地方的非洲人之言。但我知道，以前有許多地方比現在好得多。

實在很難想像世上還會有更糟的地方，能讓馬普托如此破落的城市看起來是進步的表徵。城裡一些飯店、別墅、商店與咖啡館都是葡萄牙時代留下的東西，但葡萄牙人的統治早在幾十年前即已結束。醜陋的事實是，自從一四八二年迪歐哥・卡歐船長[4]將葡萄牙國旗插在剛果海岸的那刻起，葡萄牙人在非洲的五百年歷史，就全是以不正當手段所進行的大規模剝削、獲利的行為——一開始是奴隸交易，後來是安哥拉的鑽石與油，接著又是莫三比克的農業。

沒有這些記憶的外人讚揚著馬普托。但馬普托卻是比其邋遢的前身，首都羅蘭柯・馬可斯（Lorenço Marques），更襤褸的城市版本，別墅外的圍牆更高、倒鉤的鐵絲網更多、公路的狀況也更糟。看過了這個國家的內部之後，我知道高欄後圍的是什麼——炸毀的橋梁、遭蹂躪的城鎮、頹敗狀況近乎荒謬的公路、廢棄的鐵路、沒有燈、沒有水、沒有電話、沒有大眾運輸。或許我親眼所見到的窮困鄉間，全是因為大量湧入城市的人口所致。要找出馬普托與其他非洲城市的共通點一點都不難——張牙舞爪往外擴張的貧民城、窮困的市場、無所事事的人民、行動鬼祟的傢伙、令人恐懼的荒涼與一幅絕望的即興面容。馬普托和大都市三個字根本沾不上邊，這裡和其他所有的非洲城市一樣，是個巨大而沒有支撐力的村落。

我不僅沒聽從堪迪多的忠告，還違反了自己向來夜伏不出的原則。晚上，我走在馬普托的街頭找飯

3　馬空德人（Makonde People）：主要居住在坦尚尼亞南部與莫三比克北部，肯亞也有非常少數的馬空德人。他們的文化以莫三比克的穆野達高原（the Mueda Plateau）為中心發展。馬空德人有屬於自己的馬空德語（又稱為奇馬空德語／ChiMakonde），屬於班圖語的一種。傳統上，這個部族是母系社會。馬空德人最著名的是他們的木雕及青少年的成年禮。

4　迪歐哥・卡歐船長（Captain Diogo Cão）：葡萄牙的探險家，一四八〇年代兩度沿著非洲西岸航行。他同時也是紀錄上首位進入剛果河區的歐洲人。

吃。從奈斯普伊特出發的長途巴士之行，讓我覺得需要做些運動。如果走快點，我想遭搶的機會或許會小些。有些小男孩如胡狼般從陰影中竄出來，緊緊地跟著我，他們叫著「餓了、餓了」。

我沒有停下腳步，亮著燈的店面、夜間守衛、咖啡館都鼓勵著我向前走。這是上城的主街。港口位於下城的商業區。男孩子圍著我、掐著我的手指，他們其實是四個骨瘦如柴的小軀體，身上滿是街道的味道。他們的臉，是可憐兮兮仍有胚胎型態的容貌；他們的手，黏黏髒髒的。

「給我錢。」他們輪流這麼說。

對於這樣的場面，我早有準備。我的口袋裡什麼都沒有，手腕上是便宜的表，身上也只有一點點錢。我對他們說不給，然後加快腳步，但他們仍緊跟在後。

等著過馬路時，我依然不斷揮著手想要阻止他們抓住我，其中最鎮定也最堅持的那個男孩，開始用一種斥罵的語氣跟我說話。

「如果你給我一些東西，我會走開，你也可以走開，」這個小頑童用相當標準的英文這樣告訴我，「可是如果你不給我錢或其他東西，我就會一直跟著你，不會離開，而且我會一直一直跟你要。」

這小子嚇唬人的功力令人印象深刻，預告了他將來在政界或法界的大好前程，不過我對他們說走開。說這兩個字的時候，街上又出現了更好的獵物——兩名肩上垂著包包的年輕白人女子，她們看起來困惑卻親切。這四個頑皮小子像蚊蚋般一哄而趕至新的被害人身邊。

我找到了一家餐廳，叫了一份大概知道會是什麼內容的餐點：價值七塊美金的虎蝦，然後跟店東克里斯聊天。克里斯和其他許多在莫三比克做生意的老闆一樣是南非人，他原是個舊貨交易商。莫三比克由於大戰小仗不斷，被炸毀的橋桁金屬碎片、被轟得解體的卡車底盤、損毀的火車車廂、鐵軌、鐵管，墜毀的飛機機身等不斷湧現，於是舊貨交易一片繁榮。

「我們的生意很好。四十塊買進，八十塊賣出。運到印度、土耳其、新加坡。」

不過這種大破壞在莫三比克已進入尾聲。太多的東西遭到損毀，現在已經沒什麼可破壞的了。克里斯的父親早回希臘過著退休生活，他自己則經營一家餐廳，利潤雖不像舊貨買賣那麼高，但是個頗具前景的行業。

回旅館的途中，天色已晚，我看到街頭與人行道上到處都是遊手好閒的傢伙、妓女、流浪兒、乞丐，做著其他非洲城市裡的人在晚上會做的事情。有些人裹在破薄的毯子裡有如木乃伊，他們為了安全，睡在燈光最亮的出入口處。

奇昂加紀念碑

第二天去馬普托火車站途中，我在自然歷史博物館稍事停留，想看看這裡的人在一般的人種誌學上，保有什麼樣的資料。結果發現資料內容貧乏。在那些身體裡的稻草已破皮而出的襯架填充動物中（一隻搖搖欲墜的大象、一隻掉毛的大羚羊、一隻長了霉的獅子），夾雜著幾個罕見的馬空德人的雕刻人像，人像手臂向上伸展，看起來像是切合傳統風格的虔誠埃及宗教狂熱分子。除此之外，其他展覽品盡是毫無特色的長矛、盾牌、水舀、大碗、矢箭和環飾。

我在非洲博物館（奈洛比、坎帕拉、三蘭港、海拉爾）所看到的展覽品，完全無法與柏林、巴黎或倫敦博物館裡的非洲展覽品相提並論。當然，其中許多物品都是西方世界從那些吹鬍子瞪眼睛的酋長處強取豪奪而來。不過，全球每年都有許多所謂的「部落藝術品」拍賣會，就我所知，那些藝術品從未找到回家的路，而且除了幾件眾所周知的例外物品，偉大的非洲藝術品都進了非洲以外的私人收藏家手中。對任何想要尋找優秀非洲藝術品範例的人來說，非洲是個非常令人失望的目的地。

博物館所展出有關莫三比克北部舊習的照片裡，出現的是身上有刺青或多處劃傷的人、牙齒被剉尖而正在微笑的男孩子及赤裸的男男女女。展覽的照片試圖把那些習俗刻畫成怪異的行為，因為照片裡還出現受到驚嚇的旁觀者、穿著傳教士服裝的非洲人對著臀部沒有任何遮掩物的莫三比克同胞露出恐懼的微笑。這些照片攝於莫三比克的北部：楠普拉（Nampula）、尼亞沙（Nyassa）及卡波·戴爾加多（Cabo Delagado）——全都位於過了馬拉威湖就可至或從坦尚尼亞南部鄉間或人煙較少處的次級道路可輕易抵達的地方。

內陸區——莫三比克最大的部分——對我相當具有吸引力，因為那是塊沒有路也沒有商業的廣大區域，除了偶爾載著傳教士的飛機在那兒降落外，內陸區與莫三比克的其他地方完全沒有聯繫。看著博物館內的藝術品、照片與詳盡的地圖，心裡想著，如果重回非洲，我一定要去那片遭到遺忘的野地。當初沿著夏爾河而下進入尚比西的旅程讓我發現，鄉間的非洲並沒有像城市那樣失去了自我的正當性——村落的生活仍常保有足夠的傳統寶庫，因為殘存在那兒的人民身上，依然留有些許騎士風範般的體面與端莊。

奇昂加[5]是那片荒野中的某個地方，但名字卻刻在戰爭紀念碑的石頭上。紀念碑的所在地是另一種非洲的諷刺物——工人廣場（praç dos Trabalhadores）。廣場上全是無所事事的男人與遊手好閒的年輕人。這個位於馬普托火車總站前的紀念物是一九三〇年代留下的一塊怪異獨石碑，文字刻在一塊高三十呎的花崗石上。這座藝術裝飾品所描繪的是一個手握劍的大胸脯女人，身側有條昂首的大蛇，一邊刻著**力量**（Força），另一邊刻著天分（Génio）[6]。碑座上用葡萄牙文溫柔地刻寫著，**獻給一次大戰的歐洲與非洲戰士，一九一四—一九一八**，文中記有各個戰役的名稱，地點全在非洲鄉間不為人知的殖民地，那是葡萄牙人與德國人在彼此殖民地的遙遠交界處所發生的怪異小型叢林衝突，奇昂加是其中之一。

剛愎的葡萄牙人竟然把奇昂加記錄成一場勝利。或許他們是為了顧全面子，因為事實上那是場屈辱的敗仗，是葡屬東非[7]在一次大戰期間許多顏面盡失的挫敗之一。葡萄牙直到一九一六年才加入戰局。同年，一些指揮非洲軍團的葡萄牙軍官發動攻擊，跨過羅伏瑪河（Rovuma River），進入德屬東非[8]北部爭議不斷的邊境地帶，試圖奪回奇昂加。

德軍做好了萬全準備後進行反擊——德軍將領保羅．范．里托—沃貝克[9]親自率領兩千非軍進攻。葡軍節節後退，在樹林中撤離了好幾百哩。范．里托—沃貝克繼續南進，並大肆掠劫移民財物以補給軍隊所需，結果葡萄牙人只好跟著自己那些衣衫襤褸的非洲戰士軍團一起逃命。戰役即將結束時，范．里托—沃貝克攻下了一半的葡萄牙領地，幾乎打到了尚比西河谷。

發生於莫三比克的戰役，是眾多殖民主義醜惡又很容易被看穿的偽裝行為之一。大家不難想像一個

---

5 奇昂加（Quionga）：又作Kionga。是個區域很小的三角洲地區，地處以前德屬東非與葡屬東非的交界地，總面積約一千平方公里左右。最早是德國人在盧巫瑪河（the Rovuma River）南邊的殖民邊境前哨站，一九一六年遭到葡萄牙人占領，戰後根據凡爾賽和約，雙方以盧巫瑪河為界，於是三角洲地帶成為莫三比克領土（葡萄牙領地）。一九七五年莫三比克獨立，奇昂加成為該國卡波．迪爾卡多省（Cabo Delgado Provine）的一個都市。

6 這座為了紀念一次大戰參戰士兵的雕像，是葡萄牙雕刻師葛米羅（Rui Gameiro）根據當地傳說設計。據說雕像中的女人勇敢地殺了一直殺害、威脅當地人民的大蛇。

7 葡屬東非（Portuguese East Africa）：葡萄牙殖民時的莫三比克名字。

8 德屬東非（German East Africa）：德國殖民時東非區域，包括現在的坦干伊卡、盧安達、蒲隆地。

9 保羅．范．里托—沃貝克（Paul von Lettow-Vorbeck）：一八七〇—一九六四，德國將軍，一次大戰期間德屬東非的指揮官，他所率領的殖民戰、也是德國在一次大戰期間唯一不敗的戰役。

腦子有點瘋狂、鷹鉤鼻上架著單鏡片眼鏡的德國佬克勞斯．金斯基[10]，在樹叢中追殺敵人的畫面。這位來自德屬東非的貴族將軍，帶領他那些手握武器但赤足的非洲士兵，在樹叢間追逐、攻打著憤怒卻一籌莫展的葡萄牙人，以及他們手下同樣只有武器卻赤足的非洲士兵。發生在非洲的這場瘋狂戰役的緣由，只因歐洲一場瘋狂的戰爭。要不是戰事之後，葡萄牙人為了要求德國人歸還奇昂加，簽訂停火協議，宣稱在莫三比克的戰役中，遭到殺害的非洲人高達十三萬名的內幕，整件事情很可能令人發噓不止。而這，就是紀念碑的由來。

在我眼中，約興建於一九一〇年的馬普托火車總站，似乎是非洲最美麗的火車站。這座擁有獨特鐵質圓頂的建築物出自葛斯塔．艾菲爾[11]之手，可能與他在巴黎的著名高塔一樣高雅，儘管在功用上也同樣不怎麼實際。火車站的造型與線條帶來了藝術的滿足感，可以讓任何一個有足夠慧根欣賞這個設計的人心情激盪，只不過，這棟建築物除了容納寥寥數名薪水過低的鐵路局員工外，一無是處。除此之外，莫三比克鐵路線（Caminhos de Ferro de Moçambique）也正發出嘎嘎聲響，慢慢地駛向廢棄。

高而寬的建築，由塗上了灰泥的磚塊砌成，綠色與奶白的色調，外加一個圓胖的鐵頂及高掛在圓頂的顯目大鐘，這座火車站簡直就是建築學上無聊的極致之作，而直到現在都還沒遭到拆除的事實，也意外地令人稱奇。獨立後的非洲，對殖民文化幾乎沒有任何憐香惜玉的心態，因為這些文化產物代表的是白人霸主的自大與財富，所以那時代的建築物隨後總是成為毀損與破壞的第一目標。

艾菲爾受託設計這座火車站時（同時還接下了設計馬普托植物園附近的鐵屋[12]案子），聲譽已因捲入巴拿馬運河弊案而受到玷污。艾菲爾加入巴拿馬運河公司，儘管只是單純地讓一個困難重重的計畫借用他的盛名，但當局卻在一八九三年以濫用資金的罪名，判定了他、費迪南．德．賴瑟普斯[13]及其他人的罪行——特別是他們藉由賄賂法國政客通過一筆貸款，試圖為即將倒閉的公司多爭取一些時間的行為。當局後來取消了艾菲爾的刑責。這位空氣力學的先驅及金屬材料的創新使用者——重獲自由卻名譽掃地——在一家世界知名的設計公司內擔任不重要的職位。出自他手的傑作已全丟在身後——包括巴黎鐵塔、圓頂的尼斯天文台、中南半島的檀安大橋[14]、巴黎的好市集百貨公司（Bon Marché）、葡萄牙的瑪麗亞・庇亞大橋[15]及自由女神雕像的鋼骨架構。這座曾由洛倫佐・馬奎斯[16]管理的火車站，矗立在遙遠國度的偏僻殖民地，即使在將近一百年後的今天看來，依然展現出大師的手藝。

艾菲爾的火車站要比埃及或南非的火車站更吸引人、保存得更好。衣索匹亞的火車站畫意盎然（可惜火車糟透了），肯亞的火車站與廢墟無異，烏干達的火車站根本已經不存在，坦尚尼亞的火車站則是

---

10 克勞斯・金斯基（Klaus Kinski）：一九二六—一九九一，德國演員，以螢幕上強烈的表演方式和私下易怒的脾氣著稱。

11 葛斯塔・艾菲爾（Gustave Eiffel）：一八三二—一九二三，法國結構工程師與建築師，專長是金屬架構。最知名的代表作就是巴黎的艾菲爾鐵塔及紐約自由女神像的金屬結構。

12 鐵屋（Iron House／Case de Ferro）：艾菲爾一八九二年設計的作品，本來是用作葡萄牙總督官邸，但完工之後才發現屋內過熱，不適合居住。現為莫三比克國家歷史檔案文件的收藏處。

13 費迪南・德・賴瑟普斯（Ferdinand de Lesseps）：一八〇五—一八九四，一八六九年成功建造連結地中海與紅海的蘇伊士運河（the Suez Canal）。一八八〇年代原計畫再度成功打造巴拿馬運河，不過最後該計畫卻由美國人完成。

14 檀安大橋（Tan An Bridge）：這座一八八五年建造的橋，當時名為新經濟大橋，目前應已不在，位於現在越南胡志明市的平盛郡（Binh Thanh）。

15 瑪麗亞・庇亞大橋（Maria Pia Bridge）：一八七七年建造完工的鐵路大橋，讓火車得以橫越斗羅河（the Douro River）。這座拱橋在當時是世上彎度最大的一條橋，由當時的葡萄牙國王親自主持啟用典禮，並以他的皇后命名。

16 洛倫佐・馬奎斯（Lourenço Marques）：十六世紀的葡萄牙商賈，一五四四年左右開始在馬普托地區探險、做生意。當時的葡萄牙國王約翰三世為了尊崇他的貢獻，將當的海灣命名為洛倫佐・馬奎斯海灣（Baia de Louren Marques）。馬普托在莫三比克獨立之前，也是個以他命名的城市，為葡屬東非的總督所在之地。

依據毛澤東思想的共產黨藍圖所調製出來的極簡主義，辛巴威鐵路局和英國鄉間的火車站一樣，依然持續使用堅固的小磚屋舍，但這些小磚舍已經開始瓦解，一如那個搖搖欲墜的國家內其他的設施。會發現馬普托火車站完全是因緣巧合，我連著兩天回到火車站，讚嘆所有木製的鑲板裝飾、蝕刻玻璃及享受車站裡的自助餐與候車室。第三天，我搭上了火車。

儘管城裡好像沒有人知道莫三比克鐵路線的相關資訊，而且幾乎沒有人搭過火車，這兒仍有火車進出，一共三條路線，包括一條國際性快車及一條往來於科瑪提波特與約翰尼斯堡間的慢車。鐵路局沒有印製火車時刻表，火車進出的時間全塗鴉在一張紙上，張貼於火車站內的布告欄上。仔細斟酌著不同站名的我，喜歡綠色區域（Zonda Verde）這個目的地，不過最後決定搭乘林波波線，純粹因為這條鐵路線的名字。

林波波線往西北行，出了首都後，直奔丘克威鎮。我在非洲所見到一切最熱愛及最失望的事物，全在這條鐵路線上具體呈現。火車本身是堅固而實用的藝術品，極簡的特質讓它幾乎無可摧毀但饒富情趣，只不過維護狀況極差，骯髒得令人沮喪，而且乘客人數少得可憐。這個依然在運作的遺物，因為莫三比克窮到既無錢更新、也無力現代化，所以只好以原貌再度受徵回崗位值勤。這條鐵路在黃金時期曾讓許多人舒適地搭著火車，進入遙遠的樹叢之間。這正是當初葡萄牙殖民者的野心，希望這條路線有天能夠接通加薩省，進而進入中非，串起莫三比克、羅德西亞與尼亞沙蘭。這些地方如今成了辛巴威與馬拉威，但是走陸路到這兩個國家，卻要比四十年前或更久遠以前艱困一百倍。我從這趟非洲薩伐旅程中，頓悟出了許多道理，而其中之一就是理解到，非洲的生活模式愈是變化得令我熟悉，愈是糟糕。

早上八點看到火車已停在火車站中，外加買票、劃位的程序，都讓我心中燃起了希望。可惜火車讓人誤解，而購票的手續更只不過是毫無意義的無聊手續。車上只有很少的幾個人，車廂破爛得像是即將解體。看起來，整個情況似乎只是那些故作姿態的鐵路局員工在做做樣子而已。不過，火車還是有個好處：可以裝得下沉重的大件行李與箱子。在這兒，火車是絕對必要的貨運工具，而且運輸線路要比任何其他巴士都直接、簡便。

這條老舊鐵路線帶著怪異之氣穿過首站馬普托的馬弗倫（Mavalane）新機場，就像一輛鬼車突然從遠古帶著靈異的感覺啷啷地突然穿越到現代。各車站的名字印在一張卡上，卡片裝框固定在牆上——羅馬歐（Romão）、阿爾巴西內（Albasine）、加法（Jafar）、帕布西戴斯（Papucides）、馬拉魁內（Marracuene）、波波雷（Bobole）、帕帖給（Pategue）、曼西沙（Manhiça）：都是很可愛的名字，但其實全是泥巴砌起的村落。

曼西沙離馬普托不到五十哩，但我卻花了整個早上才抵達。我本來計畫在這站下車，然後直奔海岸邊以海灘與自然美景聞名的夏夏。

「這兒才淹過大水，」有個人如此說，這時我們正穿過城外一塊低矮地區的破舊房舍。他看到我一直望著窗外。「政府重新安置了這裡的人。新的人希望有新的洪水氾濫，這樣政府才會幫他們找房子住。」但是支付房舍費用的並不是政府，而是某位編撰莫三比克近代史的美國編年史家所稱的「捐贈者的莫三比克共和國」（the Donors?Republic of Mozambique）。

非洲人為了博取大眾注意而祈求災難的心態，在我眼裡，似乎是慈善機構讓大家的目光只集中在不幸事件上的可悲結果。不過話又說回來，如果沒有這些鮮活的災難，救援的捐贈者眼中根本看不到非洲人。

那位向我解釋泥屋的火車乘客打了一條領帶，而且煞有其事地操弄著他的手機；車上的其他乘客全衣著破爛。有些婦女在座位上哺乳，好幾個孩子皺著眉頭猛盯著我瞧，我一點也沒有責怪他們的意思，因為我是火車上唯一的異類，至少在我起身走動於車廂之前，我是這麼以為的。

狂熱的女傳教士

另外一個手機的鈴聲吸引了我的注意。我回頭看到一個年輕的外國女子，正對著小手機神祕兮兮地說著葡萄牙文。我繼續在嘎嘎晃動的車廂中走動。車輪因為碾撞過鐵軌的接合處而不斷發出喀磬、喀磬、喀磬的聲音。火車連半滿都談不上，這對非洲的交通工具來說還真是新鮮事——其他交通工具上的乘客好像永遠都比原設計多出兩倍以上——轎車裡坐十個人、小客車裡坐二十個人、巴士裡坐八十個人，坦尚尼亞的火車更是人山人海。這裡的乘客都坐在椅子上，面容恬靜。有些人在睡覺，有些人在啃甘蔗。我數了數，車上一共有六十二個小孩，但全都不吵不鬧，安靜地俯視著閃過的棕櫚樹、泥田與泥屋。

回自己車廂的途中，我和那位白人女子眼神交會，說了聲哈囉。她極為友善地回應，我因此停下腳步與她聊天，直到火車在轉彎時大力晃動，我因為站不穩而緊抓住椅背穩住重心。火車那剎時的擺動很有用，因為讓我有機會非常自然地像是為了避免被甩出去，才與這位長相甜美的女子隔著走道對坐。

「我是蘇珊娜。」她說。

「保羅。」我一面說、一面和她握手。

她很年輕、臉色蒼白，二十五、六歲的年紀，相當削瘦，纖弱的身材與超短的頭髮讓人乍看之下會誤以為是個俊美的男孩。她身穿卡其寬褲、鬆大的毛衣，淨素著一張臉，就像所有單獨在非洲旅遊的聰明女人一樣，盡量避免引人注意；不過她那極為吸引人的不男不女模樣，讓我無法不注意她。她來自俄亥俄州。

「我要去曼西沙。」

「真巧，」我說，「你來這兒旅行嗎？」

「我身負使命。」

我喜歡這個說法：這句話含有如此多的意義。可惜她這句話的意思卻是傳統的用法。她是上帝會（Assembly of God）的傳教士，有天突然決定遵從上帝的召喚去非洲。她在南非參加了聖經學院，並有過數度短暫的莫三比克之旅後，最後落腳在馬普托設立收容院，胸懷大志要勸服群眾改信她的宗教，換言之，她要細工磨服當地人民相信地獄之火與告解的這一套。當膚色微黑的虔誠主義者投降後，她會再從虔誠非洲的其他地方提供另外的訓誡，誇張地使用喬伊斯[17]的文稿布道，**從此在那片肥沃的土地上，葉片肥闊的芒果茂盛纍纍**。

「你是怎麼決定到這兒來傳教的？」

「我是蒙受恩典救贖的罪人。」

有時有人說，**我已經找到解決我們那個鳥問題的辦法了！乾脆把鳥問題丟進馬桶沖走，這樣我們今年就不必抱著麻煩過冬了！**這種時候，你簡直就不知道該說些什麼。

不過我卻說：「做得怎麼樣？」

「這裡有好多好多需要做的事。」

---

17 喬伊斯（James Joyce）：一八八二—一九四一，愛爾蘭的劇作家、小說家，文壇普遍認定他為二十世紀最具影響力的作家之一。他的短篇小說選集《都柏林人》與小說《尤里西斯》、《青年藝術家的畫像》都是他非常著名的作品。

「我以為吉米．史瓦格都擺平了。」我曾看過那傢伙的書和錄影帶在馬普托街上的市場販售，在馬拉威也看到過。

蘇珊娜說：「他真的很受歡迎。這裡的人都好喜歡吉米．史瓦格。是因為音樂和錄影帶。」

「我猜他們一定還沒聽說他是個艾墨．甘崔[18]，」我這麼說，但這個說法並沒有激怒她──或許她沒看過辛克萊．路易斯[19]的書？──於是我又補充，「是個假貨、是個陰險油滑的銷售員、是個老偽君子。」

「他是個蒙受恩典救贖的罪人，」她一口氣說出這十二個字，整句話說起來像是一個字。「像我，像你。」

「多謝，不過一點都不像我。我雖然有自己的毛病，不過像吉米．史瓦格卻不是其中之一。」

「我們全都是蒙受恩典救贖的罪人。」

她稱我罪人，並不如其他人那樣惹我氣憤，因為她一直保持著微笑，而且看起來好像小飛俠。當然，她影射我像史瓦格含有揶揄的意思，甚至可說是種調皮的賣弄風情，就像是在說你這個壞男人！所以我決定放過她。我認定這只不過林波波鐵路線上的一次閒扯。

「妳花了多長的時間發現自己身負使命？」

「主指引著我。主派我到這兒來。只要主需要我，我會一直待在這兒。」

「主要妳待在莫三比克做什麼？」

「他要我告訴大家祂的存在，這樣大家才能得到救贖。」

「同性戀呢？妳對他們有什麼看法？」

「同性戀令人痛恨。〈利未記〉中就是這麼說的。」

由於基督教環境中成長的童年、一輩子的遊歷與獨自睡在旅館裡，身邊除了基甸[20]聖經可讀外，別無他物，外加多年周密的聖經文本分析，試圖充實自己的小說《蚊子海岸》與《魔術師米爾若伊》（*Millroy the Magician*）中的道理訓誡部分，我對聖經有足夠的認知來應付類似蘇珊娜這種極少想到會出現反駁聲音的福音傳教士。不管怎麼說，反正我們都在莫三比克的林波波鐵路上，閒著也是閒著。

「〈利未記〉提到許多有理性者不會苟同的東西，」我說，「摩西律法充斥著莫名其妙的偏見。第十五章全都在講月事期間的女子是令人厭惡的不潔之物，以及她們為什麼應該獨睡。我懷疑有多少基督教徒會遵行這條誡律？第十一章說如鮪魚這種沒有鱗的魚不潔淨。順便一提，如果妳跟著那個邏輯走，那麼槍烏賊和蝦子都不潔，義大利醬也不乾淨。〈利未記〉第十一章第六節說兔子因為反芻，所以不能吃。妳什麼時候聽過兔子反芻？再說，〈利未記〉說男人不能娶非處女或離過婚的女人，還有牧師不能剪鬍子。」

蘇珊娜不屈不懼也不為所動。她說：「不只〈利未記〉。在〈羅馬書〉中，保羅說同性戀是罪。」

「妳穿的是褲子，」我說，「〈申命記〉怎麼說？」

她笑了，看起來像個女頑童，或許已經知道接下來我要說的是什麼。

「聖經說女人不准穿戴男人的衣物。」

---

18 艾墨．甘崔（Elmer Gantry）：美國作家辛克萊．路易斯一九二七年同名作品中的主角，這個叫艾墨．甘崔的年輕人，在嘗過了身為傳教人所擁有的權、勢、金錢的滋味後，更努力追求其「宗教」事業，滿足其「宗教」野心的過程。這本書曾在美國引起軒然大波，一度遭禁。

19 辛克萊．路易斯（Sinclair Lewis）：一八八五—一九五一，美國小說家、短篇小說家與劇作家。一九三〇的諾貝爾文學獎得主，也是美國第一位獲此殊榮的作家。

20 基甸（Gideon）：是出現在聖經〈士師記〉六至八章中的人物。上帝選擇他導正又走入偏途的以色列人。

「有時候你必須要對聖經進行詮釋。」蘇珊娜回答。

「我就是希望聽到這個。〈申命記〉二十二章第五節，譴責女子穿著男人服飾，並斥之為可惡，」我說，「妳穿的是褲子。我不覺得有什麼不妥。但是摩西說上帝可不這麼認為。」

「我想我只能把這些加以詮釋。」

「很好。那麼，妳為什麼不另外詮釋保羅對同性戀者的看法呢？」

「我並不痛恨同性戀者，但是他們犯了罪。」

「那為什麼不乾脆殺了那些人？〈利未記〉第二十章第十三節說與男人苟合的男人必須處死，」我說，「而且如果妳吃鮪魚、穿男人的衣服，妳也犯了罪，不是嗎？」

「我知道自己是罪人，」她開心地說，「我們都是蒙受恩寵救贖的罪人。」

「妳相信進化嗎？」

「我相信聖經。」

所有失去平衡心靈的愉快獵場，並不是（如巴克．馬利根[21]所說的）莎士比亞的作品，而是聖經。

「亞當與夏娃呢？伊甸園呢？」

「都相信。」

「人類存在於地球有多久了？」我問，「妳大概會說約四千年吧？」

「大概四千到六千年。」她回答。

「妳把這個答案當成是有科學根據的事實？」

「聖經裡有提到。」

這種人的圖書館裡只有一本書，那本書中涵蓋了所有的歷史、所有的科學、所有的地理與所有的營養學。她並不是唯一的一個。她可能會同意狂熱的基督教徒與科學家菲利普·戈斯[22]所提出的荒謬看法，「當創世這個巨變行為發生時，整個世界立即呈現出一個星球的結構外表，但生命卻早已存在於這個星球之上。」換言之（套用菲利普·戈斯的兒子艾德蒙[23]在他那本怪異童年的編年事記《父與子》〔*Father and Son*〕中所說的話），「上帝把化石藏在石頭當中，為的就是要誘惑地理學家成為不信神論者。」

這種時候，你只想哭，原因並不是因為她沾沾自喜、像豬頭一樣的無知，最讓人難過的是，蘇珊娜正在莫三比克這裡散布不正確的資訊及恐懼。

「我說這是沒有根據的歪理，」我這麼說，「人類在地球上已經生活了兩百萬年了。美索不達米亞的建國都在妳所說的創世之前。」

一四九八年，瓦思庫·達伽瑪[24]在葡萄牙屬地北岸的莫三比克島登陸。十年之後，里斯本派傳教士到此，開始建立了一個強而有力的貿易中心與傳教體系：他們全都是要人改變宗教信仰的蘇珊娜的前輩——那是五百年以前的事了！不過根據自身的經驗，我知道說什麼都不可能把她從自己的信仰中勸

21 巴克·馬利根（Buck Mulligan）：喬伊斯小說《尤里西斯》中的人物。

22 菲利普·戈斯（Philip Gosse）：一八一〇—一八八八，英國的自然學家。他試圖將地質學的均變說（地質變動古今相同，所以可以藉由現在的變動狀況推斷古代地質的變動情形）將就聖經的內容而予以解釋（譬如上帝把化石藏起來讓地質學家去發現等等），不過他是海水水族箱的發明者，而且對海洋生物學的貢獻卓著。

23 艾德蒙·戈斯（Edmund Gosse）：一八四九—一九二八，英國詩人、作家與評論家。

24 瓦思庫·達伽瑪（Vasco da Gama）：一四六〇（或一四六九）—一五二四，葡萄牙探險家，他是首批歐洲至印度的船隊指揮官。

醒，我完全影響不了她。

我說：「我不想和妳爭辯。我知道我不可能改變妳的想法。我只想告訴妳我不同意妳的看法，而且妳的說法前後並不一致。現在告訴我，妳在莫三比克做什麼？」

「教聖經，也試著設立一個中心收容娼妓，讓她們離開街頭，」蘇珊娜說，這個答案也和五百年前在這個海岸所聽到的答案一樣。「她們的家人把女孩子送出去賺錢。歐洲人到這兒來尋歡——德國買春團到莫三比克來找雛妓。」

「妳要如何避免這種事情的發生？」

「我們對街上的娼妓負有使命。我們祈禱。我們幫助娼妓。」

「有男人想要勾搭妳嗎？」

「常常，」她回答。「他們對我說些可怕的話。不過我對他們說『耶穌是我的丈夫——我已經嫁給了主』。」她聳聳肩。「他們聽了就笑。」

「那麼，我想妳的使命主要應該是關心娼妓吧？」

「相當大一部分是這樣。」她回答。

我告訴她，我看過一本名為《通往地獄之路》的書，書上說鼓勵孩童賣淫的男人是罪犯，然而從經濟的角度來看，一個選擇出賣肉體的女人其實是做出了理性的抉擇，因為這是女人能真正賺錢的罕見機會。蘇珊娜一點都不為所動。

我在工廠有份工作，坐在機器前，接著我發現自己正坐在一個金礦上，娼妓如此扼要地簡述了自己的職業。試圖說服娼妓她們所從事的職業，其實是種錯誤的努力，就因為這個再也明白不過的道理而不堪一擊。〈利未記〉對於賣淫行為也說了一大堆話——哪些人可以成為聖殿的娼妓，哪些人不可以、如何禁止男人娶娼妓，以及上帝如何對摩西說：你去娶淫婦為妻，也收那從淫亂所生的兒女[25]。

蘇珊娜說：「不只娼妓，這裡的性問題也非常嚴重。大家隨時都在進行性行為。」

「非洲人習慣與自己同年齡層的人發生性關係。」我這麼說，引用在肯亞遇到的桑布盧長者所說過的話。

「不是這樣，」蘇珊娜回答，「男孩子和祖母年齡的女人上床。女孩和男人上床。婦女外遇。他們大概從六、七歲就開始有性行為。」

「他們也許只是玩玩，」我這麼暗示。我心裡想，真是的，如果要用圖解說明，和蘇珊娜這樣的基督教徒討論性，必定會比與令人倒胃口的酒色之徒要有成就多了。

「他們不是玩玩而已——他們真的在進行性行為，」蘇珊娜說，同時臉上罩上了一層烏雲。「我去過楠普拉，我們和一位族長討論保險套的問題。他竟然說『你吃甜點的時候，不會連包裝紙一起吃下去。你也不會吃外面還包著紙的糖。不下雨的時候，你不會帶傘。』他一直嘲笑我們。」

「我不太懂傘的那個部分。」

「我也不懂，」她說，「可是愛滋是個大問題，因為沒有人做任何努力。我們教堂裡一大堆人都感染了愛滋。和我一起工作的人有三個是愛滋患者。可怕極了。他們跟十四歲的孩子進行性行為，以為這樣就可以根治。他們還向他們的祖先祈願！」

「我認為妳關心愛滋是件非常好的事情，但是當妳譴責那些禮拜祖先的人時，聽起來好像是在譴責他們是異教徒。『搗毀你的異教偶像。』這不是塔利班說的話嗎？」

25 這段話其實出於〈何西阿書〉（Hosea）第一章第二節，是上帝對何西阿說的話。

莫三比克人還不夠慘、不夠窮、病得不夠重、被騙得不夠昏：這些人必須感到更難過、更活該被人責罵、更罪過，他們應該只因為出生來到這個世界就遭人唾棄，因為他們完全無法逃避身上所背負的原罪。蘇珊娜和其他傳教士一樣，決意要欺凌非洲人，讓他們放棄自古以來因受到樹林中動物、花朵、四季變遷、生於斯長於斯的希望、懼怕所啟發出來的多神信仰。

於是，渾身充斥著對基督狂熱的嘮叨女子，以及像她一樣的其他人，全湧到楠普拉這類偏遠的村落找出非洲人，然後污衊他們，灌輸他們是罪人的觀念，並用尖聲喊叫讚美詩、什一稅賦方式按期繳費及破壞禮拜的古代藝術品等難懂的救贖方式威嚇他們。

我溫和地把這些論點說給她聽，而且還補充一段了亨利．詹姆斯在寫給一位想要造福人類卻完全不切實際的朋友信上的話，「只是不要，我拜託你，不要在這些同情與慈悲之中太過於**以偏概全**——記住，每個生命都有自己特有的問題，那不是你的問題，也不是另一個人的問題，所以你只要心甘情願地去解決自己那些頭痛的代數題就可以了。」

她繼續堅守她的立場，不過後來不小心透露曾有過丈夫。她不太情願地告訴了我曾有過一段三年的婚姻，現在離婚了。這讓我覺得很不錯。

「聖經說離婚並不在選擇的範圍之內，」我用一種責罵的語氣說，在我的想像中，她應該也是用這種語氣對男同性戀者說話吧。「難道妳不怕激怒上帝嗎？」

「我先生有暴力傾向。我祈禱，他就打我。他對我說『我要妳膜拜我！』。他痛恨我熱愛上帝這件事。」她看起來很痛苦。「我不知道該怎麼辦，只是不停地禱告。」

「如果那個男人那麼恐怖，那麼我認為妳離開他是非常正確的做法，」我說，「可是虔誠的基督徒並不會同意我的看法。基督徒會說『要當自己信仰的殉道者！他打你——他殺你，只因為你愛上主，那麼你會進天堂。你不能認輸。罪人會看到自己的罪行，覺得懊悔，終至悔改。所以你們兩個最後都會進入天堂』。我並沒有說我同意這種說法，但這不是事情應該發展的樣子嗎？」

「我依然不知道自己做得對不對。」她說。

「妳做的當然對，只不過並沒有照著書上寫的做，」我回答，「我要說的是，當妳在面對同性戀者時，也應該保持一顆寬容的心。」

她沒說話。我想換位子了，但是她是個如此端莊又頑固的迷信分子，滿腦子全是性行為的問題，既然車子還沒抵達曼西沙，我留了下來。我很高興自己這麼做，因為在這段消磨時間的閒聊中，蘇珊娜告訴我，她在馬普托管理一間庇護所——另一種慈善機構的努力。庇護所鼓勵街上的流浪兒住進去，在庇護所裡洗澡、吃飯，還會有乾淨的衣服可以穿。她已經這麼做了兩年，這段時間她開始了解街上的流浪兒——大多都是男孩子。一天晚上，她剛下車，有幾個男孩子過來搭訕乞求施捨金錢，後來看到她獨自一人，這些小子割開了她的皮包，偷走了所有的錢。她認出那些男孩曾在自己的庇護所中洗澡、吃飯與穿乾淨的衣服，但他們認定她是個容易下手的目標。庇護所也一樣，看起來像是另一種不堪一擊的計畫，一如把娼妓從馬普托可以賺到錢的街上拉走，而賣淫卻是莫三比克極少數能不靠在玉米田裡除草賺到錢的工作。我又想起潔麗比夫人和她那過度執著的雞婆博愛主義。

我們終於抵達曼西沙。蘇珊娜說：「我會為你禱告。祈禱讓你得到快樂、健康，我還會為你的家人及旅途平安禱告。」

「我也會祈禱妳不要再對同性戀者使用『痛恨』這兩個字，」我說，「另外，我還會祈禱妳能讀一本歷史書和一本有關史前人類學的書，然後從此不再稱這些可憐的人為罪人。你們好像覺得他們需要擔心的事情還不夠多似的！」

在旅程的末段

我們到得很晚，所以我沒趕上去夏夏的巴士。這兒除了被稱為**馬塔圖**（matatu）或**恰帕**（chapa）的超載小客車外，巴士是去夏夏的唯一交通工具。此時的我已養成定期閱讀南非報紙的習慣，報上不斷出現小客車翻覆及眾多乘客死亡的消息，所以我發誓絕不搭乘這種有如死亡陷阱的野雞車。雖然到目前為止，我都活得平平安安的，但我一點都不想做些危及安全的事，來試探自己運氣究竟好到什麼程度。我在曼西沙吃了午餐——**卡爾多．維爾達**（caldo verde），其實就是馬鈴薯泥加上青菜、大蒜的湯，這是殖民地時期那些主人留下來令人摸不清頭腦的烹飪食品。與那位相信自己掌握了唯一真理的傳教女子對話之後，我感到有些莫名的煩躁，於是決定搭計程車回馬普托。

第二天是國定假日，薩摩拉．馬切[26]紀念日。自從一九七五年獨立後，馬切就是莫三比克的總統，直到一九八六年因內情看起來不太單純的飛機失事事件喪生為止。這是飛機失事的第十五個紀念日。似乎沒有人在乎馬切曾是一個混亂、破產的國家領袖。政治與經濟的失敗雖然並不完全是他的責任，但他卻是一國之首。海報上的馬切被塑造成一個留著鬍子的溫和人物，臉上有參戰後的疲憊，戴著一頂野戰帽，海報上的標語是**馬切——我們的靈感**。

「馬切什麼都不是，」有個名叫達．席爾瓦的惱怒葡萄牙人在波拉納這麼對我說，「他只不過是個醫院的工人。他的工作是把屍體搬出病房。我很清楚！我老婆就是在那家醫院工作！」

達．席爾瓦如此刻薄也不能全怪他。政府充公了他在馬普托的房子。他從約翰尼斯堡的住所回到馬普托試圖取得一些補償。一九七四年遭到強制性驅離出境時，也是顏面盡失。

「他們說我老婆是妓女。他們強迫我們成為難民。我們什麼都沒有。我們必須逃跑。我現在在這兒，可是你知道嗎？我真想哭。他們毀了這個國家。這裡現在只剩投機分子和小偷。安哥拉都比這裡好。」

這倒是個新聞。我一直以為安哥拉仍因內戰而分崩離析，是個讓人無法應付又危險的地方。混亂的莫三比克至少還很平靜。

達．席爾瓦說：「我兒子在這兒，」然後對我眨眨眼，手指做出摩擦的動作，表示他兒子正在賺大錢。

我利用紀念薩摩拉．馬切的兩天假期坐在緊臨印度洋的峭壁上寫作。我的情色故事已接近完工階段，故事發展成了中篇小說的規模，比一百頁多出了許多。這是項令人愉快的工作，就像把一塊朽木削切出大家可以辨視的形狀。我把寫好的故事擺在一邊，看著印度洋，心想著自己的這趟旅程，以及走了多遠的路；現在只剩下從約翰尼斯堡到開普敦的火車之行了。

當我沉思著這趟薩伐旅的最後一段時，心中百感交集。一方面熱切期待著搭上火車，另一方面卻又難過旅程即將結束。這段旅途並沒有讓我疲憊。這種型態的旅行剛好切合我的心境。我信守了對自己的承諾，讓自己的心境保持平靜：沒有最後期限、沒有重要約會、沒有預先的計畫、沒有手機、沒有電子郵件。不論任何人垂詢，都聯絡不到我。我也一直保持著讓人聯絡不到的狀態。沒有人知道我在莫三比克。這種消失讓我覺得像個擺脫了臭皮囊的幽靈，就好像已經變成了鬼魂，卻不需要經歷死亡的種種

26 薩摩拉．馬切（Samora Machel）：一九三三—一九八六，莫三比克的軍事領袖、革命社會主義領袖及第一任莫三比克總統。一九七五年帶領莫三比克獲得獨立。

麻煩。

為了想運動，我走路去獨立廣場（Praça da independencia）參加薩摩拉．馬切的紀念慶祝會。獨立廣場位於薩摩拉．馬切大道位置較高的那一端，離植物園很近。在經過鐵屋前，我瞻仰了這個艾菲爾的另一項設計作品。孩童在馬切的雕像下又跑又跳。雕像底部的名牌遭到破壞，上面的碑文已無法判讀。廣場上，士兵們彼此共舞，男男女女全穿著一樣的衣服與軍靴笨拙地跳著，大家一碰撞就開心地大笑。

第二天一大早，我搭上一輛狀況很好的巴士離開馬普托。車子飛馳過熱帶大草原，搖擺進入低矮的山丘，邊境的檢查站有一如往常的裂縫與奇怪樣子。接著，我看到了南非高速公路這種有違常態的奇蹟，也看到了美麗的房舍與違法占用公地的村落，陰沉卻整齊地排列著。我在天黑之前抵達了約翰尼斯堡。

第二十二章　開往開普敦的克魯[1]特快車

在莫三比克那個扭曲了的廢墟與重建的四度空間裡，停留時間雖然短促，但如此迅速地再次置身於都市化南非的忙碌熙攘中，感覺似乎有些奇怪。看到順暢的街道與號誌燈，甚至完全長成的路樹、乾淨的公園，都讓我倉皇失措；坐在嶄新敞篷車裡的時髦辣妹、玫瑰河岸上拿著手機廢話不斷的人，或許是鑽石交易商，或許是壟斷市場上坦尚尼亞貨品的傢伙，也讓我覺得新鮮極了。但更令我感到陌生的，是聽到約翰尼斯堡人喋喋不休地抱怨，不論黑白，大家全拐彎抹角地訴說著市場的不熱絡、經濟的不景氣，以及他們的購買能力如何在過去短短的幾年內，減少了一半。

南非人常說「這個國家是個擁有第三世界心態的第一世界」，這句話可以輕易套用在許多我所見過

1　克魯（Karoo）：南非南部的一個半沙漠區，包含兩大部分：北部的大克魯區與南部的小克魯區。大克魯區是一塊擁有豐富地質變化的區域，曾經歷過內陸盆地、冰河、內陸海、湖泊等不同的地形，大規模的火山活動也時有所聞，而爬蟲類與其他兩棲動物聚集的溼林區，更是古生物學的研究重地。煤礦是這個地區的主要經濟來源之一。二次波爾戰爭期間，克魯區出現頻繁小型戰鬥，所以現在克魯區依然可以看到許多棄用的碉堡與營房。羊群畜牧現在為此區的主要經濟來源，而灌溉可及之處，也有不同的農業型態。近來野生動物農場吸引了觀光業的發展。小克魯區又稱為克連可魯區（Klein Karoo），是一塊較肥沃的河谷。

的國家身上，所以我完全不當回事。這句話不僅讓我想到北愛爾蘭，也讓我想起美國與歐洲許多更詩情畫意但陰沉之處——景色與氣氛完全相反，一如南非的某些地方。

運作正常的南非

對我而言，南非是個所有運作幾乎都正常的地方，甚至連政治制度都不例外。偌大的一方土地，每處都有火車和巴士可達。白人政府偏執了數十年的結果之一，就是為了維持秩序的軍事目的，而出現各種野心勃勃的道路建設計畫。這套道路網脈，表示軍隊可以移師到任何地點；現在，老百姓也同樣可以隨意去任何目的地。南非的大學素質優良、公開辯論的程度令人印象深刻，報紙也讓人坐立不安：緊盯著犯罪案件發展不放、毫無偏頗地評斷國家政策及揭露時而與情色糾纏不清的政治醜聞。這兒連教育體系都因德行高善而備受推崇。

我抵達此地後的第一天，報紙頭條寫著「對學生而言，葛蒂瑪『種族歧視問題過於嚴重』」——豪登省教育部門的選書委員會將娜汀的小說《七月人》從閱讀單上除名。約翰尼斯堡與普利托利亞都位於豪登省內，因此該省也是南非教室最集中的區域。之前，娜汀這本似乎在講述世界末日的書是學校指定閱讀的書籍，現在卻被貼上「深具種族歧視、優越感與屈尊俯就之姿」的標籤，而且還是「一部不合時宜的作品，因為書中所反映的南非未來景況，從未出現」，以及「該書並未鼓勵使用正確文法，不予接受」。

這些可笑的評論成了我再讀《七月人》的藉口，而且讀得開開心心。有天早上，我正在為約翰尼斯堡的《週日獨立報》撰寫文章，嘲弄選書委員會的無知與庸俗，同時消遣拿娜汀開刀的首席劊子手，這位尊姓帕達亞齊（Padayachee）大名艾維斯（Elvis）的傢伙，簡直就是以前蘇聯搞教化與紀律肅清的人民委員。我在文中提到葛蒂瑪作品中最富有想像力光芒之處，其實就在於這部作品忠於事實的精準——我們如何舉止、如何說話、我們的城市是如何、婚姻如何運作、我們如何愛、如何死。我還說，若真有人翔翔實實地下筆，他們的作品將始終像在預言著未來。有鑑於南非國內的不確定與變化，《七月人》裡大動亂的事件依然可能上演。三十年前，在《貴賓》中，娜汀曾描繪過今天辛巴威因對立、土地改革與種族歧視所引發的危機。

娜汀說：「這種查禁讓我想起以前種族隔離時代的日子，那時他們壓制他們不喜歡的書。我以為我們已經走完那段路了。」

娜汀說壓制是很糟的徵兆；她並沒有意氣用事，只不過審查制度在南非從來不單純。在偏執狂的白人執政期間，不僅我的《叢林愛人》與《蚊子海岸》遭禁，連《歸鄉記》[2]與《神駒黑美人》[3]這種只不過書名聽起來有些煽情或帶點種族色彩的書也遭到禁讀。話說回來，《蚊子海岸》現在是南非高中的指定讀物，而我為捍衛《七月人》的文章也刊登在報上的顯眼之處。我想不出來非洲還有哪個國家的報紙願意刊登像我這樣的文章，因為我處理的題材是支配性的政府，而我處理的方式是嘲弄那個政府的愚蠢。

「我比較擔心瑞尼，」娜汀說，指的是她有病在身的丈夫瑞赫。「他非常虛弱。現在他是我最關心的

2《歸鄉記》（*The Return of the Native*）：英國小說家哈代一八七八年出版的小說，也是二十世紀最受歡迎的哈代作品，講述一個男人放棄了巴黎的事業回到生長家鄉後的故事。

3《神駒黑美人》（*Black Beauty*）：英國女作家安娜・瑟威爾（Anna Sweell，一八二〇—一八七八）唯一出版的小說，講述一匹名為黑美人的馬所遭遇到的故事，黑美人的故事曾數度被搬上小螢幕與大銀幕。

問題。」

早就知道這將是我旅程中的最後一段路，或許也是搭到最好火車的一段路，我有些慌亂地踏上開往開普敦的火車。我希望能慢慢品嘗繼續前進的期待，但同時也想拖延時間，因為在這之後，我的薩伐旅將正式劃下句點。躺在約翰尼斯堡旅館的床上，腦子裡重播著旅程中的點滴，畫面中全是我遇到的好人，我看到拉瑪丹這個驕傲的努比亞人，開車帶我橫越蘇丹沙漠中多砂的旱谷；塔德雷與伍德身穿剛買來還留有壓箱縐褶的衣服，和我在衣索匹亞的摩亞雷邊境難過地道別；奈洛比曾蹲過苦牢的作家瓦荷梅；最沒有首相樣子的阿波羅在烏干達尋我開心；維多利亞湖上好客的船長及眼睛有些不聽使喚、人現在應該在烏摩加號引擎室內修補著老舊柴油引擎的艾力克斯；從姆彎札出發的樹叢火車上的朱利亞斯；吉利馬札羅快車上的康納與凱莉；李文史東尼亞傳教區謙遜的護士；我在宗巴的學生山姆．孟派切圖拉；划船高手卡斯騰．尼亞奇卡德札，在夏爾河畔的馬爾卡村裡，隔著一層藍色的煙霧，微笑面對生活；諾頓外的農人彼得．杜魯門德，看到更多入侵者出現在眼前時的聳肩以對；所有坐過牢的非洲人、長途巴士司機、市場上的婦人——他們都是開心的人，做著自己的工作，在逆境中生存。我非常感激這些人讓我的旅程如此愉悅。我很想念他們，希望他們一切順遂。

搭乘克魯特快車

有天早上，我在停車場車站排隊買火車票，結果和前面一名年輕的非洲女子攀談了起來。我告訴她我要去的目的地。

她說：「前幾天我聽到收音機說有一種開往開普敦的火車非常奢華。用我們的錢來算，實在很貴，不過折合你們的錢，可能相當便宜。啊，祝你旅途平安！」

另外還有位好心人也予以協助。

我搭乘的並不是知名的藍色列車[4]，也不是頭等艙，而是克魯特快車上一種新定名的車廂：特級車廂。我買了一張票，也劃了座位。車資一百四十元美金，含所有的餐點及一個私人隔間。在停車場車站的報攤上，我買了兩本空白的筆記簿，預計會有很多時間把自己的長篇故事重新繕寫一遍。這趟車程需時二十七個小時，約翰尼斯堡到開普敦之間有八百五十哩，相當於波士頓到芝加哥的距離，中間會經過名為大克魯區（Great Karoo）的高起沙漠。

我在隔天動身，和其他乘客一樣在候車室等著火車進站。我注意到大家不同的等車姿態——流露出戒心的白人習慣站著，面朝著自己的一小撮親友，團團圍住行李；黑人三三兩兩懶散地斜坐在板凳上，看起來輕鬆自在，腿隨便伸著；其他各色人種，包括僑民、外國人、印度人則似乎一直不停地移動，謹慎地在人群中來回走動。

基於保全的理由，月台有鐵欄隔開，只有旅客才能進到障礙物的這一邊。

「澳洲不這麼做，」有名矮壯的白人男子一面這麼說、一面提起行李——他是包柏，和妻子席維雅一起旅行，兩人大概都在五十歲左右，神情悽慘。「以前還可以送家人離開。那時友善多了，沒有這些保全措施，也沒有這些鐵欄。」

「澳洲就不一樣。」席維雅說。

---

4 藍色列車（Blue Train）：可回溯至一九二三年的聯合快車（Union Express），是南非來往於普利托利亞與開普敦之間的豪華火車，行駛距離約一千六百公里，提供世上最豪華的火車行程之一，有「移動的豪華五星級飯店」之稱。

他們是土生土長的約翰尼斯堡人，不過將在八個月內移民布里斯班，計畫永遠不再回到南非。「太可怕了，這兒所發生的事情太可怕了，」包柏這麼說。他話中的「這兒」，用的是南非說法「yeueah」。包柏是個工廠工人，希望能在澳洲找到工作，不過找得到嗎？他從事的是鐵道枕木的製造——水泥與木製的枕木。澳洲這樣的需求好像並不太多。

有個非洲人走了過來，他在一大群等車的旅客中挑上了我，他問：「索魯先生？」

在南非，沒有人會叫錯我的姓，因為雷洛魯（Leroux）是個相當普遍的名字，而且這個地方到處都是法國胡格諾教徒的後代。

「你怎麼知道是我？」

「我是服務人員。這行做一段時間後，看到人大概就知道是誰了。我通常見到人就能大概對上名字。」

他是桂格，陪著我走到我的隔間中，並向我解釋車上相關的設施——熱水淋浴間在隔壁、吧檯在下一個車廂，另外還有閱讀區與貴賓室。蘋姬是位祖魯族小姐，身著剪裁俐落的制服，問我要喝什麼。約一個鐘頭後，餐車將供應午餐。

火車響起了兩次乖戾的叫聲，然後吃力地拉扯著各節車廂，聽起來有如鐵砧板唧作響。我們離開了火車站，朝西而行。我坐在完美的隔間中望向窗外，看著這座城在我眼前離去。高大建築物的長影變成了明亮的郊區、車庫、速食店、超級市場、外有圍牆的矮胖小別墅及小規模村落特有的一人企業，如**穆罕默德肉店**、**蘇利新舊五金**、**大衛車行**、**平斯路板金店**。若路上沒有人，這片毫無生氣的荒棄連棟住宅區與拱廊街道，或許會被誤認成澳洲，因為所有的屋舍都呈現出世紀交替的殖民建築風貌，被太陽曬熱的灰泥砌成的錫頂小別墅，有如薑餅屋般整齊，甚至還有耐寒的灌木叢、讓人眼睛為之一亮的馬纓丹叢，以及被剝了皮的捶頭桉樹。更遠處有小型工業、肉品罐頭廠、塑膠輪胎倉庫、水泥廠、金屬廢料場、肥皂廠：竟然真的有產品出於此地。

離開約翰尼斯堡約六十哩後，我們經過一片位於塔席阿維羅（Tshiawelo）的廣大墓地，那是阿瓦隆墓園（Avalon Cemetery）。兩位參與爭鬥的英雄喬．史洛沃[5]與海倫．喬瑟夫[6]都長眠於此。不過，我只看到泥濘的斜坡與場地，除了未經加工的墳墓外，無樹也無草。每座墳旁都圍著一個鐵籠子，就像是用鏽了的長桿和鐵網組裝而成的嬰兒圍欄小床，這是為了不讓狗、土狼、鼬鼠或其他會刨地的動物接近。墓園裡，不同地點正進行著不同的喪禮。有人在禱告、有人以哀悼者的姿態站在剛掘好的大洞旁，沒有人挺直腰桿，大家的腿都有些彎曲，低垂的頭正陷入令人無力的哀傷當中。

稍後火車進入魯德普特。我正在餐車上，侍者喬治為我送上香煎海角鮭魚排。車外，月台上擠滿了拖著行李等車的非洲人，他們身上背扛著各式小捆大包、籃子、箱子及用毛毯裹成的包袱，眼睛望向車內的我——又或許是望著我身後那桌正由開心的白人侍者服務的非洲四口家庭？

這兒的城鎮雖小卻整齊，絕大部分的建築物都蓋在礦區開採工地旁，主街上有一排排的房舍、一所學校、一座教堂、一個橄欖球場，遠處有低矮的山丘和平原，在金礦礦坑堆積如山的廢棄物間，五

5　喬．史洛沃（Joe Slovo）：一九二六—一九九五，生於立陶宛的猶太人，八歲時隨父母移民南非，後成為南非共產黨領袖，也是非洲民族會議的重要人物。

6　海倫．喬瑟夫（Helen Joseph）：一九〇五—一九九二，南非反種族隔離制度的積極分子，生於英國的社會工作者，一九三一來到南非後，嫁給比利．喬瑟夫（Billie Joseph）。她是民主會議的創辦人之一、一九五五年朗讀自由憲章的領導人物之一，也是南非婦女聯盟（the Federation of South African Women）的核心人物，一九五六年八月九日曾領導、組織兩萬名婦女上街抗議政府通過的不平等法律，直到今日，南非仍紀念八月九日這個婦女日。一九六二年，她成為南非顛覆法令（Sabotage Act）頒布後首位遭到軟禁的政治犯。

月莓結實纍纍。有些城鎮當初建造的目的，似乎是為了永續長存。建於一八九九年的克魯格斯卓普（Krugersdrop）城裡，建築出現了翅托設計、尖頂裝飾及簡樸南非荷蘭風裝飾，城裡高高的圓頂塔上，就刻著建城的年分。城緣有簡單、堅固但住起來似乎不太舒服的礦工小屋，以及擁有百年歷史卻依然能夠提供住宿的礦工宿舍，另外還有好幾塊半遮的看板，上面寫著**敬請使用保險套**與**感謝您使用保險套**。

在南非的大草原上，即使是白人文化最徹底的城鎮，也依然會有東西提醒你不要忘記那個運氣沒那麼好的非洲——走在人行道上衣衫襤褸的人、騎著腳踏車的老人、頭上頂著大包裹的婦人、在柱子上歇腳的美麗鳥兒、非洲小屋、赤腳的孩子、白鐵的戶外廁所、髒亂、玉米田，以及我以為是個軍事營區的地方——菱形的粗鋼高牆、銳利的鐵絲網、護衛犬、長桿上的探照燈——結果是一家鄉村俱樂部的屬地，而看起來像新兵訓練場的地方則是高爾夫球場。

火車來到了波契夫斯楚（Potchefstroom），我記得這個名字。在約翰尼斯堡時，有個名叫威廉的溫達人[7]曾告訴過我一個故事。威廉成長於昔日稱為北特蘭斯瓦，現名為皮耶特斯堡（Pietersburg）的地方，他在當地的黑人學校就讀。

「其實就是一所鄉間學校，」他說，「那時我年紀很小，什麼都不懂。有天我們搭火車到波契夫斯楚的一所學校比賽足球。賽後，大家都餓死了！於是我們走到一家餐廳，看到裡面有白人在用餐，可是餐廳的人怎麼都不讓我們進去。他們說『去那邊窗口』。餐廳旁有個窗口，我們在那兒才有得吃。」

我對他說一九六〇年代前，這種景況在美國南部也很常見。

威廉說：「在這兒，黑人只能外帶，白人才能坐下來吃飯。我們並不生氣，因為情況就是那樣，大家都習慣了，不過那是我生平第一次『去那邊窗口』的經驗。我從來沒有坐在餐廳裡。即使現在也一樣——真的——我不知道要拿餐廳怎麼辦。當然，首先你要有錢，不過你還必須要知道進入餐廳後要做些什麼事。我覺得很不自在。」

僅限白人的告示牌一直到一九八〇年代後期都還依然挺立。我問威廉有沒有孩子。

他說有兩個女兒，十六歲與十三歲。「我的小孩知道怎麼使用餐廳。她們根本不曉得以前的日子是什麼樣子，我還沒告訴她們。等她們滿了二十一歲，我會告訴她們。不過，她們一定不會相信。她們覺得去戲院、餐廳或飯店都沒什麼大不了。我年輕時，對這些事情完全沒有概念。我們都很害怕。還有白人區域——我們也不去。大家並不痛恨白人。我們只是怕他們。他們非常冷酷。」

我請他舉個例子說明他的恐懼。

他說：「大概在一九八一年，我還是個十幾歲的小毛頭，為朗門先生工作。有次為了一份差事，我和他一起去德爾班，到了目的地後，他們卻不讓我進飯店的門。朗門先生是木匠，為了工作去那兒，我是他的助理。朗門先生對飯店的人說：『我會支付他的住宿費。』可飯店的人還是不答應，他們就是不讓我進去，最後我只好睡在車裡。幾天後，朗門先生幫我找到了棲身之所，讓我睡在教堂裡。你覺得我的女兒會相信這種事嗎？」

波契夫斯楚的地名喚醒了我對威廉這個故事的記憶。

克勒克斯垛（Klerksdorp）是這條鐵路線上的第一個大站。車廂通道上，有個說話像英國人的男子對我說：「這是泰瑞布蘭切區（Terreblanche territory）。」——意思是這兒仍嚴限白人：不僅僅是**保守的**

7 溫達（Venda）是以前南非北部的一個黑人班圖斯坦（黑人半自治區），一九七三年宣布自治，一九七九年宣布獨立，一九九四年重新歸屬南非，現在屬於林波波省的一部分。當初自治區的人民都是溫達人，說的也是溫達語。

南非白人主義（verkrampt）[8]，而是完全沒有商榷餘地、極度保守的新法西斯主義。尤金・泰瑞布蘭切[9]是個善於煽動群眾的政治人物，滿臉鬍子、將近六十歲的他，同時也是南非抵抗運動[10]的白人分離主義者領袖。南非抵抗運動總部在凡特斯垛（Ventersdorp），由一小撮完全不知悔改、堅持種族歧視的波爾人組成。泰瑞布蘭切因為攻擊一名黑人（致其癱瘓）與試圖謀殺另一名黑人，現正在牢中服刑。不同的人對他有迴異的看法，有人認為他是南非的摩西，也有人認為他是個玩女人的傢伙與公款侵占者，有嚴重的酗酒問題。

鐵軌南邊出現了有益健康的房子，並不代表整個克勒克斯垛市都是繁華之區，因為鐵軌的北邊是白鐵陋屋組成的貧民城鎮——全是鐵皮圍成的平頂無窗箱型小屋，是個大家占地為主的貧民窟，髒亂的程度與我在坦尚尼亞看到的貧民窟不分軒輊。

在馬克維西（Markwassie），站著一張粗製濫造的路牌，上面寫著約翰尼斯堡，一七三哩。在喚起大家對經濟蕭條時代記憶的照片中，一九三〇年代的密西西比，與這個地方有著相同的面容：衣衫破爛的黑人、炙陽烤焦的田地上，交錯著慘白有如餅乾麵糰的溝跡、油漬處處的火車調車場、白鐵屋頂已經生了鏽的倉庫，還有平行鐵軌轉轍處的一道弧線光芒。馬克維西是個鐵路樞紐站，乾巴巴的黑人孩童在這兒對著克魯快車尖叫、揮手。

這裡見不到一絲非洲的樣子——看起來倒像是炎熱又悲慘的老美國，直到大約又往前行了十哩，我才看到大羚羊在一座野生動物牧場中吃草。遠處大片大片的紫色與粉紅色雲朵，宣告著無風的日落。一天終了，鳥兒變化無常的啁啾迴盪在草原中部高起的曠野上。

我利用這段黑暗期間，把眼光從窗外轉到情色故事的草稿上，繼續謄寫、修改，同時也提醒自己，不論多麼私密或禁忌，這類的情色畫面都讓我們更有活力，也更能刺激想像力。艾德蒙・德・龔固爾[11]

在他寫葛飾北齋[12]的書中說：「每位日本畫家都有個創作情色作品的身軀。」沉醉於情色的偉大日本版畫家，還為這樣的作品創造了一個非常美妙而婉轉的辭彙「**春畫**」。

我在約翰尼斯堡買了本吉勞姆・阿波利奈爾[13]的《一萬一千鞭》（*Les Onze Mille Verges*），根本是本百分之百的色情書，不合我的口味，歌德派與怪誕風交替呈現，大部分的內容都過於動作派或痛苦，真實性不高。創造超現實主義一詞的阿波利奈爾，也曾撰寫過剛在我腦海中出現的日本版畫相關文章。我快速讀著他的書，中間有段描寫火車行進的文字，隱約呈現阿奉斯・阿雷司[14]對句的風格：

火車搔弄著刺激的運行，
讓欲望沿著我們的血管流竄。

8 觀念較為自由、沒有偏頗而進步的南非人被稱為Verligte，而保守、恐懼改變的南非人則被稱為Verkrampt。

9 尤金・泰瑞布蘭切（Eugene Terreblanche）：一九四一年—二〇一〇，南非的波爾人，在種族隔離政策執行期間，創設了白人優越的南非人抵抗運動（Afrikaner Weerstandsbeweging）。

10 南非人抵抗運動（Afrikaner Weerstandsbeweging，簡稱AWB，英文為Afrikaner Resistance Movement）是南非政治與準軍事黨派，致力於恢復獨立的南非白人共和國。不論南非國內外都視其為白人優越主義黨派。

11 艾德蒙・德・龔固爾（Edmond de Goncourt）：一八二二—一八九六，法國作家、評論家、出版商，創立了龔固爾學會（Académie Goncourt），頒發著名的法國文學獎項龔固爾獎（Prix Goncourt）。

12 葛飾北齋：一七六〇—一八四九，出生於日本江戶（今東京）的日本畫家及木雕刻師，為日本浮世繪版畫派的代表人物之一。

13 吉勞姆・阿波利奈爾（Guillaume Apollinaire）：一八八〇—一九一八年，出生於義大利的法國詩人、作家與藝術評論家，為二十世紀最前衛的詩人之一，死於歐洲大規模的流行性感冒。

14 阿奉斯・阿雷司（Alphonse Allais）：一八五四—一九〇五，法國作家與幽默大師。

晚餐鐘響。我和一位剃光了頭髮的摩托車騎士克里斯、一對年紀較長但看來有些焦躁的英國夫婦同桌，他們的焦躁也許只是緊張的表現。這對夫婦不願透露姓名，但還是提到他們從一九六〇年代就住在南非，以及「現在絕不可能住英國」。他們這次是要去維因蘭德斯角度假。英國先生說他是個火車迷。「我的夢想就是搭乘西伯利亞大鐵路，不過我的健康有點問題。」

儘管剃光了頭、少了牙齒，而且看起來像個瘋狂的摩托車迷，克里斯其實是個用某種充滿禪意觀點看世界的人，他反對所有小看世界現況的想法，包括非洲在內。「呀，別介意。」克里斯用他那半英國半南非語說，「所以啦，呀，我也有麻煩的事。」

「我猜，每次這種大假日，你都和其他摩托車騎士一起騎車吧。」英國先生咬牙切齒地問。

「噢，呀。非常棒。像飛的一樣。」克里斯溫和地回答。

「不少納粹分子也在那種場合騎車。」英國先生說。

「噢，呀。什麼樣的人都有，」克里斯說，「女人、英國人，也有非洲人。」

我說：「我也騎過一陣子摩托車，不過後來不騎了。我覺得那樣下去，自己可能會變成器官捐贈者。」

「噢，呀。我倒是有幾個不錯的器官可以送人。可惜我抽菸，所以——哈！哈！——肺不行。」

聊天的同時，我們也在享用四菜的套餐，有湯、魚、草原小羊肉，餐後甜點是泡沫冰淇淋。我沒有主動提及任何自己旅行的事情，也怕對一位火車迷提起火車的事，不過我卻問英國先生怎麼會選擇在南非生活。

「那年十八歲，才剛離開學校。我加入了殖民區服務（Colonial Service），對母親說要離開三年。她氣死了。她說『你一定不會再回家！』。」英國先生笑了笑，「我真的沒有再回家。」

他在北羅德西亞工作，一直到那兒獨立成尚比亞；後來又在南羅德西亞工作，直到辛巴威的抗爭愈來愈暴力，最後終於來到南非。我有個已到了嘴邊的問題——結果待了下來嗎？——但這個問題不僅無禮，甚至有些越分。

不論如何，英國先生換了話題。他說：「這其實是列港口聯運火車。從歐洲坐船到開普敦的人，都是搭這個火車去約翰尼斯堡。回途也一樣。」

我猜移民澳洲的想法一直在折磨他。

那天深夜，火車抵達一個位於蕭瑟草原上的車站。我跳下車，仰望滿天星斗的夜空，明亮的針孔釋出光芒，天上的星星遠比圍繞在周圍的黑暗密實。我看到一顆流星。

「有時你甚至可以看到銀河。」月台上傳來一個類似靈魂出竅的聲音。

進入小克魯區

早晨，我們經過亞柏王子路（Prince Albert Road）與蘭斯柏格（Lainsburg）車站，南非克魯區在這兒降低高度，成為小克魯（Little Karoo）。克魯區是塊高原地與隆起的沙漠，坐著這列令人愉悅的火車轟隆隆穿過克魯區時，當初進入巴塔哥尼亞時的記憶悄悄爬進腦海中，我看到同樣簡單的農舍、被風吹斜的枯樹團、一群群瞇著眼睛迎風的羊，除了來自威爾斯的移民與高楚牧人[15]外，一切都相似。

---

15 高楚牧人（gauchos）：一般用來形容南美大草原、大峽谷及巴塔哥尼亞大草原上的居民，特別是阿根廷、烏拉圭、智利南部及巴西南部的格蘭特河區（Rio Grande do Sul state）的人民，但也常被人用來稱呼南美洲牧牛與進行農業活動的「牛仔」。高楚人騎術高超的牛仔形象，在人的印象中是強壯、正直、沉默與驕傲，但若被惹怒了，也會訴諸武力。

這片土地大多都是草原，其中夾雜些灌木林，偶爾出現一小塊樹林，像是農人插在地上的旗幟，而長長的車轍小徑盡頭，總是杵著一棟有著荷蘭風格外觀與白色大門的典雅白屋。

我的隔間門上傳來了叩門聲：是火車服務員。他說：「我們即將進入圖斯里維爾（Touwsrivier）與迪．頓斯（De Doorns），先生。請確認您的窗子都鎖好了。有人會從窗子爬進來。」

他說的話在圖斯里維爾得到印證。這個位於小克魯區的維特堡的社區，看起來極為窮困，全是破舊的房子與衣著破爛、面色發黃的非洲人。居民都是科伊桑人與「有色人種」，他們是各省的邊緣人。此地到處都是鴕鳥，有些把大地當作鳥舍，另有些則在火車旁昂首闊步。月台上有些人來到我的窗口前，把臉貼著玻璃，然後指著一盤在小架子上用鋁箔紙包起來的巧克力，每個人的手勢都在說我要一塊。

迪．頓斯從某個角度來看，是個山谷中的貧民窟，有些地方看起來簡直無可救藥——除了由裁下來的浪紋鐵皮粗製濫造而成的鐵盒小屋外，還有用碎木蓋成的陋舍。鐵道的另一邊，也就是白人居住的那邊，有較大的教堂及較好的房子。根據那些在鐵道旁窒悶、氣惱的東方面孔看來，我研判應該是科伊桑人，因他們都有張貓臉。有些人把木製框架提到火車窗邊，裡面裝著一箱箱過熟的葡萄。過了小城就是葡萄園，因此我猜這些占地自用的營區，全是開發區的葡萄採收工與釀酒廠的工人。

曾有一度，只有男性勞工獲准出入這些城鎮。勞工宿舍與臨時工寮都是傳統，那是辛勤工作的寂寞醉漢組成的男性社會。每到週五，葡萄園都會發給工人兩公升的葡萄酒當作部分工資，這種酒精靜脈注射系統的結果，就是大部分勞工都變成了酒鬼。這個過程或許解釋了為什麼大多曼德拉上台後才出現的占地自用區，都是以家庭為單位。過去，女人都被留在村子裡，一如娜汀在她《七月人》中悲傷卻感覺敏銳的描述：

季節變換，然而所有的白晝都一成不變地見不到男人；不論播種與採收的時節、雨落不止的暑夏或旱燥的寒冬白晝全一樣。但在不同的時節，儘管大體看來期間的區隔長度都相同，當她的男人回家時，這樣的白晝會在每個短暫的季節中出現變化。正因為如此，女人縱使一如往常般夾在其他人之間工作、生活，但她的週期卻不受那凌駕在自然權威之上的命令支配。日升月落；錢必須賺進，男人必須離開。

在沃塞斯特（Worcester）這個繁榮的城市裡——有美麗的莊園與漂亮的房舍、一座高大的尖塔教堂、足球場、網球場、學校、草地、花園——乞討的高大黑人在頭等艙窗外哀求，他們指指自己的嘴，又指指自己的肚子說「餓、餓」，然後要錢。

我在休息室又碰到那對英國夫婦。我還沒開口，英國先生就自動告知他不打算移民。

「我們哪兒也不去，」他說，「我們退休了。」

他們住在約翰尼斯堡北邊約五十哩的郊區。當然，那兒有犯罪案件，英國先生這麼說；不過哪裡都有犯罪案件。他舉了個例子。

「幾年前，有天我回家，把車停在自己的車道上。剛下車要開大門，就被三個身上有槍的年輕小伙子圍住。他們對著我吼——要我的車。我太太聽到了聲響，以為我在和鄰居講話，結果帶了兩隻狗出來。」

「所以你安全了？」我問。

「當然沒有。狗完全不管用。這些畜生以為我們要去散步，還拚命搖尾巴。我太太被鎗把擊中，我被揍得很慘。兩個人都縫了好幾針。車子也丟了。不過，你知道，任何地方都可能發生這種事情。」

「南非的任何地方？」

「沒錯。」

他們在威靈頓（Wellington）下車，要去帕爾與釀酒廠。

威靈頓是另一個可愛的地方，旁邊接著一大塊小屋區——或許綿延數哩或數畝的平頂簡陋小屋，而且離城鎮愈遠，屋況就愈簡單、粗糙、窮困與嚇人。整個占地自用的臨時小屋區就像是個怪異的破相之貌，不過我在心裡記下，如果有機會，我要去看看這樣的社區。

火車沿著鐵軌繼續南下，好幾個小時都在山區中行駛，全是巨大的岩顛，不過在貝雷維爾（Belleville），我瞥眼見到前面有片明亮的高原，沐浴在陽光中，我知道我們已經抵達了開普敦的城緣。

呼呼的寒風、飛揚著泡沫的海洋及令人眩然的陽光，襯著背後桌山若隱若現的龐大山軀，開普敦看起來像是我畢生所見最亮眼、也是敗壞程度最小的城市。然而這只是這座城的外貌，不是事實。在我走過的非洲，強風並不常見，但在這個海岸區卻稀鬆平常，這是我第一次看到大西洋。這兒的風通常高達二十節，常常還會增強至足以把小樹枝扯斷並吹到人行道上的四十節。在巨山與其陡峭的絕壁襯托下，這座城市顯得渺小而溫馴，而且這兒的人，也不像約翰尼斯堡市中心的人會滿臉狐疑緊盯著你看，彷彿在說**我可以騙你**。開普敦是個很整潔的地方，看起來有點像鄉間，火車站看起來也很安全。我想到離海邊很近的地方，所以搭上一輛計程車，在濱海處找了一家不錯的飯店。

例行性地問了些平常的問題，以及得到了平常會聽到的警告後，我沿著海濱散步，最後遛達到城裡，經過好幾座博物館。附近有歷史可回溯至一六五二年的公司花園，當時代表荷蘭東印度公司的詹恩·范·瑞貝克[16]種植了這些樹，打算將來建造荷蘭船隻。荷蘭人登上開普敦後，發現包括科伊桑人在內的各個不同人種，在沙灘上搜尋貝殼及可食用的海草，因此荷蘭人稱當地人為「海灘守衛隊」與「何托騰人」。

不過，荷蘭人遇到的某些當地人會說很破的英文——這些人都曾與多年前上岸的英國人接觸過。從一開始，荷蘭人就利用這些「海灘守衛隊」工作，一如范・瑞貝克在筆記中所寫，「洗刷、搜尋、拿取燃料、做些雜事。有些人甚至把他們現在已經開始穿著我們服裝的小女兒帶來，幫我們結過婚的人做事」。

這就是以前開普敦存在的理由：這個地方被建造成一個港口，提供前往巴達維亞與印度區域的荷蘭艦隊船隻牛、蔬菜和水。在開普敦待了十年間後，范・瑞貝克去了東印度群島，結果在那兒去世。荷蘭人或其他人對當時還是一片未知世界的非洲內陸，完全不感興趣。十六世紀的西班牙地圖上，非洲內陸區被稱為「卡伐利亞」（Kaffraria），另又譯成「魁非利亞」（Quefreria）。這是西班牙人從曾經占據過西班牙的回教徒那兒借來的字彙，用在異教徒（「沒有任何宗教信仰律令或約束力的人」）身上。所有早期的地圖上都出現過這個詞彙。舉例來說，我住在坎帕拉時，曾買了一份十八世紀的法國地圖，發現地圖上對當地民族出現這樣的描述詞彙：「殘酷人民」（Peuples cruels）、「食人肉者」（Anthropophages）、「野蠻人」（Sauvages）與「何托騰人」。「卡非利亞」（Cafrerie）則是大大印在地圖上，涵蓋了從南回歸線到赤道之間的大片空白區域。一九三六年，范・瑞貝克在自傳上天真地解釋，「今天，大家已完全遺忘了卡非亞（kaffir）這個詞彙惹人嫌惡的暗指之意，現在這個詞只和班圖人有關，而事實上，在口語這個詞從未用在何托騰人身上。」

16　詹恩・范・瑞貝克（Jan van Riebeeck）：一六一九—一六七七，荷蘭的殖民地行政官，也是開普敦的創建人。一六三九年加入荷蘭東印度公司，范・瑞貝克曾在巴達維亞、越南等多地擔任過不同職務，一六五一年受命接下未來將成為南非的荷蘭殖民地的管理之職、成為開普敦一六五二—一六六二年間的殖民地指揮官。

當何托騰人帶著他們改進酒類的研究來到此地，並且將葡萄園擴大之後，大家的生活都幾近完美，而且一直如此，至少對白人是這樣——可以盡情豪飲與隨興毆打非白種人——這種生活持續了一百五十多年。荷蘭人心滿意足地留在這塊地中海型氣候的西開普省（West Cape），直到十九世紀初英國人接管了開普敦殖民地為止。在傳教士的壓力下，英國廢棄奴隸制度，開始倡導種族平等的觀念。波爾人覺得英國人不僅人數過多、侮辱了他們白種人優越的信仰，還搶了替他們工作的農奴與僕役，於是波爾人決定放棄自己肥沃的農場。一八三八年，在大家稱之為「大遷徙」[17]期間，波爾人北行向內陸遷移，跨過了橘河與瓦耳河，當地黑人不是受到驅離就是納為奴隸，波爾人因此建立了自己的白人邦國。在開普敦珍品店裡，夾在鴕鳥皮夾與斑馬皮椅墊之間的是柔軟的**皮鞭**（sjamboks）。看到這些皮鞭的人，不可能不把它們當成南非歷史的真正象徵物。

開普敦讓我印象深刻的是小巧的城市、發亮的海洋及清新的空氣。在這兒，每張臉都不一樣，每個人的故事也都是第一手的經歷，沒有人與另一個人看法相同，只有一件事除外，那就是儘管開普敦本身矛盾強度極高，但大家都同意這是南非最好的居住之所。就在我認定了開普敦是個和諧而平靜之處未久，就發現了這兒的犯罪數據——劫車、強暴、謀殺及將農場主人開腸剖肚的農場侵占行為。這趟旅程中，我看過最窮困與危險的占地自用村落是在南非，毫無疑問地，這輩子所見到最漂亮的區域，南非也算其中之一——在這個共和國裡，我看見悲慘與燦爛並陳。

旅友的離奇遭遇

抵達開普敦後沒多久，我去電康納和凱莉，他們是我在蹣跚而行的吉利馬札羅快車上所遇到的旅友。我撥了他們留給我的電話號碼，很想知道自己在姆貝亞下車後，他們兩人遇到了什麼事。

「保羅，太不可思議了。過來，我們再告訴你全部的故事。」凱莉這麼說。他們兩個都在城裡，住在凱莉母親位於桌山山腰上的家。

坐落在魔鬼峰斜坡上的房子，受到強烈的西風無情吹打，連停妥的車子車胎都在微微顫抖，窗玻璃更是因受到強風吸擠，扭曲得有如遊樂園裡大膽屋的鏡子。房門被風吹得大聲開合，塑膠袋在風中急飛而過，不是撞進樹枝間，就是纏在樹枝上，塑膠垃圾桶則是從人行道上翻滾而出，砰砰作響地重跌在街上。

「稀客、稀客。」康納說。比起在火車上時，他現在鬍子刮得乾乾淨淨，而且整潔多了，不過除此之外，他還是那個精力充沛的愛爾蘭傢伙。「噢，我的天啊，自從我們在姆貝亞分手後，整趟行程真是每下愈況。」

那個芬蘭女子在卡皮里．孟波西（Kapiri Mposhi）生了病，需要住院治療，康納與凱莉於是在那兒緊張地度過了好幾日，接著兩人在露沙卡（Lusaka）搭乘南下的巴士一直拋錨。

「我所謂的拋錨，是指我們撞飛了一匹驢子，結果那頭驢飛過擋風玻璃，死在司機的大腿上。巴士上有些波爾人說：『嘿，我們來個烤肉（braai）吧，現烤這頭畜生來吃！』——你可以想像嗎？」從康納那口都柏林的腔調聽來，他一定認為波爾人說的話，實在是瘋狂到令人匪夷所思的開心之語。

但是這對夫妻並沒有享受現烤的死驢，反而趕路到清和伊，結果在那兒又緊繃起了神經。「誰都沒有辛巴威幣，所以真的是山窮水盡了。到了海拉爾，我們決定放棄，於是直接搭飛機回開普敦，跟巴士

---

17 大遷徙（the Great Trek）：指一八三〇與四〇年間，波爾人往東與東北的遷徙。

說拜拜。你怎麼樣？」

我簡扼地敘述了從坦尚尼亞南部之後的旅程，不過我的結論也是最後和巴士說再見。我說我比較喜歡搭火車，特別是克魯特快車。

「兩個禮拜前的一個週末，我們也去搭了克魯特快車。」康納一面說、一面從椅子上起身，這樣他才能暢意地揮動兩隻協助解說的手臂，擺出精準的愛爾蘭人手勢。「有家小旅館，經營者是對同性戀夫婦。我們那時計畫在山中走走，吃點很棒的食物，稍微休息一下。老天爺！結果從凱莉、凱莉的媽媽和我三人抵達旅館的那刻開始，這趟旅程就變成了一場噩夢。我說：『我們去酒吧看足球。』那是最怪異的南非酒吧之一，星期六下午已經有一大堆喝醉的農人在那兒。酒保也怪——他曾在安哥拉當過兵，因為這個理由有點半瘋狂。角落有幾個黑人，看起來極不受歡迎。不管怎麼樣，我更換了電視頻道，結果一個魁梧的醉鬼農夫東倒西歪地晃過來，直視著我的眼睛。」

康納模仿著那個東倒西歪的農夫，盯著我的眼睛看。

「足球是卡非亞的運動。不是看他媽的橄欖球，就關掉！這個酒吧裡他媽的不准有卡非亞運動！

「我們才剛到五分鐘而已，你知道嗎！反正他就是一直對我們吼，因為我不肯把電視關掉。接著那個農夫說：『看，他是個卡非亞！』——然後抱住角落一個看起來非常尷尬的黑人——『不過他是我的朋友，我的卡非亞朋友。』那傢伙繼續說，『可是這些王八蛋讓我們受苦受難。從九四年開始，已經殺了九百五十個農人！』當他這麼說時，凱莉——你知道，她是個相當沒有耐心的人——把手伸到嘴邊，假裝在打哈欠。

「那個波爾人當下飛身過去！他想要衝向凱莉，我趕緊努力抓住他。

「然後那個酒保——嗯，那個酒保在安哥拉一定做過什麼很奇怪的事情，因為他真的是個神經病，我是說，他後來還給我們看他畫的畫，簡直就像有戰後創傷症候群的越南老兵。他們真的很讓人厭煩。那個酒保開始說：『她是個女人！你不能打女人！』

「可是那個發了瘋的南非人卻想用撞球杆殺了凱莉，我一直拉著他，我岳母一直大叫，可是電視機的音量實在太大。

「那個神經病的酒保也衝了過去，這時同性戀店東當中的一個走進來問『發生了什麼事？』，接下來就是可怕的畫面了，因為那個波爾人用南非語咆哮著『混蛋！幹！卡非亞！』，他的撞球杆沒打中凱莉，卻擊中了那個同性戀的臉。

「同性戀開始大哭。酒保一躍跳過了吧檯，拖住了那個傢伙，然後砰！──直接打在那個波爾人的胸部，波爾人倒地不起。我們三個人趁他倒在地上的時候上了樓。」

「這個故事實在太令人驚愕了。」我大笑著說，因為康納在客廳正中央唱作俱佳。風依然在呼嘯、推擠著窗子。

「事情還沒結束呢！」康納說，「我們進房後，聽到那個波爾人爬樓梯的聲音。」

康納模仿科學怪人踏著沉重步伐上樓及沿著旅館通道行走的樣子，接著又學波爾人叫囂著「我要殺了你！我要殺了你！」。

「我鎖上了門，為了保險起見，又確定椅子在我可以順手抄起的地方。心想我要用這個打爛他的頭。我聽到他開始大吼『我知道你在哪裡！』，並依然繼續處敲打通道。不過他沒找到我們。

「那是我們抵達克魯區最初的四十五分鐘。其他的故事我們改天再聊。喝啤酒。乾杯。等下有人要來，我忘了告訴你，今天是我們的歡送會。我們明天離開。」

參加歡送會的客人陸續抵達，各色人等都有，來自開普敦不同地區。我們一面喝酒，他們一面訴說著自己的故事。我覺得好像陷入了朋友的包圍之中。我覺得和康納與凱莉很親密，他們了解穿越東非與中非的旅程有多折磨人，但他們在南非卻看不到自己的前途，因此要回到舊金山。兩人都有美國綠卡，也都有工作。

再次受到警告

在開普敦連著好幾天，我做著觀光客會做的事情。我用一天的時間參訪史鐵倫布西、帕爾、法蘭筱克的葡萄酒區，還去看葡萄園與酒窖、品嘗葡萄酒。另外，我在康士坦沙待了一個早上、在桌山的東坡停留了一個下午、去了一片青綠的南非植物寶庫科斯坦伯許國家植物園（Kirstenbosch Botanical Gardens），園裡滿是多漿的肉質植物、蘇鐵與棕櫚，以及各種稱為高原凡波斯花（Fynbos）的植物，這種具有香氣的矮叢灌木，是開普敦紫色荒原上的特有品種。范．瑞貝克在一六六〇年種植用來充當邊界的圍籬依然在科斯坦伯許的邊緣茂盛成長。

有天我打算搭火車去西蒙鎮，於是到車站去，可惜遲了，不過卻趕得上另外一班去卡耶里特沙的火車。我當時的心情好到可以搭乘任何火車。我的地圖上找不到卡耶里特沙這個地名，所以去服務台詢問這個地方究竟在哪兒。櫃檯接待是位和善的混血兒，他在地圖上指出所在處。

接著他微彎過身靠向櫃檯，帶著微笑對我說：「別去那兒。」

「為什麼？」

「太危險了，」他說，「別去。」

「我只是要搭火車。怎麼會有什麼危險。」

「昨天有人對著火車砸石頭。」他回答。

「你怎麼知道今天火車還會遭到石頭攻擊？」

他的笑容非常燦爛。他知道自己正在應付一個愚蠢的外鄉人。他說：「每天都有人對著火車丟石頭。」

「誰丟的？年輕孩子？」

他說：「年輕的、老的、很多人。都是鎮裡的人。他們不是在玩，而是很氣憤，所以進行許多破壞。你問我怎麼知道？因為昨天我也在前往卡耶里特沙的火車上，跟我的朋友在一起——他是火車司機，我們在司機室裡。石頭砸了過來，擊中我朋友的臉，血流得滿身都是。聽好，他現在在醫院裡，狀況很糟，但他只不過在做自己的工作。」

這番話說服了我。我決定不去卡耶里特沙，因此這麼告訴他。櫃檯員叫安迪，我們又談了一會兒。在廓薩語[18]中，耶里特沙的意思是「我們的新家」，位於開普平原區，那兒有七十萬人，大多數都住在破爛的房子裡。

談話之際，另一名櫃檯員坐在椅子上朝後滑，她是位魁梧的中年非洲女人，穿著一件厚重的紅色毛衣、戴著羊毛帽，她雙腳撐住櫃檯，剛好閃出可以聽到我們談話的範圍之外。她眼睛直視著前方，不經心地玩弄著一張小紙片。

「我並沒有種族歧視，」安迪說，「但是這個國家的黑人認為他們在工作方面並未受到重視。像卡耶

18 廓薩（Xhosa）：廓薩人本來大多居住在南非東南部，近兩百年來則向南部與中南部擴張，有許多分支。南非約有八百萬廓薩人，廓薩語是南非第二常用的家庭語言，僅次於祖魯語。曼德拉就是廓薩人。

里特沙這種地方的人，沒有工作——也沒有錢。他們以為種族隔離制度廢止後，可以找到工作。當他們找不到工作時，情緒就開始失控。」

「我想要看看這種占地自用的村落。」

「不行，」安迪帶著微笑這麼說，他對這句話中的瘋狂搖頭，然後提醒我一再聽到的話，那裡有壞人。「不要去占地自用的村落。不要去黑人城鎮。你會被搶，或碰到更糟的事情。」

不是種族問題？

第二天，我去了一個名為新憩（New Rest）的占地自用村。過去十年，在這片通往機場的高速公路旁，開普平原區的貧瘠沙土上累積了一千兩百間破落戶。八千五百名居民大多住在髒亂的環境中，悽慘的景況無法用言語表達。這兒沒有自來水、沒有燈，也沒有任何樹，只有蕭蕭的冷風。我從未去過開普敦的國際機場，不過卻可以想像抵達開普敦的旅者埋頭衝向高速公路，穿過計程車窗看到外面這塊醜怪的村落時，對著司機說：「真的有人住在這種地方嗎？」

新憩緊鄰一座同樣髒亂卻更老舊的村子，那是名叫古古雷圖（Guguletu）的地方，全是朽邁、低矮的破磚房。古古雷圖在一九九三年露了臉，因為那年一名二十六歲的加州人艾美．畢賀（Amy Biehl）在這兒被殺。畢業於史丹佛的艾美，因為自願協助隔年自由選舉的投票登記，所以住在南非，她好心開車送三位非洲朋友回到小鎮。因為這是個黑人小鎮，所以當一群（「十多個」）非洲男孩看到她白人的臉時，便飢渴地尖叫了起來，她是這個黑人小鎮的白人獵物。艾美的車子在遭到石頭砸洗後停了下來，那群男孩把她從車裡拖了出來。她的黑人女友懇求這群人饒了她的命，「她是同志！」艾美自己也向攻擊者哀求。但是大家凶猛地推她，把她打倒在地。艾美的頭撞倒磚塊，一把小刀直接戳進心臟——就像殺頭野獸。

古古雷圖一座加油站旁的路邊有個小十字架，標示著當初艾美遭到殺害的地點。那是條主要道路，所以當時現場一定有很多人可以幫她，但沒有人伸出援手。一塊粗製濫造的標示牌立於十字架之後，上面塗抹著「艾美．畢哈（Amy Biehl）最後的家，古格司三段」——牌子上連姓氏都拼錯了，一切都粗糙得猶如羞辱。

有些目睹這件罪行的古古雷圖女人，完全不受死亡威脅的影響，站出來指證殺害艾美的兇手名字。四名年輕人因謀殺行為被判處十八年徒刑，但在服刑三年後，四名兇手出現在真相與調解委員會上。他們有套自己的說詞。「他們的動機是政治議題而不是種族矛盾。」他們全是泛非會議[19]的成員，這些人說，他們只進行黨的決議，那就是把所有白人都視為「殖民者」。

這些人的辯解荒謬至極。這樁謀殺案不是種族問題的說法，完全沒有道理。那時，曼德拉已被釋放，選舉日期也已安排妥定，這個國家一切都將交由多數非洲人來治理。暴徒行凶當然是種族動機，因為他們只針對她。不管怎麼，兇手對自己的行為「深表後悔」；他們說已經受到「良心譴責」。他們懇請當局在全面特赦的條件下釋放自己。然而他們所說的一切都讓我覺得破綻百出、毫無價值。

沒有艾美的父母，彼德與琳達．畢賀（Peter and Linda Biehl）的首肯，兇手不可能獲得自由。畢賀夫婦出席了好幾場真相與調解委員會的會議。儘管其中一名兇手在詳述了自己對艾美所作所為後，連他

19 泛非會議（Pan-Africanist Congress）：簡稱PAC，本來是一個南非的解放運動，後來成為政黨，一九五九年由部分脫離非洲民族會議的政治人物在約翰尼斯堡成立。

的母親都感到可恥與羞愧到無法再面對兒子，但畢賀夫婦最後卻抱住了兇手。他們說他們的女兒一定會希望展現慈悲，畢竟她是「站在殺害她的人這邊」。畢賀夫妻不願阻礙大赦的進行。

就這樣，兇手逍遙法外。更令人詫異的是，畢賀夫婦竟然提供工作給其中兩名兇手，恩同貝可・佩尼（Ntombeko Peni）與儀已・諾佛美拉（Easy Nofomela）。這兩人現在依然在艾美寬容的父母為了紀念愛女所創設的慈善機構艾美・畢賀基金會中工作支薪。一九九七年，這個基金會因為「致力將權利歸還給受壓迫者」，而從美國國際開發署獲得了將近兩百萬美金的撥款。

這事件的整個過程細節讓我困惑不已。身為父親，僅僅想到會這樣失去孩子就感到萬分驚恐——我寧願死的是自己。如果是我陷入這樣悲慼的情況中，我會怎麼做？我想我不會希望這些兇手重新出現在街頭；而且就算這些人最後還是獲得了自由，我也懷疑自己會提供他們工作機會。聽他們哀聲抱怨與製造藉口會讓我怒不可抑。我要他們付出代價。僅僅看著他們的臉都會讓我痛苦。不過艾美父母的感受與我不同。

後來，我詢問一位南非記者對真相與調解委員會的看法。她說：「真相與調解委員會的運作意義在於寬恕，如果沒有寬恕的念頭，不知道我們會變成什麼樣子？意料之外的事情有時真的會出現：一位負責轟炸的陸軍將領遇到一名因炸彈爆炸而雙目失明的人，兩人伸手互握。折磨他人的人被迫再次體驗自己的所作所為。有時候殺人犯祈求父母的原諒，有的得到了寬恕，有的遭到了拒絕。許多人都認為真相與調解委員會只不過是個幌子，然而當這個委員會成功調解了一些事情時，我會覺得整個過程非常了不起。」

艾美・畢賀父母展現的罕見寬容大量，常常是大家提到的話題——也屢屢引起大家的爭辯，就好像是這對父母令人不可置信的以德報怨態度，把人民激怒到一種對社會健康有益的程度。然而同時，兇手與支持兇手者的說詞卻依然只是偽善與空洞的言語，即使似乎沒有人記得當時的細節，不過在大赦的當兒，畢賀夫妻確實曾詰問過這些人，「你們在南非的人，真的已經準備好了要善盡自己的責任嗎？」

古古雷圖的恐怖在於這兒一直是勞工階級區的歷史——男性的勞工宿舍與臨時小屋。在南非，離家的男性勞工始終比較容易掌握，至少他們隨時可能被遣送回自己的村子。礦場的勞工宿舍一直臭名在外，因為那兒的管理規定與監獄牢房無異。新憩是一九九一年在古古雷圖旁邊興起的占地自用聚集村落，主要的建村成員是一群想要離自己丈夫與情人近一點的婦女。由於這個地方是突然出現在四十畝的沙地上，所以沒水、沒電，結果也因此變得臭氣熏天，看起來恐怖。屋舍全是由塗了油的木板、木材碎片、少許的白鐵和塑膠布搭蓋而成的破房子。多沙的強風從木板間的空隙鑽進屋中。

「我連床上都有沙子和灰。」山多這麼告訴我，他是帶我四處看看的人。

然而，出乎意料之外的是——至少出乎我的意料之外——在占地自用的居民之間，彌漫著一種樂天的氣氛、一種活力，甚至一種使命。雖然沒有燈光，卻有店面販售幾分錢的蠟燭及用潦草字跡寫在硬紙板上的其他貨品：**油**、**茶包**、**糖**、**鹽**——全是民生基本物。

我並不是單槍匹馬去新憩。有人介紹我聯絡到一對白人夫妻，他們會帶有興趣的外國人到那兒去，當作是接觸開普敦邊緣人民生活的一部分。我們這些被髒亂嚇壞了的到訪外人，無可避免地會捐款給一個公眾基金。這兒有間托兒所負責照顧母親要去工作的孩子，創立的費用就是出於這筆基金——而托兒所或許是此地唯一乾淨且油漆完好的建築物，所裡有兩名友善的非洲女人，負責照顧三十五名來自新憩區的孩子，孩子們個個規矩聽話。

這兒大多數的破落小屋都屬於女人所有，而其中又有一半以上的女人都在開普敦工作：當傭人、清潔婦或辦事員。這個地區的商店是由女人經營，小酒吧也不例外——在南非，大家都稱之為「私酒酒店」（shebeens），這是個愛爾蘭字彙（最早的意思是「劣質麥酒」），從軍人的俚語中沿用下來，後融入南非語中。我去逛了幾家這種私酒酒店，看到醉醺醺的男孩與男人因酒店天花板太低而弓背坐著。他們正喝著英國的城堡牌淡啤酒（Castle Lager）、抽菸、玩撞球，以及徒勞無功地對著年輕幼小的胖娼妓伸出鹹豬手。

我以為，生活不可能比這兒更糟了——都市的貧民窟，除了低矮的牻兒花[20]與像是殘株斷莖的仙人掌外，見不到任何綠葉，因為沙子多到無法生長任何植物；居民必須拿著塑膠水桶到配水塔汲水，屋裡必須點上蠟燭；冬寒夏炎，髒亂不堪，橫在一條高速公路幹道兩旁；還有什麼會比這樣的環境更糟？鄉間即使貧困，至少還有菜園、動物、可靠的泥巴與草頂這種傳統屋舍。鄉間即使貧困，也有屬於自己的神祇、習俗與禮儀。

山多帶我去見委員會的委員。這也是利用遊客捐款所創設的機構。委員會的委員當然都是男性，不過他們全是樂觀派。

「這裡沒有毒品，也沒有幫派，」其中一個男人說，「這是個平和的地方。這裡是我們的家。」占地自用的居民大多都來自於東開普敦，也就是以前所謂的特蘭斯凱與西斯凱的故國，也有來自東倫敦、伊麗莎白港與葛萊姆斯城這些在新經濟系統中過得並不太好的工業城裡的貧民窟。

這個委員會有自己的目標。一個是建造遍及整個占地自用區的公路；另一個目標是有水管配水。

「我們要在這兒蓋房子。」一位委員會的委員向我解釋。

建造計畫的大綱已完成，有些開普敦大學的都市計畫者也志願參與藍圖的製作。每間陋屋都編好號，建築用地也已記錄下來，這兒甚至做過人口普查。

「原地改建。」委員會的發言人如此說，同時在委員會辦公室的桌子上攤開這份計畫。

透過改善現有住所，將占地自用的聚集村落改換成可以行得通的都市次級區的概念，已經在巴西施行成功，但南非尚未做到這一步。這表示目前每間慘不忍睹的破房子所在之處，以後都將矗立著一間小房子或小屋子。這個計畫的驅動力是寄宿在此地的人，發現找到了可以安全棲身處的驕傲。外國人的慷慨也是助力：他們捐錢給托兒所、捐錢購買三架製磚機，也捐錢設立了信託基金。這筆基金由一家專門接待國外旅客的旅遊公司荒野開普薩伐旅（Wilderness Cape Safaris）免費義務管理，而這家旅遊公司也把新憩放進他們觀光客的旅遊行程中。這兒還有些孩子是由觀光客定期寄錢資助衣服與教育費用。這是一種勉強餬口的奇怪安排，然而其中人民自助的部分，卻也讓我成為樂見其成的人。

我問，這兒在成為占地自用的村落前是什麼，結果得到了一個很有趣的答案。這裡以前是一片具有特殊用途的低矮灌木叢，當地的廓薩人隱密地在此為入教者（姆奎塔〔mkweta〕）進行割禮（優可路卡〔ukoluka〕）。這項儀式的工具是矛的薄刃，接受割禮的是男孩——實際上，應該是男人——年齡從十七至二十五不等。沒有人可以解釋為什麼受割禮者的年齡拖到這麼大，然而大家都同意這是廓薩人人生中重要的儀式，是男人建立起密實友誼的必要過程。

「即使在今天，他們依然在進行這項儀式，」其中一位委員說，「在六月與十二月，我們會看到他們——有時候很多人——藏身在遠處的樹叢中。」

雖然這裡並不是樹叢，只是躺在高速公路邊的灌木區，隔開了大片寒酸的村落，但早期這裡必定是個具有某種重要性的隱密處。在此處剛接受完割禮的年輕人，會被送回鄉間六個星期，等待傷口癒合，他們身上只披著粗毯、在燻煙四起的火上煮食、臉上塗抹白泥，表示他們全是這樁古老儀式中的新教

---

20 牻兒花（geranium）：天竺葵屬，花色有紅、白、紫等。歐洲人常用這種花來裝飾窗台。

徒。這些人一直隱居在幕後。擲在幕前的人是古古雷圖和這座新村落。新憩這個占地自用的村子，滿是感恩的人，只期望自己簡陋的小屋能夠更耐久，這樣他們才能在此度過餘生。

這兒也是南非，特別是西開普省，占地自用的村落和進行割禮的隱藏處與其他形態的避難所之間，幾乎沒有任何差異。高速公路上行二十哩進入帕爾，帕爾是個位於帕爾山斜坡上的城市，城裡矗立著紀念南非語的凹刻紀念碑[21]。另外，在周遭全是平緩山丘為屏障的葡萄園間，有一間非常宏偉的大莊園飯店：格蘭．羅切豪華飯店。這棟十八世紀的大莊園，經過重建後，又恢復了昔日的光輝，現在開始接待旅客。我到那兒去吃午飯。以前的奴隸營房早已遭到破壞，經過整修裝潢，目前成了遊客的套房。許多婚禮都在這兒的一間可愛教堂內舉行，大家無法想像的是，這個廣受歡迎的漂亮地方，以前竟是奴隸的教堂。

一座游泳池、一間三溫暖、一座用圍牆隔開的藥草花園、一間圖書館，還有一間美食餐廳：羅切飯店一應俱全。飯店的波士曼餐廳（Bosman's）更是達到了瑞萊斯美食水準（Relais Gourmand status）。我的午餐內容：凱薩沙拉與切片的克魯羊肉配上香草醬汁；主餐是平鯛——一種像笛鯛的魚——魚肉下鋪的是玉米糕，另外還有小巧青嫩的蔬菜，以及好幾杯羅切飯店的蘇維農葡萄酒；甜點是浸漬過的草莓與凝結的濃純奶油。

吃完飯，沐浴在陽光之中的我，坐在陽台的椅子上，任由羅切玫瑰花園中盛開的花朵圍繞，一面喝著咖啡，一面從小瓷盤中拿起巧克力夾心糖小口咬著，望向南邊的眼光，看見攀升的煙霧弄黑了天空。在那片變黑了的天空下，是開普平原區上占地自用的村落——住在破落屋舍裡但心懷感恩的人——那兒是我待了一個早上的地方。我頭上，有棵可愛的樹為我遮蔭，樹上開滿了向下垂吊的橘色花朵。

有位身材修長的白人女子從我前面經過，她有些魯莽、趾高氣昂地深深地吸著氣，也許是在吸收這條小徑邊的花壇草味。這名女子穿著一件藍色的絲質洋裝、戴著一頂很時髦的白色寬邊帽。她可愛的鞋子喀喀喀地踩在碎石路上。她對著我微笑，我說了聲哈囉，兩人因此聊了一會兒。

「這是什麼樹？」我問。

「這是棵龍牙花，」她回答，「事實上是一種**卡非亞・步恩**（kaffir boom，檸檬柑橘類）——不過，現在不可以說這個名字了。」

種族隔離之後

這趟非洲薩伐旅的目的地其實是開普敦。但是一如長途旅行常常碰到的情形，我抵達目的地的意圖，其實只是想到一個更利於眺望的位置，看看更遠的地方有沒有其他能引誘我繼續前行的標的。於是我在這座陽光灑灑與風吹呼呼的城裡遊手好閒、拖拖拉拉。乾淨的飯店舒適宜人，不過更新鮮的是，這兒是南非唯一一個曼德拉的非洲種族會議政黨不過半數的省分。西開普省的省會掌握在民主聯盟（Democratic Alliance）手中，那是右翼分子與保守人士合組的一個爭吵不休的聯合政黨，而且開普敦維護權益的方式與其他地方迥異。我很開心這兒的人毫不避諱地說出自己的想法，這或許是多年只能私語後的反彈。

21 即南非語紀念碑（The Afrikaans Language Monument），位於帕爾市的一個山丘上，一九七五年完成，為了紀念南非政府宣布南非語為官方語言五十週年而立。

有些當地人說話時，表情生動得有如卡通人物。暱稱「史旺尼」的史旺尼波就是其中之一。他是個臉上肉很多但卻很蒼白的一個波爾大個頭，藍色的眼睛裡盛滿憤怒、戽斗的下巴像個鋤耕機、一雙厚實的農人手掌，緊勒的吊帶穿過他中廣的腰身與快炸開的襯衫，吊住了下滑的褲子。他的一切，包括聲音、眼神，甚至下顎與他彎折那幾根胖手指的動作，都在強調他的怨憤。他痛恨體制變更，而他最喜歡說的一句話是，**現在世界在哪兒？**

史旺尼來自北開普省（Northern Cape）的一個農業城厄平頓（Upington），該地位於橘河上游區，離開普敦開車約十二個小時。

「『你根本不曉得貧窮是怎麼一回事』，大家都這樣告訴我。我知道！我很窮！我們什麼都沒有！」他告訴我他在開普敦有個二手貨店。「我媽經營一所寄宿學校。她收窮苦的黑人學生，還給他們東西吃。就因為這樣，我們被視為**卡非亞同夥**（kaffir boeties）。可是世界對這些事情一點都不知道。這個世界要我們把自己的國家交出去。他們要對我們進行制裁。所以我們照做了。結果十年前發生的事情變成了一場災難。現在世界在哪兒？你知道他們曾經殺害農夫嗎？」

「我聽說十年間有上千名農夫遭到殺害。」我回答。

他對我咆哮，「是那個數字的兩倍！這個世界一點都不在乎。我跟猶太人說：『這是對我們的大屠殺！這是對我們的種族滅絕！』他們說：『你們活該。』你看到這個了嗎？」

他翻開了《大屠殺》（*Volksmoord*）這本圖片書，書中是恐怖的分屍、斬首、傷殘人體的照片，文字由賀廷．佛利（Haltingh Fourie）撰寫，南非語和英文俱陳。不需要太多文字說明，就可以知道書上要陳述的是白人農夫在內陸遭到非洲保安隊員殺害的事情。這些犯罪現場的照片恐怖到我必須把頭轉開。

「這就是現在發生在我們農場的情況，」史旺尼說，「他們以為可以把我趕出去，可是我哪兒都不去。我不要去澳洲，多謝費心。我的同胞在這裡已經三百年了！可是沒有人在乎。」

「我在聽你說，不是嗎？」我說。

「沒有人寫這方面的事。」史旺尼說。

「你要別人寫些什麼呢？」

「大屠殺，」他一面說、一面敲著《大屠殺》書中一張遭到解體與砍了頭的農夫照片。他悲慘地笑了笑。「我認識曼德拉。我想要哭訴。他說：『打給我的祕書。』於是我打給他的祕書，祕書說：『你是誰？』我告訴他我是史旺尼波及其他的資訊。祕書說：『我們在監獄的二十七年間，你在哪兒？』我說：『小姐，妳在哪座監獄？』她說：『你說什麼？』我說：『妳不要**跟我什麼來什麼去的**！』她說：『你這個波爾人！』然後把我的電話給掛了。」

「你怎麼會認識曼德拉？」我問。

「因為他就在附近，」史旺尼回答，「他才沒有坐二十七年的牢。他在羅本島待了十九年後，就在龍山的維克特．沃斯特（Victor Verster）過著清閒的日子。」——我從法蘭筱克回開普敦途中，曾親眼看過那座鄉間監獄，現在那兒已是酒鄉的心臟地區，而且經過重新命名。「曼德拉住在指揮官的房子裡，像個他媽的避暑營區。而且他騙我！」

我無法證實史旺尼是否真的認識尼爾森．曼德拉，因此換個話題。可是他實在覺得非常委屈，所以幾乎對所有事情，都有一肚子早就蠢蠢欲動的咆哮欲吐。

「什麼事情都怪在我們頭上，」史旺尼說，「你知道九二年開普敦的示威遊行嗎？」

我回答一無所知。

「他們一面遊行、一面唱著『一個波爾！一顆子彈！』，曼德拉竟然沒有阻止他們！還有那個姓加巴烏（Jabavu）女人，你聽過嗎？」

我回答沒有。只不過他正專注地暴跳叫罵，所以我說什麼完全不重要。

「一個印度女人，她在她寫的書裡說『黑人在店裡排隊買東西時，如果有個白人走進來，那麼黑人就會全站到旁邊去』。她說的是第六區，也許在那兒是會發生這種事。可是開店的是誰？是印度人！是那個加巴烏！是猶太人！是穆斯林！波爾人以前從不開店，我們是農人。我們住在克魯區——住在鄉下，住在農場裡。」

史旺尼這時怒不可抑，摔開手上的《大屠殺》，準備打烊。他粗魯地拉起防盜栓，捲下鐵門，然後上了掛鎖。

「我打過仗——多少他媽的其他人有打過仗？」他狂怒地吼著，「永遠都一樣，就像我們受邀去頂甘的村子一樣。『留下武器——我們不會傷害你們。』波爾人以為祖魯人很老實，所以就跟著去，結果變成今天這個樣子。那是頂甘的村子。跟著去的波爾人全被宰了。」

一如許多其他的南非人，史旺尼的歷史觀直接而覺得飽受迫害。為了進一步說明這種背叛，他舉了這個一八三八年的事件當作例子。頂甘是祖魯人夏卡的兒子與繼承人。但是史旺尼沒有提到波爾人為了報復祖魯人的欺騙，後來在血河屠殺了三千名祖魯人——血河之所以叫做血河，就是因為整條河，甚至連激起的水花，都被祖魯人之血染成了紅色。

史旺尼提到的第六區，以前是個各種語言、各色人等並存的豐富文化溫床，位於鯰魚街（Catfish Row）與法國區（French Quarter）之間，在開普敦中心的角落占了約四十畝的面積，離史旺尼的店不遠。我遇到許多住過那兒的人，他們都很遺憾這個地區已成為歷史。第六區曾展現出整個南非可以變成一個沒有種族障礙之處的示範。那個開心的大社區曾創造出許多寫作與音樂作品，而這些作品又是如此充滿了生命力和自由靈魂，以至於當時的白人政府都因此而憂心忡忡。

有位第六區的前住戶哈山對我這麼說：「一九六二年的某日，我們全接到一封政府發出的信。『自即日起，本區劃為白人區。』可是本來就有很多白人住在這裡。大家全開心地住在一塊；馬來人、印度人、黑人，還有其他混血人種。」

「結果呢？」

「我們全遷居至開普平原，政府剷了第六區，」哈山說，「所有的房子全被夷平，不過留下了教堂和清真寺。你還可以看得到。」

然而，重新將第六區規劃為白人區的決定，爭議性實在過高，所以這塊地區並沒有重建，而計畫蓋給白人住的房子，也從未出現。

「我們得住到穆森堡附近的一塊可怕地方——米契平原。又熱，風又大，還多沙，」哈山用他帶有地區腔的謾罵語調如此說——**又勒，轟又大，還多煞**。「戰時，這有很多戰俘。疑搭里人（義大利人）。我們被分到那些關戰俘的營房裡。恨死了。」

四十年後，哈山仍住在米契平原，而第六區依然無人移入。我後來聽說，唯一留下的是一座第六區博物館，這就是種族分離主義政府的愚蠢及他們的群居法[22]毫無理性的做法，第六區這個和諧的多種族社區就這樣遭到隔離與驅散。第六區的居民被迫遷居到單一種族的社區，像哈山這樣混血人民住到米契平原，印度人遷居至另一個外圍郊區阿斯隆（Athlone），黑人則被趕到蘭加（Langa）、古古雷圖與卡耶

---

22 群居法（the Group Areas Act）：實施種族隔離的南非白人政府於一九五〇年頒布的法令，將不同膚色的人民劃分到不同的區域，用意在於將非白人驅離經濟體系健全與發展活絡的城市。該法令於一九九一年遭到廢除。

里特沙。到了一九七〇年代中期，大多數的居民都已遷居完成，第六區重新命名為佐內柏隆（Zonnebloem），意思是「向日葵」，只不過這個名字與事實完全不切合。

第六區博物館的一樓是街道與個別屋舍的計畫圖，前居民在這張圖上貼照片或寫留言，用證據或紙條提供更多的細節與回憶，其中許多內容都真誠地令人感動。帶我參觀博物館的是諾爾．伊伯拉罕（Noor Ebrahim），他是個在第六區長大的作家。十九世紀末，他的祖父帶著四名妻子與錢，從孟買移民至南非，並開始做薑汁啤酒生意。他父親也從事這行。諾爾說他們是古吉拉特人。

「我很好奇。你們在家說古吉拉特話嗎？」

「不。我們說南非英文（Kitchen English）。」

「不是南非荷蘭話（Kitchen Dutch）？」

「是荷蘭話——可算是荷蘭話。不過，我們稱這種語言為**空布易斯英語**（Kombuis Engels）。第六區的人都用這種語言。」諾爾為我舉了幾個例子，所有的例子都是荷蘭語。「在學校裡，我們就用標準英文。」

空布易斯這個詞其實是廚房的意思，不過有趣的是這個辭彙不但落伍且已被人遺忘。有位南非的語言學家告訴我，如果在荷蘭用這個詞，會遭人嘲笑，因為這個詞指的是船上的廚房——事實上，就是伙房。荷蘭文中，廚房是**凱卡恩**（keukaen）。這個人還說，荷蘭人不時會被南非語嚇一跳，就像有次一輛巴士滿載神學家上路，車上的神學家被告知巴士要在高速公路上減慢速度，以便靠邊行駛。在南非語中，「靠邊行駛」是**阿夫崔克**（aftrek），但這個詞在荷蘭語中指的卻是手淫。

第六區博物館裡的設備中，最令人難過的莫過於一些早期的告示板與警告標誌，這些全是毫無修飾的警告語：**僅供白人使用**（Vir Gebruik Hemblankes），在飲水機和入口處則標示著**白人勿近**（Nie

Blank）或**僅限白人**（Slegs Blanke）。所謂的早期其實並不是太久以前，這些標示牌在一九八〇年代晚期開始公開展示，然而這種在南非令人既熟悉又無所不在的告示牌，卻一直到一九六〇年代都還在各處豎立——譬如白人與有色人種肩併肩地低頭在不同的飲水機前喝水的畫面。任何一個看到南非人這種執迷不悟心態的美國人，如果心中只為他們感到羞愧而別無他感，那麼這傢伙一定是偽君子。

旅程即將結束

某個炎熱的星期天早上，我極不情願又極為遺憾地表明了自己這趟薩伐旅的終結。我出發進行最後一段行程。這天天色澄藍、風清氣爽。我買了一張火車票要去西蒙鎮。儘管我的旅途因為野雞巴士、運牛卡車、大幅超載的小客車和**馬塔圖**而多采多姿，不過西蒙鎮與奈洛比之間，其實是有火車可連。塞西爾·羅德斯原本計畫將這條鐵路線延至開羅，不過他一直都是個愛做夢的人。羅茲的另一個願望是期待英國收復美國，這樣我們就得接受君王的統治，英國國旗也可以飄揚在華盛頓特區上。

火車上，頭等艙與三等艙涇渭分明，但是大家不分票別，全都坐在頭等艙中，有黑人、白人，也有其他帶有開普敦人民特色的各色人等。車上不見座車長的蹤影，也沒有人驗票。在這個陽光普照的星期天早上，大家就這麼坐著，沒有人說話。

火車每站都停——玫瑰河岸、紐蘭斯（Newlands）、坎尼沃斯（Kenilworth）、普朗斯德（Plumstead）、希斯菲爾德（Heathfiled）——儘管地名都很討喜，但有些地方繁榮、有些地方卻很窮困，我看到周遭圍著修剪整齊草地的小別墅，也看到占地自用者的破屋子，旁邊散落著塑膠垃圾，到處都是塗鴉。那天《開普時報》（Cape Times）的成人娛樂廣告版中，刊登著這些地方的某些住址。我知道誰住在這兒——

「璦美．奇奇帶您體驗極致」、「妮琪和坎娣為您獻上齊人之樂」、「阿比潔兒——自得其樂」、「坎蒂絲——快來攻陷我的護欄」，還有其他不具名但卻有同樣效果的「無聊、惹火的家庭主婦」。

搖擺的火車上一片死寂，乘客看著報紙，兒童踢著座椅，炎熱週日早晨陣陣讓人大打哈欠的痲痹。火車停靠在一個無頂而地面平滑的月台後繼續前進。我們很快就抵達了海岸，經過了法爾斯灣與穆森堡海邊被風吹起的波浪，有道非常猛烈的東南風掀起了陣陣不懷好意的碎浪，驅趕著一堆堆滑膩的黑色長條海草，海草條厚實得會讓人誤以為是被劈斷的粗船纜。散撒在海面上的海草數量多得驚人，連用手撥水想要站上浪頭的衝浪者都被擋得無路可出。

剛過了費許賀克（Fishhoek）後，我看到一個非常稀奇的景象。窗外距海岸約六十呎外，有條正在拍動的大鯨魚尾巴突出於海面之上。鯨魚離我們好近，近到泳者可以輕易拍打到鯨魚。大魚的尾巴左右對稱地朝上，就像一個黑色的大塑膠東西在水上搖擺。

一條鯨魚頭下尾上地站立在海中？我環顧身邊。大人們在打盹，小孩似乎覺得這種畫面稀鬆平常：一條鯨魚在淺水域中倒立，一隻龐然大物垂直的尾巴在陽光下閃耀，而且這個姿勢持續了許久，火車開過去後，鯨魚仍維持那個姿勢。

「牠們常常那樣做，」坐在下節車廂中的一個人告訴我。我發現他之前也在看那條鯨魚，因此開口詢問。「那是南露脊鯨（Southern Right Whale）。那個姿勢被稱為『出航』。不過沒有人知道原因。」

西蒙鎮是這條鐵路線的終點，我走出白色的小車站，來到大路之上。在任何一個英國的海岸城市，這條路都可能是平坦的主要大道。路邊有蔬果商、藥局，以及漆上了稀石灰，看起來像防空洞，名為「貝爾蒙特」（Belmont）、「貝維戴爾」（Belvedere）或「松樹」（the Pines）的磚房。拱廊與排屋式的商店都可追溯回一九〇一與一九一〇年間，這兒連海岸看起來都與英國類似——更精確一點，應該說與康瓦耳區雷同，被風蝕平的多岩地形，就好像再多走一會兒就可以看到潘贊斯似的。

海軍基地是西蒙鎮存在的原因，因此能在這兒找到海產與油炸馬鈴薯的餐廳一點都不稀奇，酒吧也標榜著「傳統式烤牛肉、約克夏風味布丁」。庫克船長、查爾斯．達爾文、南極探險家史考特[23]、魯迪亞．吉卜林、馬克．吐溫及其他許多曾經繞行開普敦一圈的人，都在這個美麗的海港停留過。這種滑稽、古舊、具有強烈自覺性的年代錯亂，其實是在刻意模仿老帝國那些矗立在海邊、忍受狂風呼號的海港村落氣氛，從在可以俯瞰路面的峭壁上建造的小屋、莊園到木造農舍，甚至連公共候車站與電話亭都和英國一模一樣。

我徒步走到大石海灘（Boulders Beach）看公驢企鵝[24]的棲息地。這些企鵝完全不受近距離的屋舍與旁觀遊客影響，自顧自地孵著蛋、衝浪戲水、在海濱搖搖晃晃地走動，一個個像是摸不清頭腦的修女。

我在海濱公路的一個西蒙鎮候車亭中等車去開普國家公園。一切的麻煩都在腦後。我就這麼坐在一張長椅上，等著搭一小段公車去開普角，然後結束我的旅行。坐在對面椅子上的男人正一邊抽香菸、一邊看著當天的約翰尼斯堡《星報》。報上的一些字詞吸引了我的注意。有一行帶著揶揄味的頭條文字開展在首版上方，「悲觀的環球觀光客贏得諾貝爾獎。」

「看起來我釣到大魚了，」我低語，同時靠了過去，想給這位陌生人一點可能會讓他覺得有趣的新聞[25]。

---

23 史考特：全名Robert Falcon Scott，一八六八—一九一二，英國皇家海軍軍官與南極探險家。
24 即非洲企鵝，又稱黑足企鵝，因叫聲像驢子而被稱為公驢企鵝，屬於中等體型的企鵝。
25 V. S.奈波爾是二〇〇一年的諾貝爾文學獎得主。

可惜他沒有聽見我說話，也沒有聽到我的嘆息。感覺來了又走，一如沒有看到窩在橡皮艇上隨波漂流者的某架搜救機，在頭上嗡嗡作響的聲音：希望只閃現了電光火石的一瞬間。然而沒有人是真正的輸家，因為那個瑞典樂透彩只會有一個人中獎。

那名全神貫注看報的男子逃離了他在英國的家，至少他是這麼告訴我的。但我發現剛才看到的報導畫面讓我無法集中精神。男子的名字是崔佛。我們一起坐上巴士，他開始講述自己的故事。崔佛曾在一艘於福克蘭戰爭期間負責運作彈藥的商船上擔任水手。這艘船在戰火中穿梭，經歷了好幾天的槍林彈雨。

「結果船長瘋了——變成神經病——他不肯離開艙房，我們必須把他拖上岸，最後他因傷病理由除役。不過這還不算最糟的結果，對不對？」

「那麼最糟的是什麼？」我的眼睛仍定在「悲觀的環球觀光客贏得諾貝爾獎」那幾個字上，卻很高興看到全心講述自己故事的崔佛，把報紙四摺後，一屁股坐在上面，那條嘲弄的頭條壓在他一如見人之下。

「最糟的是我得上岸去執行工作，不是嗎？最糟的是要寫封『給親愛的約翰』的分手信，不是嗎？他們以為我也會像船長一樣發瘋，所以在我自己從船上跳下海前就把我給解僱了。我打電話給我老婆，不是嗎？她說『沒什麼好談的，崔佛』，還有『你幹嘛要用吼的？』，然後就他媽的把電話掛掉了，不是嗎？所以我回家，兩個人就這麼切了。整件事糟透了。現在我女人的男朋友到處跟人說：『崔佛拒絕跟我喝杯酒。』」

崔佛的故事與《星報》多少讓我對開普半島的觀點增添了點色彩。我們越過一大片長滿了蘭紫色高山硬葉灌木群落的空曠荒野，這是一種低矮的樹叢，在風中搖擺，像科西嘉島上的灌木叢一樣芳香，綿延數哩都是這些在顫抖的香草。此處有些在閒晃的野東西——大羚羊、鴕鳥、戶外教學的孩子、狒狒，還有觀光客。

「一**整個家族！**」車上一名義大利女子尖聲大叫，她看到一些路邊脾氣暴躁的狒狒朝著她齜牙咧嘴。

巴士停在非洲的最南角，我步出車外。崔佛也跟了上來。他拖拖拉拉地買了一頂紀念球帽，帽頂有開普角的字樣。我繼續走，朝著瞭望台而去，踩上下坡的小徑，通往沐浴在明亮午後的窄路，強風呼呼。在我的左手邊，峭壁驟落兩百呎，直入揚起一片泡沫的海洋之中。我走到迪亞斯角——巴托羅密歐．迪亞斯[26]一四八八年曾來過這裡——然後繼續前行到開普角這個像個船首突出於耀眼海面的角灣。我繼續走著，直到最後幾道警告樹立之處：**勿越過此界，勿投擲石塊，以及徑道終點**。

26 巴托羅密歐．迪亞斯（Bartolomeo Dias）：一四五〇（？）—一五〇〇，葡萄牙探險家，一四八八年繞過非洲南角，是紀錄上最早完成此舉的歐洲人。

第二十三章　藍色列車的憂鬱

每隔幾週就來往於開普敦與普利托利亞的藍色列車，在簡介上的形容是「世上最豪華的火車」。我就是搭著藍色列車回約翰尼斯堡。最高級或許是事實，不過更令人驚訝的是，這列豪華火車竟是由南非政府負責營運，與經營克魯特快車、去德爾班那布滿灰塵的橘區列車（Trans-Oranjie）及拖拖拉拉開往西蒙鎮那處處都見得到垃圾的火車一樣，全歸屬於同一個部門。穿著斑馬紋襯衫的司役員，在開普敦的火車站與我碰面，並送上點心，我那嚴重磨損的小包似乎讓他頗為失望。然而，他們又怎麼會知道，包包裡其實裝了可愛的丘克威雕刻品，我那支昂貴的手表、剩下的現鈔，以及為了安撫太座容忍我長時間不在身邊所購置的高貴不貴的坦尚尼亞飾品呢？

二十名日本男女組成的觀光團，倉皇地朝前走去上車。有人引領我到鑲木的隔間內，隔間裡有架電話及一部傳真機。我有些畏縮，想像著這兩樣東西可能擾我清幽，還好它們從未因我而響。

「我是達頓（Dalton），您的司役長。」

他送來了香檳。我坐著看書，一面啜著酒一面看書。雖然坐著最好的火車橫越克魯區，但車外的景色卻毫無異樣——青色巨山、葡萄園、草地、受到驚嚇的鴕鳥、橋下的小酒店、在岩漠上閃著光彩的亮眼稀石灰小別墅、一幕幕簡陋的城鎮與占地自用的社區，以及宏偉的山巒。

搭乘藍色列車

我正在看企鵝出版的《蒙田隨筆集》（*Montaigne's Essays*），這是非常時期看的書，也就是在我別無他物可讀時的救急書。這本書是我的床前讀物，也是我的慰藉。我的情色故事已繕謄完畢，註解也寫好了，於是我重讀〈論食人族〉（On the Cannibals）。對我而言，這篇短文是聖潔的文章，蒙田在文中討論到偽君子把陌生人當野人的情況，「每個人都把自己不習慣的事情視為野蠻。」蒙田認為法國許多殘忍的行為，常讓食人之習望塵莫及。更廣大的世界全是未知的領域。「我們需要可以詳細敘述他們真正去過之處的地誌學家。」最後蒙田提到一五六二年他在盧昂與三名可能是食人族的沉穩巴西原住民碰面情形，他記得他們的幽默、戰場上的勇氣，以及身為領導者的尊嚴。

那，並非全然不可取。啊！但他們的臀部沒有任何遮掩……

藍色列車上的臥鋪是我這整趟非洲旅程中睡過最軟的床，餐車中的美食也最可口，這種舒適簡直無與倫比。舒適讓我擁有了更尖銳的眼睛，去看窗外在路上辛苦跋涉的非洲人：老婦人提著兩口破舊的箱子，穿越一條又熱又乾的路，她背對鐵軌朝著一座遠山而行；一名穿著藍色連身衣的男子，被一袋玉米壓得彎下了腰——這個月的糧食全都掛在肩上了；一個孩子光著屁股站在髒兮兮的院子裡。

車上有對富裕的夫妻，在林斯堡把水晶盤裡的蘋果丟給鐵道旁行乞的孩童。在里烏—干姆卡（Leeu-Gamka），一個年約十或十一歲非常瘦的女孩子，哀求我給她一點食物，她用屬於孩童的軟語，類似祈禱地喃喃低求。這個有如竹竿般完全沒有曲線的女孩非常瘦，掛在身上的藍洋裝從肩膀垂到膝蓋，就像一面褪色的敗軍旗幟。我無法把食物丟給她而維持正常的心態。她低頭離開了我的視線。火車再啟動時，她又出現，這次表情凶暴，而且朝車窗裡丟石頭，差一點砸到我的頭。又有人朝我的隔間裡丟了幾顆石頭，這些石塊不是砰地跌在墊子上，就是撞上牆面——都不是很嚴重，但全帶有含意，這是具有意義的丟石塊行為。

藍色列車劃破了午後，平躺在地上的黑色寬影與火車並駕齊驅。傍晚時分，一大片水水的黑暗降臨，溶解了所有的光亮。高原先紫後藍，最後也淪陷在黑暗中，天際一條貼地的橘色落日餘紋，讓周遭的景色更顯暗沉。

第二天，火車在慶伯利停留，這座滿天灰塵彌漫的礦城，周邊是貧民窟，城中心是個大洞，「這是世界上最大的人工洞。」從這個洞裡已挖出了價值數十億美金的寶石，然而這座城鎮依然只是個荒涼的小村子，充斥著廢物堆、沙土堆、白鐵頂的小屋、錄影帶店、炸雞餐廳、漢堡店、舊車場，以及讓人聞風喪膽的沙漠氣候：夏季烤人欲焦、冬季凍人成冰。在這座小村落裡，除了在土灰之間挖掘、篩網、挑出美麗卻沒有價值的東西外，別無他事可做。所有眼睛看得到的煩悶及工資微薄得可憐的工人，就是鑽石事業這種世上最邪惡的祕密把戲背後的真實。

焦點轉回火車上：生鴕鳥薄肉凍片後，可以選擇蜜汁淋鴨胸、威靈頓鴕鳥排或烤岡鰻當主餐，甜點是巧克力慕斯。我邊吃邊看著一座座村落從眼前經過，有些村子很大，有些只是白鐵屋頂的簡陋小屋組成的占地自用小聚落。另外一些地方，在早上九點就可看到長凳上的醉漢，狂灌著免費配給的葡萄酒。

這列火車如此舒適的享受，幾乎讓我感到心碎，因為眼裡看到的是同一個南非，是同樣的悲慘與燦爛。不過，我的任務也完成了，薩伐旅已經結束。這趟火車之行只不過是抵達終點前的墮落；我對非洲留戀不已，一點都不想結束這趟旅程。

尋回失去的平衡

就我們所知，去了印地安地區[1]的哈克後來再也沒有回到自己的家鄉。格列佛船長雖然返了鄉，並變得更有智慧，卻也變得疏離與叛逆，他疏離與叛逆的對象不是旅行，而是家園。他無法容忍妻子如野獸般的粗野氣味，也受不了家中野蠻的樣子，只好向馬兒傾訴情緒，在馬廄中尋找友誼。旅行改變了他。一個人長時間離家後，再出現時，就變成了另一個人——沒有人可以完整無改變地回家。你會認為：**我就是另一個人**，一如蘭波。

南非發生的好幾件事幫我找回了平衡。就在離開約翰尼斯堡之前，我把一個上了鎖的袋子和身上所有值錢的東西全留下，鎖在飯店保管貴重物品的保險室內，隨身只帶了一只手提箱、筆記、寫的故事和一套換洗衣物，去海邊進行一趟短暫的旅行。我不想讓行李或任何貴重物品變成自己的負擔。四天後，我回到飯店把認領牌交給一個不太靠得住的門房。

「我們找不到您的袋子，先生。」

東西遭竊了。就這樣，我帶來非洲的東西全不見了：手表、皮夾、現金、機票，外加我一路帶在身邊的工藝品與寶物；除了手提箱和裡面唧唧的東西外，其他全都不翼而飛。我還剩下家裡的鑰匙、《蒙田隨筆集》、那個情色故事的乾淨繕本、一套換洗的衣物、一個可以抵擋雷擊的剛果小木頭珠子雕像，還有——最奇蹟的——所有可以完成這本書的筆記。

「這就是典型的約翰尼斯堡，」一個約翰尼斯堡人在提到盜竊時這麼對我說，「典型的約翰尼斯堡。」

那之後不久，當我仍在詛咒自己失去的一切時，娜汀的丈夫瑞赫過世了。喪禮那日，天氣極好，空氣中彌漫著經過日光洗禮的紅豆杉香氣，喪禮在布萊姆佛田火葬場舉行，一座古老的石砌建築物站立在樹木圍成的墓園正中央。上百位前來弔唁的來賓中，有前政治犯、爭取公民權的律師、詩人、小說家、記者、社會運動分子及家人的朋友。

娜汀的兒子雨果溫柔地談著自己的父親。其他人也對瑞赫留下了想說的話。在這場喪禮上，我對這個了不起的人有了更深一層的認識，瑞赫．卡西——藝術鑑賞家、人道主義者、生意人、紅酒大師、慈善家、健談的傢伙、了不起的朋友，以及親愛的丈夫。

身材嬌小卻堅強又充滿自信的娜汀，即使在這個場合，依然展露出智慧，她提到自己對丈夫的愛。「第一次見到他，我跟他說我要喝威士忌。他不以為然地回答『女人吃中餐時不應該喝威士忌』，可是我還是喝了威士忌。接下來的四十八年，他總是給我威士忌。我想要個兒子和一隻鬥牛犬，結果他兩樣都給了我。他是我的情人、朋友，也是支撐我的人。他非常尊重我工作所需要的隱私。我們兩個人在種族歧視與種族隔離政策上，背負了同樣強烈的政治責任。第一次自由選舉時，我們兩個一起去投票。」

爭取政治自由的奮鬥，究竟有多麼深入一般人的生活中，可從娜汀把兩人一起參與自由投票當成是南非夫妻生活中最溫柔的一篇記憶中看出。

「參加喪禮已經成了這個地方的一種生活模式，」某位在喪禮上致詞的非洲人這麼說，「最近我參加了好多場喪禮。」

1　印地安地區（Indian Territory）：即今天的奧克拉荷馬州。

「我們覺得自己是這個家庭的一份子。」另一個人說。

喪禮似乎就是這樣，像件家裡面的大事。長久以來的政治奮鬥，已讓所有的南非人變成了一家人——一種寬恕，儘管這個家庭有時不太好管束。致哀者形形色色，各種膚色、各種年紀、有貧有富，他們全都在喪禮的空檔聽著莫札特。

娜汀邀請所有參加喪禮的人到家中吃午餐，因此那天上午稍晚，我站在她的院子裡，夾在弔唁者——她的另一種家人——之間，喝著葡萄酒。有些人同情我的東西失竊，連娜汀在內。「關於你遺失的行李，真是遺憾。」但在這個獲得了許多人敬愛者的喪禮上、在這個每個人都寬厚又達觀的場合上，我覺得自己財物的損失其實也沒什麼大不了。

輕便地旅行，我想自己就這麼除了筆記外一無所有地回家吧。為了在回家的長途旅程中稍事休息，我在衣索匹亞停了一下，結果那幾天裡，我吃下了不潔的東西。離開阿迪斯．阿貝巴的那天，腸子簡直要爆開了，肚子不只在作怪，而是受到了狠狠地蹂躪。就這樣，我非常非洲地回到了家——賠了財物又折了健康。

「寄生蟲，」醫生說，「用經驗療法進行治療吧。」數個月過去了，所有的治療方式似乎都對我那疼痛的腸子束手無策。我精神萎靡、身體虛弱，而且出現了某種荒唐疾病所引發的怪異而毫無節制的反胃。我覺得自己好像艾德蒙．魯卡斯．懷特恐怖故事《魯昆道》[2]中受到詛咒的探險者，那個角色在非洲倒了下來，長了癰，每個敗血的腫處都長了一個李子大小的非洲頭顱，「恐怖而不停地叫。」而且每個頭顱都有「邪惡的小眼睛」。撰寫這本書的過程中，體內的寄生蟲一直持續活動，身體也不停出現汨汨的氣體——非洲在我的體內翻攪了好幾個月，一如我在非洲騷動了好多個月。

然而，非洲人的情況要比我嚴重得多。我所遇到最文明的非洲人，從來沒有用過文明這兩個字。最壞的非洲人則相信自己是終生受神淨身的領袖，而且堅持不肯放掉這種錯覺。其中最邪惡的傢伙還盜竊外國捐贈者和自己同胞的東西，就像最低等的小偷，從教會裡貧窮信徒的捐款箱裡偷錢。最仁善的非洲人從來沒有改變過，即使在這麼多年後，最優秀的非洲人依然光著屁股。

2 應是作者筆誤，寫《魯昆道》（*Lukundoo*）的作者是愛德華・魯卡斯・懷特（Edward Lucas White），一八六六—一九三四，美國作家與詩人，曾寫了數本歷史小說，也出版了短篇故事集。他最為人知的恐怖短篇故事《魯昆道》與《夢魘之屋》（*House of Nightmare*），據稱是源自於自己的噩夢所改寫而成。《魯昆道》是描述一個到非洲探險的美國探險家觸怒了當地的巫師，受詛後全身長滿了腫瘡，結果他發現這些腫瘡原來全都是一種小侏儒，探險家發現只要把這些小侏儒的頭砍下來就可以終結腫瘡，不過因為數量實在太多，而且有些長在他的背後，最後他只有自殺一途。懷特本人也是選擇用自己的手終結性命。

譯後記

麥慧芬

「我想，觀光客並不知道自己曾去過何處。旅者則不知道將去往何處。」這是索魯眼中觀光客與旅者的差異。

觀光客熟知的非洲，是旅遊、飯店業者依照西方世界的舒適標準，再加上攝影師在動物身上捕捉到美麗瞬間，所建構出來文明的野生世界，但那並不是真正的非洲。真正的非洲，以索魯的定義來說，必須食當地之食、嗅當地之味、迷當地之魅力、感受當地之恐懼。這是絕大多數的芸芸眾生所不願、不敢、也無力看到的非洲。

索魯對非洲的獨特情感，尤其是馬拉威這個他曾走過人生年少清狂的國家，讓他在耳順之年走了這一趟「看」與「觸」之行。他很清楚，這趟旅程中的艱辛與危險，很可能會讓他提早走上黃泉之路。然而對他來說，死在真正的非洲之行中，可能要比在病床上嚥下最後一口氣要有尊嚴得多。身為讀者的我們，非常慶幸他不僅活著走完了這趟旅程，也出了這本書，讓無緣也無力親眼見識到真正非洲的人，知道真正比較貼近非洲人生活的非洲，是個怎樣的景象。

從三千三百呎的夜空往下看，非洲是顆天文學上的暗恆星。即使堅毅如非洲的原住民，非洲大地也絕對是個殘苛大於溫善的地方。

索魯用他特有的多變寫作風格、洗鍊的文字、深情卻心痛的批判，在這本書中留下了他的感受、感嘆與感動。在絕大多數人只見得到野生動物雙瞳的非洲，這本書讓會你看到了一個更真實的非洲，並期待各位讀者也有同樣深刻的感受、感嘆與感動。

國家圖書館出版品預行編目（CIP）資料

暗星薩伐旅：從開羅到開普敦，非洲大陸的晃遊報告／保羅．索魯（Paul Theroux）作；麥慧芬譯. -- 二版. -- 臺北市：馬可孛羅文化出版：英屬蓋曼群島商家庭傳媒股份有限公司城邦分公司發行, 2021.03
面； 公分. --（當代名家旅行文學；109）
譯自：Dark Star Safari: Overland From Cairo to Cape Town
ISBN 978-986-5509-58-3（平裝）

1.遊記 2.非洲

760.9 109020527

當代名家旅行文學

【當代名家旅行文學】MM1109X

暗星薩伐旅：從開羅到開普敦，非洲大陸的晃遊報告

Dark Star Safari: Overland From Cairo to Cape Town

作　　者❖保羅．索魯 Paul Theroux
譯　　者❖麥慧芬
封面設計❖陳文德
內頁排版❖張彩梅
新版校對❖林俶萍
總 策 劃❖詹宏志
總 編 輯❖郭寶秀
行　　銷❖許芷瑀

發 行 人❖凃玉雲
出　　版❖馬可孛羅文化
10483台北市中山區民生東路二段141號5樓
電話：(886)2-25007696
發　　行❖英屬蓋曼群島商家庭傳媒股份有限公司城邦分公司
10483台北市中山區民生東路二段141號11樓
客服服務專線：(886)2-25007718；25007719
24小時傳真專線：(886)2-25001990；25001991
讀者服務信箱：service@readingclub.com.tw
劃撥帳號：19863813　戶名：書虫股份有限公司
香港發行所❖城邦（香港）出版集團有限公司
香港灣仔駱克道193號東超商業中心1樓
電話：(852) 25086231　傳真：(852) 25789337
馬新發行所❖城邦（馬新）出版集團 Cite (M) Sdn Bhd.
41-3, Jalan Radin Anum, Bandar Baru Sri Petaling,
57000 Kuala Lumpur, Malaysia
電話：(603) 90563833　傳真：(603) 90576622
讀者服務信箱：services@cite.com.my
輸出印刷❖中原造像股份有限公司
二版一刷❖2021年3月
定　　價❖680元

Dark Star Safari : Overland From Cairo to Cape Town by Paul Theroux
Copyright © Cape Cod Scriveners CO., 2002
This edition is published by arrangement with The Wylie Agency(UK)Ltd.
Traditional Chinese eidition copyright © 2021 by Marco Polo Press, a Division of Cité Publishing Group
All Rights Reserved.
ISBN：978-986-5509-58-3（平裝）

城邦讀書花園
www.cite.com.tw

版權所有　翻印必究（如有缺頁或破損請寄回更換）